腾冲文化丛书

《腾越厅志(点校本)》编委会

腾冲文化丛书

騰越廳誌

点校本

【清】陈宗海 纂修 赵端礼 同修
彭文位 马有樊 刘硕勋 点校
何学涛 杨世权 主编

云南出版集团
云南美术出版社

点校说明

在浩如烟海的古代文化典籍中，最受人们珍视的当推地方志。地方志是一种区域性的历史地理著作，是各种地方性资料的总汇。在历史上它起着“志民生之休戚，志天下之命脉，志前世之盛衰以为法鉴，志异日之因革以为呼吁”的作用。时代发展到今天，它仍然是一个地方存史、备查、资政、教育的重要文献，起着信息库、资料库、数据库和“百科全书”的作用，其价值不可估量。

腾冲虽地处祖国极边，然早在明代就有地方志之修纂。目前知道最早的，是明正德(1506-1521年)年间腾冲司指挥使陈廉(清乾隆《腾越州志》屠述濂序中陈误为“徐”)创修，腾冲举人易翼之纂辑的《腾冲司志稿》。此后又有隆庆(1567-1572年)初年腾越知州沈祖学聘州举人吴宗尧纂修的二卷本《腾越州志》，万历四十二年(1614年)知州李知仁聘州人张邦教等纂修而成的三卷本《腾越州志》。至清代乾隆四十四年(1779年)，又有知州吴楷纂修的《腾越州志稿》。但这几部志书均未能流传下来。乾隆五十五年(1790年)，知州屠述濂据吴志，“加以亲身见闻而正续之，重为排纂”而成十二卷本的《腾越州志》。事隔百年之后，该志书在民间已经极少见到了。至光绪二十三年(1897年)，广东新会人黄炳堃任腾越厅同知，聘请拔贡杨润富、岁贡郭炳南遍寻旧本，校勘重印，方使此书留传下来。今天我们见到的《腾越州志》，即此校勘本。

成书于清光绪十三年(1887年)二十卷首一卷本的《腾越厅志》，为浙江会稽人陈宗海纂修、赵端礼同修，是在乾隆《腾越州志》的基础上续修而成的。陈氏于光绪四年任腾越厅同知，次年，为不使一方之文献久而就湮，乃辟求合郡文学之士始事纂修，至光绪九年书成付梓。然因其“未协通志规式”，曾被饬令毁版。光绪十一年，陈氏再次出任腾越厅同知，又聘请时任来凤书院山长的举人赵端礼为总纂，经赵氏等“潜研前修志稿得失，增删校订”后，重新雕版印行。该志书勾勒出了元、明、清三代共约六百年的腾冲历史概貌，并集中了这一时期其他大量的地方性资料，较之以往任何一部志书内容更为丰富、翔实，故成书后一直为人们所重，堪称腾冲的一代信史。诚然，作为封建时代官修的地方志乘，《腾越厅志》内容与现代科学相互龃龉之处显然不少。例如，编纂者为了使之符合《云南通志》“规式”，增加了很大一部分有关咸同军事的内容，以宣传地方官府的“战功”，且系以封建正统的立场和眼光来看待少数民族起义，不免带有很大的偏见。而《忠烈》《恩荫难荫》《列女》等篇目，也显得冗长无味。此外，《腾越厅志》也免不了古代修志忽略自然科学内容的通病，其编纂体例、类目安排上亦有不尽合理的地方。诸如此类问题，这是不可苛求古人的，相信今天的读者自会辨识。

《腾越厅志》从成书到现在，已经历了一百多年的世事沧桑，原刻本保存到今天的已经很少了。且为无句读的文言，给今人阅读带来了诸多困难。为此，我们遵循“古为今用”的方针，对原书进行了点校，重新出版，以发挥该志的作用，也算是我们对地方文化之传承尽一点绵薄之力吧。

兹将有关点校的情况说明于下：

一、改直排为横排，采用新式标点。将繁体字改为简化字，古体字、异体字尽量改作通用字，但对简化后易引起歧义的则保存原字。

二、在尽量保持其原貌的原则下，进行了极其个别的文字改动，必要时在注释中加以说明。为求醒目、规范，对个别篇幅版式作了适当调整。对多次出现而写法不同的地名、人名，则通过考证，使其规范、统一。对少数民族带歧视、侮辱性的字如“狟”“猓猓”等，皆依今字改过。

三、原书正文在卷的开头，均有一简介该卷内容的总序，下级类目前又有一简述该类目内容的小序。书中误将该卷卷目混同下级类目序号列于总序之前，从而造成类目混乱。今以书前总目为准统一改正之。以

"卷一"为例,原为"腾越厅志卷之一·天文志一(天文志总序)·星野(星野小序)",今改正为"腾越厅志卷之一　天文志(天文志总序)·天文志一　星野(星野小序)",余类推。

四、《腾越厅志》引用他书(如《腾越州志》《徐霞客游记》《云南通志》《永昌府志》等)的文字,均依据原书进行核对。个别不通的字句,依原文改正之;意可通但与原文不尽相同的,则在注释中说明;只引用其大意的,不加引号。

五、原注用小字夹于正文中,今依旧法。但部分小字并非注释文字,则斟酌其内容改作正文。

六、为稍补读者阅读困难,今加适当注释,列于每页正文之下。但注释仅限于少数较生僻或不常见的字、词;多音多义字,只注该字所在语境中之音义;一般只注在该字词最初出现的地方,但个别字词在不同地方有不同含义时,则分别作注。

七、卷七《官制题名》和卷十一《武功》中,在世袭武职官名下,列有若干承袭子孙名讳。因查不到有关谱牒或其他资料,难于断定每位子孙是单名或是双名,故不敢妄加标点,请读者诸君谅之。

八、《艺文志》部分,在每位诗文作者前加其所处朝代,以省去读者查找之不便。

九、为便查阅,书前另列目录、页码。

在点校过程中,许多知道我们正在进行这一工作的朋友,均给予热情的支持与鼓励。特别是和顺图书馆张孝仲老先生为我们审阅、核对了全部点校稿,并提出很好的修改意见;杨学孝、杨恩茂、字永刚三先生分别为我们审订傣文和缅文;封面、封底图片由县文管所李正先生拍摄提供;腾越信用社主任文文及古永轮马村郭彩旺先生则为我们负担了打印费。本书的出版,得到周文林社长的鼎力支持。在此,一并深谢之!

还有朋友对我们的工作恳切建议：不做则罢，既做就要把它做好。我们深以为然，并且自始至终都是抱着这个态度来做的。但是，限于我们的学识、功力，虽然我们尽了最大的努力，先后花了两年多的时间，但书中的错误亦在所难免。切望得到专家、学者和广大读者的批评指正。

目　录

《腾越厅志》序

吴其桢

腾越去京师万里，为滇西极边要地。厅治幅员辽阔，外环土夷，交通缅猛，向来珍异岔集[①]，商贾之捆载前来者，辐辏于道。而此邦人民亦多工计然、陶朱[②]之术，以故市镇乡场栉比鳞次，洵西南一巨区也。然中外毗连，奸轨混迹，历代多有战争。前明麓川、三缅屡张挞伐，讫未得安。至我朝乾隆时，兴师以征不庭[③]，用是四境晏然，櫜[④]弓束矢者，百十余年矣。迩者边尘未净，藩属沦胥。余奉檄来腾，驻防边徼，凡一切山川厄塞，风土民情，身履其地，较耳食[⑤]者为甚详。适逢官绅修辑厅志，司牧陈守以弁言请。予虽不敏，窃以职任分巡[⑥]，腾越又为辖境，予安能已于言哉！惟地方事迹，志载具详，无须再为覙缕。现值海上兴波，四郊多垒，尤冀在事文武暨城乡士大夫，同心匡济，庶使藩篱完固，刁斗[⑦]无声。俾后之秉笔者，书鸿猷，扬骏烈，以纪一时之盛，此诚私衷所愿慕。如但云守在四境，则犹非予之所企望也已。

光绪丙戌岁仲秋月二品顶戴云南迤西兵备道泾阳吴其桢干臣氏撰。

---

① 岔：疑为“坌”字之误。岔：分歧之意；坌(bèn)：聚集之意。《唐书》有“坌集京师”之句。

② 计然：春秋时越人，范蠡之师；陶朱：即范蠡，春秋时楚人，以经商致富，居陶，因号“陶朱公”。故后世称善于经商理财，曰“计然、陶朱之术”。

③ 不庭：不来朝。

④ 櫜(gāo)：收藏弓箭、盔甲的器具。“櫜弓束矢”，意为收束兵器，没有战争。

⑤ 耳食：不加审察，轻信传闻。

⑥ 分巡：即分巡道，官名。俗称“道台”。

⑦ 刁斗：古行军用具，夜鸣之以警众报时，昼则用作炊具。

《腾越厅志》序

陈宗海

邑之有志，犹国之有史。不但志山川、财赋、学校、农田而已，盖将以忠孝节义与功业文章之炳炳者，褒于前，劝于后，俾人心有所激励，政治有所持循，历千百年而了如指掌也。

腾越为滇西极边地，自西汉通中国，历晋、唐、宋三朝，或据或附，叛服无常。至元乃立帅府于银生甸，明因之，置腾冲卫，后改腾越州。我朝定鼎以来，又改州为厅。惟是德泽所孚，休养生息，海宇乂[①]安，虽蛮烟瘴雨之乡，莫不薰德善良，极文物声明之盛，盖百数十年涵煦于德化者深也。况国家道隆今古，化洽重熙，聿命儒臣纂辑旧典，全书集于《四库》[②]，图志掌于《职方》[③]，凡行可表慕足以风者，无不罗致征求之。若兹边隅，当亦輶轩[④]所欲采欤。光绪戊寅冬，余莅兹土，寻访旧志。兵燹之后，板既朽蠹无存，自乾隆中，前任屠公编修后，迄今百有余年，其书亦已寥落。噫！谁司其责者，竟使一方之文献，久而就湮也。于是请于上宪，捐俸重修，使地方老成者一一采访。适楚南余我如太守[⑤]榷厘[⑥]，九隆[⑦]吴绍春比部[⑧]办团至此，共相怂恿，乃辟求文学之士于署中，日加考证，旁搜轶事，博览群书，凡名贤巨公、忠孝节义，其事迹之昭著与夫幽光潜德之未彰者，一一得详而悉也。至文章亦道德之华，存其最者可耳。夫朴陋者无文，嗤其辞之不雅驯也；驰骋者近诞，虞其事之不质实也。吾人著一书、立一说，取前人之芳踪遗迹阐发而表彰之，偏而不举，固不得也；谬其实，仍不免以溢词为古人诬，尤不可也。今原本旧志，遗者补之，讹者正之，诸目之混淆者分晰之，历年

① 乂(yì)：治理、安定。
② 《四库》：指清乾隆年间编纂的《四库全书》。
③ 职方：官名，掌天下之地图，主四方之职贡。
④ 輶轩：轻车。古代使臣所乘之车。
⑤ 太守：官名，明清时专称知府。
⑥ 榷厘：征税。
⑦ 九隆：山名，即哀牢山，在云南保山境内。
⑧ 比部：官名，明清时用作刑部司官的称呼。

之待叙者增损之、编缉[1]之。虽不敢谓一方之事故得我始传，庶不至我而坠，予惭几释焉。是为序。

大清光绪十三年岁次丁亥嘉平月[2]上浣吉旦赏戴花翎盐运使衔道员用尽先补用知府知腾越厅事会稽陈宗海春源氏撰书。

---

① 缉：通“辑”。
② 嘉平月：腊月。

腾越厅志卷之首

衔　　名

总　修

赏戴花翎盐运使衔升用道候补知府腾越厅同知：会稽陈宗海

协　修

赏穿黄马褂记名提督镇守贵州古州调署云南腾越等处地方总兵官：鹤庆丁槐

盐运使衔升用道候补知府：武陵余泽春

刑部员外郎：保山吴世钦

六品衔腾越厅训导：邓川杨绍曾

监　修

总办腾越厘金前东川府知府：武陵蔡元燮

提举衔候补通判：新都黄焕基

腾越厅学正：新兴王者香

腾越厅分防龙川江经历升用知县：安顺张凤藻

五品衔候补县丞：会稽鲁绳祖

候补府经历：兴义高荣廷

五品衔候补县丞：三原张维清

前广西太平府知事升用州判：山阴吴世仁

腾越厅司狱：罗田姚知清

候补巡检：山阴吴祖培

总理纂修

举　人：赵端礼

承　修

举　人：刘宗鉴　明钟琦　张成濂

拔　贡：许正余　杨润富

岁　贡：董大纯　黄槐清　张金钺　邵席珍　许培英　谢翊晋

廪　生：段有超

分 修

举 人：寸性安

恩 贡：寸倬云

岁 贡：黄生隽

廪 生：侯用康 王时清 张钟元

校 对

廪 生：寸开泰 董友兰 寸性明

生 员：嶍峨周开仁

誊 录

职 员：保山陈殿勋

绘 图

廪 生：杨金霖

采 访

恩贡生：汤近仁 张文蔚 孙嘉佑

岁贡生：黄生元 周延佑 梁世惠

廪 生：刘光照 邓尚质 赵圣昌 汤绍琦 汤有文 李国祯

例 贡：杨坤贞 尹玉书 谢家宝 尹维桢 寸和鸣 杨程化

生 员：杨克懋 张建侯 濮登年 钟于德 艾 绶 杨必盛 李如松 尹佩绅 彭德洋 尹乃灏 萧寿春 李枝泰 王 风 刘俨然 陈士林 冉希孔 汤有光 李正安 辜鹤林 杨泽新 董如椿 侯维珍 陈学仲 赵金鉴 叶盛春 杨国彦 刘迎昌 许子元 杨怀琼 张凤翥 王 建 段锦章 李枝馨

副 将：李珍国

参 将：杨春荣

游 击：王文榜 刘明钦

都 司：柴生藻 邵森棠

守 备：孟知礼 蒋相玉 徐治国

世 职：吴浩然 贺时昌 蒋治国

乡 饮：明于朗 樊启林 李枝美

　　　　　李含新　胡绍成　番学敏
　　职　员：刘振东　郭世业　蒋绍春
　　军　功：段体仁　李材春　尹家宠
　　武　生：周延醇　杨贵发　李大绶　吴大广　尹绍和
　　　　　赵贵昌
　　监　生：蔺自新　尹其懋　高名扬　刘光璃　黄朝辅
　　　　　杨应萃
　　耆　民：杨科宏　宝正蛟　赵中和　孙　缄　尹　东
　　　　　张希孔

光绪五年总理纂修。此次厅志已脱稿付梓，因未协《通志》规式，故十二年重事更修，而纂理绅士姓名不容没也，特为附刊于此：

　　举　人：革焕章　李沾泽
　　岁贡生：李朝征
　　恩贡生：董在宽

凡 例

一、腾之有志，始于前明，绅士易经、吴宗尧及州牧李君之仁、沈君祖学俱有著述。因其后地方多故，卷帙莫存。及我朝，各属志乘灿然大备，而腾志阙如。乾隆中，州牧吴公楷莅任后，因事遍历关隘，得所见闻，即广为搜辑，阅十年，始得成志稿。旋以丁艰卸去。迄屠公述濂到任，始付剞劂而其书成。然仅记至乾隆四五十年止耳。其后及今近百年，尚未修也。故今广为询访，重加订正，庶几嘉、道以来之事，亦得昭然可考。

一、记载每患纲目混淆，易于眩目，令人难稽。今仿滇省《通志》总目，缕晰条分。首天文，次地舆，次建置、祠祀、学校、政赋，又次则秩官、武备、人物、外夷，其艺文、杂记则列于卷末。务使先后较然，节目无混，庶令观者易于便览。

一、自乾隆以后，城邑被贼占据者有矣，寺庙被贼烧毁者有矣，其桥梁、塘汛被贼倾覆者更不少。兹幸天威远布，地方平复，所属官署、庙貌、桥梁一切重为修建，焕然改观。自不能不另为载记，而阅者亦不致视前后为一辙。

一、田赋载在前志，了如指掌，今亦未尝改易。惟道光以后，安硐设卡，增置练田，以及设义学、改书院、置卷金事，尚未之及。今一一详为考订，庶足俾后之阅者，有以知所由来。

一、官制、营制，前所志者，非属难稽。然有经数年而改变者，有数十年而改变者。今自乾隆后，一一详加辨晰，庶始末不致混然。

一、腾越地处极边，其边防视别属为尤要，其戎事亦视别属为更多。前志所载缅人侵扰之事，倍极详明。岂知道光、咸丰间，回逆叛案、野匪抢案尤甚。兹逐一列其源委，庶使后人知边防之不容忽也。

一、腾僻处边隅，其间有文学、孝义之士，而忠荩、节烈者亦不少。今虽详加采访，难免不无遗漏。而各邑绅管所报，必有明征，故志之，令后人知所取则焉。

一、边地野夷，与华人异，夷俗俚语，与华语殊。然既邻近边境，不可不悉其风土大略。故志边裔于外夷之内，即记方言于种人之中，俾观者知所择焉。

一、腾地人文会集，岂无佳作、名艺以备观览？然集中所载，则惟取其有关地方者、有系边防者。外此，则虽鸿篇巨制，亦不敢滥为收录，惧冗也。

一、地方无稽之说，在所不录。然有事属异常，而其人其事确有可凭，某月某年实有证据，则为地方之创见，亦非虚冒之浮言，故述异闻轶事于卷末，以俟参考云。

腾越厅志稿总目

列圣御制

山川考谕

圣祖仁皇帝

朕于地理，从幼留心。凡古今山川名号，无论边徼遐荒，必详考图籍，广询方言，务得其正。故遣使臣至昆仑、西番诸处，凡大江、黄河、黑水、金沙、澜沧诸水发源之地，皆目击详求，载入舆图。今大兵得藏，边外诸番悉归王化；三藏阿里之地，俱入版图。其山川名号，番汉异同，当于此时考证明核，庶可传信于后。

大概中国诸大水，皆发源西南大干内外，其源委可得而缕晰也。黄河之源，出西宁外枯尔坤山之东，众泉流出，沮洳[①]涣散，不可胜数，望之灿若列星。蒙古名"敖敦他拉"，西番名"苏罗木"，译言星宿海也，是为河源，汇为查灵、鄂灵二湖。东南行，折北复东行，由归德堡、积石关入兰州。岷江之源，出于黄河之西巴颜哈拉岭七七勒哈纳，番名"岷捏撮"。《汉书》所谓岷山在西徼外，江水所出是也。而《禹贡》[②]导江之处，在今四川黄胜关外乃褚山。古人谓江源与河源相近，《禹贡》岷山导江，乃其流，非源也，斯言实有可据。其水自黄胜关流入，至灌县分数十歧，至新津县复合为一，东南流至叙州府，会金沙江。今之金沙江源，自达赖喇嘛东北乌捏乌苏流出。乌捏乌苏，译言乳牛山也。其水名母鲁乌苏，东南流入喀木地，又东南流经中甸，入云南塔城关，名金沙江。至丽江府亦名丽江。至永北府会打冲河，东流经武定府，入四川交界，至叙州府，合岷江，流经夔州府，入湖广境，由荆州府至武昌府，与汉江合。汉江源出陕西宁羌州北嶓冢[③]山，名漾水。东流至南郑县为汉水，入湖广界；东南流至汉阳县汉口，合岷江。此诸水在东南大干之内，故源发于西番，委[④]入于中国也。

澜沧江有二源，一源于喀木之格尔巩栾噶儿山，名栾褚河；一源于喀木之齐鲁肯他拉，名敖母褚河。二水会于义木多[⑤]庙之南，名拉克褚河，流入

① 沮洳：由腐烂植物埋在地下而形成的泥沼。

② 《禹贡》：《书经》中的一个篇名，成书时间约在战国，它用自然分区方法，把全国分为九州，假托是大禹治水以后的政区制度。是我国最早的科学价值很高的地理著作。

③ 嶓(bō)冢：山名，在甘肃。宁羌州，属汉中。

④ 委：水流聚合处。

⑤ 义：应作"叉"。叉木多：即察木多，地名，古名"喀木"为三藏之头藏。

云南境，为澜沧江。南流至车里宣慰司，名九龙江，流入缅国。澜沧之西为哈拉乌苏，即《禹贡》之黑水，今云南所谓潞江也。其水自达赖喇嘛东北哈拉脑儿流出，东南入喀木界，又东南流入怒夷界，为怒江。入云南大塘隘，名潞江。南流经永昌府潞江安抚司境，入缅国。潞江之西为龙川江，龙川江之源，从喀木所属春多岭南流，入云南大塘隘，西流为龙川江，至汉龙关入缅国。此诸水在东南大干之外，故皆流入南海也。

又，云南边境有槟榔江者，其源发自阿里之冈底斯东打母朱喀巴珀山，译言马口也。有泉流出，为牙母藏布江，从南折东流，经藏危地，过口噶公噶尔城傍，合噶儿诏母伦江之南，流经公布部落地，入云南古勇州，为槟榔江，出铁壁关，入缅国。而冈底斯之南，有山名郎千喀巴珀，译言象口也。有泉流出，入马品母达赖脑儿，又流入郎噶脑儿，两湖之水，西流至桑纳地。冈底斯之北，有山名僧格喀巴珀，译言狮子口也。有泉流出，西行亦至桑纳地。二水合而南行，又折东行，至那克拉苏母多地，与冈底斯西马珀家喀巴珀山所出之水会。马珀家喀巴珀者，译言孔雀口也。其水南行至那克拉苏母多地，会东行之水，东南流至厄纳忒克国，为冈噶母伦江，即佛家所谓恒河也。佛国纪载，魏法显顺恒河入南海，至山东之渤海入口，应即此水矣。梵书言四大水出于阿耨达山下，有阿耨达池。以今考之，意即冈底斯。是唐古忒称冈底斯者，犹言众山水之根，与释典之言相合。冈底斯之前有二湖连接，土人相传为西王母瑶池，意即阿耨达池也。又梵书言普陀山有三：一在厄纳忒克之正南海中，山上有石天宫，观自在菩萨游舍，是乃真普陀；一在浙江之定海县海中，为善财第二十八参观音菩萨说法处；一在图白特，今番名布达拉山也，亦为观音化现之地。释氏之书，本自西域，故于彼地山川，颇可引为据也。《禹贡》“导黑水至于三危”。旧注以三危为山名，而不知其所在，朕今始考其实。三危者，犹中国之三省也。打箭炉之西南，达赖喇嘛所属拉李城之东南为喀木地，达赖喇嘛所属为危地，班禅呼图克图所属为藏地，合三地为三危耳。哈拉乌苏由其地入海，故曰导黑水至于三危，入于南海也。至于诸番名号虽与史传不同，而亦有可据者。今之图白特，即唐之突厥。唐太宗时，以公主下降，公主供佛像于庙，今番人名诏。诏者，译言如来也，其地犹有唐时中国载去佛像。明成化中，乌斯藏大宝法王来朝，辞归时，以半驾卤簿[1]送之，遣内监护行。内监至四川边境，即不能前进而返，留其仪仗于佛庙，至今往来之人多有见之，此载于《明实录》者。尔等将山川地名，详细改正具奏。

缅甸诗六十韵丁亥

高宗纯皇帝

缅甸南瀛裔，于古朱波是。赵宋宁宗时，一通中国始。元明数征讨，叛服亦云屡叶[2]。宣慰仍土酋，羁縻而已矣明时缅甸有二宣慰使司，然仍缅酋为之，非诚内附也。其时谁最骍[3]，哒嘛莽瑞体。考其所侵轶，陇川界迤逦。厥后明桂王，逃缅延喘哆[4]。世庙[5]宣索之，献出遵挥指明桂王朱由榔自粤入滇，旋奔缅。顺治十七年，内大臣公爱星阿奉命统兵临境，传檄擒献。缅人震惧，执由榔及其亲属献军前。缅则置度外，遐荒非所取叶。然陇川一带，实入我界里。前岁莽猖獗，盖受缅指使。莽既铲削尽，缅斯漏网耳。蚕食邻如故，邻多向内志叶。大山及木邦，率有成言底大山、木邦并缅甸所属，上年秋，总督杨应琚奏，各头目先后具缅文呈请内附。最先乃新街，归附发已薙[6]。应琚往永昌，飞报受降事叶。所遣新街者，才八百军士。缅闻悉众争，不敌成败北叶。新街为西路入缅要隘，缅闻其内属，集众二万遮突我师。副将赵宏榜以兵少不支退回，新街遂复为缅据。继进实朱仑，于楞木遇彼。彼此互杀伤，乃听贼计诡总兵朱仑率兵七千余，至楞木，遇贼打仗，听贼诓诳求退兵，遂率兵退回，并未奋力堵剿。撤兵进铁壁，关名，贼遂蹑追尾。腊撒及陇川，以次仑退委[7]朱仑从楞木退至户、腊撒，寻复退至陇川，渐回内地。贼因尾后窜入，与万仞关潜越之贼党合扰陇川。而杨应琚复堕贼求和之计，仑促受降。贼分路旁轶，仑竟按兵不复穷追，任其渡底麻江而去扰木邦。缅乃大蹂躏，劫略恣焚毁。盏达与干崖，土户遭兵毁。其时李时升，拥军惟守已时升以提督大员，藉称居中调度，从未亲临行阵，仅一至铁壁关，旋即退驻杉木笼，依违观望，事乃益偾[8]。防御之不足，进剿焉可恃当贼势纷扰时，李时升等既不能力剿，徒

---

① 卤簿：帝王驾出时扈从的仪仗队。出行之目的不同，仪式亦各别。自汉以后亦用于后妃、太子、王公大臣。唐制四品以上皆给卤簿。

② 叶(xié)：和洽、相合之意。如“叶韵”即与前一个韵相合。

③ 骍(hán)：马凶悍貌。

④ 哆(chǐ)：张口貌。“延喘哆”，苟延残喘之意。

⑤ 世庙：指顺治皇帝。前“圣祖仁皇帝”即康熙帝，“高宗纯皇帝”即乾隆帝，后之“仁宗睿皇帝”即嘉庆帝。

⑥ 薙(tì)：剃发。

⑦ 委：放弃。

⑧ 偾(fèn)：败坏。

令兵弁朝东暮西，奔命不暇。而杨应琚听其虚词捏报，尚以杀贼万余，屡形奏牍！缅更移兵东，木邦遭惊骇叶。应琚檄军援，又以无律纪贼东扰木邦，将弁等迁延贻误。杨应琚既漫无调度，又纵容姑息，且累诳奏，不以实情入告。运粮粮或弃，饬进进或止。以此大狼藉，成功安可拟？我朝百年来，初未曾见此。此实予之过，应琚误任倚。方谓定莽能，谁知遇缅否[1]！诚以今日观，不如病弗起去冬杨应琚痰疾为患，屡降旨慰问，遣医赐药，冀其速瘳蒇事。初不料其挟诈辜恩，靦颜视息，一至于此！乘病人欺汝，汝罪尚可弭。病痊汝欺予，汝罪将安徙杨应琚病中失律掩覆，或为将弁所愚，可期晚盖[2]，至病痊甘蹈欺谩，则是有心误国，其罪复何可贷！初因任倚专，边情不遥制叶。继则觉或诈，军机万里揣。即如斩万贼，贼早败披靡，岂复至界内，狂逞肆屯蚁？降谕切询问，乃不能欺饰叶。一一具实陈，了了如吾旨杨应琚先奏楞木、铜壁关杀贼盈万，又于猛卯杀贼四千。果尔，则军威大振，贼必望风惊溃，何至转向内地滋扰？当即摘出严询，诈谋节节吐露，悉如所料！其实迢遥万里，初无一人飞章密告，而杨应琚前后奏摺自相矛盾，事理了然。朕亦非尚逆亿[3]之明也。堂堂大清朝，岂受外侮理！追思西师役，允赖天锡祉。成功五年间，辟地二万里。岂复弗知足，佳兵[4]心更侈？斯则事已张，师行不得已。绿旗向懦弱，加以气连馁。总因应琚昏，瞉瞀[5]迷方轨。提镇咸偷安，战阵不亲履。更置示明章，勇将重建棨[6]杨应琚既偾辕失事，入秋，大兵进剿，整理亟需得人。公明瑞适自伊犁入觐，即命为云贵总督，往统其军。曾经百战身，忠贞视如子。必能同士卒，建绩纾予企。禁旅发健锐，突将[7]无前尔命简健锐营兵一千五百名，火器营兵数亦如之，分队赴滇进剿，皆曾经平定准夷[8]回部，屡经战阵立功者。是皆笃知方，奋力屡敌忾叶。沿途饬弹压，驿骚无或致叶。军行时雨霏，吉占兆兵洗春月麦畴方需雨泽，追明瑞领兵于四月初四日自京起行，是日适值甘霖，随车叠沛，见者莫不称师行之瑞。会见旗鼓新，秋深乃大举叶。准夷实劲敌，缅丑岂其比？定期以冬春，伫听捷音喜。

---

① 否(pǐ)：鄙劣，无知。
② 可期晚盖：戴罪立功。
③ 亿：料事。
④ 佳兵：利器之义，后人转为好用兵之义。
⑤ 瞉瞀(kòu mào)：鄙吝，心不明。
⑥ 棨(qǐ)：官吏出行时用做前导的一种仪仗。
⑦ 突将：冲锋之将。
⑧ 准夷：部族名，即蒙古准噶尔回部。

降旨查恤征缅弁兵阵亡者因成是什丁亥

高宗纯皇帝

征缅谁期方伯欺，偾辕狼藉众殃罹滇兵应调征缅者；不下一万七千余。乃杨应琚措置乖方，致军士撄贼锋、冒瘴疠而死及迷失不归者，几及其半，即将弁亦有临阵捐躯者。应琚务为欺饰，匿不上闻，无由加优恤而励忠荩。兹以廷鞫李时升，始悉梗概。因谕总督明瑞、巡抚鄂宁核实胪奏，以分别恤赉。纵令平声巧饰伊驰牍，何致不怜彼死绥[①]？既悉庸臣多隐报，定教节士被恩施。此时此事惭犹睹，三叹宁惟杜牧之！

降旨昨年征缅官军所过省分各赐十万金以示体恤滇省则仍如去岁例所过州县及永昌府属全行蠲免正供诗以志事戊子

高宗纯皇帝

缅寇昨弗靖，有征不可恕。三千发禁旅，撰吉[②]从京去。供亿动正帑，毋累闾阎遽。惟是途阻修，有司恐迟误。夫马出乡间，岂免稍资助？咨询各督抚，兹始悉其故。豫省经理善，原知津贴数。八万六千余，民蠲佐和雇。余或称减斯，余或称不预朕以各省供应兵行，正帑奏销之外，必有闾阎帮贴之事，因降旨各省，俾据实奏闻。兹方世俊复奏湖南所用民资实数八万四千余，定长奏湖北省则五万五千余，方观承奏直隶省止一万五千余，皆较河南减少。而良乡奏贵州省俱由乡保措办，地方官不预，其事无凭稽核。夫地方官不预，则蠹役侵蚀，必益累民。当经批饬交议，并通谕各省。减斯苦官赔，不预利役蠹。均非诚实心，体予勤恤虑。絜矩[③]有良方，各赉十万足。举多尚过之，于与戒靳固。仍令善承宣，实惠被黎庶。滇南例去岁，全免今年赋。奠外先安内，国帑正充裕。俾民不知兵，如从衽席度。伫待大功成，佳音传露布！

将军公明瑞挽诗戊子

高宗纯皇帝

蛮结之捷鼓勇进，孤军深入心牵萦。屡催继援竟弗援，额尔登额以参赞统兵，自旱塔沿途逗遛，屡经传旨饬责，抚臣鄂宁亦驰檄进援木邦，接应将军，彼并置之不问。偾辕驽马诚堪惊！然犹因粮剿猛密，计当两路兵合并。谁料援师竟避

---

① 死绥：古名退军为绥。《司马法》：“将军死绥。”今称交战曰“交绥”。

② 撰：与“选”通。撰吉：即选择吉日。

③ 絜矩：儒家伦理思想，“絜”是量度之意，“矩”是制作方形的工具。象征道德上的示范作用。

贼，额尔登额既退葸贻误，致老官屯匪孽尾随大军伺隙，又以猛卯一带多有贼踪，彼自生惊阻，遂由内地绕至宛顶，复惟怯[1]不进。强弩末被鲁缟轻。蜂屯蚁集截归路，将军体恤诸孱兵。携数勇士独殿后，不虞中去声要害命倾将军公明瑞自大山移驻猛腊，率众击贼连胜，歼数千指[2]，以绿营疲病者多，不忍弃去，命将领护行，而身自殿后接仗，臂胸被创，竟致捐躯。都统扎拉丰阿、护军统领观音保、总兵李全亦俱阵殁！嗟哉捐躯因为国，痛惜如失股与肱。双忠双烈及双义，驻藏副都统傅清、左都御史拉布敦，以锄凶死事，表曰"双忠"；而定北将军班第、参赞大臣鄂容安，为伊犁贼党所迫，仓猝捐躯，是为"双烈"；黑水之役，参赞伯纳木扎尔、侍郎三泰，遇贼被害，是为"双义"。三逢斯事何为情大臣竭忠报国，节义炳然罕觏，兹后先媲绩，三而且四，深为怃然！要当专祠表勋绩，俾尔千古存如生。恨缅事益难中止，雪仇大举期功成。

将军公明瑞及领队大臣都统扎拉丰阿护军统领观音保灵榇至京亲临奠酹即事成什戊子

高宗纯皇帝

全师原是出蛮陬，何事三臣命独休将军公明瑞师次小猛育，额尔登额逗遛不接应，以致旱塔木邦之贼，并力邀遮[3]。时以营中病疲之卒义难径弃，三臣矢志不肯轻还，殿后接战，临阵捐躯！被阻棱棱耻生返，捐躯赫赫永名留。殿军无愧孟之反[4]，陨节同如赵庆州[5]。故里榇归临奠酹，酒杯酾[6]尽泪还流！

命大学士傅恒往云南经略军务诗以言志己丑

高宗纯皇帝

征缅非人事竟乖，缅匪不靖，历经滇省督臣因循贻误。至刘藻、杨应琚而乖张欺罔，其患滋甚。及将军公明瑞统兵深入，军威大振，又以额尔登额失律不援，遂未竣事。重平声资军略重去声臣差。待之一岁无消息，慑以三军或畏怀上年秋，以军营整顿兵力，暂停进剿。缅酋虽有蒲叶书，因摆夷送至，并未专遣缅人诣军营诚心

① 惟：应作"恇"字。恇：害怕、惊慌；怯：胆小害怕。
② 指：计人口之数叫"指"，与动物之称"头"同义。
③ 邀遮：阻拦，截击。
④ 孟之反：春秋时鲁大夫，鲁与齐战，兵败而殿后。
⑤ 赵庆州：时代及事迹未详。
⑥ 酾(shī)：斟。

乞降。今岁因集兵大举，以示震叠。中止诚难存国体，逆匪敢抗颜行，大兵既难中辍。若以缮边驻师，为小丑久劳防戍，不但非国体，且兵老而费同，此兵出于不得已之实也。边防欲靖岂兵佳。伫期指日大勋就，后舞前歌振旅皆。

赐经略大学士傅恒及征缅众官兵酒食即席得句己丑

高宗纯皇帝

缅酋弗靖扰滇邦，螳臂居然试莛撞[1]。健骑重驱厄鲁部，骁材兼选黑龙江征缅之事既不可中止，绿旗兵又懦弱不堪用，惟索伦兵习劳善战，其骁锐实可以一当百，向曾用以平定伊犁及回部。兹特选派黑龙江索伦兵三千，同吉林水师、盛京新满洲兵各一千，并拣厄鲁特三千余，鄂伦春三百，次第赴滇，预备进剿。时索伦头队兵适至，因命一体赐食加赉，以励其勇。即令随大学士傅恒启行。弼予中国原无二，平彼今时岂有双？就事熟筹应一往，此举出于不得已，其详已注前诗。至大学士傅恒，固难遽离左右，但军行远隔万里以外，朕岂能事事遥为筹度？且机宜所在，更有不能悉待指示遵行者。若经理不得其人，既恐因循旷日，倘事未蒇[2]而撤兵，尤非长策。惟傅恒才识远出阿里衮、阿桂诸人之上，彼至军营，必能随事制胜，迅奏肤功。筹之再三，因命以经略督兵前往。于浮得絜胜千扛。必能合众成城奏，莫拒牵羊袒肉降缅酋恃其险远，敢作不靖，乃待以一年，竟不知悔罪乞降，不可不扫穴歼渠，以存国体。此时合力进剿，逆酋或遣人投诚，安知非饰诈缓师狡计？断不宜允。若大兵既进阿瓦，彼或惧而望风纳款，又不妨察其诚伪，酌量受降。朕之本意原在息事宁人，而不在逞威进剿也。湛露和风士凫藻，伫看饮至[3]酌金缸。

造舟行己丑

高宗纯皇帝

造舟造舟何处祃[4]，乃在铜壁关外野牛坝。缅匪险据老官屯，必资水军顺流下。先是屡敕预刳[5]木，率以难成中止罢缅贼恃有老官屯之险，必得舟师夹击，方能攻拔其栅。并沿江夺取贼船，顺流直捣贼巢，此为制胜最要关键。乃前岁明瑞初至，计不出此。昨春及冬，屡谕相地鸠材，而阿里衮、鄂宁、阿桂前后所奏，并以边外峡纡湍险，不可通舟，沿江亦无可办船工之所，中止者再。今春特遣傅显、

---

① 莛(tíng)：草茎。莛撞，言以莛撞钟，徒劳也。
② 蒇(chǎn)：完事。
③ 饮至：古时，盟伐既归，合饮于宗庙，谓之饮至。
④ 祃(mà)：古代军中祭名，祭于驻地或出征前。
⑤ 刳(kū)：从中间破开再挖空。

伍三泰往莅其事，仍以江岸难于择地为奏。经略尽心博访咨，得地得材命工价经略大学士傅恒甫至军营，即询之抚夷李景朝、土司线官猛等，知铜壁关外可得善地，乃遣傅显等往勘，遂于蛮莫相近之翁古山，见其广有材木，足供船料。其旁野人所居之野牛坝可以施工，野人皆乐于受值，伐木助役，即遣官兵等往护鸠工。犹然边外岂异区，事在人为语非假叶。野人效顺气爽凉，野牛坝地极凉爽，且无瘴气，可容多驻兵匠。而野人复极恭顺，执役之外，并愿代侦贼踪，兼修治道路，以备进兵。兹据傅恒奏至，船材已成大半，七月内即当蒇功。可见事无难易，果尽心致力，无不成者。同此边外境壤，非自今日始通，岂傅恒独能察知，诸人向皆无所见闻耶。颇觉炎瘴轻往夏。忠诚天佑有如斯，我亦为之额手谢！舁[①]至蛮莫乃入江，诸事从公堪奖藉。船料既成，运江岸合造，例用绿旗兵舁行。傅恒令满洲骑兵更番同运，并诸大臣随行僮仆，一体任负，以均劳逸。如此存心公正，实从来领兵大臣所未筹及。绿旗兵众，宜无不感激奋励。闽人使船如使马，鼓勇艨艟凌波驾。福建水师娴于驾驭攻击，预敕选派二千人，令提督叶相德统领赴滇，于七月中至军营，以期集事。水陆兼进缅岂当？定知肉袒牵羊迓。安民和众武常经，不为所欺不防赦此次我兵声势甚盛，懵驳闻之必惧。然逆酋梗化已久，待之一岁，并无纳款之信。此时若怵我兵威，遽以归诚为免祸之计，自不宜轻许。将来大军深入，夺垒摧坚，殄其丑类，贼酋或穷蹙请命。果出悃忱，则我武既扬，又当体朕息事宁人之意，不必逞威尽剿。第察其诚伪，勿为贼人诡谲所愚，而责其奉表成礼，固毋庸执扫穴歼渠之说也。

经略大学士傅恒奏进兵日期及腾越晴雨田禾情形诗以志慰己丑

高宗纯皇帝

撰辰月廿启军营，鱼贯先教前队行。傅恒择于七月二十日自腾越启行，所统由戛鸠渡江之官兵，自十三日起陆续前进。连日倍觉晴朗，将士皆欢欣踊跃，滇人佥云：秋时从无似此连霁者。气机实为顺适，即此可卜师行之吉。谁谓炎方常值雨，欣闻祃日屡逢晴。仓箱[②]更说堪登稔，腾越一带，秋禾葱郁密茂，高已数尺。农民咸以为今岁收成必倍丰稔，于军储更为有益。储偫[③]应知易致盈。额庆天恩赐嘉兆，越容速报大功成！

---

① 舁(yú)：共同抬东西。
② 仓箱：储物之处，犹言仓库。
③ 偫(zhì)：储备；预先准备。

经略大学士傅恒奏报收抚猛拱土司赐诗示奖己丑

高宗纯皇帝

猛拱输诚舟济师，朱波早是失藩篱。猛拱土司浑觉，遣其头目脱猛乌猛至腾越投诚，愿备舟济师。比经略大学士傅恒军次戛鸠江，夷目等已陈舟江岸，遂由允帽寨口渡江。今奏报八月二十四日至南底河，脱猛乌猛复率猛拱城长来迎，并舣[1]舟河干待渡。傅恒先遣领队大臣公奎林统劲旅五百往定其城，俟后队咸至，盛兵以莅。猛拱乃江外一大部落，缅匪恃为扞蔽，今既收抚其地，则彼之门户已失。在我实操胜势，亦如平准夷时之先取乌梁海也。乌梁海譬先收附，准噶尔斯易埽夷。身先去声诸军共辛苦，心嘉硕辅佛肩仔。秋霖中喜瘴江渡，已趱兵行两月期。傅恒于七月二十日自腾越统兵进剿，出关以后，路益崎险，兼之秋雨地泞，积潦甚深，平时车马可涉之溪，非舟桥不得渡，他人当之，鲜有不畏难生阻者。而傅恒督率士卒，结筏成梁，且有横一木于水面，身先践涉为众倡，以此人皆感励。指顾集事，虽当雨多涨盛之时，我军安渡无滞。据奏，九月初十日，计可至蛮莫，与副将军阿桂会师，即议分路攻取老官屯，较前岁师期早将两月云。伊犁耆定[2]久戈弢[3]，讵缅昏狂事蚧搔。西陲底定，已庆戢櫜。故于回部献俘时，曾有"从今更愿无斯事"之句，实朕志也。至缅夷僻在荒徼，初未尝有勤远拓边之意，即其始作不靖，尚不欲动众声讨。乃贼酋敢恃险远，抗我颜行，且宽以一年，待其悔罪，仍冥顽负固！此则国体所系，势难中辍，不得已用兵之苦心，上天实鉴之。昔实谋猷赞帷幄，今资奔走效弓刀。东山那学谢安逸，上蔡还过裴度劳。伫待红旗飞报捷，重开紫阁勒勋高。前此西师之役，惟傅恒与朕同志，独赞成功。曾于紫光阁图形策勋，列在第一。今以事巨人少，不得已命前往经略。乃劬勚[4]备尝，茂绩尤著，俟大捷迅奏，阁书再标，用彰懋赏耳。

经略大学士傅恒奏进缅纛诗以志事己丑

高宗纯皇帝

师会新街可进航，经略傅恒既由猛养至新街会兵，大江上游已为我有。而自野牛坝运至蛮莫船料，亦以次造成。遂分拨舟师，水陆进剿。贼人迎拒据芦塘。贼潜聚新街下游，于江滩结寨一，复于江滩右及西岸各结大寨一，以拒我兵。时有贼船隐至远岸，窥我营势。数番破阵妖锋挫，两队夺舟我武扬。傅恒等在东岸派兵携枪

① 舣(yǐ)：停船靠岸。
② 耆(zhǐ)：致也。《诗经》："耆定尔功。"
③ 弢：同"韬"，弓袋。
④ 劬勚(qú yì)：劳苦，劳累。

炮备应，见江面贼船至，有红衣贼目驾大船统之。我江滩兵即以炮迎击，船应炮碎，贼皆赴水遁，余船未及退。侍卫阿尔苏纳、护军校乌什哈达乘吉林小船进掩之，海尔察等亦率兵继进。近滩，又有红衣贼目，舟胶不得行，乌什哈达即跃入浅水中，射毙贼众十余人。贼目持枪欲格，吉林马甲乌云保彀矢殪[1]之，乌什哈达夺得贼纛一，阿尔苏纳亦统兵夺其西岸大寨，其余将领等获贼船粮械无算，杀贼计五百余。斩将搴旗嘉此众，水凶土劣虑其力。新街捷奏至，嘉在事将弁奋勇宣力，举其尤者各赐巴图鲁号[2]，超擢进秩有差，余并下部录叙。越数日，傅恒以所获贼纛及其镂银碗具邮至，箧而藏之武库，用待策勋。及我师进次老官屯，贼人守拒甚固，猝攻未下。遂夺彼屯西一寨，杀退贼众，绝其粮援，已可计日而取。但其地水土恶劣，我军多有病者。时当冬令瘴退，尚且非宜，则阳生春至以后，更不可以深入。因传谕傅恒等攻得老官屯后，即速撤兵。见可知难，为行兵要领，朕惟审时度势，顺天而行，不欲执意用武也。老官屯得当振旅，观象玩辞易义长。

降旨班师诗以志事己丑

高宗纯皇帝

南诏炎荒，蕞尔蚁封自拥[3]；朱波污裸，狡焉蜗角谁争。自疆吏侈语羁縻，弊生束湿[4]；致土司洊罹抓揃[5]，衅启养痈。当制府之新命再颁，冀旗营之旧观一改，乃前锋武扬于摩坌[6]，而别队期误于援师。缓攻既经浃岁，大举可再稽时。是用俞[7]重臣之请行，统全军而深入。所过馈饷相踵，兼收栖亩之禾；捧檄偕徕，并效成杠[8]之役。夷人、野人之并集，夹道胪欢；猛拱、猛养之咸归，先驱著悃。尔乃部联水陆，营合东西。夺港栅而枪急争呼，指真可掬；焚洲船而炮轰莫御，腹已不交。既张拔砦之声，遂并攻屯之力。绝运道则先摧右寨，断臂难伸；歼丑徒则并靖傍侦，捣心可待。况洞胸矢贯红衣，空舞蛇矛；斩馘锋銛漆股，均填螳辙。方期扼布都之隘，遂将倾阿瓦之巢。惟是濡时瘴作，即次疠生，不宜以上选之劲兵，试殊方之厉炁[9]。逆斯征而顺斯抚，当上体夫天心；不足臣而不足耕，亦俯循乎地限。爰因搴纛声威之后，早示收钲振旅之期。而邮匦旋臻，贝文附进，吁停围剿，俾获生全。固应许以自新，且徐筹其善后。进止势所宜然，始终

---

① 彀(gòu)：使劲张弓。殪(yì)：死，杀死。
② 巴图鲁：蒙古语，意为勇士。清代，满族、蒙古族(后来汉族)有战功的都赐此称，上冠以“博奇”“奋勇”“匡勇”等勇号，以奖励战功。
③ 蕞尔：微小；蚁封：蚁窟地为巢，而封土于其上。
④ 束湿：政令苛刻严急。
⑤ 洊(jiàn)：一再；接连。揃(jiǎn)：分割；剪灭。
⑥ 摩坌：地名。
⑦ 俞：应词，表示允许。
⑧ 成杠(gāng)：桥梁。《孟子》：“十一月越杠成，十二月舆梁成，民未病涉也。”
⑨ 炁：同“气”。

事非得已。纵苦衷难薪于众喻，而司契实定于先几。用系长言，以资纪要，并申短引，聊代述怀。

大胜新街武略张，励师进取靖豺狼。足云示创蛮江地，适有相求贝叶章。经略大学士傅恒等，在新街江裔连破贼垒，获橐夺舟，殪绝凶渠，大歼丑类。贼众披靡奔窜，遂进攻老官屯。先拔其屯西一砦，绝彼粮援，复逼攻大寨。已可计日摧坚。顾其地水土恶劣，我师在彼者渐多疾病。冬令瘴退时尚尔，则阳生春至以后，更不可以久留。因念我将士为国敌忾，即使临阵捐躯，因优恤所必及，亦分谊所当然。若令其尝试毒厉，于心实有所不忍！因传谕退兵。傅恒等尚未接到此旨，而奏至：缅酋懵驳奉有致将军等蒲叶书，遣其大头目至老官屯，同贼寨大头目诺尔塔频诣军门，吁请贷其声讨。傅恒等因移檄，使受约束，责其奉表纳款，暂许解围。已自畏威而怀德，底期肉袒与牵羊。征缅之役，原出于万不得已。今之撤兵，亦惟审时度势，顺天而行。朕志久定于中，固不系于缅酋之乞降与否。但彼既以窘惧请命，则更无事于必逞兵威。今春傅恒奉命经略，曾于宴次赐诗，有"莫拒牵羊肉袒降"之句，意原在于和众安民。继为《造舟行》，亦曾及之，未尝不早计及此也。樊乡悉怛非嘉画，浑觉优恩俾乐康。撤兵善后事宜，已谕傅恒等熟筹妥办。至猛拱土司浑觉既率属内附，即当为之计及安全，若听仍居故地，恐日久或不免为缅匪侵凌，难以远为维护。因谕傅恒等询彼所愿，令于边内择善地处之，俾得乐业安居，不致为贼所毒逞。

苏尔相诗丁酉

高宗纯皇帝

差往缅屯因被羁，庚寅春，因缅匪恳求解老官屯围时，曾有奉表还人纳贡之说。久渝不至，命云贵总督彰宝遣人往询。而彰宝遽遣都司苏尔相持檄往缅境，乃匪目诺尔塔将苏尔相羁于老官屯。苏尔相屡欲引决不得，留彼八年。丁酉春，匪目得鲁蕴愿将苏尔相送还，禀致边吏。总督图思德据以入告，然不免露迁就完事之见，为缅匪所窥，复尔居奇翻悔。而缅目绽拉机又从中掣其肘，益致反复迁延。幸余预料图思德之才识拘浅，非能任其事者，因改令抚黔，而调李侍尧代其职，并命阿桂往彼相机筹办。二人措置得宜，缅匪始知畏惧，于四月廿七日差人将苏尔相及其随往之弁兵等送还内地。阿桂等因讯录他犯供词以奏，乃知苏尔相在彼情事，为之矜悯。今知悔罪送还为。兵传后实非佳也，事贵先声信有之。缅地水土恶劣，前此官军至彼，辄多染病，且有死亡者，实非可用武之地，故决计不复加兵。昨岁平定两金川，受俘诛逆，令所留缅目秤官猛等数人与观，皆惴栗觳觫，不敢仰视，因纵之归。

秤官猛等遂于缅地传述中国威武。会缅酋懵驳已死，其子赘角牙继立，颇知悔惧。而得鲁蕴等又深虑获罪天朝，终难安处，因思表贡还人，求许开关通市。其悔罪之心，实由先声所慑也。疠地瘴乡怜久汝，冰天雪窖岂殊其。设如比拟伊家武，无子无妻谓过伊。

苏武直未降匈奴，如卫律李陵耳，冰天雪窖，啮雪餐毡，岂能度十九岁之久？归而为典属国，赐之二百万。汉之奖忠，不为不厚。而李陵犹谓之薄，盖彼既降虏，所谓“出妇无好辞”耳。至于娶妻生子，则武故不得谓之全人，而亦令其啮雪餐毡，以延岁月乎？司马迁所云“附青云之士”者，史之美在此，而史之病亦即在此矣。因用武事，故并及之。

新丰折臂翁戒边功也　丁酉

高宗纯皇帝

新丰折臂翁，年八十八，鬓发霜，非因力战得受伤，乃是自折其臂，得脱为兵，至老身犹康。是翁盖学塞上之子，髀跛相保聚，又似支离，恃其无用，乃反攘臂武士行。虽然，支离塞子皆其天然耳，自折其臂，实出诡诈避役，而非臣子之纲常。新丰翁，不识弯弓与射箭，如何三丁点一丁，泸水瘴乡遣征战。是何异驱羊豕以饲豺狼，诚可笑亦诚可叹！工部石壕吏，少傅[1]新丰翁，事虽异，意则同。古人虽曰兵寓农，平时训习当有素，岂有未经一习而令供战攻？国朝之制超千古，八旗子弟不待言，绿旗亦素予以粮饷，俾之操练居营伍。有事屯戍征战乃用之，从弗驱彼平民，使有新婚、垂老相别之苦楚。戒边功，边功岂易言，新疆二万里，成功以五年，金川扫穴亦复然。未蒇功者祇缅甸，亦缘土卒不得用力于蛮烟瘴雨间。因其求降，遂令班师旋。缅酋懵驳负固抗，千不得已而用兵声讨。乃一误于李时升，贼众因得滋扰关内；再误于额尔登额，致明瑞深入捐躯，势更难于中止。大学士傅恒固请督师征剿，遂命前往经略。傅恒既至，身先士卒，水陆分途进攻。即收复猛拱，寻复于新街，破垒歼渠，进攻老官屯，军威大振，已可计日摧坚。顾其地水土恶劣，官兵病亡者多，此乃地气使然，劝惩皆无所用。且不忍驱勇锐之众尝试毒疠，因传谕撤兵。旨未至，而缅酋遣大头目诣军营奉书求赦。傅恒据以入告，因诏班师。是三役也，实多捐躯效命者，虽及赏延于世，祇今追忆犹酸然。不待开府不赏边功防黩武，亦不待国忠幸立边功致祸延。国之大事，藉彼相臣赞襄则可耳，惟当定之在君断以乾。用固出

[1] 少傅：应为“白傅”，即白居易。

于不得已，然而穷兵黩武之名讵勉旃。知我罪我何辞焉！居易新丰折臂翁之篇，欲和迟之再三下笔难。

蛮子朝刺将骄而相备位也　丁酉

高宗纯皇帝

蛮子朝，彼自至，初非蜀将之所致。彼亦盖贪中国利，涉远来朝必有赐，蜀将乃攘为己事。更谓开元鲜于仲通征蛮徒丧师，岂如贞元蛮，慕明德而自通诚觐玉陛。德宗嘉其诱谕功，遂令蛮朝大明宫。异牟寻男寻阁劝，并教召对延英殿。召对赐衣更赐食，大臣歆羡不可得。蜀将扬扬颇得意，拖紫佩金相备位，白傅乐府因为刺。云南天末六诏蛮，来朝弗朝于国诚何关？边将得意相备位，尔时政治从可观。辛卯土尔扈特来，跋涉万里诚惫哉！伊犁收抚抡将才，辛卯夏，土尔扈特汗渥巴锡等，自俄罗斯之额济勒率属内附，告之伊犁将军伊勒图以闻。特自乌什调舒赫德往彼为将军，经理其事。舒赫德遵旨分地安插，俾资耕牧。渥巴锡等来山庄朝觐，宴赉回，至所授游牧地，生计有赖，咸得安居乐业。越二年，授舒赫德为大学士，入阁赞理机务。示恩安辑非招徕。木兰秋狝[①]命厕陪，山庄挈回镐[②]宴开。至今畜牧孳童孩，将亦为相调盐梅[③]。备位非相骄非将，白傅再生应难腾口谤。

骠国乐欲王化之先迩后远也　丁酉

高宗纯皇帝

骠国乐，远在天末，隔之大海边，舒难陀，来献表诚虔。至于贞元十七年，德宗受之听其乐，玉螺铜鼓合奏，文身踊舞摇花鬘[④]。一时惊喜文武班，拜表称贺愿付史馆宣。吁哉尔时为何时，乱臣贼子接踵伺神器，乘舆出奔上下多流离。奸如卢杞弗忍去，忠如陆贽危则珍惜、安则亟去之。骠国乐，想亦偶至中国窥，固非怀德与畏威。居易固欲王化先迩而后远，是谓不揣其本而惟其末之徒齐。

---

① 木兰：地名，在热河围场县，为清代皇帝国猎的场所。因每年八月举行，故称“秋狝”。狝(xiǎn)：四季围猎的名称；春叫“蒐”，夏叫“苗”，秋叫“狝”，冬叫“狩”。

② 镐：应是“犒”字之误。

③ 盐梅：《书经》：“若作和羹，尔惟盐梅。”因盐味咸，梅味酸，为调味所需。后用来作赞美人，意为治国需有良宰相。

④ 鬘(mán)：形容头发美好。

云贵总督富纲奏报缅甸称臣进贡诗以志事戊申

高宗纯皇帝

官屯谢罪求罢战，已即传宣命止戈。昔年征缅之役，事非得已。迨己丑冬，经略大学士傅恒于新街江裔连破贼垒，遂进攻老官屯。继拔屯西一砦，绝其粮援，已可计日蒇事。惟时闻其水土恶劣，我将士多受病者，深为怜悯。若更待春至阳生，则瘴疠益甚，于是有班师之谕。而傅恒适亦奏缅酋懵驳遣大头目诣军营，吁求贷罪罢兵，因檄谕解围撤兵。盖其始以声罪之师不可以已，既而深度事势，恤我征人，遂尔止戈。原非利其土地，必欲穷兵也。嗣是二十年来，亦且置之度外。兹据云贵总督富纲奏：掌管国事孟陨遣大头目三名、小头人十一名，赍金叶表文，并驯象、金塔等件，款关进贡，情辞甚为恭顺。讵可阻其向化之诚？即谕令准其前来行在[1]，并临时酌加优赉，以示柔远至意。却逮廿年无信息，何称一旦入渐摩[2]。逊辞并未驰文帝，奉表翻看来赵佗。羁彼重英异苏武，督臣致讯似为过。

按《汉书》：赵佗当秦末自立为南粤武王。高帝已定天下，为中国劳苦，释而不诛，佗既复僭称帝号。文帝立，遣陆贾使南粤，赐书告谕。佗恐，顿首称臣。盖文帝初镇抚天下，不欲兴兵诛讨，惟贬损词意，冀其威服，而佗果称臣奉贡。书生巽懦之见，率以为是，予则以为大失中国驾驭外域之道。盖外域惟畏威，不知怀德，此意向屡论之。若今之缅甸，则大不然。初以滋事边疆，兴师问罪，既因其吁求，贷不加讨，亦不过舍之而已，岂直以一纸之书，婉谕臣服？而兹孟陨款关进贡，词顺礼恭，且据督臣译其来文，谓其父瓮藉牙承管国事，至其兄懵驳传子赘角牙，同时为恶，获罪天朝。继蒙宽赦，不加征剿，感激时深！伊与懵驳父子素不和睦，藏身缅寺为僧，自赘角牙自取灭亡，众头目举伊掌管国事，屡欲乞求进贡。因暹罗时相侵扰，并移建城池，未遑将使。兹特差心腹赍表，并具贡物，恳祈转奏，乞恕已前之罪，永作域外之臣。谢罪入贡归诚，出于倾心向化，其恭顺过赵佗远矣。至总督富纲讯以杨重英之事，实过于苛求。杨重英不过一臬司，在木邦被缅甸之兵遮去留彼，非若苏武之奉使朝廷也。其缚送与否，皆无所关系，何必致问？因严饬富纲，令罢之。且苏武在匈奴娶妻生子，向已薄之，闻重英在缅甸求死数次而不得，若复无娶妻生子之事，是较苏武为优矣！并戏及之。

---

① 行在：原指皇帝所居的地方，后专指皇帝巡幸所居的地方。
② 渐摩：《汉书》："渐民以仁，摩民以谊"，谓以仁惠浸润之，以节义砥砺之之意。

赐宴缅甸陪臣即席六韵戊申

高宗纯皇帝

滇南金叶缅文呈,来者徕去声之嘉至诚。昔日归降此归顺,己丑,命经略大学士傅恒征缅,其冬连破贼垒于新街江裔,业将乘胜攻取老官屯,旋因其乞降班师。然亦不过姑贷其罪,究未臣服其心也。兹该国掌管国事孟陨,遣大头目三人及小头人等,赍金叶表文及金塔、驯象等物,款关进贡。并称其兄懵驳、传子赘角牙同时为恶,获罪天朝。而伊与懵驳父子素不相睦,今特差心腹入贡投诚,乞恕己前之罪,永作域外之臣等语。是此日归顺之心,出于至诚,深堪嘉悦。不惟无战并无征。闭关未可学光武,驰谕原非遣陆生。方伯由搜遮去吏,富纲于缅甸贡使,不即令其前来瞻觐,又复跟究杨重英下落,甚为错谬。杨重英仅一臬司,随军办理粮务,被其遮留,并非奉使之臣可比。乃令该头目等,复遣人回国,告知该国长。倘彼心怀疑畏,宁不阻其恭顺之忱?已传旨严行申饬。外臣兼献未回兵。嗣奏缅甸将杨重英送出,已于七月初二日抵内地耿马地方,并带出从前失迷兵丁四名及广东民数人,益见该国长实属倾心向化。今该头目等至山庄,拜进其国长之表,因厚加宴赉,以示殊恩。山庄宴赉逢佳节,是日重九。海国车书遵大清。惇史漫称增此创,皇图惟慎奉其盈。

云贵总督富纲奏缅甸国长孟陨遣使祝厘[①] 并乞封号诗以赐奖庚戌

高宗纯皇帝

奉表前年施惠往,请封今岁竭诚归。赤心那限万里隔,黄诏从教举国辉。经事自惟老胜壮,化民因识德赢威。内安外顺胥天佑,益切屏营凛敕几。

高宗受缅甸降壬申

仁宗睿皇帝

滇边缅甸古朱波,水毒山顽瘴疠多。吞并土司扰边界,宣昭劲旅越嵯峨。事稽猛育能全节,兵扰官屯漫弄戈。从此南人不复反,天威震叠靖么麿[②]。

缅甸,古朱波地,其酋居阿瓦城,多瘴疠。乾隆廿三年,缅属木梳土司瓮藉牙据位,与贵家土司宫里雁构兵,贵家为缅所并。三十一年,瓮藉牙之子懵驳复侵我木邦土司。大学士杨应琚驻永昌,进兵降蛮莫土司,取新街。甫奏捷而新街为贼所袭,木邦亦失

① 祝厘(xī):即祝福。《汉书》:"祠官祝厘。"
② 么(yāo):亦作"幺";麿(mǒ):也作"麽"。么麿:微小,多指微不足道的人。

守。皇考命将军明瑞往剿，降锡箔，取道深入，转战六十余日，皆大捷。至小猛育时，别军粮运失期，明瑞殉节于阵。乃命大学士公傅恒为经略，督兵申讨。陆路大军降猛拱、猛养，深入二千余里，遂会水师于哈次。诸路兵乘胜围老官屯，悉锐攻之。贼帅眇旺模大惧，乞缓师，其酋懵驳即遣使奉贝叶表乞命。奏入，许受其降班师，缅甸平。五十五年，皇考八旬万寿，缅甸国长孟陨遣使献书于封疆大臣，陈其向时不为懵驳所容，今为国人推立之故。恳请代奏，许其遣陪臣奉表朝贡，祝厘乞封。皇考念其倾心向化，封为缅甸国王。复遣陪臣赍金叶表文，贡花象、驯象、金塔等物，恭谢宠锡。至今恪共职守益虔矣。

腾越厅志卷之一

天文志

粤稽《帝典》[1]分命授时，即为言天文之权舆。自时厥后，论星象，考躔度，究占验者，代有加益。然皆合区夏言之，非专指郡邑也。分野次舍，古有成说，大抵牵合附会，涉于荒渺。惟代有立言，不得不存其说，以备考证。至于气候、祥异，则时、地各殊，志乘家必备为著录。况腾地界极边，寒燠不齐，征应岔见，与他郡县颇有参差。惟详为载纪，而后慎节宣、备修省者乃得以奉若天道云。志天文。

天文志一　星野

尝谓俯察地理者，必仰观天文。盖天垂象而地成形，在天之晷度星躔，固与山川井里相为吻合也。腾距省治二千余里，其躔度应有不同。然据保章氏[2]以星度辨九州，而腾属于梁。《天官书》[3]以水势分南北，以言星野，而腾在大江之北。夫舆图之疆圉有属，而星文之次舍攸分。乌可谓其渺茫，而不纪其大致耶？

《汉书·地理志》：秦地于《天官书》东井舆鬼之分野也。谓其界西南有牂牁，益州、越嶲[4]并属也。自井十度至柳三度，谓之鹑首之次，秦之分也。

《晋书·天文志》：自东井十六度至柳八度为鹑首，辰在未属雍州。

马端临《文献通考》：古梁州兼参之宿。亦秦之分野。考南诏分野，在井鬼入参一度，次鹑首未位。

---

① 《帝典》：即《书经·尧典》。

② 保章氏：古代官名，掌管观测、记录天象变异。

③ 《天官书》：《史记》篇名，八书之一，记天文星象，以星座比附人间的官曹列位，故称《天官书》。

④ 嶲(suǐ)：越嶲，县名，在今四川省。

之圖

舊志按此古圖也今南北河各二星其星俱直而一星獨縮進此一覽而見者

星野

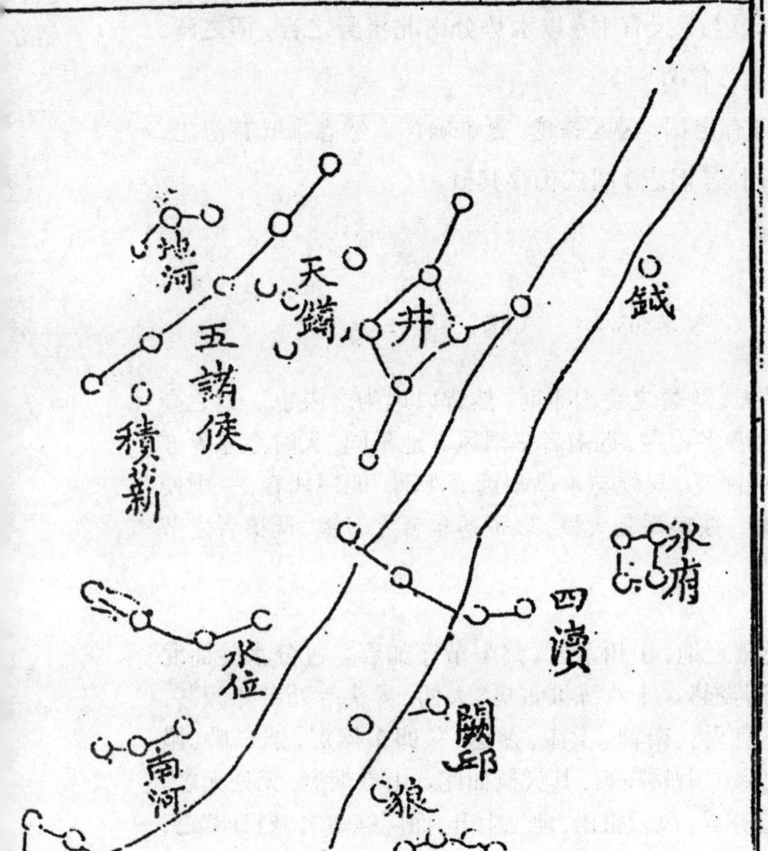

《星经》：玉衡斗九星第二星，以五亥日候之。乙亥汉中，己亥巴郡、牂牁，辛亥广汉，癸亥犍为，丁亥永昌，凡七郡。

《大清一统志》：东井舆鬼分野鹑首之次。《旧志》吴君楷谓：高仑山发脉于昆仑，金沙江亦发源于彼。昔人以黑水当之，谓一支入南海，一支入丽江，出四川叙州，归大江。与《天官书》以水势分南北星野之言，征之腾，合为井分野其入鬼，乃金沙江外云。

谨按：分野之说，鲜有定据，区区腾越，更难确详。然志乘既首纪之，故姑节取数说，以备一门。《旧志》图式仍存其概。

天文志二　气候

尝谓阴阳之运本乎天，寒暑之更因乎时，然皆以地为之限也。地之高者多寒，卑者多暑；近北者多霜雪，近南者多雨风。地不同，天时之寒暑亦异焉。腾僻处西陲，山高泽复，气候与永昌相近。所谓“四序如春，一雨便寒”者，前人之言可验也。兹略举其大概，以资博雅者之考镜、调摄者之节宣云尔。

腾越处云南极西炎徼之地，山川盘互，终岁节序如春。过分水岭而北多瘴气，入黄果树而南渐炎热。十八练惟古勇、大西、界头等处冬寒颇甚，余均和暖。厅境宜稻不宜麦。南甸、干崖、盏达、猛卯多瘴疠，惟户撒、腊撒气候和平，杉木笼山、邦中山颇高爽，其大概如此。山岚烟瘴，无处无之。山泽之气不通，阴阳变态亦异。风云雷雨，地气上升，而阴霾薄之，烈日暄之，时有五色斑斓之状。又龙蛇之窟，托处深山，暴雨后山泉涌出，行人或掬而饮之，即腹痛膨胀，间且发狂。中瘴毒多成疟疾，甚则名为哑瘴，愈[1]者十无二三。盖一日之间，云开即日照郁蒸，雨过即风入凉爽。气候既难律定，贵在节嗜欲，慎居处，谨饮食，以正气胜之，反是鲜不病者。彼气有六，吾气惟一，在人善御之耳。

---

① 愈：通“瘉”。

天文志三　祥异

从来云烂星辉，歌留八伯①；山崩川竭，孽有三苞②。符瑞怪异之事，圣人未尝侈语。然龙斗石言，不惑聪明之士；鄗③禾里黍，亦登祥瑞之书。粤稽在昔，或因感召而奋兴益切，或以悚惧而惩戒维殷，历皆彰彰可考。虽腾远处边疆，而备为纪之，庶当事者，观祥异于已往，侧身修行，自足以挽天心而昭豫顺矣。

唐：南诏越赕，天马生郊。

明：正统二年，守御千户所井内有兵戈声，一月乃止。

天顺四年，溥润门城楼灾。

成化十四年夏，学宫产麦一穗三歧，秋大水，八月地震。十六年正月灾。本旧志，未详其异。

弘治④三年大饥。

正德二年饥。三年多虎。六年地震。七年八月地震，继大震有声，城堞、官署、民居倾坏，死伤甚众。人甚恐，多露宿。黄坡山下有一民居，一夕震移田中，屋壁不坏，举室无知。十二年六月，雷震演武场。十三年六月旱。

嘉靖二年旱。三年大饥，夏多虎。五年饥。七年旱。八年饥。九年秋大水。十九年秋，大雨雹伤禾。二十年饥。二十一年，竹多实。二十二年大水。二十六年饥。二十七年四月丙午，大雨雹，五月地震三日，秋大水。二十九年七月，大水坏民庐舍，人畜溺死者以百计，城东北隅几坏。三十一年饥。三十二年闰三月六日，夜地震，次日复震，雨雹如鸡卵。三十七年大水。三十八年，大雨雹伤稼。

万历四年九月地震。五年二月，地夜大震，倾城、折屋、伤人；是年彗星见⑤西南，光芒烛天后缅寇犯边。七年豺虎入近郊。九年二月地震。十一年秋，白气见于西方，自乾向兑。十二年饥，庆云见，彗星亦见。十三年地震，大雨水，冬，地复震。十四年二月地震，三月大雨雹，十一月白虹贯日，太白经

① 八伯：古代京城外八州的最高长官，分别掌管四方诸侯，相传尧、舜时皆有。
② 三苞：指植物一本生三芽或三枝条。苞，草木的根或茎。
③ 鄗(hào)：古地名，又山名，亦通“郊”。
④ 弘治：原书全作“宏治”，今改之。
⑤ 见：通“现”，下同。

天。十五年饥,七月地震,十二月复震,陷城数十丈,庐舍多坏。十六年地震,秋五色云见。十七年九月,北郊竟亩谷生三穗。十九年秋地震,城圮数十丈,坏军民庐舍甚多。二十年大饥。二十三年七月,五色云见。二十七年大水,九月地震。二十八年亦大水,八月大星陨于城东北。三十一年大饥,虎至近郊伤人;九月大水横流,田禾淹没,山多崩塌;大洞村民杨姓,出赤虹于卧室,二十六日,白虹又绕其村;十月,雨黑雪伤谷。四十五年,地大震有声。四十八年,产一牛,二首四目四耳。

国朝:顺治十七年,鸿雁来腾旧无雁,至是年百十为群而至。十八年大饥,死者六千余人。

康熙十九年,彗星见,光芒竟天,数月乃灭。十月,又见其长如匹练。

乾隆七年四月大水。二十九年地震。三十一年,七保街民官泽明家婢女,年五十生须;是年太白星见,作作有芒[①]。三十二年雪山鸣,经月乃止。三十四年大饥,斗米银一两七钱。三十五年,秋大有,斗米银三钱时斗疑与今异。连年大有。三十九年夏,螣[②]食苗叶,有白鹭盈千啄之。四十年,李树生瓜,杂树生青菜;冬,大冰雪。四十七年,水淹南甸、干崖两土司地田亩,并倾屋宇,奏准发款银抚恤。五十年地大震。五十一年地震,摇落民屋甚多。五十二年四月,连旬大雨,民大饥。

嘉庆二十年,田禾风瘪。二十二年大饥,死者甚众。二十三年,秋大有。

道光十七年六月,盏西蛮东夷民郭某,于田中捡得一珠,霞光闪烁,归而珍藏之,后一人来觅索,郭吝不之给,三日后,忽大雨如注,俄顷,支河水涨,淹民舍三十余家;郭持珠上树,水缘树起,惧而掷之,水始落。十九年夏,霪雨月余,水泛山崩,多压田亩,连年米贵。二十二年冬,彗星见井鬼之分,长过河,连日地震,至次年二月乃止;田有蛓[③]千万成群,三月始灭。二十二年九月,蒲窝雪压田谷,民饥死者无数。二十三年正月,彗星见,白霞见西南,由卯入酉,横亘天半。

咸丰六年,一夜龙炊山忽崩一角,大水涌出,冲坏山下民人居屋;明光隘地大震。六年十月朔三日夜,群星乱坠是夜汉回互斗。七年,城内银杏昼间花开。八年,鹩哥鸟来腾旧无此鸟,是年由西北群飞而至,与《春秋》纪鸲鹆来相似。

---

① 作作有芒:形容光芒远射。《史记》:"作作有芒,国其昌。"
② 螣(té):古书上指吃苗叶的害虫。
③ 蛓(cì):毛虫。

九年金星昼见，大西多狼狗[①]。十年八月，彗星见西方，光芒烛天，长如匹练，月余乃灭。十一年元旦至六日，太阳无光，黄雾四散九月城陷。

同治六年，来凤山脚旱蛟见，蛇头蟒爪，有鳞，尾长尺余，身长五尺许，居民毙之。七年，天炮响，由西北至东南，声闻数百里。十一年十一月二十七夜，群星乱坠。

光绪元年十二月初五日地震，次日复震。三年元旦后，阴雨数日，连年岁大有。五年彩云见，竹多实，民采以为食。七年二月初十日丑时地震，十八日午时复震；二十一日巳时，晕上有白晕环之，贯入太阳，经时乃散。八年彩云见。十一年十月二十一日夜，上天雨星，至二十三日乃止是夜缅甸失；竹多实。十二年七月十二日，北练打苴马蚁窝后山，夜半雷雨交作，石坠山崩，波涛汹涌，一奔入龙江，一奔入大盈江，淹没北练、小西、东练田四十顷三十六亩五分，同知陈宗海申详[②]请发款赈恤时群山坍塌者，多类爪形，或曰"伏蛟鼓浪"，或曰"孽龙为灾"，皆不可知也；九月十五日，瓦甸雨雪；腊月十五日，雷鸣五次。

---

① 狼狗：土人称狼为狼狗。

② 详：旧时公文名称，下级对上级的报告或请示叫"详"，如"申详""通详"等。

腾越厅志卷之二

地舆志(上)

昔班孟坚著《汉书》,以地理分志较《周礼·职方》为加详,后遂沿以为例。郡国志书始于常璩,盖实著其地之事故,天文外,地理为尤重。然初犹兼士女之行事及艺文诸类,于体例尚未画一,后来取例愈严,分类愈审,亦求其精当而已。腾地极边陲,与蛮荒接畛,秦晋以前既莫可远征,汉唐而降亦仅号羁縻,凡舆图、疆域、形势、山川、户口、乡名、风俗、道里、桥梁、土产,未闻定置。历元及明,而后版章日启,远及于荒裔。迨我朝膺天命而阔皇图,凡属在地舆者,无不可一一诠次,统为专门。俾后世牧守之俦,展阅斯编,于兹一方之紧要,悉便为考究焉耳。志地舆。

地舆志一　舆图

盖自王会山川,《周礼》重职方[①]之掌;疆圉形胜,熙朝登《一统》之书[②]。此舆图之绘所由,远及于八荒九有,近该乎小邑边区,而不使或遗也。腾越郡开炎汉,历唐而仅号羁縻;斧划宋朝,迄元而聿登版籍。有明继起,覃敷声教,大辟疆圉。我朝人烟辐辏万余里,车书[③]入会数百年。治化聿新,地舆上应夫星躔,其载在皇舆者由来久矣。兹谨按边陲之方位,疆域之分区,遵式绘图于卷首,庶膺简命而来者,披览焉而了如指掌云。腾越舆图见插页。

① 职方:官名,掌天下的地图及土地统计等事项;《周礼》中的一篇,是有价值的古代地理著作。
② 《一统》之书:即记全国地理的《一统志》,元明清均有。
③ 车书:《礼记·中庸》:“今天下,车同轨,书同文。”表示文物制度的划一,天下一统。

腾在省治西千六百六十五里，当京师西南七千五百六十里。偏西十七度四十三分，北极高二十四度五十八分三十秒。东界龙川，西列八关，为边陲要地。来凤、龙光，近厅之胜地也；姊妹、南牙，远徼之险阻也。领土司七：曰南甸宣抚司，在大盈江南，南崖山北；曰干崖宣抚司，在大盈、槟榔两江会流南折处；曰盏达副宣抚司，在盏达河西，西近巨石关；曰陇川宣抚司，在南椀河东，杉木笼山南；曰猛卯安抚司，在南椀河南，龙川江北；曰户撒长官司，在腊撒河南；曰腊撒长官司，在河北。凡七土司皆居大盈南。其水则有槟榔江，自古勇塞外流入，合大盈江，西南出蛮莫境，西入大金沙江。郡西之水皆入焉。龙川江自怒夷界入边，纳曲石、猛淋、芒市、南椀诸河，西南自天马关流入缅甸，入大金沙江。郡东南之水皆入焉。其山则北自姊妹山发脉，西南入八关，从大塘隘入为雪山、高黎贡诸山，南走龙陵，西南出阿瓦境。其南尽北极之度，与东西南北之广袤，及十二节、二十四气、二至日出日入之度分刻秒，《通志》已详在《永昌舆图》之内，故不复赘记。

地舆志二　疆域

云南三面临边，腾又斗入西荒之外，原为全滇门户。自九隆代替，六诏相侵，无所谓疆域也。况宋玉斧一划，举全滇而弃之，于腾越何有？元明继起，疆域聿新。我国朝天下一家，陈常时夏[①]，揆文奋武，申画日严。官斯土者，周外内之防，则伏莽[②]乘墉之无惎[③]，慎郊圻之守，斯诘戎戢暴[④]之有规。风声鼓动，德泽遥敷，西南万里，永奠坤维矣。

腾越幅员较广，除土司所辖不计外，东至潞江土司界一百六十里，西至

① 陈常时夏：《诗·周颂》："无此疆尔界，陈常于时夏。"意即不要分彼此疆界，在全国普及种植技能。夏，指中国。

② 伏莽：潜伏兵戎于草莽之中。后专指潜匿的盗匪。

③ 惎(jì)：憎恨；怨毒。

④ 诘戎戢暴：整治军事，止息暴乱

滇滩关外野人界二百里，南至南甸土司界九十里，北至里麻土目界二百四十里，东南至干崖、小陇川界一百里，西南至干崖土司界一百八十里，东北至保山县上江界二百五十里，西北至茶山野人界三百里。东西广三百六十里，南北袤三百三十里。

地舆志三　形势

自秦关夸百二之雄，楚塞侈五千之广，论治术者，在在必申明形势矣。虽曰“固国不以山溪”，而无形之险得有形之险而愈固，此设险守国所为特著于《羲经》[①]也。钦惟我国朝，天下一家，近都远郡，同列户庭。区区腾越，何形势之可言？然界极滇西，诸夷逼处，攻守之要，贵在预防。使非熟习于中外之限，何以扼山川之险，周关隘之防，永奠金汤于磐石乎？则形势乌可不讲耶？

《通志》：“腾离郡四站，路隔两江，控制麓、木诸司，为出缅门户。”

《府志》：“孤悬天末，壤接殊方。分列八关，扼诸蛮之要路；屏藩一郡，领金齿之上游。”

新增：“黎贡峰高，排列千重峦嶂；金沙源远，走来万里波澜。南下壤接诸司，田连阡陌；西上云屯各练，户号殷繁。雄关设天马、汉龙，守御极形夫险要；边塞建石碉、土堡，防维永固于苞桑[②]。”

地舆志四　山川

天地之大，山与水居其半，故峙者峙，流者流，两大之精英，由此而泄。或孕奇毓秀，为国家储人材；或高黍下田，为邦域裕财赋；或岩疆[③]陡峭，溪流阻深，为舆图壮形势。诚扼边隅之险要，作远郡之藩篱，而非徒夸名胜供游览已也。腾居滇末，四面皆砺山而带水，虽高仑贡、大金沙其名久著，而未传之。崇冈峻岭，巨浸支流，高攀者著屐而行，利涉者泛舟以往。非详为志之，则或远或近，为夷为险，与夫关隘所在，夷獠所居，先事之缕析未精，斯临机之进退莫决也。岂仅人材、财赋之所出？为宜备纪也哉。

---

① 《羲经》：《周易》的别称。

② 苞桑：亦作包桑，桑树的本干。《易·否》疏：“苞，本也，凡物系于桑之苞本，则牢固也。”后因以比喻根基稳固。

③ 岩疆：险要的地方。

山

龙江以西之山，自西藏阿里冈底斯山即昆仑山东南，一支走雅鲁藏布江以北，至拉里西桑建桑楚山分支，走桑楚河即薄藏布河，西由章阿尔松山东南行，走江达城东，又东南，走巴麻穆池，东南至厅北界外，起为：

姊妹山 《徐霞客游记》后省作《霞客记》："在城北二百里，滇滩关东北五十里，阿幸北三十里野人界内。山出斑竹，为茶山野人出没之所，人迹罕到。腾诸山尽从此发脉。"《旧志》①："其间崇山密岭，有双峰插天，亭亭卓立，宛如巫峡神女峰状。"

自姊妹山分支四出，其东一支东出度脉，起为：

明光山 上有铜、银二矿。《霞客记》："在州北二百里，兰香甸东北三十里，大塘隘西，滇滩关东北。"按：固东江出其西北麓，当姊妹山东来度脉处，南流至固东街，南合西江为曲石江，入龙川江。折沿龙川江西南行，为：

大厂山 《霞客记》："在城北一百七十里，兰香甸东。石洞厂在其中，杨桥在其南，朝阳洞在其西，皆出矿厂地。"又南，为：

杨桥东岭 《霞客记》："在城北一百七十里，界头西，杨桥东，为由兰香甸至界头道。其上有矿穴，当峰之顶，茅舍缘之。"又南，西出为：

江东山北岭以在江东北故名 《霞客记》："在兰香甸南，杨桥西南。开峡颇深，有泉西出而注于东江。"其正支又南，为：

江东山 在固东江之东。按：自北岭东抵顺江，数十里通称江东山。又南，为：

灰窑山 在城北五十里，曲石界。《旧志》："明光有六厂，此其一也。南抵曲石江，会龙川江而止。"按：在江东山南尽处。

姊妹山东一支，自明光山西南度脉，起为：

阿幸江东山 在城北一百七十里，北去姊妹山三十里，高峰巀嶪②，在阿幸，有互屏之势。按：旧有厂在水西，其水北出姊妹山，南流至乌索为固东西江，与江东合为曲石江，东入龙川江。又南，走固东东西两江间，为：

土主石山 在城北百五十里，阿幸南二十里。《霞客记》："西临固东江，西与滇滩关对，三里有石屏西向立峰头，人名③为土主碑。有入滇滩道。"又南，为：

松山 在城北一百四十五里。《霞客记》："西临固东西江，茶山野人时

---

① 《旧志》：即乾隆《腾越州志》。
② 巀嶪(jié yè)：山高峻的样子。
③ 《腾越州志》于"人名"前多一"土"字。

携茶、蜡、红藤、飞松、黑鱼至此易盐米。”《旧志》:“尖山之北有西大山、东大山,下小山,为松山坡[①]。”又南,为:

石房洞山　一名云岩山,亦名小尖山,在城北百六十里兰香甸西,东临固东东江。《霞客记》:“上多石洞,有云岩寺,依洞为屋,结构奇巧。”《旧志》:“在大西明光界。其径甚削,入洞如半月上覆,中不甚深,下有石门,可披隙入,丈余即止。离洞里许,复高穹有洞,洞前有巨石当门,门分为二,从其西而入,可即其东而出。”按:《旧志》以云岩石房洞分而为二。据《霞客记》,实一山也。又南,为:

雅乌山[②]　在城西百二十里,南抵固东街,南至东、西两江会处而止。《霞客记》:“在固东街北,东西两江皆从其两腋南出,疑即挨河,时人讹为雅乌耳。”

姊妹山西一支低度,起为:

滇滩东北峰　在城西北百七十里,姊妹山南阿幸地。又下,为:

土瓜山　在城西北百五十里滇滩东,以形似名之。《霞客记》:“东临固东西江,与土主石山隔江相望,为阿幸滇滩中界。”又西,为:

滇滩南大山　在城西北百六十里。按:大盈江南北诸山多从此发脉。《霞客记》:“罗古城在东山坡间,有寺临之。此城乃土蛮所筑之遗址,其寺颇大,旁有路逾雪山过上江。”

分一支东南行,为:

阿幸山　在尖山西一里,昔开厂于此。

小甸山　在城北一百三十里,与阿幸山连。山径险巇[③],绝处以木为栈。按:小甸河出其东南麓,东流为顺江,入曲石江。又东,为:

云峰山　一名尖山,在城西百二十里乌索地。孤峰峭拔,如直笔插天。峰顶凿石壁为级,绝似太华之仓龙脊。两旁皆危崖,石脊中垂,阔仅盈尺,若龙之垂尾以渡,而级随之。梯凡三转,里许登其巅。东西长五丈,南北半之,境甚幽绝。中建玉皇阁,后建老君殿,前立关帝庙、吕祖殿。下三里有接引殿,山脚为万福寺。腾越灵山此为第一。“三折云梯”列为胜景。《霞客记》:“悬南崖而下,有崖前临绝壑,后依峭壁,中刓[④]横罅,下平上覆,恰如匡床,虽小而可憩可卧,是名仙床。俯视层峭之下[⑤],巉覆累累,无可攀循。僧指其下有

① 下小山:《腾越州志》作“下笑小山”;“为松山坡”前多“是”字。
② 雅乌山:卷三《乡名》“雅”作“鸦”,今同。
③ 险巇(xiǎn xī):高峻险危貌。
④ 刓(wán):剜刻。
⑤ 原文无“之下”二字,今从《徐霞客游记》加之。

仙洞，须从梯级下至第二[①]层，转崖下坠，乃可得之，遂导而行。其洞乃大石叠缀所成，乱崖颠磴，欲坠未坠，迸处为罅，覆处为洞，穿处为门；门不一窍，洞不一层，中欠宽平，外支幽险，若叠级架板，亦可幽栖处也。洞门东向腋中者为大，入而南穿，一峡排空而下，南出峡门，其门南临绝壑[②]，上夹重崖，有二木球倒悬其前。仰睇之，其上垂藤[③]，自崖端悬空下丈余，即结为瘿，如瓠匏[④]之缀于蔓者。瘿之端，缀旁牙细枝，上迎雨露，茸茁夭矫，花叶不一状，亦有结细子圆缀枝间者，即山僧亦不能名之，但曰寄生，或曰木胆而已。一丝下垂，结体空中，驭风吸露，形似胆悬，命随空寄，其取意亦不诬也……坡下有热水塘，亦僧法界新开者。”又东南，为：

三清山 在顺江西六十里，东直接鸡茨坪，东南抵顺江，会曲石江处而止。是山西亘江东，东屏成坞。《霞客记》：“顺江村在其西北，南临顺江，东临曲石江，东与江东山对峙。”

鸡茨坪山 在城西八十里，石峰如墨，险峻颇甚。山下昔多回民环居，以石筑墙为室，俨如城堡。按：在三清山东北，东、西两江会处，山开而成坞。

其正支，自滇滩南大山东南下，起为：

冠子坪山 在城西北七十里，形如冠，即马鞍山也。山顶有峰，中凹如鞍。自北望之，不见双峰，止觉两旁隆起如冠。《霞客记》：“岭西有龙潭西涌，为鬼甸上源，下流经鹅笼而南下。”又南，为：

马鞍山 在城西十五里。《霞客记》：“即集鹰后山。自冠子坪前望之如冠，自集鹰后望之似马鞍，故名。”

集鹰山 一名打鹰山。先时林木繁茂，鹰多集于此，故名。在城西三十里，山之阳为龙潭。《霞客记》：“土人言：三十年前，其上皆大木巨竹，蒙蔽无隙。中有龙潭[⑤]，深莫能测。足声至则波涌而起，人莫敢近。后有人牧羊于此，一雷而震毙羊五六百及牧者数人，连日夜火，大树深篁，燎无孑遗，潭亦成陆。今山下有出水之穴，俱从山根分逗。山顶之石，色赭赤而质轻浮，状如蜂房，为浮沫结成者，即大至合抱，两指可携，虽[⑥]其质仍坚，真劫灰之余也。”

又南至核桃园西北长坡，脉分为三，其中支东出，南转，起为：

宝峰山 在城西十里，有宝峰寺，为摩伽陀禅定之所。东向屏立，分为

① 原文为“第几”，今从《徐霞客游记》改。
② 原文为“藤壑”，今从《徐霞客游记》改。
③ 原文为“垂绝”，今从《徐霞客游记》改。
④ 原文为“瓜瓠”，今从《徐霞客游记》改。
⑤ 《徐霞客游记》“龙潭”后尚有一“四”字。
⑥ 虽：《徐霞客游记》为“然”。

二箐，中垂石崖。北箐之上，环冈一支，前绕如堵墙，石崖中有石梯，名猢狲梯，高下殿阁，颇饶胜境。下有滚钟溪，相传山顶古刹有钟重千斤，一夕滚于溪内，今其钮尚见。又西折而南，为：

擂鼓尖山　在城西十里，相传武侯驻兵击鼓其上。《旧志》："在宝峰山稍下，山顶平凹，故名。"《霞客记》："尖峰高耸，北对宝峰。"又南，为：

毗卢山　即龙光台山。南抵大盈江，西抵缅箐水而尽，在城南三里许。孤峰横梗，有台可观飞瀑按：在擂鼓尖峰东南，东面上半有毗卢寺，下半有龙光台，与来凤对峙，大盈江经其峡中出为叠水河。

自核桃园西北长坡，分一支南度，西出，由野猪坡南下，为：

鹅笼山　在城西南四十里、古永正南缅箐界，以形似名之。又南为：

缅箐山　在城西三十五里。按：南临大盈江。

其正支自核桃园西北长坡北出，由酒店坡东度，起为：

笔峰山　在城北二十里，与宠炊毗连。"笔峰霁雪"，列于胜景。

宠炊山　在城北三十里。山极高峻，云合则雨，人常以此验阴晴，又名笔峰山。"宠炊朝云"，列于八景。《霞客记》："西与笔峰山连。"按：马场河出其南麓，南流纳上、下海子，为大盈江源。其北麓水为响水沟，北流会顺江，入曲石江。

宠炊山后支夹响水沟东北行，抵顺江而止。其右支南下，走马场河以西，为：

飞凤山　在城北七里，以形似故名。《旧志》："矫若飞翔而来，为来凤山前案。"按：山东有迎凤桥，为马邑河折西水所经。

其正支自宠炊山东南度，为：

上干峨山　在城北二十五里。上有金塔坡，世传异人修道于此，至今无蚊蚋霜雪。按：山上有上海子，为澄镜池；下有下海子，为半月池，俱会马场河，为大盈江源。山右麓为上干峨村。又南为：

下干峨山　在城北十里，山上下皆有池，上池周五十余丈。按：山右有中干峨村、下干峨村。又东南，起为：

赤土山　在城东四十里，大盈江水源所出，有塘汛。《霞客记》："西南麓有村，曰赤土铺。"按：马邑河出赤土铺南，北流会马场河，为大盈江源。

橄榄坡　在城东六十里，旧产橄榄，故名。下设站。《霞客记》："在赤土铺东向山半，逾岭十五里至其地，下抵龙川江八里。"

一支自赤土铺南折，北转，北行，为：

巅峻山即玉壁坡　在城东十五里，北抵马邑河西折处而止。《霞客记》："赤土水流其东，罗生水流其西，上有永安哨、乱箭哨。"

其正支自赤土铺东南行，为：

黄土坡 在城东南十里，是山起伏驰骤，皆拱向城治。按：有泉溢出北流，北会大盈江源。

自黄土坡分脉北度，起为：

球牟山[1] 在城东五里，北抵马场河而止，下峻上平。明正统间征麓川，于此立寨。山顶旧有池，池旁有二穴，距十余丈，水从上穴流经下穴，注为伽和池。亦名梗寨山。《旧志》："昔麓贼寇境，守御官军立砦避之。"其南脊即为乱箭哨之道。夕晖多奇观。"球牟晚照"列于八景。按：东隔玉璧山、黄土坡，泉当南，由田塍北度。

又自黄土坡分脉西出，起为：

来凤山 在城南四里，古名龙凤山。不甚高大，而明秀甲于众山，峻出者皆为之拱揖，俨如巨屏。岚霭凝结，竹树葱蒨，中有禅苑，游赏络绎。《旧志》："峙州之南，西夹水口，北对龙光，为州治之镇。"明《一统志》："上有神祠，祀唐杜光庭。"按：南与水尾山隔绮罗水相望，西与龙光台隔叠水河相望，大盈江绕其西麓，穿崖为叠水河，罗汉冲在其东南麓，束夹为水尾。其脉自黄土坡由田塍穿饮马河西来。《霞客记》："饮马河系后人开挖，凿伤龙脉，古本无此水。"按：一说谓州城远脉由大塘而来，东突者为尖山，东南为马鞍山，分支南下为宝峰山，又为擂鼓山，从宠炊南环赤土铺，而入来凤山。东南为：

矣罗坪山[2] 在城西南十余里。平坡隆起，与附邱、金塔坡相连属。《霞客记》："西倚来凤山，南瞰水尾山，当两山夹凑间"，绮罗村"绾其谷口，竹树扶疏，田壑纡错"。按：即来凤东南麓绮罗村后山。《旧志》："尚有附邱山、金塔坡山相连。"其实不过来凤之分名耳。

自来凤山西南出，为：

半个山 在城南二十五里，西南至罗苴冲，会大盈江而止。按：山在大盈江东南，东麓下有硫磺塘。《霞客记》："溪水之东峡岍南踞，是为半个山。西下半里，直抵溪上，有二塘在东崖下，乃温水之小者。其北崖之下，为硫磺塘村，有桥架溪上。余讯大塘之出硫磺处，土人指在南峡中。乃从桥南下流涉溪而西，随西山南行。时风雨大至，田塍滑隘，余踯躅南行，半里得径。又南一里，则西山南迸，有峡东注大溪，遥望峡中蒸腾之气，东西数处，郁然勃发，如浓烟卷雾，东濒大溪，西贯山峡。先趋其近溪烟势独大者，则一池大四五亩，中洼如釜，水贮于中，止及其半，其色浑白，从下

---

① 球牟山：也作"崃峰山"。

② 矣罗坪山：《腾越州志》作罗绮坪山，《永昌府志》作罗矣坪山。但《厅志》引《霞客记》所云乃在绮罗，故其按语云："即来凤东南麓绮罗村后山"其方位上有出入。

沸腾作滚涌状，而势更厉，沸泡大如弹丸，百枚齐跃而有声，其中高且尺余。时雨势仍甚，持伞观其上，不敢以身试也。其东大溪从南下，环山南而西，合于大盈江。西峡小溪，从热池南东注大溪。小溪流水中亦有气勃勃，而池中之水，则止而不流，与溪无与也。溯小溪西上半里，坡间烟势更大，见石坡平突，东北开一穴，如仰口而张其上颚，其中下绾如喉，水与气从中喷出，如有炉橐鼓风煽焰于下，水一沸跃，一停伏，作呼吸状。跃出之势，风水交迫，喷若发机，声如吼虎，其高数尺，坠涧犹势若探汤[1]。或跃时，风从中卷，水辄旁射，揽人于数尺外，飞沫烁人面。余欲俯窥喉中，为水所射不得近。其龈颚之上，则硫磺环染之。其东数步，凿池引水，上覆小茅舍，中置桶养硝，想有磺之地，即有硝也。又北上坡百步，坡间烟势复大，环崖之下，平沙一围，中有孔数百，沸水丛跃，亦如数十人鼓煽于下者，似有人力引水。环沙四围，其水虽小而热，四旁之沙亦热，久立不能停足。其上烟涌虽多[2]，而势皆不及此三者。有人将沙圆堆如覆釜，亦引小水四周之，虽有小气而沙不热。以伞柄戳入，深一二尺，其中沙有黄色，亦无热气从戳孔出，此皆人之酿磺者。时雨势不止，见其上有路逾西岭，知此为半个山道，遂凌雨蹑崖。其崖皆堆云骈瓣，崯岈嵌空，或下陷上连，或旁通侧裂，人从其上行，热气从下出，皆迸削之余骨，崩坠之剥肤也，所云'半个'之称，岂以此耶？"

自来凤山北度，至城内，起为：

秀峰山　在儒学左，峰顶筑奎星阁。《霞客记》："城东南、东北俱有回坞，乃来凤自北环度之脉。"

其正支自黄土坡西南行，为：

大洞山　在城东南十二里，下有温泉，按：今在黄土坡后山。列于八景。按：脉亦从大山西来，平田中起为冈阜，罗汉冲水流其南麓。《霞客记》："岩石叠覆如累棋，其下凑环三面，成一小孔，可容一人坐浴。其后倒覆之石，两崖下垂而中划，如所谓试剑石，水从片石中淙冲下注，此温泉之源也。池孔之中水俱不甚热，正可著体。"

又分一支西南起，为：

罗生山　在城东南十二里。峰峦高耸，冈势绵亘。《一统志》："峰岚千丈，条冈百里，林木森茂，腾冲之名山也。"按：罗汉冲水出其东北麓，西流出长洞、大洞两山间，西为绮罗水，出水尾，为罗苴冲，入大盈江。东北为：

长洞山　一名马峰山。《旧志》："与团山相接，回互如画。"《霞客记》："罗生东北起一长阜，如半月横于前，是为长洞山。有溪中贯而出，是为罗汉冲，与大洞山南北相夹。"北为：

团山　在城东南八里，其形似龟，长洞溪水绕之。昔时林木苍然，累如

① 应如《徐霞客游记》作"热若探汤"。
② 烟涌虽多：《徐霞客游记》为"烟涌处虽多"。

贯珠。《霞客记》:“罗生山北下里许,冈东尽处,复起一团阜,立平畴中,与罗生冈陇断而复续。”又西南为:

水尾山 《旧志》:“在绮罗,城南十里,上有水应寺。”按:即罗生西南山,绮罗水经其西北麓,与来凤山相夹而出。又西南,抵清水朗,与罗苴冲水会处而止。

其正支自罗生山东、黄坡南,南行,为:

清水朗山 在城南二十里。《旧志》:“与罗苴冲相接,一带绵亘。”按:在罗生山东南,东瞰龙川江,西麓有水会众溪,入大盈江。又南为:

矣散山 《旧志》作“雨伞山”,在城南三十里,形如雨伞,故名。

又分一支南行,为:

龙川山按:在龙川江北岸。《霞客记》:“罗汉冲东南百里有滃吕山,与此相近。”

其正支西南行龙川、大盈两江间,至南甸东,为:

蛮干山 在南甸东十五里,土酋凭恃其险,世居其上。

丙弄山 在南甸东十里。又西为:

南牙山 在南甸西一百八十里。延袤百余里,树木阴翳,官道经之,上有石梯,夷人据以为险。又有清泉下流,入南牙江。明王骥再征麓川,遣陈用仪开是山,以断贼走路。《旧志》:“山自南甸迤逦直绕干崖、盏达界。”明杨慎诗:“说有南牙山更恶,帕头漆齿号蛮莫”,即此山也。按:大盈江嵌其北麓。

又分一支西南行,为:

杉木笼山 在南甸之西,陇川之东。是山高插云霄,一上一下几百里,自防务起时,即安营在此。又设二抚夷,督率弩手。乾隆四十三年设汛,以控制陇川三关。明《一统志》:“在南甸司南百里,王骥破土酋思任于此。”《元志》:“小沙摩弄即此山。”按:冈椀河出其西南麓,西南会蛮胆河、景坎河、南澜河诸水,至南喜寨东南,入陇川江。

西南行冈椀河东,西南经陇川土司,又西南,为:

摩黎山 在陇川司境。

罗木山 在陇川境,极高大,夷人恃以为险。又西南走兴屯,为:

邦中山 在陇川西南四十里,猛卯东南一百里,当猛卯交界。旧设抚夷,岁出汛,驻此。按:乾隆三十五年设有卡,今为干崖属。又西南走猛卯、多恒等处,至丙卯冈椀河会龙川江处而止。

其正支南牙大山西走,在干崖者,为:

云笼山 在司东二十五里,云笼河出此。按:即大盈江。

云晃山 在司南十五里,云晃河出此。

白莲山　在司北六十里，中挺一峰，土官居其麓，下有池。

南牙大山西南走干崖、户撒，走腊撒河南，西走铁壁关，为：

等练山　在猛卯司北，铁壁关驻此。又西南，为：

邦杭山　虎踞关驻此。又为：

邦欠山　西入蛮莫，天马关驻此。

自滇滩南大山分一支由古勇北南下，走鬼甸西、槟榔江东，为：

鬼甸山　在城西南三十里，即魁甸，近集鹰山。从古永分支而下。按：在魁甸西，东与冠子坪对峙。又南为：

鹅笼西山　在城西八十里，东与宝峰对峙。又南为：

猛蚌山　在缅箐西，离城六十里。又南为：

盏西山　在城西南五十里。自猛蚌南，由山峡中曲折蛇行，仰不见天，至盏西忽然开朗，抵大盈江，会槟榔江处而尽。

其大支自滇滩南大山西南下，当古勇隘口，为：

胆札山　自缅箐三十里至黄草坝、箐口，二十里至甸头正龙寺，二十里至田心街，三十里至轮马，五里至胆札，其地四面围山。对山琅琊山，洵称"隘口"。

轮马山　城西北百八十里，在古勇隘口。按：即冷马。

瑯琊山　离城百六十里，在古勇隘口。是山峭石玲珑，壁立万仞，远望如石城，外即金沙江环之，入丽江，洵称天险。又南行，为：

槟榔江源山　在城西百八十里，神护关北六十里，西北为傈僳界。按：槟榔江西北源所出，其东北源出鬼甸西山，西北两源合流至干崖北，会大盈江。又南行而西，为：

猛戛山　在盏西后，神护关设此。又南，为：

盏达山按：在盏达北，盏达河东北源出焉　又南，东为：

奔麻山　与蛮旦相接，绵亘数十里，在城西一百里。

蛮旦山　在城西一百里古勇地。按：下有蛮旦江，即槟榔江。又南，走槟榔江西、盏达河东，为：

鸦尾山　在干崖、盏达分界，南抵盏达河，入大盈江处而止。

其大支，自神护关西南行，为：

猛弄山　在境极西，明设万仞关于此。南走盏达河以西，至滃冷，抵大盈江而止。

其大支自万仞关西南，为：

息马山　在户冈，巨石关设此。又西南，为：

曩送河源山按：河在巨石关外，野人山界内，河源出其东麓，东南流至滃冷，入大盈江　又西南分一支由铁壁关入，走曩送以南，大盈江以北，至会处而止。其大支西南行，为：

蛮哈山　猛卯司治在其下。山形若象鼻，明时令守备戍守其地，设铜壁关于此。其山有峡插空，名“兵书峡”。

布岭山　在干崖西，旧筑堡于此。干崖冬月衣葛，犹汗如雨。布岭稍凉，其形如象鼻，在铜壁关下。按：由大盈江以北走蛮莫界内。

龙川江以东、潞江以西之山，自冈底斯山东南大支分一支走喀木地鸭龙河即龙川上流以东，哈喇乌苏即潞江以西，东南行，至保山西北境崩戛西，腾东北境大塘隘东入边，走保山县上江十五喧西，腾马面关、界头东，起为：

雪山　在城北九十里。三峰耸峙，上多积雪。按：为高黎贡来龙。

雪山之西支，北为：

马回山　在界头小田外，离城二百余里。曰马回者，言其山险，马至此而回也。今马面关即马回之讹，为雪山之赘㽹，东通上江十五喧，有黄牛石壁在其巅。又南为：

瓦甸山　在城北一百里。按：西与江东山隔江相望。其正支又南为：

高黎贡山　在城东百二十里，旧名昆仑冈，界龙、潞之间，蒙氏僭封为西岳。山顶有泉，分流而下，又名分水岭。夷语讹为高良公山。东临潞江，西临龙川，山势极高峻，自下而上，东西各四十里，天霁可望吐蕃之雪山。《旧志》：“是山系昆仑南下正支，由姊妹山西南入者，为滇滩关南高山；东西行者，绕小田、大塘；东至马面关，乃穹然南耸，横架天半，为雪山，为山心，为分水岭。迤南而下，直抵芒市，始降而稍散。其南北之高穹，几五百里，由芒市达木邦，下为平坡，忽起忽伏直至缅甸，而尽于南海。”其东有：

磨盘石山　在保山西百四十里，八湾塘西十里，为永腾往来孔道。《滇行纪》：“越怒江二十里，其山径险箐深，仅容单骑，为西出腾越之要冲。”《霞客记》：“百家倚峰头而居，东临绝壑，下嵌甚深，山下为八湾地，热不可栖，上山乃凉。”

其正支，又南为：

分水岭　山顶有泉，甚清洌，其泉东出永昌，西入郡内。《霞客记》：“关东之水流下潞江，关西之水流下龙江。”《旧志》：“上有古关，关之南盛夏亦寒，关之北为蒲满哨，下为磨盘石，为八湾，则炎热如蒸矣。”按：即高黎贡山南趋大脊。

天马山　在城东十里。

黄草坝山　在入古勇道，隔缅箐西南三十里。

白石岩山　**赤石岩山**　俱在城北百里，峰岩雄峻。

土山　在城北十五里。上有池，周五百余丈，下亦有池，池旁有金轮寺，有济旱石。石详《古迹》。按：五山《通志》不载，特沿《旧志》附入之。

水

腾越诸水以潞江、龙川、大盈、槟榔、大金沙江为大水，余水分支别派，悉归于江。今叙次自西而东，始：

大盈江　一名大车江，源出厅东三十里之芹菜塘沙河，北流经罗坞塘，汇八道河、小河之水，至星罗屯，与：

打苴河　交，西流经马邑村，右会：

马场河　一名高河，源出城北三十里宠炊山，南流，右纳：

上海子水　一名澄镜池，在城北二十五里上干峨山，又名清河，周五百丈，环以花草，人至则雷雨交作，有龙滚其中，流入马场河。又南流，左纳：

下海子　一名半月池，在城北七里，周五十丈，下流入马场河。又南流，左会马邑河，为大盈江。又西南流，左纳：

黄坡溢泉　源从厅东南十里黄土坡平地中溢出，北流经雷起潜，东北合筒车河，入盈江。按：《旧志》称为罗生山水者，非。

三源既会，折西流，右纳：

饮马河　明时土人于罗汉冲开支河，分引北流，挖断黄土坡西度来凤之脉，北经城东，又北入盈江。参《霞客记》。又西，流经城北，折西南流至城西南，为：

叠水河　出龙光台、来凤两山峡中。西南经和顺芭蕉溪、来凤滩水为：

三合河　汇大盈江、芭蕉溪、来凤滩三水，故名。又西，经镇彝关，过河上屯，右为：

合泽河　纳罗苴冲水，流为：

缅箐水　源出厅西北二十里宝峰山西麓，南流，会缅箐山诸水，南入大盈江。参《霞客记》。又东北，纳：

伽池河　在球牟山。池有二穴，距十余丈，上穴周三丈，下穴周一丈，从上穴流经下穴，注为池。复西，入盈江。《一统志》丈作尺。又西南，左纳：

桥头河　源出厅东南十二里，罗生山东北罗汉冲，西流出大洞、长洞两山间，折北流有分流北去，乃饮马河。又折西流，经绮罗，纳：

绮罗水　出水尾山有罗生、来凤两山相夹。西南流半个山，为罗苴冲。经硫磺塘，纳诸水，西入大盈江。参《霞客记》。又西北，纳：

龙王塘 在城西十五里，源自集鹰山潭流出，经小西一带，流入盈江。《旧志》：宠炆山亦有龙王塘，注马场，入盈江。又西南，左纳：

曩拱河 源出厅南四十里清水朗西南山中，西流入大盈江。参《古今图书集成》。又西，流南甸北，为：

小梁河 在南甸司界。又西，经南牙山北，伏流经猛送南，右纳：

猛送河 源出厅西北五十里冠子坪龙潭，西南流经鬼甸，南流经峨笼，至猛送西南，入大盈江。参《霞客记》。又西，纳：

盏西河 在城北百五十里，源出古勇、止那。又西，经云笼山麓，为：

云笼江 在干崖司界。又西，经干崖东，为：

安乐河 又流为：

槟榔江 大盈江源流至此二百里，有两源：其西北源在厅西北境傈傈界，古勇废县南四十里，神护关北六十里。东南流，会东北源，出古勇隘口东南六十里山中，西南会西北源。两源既会，南流百数十里，南至干崖北，会大盈江。参《霞客记》及齐召南《水道提纲》。

大盈江既会槟榔江，又西，流经干崖土司北，又西北，纳北溪水，又西南，至盏达土司东南，北会：

盏达河 两源：一源出厅西境万仞关之猛弄山，西南流；一出其西南，与缅甸景麻界山东流，俱数十里而合。又东南流，折而西南，经盏达土司南，合西来溪水，又南流数十里，入大盈江。参《霞客记》。

又西南，经冷翁南。又西南，右纳：

曩宋河 源出厅西南境巨石关在万仞关西南一百九十里。两源合流，东南入大盈江。参《古今图书集成》、齐召南《水道提纲》。又南，经腊撒西，又西南，左纳：

腊撒河 源出户撒东北山中，西南流经腊撒，折西北流入大盈江。参《图书集成》《水道提纲》。又西南，流至铜壁关东南百里、虎踞关北百里、铁壁关北出边，经蛮莫境，入大金沙江。参《图书集成》《霞客记》《水道提纲》。

龙川江 考其源，出拉里城西桑建桑楚山南麓，曰桑楚河。按《水道提纲》谓出喀木薄宗城东北三百里之春多岭，名鸭笼河。东南流，会雅隆布河《水道提纲》作"会厄楚河"。至厅北境大塘隘西北入边。南流经马面关西，又西南，经雪山麓、界头西，又南，左纳：

磨石河 源出厅北二百里界头练马鹿塘西，南流至罗古城南，入龙江。参《霞客记》。又南，经瓦甸西，为：

混沌河　折东南，经高黎贡山西麓，至曲石街东，右会《旧志》：千双河发源雪山，迤逦至瓦甸，峡江两崖，石峰交合，水流峡中，细若线而甚深，出峡时，石浮水面，状若鼋鼍，经界尾，入曲石江：

曲石江　源出厅西北徼外、姊妹山南麓，南流，经阿幸厂东，右纳：

阿幸江　南流，经滇滩关东南，曲曲百余里，至乌索为西江，东南至固东。南会：

东江　源出厅北二百余里、滇滩关东北兰香甸河北之明光山。南流，为：

明光河　又南，流经石房洞山东麓，西南流经雅乌山东麓，又由南至固东。南会：

西江　两江既会，折东南流，右纳：

顺江水　源出尖山西南小甸山东，东流，经顺江村。又东流，右纳：

响水沟　源出宠炊山北麓，北流入顺江，既纳响水沟水，又东流，入曲石江，又东南，流经灰窑山麓，为：

灰窑江　过天生桥，东南流至曲石街南，为：

曲石江　又东，会龙江。参《霞客记》。又北，纳：

阳桥洞河　城西北百三十里，源出石罅，从东屏之山西转，为阳桥南峡之上流，徐入龙江。又南，经橄榄坡东，又南，折江而东南，又西南，经清凉山西，复东南，左纳：

香柏河　**猛淋河**　源俱出龙陵，西流入龙江。又西南，纳：

杨柳河　在南甸西三十里，汇诸山之流而为河，穿咙抱、唰唻田塍间，远灌罗卜丝庄一带田亩，下通陇川，入龙江。又西南，流二百里，至沙木笼山东，右纳：

沙木笼东水　源出南甸南、南牙大山中，为南牙河，在南甸西南二十里。两源南流而合，西南流百余里，经杉木笼山之东北，折东南流入龙江。参《水道提纲》。又南流，经陇川土司东，并入：

麓川江　直亘几三百里，绕虎踞关，折而猛卯，又西南，经遮放土司西南，左纳：

芒市河一名户焕河　源出龙陵属猛弄地方，又西南，左纳南性河南性河出芒市土司东南，西流经司南，西入龙江。又西南，左纳南歌郎河，南歌郎河源出芒市东南，西北流至怕底寨西，东入龙江。又西南，经遮放，南入龙江。参《水道提纲》。又西南，经猛卯东，左纳：

椀顶河　源出椀顶，西流至屯汉，南入龙江《图书集成》。又西南百八十里，折而西，至南喜寨之东南境、汉龙关之东北境，右纳：

冈梡河 源出陇川东北、沙木笼山西南麓。两源合，西南流经司西，又西南，左纳东北来一水，又南，右纳西北来一水，又左，纳蛮胆河蛮胆河，源出陇川西南，流入冈梡河，又西南，左纳景坎河景坎河，源出屯兴东北，西流经屯兴屯，入冈梡河，又西，经屯兴寨北，又西，右纳西北来一水，又西南，左纳南澜河南澜河，源出猛卯东北，西流经猛卯北，西北入冈梡河，又西南，折而正南，曲曲经虎踞关东五十里，又南，经南喜寨东，又东南，入龙江此水源流三百里。参《图书集成》《水道提纲》。又西至汉龙关，右纳天马关外一水，又西南，流至汉龙关西十里、天马关东南二十里出边，走猛密部内为莫勒江，又西南，经缅国太公城，至江头城，入大金沙江。参《图书集成》《霞客记》《水道提纲》。

潞江 自云龙州漕涧西、保山县北崩戛东，厅东北大塘隘东四千里，南流，入保山境。又南，经马面关东六十里，又南，经蛮边东猛赖西，左纳保山西溪水，东南流，经猛赖东折，西流入潞江。参《霞客记》。又南，右纳雪山水，会流入潞江《图书集成》。既会南甸河，迤逦至孟定府，为喳哩江。又西南百余里，当厅东南三百余里出边。经阿瓦、木邦、孟及，至摆古，入南海。

腾越厅志卷之三

地舆志(下)

地舆志五　户口

国以民为本，民数之多寡，国计攸关。故《周礼》献民数于王，王拜受之而登诸《天府》[①]，重邦本也。班孟坚志《地理》，载夫户口，志乘因之，户口遂列专门。腾当元代，人民甚稀，户籍莫考。至明设卫分屯，渐臻繁盛，天顺以后，历有可纪。我朝休养生息二百余年，民数之版，有登而无下，虽廿年兵事，多致流亡，而至今还定安集，生齿日增，骎骎[②]乎将复旧观矣。

明

腾冲司

天顺八年，户三百十七户，口二千五百四十口。

弘治十五年，户二千五百六十户，口七千零二十口。

正德七年，户一千六百五十八户，口九千七百四十二口。

腾越州

嘉靖十一年，户一千八百三十六户内军户一千三百八十，民户一百七十，马站户二百七十二，僧户十三，口共一万零三百二十六口。

隆庆元年，户一千九百零九户，口一万一千一百二十口。州牧沈祖学《旧志》曰："腾之户口，以隆庆较之弘治，口虽增而户反减，何也？盖军民之外，间多客户，子孙繁育，原无力役，虽因产附籍者有之，然商所置，即民所弃也，产去则户亡，惟口存耳。正德前，两镇编客户柴薪，所征不赀，弗储官帑，乃为虚縻，禁之是也。若酌量处之，俾娶妻生子，久未占籍者别立一册，示以差等轻于土著。凡遇编审，附之档尾，可宽丁粮一分之徭。较前弃无名之征，不亦善乎！其要尤在秉公廉访，严厘漏报、妄报之私，听令自首，免其清查老引之累，庶不扰于客户，而彼因有籍，亦得以安集云。"

卫官　舍　军余[③]　**旧管汉土司舍　旗军**[④]　**余丁**本《旧志》，附记之：

---

① 天府：周官名，掌祖庙之守藏，凡民数之册，邦国之盟书，狱讼之籍，皆登于天府。后世因称国家府藏为天府。

② 骎骎(qīn qīn)：马行快疾之意，引申为疾速、急迫。

③ 军余：亦称余丁、羡丁。军户子弟充军役以外的丁口(军中编外人员)

④ 旗军：明代卫所总旗、小旗编制之总称。

嘉靖二十九年，汉土官舍、丁一千四百零二员、名，汉土旗军记录余丁共八千三百四十名。

隆庆元年，汉旗军舍、余共五千八百六十六名，土旗军舍、余共三千六百二十一名，新收军共五千四百九十八名。

汉土军　新充发军　里甲　土著民　夷民诸目亦前朝兵赋所寓，详载《旧志》，特别其序次而附记之：

汉军三分操守，七分屯种　正统时调戍之五所军也，初调时原伍官军虽缺，其徒实繁，后则逃亡将半。因边卫土薄，地邻瘴乡，屯种者散于饥馑输纳之艰，操守者毙于役使抚勘之所。操守既缺，间拨不堪屯种者补之，故屯种者愈少，虽叠减征额米，究不能充。

土军分操守、认办　元时守御土著之人，明之腾冲所也。新设州治，别无民籍，乃分官旗归卫为军余，属州为民。但军籍不除，操队不废，州、卫兼役之，故多逃徙也。余丁厥役亦繁，盖正军逃亡，以之补伍，正军既亡绝，余丁亦安能独存？舍人其役差逸。

新充发军膺罪而来，免罪而去　汉土官舍随时备操，不在原额军内。

里甲民分为八里　本卫官、舍、军余有田庐者田鬻粮割，仍复为军。故均徭丁数，册多虚名。

夷民　一、两驿站赤佃民，一、参太籽粒佃民，外老引客民颇多，而总府庄民不与焉。

土著民军籍如故，而谓之民，土著故耳　腾冲所分隶土军也既当里甲，均徭别征，其夫马银差，厥役繁哉。噫！省之薄之，斯民其庶乎是有望于司牧者。

国朝

乾隆二十五年，户一万二千零八十七户，大小丁口共十七万七千一百七十三丁口嗣后造报户册，年增数十户。

四十二年，奉旨分民屯户口人丁，计：土著民一万一千三百九十四户，十五万八千六百七十五丁口。屯民二千九百三十五户，三万九千三百五十七丁口。

四十四年，共民屯万四千八百八十九户，十九万九千五百八十三丁口。《旧志》载：“据保甲编审开造，其间客民、僧户皆所不入，至七土司地方，汉人移居者，不能概载，虽各司曾奉文照内地编造户口，而每多不实。缘夷民种类不一，迁徙无常，其法：甫到立寨，开种寨旁荒地，三年始应差派门户。有奸夷辗转司地，合寨数百人成旅而行，习为狡俗，故止有寨名，其田并无顷亩可稽，故不能照内地清查法行之也。”又云：“各司田地膏腴，州田所入，不敷民间口粮，赖各司地搬移接济，以足民食，是亦不可略者。”

嘉庆、道光间，户科册籍无稽。因咸丰十年回逆陷城，户册残毁无从稽考。惟《通志》载：“嘉庆二年，腾土著民二万一百三十六户，二十万八百十三丁口。道光三年，四万八千五百十二户，三十七万三千八百七十口。”

咸丰、同治、光绪初，兵事蔓延，人民离散，户口无定。

光绪五年，土著民一万零九百三十六户，五万五千四百零七丁口。

地舆志六　乡名

《周礼》合五州之地谓之乡，朱子注：“万二千五百家为乡”，是皆统而言之，非析而名之也。夫某村、某聚、某邑、某区，名各不同，所以诞圣人者，昌平[1]是纪；居贤人者，东里[2]见称，乡名原有区别。腾地虽褊小，自元、明隶在版图，乡名已不一而足。况我盛朝，休养生息，户口日繁，村居日广，凡罗布于十八练、各关隘者，非仅四乡八屯之称也。谨详其名，以见生聚之盛焉。

东练五屯十四撮三甲。东至龙江练，南至大董练，西至绮罗练，北至北练：满金邑一屯四撮，玉璧村[3]二屯五撮，董库一屯三撮，娘娘庙一屯二撮，猛连上甲六寨、中甲四寨、下甲二寨。

大董练八屯。东至芹菜塘，南至官坡，西至绮罗练，北至东练界：长洞一屯一寨，大洞二屯一寨，分首单、三单，洞坪一屯，山面、山后、天应寺，雷起潜一屯，胡家湾，倪家铺，刘小寨，韦家、毛家、陈家三村，黄坡一屯，上村、中村、下村、新村，吴邑庄烟村一屯，沙坝罗汉冲、河外、花香口一屯，团山坝上半屯。

绮罗练六甲。东至大董练，南至清水练，西至和顺练，北至东练：首甲栗树园、段家、黄家、杨家三巷，二甲刘家湾、许家巷，三甲尹家巷、小街子，四甲杨家巷、田心，五甲中村、老排坊，六甲新排坊、张家湾、左所营、瞿家营、栗柴坝、冷饭寨。

和顺练七甲。东至叠水河，南至交椅凹，西至芭蕉关，北至缅箐界：首甲水碓、尹家坡，二甲上村、大桥、刘家巷，三甲黄果树、李家巷、高台子，四甲赵家巷、大石巷、小尹家巷，五甲举人巷、尹家巷、小李家巷，六甲寺脚、贾家坝、张家坡，七甲上庄、下庄、小山脚。

清水练四甲。东至绮罗练，南至曩宋关，西至小河底，北至左所营：首甲苏家营

① 昌平：乡名，孔子的出生地。
② 东里：地名，春秋时郑国子产居住的地方。
③ 玉璧：有时亦作“矣比”“绮比”。

等七寨，二甲虞家营等六寨，三甲大寨等西寨，四甲朗蒲寨、杏塘等七寨。

明朗练三撮。东至小河底，南至弄换、三夷庄，西至平山汛，北至绮罗、和顺界：上撮上下明朗、西河村、太平村，中撮雨伞、荷花池、萧家庄，首撮上下蔺家寨、良姜凹、芭蕉关、蔡家、谷家寨、镇夷关、甘蔗寨。

缅箐练七甲。东至和顺，南至明朗，西至古永小地方，北至小西：首甲阎家冲等三寨，二甲荆竹寨、魁甸，三甲镇龙村等四寨，四甲侯家营等六寨，五甲鹅笼等六寨，六、七甲大村等六寨。

小西练四甲。东至田心大桥，南至叠水河，西至宠炊山，北至洞觉村：观音塘，陈家巷，大宽邑，上、下马场，义慈巷，石牌，上、下龙马窝，大、小罗绮坪，河外，董官村，里仁村，回龙村，侍郎坝分李家、萧家寨，卢、郭家寨，宝峰寺脚，松园，龙王塘。

大西练十三屯。东至赤石屯山，南至宠炊山，西至罗香山，北至鸦乌山[①]：宠炊山屯三寨、马站屯七寨、丘坡屯六寨、坡上村半屯二寨、碗窑屯三寨、顺江屯八寨、甸苴屯八寨、阿白屯七寨、罗香屯五寨、赤石屯六寨、首半屯六寨、乌索屯六寨、阿幸屯八寨、鸦乌山屯界明光、滇滩间，寨名甚多，不能悉纪。

北练上七屯东至清水河，南至邵大营，西至芋头山，北至干乍屯：邵大营半屯、海口半屯、酒店屯五寨、芋头山屯六寨、干乍屯四寨、公坡屯七寨、灰窑表院屯四寨、清水河屯四寨。**下七屯**东至飞凤山，南至田心，西至油墩庄[②]，北至打苴：打苴屯寨二，星罗屯寨一，罗坞屯三寨，买鱼村屯十二，干峨屯三寨，油灯庄、飞凤山屯六寨，洞觉村、田心屯二寨。

龙江练九甲半。东至潞江象脖子，南至龙陵帮丙，西至甘露寺，北至北练罗坞塘：曩中甲九寨、桥头甲六寨、浪上甲九寨、帮半甲一寨、丙伴甲三寨、丁怕甲七寨、忙棒甲九寨、周马甲六寨、赵家营甲五寨、上营甲四寨。

蒲窝练五甲。东至清凉山，南至凤尾山，西至青峰山，北至龙塘山：东上甲十二寨、东下甲二十五寨、西上甲二十六寨、西下甲二十二寨、小蒲窝甲三十九寨。

古永练七甲。东至大西练，南至缅箐，西至盏西，北至野人山：首甲箐口、粮台石、崩麻、扒滩，二甲杨家寨、许家寨、苍山，三甲番家冲、普勒寨、石牌，四甲陇瓮、马桥、普通寨，五甲苏江、当戛、轮马、胆札，六甲茶花塘、郭家寨、新寨，七甲李家寨、硝水塘、浪撒。

曲石练三屯十五甲半。东至龙江练，南至北练镇龙桥，西至北练灰窑桥，北至瓦甸练早三河：首屯七一甲三寨、七二甲三寨、七三甲五寨、七四甲七寨、七五甲六寨、七六半甲六寨、七七甲五寨，江苴屯九一甲四寨、九二甲四寨、九三甲九寨、九四

---

① 鸦乌山：卷二《山川》“鸦”作“雅”。
② 又作“油灯庄”。

甲六寨、九五甲七寨、九六甲五寨，界尾屯九七甲四寨、九八甲八寨、九九甲七寨。

瓦甸练十三甲。东至雪山，南至早三河，西至清水河，北至界头隔界河：早三甲六寨、喇塘甲六寨、河西甲四寨、白马甲四寨、清水甲二寨、常家甲三寨、罗妹甲四寨、石墙甲四寨、里罗甲五寨、起科甲三寨、混泥甲七寨、首屯甲五寨、罗古甲八寨。

界头练十八甲半。东至雪山，南至瓦甸，西至白人山，北至大塘隘：外首甲八寨、外二甲六寨、外三甲二寨、外四甲三寨、外五甲四寨、外六甲二寨、外七甲六寨、外八甲四寨，里首甲三寨、里二甲六寨、里三甲三寨、里四甲二寨、里五甲六寨、里六甲二寨、里七甲三寨、里八甲四寨、里九甲三寨、里十甲三寨，小河里半甲四寨。

河西练二单三十寨。东至大河，南至茂福，西至盏西，北至邦老：大地、有余村、蛮林、中坝、铺田、那旁、邦老、等马、猛红、茴香岭、永兴、来连、回勒、大坡头、小新寨、大小猛武、丝瓜坪、蛮冈、蛮罗、平厂、上猛连、大小蛮幸、城壕、蛮竜[①]、沙沟、蛮发、蛮别、羊塘。

盏西练十二寨。上半练：东至芭蕉岭，南至滥泥箐，西至野人山，北至猛崩隘；下半练：东南至大、小龙塘，西北至野人山：河西寨、蛮朵、蛮海，止那蛮棒、中寨、蛮老、蛮冷、遮坎、蛮昆，盏西蛮棒、关上、景幸。

三夷庄界明朗、河西两练间，计三寨：罢派[②]、曩烟、界坪。

四夷庄四寨。在河西练上下：永勒、线多、猛连上、下寨、邦读。

猛蚌甲六寨。在缅箐外、盏西内：上寨、中寨、下寨、大坝、张家寨、栅房。

曩宋直隶甲五寨。东至河，南至南甸司界，西至河西练，北至清水练：马茂、老官城、尖坡、新寨、曩来关。

明光隘三单。东至梨花山，西至土瓜山，南至石碑，北至定蛮关：上单十一寨、中单十三寨、下单十一寨。

滇滩隘六牌。东至五台山，南至阿幸，西至西山岭，北至姊妹山：首牌早家坡、二牌姚家冲、三牌后所、四牌大硝塘、五牌石土主、六牌麻栗坝。

地舆志七　风俗

古者辅轩奉使，采列邦诗而陈之，所以验风俗之盛衰也。厥后此典不行，而史臣犹编风俗于载籍，一乡一邑亦且胪列及之。腾壤接殊方，汉、夷异俗。自元明设卫分屯，用夏变夷，一时从戎驻牧者多江南人，遂沿有江南风俗。

① 竜：古文"龙"字。
② 罢派：今作"坝派"。

我朝重熙累洽，数百年声教涵濡，风气日上，民勤耕织，士重诗书。汉夷相安，匪尔虞而我诈；男女有别，弗并坐与偕行。谨志之，以俟夫采风问俗者焉。

腾俗尚古朴，言语声音与保山近，多金陵软语，故传为有吴下风，并合《荆楚岁时记》[1]也。冠婚率遵古礼，丧祭亦守典章，男子朴实相崇，女子贞节是尚。婚礼先求庚帖，后通媒妁，纳采随人丰俭，将婚请期，亲迎用喜轿。丧事称家有无，旌翣俑楮[2]悉备，火葬之风久革。四时八节，则元日祀天地祖先，门植双松，悬彩于门，民间往来贺岁；自元旦至九日，士民有至云峰山、宝峰山朝山者；立春前一日，看春者以饼酒相馈；元宵看灯，有鱼龙诸杂戏，结伴游新桥河，插香于道，谓可以祛疾。二月八日，城市人于金轮寺迎大佛。清明节插柳祭坟；三月三日，祭赛真武庙；廿八日，东岳庙迎神赛会，前后凡三日。四月初八，浴佛会；立夏，插皂角枝、红花于户以压胜[3]，围灰墙脚以避蛇。端阳，悬艾虎，系续命缕，饮雄黄菖蒲酒，以角黍相馈。六月朔至六日，礼南斗祈年；廿五日，为星回节，燃松炬祈年。七月七夕，以瓜果祭织女星乞巧；十五日，中元节，民间祭其先人。中秋节，以月饼祭月。九月朔至九日，礼北斗；重阳日，登高，饮菊花酒，佩茱萸，是日城隍庙祭赛。立冬后墓祭。冬至日贺节，民间以糍糕相馈此俗今稀。腊八日作粥；念[4]四日祀灶；除夕饮分岁酒，守岁，燔松毛，四更迎灶神，以松针铺地。此四时八节之礼，所谓与《荆楚岁时记》合，有吴下风，不违乎古而近于道者也。至民间崇信释道，多设斋讽经，极形严肃。祭祀宴会，习尚丰腆。夷民聚会，以赶街为期，群聚而饮，剁生肉为食，汉人则和以醋。房屋用筒瓦、板瓦《旧志》谓滇多风，明时奉敕许用。市集曰街，多合支相如子日曰鼠，丑日曰牛是。士知诗书，科第相承，耕耘纺织，民敦本业。衣冠文物，风土人情，并称永昌。此腾风俗之大致也。

---

① 《荆楚岁时记》：梁宗懔撰。懔，楚人，故述其乡之土俗为此书，凡三十六事。

② 旌翣俑楮：均丧葬之礼必备之物。旌：即明旌，表彰生前德行的文字，须请有地位之人题之；翣(shà)：古代丧礼中用来垂于棺木两旁的一种饰物；俑：古代殉葬用的木制或陶制的偶人；楮：祭祀时焚化用的纸钱。

③ 压胜：也作“厌胜”，以巫术祛邪避灾。

④ 念：即“廿”，念四日即二十四日。

地舆志八　道里

夫荡平纪于《洪范》[1]，砥矢咏于周京[2]，留情疆域者，未尝不加意于道路也。矧腾地接遐荒，扼百蛮之要路，或梯山凿险，或缒谷通幽，其崎岖较甚于他郡。苟弗详计其里程，则邮驿之传递，关隘之分歧，何以了如指掌？且诸夷叛服无常，道路时形通塞，讲攻守、审进退者，尤非熟习不为功。我朝幅员万里，道里绵长，辽绝如腾，久通声教，载笔者乌容忽之？

赴府正道

自城东五十里至橄榄站，五里龙江桥，三十里太平铺，二十里分水岭，二十里象脖子，二十里禾木树，九十里蒲缥，七十里至永昌城，凡三百二十里。至省城，一千六百四十里有奇。至京师，《旧志》："万余千里有奇。"按《舆图》所载，实七千五百六十里。

奇道七

一自城东南大蒲窝，过龙江越高黎贡，入施甸，取道顺宁。

一自城东上高黎贡，由猛柳寨径路通施甸、顺宁。

一自大蒲窝南下小陇川，经芒市、湾甸通景东。

一自城北界头过马面关、高黎贡、雪山，渡上江，通云龙五井。

一自城北罗古城越高黎贡，过上江，经保山北冲界。

一自城西北入茶山野人地，通丽江界。

一自城东北仆箐寨越高黎贡、雪山，经永昌属老缅洋、罗古城等寨，东入永昌保山上七道，俱可通省。

达外夷诸道

一自城北，四程至茶山。

一自城西，八程至里麻，十程至孟养。

---

① 荡平：扫荡平定；《洪范》：《尚书》篇名。

② 砥矢：《诗·小雅·大东》："周道如砥，其直如矢。"后以砥矢喻平直；周京：即周朝京城。

一自城南，九十里交南甸地，二程至干崖，四程至蛮哈山，十程至猛密，共二十七程至缅甸，三千里有奇至南海。

一自南甸，四程至陇川西南，十程至猛密东南，十程至木邦，转达八百宣慰司即古八百媳妇国，地在今景线。

一自城东南，四程至芒市，转达镇康。

南甸外达诸道

一由南甸右行，六十里至龙抱树，五十里杉木笼，三十里蛮陇，六十里陇川，四十里邦中山，一百里猛卯，凡四百五十里。

一自南甸右行，二十里至沙冲，二十里猛宋，五十里黄陵冈，五十里干崖，八十里盏达，三十里太平街，自翁轮三十里至铜壁关，凡三百五十里。

一自陇川，八十里至腊撒，北三十里户撒；自腊撒八十里至铁壁关，左二十里蛮等，七十里虎踞关，五十里南喜，三十里等拐，五十里天马关。

通天竺二道见《唐书》

一自诸葛城南行，二百里至乐城，入骠国今缅甸。经万公等八部落，七百里至悉利城，又经哭明城千里至骠国，西渡里山千六百里至天竺迦摩波国，西北渡迦罗都河，六百里至奔那伐檀那国。又西南，至中天竺东境、恒河南岸，四百里至羯朱嗢[1]罗国，六百里至西摩羯伦国此自腾南，由缅甸转西至天竺界，凡三千五百里；至中天竺，凡一千六百里，共五千一百里有奇。

一自诸葛城西去腾冲城二百里，又西，百里至弥城，过山二百里至丽水城丽水乃西汉"龙泉水"，又二百里至安西城。西渡弥诺江，千里至大秦婆罗国，又西三百里，过深大岭，至东天竺北界。又西南千二百里，至中天竺东北界之奔那伐檀那国，与骠国往婆罗路合。此自腾西由丽江进藏地，二千里至东天竺北界，又千二百里至中天竺，仅三千二百里，视南道径[2]千九百里也。按《旧志》：腾与天竺相对，特为赤发野人所隔，必迂道南行千七百里至缅甸，始转西至东天竺，又西至檀那，计三千八百里；迂道西行，然后转南，亦至檀那，计三千二百里。若无野人相隔，则至天竺不过千八九百里也。

---

① 嗢：读wà。
② 此"径"字，似为"近"字之误。

地舆志九　桥梁

自秦昭王治河桥，而桥之名始见。《尔雅》云："堤谓之梁，聚石而成。"名虽各异，济人则同。诚以坎水之险，宽平则通以舟楫，逼仄则必驾桥梁，乃可惠往来，免陷溺也。腾处万山之中，雨后溪流澎湃，舟楫莫施。龙、潞二江，素称险渡外，乡村关隘，尚各有要津。非当事者急致兴修，时加补葺，将何以逾越险阻，而占利涉于无穷哉？详为纪之，庶知所亟亟云。

铁索桥《旧志》：腾铁索桥五，除惠人、天济、曩转三桥而言

龙江桥　在城东六十里。自明至今，修之者非一人、非一地矣。州牧吴楷曾三修之，光绪五年，同知陈宗海补修，置有桥田三十三箩五斛，载在碑记。

天济桥　去城百五十里，在马面关。乾隆三十年，生员董棫倡建，联以铁索系跨潞江；三十一年，永顺镇乌尔登额、永昌府陈大吕以边事萌芽，欲画江自守，因毁之，人至今惜焉。

潞江桥　在司署东。道光九年，州牧周澍饬绅管明清宠、朱大椿、马如灏等力修之，累立中渡石墩，迭被冲决。后于中流得一巨石以为砥柱，砌石于上，加以银绽[①]，阅十年而桥成。积万金买置线多田亩，年收租谷二千九百余箩，作岁修资。咸丰间毁于贼，光绪初递加修理。十一年三月，怪风忽大作，铁索尽被吹折。同知陈宗海倡捐，醵金五千九百余，饬监生尹其懋督修，坚致如故。现田租年仅收谷千箩。

曩转桥　在南甸西南十五里，通干崖路。干崖土司建，后圮。光绪四年，同知陈宗海至其地，复倡捐重修之。

向阳桥　在城北六十里。创自前明，屡修屡圮。乾隆三十五年，里人捐租重修，建龙神祠于桥岭，后毁于兵。光绪五年，同知陈宗海倡捐重建，七年工竣，更名"镇龙桥"。云南巡抚杜瑞联给额曰："功占利涉。"

永济桥　在曲石界尾地。康熙三十九年，知府罗纶、知州唐翰弼重建，后毁。乾隆四十年，里人复建，寻毁于贼。光绪五年，同知陈宗海倡捐重建，巡抚杜瑞联给额曰："普济通津。"

---

① 绽：疑为"锭"字。

界明桥 在界头、明光交界，里人修，毁于贼。光绪六年，同知陈宗海倡捐重修，六年告成。复捐廉[1]置田六箩，作岁修资。巡抚杜瑞联给额曰：“功占利济。”

成德桥 在曲石野猪箐，里人修，毁于兵。光绪八年，同知陈宗海倡捐重修，加铁索四，系于石墩上，九年春工竣。

长庚桥 在界头野老营，毁于兵。光绪十三年，同知陈宗海倡捐重修之。

石桥

东门桥 在东门外，明指挥陈效捐建。

迎恩桥 在饮马河，一名“饮马河桥”。

中桥 在饮马河前。

凌云桥 在西门外，跨大盈江，一名“大桥”。

通津桥 在城西，嘉靖八年，百户郝升建。乾隆三十九年重修。

北门桥 在北门外，名“北门第一桥”，后圮。光绪七年，同知陈宗海捐廉修补。

车筒河桥 在北门外田心寨，明指挥杨继武建。乾隆四十年重修，后圮。光绪六年，同知陈宗海捐廉修补。

迎凤桥 在城北，明郑文运建。

龙洞桥 即叠水河桥，明指挥陈仪建，毁于兵。光绪七年，同知陈宗海倡捐重修，更名为“大盈江桥”。

新桥 在城西南。

满金邑桥 在城南雷起潜，陈志建。

团山桥 在大董团山村右。

凤山桥 在大董长洞村旁。

三合桥 在和顺乡。

捷报桥 居大盈江尾，光绪十年，和顺人重建。

夹象石桥 在瓦甸，即永盛桥，毁于兵。光绪七年，同知陈宗海倡捐重建。

陈家桥 **德厚桥** 俱在瓦甸。光绪十三年，同知陈宗海并倡捐修补。

顺江桥 在大西。

镇夷关桥 **蔺家寨桥** 俱在明朗。

普天桥 在黄果树下，通曩宋关道。

---

① 廉：指养廉银。清代官吏于正俸之外，按职务等级另给银钱，称“养廉银”，其数多于正俸。

曩烟桥[1]　在曩烟寨南。

河西桥　在河西练。

德禄桥　在缅箐路口村，久圮。光绪十三年，同知陈宗海倡捐，饬乡饮[2]樊启林等重修之。

藤桥

龙川桥　**甸尾桥**　**曲石桥**　三桥俱随地跨龙川江，联以藤索。见明《一统志》，今无。

木桥

鳞跃桥　在东山寺，今圮。

回龙桥　在马面关。

厢子桥　在罗香甸。

天生桥　有三，一在赤坪，一在灰窑，一在清水河。

济南桥　在曩宋河上流，春冬可涉，夏秋雨水倾注，急浪狂流，力能摧石。光绪六年，同知陈宗海择木龙口地，就两岸砌石成桥。

飞凤桥　在北门外三家村旁，里人建，光绪十三年大水湮圮。

凤尾桥　**范家桥**　**三家村桥**　三桥亦在北门外。

马常桥　在上马常[3]村旁。

上五桥俱同知陈宗海倡捐兴修，下用石为墩，上覆以大木。

郑家桥　**冉家桥**　俱在江苴。光绪八年，同知陈宗海捐廉修补。

固东桥　有二，俱在阿白屯。

乌索桥　在乌索。

上三桥，光绪十三年同知陈宗海各拨给叛产田，作岁修资。

新街桥　在明光下单河口。其水春冬可涉，夏秋用筏，常有溺者。光绪六年，同知陈宗海修建，复拨给乌索叛产田六箩，作岁修资。

普济桥　在龙江上流。光绪五年，同知陈宗海捐廉建。

石龙桥　**永安桥**　**龙家桥**　**龙胡桥**　**邓家桥**　**普济桥**

济东桥　**柳湾桥**　**总渡桥**　**润生桥**　**木厂桥**　以上十一桥皆在北练。光绪十三年，同知陈宗海俱捐廉补修。

---

① 原文多一桥字，似为重文，今删去。

② 乡饮：乡饮耆宾之简称。清制，每岁由各州县遴访年高有声望的士绅，详报督抚，举行乡饮酒礼，再将姓名、籍贯造册报朝廷。所报之人即称之乡饮老耆。是一种荣誉称号。

③ 马常：亦作“马场”，在小西练。

地舆志十 土产

班孟坚之志《地理》也，兼及所产之物，后世志乘，遂列土产为一门。良以人生日用之需，所关甚巨。此郡所产，与彼郡不同，故谈物产者，惟问道地，盖以封域为限者也。腾山多水少，土之膏腴瘠薄不一。考前明记载，尽大金江内外、三宣六慰皆受朝命，且兼戛鸠、蛮莫、猛拱、猛养而有之。是所属极广，而所产极多，殆宝薮也。明末武夫阉竖为之镇守，苛索日甚，怨畔①滋生，八关而外，非吾所有，土地狭则物产稀，是可慨已！我盛朝德威远播，异物贡自远方，常产饶乎沃壤，盖轶②前代而上之矣。爰区分焉而登诸志。

谷属

稻有数种、黍、粱、麦、麻、豆菽类有：青、赤、蚕、豌、豇、扁、绿、莳、季、合包等名、荞有二种、稗。

蔬属

姜、芥、葱、韭、蒜、芦菔、莴苣、菠菜、苋、百合、豌豆、茴香、茄、薯芋、瓜有菜瓜、冬瓜、黄瓜、刺瓜、丝瓜、南瓜诸名、葫芦、薤、笋、山药、蕹菜、菘有数种、蕨、荠、莲藕、香蕈、木耳、鸡㙡城南来凤山产者尤佳、菌、白森、蕲菜、芫荽、茨菰、茭瓜、芋头、同蒿、苴兰。

果属

梅、杏、李、桃、栗、樱桃、柿、松、飞松、莲子、梨有数种、核桃、棕仁、石榴、佛手柑、花红、杨梅、木瓜、香圆、芭蕉、橄榄、甘蔗、榧子、波罗蜜、小枣、葡萄、落花生、菱角、查子、瓜子、橙、桑椹、银杏、茨、榛、橘、枇杷、米酥。

花属

牡丹、山茶、玛瑙茶、白茶、梅城内鲁氏梅最驰名，详《异闻》、桂、杏、桃、李、梨、海棠、芍药、芙蓉、茉莉、丁香高五六丈、杜鹃五色双瓣者以胡家园为第一，今无、石榴、樱桃、绣球、紫薇、蔷薇、玉兰、木兰、栀子、荼蘼、唐棣、地棠、山丹

---

① 畔：通“叛”。
② 轶(yì)：超过。

即映山红、刺桐形如鹦哥，名鹦哥花、木香、粉团、夜合、瑞香、月季、荷花、菊有数种、鸡冠、素馨、报春、迎春、长春、虞美人、灯笼、玉簪、美人蕉、罂粟、花上花南甸甚多、雪兰、蛱蝶兰、串珠兰、剪春罗、剪秋罗、莲花城东有金镶玉版者、番莲、午时莲、铁线莲、凤仙、灯盏仙、凌霄、木槿、鱼子兰、金银花、槐花、茶包菊、葵。

草属

苹、藻、荇、苇、芦、茅、紫草、夏枯、虎掌、马鞭、凤尾、青蒿、薜荔、通草、灯草、薤叶芸香、菖蒲、益母、锅铲草、象鼻、一把掌、仙人掌、金刚纂、芝、茜、龙胆、佛田、蓝蓬。

木属

椿、松全氏松最驰名，详《异闻》、柏、杉、梓、梧、杨柳、槐、棠、黄杨、楮、柞、樟、榆、棕榈、皂角、樗、柘、桑、桧、漆、楠、栎、黄果树、香果树、观音柳、翠、银杏、华桃、木莲花、黄心、黑心。

竹属

紫竹、攒竹、水竹、苦竹、观音竹、凤尾竹、茨竹、猫头竹、实心竹分水岭产，一名藤条竹、刺竹、邛竹、无节竹杉木笼产，又名通天竹、东坡竹、龙母竹、筋竹一名荆竹、花斑竹出滇滩关外、濮竹围三尺余，大可受一斛、麻竹其质绵软，可为绳为履、箭竹、油竹、藤竹细者可为绳，大者可为杖。《旧志》称腾越作“藤”者以此、黄竹、香竹。

石属

象塘石又名芙蓉石，出古永关外、紫石、青石可为碑碣、南甸河石其质软而润，可用为砚、云母石、白沙石出自明光。

玉属出自外夷

碧霞宝石、印红宝石、红刺宝石宝石中以是为上品。此三者大抵皆光珠之类。元大德中，有商人卖红刺一块，重一两二钱，估置中统钞[①]十四万锭，用嵌帽顶上，累朝重之。凡宝石多出猛密地宝井中，张南园谓：宝石须极天下之红透水内为宝。明杨

① 中统钞：全称“中统元宝交钞”，是中国现存的最早由官方正式印刷发行的纸币。与钱并用(交钞，又称“交子”，即纸币)。

慎、张含有《宝井谣》，巡抚陈用宾有《罢采宝井疏》，俱见《艺文》、玉石以绿白分明透水者为佳，翡翠色为上品。其名不一，均出猛拱、琥珀、玛瑙、珊瑚出野人山地。以上各产，皆出外夷，而从腾越达省会，故州城八保街，旧讹为“百宝街”。

金属

金、银、铜、铁、鎌、铅或出州属地，或出土司地，详《矿厂》。

杂产

水精、琉璃、轲虫、蚌珠、孔雀、翠羽、犀角、象牙、鹿茸、棉花以上均出外夷。

鳞属

鲤、鲫、鳝、虾、鳅、金鱼、马鬃鱼、细鳞鱼、青鱼、白条鱼龙川江产者尤佳、红鱼、面肠鱼出城东满金邑、石骈头。

羽属

鸡、鸭、鹅、鸽、鹰、雀、燕、鸠、鹊、鸦、鹭、鹧鸪、鹦鹉、黄鹂、白头鸟、翠鸟、点水雀、布谷鸟、鹡鸰、画眉、山和尚、锦鸡、野鸡、隼、黄鸭、鸲鹆、鸿、鸥、凫、鸡鹊、鸬鹚、啄木冠、鹞、巧妇、寿德鸟、鸳鸯、鹳、提壶、野鸭。

兽属

马、牛、羊、猪、犬、驴、骡、猫、麂、鹿、麃、獐、野猪、虎、豹、豺、狼、猴、熊、狐狸、飞鼠、松鼠、野猫、水獭、竹鼬、兔、豪猪。

虫属

蚕、蜂、蝶、蝉、萤、蟋蟀、蝇、蜘蛛、蚊、蝙蝠、虻、蚱蜢、蜉蝣、蜻蜓、螳螂、莺儿、蛇、虾蟆、蝌蚪、蛴螬、蜗牛、蜴[①]、蚓。

药属

黄精、沙参、天麻、仙茅、地榆、三七、黄连、柴胡、香附、麦冬、天冬、地丁、大黄、茯苓、兔丝子、五味子、覆盆子、牛旁子[②]、金英子[③]、厚朴、见肿消、天

---

① 蜴：即蛈蜴(tiě tāng)，土蜘蛛。原已列蜘蛛，此处似为“蜴”(yì)，即蜥蜴，腾冲有此动物。
② 旁：应为“蒡”。
③ 英：应作“樱”。

南星、鹤首乌[①]、威灵仙、马兜铃、牛膝、金银花、龙胆草、山豆根、蒲公英、地骨皮、半夏、天花粉、五加皮、草决明、矮它它、万丈楼、升麻、白头翁、淫羊藿、王不留行、鹅不食草、叶下生根。

常产

大布猛连出者佳、斜纹布多出于土司地、毡出松园者多、纸出小西、界头练、锦出土司地，夷妇能织花锦、蜡有黄白二种、团茶出滇滩关外、蜂蜜、烟叶、酒、油有数种、芦子、百鹤香出古永地，名苦清香、豹皮、麂皮、狐皮、獭皮、海粪、土漆、雨伞、篾帽、靛、土碗。

① 鹤首乌：一般写作“何首乌”。

腾越厅志卷之四

建置志

腾越向隶永昌郡，开辟已久。汉诸葛南征，即奉冠带，列版图，通中国声教，然不过羁縻勿绝而已。迨六诏分据，沦为外域者，又数百年。至元复人版籍，设官分守，规模初具。至明迁中州人居之，分置郡县，改设流官，于是声名文物，蔚然与中土等列。宏维我国朝，厚泽深仁，遐方光被，一切制度文为，超轶前代，凡今昔所殊异者，谨萃为建置一门。而以沿革、城池、官署、塘汛、邮驿、名胜实之，则不必远搜遍历，早已悉腾中之大概云。志建置。

建置志一　沿革

昔人志方舆者，必首沿革。良以世代有变迁，人事有更易，或先后同揆，或古今异致，建置殊则命名不一，非细绎而详纪之，将缪舛纠纷模糊而莫定其指归矣。腾僻处荒远，汉唐来，通塞靡定，至元明始显列版图。虽沿革有考，详载旧志，然世以积而日新，名以久而各别。况我盛朝，重熙累洽，规模远出前王，数百年来，愈增美备。则润色鸿业，亦载笔者所欣幸而乐书也。谨详其序如左。

唐虞

夏　《禹贡》为梁州之域。

商

周　《职方》为雍州之界合梁于雍故也。

秦

西汉　在不韦西，名滇越国，属益州郡。

东汉　为哀牢、博南二县，属永昌，曰滇越又曰“滇国”。

后汉　隶永昌郡。

晋　同。

宋 齐 梁

陈 属益州入于周。

隋 仍属益州。

唐 置羁縻郡。蒙氏九世孙异牟寻，取越赕，逐诸蛮而有其地，为软化府[①]。后白蛮种居之，改为腾冲府。

宋

元 宪宗三年[②]，府酋高救内附。高氏世官于腾，仍命其后为腾冲知府。至元十一年[③]，改藤越州，又立藤越县，置顺江州及越甸、古永二县。十四年，改腾冲府。二十五年，罢州、县，府如故，属大理路为三十七路之一。至正七年，酋长乐孙求内附，立宣抚司，寻废。立腾冲征缅招讨使司年未详。

明 洪武十五年三月，定腾越，以属布政司，寻废。十六年，麓川、缅甸及各土司内附。永乐元年九月，置腾冲守御千户所，属金齿军民司。宣德五年六月，置腾冲土州，仍属金齿司，复直隶布政司。六年八月，直隶都司。正统三年五月，复属金齿司，寻废。思伦法入据。四年，沐昂复腾冲。十年三月，升所为腾冲军民指挥使司，统五千户所，隶云南都司。筑腾冲城。景泰五年，增设二镇守。弘治二年，设金腾兵备道。嘉靖元年，罢二镇守，复置腾越州，隶永昌府编户八里。十年十二月，罢司为腾冲卫。十三年，增设永昌府抚彝同知，驻腾越。万历十一年，设金腾参将、守备。二十一年，设八关、二堡。二十四年，筑平麓城，开屯田。

国朝 顺治十六年，仍腾越州，以守备领腾冲卫事，千总佐之。康熙六年，裁千总。二十六年，裁腾冲卫。雍正十一年，改腾越协守备为都司佥书。乾隆三十四年，设南甸营守备。三十五年，设户撒、腊撒二长官司。三十九年，置腾越州判，分防南甸。改腾越协为腾越镇，设总兵、游击、都司、守备、千总、把总如额。嘉庆二十五年，改腾越直隶同知，属迤西道。道光二年，改腾越分防同知，仍属永昌府。三年，改州判为经历，仍分防南甸。咸丰四年，移南甸经历于龙川江，裁龙川江巡检。十一年十月，榆城回贼陷腾城，据之。同治十二年五月，复腾城。光绪二年五月，苏逆反[④]，据腾城，七月，遂复之。

---

① 软化：一作“輭化”。輭，古“陈”字。
② 元宪宗三年：为南宋理宗宝祐元年，此时南宋尚未完全被灭。
③ 至元：为元世祖忽必烈年号。至元十一年为南宋度宗咸淳十年。
④ 苏逆：即苏开先，指因索饷不得，率部下防兵为乱事。

建置沿革表

两汉	西汉为益州郡，统不韦等一十四县。时永昌为不韦，腾在西为滇越国。 东汉为永昌郡，统益州，所属不韦等六县，新置博南、哀牢。又分哀牢为二县，腾及诸司皆其地。
后汉	亦属永昌郡，改益州为建宁。
晋	仍隶永昌郡，分益州，置宁州。
宋　齐　梁	
陈	益州，入于周。
隋	新置益州总管府，遥制南宁州。
唐	羁縻州，所属州县甚广，不知腾何属。越赕，蒙氏九世孙异牟寻取其地，分为软化府，后白蛮改为腾冲府。
五代　宋	
元	至元十一年改藤越州，又立藤越县、顺江州。十四年增置腾冲府，属大理路。二十五年，罢州县，府如故。又置越甸县、古永县，寻废。至正七年，立宣抚司，寻废。
明	洪武三十二年，改腾冲守御所，属金齿卫。正统十年，升为腾冲军民指挥使司，属云南都司。嘉靖二年，复为腾越州，属永昌府。十年，罢司为腾冲卫。
国朝	康熙二十六年，裁腾冲卫为腾越州。乾隆三十九年，改腾越协为腾越镇，置州判，分防南甸。嘉庆二十五年，改腾越直隶同知，属迤西道。道光二年，改腾越分防同知，仍属永昌府。

《旧志》沿革表[①]

按：《旧志》沿革表始自唐虞，实觉荒远鲜据。谨依《通志》规式，间益以《旧志》所载，其旧表仍纪之，以俟考古者之鉴证。

时　代	州　　郡
唐虞夏商	**《禹贡》梁州**　梁州黑水，其说不一，大抵澜沧、潞江、龙川江相较，终以大车、槟榔为是。所谓大金沙江，从缅甸入南海者也，腾居江内，故属梁州。
周	**《周官·职方》雍州**　合梁于雍，武王时庸、蜀、羌、髳[②]、微、卢、彭、濮八国，为西土之人。
汉	**益州部刺史**　统汉中、广汉、蜀郡、犍为、越嶲、益州、牂牁、巴郡八郡。 **益州郡**　统滇池、双柏、同劳、铜濑、连然、俞元、收靡、谷昌、秦臧、邪龙、味县、昆泽、叶榆、律高、不韦、云南、嶲唐、弄栋、比苏、贲古、毋掇、胜休、建伶、来唯二十四县。 **不韦**　今永昌，时腾越在不韦之西，为滇越国。
东汉	**永昌郡**　统不韦、嶲唐、比苏、叶榆、邪龙、云南、哀牢、博南八县。 **哀牢　博南**　分哀牢为二县，今腾越及诸土司是皆二县地也。
蜀汉	改益州为建宁。分建宁、永昌，置云南。又分建宁、牂牁，置兴古。县仍隶永昌。

① 原文实非表格式，为醒目、便阅，今以表格列之。
② 髳(mǎo)：古代西南少数民族名，分布在川南滇北一带。

时代	州郡
晋	**分益州，置宁州。** **永昌郡** 统不韦、永寿、比苏、良乡、南涪、哀牢、博南。
宋 齐 梁	同
陈	**益州**入于周。
隋	州郡不见《地理志》，俾置益州总管府，遥制南宁州。
唐	**剑南道** 唐时惟姚州属内地，此外尽为羁縻州。诸蛮州九十二，隶戎州都督府者十四，隶姚州都督府者十三，隶泸州都督府者十四。计县且数百，不知腾越何属也。 **越赕 软化府** 《元史》作“软化”，一作“軙化。”軙，古陈字，蒙氏所设。 **腾冲府** 白蛮所改。
五代 宋	
元	**云南行中书省** 辖路三十七，府二，属府三，属州五十四，属县四十七。 **大理路** 领司一、县一、府二、州五。 **永昌府 腾冲府** 治腾越县，后以顺江州及腾越、越甸、古勇三县入省。 **藤越州** 领藤越县。
明	**腾越州。**
国朝	**腾越州。**

建置志二　城池

《易》曰：王公设险以守其国，古今来疆圉坐镇，非据有城郭之高、沟池之深，不易慎固封守也。腾地处僻壤，道通诸夷，筑城凿池，尤为防边要务。当汉唐时，荒远无稽，元代亦建置靡定，至明正统间，始改筑之。雉堞连云，而鸿沟浸月，遂称“极边第一”之胜。虽历久不无倾圮，而补葺因时，规模仍旧，金城汤池，同其巩固，何难保圣朝万里之幅员也哉。

厅城　故腾冲司城也。明永乐九年[①]置守御千户所，有土城。正统三年六月，思任法袭据之，沐昂统兵恢复，旋失。七年，王骥征麓川，又复之。十年三月，升守御为腾冲军民指挥使司，议建石城。侍郎杨宁、侯琎相继监督，率南征将士万五千，以都指挥李升为首筑石城。经始于十年冬，落成于十三年春，时以为“极边第一城”焉。城形方整，周围七里三分，厚丈八尺，高二丈五尺，甃[②]以青石。四门各阔丈四尺，高二丈六尺，深七丈，广十二丈。门各有楼，高四丈有奇，重檐三滴，面三间，转五五垣，二十八楹[③]。城墉四面连雉[④]，有阁楼守门，门扃[⑤]包以铁，东曰“沾化”，西曰“永安”，南曰“靖边”，北曰“溥润”。工竣，侯琎记之记见《艺文》。当日建筑，取西山坚美之石，讫今数百年，完固如昔；稍有颓塌，随加修补。计康熙五年知州王律，乾隆四十九年知州朱锦昌，嘉庆十四年知州许亨超，二十三年知州伊里布，递为补修。回逆既平，同治十三年，署同知吴启亮重修。光绪二年苏开先乱，毁城西北角，署同知吴自修、蔡信义先后修葺。四年冬，同知陈宗海莅任，见城墙虽修而各城楼尚是倾圮，北门楼直成平地，爰集款修复，五年冬经始，七年春落成。楼高五丈，广六丈四尺，重檐三滴，俱如旧制。更建栅门于左右，以便守御。余户牖墙垣，悉形完备。

城濠　建城时即有之。洪治[⑥]五年曾疏浚焉。嘉靖二十九年，兵备郭春震堑四围，各阔二丈，深丈余，东西南磔[⑦]石以通山泉，功未竟见《通志》。《旧

---

① 本卷《沿革》为“永乐元年九月”。
② 甃(zhòu)：用砖砌。
③ 二十八楹：侯琎《新筑腾冲司城碑记》作“三十八楹”。见《艺文志》。
④ 雉：城墙上面修筑的短而矮的墙，守城人可借以掩护自己。
⑤ 门扃：《州志》作“门扇”。扃(jiōng)：关门的闩、钩等。
⑥ 洪治：应作“弘治”，明孝宗年号。
⑦ 磔(zhé)：分裂。

志》：水道自罗汉冲流经满金邑，有旧硬[①]，议者谓改筑此堤于古灵祠边，可引泉注濠，府经历方德卿等任其事，未能底绩。康熙五年，王律复修之，工亦未讫有濠而无水，故不曰池。

按：《徐霞客游记》云：陈彝典[②]《文昌阁记》载，嘉靖壬子，城外周凿濠隍，至正南迤西[③]，窾[④]地丈许，有石累累，络如脊骨，穿地而来，乃秀峰山正脉也。来凤山脉来自黄坡、矣比山，山西皆平坞，而南抵罗生山，脉从田塍[⑤]中西度。土人不知，分浚罗汉冲水一支，北流入饮马河而抵城东。是此山脉一伤于分流，再凿于疏隍，升墟望楚[⑥]者所宜留心也。

北城水门 北门地势洼下，旧穿城窾石作洞，引水注壕，值淫雨，水反从石窦灌入，通衢病潦。州民郑永生仿门式[⑦]置水门，叠石为沟，阴伏濠下，疏内泉远泄，与水门两不相值，涸可立待，曰“浍阁濠”。按：今时水门依然，濠下之沟已无可寻，虽乾隆四十二年，知州吴楷与州判甘士谷，相度而疏达之，然故沟终莫由觅也。

南门月城 隆庆二年，兵备邹光祚以腾南关民居倍城中，议筑外城，委提举杨振[⑧]量地计费。工将兴，为文告于神见《艺文》，旋以经费不敷，州卫交难其役，议遂寝。三年夏，乃筑月城于南门，高丈六尺，广三十二丈，厚丈三尺，深与厚均，东西二巷门[⑨]高丈一尺，后圮。乾隆三十六年重修之。道光七年，同知广誉从州判戴师木议，改建月城门向，如今式。

建置志三 官署公馆、楼坊、市巷附后

自周官太宰有官府之治，后世因之，则谓之官署。凡为官者，有是署，则内以栖眷属，而宅尚乎安；外以居吏胥，而从公于迈[⑩]。要皆规模壮丽，不徒风雨之能庇；制度崇宏，并使观瞻之共肃也。腾久经兵燹，署宇几尽摧残，

---

① 硬：《州志》作“埂”，《州志》为是。
② 陈彝典：明代隆庆辛未科进士，历官户部主事、户部员外郎，为腾冲有史记载的第一位进士。《徐霞客游记》作“陈懿典”。
③ 迤西：《州志》作“迤东”。
④ 窾(cuì)：挖地造穴。
⑤ 塍(chéng)：田间的埂子。
⑥ 升墟望楚：始见于《诗·鄘风》：“升彼墟矣，以望楚矣。”意为相土地之宜，以卜风水之吉。后遂用为风水学之术语。
⑦ 门式：《州志》作“闸式”，“闸”字为是。
⑧ 杨振：《州志》作“杨震”。
⑨ 二巷门：《州志》作“二券门”，“券”字为是。
⑩ 于迈：也作“于征”，远行之意。

然历时修复，具见成败之有因。故详纪其始末，而以公馆、楼坊附于篇，俾言建置者，有所稽考云。

厅署 在北门内，明镇守参将署也。嘉靖初改司为州，遂以为州署。隆庆中，知州沈祖学重修之有碑记，见《艺文》，规模极其宏敞，署一所，各房俱备。乾隆三十五年[①]，知州吴楷于二堂后[②]建草堂二楹[③]。四十六年[④]复拆建[⑤]大堂、门楼，另建一宅于右方记见《艺文》。嗣后屡有修葺。咸丰辛酉城陷后被贼拆毁[⑥]。光绪四年，署同知蔡信义筹款兴修，改移新向，工未竣，旋卸去。七年冬，同知陈宗海从绅士议，迁正归旧向。大堂既正，堂下建卷蓬一座，阶下砌月台，左右书办房二十间，左上夫马房三间，右上银库房四间，外班房左右共六间，外绕以垣。由大堂出甬道，为仪门三间，左右角门各一道。外头门三间，左右设吹鼓亭，面照壁周匝砌墙，由东西辕门至八字墙而止。头门内，右为内监，环以崇垣，留更道层门两进，中设监房三间，禁卒房三间上供狱神位；左为衙神祠三间，下砌字库厢房三间，厅房三间，头门三间。由仪门向左，有栅门，为外监三间，前置厕房上俱大堂外屋宇，共七十四间。由大堂入内，二堂五间额曰“三德堂”，仍旧额，左右厢房十间，有游廊，中砌甬道。进虎座门，外设过厅一所，旁厢楼各三二堂内虎座门外，计屋十二间；门内上房五间，左右厢房八间，游廊、甬道俱具。由廊左进为“靖远楼”，上下共十间署同知黄紫诰任内已被回禄[⑦]，左右厢房四间，亦设走廊；由右旋进偏门，为右边厕房以上乃二堂直进之房也。由二堂左月弓门绕游廊，入北花厅，别为一院，正面花厅三间，左船房四间。由花厅便门入，为茶房二间、厨房三间，通上房左厢；由右月弓门绕游廊，入南花厅，亦一院，厅房三间，右为门房三间，后厨房二间。左右均有游廊，以进后院，正房三间，左右厢房六间，左通上房右厢。上共署宇百六十二间，同知陈宗海朝夕督作，逾六月即成。计工料费三千余金，地方筹捐者千金，余悉宗海捐廉。其规模坐向一依旧制，凡一木一石有可用者，罔不顾惜，制取堂皇坚致，至花台、月榭、戏楼、鱼池，无一及焉。所以资省功倍而民力节也。时职员郭世业历传习熟堪舆，每资其升望[⑧]卜吉之能，特书之以著勤劳。

---

① 三十五年：《艺文》作“三十六年”。
② 二堂后：《州志》及《艺文》均作“二堂右”。
③ 二楹：《州志》及《艺文》均作“三楹”。
④ 四十六年：《艺文》作“四十一年”。
⑤ 拆建的“拆”：原文作“折”，今从《州志》改之。
⑥ 拆毁的“拆”：原文作“折”，今从《州志》改之。
⑦ 回禄：火神，故称火灾为“回禄之灾”，或简称“回禄”。
⑧ 升望：即“升墟望楚”，始见于《诗·鄘风》：“升彼墟矣，以望楚矣。”意为相土地之宜，以卜风水之吉。后遂用为风水学之术语。

学正署 在南门内，半毁于贼，尚存大门一间、上房三间、左右厢房四小间。

训导署 在明伦堂后，已毁。光绪六年，陈宗海以左所街公产一所为之。

司狱署 在厅署右，毁于兵。光绪七年，陈宗海捐廉修。

州判署 原在州署左，乾隆间移置于南甸，后圮毁。

巡检署 旧在龙江，康熙初移置界头。乾隆间巡检李正荣修之，后巡检裁，署亦毁。光绪五年，陈宗海以界头公所一间，增修为之。

总兵署 在城西南，明兵备道署也，顺治十七年改为副将署，乾隆四十一年改总兵署，四十四年总镇许世亨请公费重修之。中为大堂，左右厢房十二间为营书造册所。堂前为露台、为墀、为中左右三道。前为仪门，再前为大门，左右设吹鼓亭，两旁为辕门。前置照壁，绕以墙，墙内为短栅，以瓦覆之，树旗杆二，极雄整。左仪门外为外官厅，入大堂为内官厅；左有土地祠，右为箭道，有亭、有房。大堂后三面游廊，上为二堂，右建轩三楹，前有亭，左为书室，对面有照壁。二堂后，上房五间，左右厢房六间曾记其修葺始末，立碑于堂，回逆据住，毁拆几半。光绪五年，总兵何秀林增船厅三间；六年，总兵李文益增书房、厨房十间；十二年总兵丁槐增内外官厅各三间、杂役房十二间、南花厅三间。

游击署 在城西南，顺治十六年，设卫守备，居此。康熙二十六年，裁守备，署归协，后以为都司署。乾隆三十九年，都司李文煌移向修葺；四十年，始为游击署。越四年，游击富连升加修之。光绪二年，苏逆乱，毁之，近大致修复。

都司署二 一在城东灵官庙前，乾隆四十年新建。一在南甸，乾隆三十五年，设守备驻守，时将军、总督屡出巡边，改署为行辕，周围数十亩，环以墙，有大堂、二堂、三堂、左右厢房，皆极齐整。四十年，始改为都司署。

守备署三 一在东门，一在城隍庙右，皆乾隆四十年建，此署已毁。一在南甸司旧署，右有大堂、二堂、左右厢房，守备马政建箭亭三间于右。

千总署二 在镇署左，今皆圮。

把总署三 一在东门，一在西门，一在镇署前，皆乾隆四十年建，今俱圮。又《旧志》载：把总署四，其一无考。

外委署六 本《旧志》，今无。

官厅 在南门外，乾隆三十六年建，毁于兵，今修。

演武厅 在西门外，有堂，有厢房，有露台，左为将台，左翼有旗纛庙，右有演火器，月墙前为照壁，兵燹后俱毁。光绪十四年，同知陈宗海与总兵丁槐新建大堂三间、罩蓬三间、后堂三间、厢房六间，左厨右厕、围墙、照壁俱全。

火药局　旧在金轮寺，总督德福奏迁于城西北隅，围墙甚高，毁于贼。九年，总兵朱洪章重建。

军器局　乾隆四十年建，已圮。光绪八年，朱洪章倡捐补修。

附：公馆

考棚　在厅署南，毁于兵。光绪八年，同知陈宗海倡捐重修。大堂三间、上房五间、左右厢房六间、号舍十八间，箭亭一座、头门三间、龙门三间，外建“贯珠”“合璧”二石坊，照壁、厨房、井、厕俱具，共屋宇四十间，以为试士之所。有大差事，非试期亦可延款。

大树园公馆　原为寸姓民园，乾隆三十四年，经略大学士傅恒征缅，驻节镇署，见园内树木苍翠，因往游焉。爰令州牧蒋曰杞筑室于中，题曰“大树园”，为文记之。见《艺文》。园久圮。

橄榄站公馆　旧宇已毁，光绪五年同知陈宗海重修。上房三间、厢房四间、大堂三间、头门三间、外厢房六间，颜之曰“使节遥临”。十二年复移修，视前有加焉。

芹菜塘公馆　**太平铺公馆**　二馆俱光绪十三年陈宗海各修上房三间、头门三间。

曩宋关公馆　尚未修复。

附：楼坊

钟楼　在文庙前。《旧志》：“建城时，筑楼城中，上置巨钟，以节晨昏。”正德七年地震，楼圮，后移于此。乾隆二十六年，复修葺之。嘉庆间，知州周名炎复修，以文记之碑尚存。自咸同间，回逆乱后，楼毁钟存，同知吴启亮兴修，未竣工，旋去。迨苏逆之乱，又复倾圮。光绪十三年，同知陈宗海议修。《旧志》传此钟曾三仆，仆则有灾。回逆乱，钟亦仆，洵灵物也。

四牌坊　在城中，明隆、万时[①]，知州沈祖学建于十字街。坊有四额，一曰“盛世科名”，载进士、举人姓名；一曰“明时里选”，载历年贡生；一曰“贤良抗疏”，载吴延龄节孝同坊，及张氏节、吴宗周孝；一曰“振武宣威”，载卫官有功绩者。久圮。

德配天地　**道冠古今坊**　在学宫前，光绪七年，同知陈宗海重建。

① 指明代隆庆、万历二朝。

贯珠　合璧坊　在考棚前。光绪九年，陈宗海捐廉新建。

腾蛟　起凤坊　在学署前。

作人　乐育坊　在书院前。四坊今已圮。

遗爱坊三　去思坊一　一为腾越协李荣祖立，一为腾越协段宗岳立，一为知州孔毓瑱立，一为腾越协孙宏本立，俱在南门内外。今尚存一，同知陈宗海补修。

极边雄镇坊　在四保街。

保障西陲坊　在五保街，俱七土司修，今皆圮。

双烈坊　在东门内，为吴宗尧妾刘氏、原氏殉节立。

纶音广孝坊　吴宗尧立。

倡学南中坊　吴润、吴瑄立。

文光武烈表　王统立。

文辉武映表　汪城立。四坊、表今无存。

贞节坊五　谷添生妻杨氏、张校妻顿氏、林凤妻阎氏、吴玺妻张氏、黄桂妻李氏。今坊俱圮。

节寿坊二　一乾隆十五年，知州唐世梁为节孝杨黄氏立；一道光十八年，同知常明为尹腾麟母张氏立。

百岁坊六　一乾隆间，李正邦与妻尹氏同立，现存；一道光二年，知州胡启荣为李伟芳母杨氏立；一游击李正荣母某氏立；一武耀光曾祖母李氏立；一二十八年，同知邓墀为许文成母番氏立四坊无存；一咸丰二年，同知贾洪诏为许从云立。又，西门街李联登妻尹氏，寿一百有六岁，曾经详报，特识之。

节孝坊四　一嘉庆二十三年，直隶厅伊里布为李膺国母尹氏立；一道光间，张名兆母廖氏立；一张正海母段氏立二坊已圮；一光绪六年，同知陈宗海为明于朗祖母尹氏立。

总节坊　光绪六年、七年，同知陈宗海捐俸采访节孝百余人，悉请旌表，奉旨发帑银三十金，于通衢建一总坊。时承修者，乡饮明于朗及吴浩然等。

附：市肆衢巷

大街　在南关外来凤山下，为前明右所住居，今为市商所集，于丁、壬日赶街，商民交集。

东门街　钟楼街　俱在东门内。

西门街　南门街　北门街　在西门、南门、北门内。

小街　在城中，乙、庚日赶。

南关街　在南门外，为日日街。

东街　在南关左。

西街　在南关右。

以上城街。

橄榄坡街　戊、癸日赶，今移在蛮棒。

界头街　**明光街**　俱丙、辛日赶。

阿幸街　丁、壬日赶。

固东街　乙、庚日。

曲石街　**马站街**　俱戊、癸日。

缅箐街　**瓦甸街**　**顺江街**　俱甲、己日赶。

此外，乡村小街尚多，未能备载，特沿《旧志》列此十街。

城隍庙巷　**中所巷**　城隍庙左。

仓前巷　**五显巷**　**西盟寺巷**　俱西门内左。

守备巷　东门内右。

武侯祠巷　西门内右。

东岳庙巷　南门内左。

右所巷　南门内右。

旧局巷　北门内左。

古兵备道巷　厅治左。

旧管驿巷　东门外右。

此附城衢巷也，沿《旧志》列之，其在乡村者不能纪也。

建置志四　塘汛邮驿

古者察异服，禁异言，分置兵役，使通文命，立法甚详且备也。矧腾地处极边，蛮夷错壤，塘汛邮驿之设，较他郡尤重。诚能因地制宜，自见烽燧全消，共享升平之乐；辒轩戾止，永无愆谬之期。兹统载于是编，既足昭盛朝一统之规模，即凡官商行旅，亦知疆界所毗连，道途之远近，其有裨于稽查驰驱者，岂浅鲜哉。

塘

底塘、矣比塘、芹菜塘、赤土铺塘、橄榄站塘、龙江桥卡、竹笆铺塘、太平铺塘、分水岭塘因建惠人桥，设禾木树站，此塘改设黄竹园。上八塘、一卡皆圮于兵。光绪六年，同知陈宗海重建。

黄果树塘、曩宋关塘、南甸塘、小蒲窝塘、缅箐塘、兼柯塘、平山塘、等插塘、杨柳河塘、龙抱树塘、唰咪塘、蛮陇塘、暮福塘。上十三塘，乾隆三十五、三十六、三十七、三十八年间添设。

沙冲口塘、陇川塘、干崖塘、盏达塘、弄璋街塘、遮木塘。上六塘，乾隆四十四年设。

官坡头卡在内地罗汉冲与猛连交界，素有抢劫，旧设兵二名，道光间添设兵十名，并建有卡房。

猛宋塘、神护关塘、黄岭冈塘、三台坡塘、水草坝塘、夹象石卡中、左、右三营兵丁分设。

章班箐塘、分水岭塘在南甸司地、左营管辖。

榨油房底塘、茶油房塘距底塘五里、黄连沟塘距箐口塘七里，俱道光四年设，属榨油房汛、箐口塘距底塘十三里、魁阁塘距黄连沟塘六里，二塘旧属大坝汛，道光四年俱改属榨油房汛。以上五塘各设兵五名。

平山底塘、李子树塘距底塘五里、热水塘塘距底塘八里、猛蚌塘距魁阁塘十里、坡头塘距猛蚌塘三十里、弄光塘距坡头塘四十里。上各塘，道光四年俱改属平山汛，各设兵五名。

油竹坡塘距大坝汛五里、旧家坡塘距大坝汛七里、照壁山塘距大坝汛十里、横山塘距旧家坡塘六里。上四塘俱道光四年设，属大坝汛。

汛

固东汛、蒲窝汛、蛮东汛、杉木笼汛、暮福汛、盏西汛、马鹿塘汛、榨油房汛、大坝汛、平山汛上各汛所设弁兵，已详《营制志》。

邮驿铺递七

矣比总铺三十里至芹菜塘，十五里至赤土铺，十五里至橄榄站，十五里至竹笆铺，十五里至太平铺，十五里至黄竹园铺。按《旧志》：铺兵前明以土民充之，或以戍役充之，环铺而居，耕山而食，最为苦役。今既有铺，又有工食，又蠲门差，且文报设立台马后，传送亦稀，不复苦矣。乾隆三十九年，驿道曾革铺司火把详仍其旧。

驿站九台：厅城、橄榄站各设马二十匹、曩宋关设马十五匹、龙抱树、唰咪、蛮笼、陇川、景坎、虎踞关各设马十匹。后防兵在张凤街将景坎、虎踞关驿马，总设于张凤，分送邦中、虎踞、铁壁、陇川四处文报。

乾隆四十一、四十二年，添设营马每站适中地设马十四、五匹不等。后裁。

腾冲、龙江二驿：腾冲驿在东门外，旧址犹存，铺程陋规田在土司地，现无考。又元、明时，二驿有站赤[①]田，皆站户应役。驿站之困苦，详于分巡王继贤议略。迨至站赤归民，转相售买，当年困苦者，变为兼并之户矣。

乾隆三十一年，边事起，设立驿站，设马二十匹、六十匹不等。三十五年改防，减如今额，并裁盏达、龙陵二路台马。

站夫：橄榄坡一站，路当孔道，役甚烦苦。旧规以龙江、曲石、瓦甸、界头四练同支此站夫马。而四练劣绅等借为利薮，鱼肉平民，争控不休者已百余年，约计兴讼之费，不下千金。光绪四年冬，同知陈宗海莅任，讼复兴。廉[②]得其情，乃谕令四练共出银二千四百两，买置夫马田种二百五十箩[③]，收租变价，以资出站用费。该绅等阳奉阴违，诿以银数不足，意欲中止。同知陈遂捐廉二百金，并免其请照用费，以力成其事。更拨给叛产田五十箩，共作三百箩田种，归龙江练收租，以为零星夫马之开除。饬令非贡差、兵差、三大宪巡阅差役，不得远干三练；又权准其抽收往来牛马货驮，以偿积欠。详准在案，讼端始息。现夫马已经裁撤，抽收一项，特一时权宜之计，其或日后夫马照旧，而抽收之事，守土者须行禁止，不宜律为定规也。现所拨给叛产田五十箩，于豁免夫役后，已拨归卷金项下。

建置志五　名胜

山水，天地之文章也。然山不奇，不足耀人目，水不奇，不足澄人心，虽渟峙昭然，平平者何足数哉？此名胜所以不多得也。惟夫造自天，设自地，而补苴自人，奇怪不可名言，陆离难以形状。见空中之楼阁，缥缈如仙，俨世外之村墟，清幽绝俗。人望之，疑鬼斧，疑神工，又疑非人间所有，乃所谓名胜也。腾虽处天末，而山水钟灵，独呈奇秀，亭池焕彩，并著幽佳。选胜者载酒登临，即景者挥毫题咏，山川因之润色，郡邑以此增辉，亦志乘所不可略也。

来凤晴岚　在城南三里许，凤山之麓。其地有古刹仙观，茂林修竹，四

① 站赤者：沿《元史》驿传之译名。

② 廉：此处作考察、查访解。《汉书·何武传》："(戴圣)行治多不法，……武使从事廉得其罪。"

③ 箩：此处指旧时田亩的计量单位，1箩田约在1.5～2亩之间。与后面粮赋所提的"箩"不同，后者为容量单位。

时景物，清雅异常，为骚人名士选胜之所。其景之奇幻而出于天然者，莫如春和雨霁，一缕晴晖；秋朗气清，半山岚雾。或环而如带，隐抱山腰；或叠而成罗，高悬岭际。盖本天地之氤氲，而发山川之灵秀者也。

宠炏朝云 城西三十里许，有山耸然高出，奇峰挺异，远望之若玉笋状。每当阴雨，常有云气自其巅吐出，托空而起。昔人云："晓瞻宠炏之云，可卜一日之雨。"且其变态百端，倏忽万状，俄而青罗几叠，高铺玉女峰头；俄而素练千匹，倒挂仙人掌上。虽其他竟日呈祥，山连叆叇，何若此临朝绚彩，瑞霭氤氲。

大洞温泉 城南十里许，大董练黄坡山，约行六七里，忽闻水声淙淙然从石峡中流出，纡徐而往，有景绝佳。但见怪石嵯峨，巨细不一，或类卧狮，或如伏虎。石穴下有池，宽约丈余，温泉溢其中。是泉也，冷暖合度，澡身者似浴兰汤，润泽可人，祓除者如临沂水。虽腾郡温泉颇多，不若此之和缓得中，出于自然也。

笔峰霁雪 城西之高黎贡山，去城二百里许，斗立天际，高莫与京[①]。其排列诸峰，秀耸而插入云霄者，参差错出，若笔峰然。夏秋之际，草木蓊蔚，恍如玉笋天成；自冬徂春，晴雪绚烂，又若银峰壁立。无远无近，可仰可瞻。既璀璨以为邻，亦玲珑而透露。烘来夕照，架拟珊瑚；衬以朝霞，屏开锦绣。信是天工之点染，雪满峰头；假来大块之文章，花生笔下。

崃牟晚照 崃牟山在城东五里。峰峦挺出，顶有池，池旁古木松杉，葱蒙环绕，山光草色，苍翠生姿。每际残阳入崦，山含半角之夕晖，霞彩低空，影射三竿之余照。真觉潦水尽而寒潭清，得言忘象；烟光凝而暮山紫，心旷神怡。于此间得少佳趣，应欣题远眺之诗；问何事惜无同怀，不共作登高之赋。

玉泉夜月 玉泉池在城西三里许玉泉寺下，其水源从平地石罅中涌出，味极清洌。昔人曾砌石围阑，培成月池样，池旁有奇花异草、苍松翠柏，经四时而不改其观。际天心玉镜高悬，楼台倒影；看水底冰盘涌出，池沼流辉。游观到此，迥异寻常。诚不但敲钟赏月，释子题诗；对影举杯，谪仙留句，为足写其双清之景也。

灵池澄镜 城北干峨山，上有池，名曰"澄镜"。去厅治三十里许，宽约五百丈余，四围花木环绕，人以"青海"呼之。水深千尺。不泄不流；叶落水中，即有鸟衔去，疑为灵物所宅，故又称为"灵池"。其水之莹然无翳，澄清如镜也。落霞孤骛，涵虚征色相之空；云影天光，掩映入菱花之照。观鸢鱼上下

---

① 京：高大。《左传》："莫之与京。"孔颖达疏："谓无与之比大。"

双清，机真了了；对空水澄鲜一色，浪匪滔滔。爰因澄镜之大观，用纪灵池于千古。

龙洞垂帘　龙洞桥去城三里，横跨大盈江口。沿江数武，有石龙横两界间，怒涛奔趋于中峡，景似垂帘，江悬瀑布。是盖潮头万叠，从断崖千寻倒泻而下，若银河之落天走东海也。时见银花错落，绵絮纷披；玉漱飞鸣，雪涛汹涌。河声常吼而未停，雨势欲来而不止。天风响处，山谷应声；霞彩飞时，日光射影。

三折云梯　城西百二十里有云峰山，其峰秀如玉笋，绝似太华之苍龙脊。两旁皆危崖峭壁，高不可攀，石脊中垂，若龙之垂尾以渡。相传昔人逐一鹿直达山顶，忽焉不见，只余蹄迹于石间，因诧以为灵。寻建寺院，随山凿石，有若丹梯。远望之，见石磴千寻，高竖云霄之上；危梯三折，遥连殿阁之雄。选胜登临、朝山礼佛者，所以络绎于道也。

半亭活水　城西十五里有兴龙池。地开半亩，水涌清泉，有亭翼然，中央宛在。旁有青松古木，与芳塘月榭掩映生辉，清奇之景，迥异寻常。自大学士傅公额以"活水来"，遂呼为"半亭活水"。观览之余，心目豁然。即此水哉可取，登亭则消夏宜人；逝者如斯，即景而在川寄咏，未始不可称一隅之胜也。

一泓热海　鼎沸者，其形也；薰蒸者，其气也；波涛汹涌，气象万千者，其势也。奔腾澎湃，热浪翻波；光怪陆离，滚锅发涨。异哉，孰如东南隅之"一泓热海"也！此地去城三十里许，名硫磺塘。水出两山间，如锅中滚水状，与大洞温泉不同。山侧又有冷泉流出，村人置浴室数间，随地引流，冷热相和以便沐浴。噫嘻！兰亭之盛事难逢，得此差堪祓除；沂水之春风何处，藉兹聊以优游。传奇景于腾阳，未必非边隅之名胜。

万里虹山　此山去城百余里。千重万叠，忽起忽伏，如蜿蜒形，纡徐而走；如虹霓状，惊顾而来。且如神龙之戏水，俯瞰龙江；又若天马之行空，低凭马邑。水滔滔而下射，铁桥则横锁中间；石皓皓以支撑，峭壁则平分两岸。作西隅之天堑，永峙腾冲；拱东岳之岱宗，亘绵越赕。不但千年凤哕，凤岭呈祥；争传万里虹飞，虹山入绘。

尖山古洞　在云峰山，乃大石叠级所成。详《山志》《徐霞客游记》中。

石房洞　详《山志》。

朝阳洞　在向阳桥之西。相传为周祖骑凤飞升之所，亦奇迹也。

缅箐古洞　有四：一曰"蝙蝠洞"，在凉亭下大道旁，洞口形如仰釜，内横分三洞，蝙蝠极多。常有人缚小炬燃照，逶迤二里许，即不能入。但闻洞壁外水声淙淙然，清越异常。一曰“飞龙洞”，在帽盔山下，相传有龙自洞中飞出，故名。一曰“大洞”，在鹅笼村后，有石乳下垂。一曰“石洞”，在帽盔山红米地下，口阔丈余，可容百人。

白鹤井 在城东北隅，五显庙前，一名“香泉”。相传井气上腾，如白鹤飞空而上。

龙泉井 在西门外，清冽异常。

三眼井 在学宫左。一井三眼，宛如品字形，周汲不竭，水味清美。

万华馆 在头塘后，前明州牧余懋学为参将邓子龙建，成于万历二十一年。此馆有亭，有池，有圃，有石，有竹、木、花、草、禽、鱼，有奇峰秀野，颇称一时之盛。知府漆文昌曾为之记。今已毁。

且憩亭 在宝峰山半，明知州李辐建，太史罗洪先题额。因兵燹久圮。

宁远亭 今圮。

养心亭 在厅侧，后改为箭亭，久圮。

秀峰亭 在学前，后改为魁阁。明时兵备道赵炯建，有秀峰亭诗见《艺文》。今圮。

观风亭 在厅治前，有池一亩，夏间莲花盛开，颇有风致。后改为仰周亭，寻废，乾隆间州牧朱锦昌重修。已毁。

春风亭 在明时学正旧署，后因迁学，此亭不复建。

览胜亭 在来凤山，知州赵炯建。久圮。

龙光亭 在城西南三里许叠水河滨。悬瀑飞泉，日光相映，如虹霓然。明永昌府严时泰建，参将邓子龙复拓其制，郡人吴璋记之详《艺文》。久圮。

幽兰亭 在古灵寺内，州人王统、汪诚、易经、张润读书于此，后皆成名士，当时谓之“德星聚处”。今圮。

候节亭 在矣比寨，久圮。

礼宾亭 在北郊，今废。

春园 有二：一在东山寺下，一在峨牟山下。茶花成林，烂漫如锦，足为春游佳赏。今废。

荷花亭 在绮罗监生段敏才宅前，颇可游赏。今废。

杜鹃亭 在雷起潜生员胡伟家，旧有记文诗词。今废。

河心亭 今废。

分水岭 在高仑冈，水东西分流，为永腾之界。

大车湖 湖阔数亩，有秀峰耸翠，周匝环以湖水，上下掩映，水天一色，真所谓“琼浪中摇一点青”也。

温泉　腾地最多。大洞温泉、一泓热海外，如缅箐、猛蚌、猛连、清水河、曩宋、蒲窝、阿幸等处俱有，亦皆可浴，故并书之。

兴龙寺　在龙王塘。寺前有池一泓，颇似永昌涌珠泉，池上有亭，傅文忠题曰"活水来"。寺内有楼，供吕祖像。四望清旷，知州吴楷题曰"起龙楼"。

宝峰寺　在城西十里，僧摩伽陀修定之所，上有天池，峰峦秀拔，今毁。光绪十三年重建。

玉皇阁　在云峰山，为第一幽栖之所。

金轮寺　在城西五里，相传蒙诏时所建，又名大佛寺。腾中古寺，莫过于此。今毁。

石佛寺　在城南郭外，中有石佛，故名。

护珠寺　在城西北十五里干峨，孟土官所建。相传干峨海有龙，以珠戏，偶失，为孟所得。俄而雷雨大作，孟惶惧，适寺成塑像，孟纳珠于佛腹中，故名。

青峰寺　一名团瓢寺，为团瓢和尚所建。崇山之间，境极幽静。寺傍林木翳蔚，叶落屋上，即有鸟衔去。

腾越厅志卷之五

政赋志(上)

自来朝廷设官分职，以宰治一方，所以牧养万民也。凡司牧者，皆宜体朝廷爱育抚绥之意，谕以输纳正供之常，而为百族备丰荒，策水旱，便行旅，防外侮，足养赡，悯孤寒。以天地之心为心，以覆载之量为量，朝夕绸缪，尽力区画，凡有善政，纤微毕举。如是则上可以答君恩，下可以慰民望，而一方胥受其福。然而善始者创之于前，尤贵善成者继之于后，乃能废修坠举，永保无斁[1]。即地方人士董其事者，其义亦如是也。腾越郡属极边，膏腴之区，半属土司地界，归厅治者，硗瘠多而沃壤少。且华夷杂处，范防之用，较甚于他属。非事事订有良规，则政治、赋役未见悉得其平也。钦惟我国朝创垂尽善，悉经圣明规画之周，所以政治、赋役均秩然有条，灿然大备。前虽久经回乱，而业已平定，一切田赋、屯田、练田、仓储、水利、课程、经费、拯恤，皆一一遵守夫成规，复因时而权宜之，以期归于实用。兹特统记为政赋一门，自今以往，凡有抚民之责，与为四民之望者，若能览籍兴思，力加兴复，斯不难如其旧云。志政赋。

政赋志一　田赋乡、会、童试卷金规程条目附

自神禹奠高山大川，而九州之田赋攸详。盖底慎财赋者，国用所由资，亦万民维正之供也。当日滇省尚届荒服，何论乎腾越？自元明后，经制渐详，我国朝德施远逮，田赋订有成规。区区腾郡，粮里之目，命名孔多，而其数较他属为寡。良以称沃壤者，俱属各土司地，十八练民力之所普存，原难图余一余三之蓄。况兵燹而后，耕者之所获，视昔日为倍艰。故谨综原额、现额而备纪之。

屯粮

《元史·地理志》：永昌、腾冲二府，军民屯田共二万二千一百五双，双，五亩也。腾越屯赋未能区别。

---

① 斁(dù)：败坏。

明洪武十九年，沐英奏置屯田。其制：凡指挥使司所统五所屯军，以三分差操，七分耕种；人授田三十亩，给种谷三石三斗[①]，秋成后征入仓谷五十石，复月支出谷二石，为屯军家口粮计每岁支谷二十四石及种谷三石三斗，共支谷二十七石三斗，实存仓谷二十二石七斗。时腾地辟土未广，所赋屯谷，尚未详其数。

国朝顺治十七年，裁卫指挥，设卫守备、千总管理。时吴三桂专治屯田，较民赋十倍。

康熙二十六年，裁卫官，屯赋归州。

二十八年，巡抚石文晟题请照河阳县"上则[②]田每亩征米八升一合"例，屯粮始轻。

三十五年，知州杨端宪清理缺额屯粮，将马班、堡马、养廉、寄丁[③]、街租等款，抵补屯额，入册征解。

乾隆元年，丁粮豁除，止有子马[④]、弁兵等无田之赋四百余两，核入公件[⑤]，久为民累。

二十六年，知州翁甲将官租田米折银，抵补马班等项，苦累始苏。子马、弁丁如故。

原额共田一百七十七顷七十八亩。

原额征秋米一千四百五十四石八斗五升三合与现额符合。

原额征粮羡米费银一百六十两三分、条编银[⑥]八百六十三两四钱八分、火耗银[⑦]一百七十二两六钱九分、公件耗羡银[⑧]二百四十两，共银一千四百三十六两一钱七分。

现额实征银一千三百零九两六钱五分四厘零。

职粮

明制按品分田，其制收租准俸不纳税粮。指挥使田一百六十八亩，指挥同知田一百二十四亩，指挥佥事田一百五十五亩，正千户田七十六亩，卫镇抚田六十七

---

① 石、斗：旧时谷物的计量单位。1石=10斗；1斗=10升；1升=10合；1合=10勺；1勺=10抄；1抄=10撮。

② 则：等级，田赋中有上则、中则、下则之别，上则即上等田赋。

③ 寄丁：古代赋役名称。

④ 子马：古代赋役名称。

⑤ 公件：赋役名称。无论田粮赋税，还是杂派差役，均从土地上出，随粮上纳之称。

⑥ 条编银：各项赋役折征银两的总称。明清之际各地赋役记录中，常有"共征条编银若干"的提法。

⑦ 火耗银：明清政府借口弥补所征赋税银两熔铸折耗而加征的税额。清雍正时，火耗列入正税。但地方官员又别立名目浮收，除田赋外，其他捐税中，也有火耗名目。

⑧ 耗羡银：清代赋税所征加耗在抵补实际损耗后的盈余。州县所收的此项盈余，按规定以一部分归州县官吏所有，名"养廉"，其余解缴上级，名"羡余"。

亩，副千户田六十七亩，百户、试百户之田四十八亩，所镇抚田三十八亩。

国朝顺治十八年，更定职粮条例：原额田四十六顷，续垦田四顷四十七亩；原额征秋米三百八十五石二斗九升八合；原额征条编、公件、火耗、粮羡米费银四百五十六两二钱二分原额五百三十五丁，征银二十七两五钱四分在内。

乾隆三年，豁免丁银。现额实在征秋米三百七十六石六斗八升三合三勺；现额实在征银三百三十八两三钱五分六厘五毫零。

免粮

明制：五所屯军以三分差操，有田给之，谓之免粮。

原额田二十五顷八十八亩五分。原额征秋米二百十一石八斗二升一合。原额征羡费银共二十三两三钱零三毫，条编银一百三十五两四钱七分，火耗银二十七两，公件银八十九两六钱九分三厘外。

马伍

原额田九顷十六亩。原额征秋米七十四石九斗九升八合。原额征条、公、耗、羡费银，共九十三两二钱三分三厘零。

局料亦前马伍之田也

原额田三顷一亩。原额征秋米二十四石六斗九升。原额征条、公、耗、羡费银共二十四两八钱五分八厘。现额实在免粮及所该[1]马伍、局料三项，共征秋米三百十一石五斗一升一合六勺。现额共征各项银三百十三两二钱一分五厘零。

筵[2]粮筵之义未详，内该站赤、籽粒二项

前明设腾冲、龙江两驿，置站赤田站赤者，沿《元史》驿传之译名。及两驿奉裁，田尽归民。

嘉靖初，革太监、参府二镇，所退出之庄寨为籽粒田，二项合征谓之筵[3]粮。其法开征时，公举一人为筵头，汇收交库花户册注，今无可稽。

按：州牧屠述濂《旧志》内记有沈君祖学田册表文表文今无，内载明腾冲驿站赤田四十五处、龙江驿站赤田八十三处、籽粒庄寨田十三处，其村寨坐

① 该：包括，具备。
② 筵：《州志》："不知其何音义也。"古今大中小型字典亦查无此字。
③ 原文脱此字，今据前后义加之。

落、佃名、亩数俱备屠君志已不备载，今无可考。又载共站赤田二万二千八十九亩二分五厘即与藩署底册站赤田二万三千二百九十亩之数不合，除起科、民粮报纳籽粒及火头养赡田外，计田二万三百八十三亩八分五厘。内分腾冲驿站赤、籽粒田一万七千八百二十亩，征站赤银二百九十四两二钱，火耗、均徭银[1]共一百七十九两八钱一分，征籽粒银一百九十三两，火耗、均徭银一百十一两一钱三分；龙江站赤田一万四千七百七十一亩三分五厘，除起科、民粮、土舍准俸外，计田一万三千三百六十二亩一分八厘九毫。籽粒田，《旧志》亦只载银数，不载顷亩，但旧规每亩纳银二分，计额征银二百五十余两，当有田一万二千五百余亩亦与藩署底册籽粒田八千一百九十亩之数不合。又谓籽粒内旧征茶山银四十两、里麻银十二两、南甸银二百四十三两八钱，后减为六十二两今已豁除。据此则鋎粮三项田亩较多于藩署底册所载者万余亩矣。屠君《旧志》牵连轇轕[2]，诸多类此，致令阅者难以了然。爰将现在征收定额，据实志明：

腾冲站赤田一万一千零三亩三分七厘，额征银共五百六十三两五钱六分二厘九毫；龙江站赤、籽粒田，现额共征银五百七十五两七钱八分二厘五毫其田顷亩无可考；又籽粒田额征银三百七十六两二钱八分八厘顷亩亦无可考。

八里俱为民粮

前明卫官舍、军余有田庐者，田鬻粮割，仍复为军，谓之里甲民。嘉靖时设州治，分为八里：太平里、永安里、靖边里、沾化里、来凤里、修文里、用夏里、镇彝里。

国朝康熙八年，勘丈田里，仍依旧名，每里分为十甲。五十年，以各项丁银摊入民赋田项下征收。

原额田共九百零七顷，除乾隆七年水冲十一顷四十六亩七分一厘外，实在田八百九十五顷五十四亩。原额征秋米二千七百零二石二斗一升九合。原额征粮羡银二百十六两一钱七分七厘、米费银八十一两零六分六厘、条编银二千四百七十八两八钱八分二厘、公件银一千零九十一两三钱一分八厘、火耗银四百九十四两七钱七分六厘。

现额八里民粮，共征秋米二千七百石零八斗四升零三勺。现额共征粮羡、米费、条编、公件、火耗银四千三百五十六两四钱五分五厘五毫。又征抵补水冲公件银共九两一钱二分。

---

① 均徭银：明清时，在官人役，皆于所属民人内签当，是为力差。后改征力差银，令输银以助役，后复摊于地粮，为均徭银。役皆募充，以均徭银给役食。

② 轇轕：又作“轇辐”，杂乱，交错，纠葛。

河西里在南甸河之西，故名

原额田一百二十九顷二十一亩七分。原额征秋米三百五十六石零五升七合。原额征粮羡、条编、火耗银共三百十一两七钱五分三厘。

现额实征秋米三百十三石零四升三合八勺。现额实征粮羡、条编、火耗银共二百八十四两二钱四分三厘七毫。

勋庄

前明沐氏世镇云南，以其支子镇腾越，设立勋庄，其田远及夷地。

国朝顺治十七年，吴三桂乞沐氏庄，与之。后吴逆平，仍归国赋。

原额田七十九顷四十六亩。原额征秋米二百三十八石九斗七升。原额征粮羡银十九两一钱一分、米费银七两一钱六分九厘、火耗银四十两八钱零一厘、条编银二百零四两零五厘、均徭银九十六两五钱四分四厘三毫。外有：

沐寄庄

明季沐氏将庄田捐出，粮百四十余石，归州额征解，故曰寄庄。

原额田坐落界头，顷亩无可考。原额征秋米一百四十七石三斗六升七合。原额征粮羡、米费、火耗、条编、均徭银共二百二十六两六钱七分。

现额勋庄、寄庄二柱，共征秋米三百八十二石一斗六升四合四勺。现额共征羡、条、耗费、均徭银五百八十二两四钱一分八厘六毫。

猛古新垦原以抵补沐三甲缺额

原额征秋米四石三斗三升六合七勺。原额征条、耗、羡费、公件银六两二钱零七厘二毫。查此柱抵补实中、下则田一百八十亩九分三厘内多荒废田亩。

现征秋米三石八斗五升实不敷米四斗八升六合七勺。现征条、公、耗、羡费银五两八钱六分五厘一毫实不敷银七钱四分二厘。前州牧吴楷《志》所以有"后之官斯土者当踵成之"之说也。然此已作抵补之额，不能再作粮柱核计。

四彝庄

坐落邦独、线多、永勒、猛连四处，有粮额，无顷亩，名目概以中则田例起科，年举火头一人汇收交库。

原额田二十四顷二十九亩。原额征秋米六十八石八斗六升八合。原额征粮羡、米费、条银、火耗银七十四两八钱八分五厘外漏志均徭银二十七两八钱零二厘三毫，又少志米费银五钱八分。

现额征秋米与原额征数合。现额征羡费、条、耗、均徭银共一百零三两二钱八分五厘八毫。

老新垦

国朝康熙间，具报中、下二则田同民赋一例起科。

原额征秋米二十四石七斗六升三合八勺。原额征羡费、条、耗、均徭银共五十二两九钱五分四厘。

四年垦

雍正四年，具报上纳条耗，不输公件。

原额田十八顷十八亩四分。原额征秋米三十六石三斗八升七合六勺。原额征羡费、条耗[1]银共三十三两零一分二厘。

起科垦

雍正五年定例，亦止纳条耗。

原额田六顷二十亩二分。原额征秋米十一石九斗五升零六勺。原额征羡费、条、耗银九两九钱四分。

自首垦

雍正六年题报。

原额田二十三顷五十亩。原额征秋米五十三石五斗六升四合。原额征羡费、条、耗银四十七两一钱九分五厘。

加增垦

雍正八年，令兵、民一并承垦，量给牛、种银，限三年内完粮。

原额田四十八顷九十四亩九分。原额征秋米九十四石三斗一升八合八勺。原额征羡费、条、耗银共八十五两五钱七分。

现额实征以上五项垦粮秋米共二百零六石三斗三升二合五勺。现额实征五垦粮羡、米费、条编、火耗银共二百十四两四钱七分三厘三毫。

---

① 条耗：清代田赋的附加税。在征收正赋银两时加征的损耗。

新垦

乾隆十九年至三十八年，民人陆续开垦具报，俱属下则田亩：

原额田二十三顷三十六亩九分四厘。额征秋米四十五石零三升零五勺。额征条、耗、羡费共银四十两八钱五分三厘。

加增垦

光绪七年，蒸荭山民人具报。

十一年十二月，内奉文以此拨入抵补荒田无著粮条项内，额田五顷十八亩九分六厘八毫。额征秋米十石。额征条、耗、羡费银九两零七分三厘银、米虽文列为抵补，历年仍照额批解。

观场观，《府志》作"官"

系腾冲驿站赤田内抛荒之田，坐落阿幸、明光、鹅笼三处。原属鋌头陆续招佃开荒，收为私租，后因争控，断归兵房。年收租谷二百箩，以作房费。

额征银七两零五分八厘、火耗银一两四钱一分一厘六毫。

甘蔗寨义田

明隆庆间，州人义捐一千三百金，买吴、赵二姓田为之，田颇膏腴。

原额田六顷九亩六分。原额征秋米十二石五斗九升五合与现额相符合。原额征羡费、条、耗、公件银二十一两三钱六分六厘。

现额征银二十一两五钱一分九厘一毫较原额多一钱五分三厘一毫。

官山

龙江、古永二处之山产杂粮，具报归公，以补正赋之缺者也。

原额征银十二两、火耗银四两九钱五分内龙江二十一寨公抬银四两、帮抬银四两。龙江穆、保二姓抬银四两、古永抬银四两。

现额实征银十二两、火耗银二两四钱有奇。

官庄租折

国初，知州、州判、学正、训导、吏目、巡检、副将各衙门，共田一十三顷七十四亩一分六厘，租米二百五石五斗五升。又，副将夷田规例银三十二两。

雍正五年，藩司行查，经知州孔毓琪造册详请归公。六年，奉文加倍盈余米，共米四百三十五石零九升七合七勺，银三十二两。内除纳粮外，加倍盈余米三百三十九石四斗七升六合，盈余银三十七两八钱七分零二毫，成为一庄具报。

乾隆元年，知州吴作哲分晰核议，请详以盈余银二十七两八钱七分零二毫贮库听拨；盈余米三百三十九石四斗七升六合，收入仓储备赈。规例银三十二两，并粮条银四两一钱二分九厘八毫，拨补各衙，加倍米石，买补入仓，改征折色，每米一石折银一两。

原额岁征银三百三十九两四钱七分六厘，其三十二两银头，归正款批解。

现额与原额符合。

学租田

所以赡贫生，非谓独冷之官，藉以补苜蓿[①]也。后分为学正田八段大宽邑六段、雷起潜二段。岁收租米一十三石；训导田十二段洞平三段，三家村、清水朗三段，飞凤山一段。固东一段。岁收租米十三石。额征秋粮米一石八斗二升六合五勺。额征条、耗等银二两二钱四分。

义学租折

《旧志》：昔归谷仓房经收谷二百一十石七斗七升，折价发给玉璧村、界尾、绮罗、观音塘、和顺、北练六义学馆金各八两，及纳粮外，以充各馆膏火笔资。

原额征秋米二石四斗二升四合。原额征条、耗、公、羡银三两九钱一分。《旧志》：拨租谷三十二箩完纳。

督学租

《云南赋役全书》：学政散给廪生及贫士学租也。原额征谷一百二十三箩归礼房经理。

盏西新垦

光绪十四年，同知陈宗海捐廉开垦盏西荒地，得田一千余亩，引大河水以资灌溉，悉为良沃。俟三年后始定赋额。时督垦者，边防委员、候补通判黄

---

① 苜蓿(mù sù)：也作“目宿”，本是一种草本植物，这里指的是“苜蓿盘”，以形容县学正、训导等小官清苦冷落的生活。

焕基也。

卷金田亩

明进士胡琏契买黄、尹、蔺、段四姓田二十三箩八斛[①]，其裔孙岁贡胡成捐作卷金田《旧志》作“卷价田”。其田坐落明朗。大观桥田八箩、柳树脚田三箩、涧槽田二箩、小竹棚田二箩、二凹边田二箩、寨脚田二箩、养客坡头田三箩四斛、小坡田一箩四斛，共该靖二甲[②]粮一石四斗八升。

光绪四年，卷金项买置沙姓田三箩，坐落明朗西河村吒巴草凹。

光绪四年，总兵谢景春捐廉买置陈家田十二箩入卷金。该太六甲粮四斗八升。

光绪九年，同知陈宗海拨加界头、龙江、大西逆产田九百八十五箩。

一、卷金田四十七分[③]，布种一百九十二箩八斛，坐落界头练。名唤：方家地基外半[④]田九箩、秧田三丘，方家地基里半田四箩八斛，王姓门首田一箩、秧田三丘，李家地基田七箩五斛，王姓后首田六箩，李国科里半田二十六箩，侯家田三箩五斛，李姓地基里半田五箩，孙家田九箩二斛，孙家田十五箩，沙家寨边田四箩五斛，沙姓地基后首田五箩，马家寨后田二箩，马姓地基里半田八箩五斛，李家门首田三箩，大岭冈田三箩，长田二箩五斛，高涧漕田八箩五斛，漕子田三箩，长田三箩，小河边黄果树田四箩，杨姓门首田五箩，李姓后首田三箩五斛，王姓竹园边田四箩，孟家坝头田三箩六斛，坡边田一箩五斛，蚂蟥田四箩，李姓门首田五箩三斛，李姓宅边偏坡脚田三箩，杨启瑞门首第二丘下田三箩，王星斗门首田一箩，王姓门首田一箩六斛、湾子八丘、小河坝边三箩、秧田二丘，龙姓门首田一箩二斛、秧田二丘，王姓门首山田一箩、秧田二丘，李姓门首田一箩，汉坝田一箩，顾姓门首二箩，蔡姓门首田八斛，长田一箩、秧田二丘，山田尾一箩，长田一箩五斛、秧田丘半，王姓门首田一箩、秧田一截，邹家门首田二箩三斛，山田一箩、秧田二丘，河坝田五斛，沙坝赵家田三箩。以上共该粮：永八甲一斗，永九甲一石八斗，永十甲二斗零五合，正[⑤]六甲一斗零五合，军粮九斗零九合，沐寄七斗零六合，新垦一斗九升，马班一升三合，督学租谷一箩五斛。

---

① 箩：注见前；斛(bāng)：此处所指亦田亩的计量单位，1箩=10斛。二者又为容量单位，1箩=10斛，1斛=2升，旧时量粮食类多用之。

② 靖二甲：即靖边里第二甲；“靖边里”见前《田赋》中之“八里”之一。依此类推，下文的“太六甲”即太平里第六甲，“永八甲”即永安里第八甲等等。里、甲为旧时户藉管理的基层组织，用以定赋役。

③ 分：同“份”，量词。

④ 里半、外半：方亩，即里边、外边。同样，前首、后首即前边、后边，门首即门前。

⑤ 正：实为“镇”，即“八里”中之镇彝里。

一、卷金田九十七分，布种四百四十一箩六斛，坐落龙江练。忙棒甲田三十六箩路戛田八箩，隔界田三箩，滑坡老黑田一箩，蛮东小荒田一箩，蛮东猓掠田六箩，蛮东上下平田八箩，蛮东园子田二箩，蛮东门首田三箩，蛮蚌沟上色树坡田三箩，大龙滩外小凹子田一箩。丁怕甲田七箩上龙洞田二箩，沙朗田五箩。周马甲田一百一十七箩五斛常塘子田八箩，白米草田十八箩，杨梅凹田三箩，撰山田七箩，禾木树余家田十四箩，白坟坡大树脚田七箩，檀香树田三箩，山脚上半田五箩，鄂家田八箩，小新田五箩，檀香树田三箩，周家村外田二箩，老鼠田三箩，三十六拿田六箩，茅草凹小斛子田六箩，空桐树田五箩，养老田五箩，凹子人头田四箩，小滥田四箩，沙家村香火田一箩五斛。桥头甲田七十二箩六斛张皮田十五箩，门首田二箩，坡头田七箩，大新田五箩，大摆田十五箩，桃树田二箩，滑皮田二箩，硝塘田二箩，瓦窑田三箩，檀香树田三箩，小河田六斛，杨姓田七箩，小汉坝田一箩，园子田二箩，曹家地基田三箩，元霜树田二箩，小阿子田一箩，浪轩沟田一箩。赵家营甲田一百九十五箩五斛干豆田五箩，大滚塘石头田十一箩，下水碓田五箩，一箩种田一箩，塔土坎田三箩，蚂蟥田三箩，楼子田十二箩，豹子洞田六箩，大营坡田七箩，大沟田五箩，白泥坎田四箩，大地坡田十五箩，猢狲田八箩，羊丝田八箩，窑厂田五箩，牛槛田五箩，小长田二箩，小高垦田二箩，五箩种田五箩，白家田五箩，三箩种田三箩，香菜田三箩，地基田三箩，两冢坟田二箩，小长田五箩，席包凹田三箩，小凹子田二箩，小斛子田一箩，大斛子田五箩，棕苞园田三箩，大凹子下塔土坎田三箩，宝谷田四箩，杨梅树田二箩，牛丛小背阴田三箩，塔田二箩，下寨门首官田二箩，摆夷坡田六箩，大水塘后岭子田二箩，卜坝塘坎子田二箩，劳家山坡脚田七箩，黄土坡田六箩，中寨门首小坡脚沙田二箩五斛，杨家山田四箩，千嘴子田一箩。橄榄甲田十三箩蕃家田八箩，黄土坡田三箩，小街双坡田二箩。以上共该粮：用八甲三石四斗一升一合三勺，自首垦一石八斗四升一合，军粮一石二斗五升九合六勺，新垦六升，屯粮一石一斗四升五合，南门义学米四石一斗三升，督学租谷五箩二斛。

一、卷金田六十分，布种二百七十箩零三斛，坐落大西练。回寨门首田一箩六斛；坝边田三箩五斛，苏家下半田十箩，明家园边田三箩五斛，黄家园寨后田二箩，四丘田一箩，西山脚田一箩，深沟上半田五斛。又西山脚田一箩，回寨山脚田一箩，小汉沟田五斛，回子箐脚田一箩，八丘田一箩，回子箐脚田四箩，大深沟上半田七斛，大深沟上半田三斛，十四丘田一箩五斛，一十丘田三箩，黄家山脚田四箩，黄家山脚田三箩五斛，官秧田脚田一箩四斛，小草坝田一箩二斛，任家凹田三箩，出水处田四箩，十四丘田三箩五斛，荒田六丘一箩五斛，荒田三丘一箩五斛，荒田一丘七斛，荒田四丘二箩，荒田七丘二箩，荒田二丘一箩五斛，白沙沟路下田三箩，河东新开荒坝田五箩，大河边田二箩，周启冲一达田八箩，槽子头田三箩，杨柳冲山田七箩，黑霜田田六箩，大理寨田八箩，黑霜田八箩，茶花槽子田三箩，沙沟尾田二箩五斗，团坡脚田四箩，董家山田二十五箩，小河冲大汉坝怀窝田二箩，波坡脚田十六箩，礼拜寺新开田二箩，秧田冲外田三箩，河冲小高田三箩五斗，后甸李子树田八箩，河坝心田八箩，侯家坡田五箩，小坝田五斗，白沙沟路上三尖角田一箩五斗，撒马田上一达田十箩，撒马田下一达田十箩，羊桥河田八箩，水冲荒坝田四十箩，杨姓大沟左半田二箩。以上共该粮：正七甲、八甲、十甲共八斗五升，免粮共七斗七升七合，沾九甲、十甲共一石，垦粮共五亩五分，新垦、十年垦、自首垦，共三十五亩八分，站赤九亩一分，籽粒五分五厘，官庄九钱九分，抵补二钱三分，固东踠一钱七分。

又田四分，布种三十箩，坐落界头练。官田十二箩，严家坟前田六箩，旧街田六箩，旧街门首海坝田六箩。以上共该粮：永九甲、六甲共一斗八升，军粮一斗二升。

现移归会试、乡试、童试三练夫马田十分，布种五十箩。一大坝黄土坡小栗山田十一箩，中坝小栗树田二箩，上营甲新寨杨梅塘田十二箩，中坝黄皮田六箩，凹子栗树栏杆田四箩五斗，后门园边田二箩，浪轩踏山田一箩五斗，尖角田二箩，梅子树田二箩，白花树田七箩。以上共该粮：用六甲一石八斗五升，用八甲三斗九升六合，用七甲四升六合，用九甲六升。

附：乡、会、童试卷金规程条目

一、光绪八年，同知陈宗海劝谕城乡各练，义捐卷金银四千两，交绅管六人放商生息，经年可增息银四百两外，及年收马家村逆产地租银二十两，合计三年共增息租银一千二百六十两。

一、光绪六年，同知陈宗海禀请各宪，将大西、界头、龙江逆产田种九百三十五箩拨入卷金，及旧日明朗等练卷金田三十八箩，又曲石、瓦甸、界头三练夫马田五十箩，共计一千二十三箩，并归绅管经理，年收租谷，以次加增。

一、童试乃士子进身之阶，最为首要。查腾当道光、咸丰间，岁科考应试者八九百名。自遭回逆之乱，士气销磨，近虽以渐振兴，犹不过四五百人。童生自厅试、府试以至院试，及诸生岁科试卷费，宜相资助。今酌定以卷金息银三百两为生童试卷之费，有余存补乡、会试用，不敷由租谷项下添补。

一、乡试，滇省惟腾最远，距省几二千里，有志之士，每以资斧不济而止。今酌定以卷金息银六百两，作士子乡试宾兴[1]之费，每名给银十五两。其银

① 宾兴：科举时代．士子将应乡试，地方官设宴招待，叫“宾兴”。

汇省,按人分发,其贸易不入场者,不准冒名分领。有余仍存作会试公车[①]之用,不敷亦由租谷项下添补。

一、会试为甲科大典,仕宦登进之途。腾去京万里,往返辄经年余,需费甚巨。若住京肄业,日食亦非易易。今酌定以卷金息银三百六十两,每会试举人一名,给车费银八十两;有住京肄业者,每人按年给膏火银五十两;拔、优贡赴试留京者,亦如之。若息银不敷,可移童试、乡试余项及租谷项下添足其数。

一、举管卷金款项、田亩绅士六人。酌定每年撤去旧管二人,另举新管二人接替,轮流更换。计每人经管三年,其管放银两生息,必须质有铺房、田地以及有巨商富室硬保者,以多抵少,方准借给。如年有百金租息产业,可以抵借银五百两,俾年归息银五十两。倘经管之人不按定章,只凭一己私情,不预知会同事,辄行借放,而三年之内,欠户无力偿还本利,均着该经手绅管照数赔偿。庶足以杜亏短而免借端侵蚀之弊。

一、各练卷金田亩荒芜,现在新辟者租息无多,俟后租息日盈,卷金充足,乡试每名应增足银二十两,会试每人应增足银一百两,余以补卷金之所不足。

一、腾越当前明时,成进士者三人。至国朝二百四十余年,仅一人捷于春闱,非边地之足以限人,实人以地远自限也。今既备设留京肄业之资,更宜预拟贡士词林之费。特酌定每登进士者,由公款筹助银五百金[②],点翰林者筹助银一千金。行见有志之士,相与奋起于功名,而不甘为地途窎[③]远之所限矣。

以上数条,同知陈宗海莅腾日久,备知士子苦况,故定此章程,刊诸志乘,以期垂诸久远。然立法因时,变而通之,犹俟后之君子。

政赋志二 屯田

古者寓兵于农,无事则耕,有事则战,有养兵之益,无养兵之费,诚法之善也。后世兵农分而此法废,惟屯田犹得其余意。盖古人于旋师之后,去兵则后患可虞,留兵则挽运难继。爰择边鄙要隘之地,以为屯田,而以兵戍之,

① 公车:官车。汉代以公家车马递送应举的人,后因以“公车”为举人入京应试的代称。
② 金:旧时货币的计量单位,银子1两称1金。
③ 窎(diào):遥远。

且耕且食，以为民卫。腾地处极边，与缅甸密迩。前明因麓川之役，设八关及平麓城，始议屯政。迨相沿日久，屯政废弛。我国朝百度维新，增置屯田，诚边防之要务也。故备纪之。

明万历二十一年，巡抚陈用宾奏立八关二堡，设蛮哈、陇把两守备以戍缅，议设屯田。二十四年，筑平麓城于猛卯南淘古麓川地也。阡陌膏腴，且土司多俺叛亡走死，其地无主，建兵备道公署一所，设二十二屯田，名之曰甸：

天成甸、地平甸、元运甸、黄裳甸、宇安甸、宙宁甸、洪福甸、荒丰甸、日升甸、月恒甸、盈谦甸、昃中甸、辰拱甸、宿明甸、列能甸、张翼甸、寒暄甸、来远甸、暑清甸、往顺甸、秋有甸、收功甸。

右凡二十二甸，以把总沐昌裔领之，每甸皆有甸头，管理其收储供支，属抚彝同知经管。迨陇川多安民叛逆，以蛮莫安抚思忠居猛卯，开垦荒屯，而屯政渐弛，寒暄、暑清、秋有、收功四甸沦入木邦，止存十八甸矣。

明末时，同知驻永昌城，屯粮归府征收。

国朝雍正二年，总督鄂尔泰、巡抚杨名时，益以方耀等九民屯：

方耀屯、蛮丙屯、遮东屯、宛顶屯、蛮育屯、盏西屯、牙洒屯、火烧寨屯、蒲窝屯。

合前十八甸，共为二十七屯甸，归永昌府折收条银二百五十两四钱三分三厘。

天成甸屯田十三寨、地平甸屯田七寨、元运甸屯田七寨、黄裳甸屯田十一寨、宇安甸屯田六寨、宙宁甸屯田四寨、洪福甸屯田六寨、荒丰甸屯田八寨、日升甸屯田八寨、月恒甸屯田四寨、盈谦甸屯田五寨、昃中甸屯田五寨、辰拱甸屯田四寨、宿明甸屯田七寨、列能甸屯田五寨、张翼甸屯田二寨、往顺甸屯田六寨、来远甸屯田十寨、方耀屯屯田一寨、牙洒屯屯田一寨、蛮丙屯屯田三寨、宛顶屯屯田三寨、盏西屯屯田二十一寨、遮东屯屯田一寨、火烧寨屯屯田一寨、蛮育屯屯田一寨、蒲窝屯屯田一寨。

以上二十七屯田寨名，坐落南甸、大小陇川、罗卜丝庄、猛吼、木邦、孟密、猛卯、盏达及盏西、止那、南碗河等处，厅册一一详载。迨咸丰、同治间，回逆之乱，屯田久荒。光绪初，复加经理，现在屯户：

盏西屯杨在朝、月恒甸杨宗贵、方耀屯李怀友、宿明甸牛文奎、盈谦甸杨宝云、蛮丙屯段启琮。

住夷地屯户：日升甸杨春魁、列能甸李如粹、天成甸王万春、地平甸李荣鼎、黄裳甸陈宪魁、宇安甸李昆山、宙宁甸王茂文、荒丰甸何阁凤、昃中甸杨日生、辰拱甸马润德、张翼甸戴朝元、来远甸陈师孔、往顺甸马成文、火烧寨屯屈上选、牙洒屯马正本、蒲窝屯杨熙。

现无著屯户屯户申报，为猛卯土司侵占：元运甸李黄鼎、洪福甸李天秀、遮东屯王懋修、宛顶屯董其秀、蛮育屯阙天锡。

现屯田条银查屯户册，除同知胡启荣置练田时拨去银九两六钱，又无著五屯去银三十九两二钱零外，现赴府上纳银二百两零七钱七分。《旧志》谓：屯田所以供兵粮，宜归厅署管理，以资边防。亦笃论也。

政赋志三　练田

自前明置关立隘，屯田之政聿兴；洎我朝设堡建碉，练田之规复定，凡以饬边防而制野夷也。夫腾地极边陲，距城一二百里外，野匪时肆滋扰，非预养练丁，切为防制，则碉卡终为虚设。此昔司牧之奏请巨款，买置练田，以足练食而捍外围者，洵安边之急务也。故详纪之。

道光三年，同知胡君启荣因边地野夷滋扰，防范难周，详请款银二万置买练田，并有士民捐入者，仍令原主耕种纳租。爰设立练谷屯仓，每仓用屯长、仓书一二人经理，按季折报，由厅署给谕发放，以供各卡练丁粮食。

原额征收练田租谷名目：

城保征谷五十一石二斗二升六合九勺三抄。

东练征谷九十七石零六升零七勺九抄。

小西练征谷六十六石六斗六升五合零三抄。

北练征谷七十八石五斗九升八合六勺二抄。

清水练征谷四十四石六斗一升七合四勺三抄七撮。

缅箐屯仓征谷一千一百八十石零九斗四升。

蒲窝练征谷二十二石。

曲石练征谷一十一石一斗三升三合六勺三抄。

界头练征谷二十八石五斗八升七合一勺七抄。

龙江练征谷二十九石零九升零九勺。

古永练三屯仓征谷一千四百九十九石四斗二升四合五勺九抄。

河西麻栗坝屯仓征谷三百零九石九升一合。

猛蚌感通寺屯仓征谷一百二十五石四斗五升一合五勺。

暮福寨征谷一百四十五石四斗五升一合。

河西沙沟屯仓征谷三百五十六石七斗一升八合。

河西蛮罗屯仓征谷九百七十五石五斗一升四合八勺。

河西猛武屯仓征谷四百八十八石零六升。

猛蚌栅房屯仓征谷一百一十二石七斗二升七合。

盏西猛乃屯仓征谷二百八十七石八斗七升八合。

盏西蛮冷屯仓征谷一百八十石零四斗五升五合五勺三抄。

盏西遮坎屯仓征谷四百九十石零八斗九升五合六勺八抄。

盏西猛竜屯仓征谷四百五十四石五斗四升五合五勺。

古永板桥征谷十二石一斗二升一合二勺。

河西猛乃屯仓征谷八百一十二石一斗二升零四勺。

古永黄滩屯仓征谷十三石八斗四升九合。

南甸屯仓征谷一百八十一石八斗零。此柱赎还刀缓准，另置龙江田。详后新置练田。

止那蛮海屯仓征谷一百五十一石五斗一升五合零五抄。

小陇川蛮彦练征谷三百零三石零三升零三勺。

古永猴桥关捐谷一百二十一石二斗一升二合。此柱系古永练照正粮捐缴。

以上二十九处屯仓，年征谷八千七百零四石七斗九升九合零五抄七撮。

原额征收租折银两名目：

蒲窝练征银一百五十五两七钱。

大西练征银六十四两八钱一分七厘。

明光隘征银十两。

瓦甸练征银五两六钱。

以上共征租折银二百三十六两一钱一分七厘。

咸丰六年后，兵事蔓延，卡规废弛，练田案册散失，隐匿、荒芜者居其大半。

光绪五年，同知陈宗海禀请前贵州同知郝映奎，亲同踏勘清理。因地瘠租重，无人开垦，同知陈宗海乃捐廉发给牛、种，修复屯仓，禀请酌予减免。除永远减去原额谷七百八十五石六斗二升五合三勺，又无著者九百四十八石三斗七升五合五勺六抄，及有著而被河水冲没者三百六十四石五斗三升八合一勺一抄五撮外，尚有盏西邵、李、屈、尹四姓捐谷五百箩拨与杨家山、大龙塘二卡练丁，自耕自食，不再领口粮及盐菜银。

现额连自耕自食及限三年复额者，实合得京石[1]练租谷六千六百零六石

① 京石：由政府制定的容量单位。石，旧读shí，今读dàn，1石=10斗

二斗六升零七抄二撮。

现实查得租折银一百九十二两四钱一分七厘外，暮福屯仓征谷一百四十六石二斗一升、猛宋屯仓征谷六百十一石三斗六升三合。上二柱因沿江设卡时，练粮不继，奏请由镇府借得私庄谷七百余石，支发练丁。故按月由户房征收官庄盈余及正粮项下，移送中营，转缴镇府银二十七两。迨回逆之乱，此项银两无出。同治十三年，同知吴启亮将此二柱练田，拨还镇府去讫。

按旧《府志》：共买得练田三千四百四十九亩一分四厘，年收京石练谷五千四百九十六石九斗零。又载：腾士民共捐练田二百九十八亩四分，年收京石练谷五百四十三石八斗零，与署内兵科所记不符，特为载明。

新变置练田

光绪七年春，同知陈宗海将刀缓准赎回南甸曩拱河边冲没不能开垦练田银三百两，另买置龙江逆产田三十箩。一周马甲王王春田五箩，又大年早树新田十五箩，又麻线田四箩，一老桥头龙塘田六箩。共该用六甲、七甲、八甲粮一石零二合。其租谷以渐加增，尚未订为定额。

政赋志四　课程

自《禹贡》定九州之赋，上下攸分；《周官》大一统之规，里夫有布正供之外，复有征榷。此《汉书》所以志《食货》也。腾壤接缅甸，向来客货云屯，物产饶裕。惟民粮、丁赋、站赤，载入田赋，其余商、牲等税，《通志》概有定例。兹特备为载之，亦以见盛朝“分土作贡”之意云尔。

商税、牲税银共四百零八两五钱七分七厘四毫。遇闰加三十两八钱八分零五毫。

鱼课

明设献二镇俱众鱼户摊收，《旧志》附入籽粒，今编为正课。

原额征银二十四两七钱五分、火耗银四两九钱五分。内缺额五钱。上、下龙江各摊银五两，曲石清水河、瓦甸千双河各摊银二两五钱，明光陡走河、普楚河各摊银五钱，江东河、表院河、曲石河、灰窑河各摊银一两，灯油河、乌索河各摊银一两五钱，夹象河摊银一两一钱五分。

窑课

土人以灰山地利，报为正课在路口、灰窑二处。

原额征银一两、火耗银二钱路口、灰窑二处均摊。

现额征鱼、灰二课银共三十两。

盐课

旧销云龙、天耳、顺荡等井盐，共六十四万九千七百斤，该正课薪本、盈余、养廉、工食、脚价、店费共银二万四千一百七十余两。嘉庆四年裁革归民销，故不备载。

当课

小押之流，商本甚微，亦名当铺，领有当帖。旧有六：德盛当、永盛当、兴旺当、兴隆当、裕丰当、广盛当，岁各征银四两。现俱不设。

厂课

明光厂、乾硐厂：前明厂最旺，有炉五十一处，号阴阳矿，配炼斯成。额征矿炉课、商税银一千七百八十两七钱六分。自乾硐坍塌，止有明光厂。后矿砂渐薄，正课日亏，遂行封闭。

黄草坝金厂：嘉庆六年奏开，道光九年分报，解课金三钱九分五厘三毫。咸丰七年废闭。

阿幸铁厂：雍正间，开征银四两。道光间，厂大旺，所产兼有银、铜等矿，故正额外，岁加盈余银五十两。咸丰七年废闭。

水箐铁厂：开征、封闭与阿幸厂同。

沙喇箐铁厂：亦雍正间开，额征银四两，遇闰加银三钱三分三厘。后加盈余银五十两，又秤头解费银共七两六钱二分。现仍纳课。

差发

《旧志》：各土司出此银，为设役摆站、递送公文之费。

原额征银四十七两五钱八分五厘、火耗银九两五钱八分五厘。乾隆三十五年，遮放土司拨归龙陵，减征银九两六钱。

现额征银三十九两五钱八分五厘、火耗银八两四钱一分五厘。南甸共银十三两二钱，干崖共银七两九钱二分，盏达共银五两二钱八分，陇川共银九两六钱，户撒共银七两二钱，腊撒共银四两八钱。

官山

此龙江、古永二处之山产杂粮，具报归公，以补正赋之缺者也。

原额征银十二两、火耗银四两九钱五分。内龙江二十一寨公抬银四两，帮抬银四两，龙江穆、保二姓抬银四两，古永抬银四两。

现额实征银十二两、火耗银二两四钱零。虽重列于课程，实则解归田赋。

铺陈

乾隆三十五年，将芒市马鞍铺陈银，拨归龙陵征收。

《通志》：水夫银二十八两四钱四分三厘三毫。自兵燹后无从查实。

腾、龙两驿站银共五百三十五两一钱九分七厘四毫。《旧志》载入田赋，今从之。

腾越厅志卷之六

政赋志(下)

政赋志五　仓储厅库、税所、厘金局附

从来保民之政，储积为先。史载太仓之粟，陈陈相因，虽有凶旱水溢，民不为灾，以预为之计者，周且切也。宋朱子设常平义仓[①]，人皆称善。元明踵而行之。我国家念切民依，重农贵粟，仓储之制较为美备。腾越壤接外域，边防重务，首在卫民，故贤司牧广为储蓄，俾闾阎粜粜有资，饥馑无虑，民食足而兵食寓焉，孰非保民之善政耶？至于库税厘局，亦皆财赋所经，故类纪之。

预备仓　光绪十三年，同知陈宗海奉善后局发款于谷仓、米仓侧各建仓三间，并劝十八练捐谷六千石，以备饥馑。

广积仓　在厅署西，毁于兵。

卫仓　《旧志》有四，仓在城东北，久圮。

按：上三仓《旧志》仅书城仓、乡仓，未辨其名，谨依《通志》列出。储积无考。

常平仓　一在东门内。《旧志》：先后共建仓房三十三间。毁于兵。光绪六年，同知宗海捐建大仓房六间，书房、楼房、头门共五间，围墙全。实储屯职免秋米二千一百四十五石零四升七合九勺，储里甲秋米共三千零十三石八斗八升四合一勺，储勋寄四彝庄秋米共四百五十一石零三升二合四勺，储各新老垦秋米共二百五十五石二斗一升三合，储义田秋米十二石五斗九升五合。

一在厅署左。乾隆三十六年，总督彰宝奏建仓房三十间，毁于兵。光绪六年，同知陈宗海捐廉移建于署右，计仓房三间、书房三间，门墙全。实储义租谷三百五十七石，储义粮谷一百零五石三斗一升三合。

---

① 常平义仓：汉以后历代政府为“调节粮价，备荒赈恤”而设置的粮仓。唐时，凡天下仓廪和籴者为“常平仓”，正租为正仓，别税为义仓。朱子：即南宋朱熹。他认为常平仓设在州县，只有利市民，对农民无补，因又提倡社仓，并订立一套较完备的制度。清代规定，州县设常平仓，乡村设社仓。

按：上二仓一为米仓、一为谷仓。《旧志》亦未立名，谨依《通志》列入常平仓。

一城隍庙左，旧先后共建仓房二十六间。

一曩宋关仓房二十间。

一龙江仓房共八间，有门墙。

一南甸仓房十五间。因设左营建。

一小蒲窝仓房六间，一缅箐仓房二间。二仓因设汛建。

上五仓俱乾隆四十年建。

一瓦甸、界头、曲石仓房各六间，俱本前明屯仓旧址。

一固东仓房六间。

按：常平之制，始于元至元间，明代因之，其设于腾者已无可考。至国朝康熙四十五年，常平仓照例由本地捐纳，额储谷一万石，加以捐监谷、义租谷、官庄谷、罚俸谷约三万石，及溢额谷共四万石有零。年征义仓谷四百二十八石在内，故有溢额谷。

乾隆三十一、三十二、三十三年，军事兴，署州唐思全详请碾供军粮。三十五年，买补仓谷一万石，继接次加员增买。三十九年，奏加买案内，岁加一息收纳，未果行。四十一年，共储谷十万石。四十四年，溢额谷一千一百余石，详请出借，常平加息，甚不便民。五十八年，奏明额储谷万石外，加采办军需常平谷十万石。实合额谷始符此数。

原额城保储谷四万石。

曲石、瓦甸、界头、龙江、蒲窝、固东、曩宋七处，共储谷二万石。责成乡约书级稽查。

陇川、干崖、盏达三土司储谷四万石。责成土司稽查。外，月储旧监谷六百七十石，年支放囚粮。

嘉庆后至咸丰间，兵事蔓延，仓储俱废。案册遗失，无可稽查。

义谷仓　旧在城内，储谷七百余石。康熙间归入常平仓，详《田赋·义田志》。

社仓　旧有五仓：界头一、曲石一、瓦甸一、龙江一、缅箐一。

按：社仓之设，始元至元六年，时腾尚未建，明制亦无考。国朝雍正三年始定社仓制。时腾有捐自官者，有捐自民者，法设正、副社长二人，历以殷实诚谨者递充之。其谷春放秋偿，不加租息，年终官为稽核其实。《旧志》载储谷七千石，《通志》作旧额储社仓谷八百五十五石。乾隆五十八年，储谷五千七百二十四石五斗二升。又，《府志》作储谷五千七百石零，未详孰确。自嘉庆后至咸丰间，因发逆之乱，仓储悉废，案册无稽。光绪四年间，同知陈宗海饬城乡一律修复，并行添建，现城乡共置社仓二十九处：

大西固东关庙、安心寺，古永回龙寺、镇龙寺，界头太平阁，城外四保街，小西龙马窝，曲石文宫、大庙，北练普光寺、太平街，瓦甸街，绮罗文宫，清水陈家寨、关庙，河西上单、下单，蒲窝问养寨、观音寺，大董三教寺，龙江橄榄站，缅箐文宫，和顺文宫，东练猛连、娘娘庙，明朗雨伞文宫、蔺家寨，滇滩忠孝寺，盏西。上二十九仓，实共储社谷三千三百二十七石九斗七升三合。

屯仓 乾隆四十一年建瓦甸、曲石、界头三屯仓，今毁。

练仓 旧置缅箐，南甸，暮福[①]，止那蛮海，猛蚌感通寺、栅房，古永元天宫、镇龙寺、古永街、黄滩，盏西猛乃、遮坎、蛮冷、猛竜[②]，河西麻栗坝、沙沟、蛮罗、猛乃、猛武、石婆嫂[③]隘、板桥及大龙塘各一仓。上二十余练仓俱毁于兵。光绪五年，同知陈宗海捐廉修复。现设缅箐、猛武、蛮罗、沙沟、猛乃、麻栗坝、元天宫、镇龙寺、古永街、遮坎、猛竜、蛮海，共十二仓，各建仓房三间，墙门俱备。实共储练谷六千六百零六石二斗六升零七抄二撮。

厅库 旧在大堂左，乾隆四十一年建，内有饷柜二间，寄存三营兵饷，俱毁于兵。现在修复库房。详《官署志》。

税所 总税旧在城内，康熙间移置南门外普济寺。一龙江桥税，光绪十二年，同知陈宗海重建，楼房三楹。曩宋税，现移南甸，光绪十三年，同知陈宗海捐廉建，大楼房三间、厢房二间。茂福税，移住旧城。杉木笼税、猛连税、蒲窝税、柳树塘税、木瓜寨税、曲石税、瓦甸税、界头税、马面关税、缅箐税、古永税、固东税。现移顺江，光绪十四年，同知陈宗海新建，楼房三间、厢房二间。

旧设盐店一所，在普济寺后，年给僧人五十六金，作岁修费；一设界头。俱废。

厘金局 同治十一年设，俱租民铺住扎，现在四保街。

---

① 今茂福，属梁河县。
② 竜(lóng)：古"龙"字。
③ 嫂：同"婆"。

政赋志六　经费[①]

《周官·太宰》以九式[②]均财用，盖国家颁诏有常经，未制财之入，先制财之出，则财不竭而用自舒。经费之规，所为特重也。腾属极边要地，守镇以下，俸养有常，而防范之图，支给实广。故养兵、养练，边疆之费，十倍于中土。惟订为一定之经，则当费者不靳，妄费者自节，所由共仰我朝制度，可大可久，而为治边之善则也。

文职官

同知一员正五品，岁该支俸银八十两、养廉银九百两。门子二名，皂隶十二名，民壮十八名，轿伞夫七名，禁卒四名，库丁、斗级各二名，每名岁该工食银六两，共银二百八十二两。

经历一员正八品，岁该支俸银四十两，养廉银八十两。门子一名，皂隶六名，笼马伞夫二名，每名岁该工食银六两，共银五十四两。

司狱一员从九品，岁该支俸银三十一两五钱二分，养廉银六十两。门子一名，皂隶四名，马夫一名，每名工食银六两，共银三十六两。

学正一员正八品，训导一员从八品，岁该支俸银各四十两。斋夫二名，膳夫二名，门子二名，每名岁该工食银六两，共银三十六两。喂马草料银共十二两。

廪生三十名，每名岁该三分之一饩粮银二两四钱，共银七十二两。

文昌宫祭祀银十二两，除每两扣减平银[③]六分外，实领银十一两二钱八分。

武庙祭祀银十八两，除每两扣钞本银[④]二钱外，实领银十四两四钱。

大祭不敷银十二两，除每两扣钱本银[⑤]二钱外，实领银九两六钱。

各坛庙祭祀银二十六两，除每两扣钱本银六钱四分外，实领银九两三钱

---

① 《旧志》作“俸工”

② 九式：此处指用财之节度。“式”，法式，规格。

③ 平银：即库平银。清政府为统一各地衡量标准，制定的全国征收租税时的标准称。

④ 钞本银：财政名。发行纸币的准备金。

⑤ 钱本银：财政名。铸钱所需之工本，开炉铸钱时，皆支发钱本银，以所铸之钱抵销钱本，有余为息钱，不足为不敷成本银，准动用正项奏销。

六分。

鞭春[①]席银二两，除每两扣减平银六分，又扣钱本银六钱四分外，实领银六钱七分七厘。

以上五款，《旧志》载共银五十六两，除动支公件银二十两归公，铜价银十八两外，该地丁银二十六两。现光绪十年九月，奉文赴司请领如实额。

七铺铺兵七名，每名岁该银二两四钱五分，共银十七两一钱五分。今无。

正额孤贫十一分，额外孤贫四十九分，共六十分[②]，岁该银二百一十六两。凡遇闰，俱按加小建[③]扣除。

岁修塘房银九十四两六钱五分。今无。

上共银二千二百八十八两八钱四分。

武职官

总兵一员，岁支俸银六十七两五钱七分五厘有奇，养廉银一千八百两，薪银一百四十四两，蔬菜、烛、炭银一百四十四两，心红纸张银[④]一百六十两，坐马十六匹，岁该银二百零一两六钱，共银二千五百十二两五钱七分五厘。

游击一员，岁支俸银三十九两三钱三分三厘有奇，养廉银四百五十两，薪银一百二十两，蔬菜、烛、炭银二十六两，心红纸张银三十六两，坐马六匹，岁该银七十五两六钱，共银七百四十六两九钱三分三厘。

都司二员，岁支俸银各二十七两三钱八分四厘有奇，养廉银各三百两，薪银各七十二两，蔬菜、烛、炭银各十八两，心红纸张银各二十四两，坐马各四匹，岁该银各五十两零四钱，共银九百八十三两五钱六分八厘。

守备三员，岁支俸银各十八两七钱零五厘有奇，养廉银各二百二十两，薪银各四十八两，蔬菜、烛、炭银各十二两，心红纸张银各十二两，坐马各四匹，岁该银各五十两零四钱，共银一千零八十三两三钱一分五厘。

千总六员，年支俸银各十四两九钱九分一厘有奇，养廉银各一百四十两，薪银各三十三两零三分有奇，坐马各二匹，岁该银各二十四两六钱，共银一千二百七十五两六钱零六厘。

把总十二员，年支俸银各十二两四钱七分一厘，养廉银各一百两，薪银各二十三两五钱二分九厘，坐马各二匹，岁该银各二十四两六钱，共银一千

① 鞭春：又名“鞭牛”。旧时的一种打春牛以示迎春之意的习俗，于立春前一日举行。春为岁之首，关系一年丰歉生计，故得官府支持，多在官衙前举行。

② 分：同“份”。

③ 小建：阴历二十九日之月，谓之“小建”。

④ 心红纸张银：办公费用。

九百三十四两三钱五分二厘。

外委[1]十八员，年支养廉银各二十二两，饷银各二十四两，操马各一匹，岁各该银十二两六钱，共银一千零五十四两八钱。

额外十五员，年支饷银各二十四两，操马各一匹，该银同上，共银五百四十九两。

马战兵，旧八十九名，每名年该饷银二十四两，共银二千零三十六两。现裁。

步战兵，旧一千八百五十九名，每名年该银十八两，共银三万三千四百六十二两。现设九百三十名，年支饷银一万六千七百四十两。

守兵，旧六百五十三名，每名年该饷银十二两，共银七千八百三十六两。现设三百二十六名，该饷银共三千九百十二两。

旧额以上每岁共支放银五万三千八百八十两有奇。现额年实支放银三万零七百九十二两七钱四分九厘。

外委、额外、马步战守兵每员、名岁支米三石六斗。

旧设镇标兵三千名，每名年支米三石六斗，共需米一万零八百石。以上三年会计，应存米三万二千四百石，遇闰加米九百石。内除小建空粮约岁开除米二百余石外，抚夷月需米六石，年需七十二石。以民屯秋米五千八百九十石九斗五升四合四勺支给外，不敷者，归粮道会计饬依价采办足额。凡厅城、南甸、小蒲窝、固东等处，俱有仓储支放。

现额镇标兵一千二百五十六名，岁支粮米四千五百二十一石六升有奇，加外委、额外三十三员，共支粮米四千六百四十石零四斗。

政赋志七　拯恤

人君之爱民也，如父母之爱子。子有疾痛，必抚摩而噢咻之；子有饥寒，必轸念而周给之。盖仁心眷顾，无伤视如有伤，所以廑[2]深宫之念，而拯恤频加也。况我圣朝，德迈百王，恩隆屡世，议蠲设赈，泽沛寰区，养老恤贫，治周遐迩，虽腾处极边，而拯恤所及，历有可纪焉。谨志之。

---

① 外委：清代对绿营军官于限额之外委任者之通称，为绿营中之低级军官。有外委千总、外委把总，其职掌与额设千总、把总相同，但品秩、俸饷略低。另有额外外委，其品秩又较外委为低，乃绿营中最低级军官，下文的“额外”，即额外外委的简称。

② 廑(qín)：勤劳，殷勤。古“勤”字。

蠲[①]赋缓征

元明蠲赈之制,《通志》统纪云南,腾属无由区别。

国朝康熙间,迭免地丁银及旧欠钱粮。

雍正十三年,免通省地丁钱粮。

乾隆四年,免勋庄变价项欠银。三次腾俱受赐。三十二、三十三、三十四年,大兵征缅,免腾越地丁钱粮。三十五年,太皇太后八旬万寿,免地丁钱粮。五十六年,高宗纯皇帝八旬万寿,免应征钱粮。五十六、五十七年均免。

嘉庆元年,蠲免如例。十五年免厂民欠款。

道光元年,亦如例蠲免。

同治十一、十二年,征五免五。十三年,奏准征六免四。至光绪五年止。

光绪六、七、八年,征七成六分九厘,免二成三分一厘。九年至十一年,征八成一分五,免一成八分五。十二年始复额。

赈饥救灾

明成化十六年,腾冲灾,朝命重臣来滇巡阅。敕详《艺文》。

国朝咸丰以前,因兵事册籍散失,无可考。

光绪十二年六月十一日,大水淹没北练、小西、东练田四十顷三十六亩五分。同知陈宗海两次详请抚恤银二千两,并免本年秋米一百二十六石二斗九升六合七勺,免条丁、公件、耗羡银共二百零三两六钱四分八厘六毫二丝,免官庄租折银十一两一钱零四厘七毫。

养老

康熙四十二年三月十八日,恭遇圣祖仁皇帝万寿,恩诏赐老人侍丁[②]、绢、绵、米、肉及建坊银,俱如例。后四十八年、五十二年、六十一年,雍正元年、十三年,乾隆十七年、三十五年、四十五年、五十四年,嘉庆元年、十四年、二十五年,道光元年,恩赐俱如旧额。

恤赏兵丁

雍正七年,赏腾越协营生息银二千四百两,以济兵丁吉凶之需。九年,

---

① 蠲(juān):除去、减免。

② 侍丁:服侍老人的人。古代的养老制度,对年龄六十以上的老人赋役俱免;八十岁以上给一名侍丁在身边照顾。

赐乌蒙死难官弁,优恤有差。

乾隆三十五年,赐缅甸死难官弁,优恤有差。四十一年,赐随征金川死难官弁,优恤有差,受伤兵丁并给。

嘉庆六年,赐缅宁从征官弁,优恤有差。二十三年,赐宁安从征死难官兵,优恤有差。

道光元年,赐永北死难官兵,优恤有差。自后案册因兵事遗失,无考。

光绪九年,同知陈宗海禀请拨界头练逆产田一百四十箩零三斛,作残废兵丁养赡。芳家地基田三箩五斛,李姓门首田三箩八斛,长田三箩三斛,明姓地基田六箩五斛,礼拜寺田二箩二斛,杨家田三箩五斛,杨姓地基门首田八箩,杨姓竹园边田一箩四斛,杨姓门首田一箩二斛、又一箩,漕子石头田三箩,硝磺田三箩八斛,李有金门首田八斛,大新田六箩,明姓门首田三箩,马姓地基田八箩,王姓田四箩,杨姓竹园后田二十三箩,杨家田一箩,李姓田二箩,大岭干田四箩,张家坟后田四箩,张家坟田二箩,漕子田四箩,长坡头田一箩八斛,大松树田一箩,大岭干田二十箩,李姓门首田一箩五斛,株吏花田二箩五斛,窑田八箩,杨清地田一箩五斛,地基田一箩。共该永七甲粮五斗七升,永八甲粮四斗二升七合,永九甲粮一石二斗三升三合,军粮三石二斗五升六合,新垦粮四升。

恤孤贫

乾隆元年,设孤贫十一分,每分日给纹银一钱。继设额外孤贫十三分。四十三年,详加额外孤贫十三分。

道光五年,添设额外孤贫二十三分。

光绪五年,同知陈宗海捐设额外孤贫六十分。

附:施济田暨育婴堂诸目

雍正间,知州吴作哲、永昌府徐守发,置施济孤贫田。《旧志》仅载其田,龙江最多,未详顷亩。原额年收谷一百二十石零六合。龙江八十七石四斗三升,小西十四石二斗八升八合,大董十石二斗八升六合,缅箐五石一斗四升四合,明朗二石八斗五升八合。现额年收租折银共六十三两三钱六分。龙江九柱,共银四十八两九钱六分;小西二柱,银八两;明朗一柱,银二两八钱八分;大董一柱,银三两五钱二分。俱礼房经理。外又年收租米一石三斗零八合。龙江纳用八甲粮共九斗一升五合,自首垦粮九升,缅箐纳靖九甲粮一斗二升五合,大董纳太五甲粮一斗七升八合。俱米仓经理。

光绪十三年,同知陈宗海将甘蔗寨义田租谷四百二十八石八斗三升二合,现谷仓仅收谷四百二十三石,永分给各练关隘、直甲贫民。大西五十石,界头四十石,上北练二十石,下北练二十石,曲石练二十四石,龙江练二十四石,瓦甸三十二石,蒲窝二十石，小蒲窝六石，缅箐二十石，小西十二石，古永十四石，明朗十石，河西八石，清水十二石，东练八石，猛连六石，和顺十二石，绮罗十石，大董十五石，盏西十石，明光二十石，古勇隘六石，大塘隘八石，滇滩隘十石，猛蚌甲三石，猛宋、茂福、曩宋共三石。

按：甘蔗寨义田，原隆庆时州人捐银一千三百买置之田，年收谷二千余箩，除完粮外，以之分给贫民。绅士递司其事，相沿者百余年，洵义举也。康熙二十九年，姚安通判夏某署州事，惑于户书刘必相之言，擅将义谷五百箩归佃民完粮，以千五百余箩详入常平仓，故《通志》载："收入常平，以备赈贷。"然既属于官，有赈之名，已无赈之实矣。故知州吴楷修《志》有"呜呼，昔之人义倡之，后之人利败之，甚至佃民割裂田亩，私相售卖！后此莅斯土者，如访有实据，宜照侵盗官田例治罪，复举而还之民，以便尽拯恤之实"数言。及后拨作练丁口粮，而拯恤之名不存。迨地方遭罹兵燹，几不复知有此项义谷矣！今同知陈宗海沿《旧志》意，举而分给各练贫民，酌其远近沃瘠，定为成规，固足以垂永久。但因时制宜，使贫民实受其惠，仍有望于后之司牧焉。

安节堂　在西街，系逆产地，同知陈宗海捐廉创建。正房三间、厢房六间、大门三间、围墙全。拨给逆产田四十箩：水井凹田四箩、石头田四箩、小高垦凹子田二箩、曩木树田二箩八斛、大岭子左边田二箩五斛、唐家坡田一箩五斛、沙沟田十二箩、楠木树田三箩、中寨门首田四箩、大凹子田二箩、礼拜寺田二箩，共该中下粮五斗、后所粮八斗六升。

育婴堂　在安节堂左。光绪八年，同知陈宗海捐廉建此与安节堂，计正房三间、厢房六间、头门三间、围墙全。拨给逆产田四十箩：高田五箩、大岭子上下田二十箩、礼拜寺香火田九箩五斛、刘姓寨后田一箩五斛、会脚田四箩，共该东单粮九斗一升、后所粮二斗、中下粮二斗。又，围墙内隙地长三十丈，同知陈宗海捐廉植梓木二千株，拟定三十年后变值，以作书院生童膏火之费。

养济院　在南门外，已毁。光绪五年，同知陈宗海捐廉新修头门三间，中隔夹墙一道；上房三间，中供观音，左供灶君，右供土地像；左首屋二十间、右首屋二十间、茅厕一间，共瓦房四十七间，围墙俱全。

漏泽园　有二，一在城东华严寺后，一在城西教场后。

矜罪囚

《旧志》：储旧监谷六百七十石零，年支放囚粮。乾隆元年，题准每囚一名于狱田项下，月支给米一斗，其不敷者于常平仓项下支发。又于公项下各支给柴钱五文。今无。

政赋志八　水利

在昔怀山襄陵[①],洪水氾[②]滥,是不为民利而为民害矣。迨大禹疏凿排决,平成[③]奏绩,利斯普焉。腾,西南一边郡耳,四面皆山,溪流下注,田之高者每有涓滴之争,下者不免浸溢之患。是贵筑堤建堰,使上可以蓄,下可以泄,而后利济有资,旱涝无虑。历司牧所为特加之意者,其在斯乎！故志之。

侍郎坝　明侍郎侯琎驻腾时,见西郊多顷亩形,乃穷源所自,至集鹰山麓,有龙王塘,水泉涌出,公命筑长堤,开渠数百丈,原野成田者几半,名曰"侍郎坝"。后下流居民盗决失业。嘉靖二十一年,分巡[④]王维贤复议筑之以济民。

鹅笼坝见下注

野猪坡坝　旧有二坝,皆分巡王维贤所筑,惜未终其事。议者谓二坝水源高,下流田亩便之,若于农隙时筑以堤堰,则上用所蓄,下用所泄,足以兼济,乃使此水虚注谷中,而膏腴变为燥坏,岂不可惜哉?

缅箐坝　田多高原,待雨乃稼,而滨河者,又苦于潦;欲筑坝则地多石窍,水易渗漏。宜自山脊导之,高原为堰,则无石窍矣;病涝者宜相地势高下而坚为之堤,计亩之多寡而均出其力,庶旱涝均有备也。

玉璧坡泉　泉多灵湫,亦无陂堰,秋冬恣其下注,春耕互争涓滴,居民昼夜守视,防其溃越,甚至斗讼。如有堤塘,便为沃壤。

黄坡泉　在城东,蓄为塘,可以灌溉。

董库塘　泉颇洪衍,现有堤塍,如更崇之,可溉高田。

姜家塘　在富矣村,亦有灌溉之利。

马场清池　古有堤,蓄可及高田,后坏,田亦芜。今虽修复,不能如故。

观音塘　此塘无益于灌溉,而有激碓、蓄鱼之利。议者谓堤岸更起数尺,水可及迦罗庙高田,碓轮亦可引水而上。

大宽邑塘　有清潭十余,澄碧可爱,俱有堤,惜不甚大,资润秧田而已。属申家塘者稍大。

干峨海坝　海尾堤可以灌注中、下干峨等处田。其海坝一带,芦苇丛生,

---

① 怀山襄陵:意为大水漫过丘陵,即洪水泛滥。怀:包围;襄:漫上。
② 氾:应作"氾","泛"的异体字。
③ 平成:《书经》:"地平天成"。平,水土得到治理;天成,万物得到成长。
④ 分巡:注见前。

淤陷颇深，半不能犁，若疏浚其水，可开田亩百顷。又，海水势下而本村田高，无所济用，须并力作躧[1]水车，其水循沟而上，灌溉本村。又，或于山麓筑堤，以蓄冬水，庶秧苗有赖，栽插及时。

绮罗河 在城东南新生邑、满金邑三乡，其田虽有长沟，然溪流湾下，灌溉不及。民乃高为堤塍，四注输灌，然沙泥壅起，无完石、无坚土，水涨旋崩，即激射冲决，俄顷数十亩尽没。无从疏浚，雨不止禾即淹没。且沟塍窄狭，消受两难。先年曾有徇利者，于河尾下处壅塞大石，激水作碓，尾闾既滞，将何泄哉？乡人尝申诉当道，准令议展堤岸，禁侵越、去壅石，以为永式。

右自野猪坡而下，渠堰有三，皆依《旧志》记之，以待修饬。

新修塘堰

响水沟塘 道光二十七年，同知彭崧毓饬筑此塘，以息公坡与绿炏山民争水之讼。

胡家湾塘 光绪六年，因公坡与绿炏山民争水，同知陈宗海与永昌府周荫南会勘，宗海捐廉二百五十金，令绿炏山民添资修筑此塘，以灌公坡之田，饬绅管杨春荣督修。

---

① 躧(xǐ)：踏；登。

腾越厅志卷之七

秩官志(上)

天生万民而立之君,立之君奈何?所以牧万民也。既有君以牧民,而又设官奈何?君一人不能遍治,故立官以分治之也。三代而上,分土建邦,官皆世及。自秦以降,遂设流官,后代因之,然制度仍互异也。腾越置官,创于元世,而规模阙略,洎乎明时,蔚然大备。

盛代龙兴,文武并建,一切典章法制,真度越千古也。兹志秩官奈何?盖旌别淑慝[①],彰有功,表有德也。如官制题名,如使命,如忠荩,如名宦,如循吏,降而土司,皆著其姓字,载其治绩,详其世系,以示永矢而弗谖[②]也。志秩官。

秩官志一　官制题名

古者设官,分职不一其等。而惟守土之官与襄其治者,皆有表率斯民之责,即降而微员末秩,亦期有济于民,而非徒以名传也。腾当唐宋前,沦于绝域,类皆自相君长。迄元明,隶入版图,抚兹土者,始有命官及佐杂等员;镇斯土者,始有参太及指挥等官。迨我圣朝,政教聿新,裁改卫所世职,选用流官莅任,莫不慎乃攸司,无惭厥职。故备纪其制,兼详其名,用以昭兹来许焉。

文职官

同知一员、经历一员、儒学学正一员、训导一员、司狱一员、巡检一员已裁,僧正司、道正司、阴阳、医学各一员。

元

知府　同知

高　泰　腾冲府知府,顺帝时任。

---

① 淑慝:善恶、忠奸。慝(tè):奸邪。
② 谖(xuān):忘记。

孟　光　腾冲府知府，顺帝时任。
高　惠　《元史》作知府。
杨立义　昆明人，腾冲府同知。详《循吏》。
邱福庆　征缅招讨司。

明

兵备

贺元忠　字泽民，江南吴县进士，弘治间任。详《名宦》。
萧　苍　太和进士。详《循吏》。
赵　炯　字文鉴，永州进士。详《循吏》。
王　槐　字应贞，阳曲进士，弘治间任。详《名宦》。
罗　善　字复之，安福进士，与阉宦相忤，乞休去。
刘　节　字介夫，大庾进士，正德间任。详《名宦》。
汪　标　字立之，祈门进士，著绩于弘治时。
刘用中　字道行，富顺进士。详《循吏》。
唐　胄　字平侯，琼山进士。详《名宦》。
潘　润　字时雨，建平进士。详《循吏》。
汪维贤　字宗程，闽中进士。
张　絅　字美中，吉水进士。详《循吏》。
吴　檄　字用宣，桐城进士。详《名宦》。
郭春震　万安进士。详《循吏》。
李　乐　字冲和，泸溪进士。详《名宦》。
王春复　晋江进士。详《名宦》。
张　辐　字文衡，山阴进士。详《名宦》。
上十人俱嘉靖间任。
邹光祚　字承卿，饶州进士，隆庆间任。详《名宦》。
胡心得　字元静，德清进士。详《名宦》。
罗汝芳　字惟德，南城进士。详《名宦》。
许天琦　字大正，晋江进士。详《名宦》。
李　材　字孟诚，江西丰城进士。详《名宦》。
漆文昌　江西瑞州进士。详《名宦》。
李先著　山东蓬莱进士。详《名宦》。
六人俱万历间任。

守巡

周彦奇　吉水人,永乐时任。详《名宦》。

贾　铨　邯郸进士,正统时任,奏除土官十余部贡马、海吧[1]。

郑　颙　钱塘进士。

张　清　巴县进士。详《循吏》。

夏　裕　福清进士,景泰时任,定屯田疆界。

何　俊　郴州进士,成化时任。详《循吏》。

胡绩学　字畏之,巴县进士,弘治时督学。详《循吏》。

周季凤　字公议,宁州进士,正德时任。

李希颜　字原复,华亭进士。详《循吏》。

朱　衮　字子文,长州进士,副史至腾,理屯清戎。

陈　乡　字汝忠,宜宾人,嘉靖时任,有风裁。

王维贤　字士官,号卓峰,中江进士,嘉靖间任。详《名宦》。

陈　善　字思敬,钱塘进士,嘉靖间任。详《名宦》。

徐养正　号蒙泉,马平进士。详《循吏》。

赵　龙　广安贡生,隆庆时任。详《循吏》。

陈　洙　字伯训,长乐进士,万历间任。详《名宦》。

抚彝同知

萧奇熊　莆田人,万历间任。

陈一元　富顺人。

宋　儒　马湖人。详《名宦》。

薛　儒　浙江人。

蒋在廷　全州人。

庞一夔　南海人。

李先芬　四川人。

龚　铭　沔阳人。

周九龄　黎平人。

陈锡爵　南海人。详《名宦》。

知州

张　铭　宣德时任。

李　升　正统间腾冲司指挥使。详《循吏》。

---

① 海吧(bā):即海蚆,是一种属宝贝科的海贝,其壳可入药。在古代,云南少数民族地区作货币用,故“蚆”又作“吧”。今腾冲傈僳族仍用作服饰。

陈　鉴　腾冲指挥同知。详《循吏》。
周　全　江西上饶县监生，嘉靖五年任。详《循吏》。
许　松　越巂卫监生，八年任。详《循吏》。
陈　辂　普安卫举人，十四年任。详《循吏》。
刘　烜　贵州宣慰司举人，二十年任。详《循吏》。
刘　忠　湖南武陵县举人，二十七年任。
李　辐　江西吉水县例贡，三十年任。详《名宦》。
舒　芹　四川铜梁县举人，三十二年任。
周　矿　贵州宣慰司举人，三十五年任。
马文彬　安徽无为州监生，四十四年任。
沈祖学　浙江余姚县举人，隆庆元年任。详《名宦》。
杜可教　四川德阳县举人，万历元年任。详《名宦》。
张治方　贵州思南府举人，二年任，著有《筹边策》《咸宁集》。
陈克侯　广东顺德县举人，八年任。详《循吏》。
余懋学　贵州兴义县举人，十五年任。详《循吏》。
王　伊　四川南充县举人，二十七年任。详《循吏》。
郑人和　福建莆田县举人，二十九年任。详《循吏》。
田贡国　贵州思南府举人，三十二年任。详《循吏》。
冉　嵩　四川东乡县拔贡，三十七年任。
刘洵龙　贵州普安厅举人，三十八年任。详《循吏》。
李之仁　贵州贵阳府举人，四十二年任。详《名宦》。
戴金桂
樊一芝
叶调元
阚应祥　云南通海县举人。
罗心素　贵州监生。
谢遴重　四川人。
鲁舜中　浙江会稽县监生。

国朝

知州

段荣检　江南人，顺治十七年任。
张善化　安徽合淝县贡生。

王　律　辽东生员,曾开城濠、修州署。
姚廷佑　河间副贡。
郑尔植
王缵尧　奉天举人。
庄　楷　江苏武进县进士,康熙二十三年任。详《循吏》。
喻　良　辽东生员。
杨端宪　陕西举人。详《循吏》。
卢承恩　辽东监生。
唐翰弼　正黄旗汉军人,三十五年任。
吴　玥　镶红旗汉军进士,四十六年任,在任七年。
钱兆沆　浙江长兴县进士,五十五年任。
杨之盛　正黄旗汉军监生,五十八年任。
孔毓瑱　山东曲阜县监生,雍正三年任。详《循吏》。
吴作哲　萧县监生,十三年任,在任八年,精心田赋。
唐世梁　广西桂林县举人,乾隆八年任。详《循吏》。
陈秋元　安徽石埭拔贡,十八年任。详《循吏》。
额鲁礼　满洲镶白旗举人,二十二年任。
翁　甲　浙江慈溪县监生,二十四年任。详《循吏》。
陈廷献　浙江仁和县举人,三十年任。
蒋曰杞　江苏吴县监生。
吴　楷　江苏江阴县进士,三十五年任。详《循吏》。
朱锦昌　浙江嘉善县举人。详《循吏》。
屠述濂　湖北孝感县监生,五十三年任。详《名宦》。
庆失名　乾隆五十六年任。
阿失名　乾隆六十年任。
周名炎　嘉庆元年任。
王　瑀　五年任。
张失名　八年任。
觉罗善福　满洲人,九年任。详《循吏》。
许亨超　翰林,十年任。详《循吏》。
果失名　十四年任。
许亨超　十五年复任。
高孝植　十六年任。

李　鈠[1]　山东人，十七年任。

同知嘉庆二十五年改知州为同知

伊里布　壬戌进士，嘉庆二十一年任。详《循吏》。

胡启荣　湖北人，拔贡。详《循吏》。

广　誉　满洲人，道光七年任。详《循吏》。

周　澍　浙江钱塘县拔贡，九年任。详《循吏》。

恒　明　满洲人，十三年任，为治不尚烦苛。

王　燮　福建闽县举人，十五年任。详《循吏》。

常　明　满洲人，十九年任。

庄粤台　浙江海盐县举人，二十年任。详《循吏》。

吴　均　浙江归安县人，二十一年任。

庄粤台　二十三年复任。

李恒谦　广东监生，二十四年任，详《循吏》。

韩捧日　广东进士，二十六年任。

彭崧毓　湖北江夏县翰林，二十七年任。详《循吏》。

邓　墀　举人，二十八年任。

贾洪诏　湖北进士，三十年任。详《循吏》。

杨　觐　江西清江县附监，咸丰元年任。详《循吏》。

姚延之　安徽人，三年任，尝酌定考试卷价。

孔昭蚡[2]　直隶河间府监生，四年任，洁己爱民。

王秀毓　安徽六安州进士，六年任。详《循吏》。

周力墉　浙江钱塘人，咸丰十一年任，时贼正披猖，道阻，力墉绕道进城，势已难为，犹力筹防御。嗣城陷，被执不屈，至永昌遇害。

唐秉勋　四川人。

林桂清　贵州镇宁州军功[3]，同治十一年任。

吴启亮　号雪堂，四川遂宁县监生，十二年任。详《循吏》。

周维巽　号宇仪，四川资州军功，光绪元年任。性英敏果断。巡警森严，不留狱讼。值防军苏开先乱，踞城二月，巽被执不屈。城复调省。

吴自修　号琢如，湖南凤凰厅军功，二年任。

蔡信义　号近安，湖南善化县军功，三年任。

---

① 鈠(yì)：附耳在外的鼎，此处作人名用。
② 蚡(fēn)：玉名。
③ 军功：清代，作战有功得官者，谓之军功出身。

陈宗海　号春源，浙江会稽县监生，四年任。
黄紫诰　号松南，贵州印江县监生，九年任。
吴晴琦　号幼卿，四川华阳县廪贡，十年任。
陈宗海　十一年复任。

州判元置藤越州，设判官一，吏目一。后改腾冲府，设判官二，司粮一，故有粮厅之称司狱一。明嘉靖间仍设判官一人。

明
丁　宽　安徽和州监生。
游显宗　贵阳府监生。
谢　璵[1]　广东惠州府监生。
侯日新　陕西白水县监生。
舒显富　湖南靖州监生。
萧九成　江西安远县监生。
周　娄　永新监生。
宋希张　永新例贡。
谭　经　江西宜黄县监生。
顾　汴　浙江慈溪县吏员。
高万选　四川梁山县监生。详《循吏》。
范　仕　浙江余姚县吏员。
郭　律　湖广吏员。
罗九经　福建吏员。
王守恒　湖广吏员。
杨　桂　浙江吏员。
姜可学　江西广信府岁贡。
陈　策　山西吏员。
洪　兴　福建吏员。
宋　镃　广东岁贡。
吴　振　福建吏员。
宋良言　浙江吏员。
喻　郎　江西南昌府吏员。

① 璵(yú)：《集韵·鱼韵》："璵，鲁之宝玉"。

欧阳珍　福建吏员。

上皆万历间任。

国朝

陈　瑾　辽东吏员。

郭仲光　辽东吏员。

马景龙　福建拔贡。

陈　诠　顺天宛平县吏员。

丁文学　顺天大兴县吏员。

张　楷　北直监生。

曾九锡　湖广举人，四十三年任。

上皆康熙间任。

张　珩　福建贡生，雍正元年任。详《循吏》。

王　侹[①]　山东曲阜县拔贡，九年任。详《循吏》。

刘学先　江南副贡。

朱汝璇　湖南浏阳附贡，乾隆元年署州事。详《循吏》。

程　辙　河南永宁县拔贡，五年任。

杨　茂　甘肃举人，八年任。

毛正丰　湖北荆州府贡生，十四年任。

王　鋘[②]　顺天宛平县拔贡，十九年任。

沈天基　浙江秀水县拔贡，二十一年任。

钟　林　河南藤县监生，二十四年任。

吴敬上　直隶保定副贡，二十八年任。

陈梦珑　浙江海盐县监生，三十一年任。

邹国珩　四川内江县举人，三十六年任。

雷尔杰　陕西朝邑县举人，三十九年任。

钟赞皇　江苏元和县举人。

甘士谷　湖北宜春县拔贡。详《循吏》。

叶映阶　浙江西安县拔贡，五十二年任。

张　炌[③]　直隶安肃县拔贡，五十二年任。

赵世模

---

① 侹(tíng)：平而直。
② 鋘(wú)：刀名，可切玉。
③ 炌(kài)：明火。

戴　基
项廉善
秦斗文

经历道光三年改州判为经历，咸丰四年改南甸经历为龙川江经历
刘秉仁
王占魁　湖南人。
李失名
王　楷
庄　钺
刘洪恩　江西南昌府人。
胡国士　四川人。
姚失名
袁　荣
马伟堂
朱庆堂　广西博白县人，咸丰四年任。
彭断述　广东监生，十二年任。
周　祥　贵州监生，光绪元年任。
陈鸿勋　广西武宣县廪生，二年任。
萧大智　四川德阳县监生，三年任。
胡世坦　顺天人，四年任。
颜士斌　江西人。
张维清　陕西人。
张凤藻　贵州人，十三年任。

教授
明
陈　襄　贵州赤水县贡生，正德十一年任。
陈　瑞　字国玺，贡生，嘉靖元年任。详《循吏》。

学正
嘉靖八年改教授为学正。
史　全　贵州普安贡生，八年任。

杨　森　贵州普安贡生，二十年任。

王　瑄　清平卫贡生，二十三年任。

吴　泽　邻水贡生，二十四年任。

袁廷光　宜良贡生，四十二年任。

宋　文　贡生，四十五年任。

杨凤岐　广西府贡生，隆庆元年任。

李以恒　赵州贡生，万历二年任。

雷起东　四川宜宾贡生。

卞作梅　邓川贡生。

蒲时华　贵州定番贡生。

杨　逵　孝感人。

张　微　云南贡生。

周起凤　云南贡生。

张翔鹏　昆明贡生。

杨州雁　邓川州举人。

卢　鳌　铜仁贡生。

张鸣鹍　姚安贡生。

苏湛恩　昆明贡生。

杨应选　广西府贡生。

王宸极　临安贡生。

金继芳　内江县贡生，四十四年任。

王邦宁　天、崇间[①]任。

国朝

高应翼　鹤庆举人。

徐炜麟　路南州人，康熙初任。

万青选　大理举人。

尹训甲　曲靖举人。

许鼎新　建水贡生。

仇文龙　通海举人，十七年任。

段铨璋　建水举人，三十四年任。详《循吏》。

沈绣龙　姚安贡生，雍正二年任。

王廷训　云南府人，乾隆二年任。

---

① 指明代天启、崇祯年间。

戎大靖　赵州人，八年任。
卫君藩　石屏州人。
张南瑛　姚安府人，十一年任。
杨　瑛　新兴州人，十五年任。
王　涞　嶍峨县举人，二十四年任。
保　纬　晋宁州举人，二十八年任。
刘相国　宁州廪贡，三十七年任。
文泰运　昆明举人，四十四年任。
刘芳韵　蒙化举人，四十五年任。
赵　清　呈贡举人，五十三年任。详《循吏》。
杨生云
张文佐
李印唐
陈达材　楚雄举人。
赵允和　东川举人。
欧声缉　拔贡。
杨　炜　河西县举人。
周锡绂　楚雄举人。
许文藻　石屏举人。
覃懋官　宁州拔贡。
段生钰　剑川恩贡。
郑鹏图　蒙化举人。
萧致顺　昆阳附贡。
王者香　新兴举人。

训导设于成化二十二年

明

帅良辅　云梦贡生，成化二十二年任。详《循吏》。
徐　淮　永昌贡生，弘治八年任。
熊　彪　安庄贡生，十八年任。
费　旦　思南府贡生，正德八年任。
崔　湛　永昌贡生，十三年任。
王汝翼　太和贡生，嘉靖八年任。

陈情表 洱海卫贡生，十一年任。
李元忠 石屏州贡生。
谢良翰 长寿贡生，二十一年任。
罗文锦 赵州贡生，三十年任。
杨资乾 临安贡生，三十四年任。
赵时宣 赵州贡生，三十九年任。
马应龙 呈贡贡生，四十四年任。
李好义 呈贡贡生，隆庆四年任。
马朝阳 广东贡生，万历二年任。
涂 翔 贵州镇远人。
张云路 贵州人。
罗 元 剑川州人。
董 岐 大理府人。
吴三省 临安府人。
马瑞麟 沅江州人。
陆森材 楚雄府人。
张 榜 临安府人。
周凤冈 晋宁州人。
温而栗 崇祯年任。
国朝
王起三 嵩明贡生。
杨御龙 寻甸贡生。
袁应秀 阿迷贡生，康熙三十八年任。
刘 锜 建水县人。
全进第 马龙州人。
邱培南 嵩明州人，乾隆三年任。
丁之煜 姚州府人，七年任。
金 城 石屏州人，十七年任。
魏 伸 宁州人，二十五年任。
王 任 昆明县人，二十八年任。
陈文灿 楚雄县举人，三十年任。详《循吏》。
段用中 宜良县贡生，四十一年任。
陈寅旭 楚雄廪贡，四十八年任。

宋　复　昆阳贡生，五十一年任。
高　清　邓州优贡，二十二年任。
倪　溥
吴文杰
傅　晫[①]
王衍畴　楚雄县举人。
任廷璋　楚雄举人。
窦失名　罗平州贡生。
潘安国　蒙化举人。
杨韵淙　安宁附贡。
沈德奎　安宁举人。
谭　乐　永北廪生，军功。
李久远　南安岁贡。
杨绍曾　邓川州岁贡。

吏目始设于元，明嘉靖间复设

明
高　仲　江西人。
李梦芳　襄阳监生。
万国重　江西贡生。
张　鹄　贵州监生。
欧阳思　安福例贡。
陈　鸾　顺天例贡。
王　锐　四川监生。
王士朴　义川监生。
上八人皆嘉靖间任。
丁懋忠　淮安例贡，隆庆间任。
朱继廉　湖广吏员。
方应龙　福建吏员。
秦可誉　湖广吏员。
裴朝宾　湖广吏员。
黄仲德　山西吏员。

---

① 晫(zhuó)：明盛的样子。

王　锡　四川承差。
孙承德　江南吏员。
唐应拔　江南吏员。
王道明　六安吏员。
岑光济　浙江山阴监生。
姜汝济　巴陵吏员。
洪　斌
上皆万历间任。
国朝
林方科　福建吏员。
洪　宝　天津吏员。
王自立　青川吏员。
章　尚　平山吏员。
金枝承　金华吏员。
屠　伟　浙江监生。
吴士诚　宛平监生。
陆　鉴　秀水监生。
刘朝元　巩县吏员,雍正七年任。
金　铭　山阴吏员,十一年任。
李　份　黔西州岁贡,乾隆五年任。
屠文元　会稽吏员,十年任。
赵黎照　吴江监生,二十三年任。
许　诏　大兴吏员,二十九年任。
丁观光　宛平监生,三十三年任。详《循吏》。
胡清渊　萧山吏员,三十九年任。
方裕曾　桐城监生,四十三年任。
郝　杜　沛县监生,四十三年任。
赵怀纪　浙江萧山县监生。
华桂清　福建上杭人,五十三年任。详《循吏》。
俞嘉会

司狱道光三年改吏目为司狱
张玉裁

杨　熙
高廷桂
钮鸣皋
马宗颐
任　淦
钟　烜[①]
张绍平　安徽桐城县人。详《忠荩》。
郑定材　湖南石门县监生，光绪元年任。
刘学钧　江西安福县人，议叙二年任。
刘建蓉　四川大邑县监生，三年任。
李尧封　广西桂林县军功，四年任。
张润之　贵州思州府廪生，五年任。
杨济昌　四川新津县吏员，六年任。
朱德恩　贵州普安厅监生，七年任。
杨锦植　广西郁林县监生，八年任。
姚知清　湖北罗田县人，九年任。

镇彝关巡检前明设，国初奉裁
梁大材　明初任，年月无考。相继者，《旧志》载有十七人，俱不详姓名。
张嘉颖
陈懋信
二人皆康熙初任。

龙川江巡检亦前明设
明
陈　林
王　台
鱼　鳌
汤万家
戴　杨
阳向春
单　纪

① 烜(xuǎn)：火盛；光明。

杨　柏
黄存善
王敬贤
周廷芳
刘廷元
国朝
刘甲第
张玉麟
张　彬　山西平阳府监生，三十八年[①]任。
孙　桂　河南卫辉府监生。
司宏经
熊文龙　江西南昌府监生，雍正间任。
堵维稿　浙江山阴县吏员。
董学源　湖北黄州府监生。
王　宣　江西安仁县监生，十五年任[②]。
吴　谷　江西无锡县监生，十八年任。
许大成　湖广汉阳府监生，二十五年任。
郑　籽　浙江仁和县监生，二十九年任。详《循吏》。
李正荣　江西饶州府监生，三十五年任。详《循吏》。
陈元恕　安徽石埭县监生，三十九年任。
罗正邦　广东仁化县人，四十三年任。
林天如　顺天大兴县人。
喻　连　浙江吏员。
戎　辰　浙江吏员。
董代麟
陈维新
王之抡
以上皆嘉庆间任。
王　墉
张云祥
沈士奉

① 指康熙三十八年(1669年)。
② 指乾隆十五年(1750年)，以下至罗正邦皆同。

黄　坦

孙仲烈

潘兀熙

孙士奎

马伟堂

杜　浩

吴延增

上皆道光间任。

边长孺　详《循吏》[①]。

咸丰二年,裁巡检归经历。

《旧志》:前明州判、吏目外,设仓大使一,有郑伯书等十九人;税大使一,有冯大弼等十二人,今已无考。

设腾、龙两驿丞,腾冲驿以土人杨姓世为之;龙江驿有王来联、刀承爵二人之名。

古勇、滇滩两土巡检,古勇以杨廷桂为之,滇滩以殷氏为之,今变为土弁、土目矣。

武职官

总兵一员、游击一员、都司二员、守备三员、千总六员、把总十二员、千把总外委十八员、额外外委十五员。

明

正指挥使

李　升　江南嘉定人,正统八年任。详《武功》。

陈　升　江南合淝人,十二年任。详《名宦》。

陈　钦　湖广浏阳人,成化五年任。传辅仪廉九畴嘉言龙瑞凤。

陈　文　广南卫指挥,嘉靖十五年任。详《名宦》。

指挥降同知

杨　礼　江南安丰人,成化五年任。传玺熊诰继武惟忠。

副指挥同知

孙　麟　系江西南城人,成化五年任。传中纲缙佐贤世廉勋。

陈　瑄　系江南常熟县人,五年任。传鉴渊楷奇策国祚。

---

① 原文脱,在《循吏》中有其简传,今特加之,以便互见。

王　胜　本卫人，正统间任。详《武功》。

陈　福　本卫人，以征麓川功升任。详《武功》。

指挥佥事

冯　睿　本卫人，正统间由守御千户升任。传显鉴。

张　善　本卫人。

刘　睿　本卫人，正统间任。

尹　晟　本卫人，以征麓川功，由守御千户升任。

明　贵　本卫人，由木邦巡检升任。

申　义　金齿司人，正统间任。

王文用　本卫人，天顺间任。

王　敏　本卫人。

上八人俱详《武功》。

刘鼎臣　武举，万历间任。详《名宦》。

指挥经历用流官

杨　聪　四川人。

易　观　四川人。

俱天顺间任。

黄世英　四川人。

燕　秀　河南人。俱成化间任。

丁　贵　湖广人。

应凤仪　江西人。俱弘治间任。

吴　纪　湖广人。

臧志节　浙江人。

吴尚经　湖广人。

伍　篪　江西安福人。

张用和　浙江龙游人。

张汝成　江南长州人。

张皐时　江西吉水人。

徐　旦　湖广人。

张廷美

李廷裕　陕西人。

上皆嘉靖间任。

张文献　四川人。

周于德　江西人。
张　彩　贵州思南人。《旧志》称其“才堪治卫，勇足领兵”。
吴化鹏　江西人。
邓　嵩　江西人。曾刻《万华馆记》于碑。
刘眷正　贵州人。
黎裕民　四川人。
张克表　四川巴县人。
杜明邦　四川隆昌人。
上皆万历间任。

指挥知事亦流官

李　圯　江西人。
吴彦麟　浙江人。
俱天顺间任。
徐　彰　河南人。
阎　麟　江南人。
俱成化间任。
许　瑄　四川人。
刘　翱　四川人。
俱弘治间任。
张　云　浙江人，正德间任。
黄　清　广东人。
李　耀　武进人。
刘孔时　湖南衡阳人。
利　庠
院　逊　贵州安南人。
俱嘉靖年任。
毛　算　湖广人，隆庆间任。
萧凤岗　辰州人。详《循吏》。
王　晓　南京人。
苟　春　四川人。
史应祥　南京人。
黄　素　广东人。

镇抚从六品，世袭

侯　铎　江南广德州人，景泰间任。详《武功》。

霍　敬　江南寿州人，景泰间任。详《武功》。

左所自广南卫所调，官军多江南、山、陕、湖广籍

正千户正五品

君　岩　由佥事降。传国臣任职。

邓　雄　传升文林松寅。

张　钰　传能震淮举国学奇。

夏　霖　传卫玺廉书。

副千户从五品

王　成　传贵皋升昂袭爵。

赵　刚　传熊秀。

侯　钊　传升玉佐承召世封升。

李　春　传达本有国珍。

杨　瑄　传正威。

百户正六品

沈　忠　传杰仪琮泰。

尹　寿　传义宏凤爵。

朱　贵　传旺伸琼恩光世。

黄　政　传裳辅宪相。

郝　忠　传瑨云升平。

刘　荣　传惠桓继勋。

以上有伍。

齐　兴　传铭嵩节拱震。

杨　咸　传武松。

王　荣　传佐雄节元。

熊　威　传广俊兆思吕。

童　宣　传镪玺蒙吉奇选。

王　旺　传胜景宗。

单　成　传敏桂。

朱　全　传景昂环国勋。

侯　寿

所镇抚

刘　溥　传子经。

右所自金齿中、左所调，多江南、湖广籍

正千户

沙　立　传钺烈金继藩。

副千户

贺　成　传敬麟受宁镛文国恩。

李　成　传升高振实泓时任元。

谭　瑜　传升经俊章年淮光崇本嘉言。

张　钦　传振雄。

邱　山　传升。

百户

杜　宗　传钦。

吴　忠　传斌荣升。

辛　聪　传裕铭武。

孙　质　传弟虎勇良恩。

张　忠　传志信玺。

周　谦　传全能良辅。

冯　睁[1]　传济伦贤。

杨　林　传铭勇。

吴　鉴　传世泰爵应职。

余　福　传敏清惠。

阎　敏　传宥。

高　耀　传珍勋。

以上有伍。

沙继藩　降百户，传钟彩。

汪　羔　传煜炬大锡淡如。

所镇抚

滕　勇　传宣琦钦汉世成。

夏再成　传旺定礼俊升时尚忠。

中所自大理卫调，多江南、浙江、山西籍

正千户

记承祖　由贵州威清卫指挥使降调。

高　恕　传声英玺。

---

① 睁(tǎn)：光明。

蔡　僖　传友春。

蔺俞山

副千户

宋　玉　传详铭源瑊。

丁　谦　传钺铠。

张　荣　传瑞。

张成敬　传宏钦翰。

百户

余　升　传俊机芳镗逢尧承职。

周　英

卢　益　传旺茂浩镛宗于尧乡。

邵尚亨　传先鉴经期爵元勋尧。

傅　泰　传良瑶训作冉心恒。

柴　荣　传升继先。

袁　成　传瑶及全止浩文明。

吕　瑶　传升贝谦清勋。

刘　瑶　传旺海震镔爵世恩。

顾　英　传锐。

王　恕　传佐永。

沈　铨　传锐浩麟举。

所镇抚

金　琮　传溥。

前所自洱海卫调，多江南、山东、湖广籍

正千户

王　萃　传王纪铠。

副千户

张　兴　传玉英鉴铭永仪倚诏。

傅　霖　传洪忠荣文应商国泰。

罗　宽　传忠铨。

何　全　传珍宽。

百户

马　珍　传旺骥应祥。

蔡　玉　传本英。

张　山　传礼升。

林　茂　传清材继爵芝文相。

计　保　传永璋大有。

钟　铭　传铎辅。

尹保五　传铭清格。

黄　保　传钟荣钟。

李德贵　传全通达宗章应元国臣。

庄　谅　传杰旺鉴。

段　忠　传亮铠仲伊序昌祚。

屈　忠

所镇彝

陈　政　传勉钺伦捐相邦俊。

后所自楚雄卫调，多福建、江南、湖广籍

正千户

叶　椿　传钪盛盘经。

华　整　传松复春。

副千户

卢　效　传瑜升淮应相灿。

徐　宽　传斌刚。

谢　斌　传五鉴廉国良宣。

陈　荣　传琳实仁。

百户

李　吉　传贵铭纯嵩实发忠英。

陆　远　传宾忠杰茂宏乡坦崇泰。

郑　友　传忠达辅本。

劳　彪　传春暹忠赞。

张彦英　传贵。

华　暹　传俊。

汤　义　传铭玺应举茂官。

汪　义　传玉洪士职。

郑　雄　传中刚伦选。

吴　庆　传章雄。

李文雄　传秀凌霄。

濮　真　传刚世爵应鳌。

所镇抚

艾　义

腾冲所系守御之千户所改设，多土人，间有江南、山、陕、川、湖籍

正千户

祝　凯　传睿瑜显万言尧年。

蔺宗贤　传愈贵诚鉴世英宗功麟珍。

王　胜　传贵瑀。

钏文贵　传贤凯世昆。

孟　受　传亮镇勋策承思。

汪　浦　传智振裕大本。

李　斌　传志芳。

谷　铭　传通凤鸣。

副千户

杨春山　传林溥应奎臬。

张　铭　传裕雄秀汝濂继爵。

丁　成　传贵镇浦樟。

许　斌　传亮铨德明诏国臣懋功。

张　宗　传鳌大功。

徐香保　传镰镇锐。

尹　忠　传铭大本建勋。

李惟恭　传华晟俊思孔。

张　廉　传祥宣诰印。

王　势　传福永淮宗。

侯　钺

阎虎山

百户

张　通　传旺暹义斌百龄嘉隽。

张保山　传森敬春海鲸时翰翔。

张得名　传源鉴华世官。

王　勇　传豫刚贵铎。

李　和　传胜谦勋肇先惟源。

尹受山　传斌鉴章惠。

许　刚　传铅珍智世勋任思忠。
杨　春　传铠。
许　世　传海俊朝恩。
黄应宗　传福鉴龄。
番文泰　传宣敬遇春世龙。
李　源　传垣时嵩运隆。
王　斌　传镛瑞世爵。
杨　祥　传亮镛。
尹得功　传珍勋承恩朝柱。
段　兴　传思聪。
陈　海　传锐玉大器守官。
贾受春　传荣鉴玺武。
邱　忠　传定祥。
郭　海　传荣英世宁。
许　辅　传连荣裕经惟藩。
杨　忠　传升宪国良复于廷。
赵　山　传礼文秀景汉槐。
侯得忠　传斌钺。
尹　正　传诚钧。
李　政
杨　保　传宣铠。
王贵聪　传胜纪锐淮泾应宗。
王　山　传势贤升鉴辅潮。
杨　均　传诚沿高。
尚　忠　传诚敬仁本有道。
王　政　传晋玺。
刘戒荣　传海浩正勋。
张　祥　传节福睿九畴。
何　宗　传忠贵玺。
刘　旺　传永伦诏光祖世显。
万　保　传升钟。
雷　胜　传巽。
董　赐　传信昱昂应斌。

张原受　传宣铭儒大鹤朝邦盛。
何应申　传胜镇。
文仲和　传杰镛。
杨　黑　传斌吾世爵。
李　耀　传钰。
番　忠　传政升。
朱　海
郭　花　传旻。
杜添禄　传文兴宣。
李　海　传铭谦。
邓　贤　传铨雄科承职显达。
段　勒　传信钣嵩闰绳武。

所镇抚

刘　冕　传庆刚。
赵　礼　传文秀景槐国乡。
赵　海　传文诰武伦。
张　栾　传林雄蕴。
刘思诚　传贵谦凤世爵。
萧　溥　传俊晟经。
李　平　传英。
赵　华　传刚辅宗仪。
李　原　传贵谅莹杨朝宗佑懋官。
赵　势　传荣宣明卿。
李文受　传祥明谦。
尹　嵩　传贵。
杨　钺
杨　政　传海升。
李　保　传平志聪世勋。
徐　刚
尹　泰　传爰受。
刘　哻[①]　传昱庆刚。
赵　景

① 哻(hān)：“鼾”的俗字。

徐　成

李　武

王　贵

段　胜

杨　恭

参将正统时设，嘉靖九年裁

毛福寿　字用卿，正统七年任。详《武功》。

沐　瓒　黔国公沐璘弟，成化三年任。详《名宦》。

沐　诚　字择善，沐瓒长子。详《名宦》。

沐　详　字择明，沐瓒次子。详《名宦》。

卢　和　出身微贱，恃义子钱宁势为参将，甚多不法事。巡按唐龙劾之，卒伏辜。

沐　嵩　甚贪残，巡按陈察劾之。

内官监军正统时设太监镇守

萧　保

郝　宁　正统时任。

黎　义　景泰时任。

王　举　成化时任。虽有建司学功，然索孟密宝井，不厌其欲，遂请讨之。其为人亦可知矣。

吉　庆　弘治间任。括民无厌，收宝玉甚多，偕来恶少群觊觎焉，乘庆病，赂医以金石剂杀之，载宝而逃，尸委弃，官为殡之。

孙　绪　弘治间任。

崔　和　衡水人，正德间任。详《循吏》。

王　阳

朱　奉　亦正德间任。增葺学宫，修理城垣。

刘玉成[①]　正德间任。虽创修武侯祠，然性贪酷，借京中寺僧某资，谋来镇守，遂诱僧蓄发，谓之尚京官，所言必从，至腾多奸淫不法事。众诉于御史陈察，讯确，杖而遣之。由是镇军奉革。

复设参将万历十三年

刘　綎[②]　详《名宦》。

邓子龙　详《名宦》。

---

① 刘玉成：《州志》《县志稿》均作刘玉。张志淳《武侯祠庙记》云：刘玉字崇润。
② 綎(tīng)：用以佩玉的丝绶带。

刘天俸　四川人。详《武功》。
刘根桂　四川人。
王瑞麟　偏桥人。
吴显忠　山阴人。详《武功》。
孔宪卿　成都人。
王鸣鹤　淮安人。
王　廷　临安人。
陈　寅　温州人。详《武功》。
朱鹤龄　贵州人。
董献策　河南人。详《名宦》。
麻　镇　桂林人。
纪胡元　顺天人。
吴德行　临安人。
吴芪臣　四川人。书宝峰寺石壁“奠高山大川”五字。

守备知府漆文昌奏设
陈　伦　浙江人。
袁　位　大理人。
陈化鹏　大理人。
袁钦宠　景东人。
李腾霄　景东人。由澜沧卫升任。
蛮哈守备与参将同设
张光印　大罗人。
李天常　浙江人。
贲寿增　襄阳人。
史良将　湘江人。
仇　芳　浙江人。
杨明廷　木密人。
陇把守备与蛮哈同设
刘　素　易门人。详《武功》。
鲁　礼　安庄人。值多安民叛，疏于防范，革职留营，戴罪擒捕。
李永选　成都人。详《武功》。
杨永吉　昆明人。

李孝先　右卫人。
上皆万历间任。

国朝

副将顺治十七年始设，隶永顺镇
李世耀　辽东人。有碑记、匾额在署。
田进学　陕西人。康熙二年任。十八年讨永昌贼，不克而死。
周　元　江西人，康熙八年任。
许朝辅　福建人，二十二年任。
林　雄　福建人，二十八年任。
雷　如　山西人，三十六年任。
张有凤　山西人，三十七年任。
宋虎山　陕西人。
陈国英　直隶人。
孙宏本　奉天人。有清厘龙江桥田之功。
昌洪猷　陕西人。
苏应选　河南人。
段宗岳　直隶人。
郑文焕　陕西人。
皆雍正间任。
陈上志　大理人。
李荣祖　昆明人。善抚士卒。
皆乾隆间任。
富兰泰　满洲人，乾隆二十八年任。
赵宏榜　迎合杨应琚，开动边衅。
哈国兴　详《武功》。
德　保　满洲巴图鲁，三十三年任。
吴士胜　徽州人。到任巡关，受瘴卒。
鸦尔姜阿　满洲人。三十四年题，后受瘴，卒于杉木笼山。
王振元　陕西武进士，在滇最久，多出防之劳。
裴　慎　满洲人，三十八年任，后升宁夏总兵。
刘国梁　任邱武进士，三十八年任。
许世亨　成都武举。

高　璘[1]　镶黄旗汉军，世袭骑都尉。
孙起蛟　甘肃人，五十一年任。
刘之仁　贵州铜仁府人，五十一年任。详《循吏》。

总镇乾隆五十四年改设
李东山　四川成都府人。
李庆云　直隶人。
苏尔相　甘肃灵州人。详《使命》。
赵廷魁　福建漳浦县人，武举。
成　文　镶黄旗满洲人。
李锦麟　贵州镇远府人。
马　韬　甘肃人。
阿精阿　满洲正黄旗人。
福隆阿　满洲人。
锡　麟　满洲人。
乌什杭阿　满洲人。
清　勋　满洲人。
世　泰　满洲人。
音德布　蒙古人。
李能臣　山西人。
拴　住　满洲人。
爱兴阿　满洲武进士。
倭什浑泰　满洲人。
明　庆　满洲人，咸丰年任。
刘光焕　本厅人，护理。
李维述　楚雄府人。
徐联魁　姚州人。
蒋宗汉　鹤庆州人。
段瑞梅　剑川州人。
谢景春　湖南湘乡县人。
何秀林　宜良县人。
李文益　湖南湘阴县人。

① 璘(tū)：美玉。

朱洪章　贵州黎平府人。
张松林　江西人。
朱洪章　光绪十一年复任。
丁　槐　鹤庆州人，光绪十二年任。

中军游击

富联升　四川人。
哈　三　满洲人。
张振鹏　昆明人。
罗荣升　南宁县人。
佛　喜　正黄旗人。
高发荣　昭通人。
清　勋　见前。
门占春　昆明武举。
黄郁文　太和人。
朱曰礼　昆明人。
朱德华　本厅人。
张应熊　南宁人。
辛联珠　恩安人。
珠尔松阿　满洲人。
朱曰恭　昆明人。道光二十五年，出师永昌，阵亡。
陆发荣　昆明人。
孝　顺　满洲人。
里中魁　安徽人。
周鸿勋　鹤庆人。
庆　连　满洲人。
施化庸　昆明人。失城为贼所害，《府志》误入“忠烈”。
吴浩然　本城人。
张宗久　楚雄人。
丁　槐　见前。
周庆安　缅宁人。
穆特恒额　满洲人。
朱文德　昆明武进士。

蒋魁南　湖南新宁人。

王维营

朱文德　复任。

李珍国　本厅人。

董良弼　宾川州人。

马中驱[1]　蒙化人。

左、右营都司

王振元　陕西武进士。

金　振　广西人。

王成忠　云南人。

李文煌　宁夏武进士。

那灵阿　满洲护军参领。

石永泰　云南人。

杨必选　鹤庆人。

福　缘　镶黄旗满洲人。

常　格　正蓝旗满洲人。

文自新　贵州人。

沈　洲　太和人。

吕盛棠　东川武举。

门占春　见前。

卢陈谟　鹤庆人。

海　明　正黄旗满洲人。

李　丰　昆明人。

赵　锜　昆明人。

寸　恒　昆明人。

黄郁文　见前。

马载文　本州人。

辛联珠　见前。

王国玺　太和人。

---

① 驱(sà)：马疾行。

张　才　本州人。
毛三元
陆发荣　见上。
窦扬辉　昆明人。
安如嵩　昆明人。
周鸿勋　见前。
焦丕观　山西介休人。
周　琼　鹤庆人。
刘沛然　南宁县人，武生。咸丰六年，出师楚姚，攻华臧寺阵亡。
何金鉴　本厅人。
李珍国　见上。
陶志纯　昆明人。
徐成林　姚州人。
李维通　昭通人。
杨　兰　顺宁人。
王　珍　太和人。
马　学　建水人。
李朝有　见上。
郑荣升　湖南人。
袁　善　维西人。
马庭铭　浙江山阴县人。
李国珍　贵州人。
李朝有　复任。
鲁国栋　大理人。
李文秀　保山人。
汪　永　安宁州人。
董良弼　见上。

二营守备

鄂墨和　满洲人。

富宁阿　满洲人。
萧抡甲　四川武举。
马　政　陕西人。
戚连新　云南人。
汤　相　云南人。
许天佑　云南人。
杨文藻　太和人。
侯钟俊　楚雄人。
李国宾　昆明人。
陈占春　昆明人。
黄郁文　见上。
李灿桂　昆明人。
宋　明　太和人。
张文景　贵州铜仁府人。
夏　福　昆明人。
张应熊　见上。
李德浦　富民人。
杨道林　恩安人。
王加居　开化人。
张　彩　太和人。
刘永胜
解　鸿
杨先茂
胡德超
董林标
毕万年
沙秀林
马云汉
旦得文
杨春富

上十人俱本厅人。

余　章　昆明武生。

汪　海　大理人。

何金堂

王锦堂

俱本厅人。

丁　荣

杨济川

毕联甲　昆明人。

严芳训　昆明人,道光二十五年,出师乌鸦河阵亡。

王万祥

杨若正　大理人。

陈上进　本厅人。

周庆安　见上。

叶长青　大理人,咸丰六年,奉委入榆城被害。

胡　泗

郑永昌

傅　桐

周开泰　东川人。

陈　伟　永平人。

丁铭胜　湖南人。

杨　旭　大理人。

李灿文　大姚人。

叶万发　四川人。

汪里仁　江川人。

高玉堂　贵州人。

谢嘉德　宜良人。

孙炳操　四川人。

张宝奎　昆明人。

王　贵　广西州人。

杨梓钦　昆明人。
关　冕　永北人。
王　珍　见上。
黄正林　贵州人。
王　贵　复任。
杨梓钦　复任。
褚兴让　云南县人。
蒋祥华　贵州人。
江有恒　湖北人。
吕联科　大理人。
李发林　蒙化人。
赵　钦　赵州人。
江正科　湖南人。
徐洪升　四川人。
李国梁　楚雄人。
王　良　昆明人。
刘永昌　曲靖人。
刘正刚　浪穹人。
张万全　东川人。
金荣森　永昌人。

腾越厅志卷之八

秩官志（下）

秩官志二　使命

《诗》咏皇华[①]之使,《礼》纪行人[②]之官。知王灵远播,非藉一介行李[③],无以历山川险阻而通声教也。况星轺[④]所指,望气先知,使令遥临,虽天文亦露其端倪,简册顾可不知记载乎?腾距京万里,天使罕至。然或以边防大计,或以师旅深谋,频动轺车[⑤]之尘,税征夫之驾者,元明来,已难仆数。况我朝声灵赫濯,遐迩蒙休,二百余年,奉简书而将朝命,又不知几许奔驰也。乌得不详为纪之。

元

乞解脱因　史不详其官。至元八年,大理都元帅遣往缅招谕,导其使价博[⑥]来以闻。十二年,复遣同勘马剌失里至缅召谕,示以无外之义,缅无降心。乞解脱因之出也,实用金齿头目父阿必为间导。缅恨阿必,来侵金齿,执阿必去。厚赂之,乃得释。又令金齿总管阿禾探国使消息,阿禾内附,缅复来侵,为段信苴日所败。于是议征缅,元世征缅起于此。解:《通志》作"带"。

明

杜　隰　字宗康,江南上海人。洪武时,麓川平,缅未下,议遣使宣谕,难其人。有以隰名闻者,赐隰衣一袭,重译[⑦]为介以行,至则责其不庭,以其人入贡。上嘉奖,授礼科给事中。

李原名　安州人。洪武二十年,以御史平缅路归,言:"思伦法怀诈窥伺,宜严边。靖江王以大理印信行令旨,非法,为远人所轻。"自是远方之事,大

---

① 皇华:《诗经》中歌咏使臣的诗。后即用作使人或出使的典故。
② 行人:官名。掌朝觐聘问之事。
③ 行李:古代使者代称。
④ 星轺:使者所乘之车。
⑤ 轺车:轻车。
⑥ 价(jié)博:缅甸使臣之称。
⑦ 重译:辗转翻译。《三国志》:"三川长远,习俗不齐,言语同异,重译乃通。"

臣多用咨，始于此[①]。

钱古训 余姚人。事见下《思聪传》。

李思聪 桂阳人。洪武二十九年，缅人遣使来诉百夷侵界，遣思聪等往谕。思伦法闻诏恐惧，俯伏谢罪，愿罢兵。适其部刀干孟叛，思聪等以朝廷威德，谕其部众，叛者稍戢。思伦法欲倚使臣威其下，强留思聪等。又以象、马、金、货为馈。思聪等谕却之曰："我中国不以象、马、金、玉为宝，所宝者忠臣、烈士、义兵、勇将、孝子、顺孙。宜送使者还朝，不为侵扰，斯可以明尔忠君之心。"伦法喜，率其部众送出境上。思聪等还奏，且著《百夷传》，纪述其山川、风俗、道路之详以进。上以其奉使不失职，嘉之，各赐衣一袭。

张 洪 江南常熟人。官行人，著《平缅录》。

周 让 永乐中，任给事中。近缅地有大、小古喇，让奉使至其地，其酋率部下备象、马、舟舰来迎，咸喜愕，以手加额曰："使者从天下也！"因遣使同让入贡。上赐以冠带、印绶，授古喇宣慰司。

王 纯 字士鲁，河南太康人。正统初以浙江参政持节抚麓川，赠遗金贝，固却不受。强与之，尽输藩司库。

樊 莹 浙江常山人，刑部侍郎。弘治十八年，奉使祭云南山川，考察文武，罢黜千二百余员，皆麓川滥授者也。先是莹以巡按来腾，首建学校，至今称之。

方 宸 四川新繁人，大理府同知。正德时，赴孟密抚谕，凡使者多饰舆从，或载质往，宸不饰不质。盖密酋素倨，前使者多与坐，宸至，令行庭参礼，馈遗一无所受。

杨大用 通政司经历。洪武二十二年，思伦法以沐英大创后，遣把事、招刚[②]等来言，乞贷死，愿输贡赋。乃遣大用赍敕往谕伦法，修臣礼，悉偿前日兵费。伦法听命，遂以象、马、白金、方物入贡谢罪，并献叛首刀斯郎等百三十七人。

陈 鉴 江西高安人，宣德进士。正统中，巡按贵州。麓川思机法遁孟养，屡上书求宥罪通贡，不许，复大举远征，兵连不解。时云贵军民疲敝，以刘球言麓川被杀，无敢谏者。鉴抗疏言贼酋远遁，不为边患，宜专责云南守臣，相机剿灭，无劳禁旅。王振怒，欲困之，改鉴云南参议使，赴腾冲拒贼。

---

① 靖江王：明太祖从孙，名守谦。曾镇云南，所为多不法，后废为庶人。"以御史平缅路归"句，《明史·李原名传》作"使平缅归"；又"大臣多用咨，始于此"句，作"自是远方之事多咨之"。

② 明代傣族称宣慰司(土司)曰"招"，相当于汉族称"主人"之意。"招刚"是土司属下管领千人的官员名称。因是音译，"招"有时作"昭"，"刚"有时作"纲"。见《明实录》、明李思聪《百夷传》、张洪《南夷书》等。

后以他事系之狱。景泰时释，授兵部武选司主事。正统中，郭登入缅，索思任法，鉴从行。由贡章乘船下缅，缅酋卜剌浪赠遗，一无所受。

张 清 佥事。正统时随左布政贾铨、副使郑荣来腾，襄筑城之役。

张 泰 字叔亨，广东顺德人，成化进士。弘治时，巡按孟密，土舍思揲构乱，以兵遏木邦宣慰罕空法于猛乃砦，守臣抚谕，拒不听。泰与巡抚张诰集兵腾越，示必讨，揲惧，始罢兵。

林 俊 副使。

方 守 左参政。

俱莆田进士。思揲取木邦，二人赴边，孟密使来，杖其使，令归木邦侵地。

王汝舟 四川华阳进士，嘉靖时为左参政。时孟养思禄以平思揲功，冀得宣慰司印，部议不许。于是仍出兵，与孟密、木邦相仇杀。总兵沐诏勋、巡抚张诰遣汝舟遍历诸蛮，谕以祸福。孟养思伦等各愿贡象牙、土锦、金银器，退地赎罪。乃禀称："蛮英等十三处，地方宽广，诸蛮历年相争，若属腾冲司檄军轮守，则烟瘴可虞；属之木邦，则地势辽阔，蛮心不顺。莫若仍属孟密管领，岁征差发银一千两，而割孟乃等七处归木邦罕烈，则分愿均而忿争息矣。"许之。

何 珏 四川人，师宗州州牧。万历十一年，岳凤据麓川，结缅酋寇边。命刘綎、邓子龙往讨之。珏先单骑往谕，继帅师进剿，遂擒凤父子。

萧奇熊 福建莆田人，万历初始为抚彝同知至腾者。曾筑秀峰山文昌阁。按：永昌同知本为清军，嗣以边方多事，改抚彝，至腾驻札，专理边境夷情。所设关堡、屯田、营兵悉听调度。凡抚彝两台[1]檄兵备道，道檄抚彝复核。其知州止理民事，不与边事。

国朝

（英诚公）爱星阿 满洲人，公爵，为定西将军。顺治十八年奉命征缅甸。

（经略）傅恒 满洲镶黄旗人，封一等忠勇公。乾隆三十三年奉命征缅。

（总督）明 德 彰 宝 德 福 图思德 阿 桂 俱以征缅事至腾者。

张遐龄 徐明道 钱受谷 诺穆亲

傅 显 富 森 王绍曾 王 昶

赵文哲 孙士毅 毓 奇 刘秉瑱

惠 龄 博卿额 裕 善 伊坦布

① 抚彝两台：《州志》"抚、按两台"，应从《州志》。

明　善　萨灵阿　陈经权　成　庆

赵　翼　戴望峄　图　敏　唐宸衡

上二十四人，亦以缅事至腾。《旧志》未详其官秩，今无考。

苏尔相　字君辅，宁夏人。乾隆三十五年五月，以缅酋输贡愆期，并约送出杨重英，不果。总督彰宝遣赴老官屯，持檄索之。时缅守将诺尔塔，素倨傲，拘尔相。越七年，缅目得鲁蕴差其目孟伟、孟令、孟美等献方物，并送之归。

丁楚玉　号紫琳，翰林，官蒙自县。

恒　文　号菊坡，满洲人，官保山县知县。

俱道光二十三年，同迤东道来腾办理粮务者。

彭舒萼　号棣楼，湖南人，翰林，官永昌府。性刚正明断。道光二十二年，南甸土司刀鸿绪等霸抢曩宋关田谷，居民赴控。二十三年，奉檄来腾，亲往查勘，土司贿以重赂，公佯受之。诱入厅，掷还所赂，将土司押解赴省，边境肃然。及归，士民遮道送之，脱靴以志慕云。

朱百梅　号和之，江苏副榜，官永昌府。光绪元年，偕丽江府徐有功查办边务，直抵蛮允。夷民馈遗，一无所受。

杨玉科　号云阶，丽江人，以军功署大理提督。阅边至腾，将马家村回民分住十八练，以绝后患。又捐千金，为修理龙、潞二江之费。

屈绍培　号余圃，四川温江县副榜。同治十年，委署永昌府，曾绕道至腾办理军务。

熊昭镜　号蓉塘，湖北天门县附贡，官迤西道。光绪四年，巡边至腾，委同知陈宗海亲至铜壁关，密饬户撒土司赖天福，许赏千金，缉捕逆目刘宝玉，并委同知郝映奎、知县都福宸同驻干崖，相机办理。月余，刘宝玉就擒，解厅正法，边陲由此谧乂焉。

秩官志三　名宦

自燕齐间为栾布立社①，后世遂有名宦一祠。良以仕宦之途，上为国家，下为民庶，稍有冒袭，则当时称之，后世且从而非议之矣。惟大有功德于民，久而不泯者，然后上请于朝，建祠以祀之，典綦重也。腾当汉末，始闻丞相之天威，历元明至我国朝，大臣以师命至，守土以政绩传，良将以勋业显。

① 栾布：汉初梁人，以平叛封侯。燕齐之间，皆为其立社，号栾公社。

伟烈丰功，部议悉有定衡，不容私为进退。谨按《通志》所载，核其有关于腾者，纪之于编，以重报功崇德之典云。

汉

诸葛亮　南阳人，汉丞相，封武乡侯。辅汉之功，已详载史册。于后主建兴三年，南征到腾，遗有镇兵石；陇川有寄箭山；分水岭上有城，相传丞相驻军于此，一宿而筑，《唐志》所谓诸葛城是也，丞相之天威远矣。《三国志》但书七擒七纵，未尝举其地以实之。而今果有葫芦国，安知宗悫刻[①]狮御象，其法不本自武侯乎？又今九龙江有诸葛铜炮、诸葛剑，则知火器有自来矣。明正统间立祠祀之。

元

怯　烈　西域人，世居太原。元初立云南行省，署为幕宾。十五年分行[②]大理。会缅入寇，以战具资军士讨平之，授行省中书员外郎[③]。十八年，平章尼雅斯拉鼎遣使诣阙[④]，敷陈边事，拜镇西、缅、麓川等路宣抚司达鲁花赤[⑤]。俄奉诏问征缅事宜，奏对称旨。及征缅，怯烈率兵船为乡导，拔江头城，振旅而还。复[⑥]从云南王入缅，总兵三千人，屯镇骠国[⑦]，设方略招徕其党，夷民由是复业。后入觐，世祖慰劳之，询以缅始末，擢会[⑧]缅中行中书省事，颁诏入缅，宣布威德。缅王遣子信合八的入贡。

忙古带　契丹人。世祖时袭父职，为随路新军总管。从攻罗必甸，诏以众入缅，迎云南王。金齿诸蛮每伏险要为备，带奋击破之。凡十余载，至缅境，开金齿道，奉王还。

忽　辛　回回人，赛典赤·瞻思丁《通志》作“赛音谔德齐”第三子。大德初改云南行省右丞，病民之政，悉革之。五年，缅国王负固不服，忽辛遣人谕之曰：“我老赛典赤平章子也，惟先训是遵，凡官府与汝国所不便之事，当切为汝更之。”缅酋闻之，遂与使者偕来，献白象一，且曰：“此象古来所未

---

① 宗悫(què)：南朝宋人，因功封振武将军、左卫将军，官至豫州刺史，封洮阳侯。
② 分行：《州志》作“分省”。
③ 行省中书员外郎：《州志》作“行中书省员外郎”。按元朝官制，应以《州志》为是。
④ 尼雅斯拉鼎：《州志》作“纳速拉丁”。且后无“使”字。
⑤ 达鲁花赤：官名，蒙古语官长之义。元于各行省凡路、州、县、各提举司、各总管府、万户府、千户所、元帅府及安抚、宣抚、招讨诸司皆置达鲁花赤为长官，以蒙古人任之。
⑥ 复：《州志》作“后”。
⑦ 骠国：缅甸。
⑧ 会：《州志》作“佥”。

有[1]。”既入，帝赐缅酋以世子之号。忽辛复以利害榜谕诸蛮，租赋咸定。天历改元，赠雍国公。

明

周彦奇 吉水人，永乐时任。当麓川、缅甸仇杀时，奇单骑深入，宣布国威，谕以祸福，各夷俯首听命。

陈 升 江南合淝人。正统十二年，由金齿司调腾，仕至进阶都指挥佥事[2]，有筑城、浚池、垦辟田野实政。传铭、玥、印、效、于陛、梦熊、世住等世袭。效自嘉靖至万历，掌印四十余年，最为老成。升之遗泽可知也。

严时泰 字应阶，浙江余姚人。始为永昌知府，革镇复州时，泰与有力焉。孟养酋思伦以缅先擒思任法，故纠木邦及孟密击破缅，杀缅酋莽纪岁，分据其地。缅诉于朝，命时泰同指挥王训往劝之。为守时，能抚卒劝学，著有《专城录》一卷。

沐 瓒 黔国[3]沐璘弟，善骑射。成化三年为副总兵，移镇腾冲。修城垒，增粮储，礼贤兴学，禁贪剔蠹，平麓川叛夷。卒后以瓒长子诚继之。

沐 诚 字择善，沐瓒长子。七岁通《孝经》《论语》，长娴韬略，工吟咏，善草书。芒市蛮为边患，率兵平之。年二十六卒，以瓒次子详继。

沐 详 字择明，沐瓒次子。镇腾冲时，孟密思揲侵木邦，详亲至抚谕，思揲返其侵地。成化二十一年，蒲酋阿林莽邱结连作乱，详以计讨擒之。二十二年，讨平干崖叛。寻以他事被议，罢职归省城，寻卒。

郭 绪 字继业，太康人，成化进士。由户部主事迁云南参政，守金腾。初，孟密宣抚司之设，实割木邦宣慰司地。既而孟密思揲复侵木邦地二十七所，屡谕之还，不听。乃调孟养宣抚思禄兵胁之，始还所侵地。然多杀孟养兵，思禄仇之，发兵越金沙江，夺木邦故割地十有三所，两酋构怨不已。弘治十四年，巡抚陈金承诏，遣绪与副使曹玉往谕之。旬余抵金齿，参将卢和先统军距所据地二程而舍，遣官驰驿往谕，皆留不报。和惧，还军至干崖，遇绪，戒勿进，绪不可。玉以疾辞，绪单骑，从数人行，旬日至其地，峻险不可骑，乃斩棘徒步，援绳以登，又旬日至一大泽。土官以象舆来迎，绪乘之往。行毒雾中，泥沙踸踔[4]，又数日至孟赖。去金沙江仅二舍[5]，手自为檄，使持过

---

① “此象古来所未有”句后，《州志》尚有“今盛德所致，敢献方物”数字。
② “仕至进阶”：《州志》作“致仕进阶”。
③ 此处似逸一“公”字。
④ 踸踔(chěn chuō)：行走不正常，引申为迟滞。
⑤ 舍：三十里为一舍。

江，谕以朝廷招徕意。蛮人相顾惊曰：“中国使竟至此乎？”发兵率象马数万，夜渡江，持长槊劲弩，环之数重。从行惧，请勿进。绪拔刀叱曰：“明日必渡江，敢阻者斩！”思禄既得檄，见譬晓祸福甚备，又闻至者才数人，乃遣酋长来听命，且致馈。绪却之，出敕谕宣示。思禄亦继至，绪先叙其功，次白其冤状，然后责其叛。诸酋闻之，咸俯伏请归侵地。绪诘先所留使人，乃尽出而归之。后致仕归。

贺元思[①] 字泽民，江南吴县进士。弘治间，由监察御史任兵备道。性廉介，时称“贺破靴”，嘉其清也。未久即去，行李萧然，郡人聚百金于驿亭为赆，元思正色却之，送者泣，元思亦泣下而去。后人名其亭曰“却金亭”。

王　槐 字应贞，阳曲进士。弘治间任，在官八年，严以治下，强横敛手。

刘　节 字介夫，大庾进士。正德间任，廉正果断。时两镇贪暴，以法绳之，不稍惜，革镇之议自此始。著有《广文选》，倍多于昭明本。其印本流传江浙，尚用云南纸，洵好古之士也。

唐　胄 安平侯，琼山进士。嘉靖间任，与士子究三礼之学。时土酋莽信虐民，胄计擒之。木邦、孟养构兵，胄遣使宣谕，木邦遂献侵地。

吴　檄 字用宣，桐城进士，嘉靖间任兵备副使。性雍和，善诗文，士民多被其化。著有《兵部稿》行世。

李　乐 字仲和，泸溪进士，嘉靖间任。喜讲学，训迪诸生。劾贪婪将吏四人，除阿坡巨盗，军民称快。

王春复 晋江进士，嘉靖间任，性廉介。时与诸生讲学，尤恤边军，创设义仓，饥民获济。

张　辐 字文衡，山阴进士。嘉靖间任，廉明乐易。值阿思诸夷仇杀，或请征之，辐曰：“抚之不从，用兵未晚。”遣谕之，果从命。

陈　文 嘉靖十五年，由广卫指挥署腾冲指挥使。时腾地抛荒既久，逃粮最为民累。文查照安宁、易门等所，除高[②]腴照旧仍纳外，凡冲壅、崩塞、干薄诸逃粮，议为常年灾伤，折色减作三钱，以苏屯困。

李　材 字表成，江西丰城人。嘉靖进士，素从邹受益讲学。万历初，进按察使，备兵金腾。十三年，莽应里复攻迤西。陷密堵、速送二城，其酋思威告急，时抚彝同知宋儒难之。材喜立边功，命参将刘天俸往援，天俸亦惮行。令把总杜拭、李朝以兵往，密以营中旗帜军械授迤西夷兵分布。缅疑大兵至，惊溃，思威击之，斩首千余。天俸报捷，巡抚刘世曾、总兵沐昌祚以

---

① 贺元思：《州志》《县志稿》均作贺元忠。
② 高：通“膏”。

闻，晋材右佥都御史，抚郧阳。越五年，巡按劾材冒功[①]，诏逮材及永昌府陈严之、同知宋儒、腾越州陈克侯下诏狱。幽系五年，论救者五十余疏，皆不省。思威遣人赍表贡方物，鄰[②]复删易其表而进之，朝廷竟不知。及二十一年，始谪戍材于滇海卫所。至辄聚徒讲学，学者称“见罗先生”。久之赦还，卒。

王维贤　字士官，号卓峰，中江进士。嘉靖间两莅腾邦，从欧阳重南墅讲学。经画多实政，与诸生讲明心学，除腾、龙两驿苛派积弊，设立条规。筑鹅笼、缅箐、侍郎三坝。

陈　善　字思敬，钱塘进士。嘉靖间，以副使督学，教士严整。以腾去滇极远，且夏多阻雨，诸生应乡试，多徒行染疾，详请每生给堡马一匹，二生共堡夫一名。

杨　宁　字彦谧，歙县进士，刑部主事。正统四年，与都督吴亮征麓川，贼款军门降。宁曰：“兵未至而先降，诱我也，宜整兵待之。”不听。会宁督运金齿，官兵败，诸将获罪，宁擢郎中。复从王骥破贼，宁与太仆少卿李贲[③]督战有功，师还，拜刑部侍郎。九年，代侯琎参赞军务。时麓川甫定，宁以腾冲地属要害，与沐昂等筑城置卫，设戍兵控诸蛮，边方底定。

李　辐　字文舆，号省庵，江西吉水县例贡。三十年自河南府通判升任，任事勤敏。时屯卫兵卒骄纵，辐御下极严，豪右屏迹。各城门守者，终辐之任，竟日执役，不敢稍弛，其为武卫见惮如此！时方采宝石于孟密，夷酋素闻辐威望，对使者曰：“委官得如李公来也，持官镪不携赝货欺我。”又为远夷慑服如此。不久即去，人共思之。

沈祖学　字时敏，号嵩高，浙江余姚县举人。隆庆元年任，修坊表，建义仓，复设书院，崇学校。会修《州志》，于田赋最为详核，吴楷曾得其一册于对簿间，于站赤、屯赋甚详，真留心吏治者。《旧志》载其修高仓山道路，备著勤劳。

邹光祚　字承卿，饶州进士。隆庆间任兵备副使，治河堤、置义田、创修学宫。议夏秋时免解罪犯过潞江，非重辟者停止。

杜可教　四川德阳县举人，万历元年任。性清正，爱民、重士。缅人扰边，可教力御之。

胡心得　字元静，德清进士，万历间任兵备道。性严重，无他好。不携

① “巡按劾材冒功……复删易其表而进之”一段，语义含混不清。今依《州志》：“(李材)以‘冒功’为巡按苏鄰所劾，诏逮材……等下狱……然思威方遣人赍表贡方物谢。而鄰之疏已发，恐已负，乃删易其表而进之。”

② 鄰(zàn)：即巡按苏鄰。

③ 贲(fén)：杂草的香气；草木果实繁盛貌。

妻子，惟一苍头侍，有王三元之风。缅犯干崖，南甸刀森共武生岳大成为缅间谍，心得杀之，众心称快。

罗汝芳　字惟德，南城进士，万历间权金腾道。才识敏练，好讲学。其来腾也，接许天琦之后。先是天琦见三宣六慰诸土司悉受缅约[①]，愤惋之甚，遂一意招徕，诸夷稍通。时莽瑞体围孟养，思个坚守不下，天琦遣指挥侯度持檄往谕，思个受檄，拒缅愈力。缅大发兵攻之，思个告急，汝芳犒思个，使令先归待援。遂调兵至腾越，个闻援兵，令土目马禄喇送等领兵万余，绝缅粮道，导大兵伏戛撒，诱缅兵深入，个率蛮卒冲其前，而约援兵自陇川尾击之。缅兵败，粮绝，屠象马以食，瑞体窘甚。会巡抚王凝惑于谗言，生事不便，檄勿动，汝芳忿而罢兵。思个待援不至，岳凤侦知之，集陇川兵二万[②]，兼程进，导瑞体由间道遁去。思个复击，败之。

许天琦　字大征，晋江进士，万历间任兵备。性方正。事迹详上《罗汝芳传》。

周嘉谟　字明卿，景陵进士。抚云南，继陈用宾之后。时陇川多安民叛入缅，嘉谟与总镇沐睿议讨之，佥谓非十万兵不可。嘉谟曰："兵贵神速，得卒二万，饷三万，可竣役。"已而果然。计师出自甲午至甲辰，旬日即告捷，陇川平。学使冯时可颂之，具道出师始末。颂略见《艺文》。后官吏部尚书，卒赠少保。

陈　洙　字伯训，长乐进士。万历间任提学道，遴选公明，于寒士尤加意赈恤，人皆服教感德。寻进左参政，橐中惟图书而已。

陈用宾　晋江进士，巡抚云南。二十三年[③]，设八关于腾，置蛮哈、陇把守备，发兵戍守。又募人至暹罗，约其夹攻缅甸。初，缅以猛卯酋多俺为向导寇东路，乃遣木邦罕钦，擒多俺杀之，遂筑堡于猛卯，名曰"平麓城"。开二十二屯田。是年缅师寇蛮莫，败之，斩其帅丙测，自是缅势顿衰。用宾有雄略，以功名自负，言："全滇之祸，皆自开采启之"，所上《请罢开采宝井疏》及《还定六慰后说》，言甚恺切，皆边防规画之大者也。疏、说俱见《艺文》。

漆文昌　江西瑞州人，贡士，万历间任。其先为同知时，莽应里连年入寇，诸夷各怀反侧，猛哈思化等皆助逆，时议欲以兵。巡抚萧彦令文昌往抚，乃单骑入贼垒，宣示德意，夷众敬服，稽首听命。后与巡抚陈用宾筑八关，开二十二屯，亲履相度，悉中机宜，以功迁广南知府。后猛卯多俺叛投缅，

---

① 悉受缅约：《州志》作"悉受缅约束"。
② 二万：《州志》作"二千"。
③ 指万历二十三年（1595年）。

文昌授计木邦，擒而斩之。终明之世，边境宁谧。

宋　儒　夹江人。万历间任府同知，性廉介，礼士爱民。征阿坡堵鲁凹，力阻杀降。去之日，士民遮送不绝。兵备道李材喜谈兵，辄以为不然，后材被逮去，人服其远见。

李先著　山东蓬莱进士。万历间为金腾道，性廉直，素为夷人所信服，后调临沅分巡参政。时顺宁猛廷瑞与大侯州奉赦构衅，委先著会同金腾道邵以仁、参将吴显忠提兵勘处，犄角而进。先著以猛廷瑞无大罪，坚谕抚之。廷瑞持千金请命，先著恐却之则失夷心，遂以金充兵饷。廷瑞遣子送印听抚，邵以仁、吴显忠乘间袭破之，并诬先著受金状，巡抚陈用宾劾之，被逮，死于狱。巡按毛堪为之白其冤。

李之仁　字思葵，贵阳府举人。四十二年任，与绅士张邦教纂《州志》三卷。《州志》载：时屯征俱卫官收解，年例苛派，苦不可言。之仁厘察宿弊，条议归州，乃获完额，民免于累，其有功于民如是。城隍祠旧有其像，乾隆四十一年，更为列屋三楹，崇祀之。

刘鼎臣　武举。万历间任腾冲指挥佥事，建“八要六害”之议，苏屯田积困，军民赖之。

刘　綎　字省吾，号草堂，南昌人。父显官都督，綎勇敢有父风，用荫为指挥使。綎结发从戎，所著战功最多，兹特著其在腾者。当万历十年十月，岳凤以陇川宣抚权，嗾莽瑞体之子莽应里，结耿马贼罕虔、南甸土舍刀落泰、芒市土舍放正堂、应里从父猛别等，各率象兵数十万，分道内侵，以湾甸景宗真为乡导。十一年春，攻雷弄、盏达、干崖、施甸，陷顺宁。凤子曩乌又领兵六万，二月突至孟淋寨，指挥吴勋、千户祁维垣战死，贼遂破盏达。副使刀思定求救不得，城破，阖室俱尽。是年冬，诸土司尽从贼，贼愈张，且窥腾越、永昌、大理、蒙化、景东、镇沅诸郡。巡抚刘世曾、巡按董裕奏请以綎为游击将军，移武靖参将邓子龙于永昌，各提兵五千助剿，并调土兵应援。十一月二十六日，分道并进。而凤与应里亦西会缅甸、孟养、孟密、蛮莫兵于猛卯，东会车里、八百、孟艮、木邦兵于孟炎，复并众入犯姚关。凡十土司之兵，计众应数十万，一入关则蔓延不可制。子龙坚壁垒静待。时贼势甚盛，綎与子龙伺间突出击之，大破之于攀枝花地，斩罕虔与宗真。宗真既死，贼失所乡导，各奔溃。綎念贼之构煽由岳凤，不得凤，散且复合，于是间招凤。凤亦惧，愿降，綎责其献所得符印及蛮莫、孟密地，如约。綎知其诚，遂以送凤妻子为名，分兵据杉木笼，而亲驰入陇川境，凤降。綎复率兵追缅贼，将先遁，留少兵于陇川，綎攻之，凤子曩乌亦降。綎仍携凤父子往攻蛮莫，平之。招抚孟养，移师孟连，生擒其魁，于是三宣六慰尽复。明年春，遂进兵攻缅。初，綎定陇川，以岳凤有心计，能服诸夷，为诸夷所信向，虽孟获不啻也。其子亦狡黠，善招夷，夷尽从之。故厚结凤父子，许以不死，而凤亦感激，愿尽力。于是孟哈思化，迤西思威，木邦罕凤等，闻綎抚凤厚，知天朝宽大，俱杀缅使诣綎降。罕拔子罕尽忠[①]，故仇凤，亦集众来奔，诸夷望风内附者踵至，綎遂与之合盟于威远以征缅。其露布中，叙明措置机宜，首在抚岳凤而姑纵之。盖谓纵岳凤以招夷，夷归而缅甸可灭，改土归流，为永世计。其意气计策，可不谓壮哉！其时由陇川、孟密长驱直抵阿瓦，凤父子先之，诸土司翼之，缅人畏惧，莽瑞体之弟猛勺知不敌，诣綎降，应里踞城不敢出，谓平缅之功在于旦夕。而当事者但知以献俘为功，日促解岳凤，且有蜚语谓綎与凤同乡，故庇之，意叵测。綎不得已，缚凤及曩乌予使者去，而诸夷复叛。綎见势不可支，会朝廷进綎副总兵，镇蛮莫，其部下多健儿，因扬兵于金沙江，筑将台于王骥故址，振旅[②]而还。綎威名甚重，其还师也，贼不敢逼。还至腾越，旋以兵噪降去。而应里于是以其子金斗守阿瓦，复出攻孟养、蛮莫矣！岳凤至京，竟以俘诛。嗟乎！岳凤乞降，既受之矣，又复有功，其降可宥，其功可赏，而反诛之，凤则冤矣！而坐失事机，不尤可叹哉！昔元人曾破缅之江头城，距腾越才十五日路耳。又南十日为太公城，八日为马来城，五日为安正国城，五日为蒲甘缅王城，即阿瓦城也，距州四十三日路。计江头城不过在今八关外，太公城不过在新街、老官屯之间，迨抵蒲甘，即丧师而还，遂与缅平[③]。而綎长驱直抵阿瓦者，由用夷攻夷，以岳凤与之市[④]耳。元人用兵于缅，自至元十四年起至二十四年止，近十余岁，甫一至其国都。而綎抵之以朔旬，此其神速百倍于古人。其用岳凤，犹武侯之用孟获也，大功垂成，阻于中制，古今来恨事，往往如此！当时既已略之而不道，而史本传亦不张皇推阐而表著之，惟《滇志》略著其事，故因为叙及，俾后之览者共为兴慨也。

董献策　万历间任参将。时陇川多安民叛，五年未平。策随兵备黄文灼[⑤]讨之，身先夺寨，擒其渠帅。

邓子龙　字武桥，江西丰城人。缅酋犯边，子龙为参将，诏移赴永昌，

---

① 罕尽忠：《州志》作“罕进忠”。
② 振旅：出军战胜，整队而归。
③ 平：和好。
④ 市：《州志》作“誓”。
⑤ 黄文灼：《县志稿》作黄文炳。

为金腾参将。耿马罕虔与岳风通，犯姚关、湾甸，景宗真等助之。子龙大破贼于攀枝花地，斩宗真及虔。会刘綎亦俘风父子以献，进子龙副总兵官。缅复入寇，孟密把总高国春大破之，以犄角功，子龙优叙。自岳、罕倡乱，大募兵，所募皆[①]亡命，立姚安、腾冲两营，刘綎将腾军，子龙将姚兵。两军不和，争斗事闻，以两军皆有功，置不问。既而刘綎罢，刘天俸代之。天俸被逮，遂以子龙兼统之。子龙右姚军，抑腾军，腾军几变，用他将辖之始定。而姚兵又骄，因索饷为乱，子龙坐褫[②]官。会孟养思个叛，巡抚吴定释子龙于对簿之间，令立功自赎。命未下而贼已平，子龙旋为总兵官。值孟广土司思仁烝[③]其嫂甘线姑，欲妻之，而未偕。其党丙测叛入缅，为边患，蛮莫土司奔等练，子龙击败之。子龙征蛮时，蛮驱象进，相传子龙足起蹋[④]毙一象，盖知象胆所在也。子龙老将，素爱与文吏交欢，在腾时，州牧余懋学为筑万华馆以居之，自称“武桥主人”。

陈锡爵 广东人，天启间任府同知，歼叛夷，惩师巫，严保甲，奖士类，兴利剔弊，质成者称“神君”焉。

国朝

屠述濂 字南洲，湖北孝感县监生。乾隆五十三年三月由保山县升任。曾随天使出新街，抵阿瓦，历著劳绩。爱民惠士，颇有政绩。又继吴、朱二公修成《州志》。道光十年，奉旨准入祠。《通志》载其修潞江铁索桥三十余丈，无可稽考。

秩官志四 循吏

原夫禁墨惩贪，久严律法；考功纪绩，端重循良。观《史记》及各史所载，或曰廉吏、曰能吏，惟能以实心行实政，惠及地方，故俱列之循吏传焉。近代志书以其人之治绩请于朝者，列为名宦；其待请者，实纪其事，列为循吏。我国家官方澄叙，庶明励翼，虽腾远处边郡，莅兹土而惠爱在民者，先后俱历历可考。谨辑是篇，以俟后之举报，而邀旷典焉。

---

① 皆：《州志》作“多”。
② 褫(chǐ)：剥夺。
③ 烝：以下淫上，指与母辈或嫂通奸。
④ 蹋：似为“踢”之误。

元

同　知

杨立义　昆明人。腾冲府同知，刚明服众。《昆明志》载其事亲至孝，亲殁，负土成坟，诏旌其门。

明

兵　备

萧　苍　泰和进士。至腾，始设道署。

赵　炯　字文鉴，永州进士。刚正有为，新学门，立哨壁，创建龙川江桥。

刘用中　字道行，富顺进士。嘉靖时任，勤恤民隐，时论重之。

潘　润　字时雨，建平进士。复屯仓，建龙江桥。

张　絅　字美中，吉水进士。议免腾越征交趾运粮之役，有遗爱碑。

郭春震　万安进士。博雅能文，有《兵部稿》。在腾请疏城濠[1]，阅城练兵，均有纪律。

守　巡

张　清　巴县进士。有筹饷、修城、均屯之绩。

何　俊　郴州进士。成化时，腾学初建，两至校士。

胡绩学　字畏之，巴县进士。弘治时督学莅腾，校阅严明，士始向学。

李希颜　字原复，华亭进士。官督学，始开饩廪，增广如制，士民称之。

赵　龙　广安进士，隆庆时任，有建仓储之绩。

徐养正　号蒙泉，马平进士，万历时任。悯诸生秋试历龙、潞两江烟瘴之苦，酌定冬月后无瘴时方赴府。曾立碑石，至今守之。

指　挥

李　升　正统间，由金齿指挥调腾冲司指挥使。筑城垣，分拨田亩，历任多年，军民利之。

陈　鉴　常熟人，腾冲指挥同知。初腾无学校，鉴始请建之。

知　州

周　全　江西上饶县监生。嘉靖五年，自湖北襄阳府通判升任。清操自守，为政不烦，甫二载，卒于官，囊笥萧然。

许　松　字操节，越巂卫监生。八年自贵州藩经[2]升任。性俭素，取与

① 濠：同“壕”。
② 藩经：《州志》作“经历”，应以《州志》为是。

不苟，衣布衣，饭粗粝，妻子躬治圃以自给。

程　辂　普安卫举人。十四年自直隶栾城知县升任。首立义冢以葬贫乏者，后提乌蒙同知，去。

刘　烜　字克正，号节斋，贵州宣慰司举人。二十年自云南府推官升任。作兴士类，表扬节孝，擢丽江府同知，去。

陈克侯　广东顺德县举人，隆庆八年[1]任。为人刚正，不畏强御。值莽应里屡寇边圉，刘天俸报孟养杀缅彝首犯不实事，为巡按所劾，同兵备李材等诏下狱，寻释。后升大理府同知。

余懋学　贵州兴义县举人，十五年任。抚下慈惠，创立条编之法，以苏里困。募闽人黄袭赴暹罗，使攻缅，缅患顿息，军民戴之。去之日，童叟攀舆不舍，州人立祠祀之。后升兵备道。

王　伊　四川南充县举人，二十七年任。居官刚正，奸豪敛手。后升河间府同知。

郑人和　福建莆田县举人，二十九年任。督运兵粮，不扰民间。后升广州府同知。

田贡国　贵州思南府举人，三十二年任。勤于课士，不惜资费，推恩作人。

刘洵龙　贵州普安厅举人，三十八年任。视事严明，断狱如神。为奸党所妒而去。

州　判

高万选　四川梁山县监生。待士以礼，驭下以慈。

教　授

陈　瑞　字国玺，贡生，嘉靖元年任腾冲教授，风矩详明，每旦集诸生讲读，供茶膳，不计束修，门下有取魁者。

训　导

帅良辅　云梦贡生，成化二十二年始立司学，勤于教训，诸生咸奋起。就学九载，考绩乞休去。

监　军

崔　和　衡水人，监军。时内臣镇边，骄横不法，无自请去者，和镇腾三年，独能辞去。曾却潞江土司过江银三百两，以之起众安桥。又不受景、蒙等处年例军件纸札银两。洵监军之清廉者也。

---

① 隆庆：明穆宗年号。考穆宗在位只六年，故隆庆八年应为神宗万历二年。以下至刘洵龙任期，均万历年号。

指挥司

陈　廉　指挥陈钦之后。视司篆时，延绅士两修《司志》，其稿失传。

指挥经历

张　彩　贵州思南人。才堪治赋，勇足领兵。

指挥知事

萧凤冈　湖南辰州人。勘清田丈，最为公正。

国朝

知　州

庄　楷　江苏武进县进士，康熙二十三年任。详免增四夷庄米七百二十石，民无重累，善政卓然。

杨端宪　陕西举人。屯粮抵补，皆其所规画。以少牢[①]祀烈妇，足维风教。

王　律　辽东附生，曾开城濠，修葺州署。

孔毓瑱　山东曲阜县贡生，雍正三年任。六年委办察木多军需，七年回任。在任十年，加意学校，曾塑大成殿四配十哲像，又于孔陵携来楷木一株，植于殿前，扶疏可爱，今毁。《旧志》议祀名宦。

唐世梁　广西临桂县举人，乾隆八年任。在任六年，筑文庙、大车湖桥，创建书院，嘉惠后学。诸多政绩，人比之老唐公。《旧志》拟祀《名宦》。

陈秋元　安徽石埭县拔贡，十八年由昆明县升任。留心案牍，剖判精当。曾书二堂联曰："问鹰鹯何如鸣凤；为保障不作茧丝。"可以知其志矣。

翁　甲　浙江慈溪县监生，二十四年任。在任四年，曾以官租详抵马班等无田之赋，善政卓然。

吴　楷　字式斋，江苏江阴县进士，三十五年由易门县升任。性明练，有设施，兴废举坠，政绩甚著。曾修《州志》初稿。四十四年以丁艰去。拟奏入《名宦》。

朱锦昌　字画圃，一字饱雨，浙江嘉善县举人，山西朱一飞之子。工诗能文，才思清绮，性坦率，调驭有道。以除云南令来滇，升云州，调腾越。保题永昌守，格于部议，改蒙化厅，署顺宁守。五十四年，丁艰去。

觉罗善福　满洲人，嘉庆九年任，曾捐廉倡立施棺会，又于城厢内外建置石缸蓄水，以御火灾。

---

① 少牢：牢，古代祭祀或宴享时用的牲畜。牛、羊、豕各一曰太牢，羊、豕各一曰少牢。《大戴礼记》："诸侯之祭牲，牛曰太牢；大夫之祭牲，羊曰少牢。"杨端宪以大夫之礼祭祀烈妇，足见其对维持地方风教之重视。

许亨超 翰林，十年任。礼士爱民，循声载道。题州治联云："我不能慈，自愧此身为父母；民无敢虐，深思后代有儿孙。"可想见其为人矣。

伊里布 红带子[①]。号莘农，壬戌进士，性正直廉明。嘉庆二十一年任，奏改腾越为直隶州。轸念孤贫，拯额尚隘，捐廉二千金，放商生息，按月给予。莅任之次年，腾大饥，斗米银一两，乃倡捐赈济，全活甚众。增置盏西、清水、河西、古永义学。倡修道路，自龙江桥至分水岭，亘延三十余里，鸠工凿石，锹砌荡平，士民悉感其德。历升云贵、两江总督、协办大学士，拟奏祀名宦。

胡启荣 号橘州，湖北人，嘉庆癸酉拔贡，二十五年任。在任六年，留心课士，增设义学，置练田，建碉设堡，尽力边防。

广　誉 满洲人，道光七年任。改建南门月城，捐修署左文笔、来凤山顶文笔，以培植风水，自是科目蝉联。又于龙光台建武侯祠，以制服野夷。

周　澍 号雨亭，浙江钱塘县拔贡，九年任。惩[②]潞江水势汹涌，往来筏渡多沉溺，倡修铁索桥，历八年而始成。又辟公馆为考棚，赴试生童得免自备桌凳之劳；豁免竹草荐斧手等累民之事，令其一体当夫。亦善政也。后署迤东道。刀承绪之乱，复临腾办粮。

玉　爕 号梅林，福建闽县举人，十五年任。性和平，勤于课士，曾倡捐乡试卷金，培成士类。又与署镇清勋，捐设三营[③]巳汰。老丁孤贫，军民德之。并捐修天后宫于石佛寺左。

庄粤台 号杏园，浙江海盐县举人，二十年任。居官勤慎，值米价昂贵，碾发常平仓谷千余石，减价粜卖，以平市价。又，安边有法，野夷畏服。

李恒谦 号地山，广东监生，二十四年任。爱民重士，倡捐重修黉宫，并碾发常平仓谷，减价济贫。二十五年，永昌汉回互斗，余匪潜入腾越，几酿成衅。谦以镇静处之，密获要犯丁永年、张世贤、解永。又与镇军世泰设法擒获逆目刀承绪于大陇川，边境肃然。

彭崧毓 号于蕃，湖北江夏县翰林，二十七年任。重士爱民，修葺学宫，捐修书院，培成士类。著有《劝学诗》，士民德之。

贾洪诏 号金门，湖北进士，三十年任。视事严明，豪强敛迹，力剔马柜积弊，民人赖之。又捐修考棚，勤于作育，善政昭然，野夷贴服，边境乂安。后升任云南巡抚。

杨　觐 号树侯，江西清江县附生，咸丰元年任。性仁恕精明，勤政爱

---

① 红带子：清制以太祖努尔哈赤之父塔克世为大宗，称其直系子孙为宗室，系黄带，称黄带子；而其叔伯弟兄之子孙为觉罗，系红带，称红带子，以示区别。

② 惩：苦于。

③ "三营"的"三"字，原版已模糊不清，待考。

民，一切词讼，剖断精悉，人咸服其神明。又嘉惠士林，倡捐会试、童试卷金，撰有碑文。去之日，童叟攀舆载道，依依不舍。后升楚雄府知府。

王秀毓　号月樵，安徽六安州进士，六年任。性沉毅，甫任即值回逆倡乱，凡一切剿办事宜，悉心筹画。迨八年正月，逆匪延烧东山一带，盘踞玉璧等处，数月间势甚鸱张。公愤极，乃严督练勇，亲冒矢石，与贼战于玉璧山后。寻以积劳病故，士民哀之。现祀昭忠祠。

吴启亮　号雪堂，四川遂宁县监生，同治十二年任。时腾城初复，民困未苏，启亮廉明仁爱，凡疮痍之民，无不加意抚恤，其一切善后事宜，尽心筹画。如兴修文庙，条陈添设义学，乡、会试卷金等项，俱蒙上宪嘉许。正拟举行，旋因主杀洋人马加履[①]事，罣误褫职，士民惜之。

州　判

张　珩　福建贡生，雍正元年任。优礼待士，当时称之。

王　侹　山东曲阜拔贡，九年任。留心民事，后升湖南桃源县。

朱汝璇　浏阳附贡，乾隆元年任，曾署州事。义学、施济田亩，皆所规画。

甘士谷　湖北宜春县拔贡，值前任申赞皇告休，以士谷补用。性情安雅，风规详明，委审民词，案无留牍。

吏　目

丁观光　宛平监生，三十二年[②]任。每岁差历各关隘，甚著劳迹[③]。

华桂清　福建上杭监生，五十三年任。留心吏治，廉介可风。

巡　检

郑　籽　浙江仁和县监生，乾隆二十九年任，与知州陈廷献同乡。时边事方起，力请廷献告病归。议缅事有“十不可伐”，其禀颇颂于士大夫之口。

李正荣　江西饶州府监生，三十五年任。严于御下，以界头俗素刁顽，力惩以法不少贷，民畏之，相戒不敢犯。三十九年，调金沙江巡检。

陈元恕　安徽石埭县监生，三十九年任。仁厚驭下，颇有循声。

边长濡　号存赤，直隶任邱附生。在任时严课三练生童，文风遂振，院试进学者，间至十余人。咸丰二年卸任，至今尚存遗爱焉。

学　正

段铨章　建水举人，康熙三十四年任。学有本源，居职亦有风教。州牧唐翰弼迁学于今地，其襄助之力也。

---

① 马加履：多译作“马嘉理”。

② 指乾隆三十二年(1767年)。另，其始任期在《官制题名》中则为三十三年。此后，华桂清“五十三年任”，亦指乾隆年。

③ 迹：应作“绩”。

赵　清　呈贡优贡，五十三年任。有干练才，腾绅士议请捐修学宫、书院，清与有力焉。

训　导

陈文灿　楚雄县举人，乾隆三十年以教谕借补训导。学问文章，均可表率士林。后兵事兴，兼理书院山长，诸生弦诵不辍。有差委，即匹马赴边，不辞劳瘁。时文武庙蹂躏几圮，三十五年，请于上官，得公费银两，加以捐助，购料鸠工，文武庙仍复旧观，其力也。逾年俸满，具保入京，部选安徽颍上县知县，去。

副　将

刘之仁　贵州铜仁府人，乾隆五十二年，由鹤丽镇改任。居官清介，严禁兵丁滋扰，民咸颂之。五十四年，盏西野夷掠边，偕知州吴楷往关山抚勘。不裹糗粮，不折一矢，野夷即稽首率服，其威望如此。

秩官志五　忠荩

人臣生逢盛世，则进思尽忠，退思补过，本臣道之当然也。虽忠，岂必以烈显哉？惟遭逢不偶，时事值乎万难，巧宦者趋避以全生，庸懦者委靡而取辱；而后坚贞不拔之士，矢志不回，甘陨首糜躯以报国，此一死所以重于泰山也。吁！可谓忠矣，可谓烈矣！腾界连荒徼，师旅频临，责重边防，忠贞特著。故历险阻如坦途，见危则授，视艰难为己事，之死靡他。凡兹正气所弥纶者，苟不详诸郡乘，何以励人臣之节、立事君之准，永为边城之坊表耶？

元

张万家奴　蒙古人。至元间进副都元帅，将四川、湖南兵征哈剌章。时云南峨昌、多兴、罗罗诸夷皆叛，杀掠使者，州郡莫能制。遂以兵讨之，剿其众，民为之立祠。二十年，从征缅战死。云南王命其子保童将其军从征，入太公城，有功，袭副都统元帅职。

明

方　政　江南全椒人，正统中官右都督。时麓川思任法叛，陷腾冲，据潞江。事闻，以政为副将军，偕诸军讨之。思任法遣其目缅检，立栅潞江，相持弥月。政请济师不可，乃独以所部兵夜渡，击走缅检，斩首三千余级，乘胜进逼任法于上江，诸军无继之者。及夷兵四集，政以旗牌求救，兵不至。乃遣其子瑛曰："汝急归，吾死今日矣！"瑛泣，政拔剑叱之曰："无多言，将官死，分也！"遂驰马而进，马蹶，夷兵攒刺为泥。后赠"威远伯"，谥"忠毅"。

顾　勇　陈　翊　俟　义都指挥同知　**江　洪**佥事　上皆与政同时战死者。

蒋　雄　蒋贵子，江都人。从征麓川，师次蛮莫江，思机法败走，雄率三千人深入，敌扼其后，自刎于江。赠"怀远将军"。

邵　谦　临安卫左所百户。正统六年，征上江刀招罕寨，克之。又攻马鞍山，战殁。

叶　晟　江南人，临安卫后所百户。性果毅，娴方略。征上江，奋勇杀贼，死于阵。

董　宝　大理人，南诏清平官董成之后，任土经历。麓川之役，多著劳绩，后死，谕祭之。

李继儿　李　辕　父子，皆鹤庆卫百户。从征麓川，力战死，子辕痛父死，奋入贼营，亦死。王骥以闻，诏遣官谕祭，赠继儿武略将军、副千户；辕忠显校尉管军、正千户，镇抚仍录其子孙。

吴继勋　字南松，楚雄卫指挥使。万历间征缅，屡战屡捷，缅恨之。孤军深入，遂陷，时年三十，失骸骨。事闻，赐祭，以其子周袭职。

祝维垣　鹤庆千户，与吴继勋守猛林寨，同日战死。

李　潮　邱　顺　皆永昌把总，随邓子龙征缅，战于等练山，缅酋败走沙州，子龙追及之，又败于控哈。二人同死于阵。

者　义　宁州土目，从征缅，力战死。陈用宾吊以诗曰："汝乃宁州一僰人，英风凛凛霁云伦。浑身是胆临场壮，誓死无他透骨真。战马饮江愁不返，寒花满地为谁颦？忠魂塞外孤栖久，怜尔重封奏紫宸。"

吉王慈煃　吉简王见浚后，崇祯九年，嗣封邸，任长沙。十六年贼入湖南，同惠王奔粤，随桂王入缅，与妃张氏同缢死。

窦民望　与李定国扼守磨盘石山，血战死。

马维兴叙国公　**姚文相**　**黄革宇**　**熊维贤**俱总兵　**朱仪漆**宗室　**赵民鉴**　**王大雄**　**王国相**　**吴承应**　**朱文魁**俱锦衣卫　**尹　襄**序班　**郑文远**　**李　既**　**白凌云**　**吴　某**俱千户　**吴麻子**百户　上皆被围自缢者。

陈德远等十八人，俱内监，一排缢死者。

朱蕴金通政　**姜成德**中军　二人由陆路先达缅，缅阻之，遂自缢。王之入缅也，缅以四舟来迎，从官自觅舟，随行者六百四十余人，陆行者岷王子而下九百余人。缅发兵截陆行者，岷王子率八十余人流入暹罗，惟总兵潘世荣降于缅，余悉为所掠。

松滋王 **瑞昌王** 名失传，俱死于缅。

沐天波 黔国公。王之出亡也，蛮莫土司思绵告缅，缅迎之，出神宗玺书，索金玺，合之，疑为伪，天波出己印与先所檄合，缅始信，迎至缅赭硁地，以草屋居之。时缅酋杀兄自立，号莽猛白，及奉吴三桂命，谋献王，欲尽杀文武诸臣。遣人来告曰："蛮俗贵诅盟，请与天朝诸公饮咒水。"至则以兵围之，凡杀四十二人，天波犹手刃杀缅酋数人而死。

马雄飞都督

蒲　缨 **王维恭**华亭侯

张宗伯 **邓士廉**俱吏部侍郎

邓居诏太常博士

杨　载礼部侍郎

邬昌琦 河南道御史。与绍兴人金简、郎官高绩合疏劾马吉翔、庞天寿。谓定国、文秀功高望重，不当往来其门，恐滋奸弊。又以定国武备废弛，合疏极谏，定国等惭谢之。

任国玺 御史。谏王死守，不听，从王入缅。曾集宋末大臣贤奸事为一书，以进王焉，马吉翔深恨之。吉翔为文安侯，与司礼庞天寿、中官李国泰皆奸邪，虽死不书。

王祖望礼部主客司 **裴廷谟**仪制司 **郭　璘**兵部武选司 **潘　璜**学录 **齐应选**典簿 **魏　豹**靖东将军 **王自京** **安朝柱** **王　升** **陈　谦** **王启隆** **龚　勋**俱总兵 **吴承爵**旗鼓 **任子信**锦衣卫指挥 **张拱极** **刘　相** **宋宗宰** **刘广宁**兄弟二人 **宋国柱** **丁调鼎**俱锦衣卫 **李茂芳**秉笔 **杨宗华** **李崇贵**东宫典玺 **周、卢、曹、沈、杨**五人失名，俱内监

李定国 陕西人，初从孙可望与刘文秀、艾奇能、白文选、冯双礼等，由蜀奔滇。后永明王为可望所制，密封定国为晋王，使来迎。定国赴安笼，挟王西行，至滇与刘文秀共推戴焉。我朝大军伐滇，定国败，奉永明走永昌，又走腾越。先令王宫眷入缅，定国督兵扼磨盘石山，力战，复败绩。时永明已入缅，定国曰："吾焉从？从帝而追及之，俱死无益也。"乃由顺云界入孟艮，屡举兵攻缅迎桂王，不克。及闻桂王被执回滇，擗踊号哭，自掷于地百十次，不食者三日，越七日而死，葬之景线。其子嗣兴后投吴三桂，封泰安伯。

国朝

固山额真[①]**沙里布**　顺治十六年，随铎尼入滇，追李定国于磨盘石山阵亡。

承恩公明瑞　满洲人，云贵总督，晋将军，乾隆三十二年征缅死之。公督师纪律最严，兵不扰民，人咸颂之。

果毅公阿里衮　满洲镶黄旗人，钮祜禄氏。三十三年迁云贵总督，筹运粮饷，千里不匮；身居营伍，调集水师皆合度。征缅至新街，以疾卒。

明　德总督　**德　福**总兵　**刘天佑**永顺都司　**马成龙**曲靖游击**班　第**游击，战死于铜壁关　**毛大经**游击　**胡邦佑**永北同知，阵亡于木邦　**朱鲁纳**参赞，征木邦，救兵不至，自刎于军　**索　柱**永北镇总兵，于葫芦口阵亡　**李　全**总兵，阵亡于小天生桥　**观音保**护军统领　**勒拉丰阿**都统　**邵应邺**游击　**德　保**　**王玉廷**总兵，阵亡于老官屯　**朱才达**把总　**莫纯俊德**游击　上俱征缅时，殁于王事者。

周　亮　蓝翎外委，直隶人。道光二十六年，出师永昌乌鸦河阵亡，同时阵亡兵丁十四名。

王秀毓　同知，事详《循吏》。

司狱张绍平　号霁堂，安徽桐城人。发逆之乱，盘查城垣五年之久，昼夜罔懈。至咸丰十一年九月城陷之先一日，诣镇厅处筹商战策，不听。遂厉声云："绍平官卑职小，无大责任，公等或职司守土，或望重封疆，今日之事，惟有背城借一，以报国恩耳！"镇厅俱默然。乃归语其妹及妻妾仆从曰："吾家世受国恩，岂可苟全性命以降贼耶？"言讫，具衣冠，拜北毕，举家六口，同时尽节。殓之日，颜色如生。光绪五年，同知陈宗海建祠祀之。

李玉堂　四川人，都司衔。同治丁卯年，奉委绕道来腾，与贼战于大西，头顶木桌，奋勇当先，贼甚惮之，后被贼炮轰死。

张汉威　广西人，副将衔，同治十二年，奉委来腾办理粮务，至芹菜塘被贼要截，战死。

马思成　保山人，副将衔。同治十三年，同总兵李维述进攻腾城，于双坡阵亡。

王万镒　湖南人，副将衔。于苏逆据城时，带兵攻击南城，被贼枪，毙。

卢三清　四川人，杉木笼汛千总。苏逆据城时，逆党王妖道等威逼之，不屈，手刃数贼而死。

---

① 固山额真：固山，满语，清代八旗组织的最大编制单位，汉语译为"旗"。《清文献通考·职官一》："管固山者，即为固山额真。"额真即管固山的职官名称。

秩官志六　土司土弁附

从来安边设法，每于徼外不毛之地使土司居之，以为屏蔽。盖以瘴疠之乡，流官既不可处，夷虏之俗王化又不可通，以夷治夷，洵善政也。况腾地密迩缅甸，苟无人捍隔其间，势必肆其侵吞而启其睥睨中土之意。故四履外，皆使土司星罗棋布以居，印札颁自朝廷，冠带遵乎王制，官国家之官，守国家之土，其人原为我用。虽叛服无常，屡干天讨，然桀骜者有之，效忠者亦不少，驭之有道，自收其犬马之劳。我国朝恩施无外，遐荒异域，尚怀德而畏威，况七土司爵土锡之，累世蒙乎膏泽，并诸土弁禄养及之。历传纪厥勋猷，乌可等诸外夷？第略纪其概也哉。

南甸宣抚司　始自刀盖落。其先有刀贡猛者，本姓龚，江南上元人[①]也。明初以百夫长随征云南，迁千夫长，旋以招抚曩猛功，授腾冲千户，赐姓刀。《通志》以为自改其姓，是盖以卫千户而驻防南甸者也。南甸旧名南宋，至元二十六年，置南甸路军民总管府，领三甸。明洪武十五年，改南甸府。永乐十一年，改南甸州，隶布政司。时刀贡猛之弟贡罕《通志》"罕"作"蛮"入贡，因以贡罕为南甸土知州。宣德三年，贡罕上言麓川侵其地，朝廷谕麓川还之。五年，请于所还之地置四巡检司，上命吏部除官。八年又请于赖邦哈、九浪、莽孟洞三处，各置巡检，以土军杨义等三人为之。正统二年，报麓川思任法夺罗卜思庄二百七十八村，命镇府沐晟处置奏闻。会大兵征麓川，刀氏从征有功，九年升为宣抚司，以贡罕子落硬为宣抚通判，刘思勉为土同知。天顺二年，复置南甸土驿丞。时落硬子落盖为宣抚，上言南宁伯毛胜遣千户蔺愈占其招入地，逼民逃窜，命三司巡按诣勘，还所占地，治蔺愈罪。落盖死，子落宾袭，递传落过、落揲、落成、落正、落泰《通志》作"宪"。当万历十一年冬，陷于缅。后其子落临以平岳凤功，升宣慰司，传大才、落掌、落庆、落启、落保，相继凡十有一世。落保谢病，让其兄呈祥。

国朝康熙元年投诚，呈祥仍授宣抚世职，传启元、恩赐、铭鼎、三锡、维

---

① 木越清氏著《南甸司刀龚氏世系宗谱》载："三十世祖贡禄……元朝赐公姓刀。……三十二世祖贡猛……洪武十四年，明兵征滇，公首先归附，授百夫长……时主将为江南人，公乃属籍为南京上元县人。"

翰。维翰乏嗣，传弟维周，维周传鸿绪。道光二十三年，鸿绪弟承绪为乱，鸿绪革职，流徒①病死，堂侄守忠袭。于咸丰六年，回逆案内，捐助粮饷，赏给三品花翎。守忠故，子定国袭。光绪十年金国裕案内，加副将衔；十二年盏达案内，又加二品封典。

计刀氏自贡猛起，至三锡，凡二十世，越四百年，为三宣冠。且恩赐母李氏、铭鼎母放氏、三锡母思氏，皆以守志抚孤，不坠先业。

刀氏世居蛮千，在司东，今移永安，在司西，司治故为府州地，在半个山下。乾隆中，移驻防兵及州判于司，思氏请于官，撤其故署，堂归永安。其所属罗卜思庄与小陇川皆百夫之分地，其世袭知事者二：曰谢氏，曰闷氏。谢氏居曩宋，闷氏居盏西，所部戛独，直通蛮莫江。司南百里为南牙山，险峻延袤百余里，为入缅之大路；上有石梯，缘梯而上，有木栅周一里，昔王骥破麓川，取道于此。前通铜壁关，关外布领垂哈，旧为百夫长地。逾盏达外有冈德、户冈，近孟养，故南甸所部直抵大金沙江，此昔日形势之大概也。

刀氏世称落某《通志》“落”作“乐”，犹陇川思氏世称法某，他书“法”作“发”是也，夷性信禨祥②，小数多避忌，故迭传必用此称，夷俗或有然也。

其地东至蒲窝百二十里，南至杉木笼山顶百二十里，西至干崖河七十里，北至半个山八十里。其山曰丙弄、曰蛮干、曰温泉、曰杉木笼、曰南牙；其水曰小梁河、曰孟乃河、曰大盈江。俱见《山水志》。其土产孔雀、叫鸡、红藤篾。其关梁曰黄连坡、曰小陇川。《通志》云：俗与木邦同，婚娶以谷、茶二长筒，鸡卵五、七笼为聘。客至，以谷茶供奉，手拈而食之。旧额征差发银百两，今仅十一两。

麓川宣抚司　后为陇川、猛卯。当元世祖中统初，其酋多线瓜内附，至元十三年，乃立麓川路。地居茫施路之东，其地曰大布芒，曰赕头附赛，曰赕中弹吉，曰赕尾福禄培，皆白夷所居也。以其路隶金齿宣抚司都元帅府。阅八十年，至正初，麓川思可法可法未知于多线瓜何属不靖，数扰其邻。命河南参政贾敦熙讨之，以瘴起还师。再命塔失把都鲁讨之，亦不克，引还。可法遂乘胜并吞诸路，遣其子满散入贡。时中原不暇顾边，寝而不问，麓川遂坐大矣。可法死，子昭并自立为宣抚，传子台遍，其叔昭省杀而代之。逾年，盗杀昭省，其弟瓦法立，部下答鲁方、刀思郎杀之，立其侄伦法，伦法即满散

① 徒：当为“徙”之误。
② 禨(jī)祥：吉凶的预兆。禨：旧谓鬼神降祸。

子。明洪武十五年，伦法于卫指挥王真处降附。十六年春，诸夷忿真立卫镇守，不恤众，推前土府高公构麓川兵数万破腾冲，夷腾城，执王真。沐英遣谕伦法内附，乃放真还，因以为平缅宣慰使司，合元时两路而为一，势益大。八年[①]，伦法复反，寇景东，都督冯诚击之失利，千户王鼎战死。二十一年正月，伦法入寇。三月，伦法悉其众号三十万，入寇定边，沐英大败之，伦法遁去。详《沐英传》。二十二年，伦法遣把事招刚来言：往者为逆，皆由刀思郎等，乞贷死，愿输贡。遣杨大用赍敕谕之，令献刀思郎等百三十七人，并偿军需费，俱从命。仍命为宣慰司，定岁贡有差。二十九年，缅甸来诉麓川屡以兵侵其地，遣行人李思聪等使缅。及麓川，伦法谢罪，愿罢兵。思聪辞归，伦法送之境上。语具《思聪传》。已而刀干孟逐伦法，伦法奔沐春，春与俱至京，上悯之，命春为征南大将军，率滇、川兵讨干孟，斩获甚众。还兵，击景罕寨不下，贼益甚，何福告急。春率五百骑夜至怒江，诘旦，径渡驰蹦，扬尘蔽天，贼惧，率众降。遂乘胜击崆峒寨，贼夜溃走，刀干孟乞降，不许。福寻斩干孟，伦法始归麓川，旋死。余具《沐春传》。永乐元年，伦法子行法嗣。二年，遣内官张勤等往谕之，行法遣诉孟养、木邦侵其地。时春弟晟嗣西平侯，上命往谕之，并遣员外左缉赐麓川冠带袭衣，后每岁入贡。十一年，行法请以弟任法袭职，从之，任法遣使贡象马。宣德元年，遣使赐麓川锦绣。时麓川、木邦争界，晟奏麓川所属陀甸大头曲比为乱，上命抚之，置麓川大店地驿丞一员，以土人刀捧为之。三年，任法夺南甸地，晟复请讨之，不许。正统元年，晟奏任法夺南甸罗卜思庄等处二百七十八村，并累侵干崖、腾冲、潞江等处，擅置官司，乞调大兵进讨。明年十月，任法反。初，朝廷以任法与木邦相仇杀，故夺其官，以孟养宣慰刀氏代之。刀宾玉势弱，不能安辑诸夷，任法叛于麓川，侵孟定、湾甸，大肆杀掠，晟以闻。至是复侵南甸州，命晟招之，不奉诏。三年十二月，掠腾冲、南甸，取孟养地，宾玉奔永昌死。任法居腾冲，据潞江，自称曰“法”。法者，王也。上遣主事杨宁谕之，不服。四年正月，命晟率方政、沐昂讨之，太监吴诚、曹吉祥监军。至金齿，任法遣其将缅简[②]断江立栅，师不得渡。任法初为刀宾玉使晟，晟儿畜之，故遣车琳招降，任法佯许诺，晟遂无渡江意。杨宁曰：“兵未加而称降，诈也，惧有后悔。”晟不听，以宁督饷金齿。缅简数挑战，政怒，造舟六十艘，欲渡江，晟不可。政愤，独率麾下兵

---

① 八年：应为“十八年”(1385年)。
② 缅简：《忠荩》方政传作“缅检”，实一人也。

渡江击缅简，乘胜深入。求救，晟不发[①]，政遂策马突阵死，一军尽没。事具《方政传》。晟烧江上积聚，奔还至楚雄。诏问状，晟惧罪，遂卒。时任法兵愈横，犯景东、孟定，杀大侯土知州刀奉汉等，破孟赖诸寨，降孟连等长官司。且上言："因为潞江安抚司线旧法报仇[②]，旧法诬其入寇，至大军压境，惶恐无地，请贡归命。"其悖慢如此！五月，以沐昂、吴亮、马荣翔、张荣进讨，捷于潞江。七月，任法屯孟罗，大掠，据者硬，昂进克之，贼宵遁；威远土知州刀盖罕又败之于威江。六年，任法遣使入朝谢罪，朝议抚之，杨士奇亦以为然，独张辅谓："思氏世职六十余年，屡抗王师，此而不诛，示弱于外夷，非策也。"内臣王振亦与合谋。乃遣王骥、蒋贵率十五万师出。后王骥且三征之，始定麓川。事具《王骥传》。

按：思氏以白夷种，元时可法已跋扈。伦法当洪武间，再降再叛，至定边之役，为西南一大战，始能创之。其后所部内乱，失土来归，又为之出师定乱，复其故土，国恩大矣。遗孽任法，仍肆跳梁，三劳王师，逃窜阿瓦。许以孟养，乃得缚归。及其孥属三十二人，中途不食[③]，垂死奄奄，王政斩头函之北上。机法、卜法逃匿自如，其部众犹拥任法少子思禄于孟养，与王骥立誓江边。景泰五年，缅执机法及其妻、子六人献俘京师，伏诛。卜法远遁，诏不必穷追，故[④]遗孕洪法，潜居孟养。成化时，镇守沐瓒获任法孙命法送京，请发沿海登州卫，思氏自是遂亡。盖世济其凶也。麓川之议，以张辅为正，如杨士奇则既弃安南，又弃云南，岂所以为国乎？思任法之狡，土司从乱之罪，不下于黎利[⑤]。而云南晏然安堵者，则三征之力也。

陇川宣抚司　始于恭项，继而多氏代之。恭项于取麓川时，首先归附明。正统十一年，既平麓川，因以为宣抚，以刀歪孟为同知、刀落曩为副使、陇帚为佥事，皆从恭项之请也。及思机法、卜法出扰，恭项内奔，朝廷以其父子刻虐蛮人，安置于曲靖，以同知刀歪孟为宣抚。未几死，遂以多歪闷代。歪闷亦白夷种，其祖多线瓜内附时，归功于思氏，退为陇川陶孟。陶孟者，夷言头目也。陇川，故平缅也，其地曰骠甸，曰罗必四庄，曰小沙摩弄，曰骠赕头。至元十三年，立平缅路，隶宣抚司，与朵远亦作"柔远"、芒施、镇康、镇西、麓

---

① "乘胜深入。求救，晟不发"句，《州志》作"乘胜深入。至上江，伏四发，政求救，晟怒其违节制，不遣。"

② 《州志》："因潞江安抚司线旧法相邀报仇。"

③ 中途不食：《明史》："宣德十一年……任发于道中不食，垂死……"

④ 故：《州志》作"有"。

⑤ 黎利：查无出处。

川，所谓“金齿六路一赕”也。线瓜子旬法，旬法子歪闷，自元中统至明正统、景泰间，百八十九年，凡三世，皆老寿。而歪闷且起为宣抚，景泰七年修职贡，成化十九年死，守土垂四十年。子亨法代，传子泉，泉三子：鲤、鲸、鳜。泉死，鲸弑鲤自立，按问伏辜。立鲤子参诏，参诏死，子士宁袭。有岳凤者，江西抚州人，应士宁幕，士宁宠之，妻以妹，生子曩乌。父子枭雄奸黠，罔媚士宁于内，而愚弄之于外。时缅酋莽瑞体虎视诸夷，招士宁，士宁不从，岳凤伺间劝士宁行。至摆古归，凤使其子鸩杀士宁。其妻怀印携二子多忠、多孝奔永昌，当事者不能救，令归。凤又袭杀其妻女，夺其印投缅，遂据其地，时万历五年也。十年，岳凤连兵数十万，曩乌别领兵六万，分道内侵，势张甚。事闻大府，莫知所措。乃调刘綎、邓子龙御之，卒擒岳凤父子，献俘于朝。详《刘綎传》。事平，以士宁子多忠嗣职，忠死，思顺袭。二十年，莽应里入寇，窥等练，思顺奔猛卯。会官兵大战于栗柴坝，追逐之。思顺死，蛮莫思正乘其丧，袭据陇川，旋归蛮莫。思顺子安民立，守将索赂不能堪，三十八年，安民叛入缅。已而缅听抚，遣安民归。安民久据蛮湾，桀骜甚众。参将周全遣二指挥袭之，为所败。巡抚周嘉谟督兵备道、参将等讨之，其族人挟其弟多安靖，诛之以献，陇川乱甚。安民之弟安邦亦附缅，寄居蛮莫。乃会议疏请，共立多安靖。疏详《艺文》。时安靖尚幼，乃以多恭之子思谭辅之，行宣抚事。俟十年后，仍归安靖。又恐思谭据不归，以宣抚印置于州库，设官兵于杉木笼山控制之，事详《周嘉谟传》。于是陇川粗定。迨明季，安靖为孙可望部下王复臣所杀，其子绍宁以投诚功，康熙初仍授宣抚世职。绍宁年老无子告替，与弟述宁，未袭而故。以述宁子胜祖袭，传子治国、孙世臣。雍正间，世臣告替，子益善袭，传有功，有功传庶子朝珍。乾隆三十四年，以失察段思瑞偷越，部议革职留任。三十五年冬，以多朝相随苏尔相在缅，寄信其弟朝鼎，首报迟延，安置昆明。四十四年五月，朝珍死于州，以有爵袭，传朝惠、廷侯。廷侯以南甸刀承绪案内有功，赏加三品翎顶，传镇邦、蔚祯、慈祥。咸丰间，回逆案，捐助粮饷，赏加三品花翎。计多氏自线瓜起至慈祥，凡二十五世。其地东至芒市，南至木邦，西至干崖，北至南甸；东至遮放山顶五十里，南至西怕河百二十里与缅地交界，西至户撒山顶五十里，北至杉木笼山顶一百里。有上下十二冈四练通老官屯、新街夷境。其风俗同南甸。山有马鞍、摩黎、罗木，水有汤泉，土产大芋长尺二三寸。旧额征差发银[1]一百零七两，今仅八两。

① 差发银：赋税名。由各土司出银，为设役摆站，递送公文之费。

猛卯安抚司　本麓川地，故平麓城也。明万历初，分陇川副使多恭居遮放，同知多俺居猛卯。时缅酋猖獗，多俺为缅耳目，引贼寇边，陇川多思顺患之。二十六年，乃纠思化并芒市多恭等，击多俺，杀其子多荒。十二月，多俺纠众袭遮放，败还，遂投木邦，据曩义山。同知漆文昌授计木邦罕钦，令擒之。谋泄，多俺欲奔摆古，追及雷筲，并其子多烘、多曩斩之，乃筑堡于猛卯，号平麓城。于是猛密头目思化败缅于送速，缅逐之，入居蛮莫，朝廷以为蛮莫宣抚司。思化死，子思正嗣，入据陇川，已而回蛮莫。缅人潜师袭之，取思正首而去，乃立其弟思忠。后其地为思线所占据，忠乃退居干崖之蛮洒。会巡抚周嘉谟平多安民之乱，乃筹屯田事宜，请以忠安插猛卯开屯，改姓衎。忠复论擒多安民功，授安抚司世职。其后为缅所掳被杀，时永明王在滇，以舍目衎珑承袭，传瑾、珍、瑄。顺治末年，瑄以投诚功，仍授世职，传泌、志、玥、礿，凡四世，皆世及。礿无子，传弟衿，衿传连，连传如凤，凤传定邦。回逆案内，捐粮助饷，赏给四品顶戴。计衎氏自思化授职，至定邦，凡十五世。

其地东至遮放抵三十里，南至木邦界抵江边一里，西至猛密界暮习、天马关八十里，北至陇川界邦中山顶四十里，东南至木遮一里，西南至崩于六十里，西北至凸宋野人界五十里，东北至南弄六十里。

按：衎玥承袭时，值缅甸乱，其酋哒喇为得楞子所杀，子色亢瑞冻出奔木梳。头目瓮藉牙起兵逐敏家，复阿瓦城，计败得楞，遂由木梳徙居阿瓦自立，旧所属各土司不服者，以兵劫之。时色亢瑞冻挈妻子族属男妇八十余人至，猛卯文武官具以闻，总督爱必达、巡抚郭一裕会檄猛卯土司衎玥驱出境，时乾隆十九年也。若使当时受之，如明初之所以待思伦法者，瓮氏必不猖獗，诸土司亦不至尽归于彼，惜哉！

干崖宣抚司　干崖，故元之镇西路也。在柔远路西，东隔麓川，其地曰赖《通志》作“额”赕，曰渠澜赕。中统初，郗忠国内附，忠国本江南应天人，驻居干崖。至元十二年，立镇西路军民总管府，领三甸。明洪武十五年，改镇西府。永乐元年，设干崖长官司，以忠国领其职，改名曩欢，遣目奉表贡象马，赐钞币有差。五年设古剌驿，隶干崖。曩欢复遣子思曩朝贡，恩赉如例，赐姓刀，称刀曩恋。正统九年，子刀怕便以征麓川功，升宣抚司，以刘英为同知，从王骥请也。《通志》云：“正统中，刀怕率以麓川功，升宣抚司”，与此不同，存考。怕便传怕率、怕袭、怕开、怕落，凡四世。弘治三年，其叔土舍怕愈欺怕落幼，劫印夺职，蛮众起兵相攻。四年，副使林俊、参将沐详檄谕之，始释兵归印。怕落年老，怕元袭，传子怕举。嘉靖三十九年，莽瑞体叛，招诸土司入寇干崖，不从。万历初，怕举死。其妻罕氏，木邦罕拔妹也，罕拔叛汉投缅，诱怕举弟怕文反，许妻以妹。怕文不从，遂与之战，缅兵十万骤至，怕文不支，内奔永昌，罕拔遂取宣抚司印付其妹，据干崖。十年，岳凤破干崖，夺其印，迨刘綎擒凤父子，干崖印遂失所在。《滇志》云："是年冬，干崖刀怕庚、雷弄廖元伯、南甸刀落宪、盏达刀思定皆陷于缅。"不知刀怕庚何人。部众无主，自相承代者，垂三十年。其世谱云："怕文奔后，怕瑄袭。"三十九年，怕瑄子定边屡有平叛功，仍授世职，加三品服。定边传镇国。孙可望遣伪都督王复臣，以调贡方物故，加之兵。时盏达副使刀思韬密奉明文，将定边父子五人送省，俱被戮。

国朝顺治十六年，镇国子建勋投诚，授世职。十八年，办赴缅军需，纪功赏赉，将吴逆[①]饬换印札呈缴赖大将军。康熙二十四年，接领宣抚司印，随卒，子秉忠袭。秉忠死，子捷泰幼，令秉忠弟秉义护理。越五年，捷泰袭。雍正元年，纪差赴木邦清理猛古、猛卜粮民三十二户功。捷泰传鸿业。乾隆三十一年，办理粮夫、捐修营房，最为出力。四十四年告替，子得众袭，传世侯、绍虞、如连。如连传弟如玉，以捐海疆军费，加升翎品。同治元年，回逆窜扰干崖，与长子应袭刀献廷昼夜防剿，父子俱积劳病故。献廷无子，弟盈廷袭，以捐饷助剿功，加副将衔，并刚勇巴图鲁。光绪十二年，盏达案内出力，加二品封典。

计盏达刀氏自郗忠国[②]至刀盈廷，凡二十三世，守土几五百年。其间若刀曩恋之平麓川，怕文之拒罕拔，定边之屡次平叛而父子俱死于贼，不亦难乎！

其地东至罗卜思庄四十里南甸西山岭交界，西至弄巷寨一百里交大江界，南至户乐一百二十里交野人界，北至邦哇野寨二十里同南甸野寨接界；东南至户海山野寨一百里交户撒界，西南至坝尾一百里坝竹隘大江界，西北至遮蛮寨脚三十五里交盏达界，东北至黄岭冈三十里交茂福界。有山曰云晃山，上悬瀑布，流为云晃河；其东曰云笼山、白莲山，中挺一峰，司治居其

① 吴逆：即吴三桂。

② 郗忠国：前作"郄忠国"。然"郗"(xī)与"郄"(xì)并非同字同姓。《正字通·邑部》："郗，姓。郗与郄别。姓源既异，音读各殊，后世因俗书相乱，不复分郗、郄二姓。"郗姓为江左名族，郗忠国又为"江南应天人"，故应以"郗"为确。

麓下，有白莲池。其西为刺朋山。水为云晃、安乐，河西之河由盏西、南甸汇入槟榔江，亦为海坝江。其土产则四时皆蚕，土绵、白氎[①]、白莲、竹鼺物肥如兔。现征差发银六两六钱。

盏达副宣抚司 刀怕便之后，本与干崖为一族，其地亦干崖之冈。其世谱云："正统十四年，怕便以为宣抚朝京师，赐名思忠。以思效为副长官司，居盏达。思效传思猛，猛无子，以思效兄思镇袭，传思国，国无子，传弟思廷。《滇志》作"思定"。万历十年，岳凤连缅甸夷分道内侵，攻盏达。廷求救不得，城破，阖室俱尽；其子思官，又以木邦罕氏勾缅破其城，为缅所执，死之，两世狥[②]国难。考其时自莽应里用岳凤间，诱杀罕拔，木邦与缅世仇，云"勾缅"恐误。思官死，其兄思权袭，传思丙、思韬，始给副宣抚司印敕。

顺治十六年，思韬投诚，仍授副宣抚世职。韬传思铉，铉死，子琳幼，以其伯叔思铭、思镒护理。相继病故，其母抚之承袭，传思弼、思儒、思定、镇方、相吉。咸丰六年，回逆案内，捐助粮饷，并遣子必录带练助剿，赏给三品花翎。相吉故，嫡孙鸿祚袭。鸿祚昵匪淫酗，屡启边衅。光绪十二年二月，闻于上，时值缅域有事，防务正兴，总兵丁槐、同知陈宗海，会委府经历陈文纬往执鸿祚归，系之狱。嗣而奉文革鸿祚职，以其叔刀思必治代理。十月鸿祚毙于狱，其党小胖等据地以叛。总兵丁槐往谕，负固不服，乃督率防边将士，亲冒矢石力攻之，数日连破数寨，斩首百余。盏达平，即以五品顶戴刀思必治承袭。自思怕[③]至必治，凡二十世。

其地东至海巴江五十里与干崖交界；南至铜壁关、坝竹隘一百二十里，坝竹隘正南石梯山离隘五十里，与野人交界；西至巨石关八十里，自巨石关至锡马三十里，由锡马正南至戛独山五十里，由锡马正西至猛已、户木山八十里，与官弄交界；北至万仞关七十里，自万仞关至猛典二十里，由猛典、猛弄、蛮埋正西至滇底巴江二百六十里，与戛鸠交界；由猛典正北至九拿[④]石二十五里，自猛典正东至猛抱山河四十里，与神护关交界。其土城相近山麓。巨石、万仞两关，坝竹一隘，胥通夷境。现征差发银四两四钱。

按：明万历季年，有刀思鲁者，曾有筑关功绩，而此《世谱》未载，故从《旧志》入之。

---

① 土绵：《州志》作"土锦"。氎(dié)：细棉布。
② 狥：通"殉"。
③ 思怕：应为"思忠"或"刀怕便"。
④ 拿(pǎi)：俗字，以两手公开量之，约五尺，故以五尺为一"拿"。

户撒长官司 本峨昌夷地，土司赖氏，蜀重庆人也。明王骥征麓川，赖罗义为左哨把总，随征有功，令守户撒。传子壬[1]，壬传弟汉，汉传猛弄与镇及豪，豪传弟罕告，罕告传祥告，祥传送，送传弟迁，迁传洪猛、国瑄，凡十二世。康熙十二年，吴逆以其地为沐氏庄[2]，追缴札符，国瑄死。四十三年，朝佐以永顺镇给札，协防边境，袭其职。后土舍与庶弟文明争夺，失官。五十一年，改设火头，以其地归腾越州，历五十余年。乾隆三十四年，有干崖赖邦俊者为通事，伴送猛硔土目兴堂札进京，乞请复土舍旧职。经副将军阿桂、总督彰保查明复奏，于是令赖君爱承袭。然君爱居干崖之遮木，非朝佐嫡派子孙，不善抚慰夷人，多不服。有久居户撒之赖君赐与侄小五，系朝佐嫡派，屡寻衅端，夷众争助之。三十八年，纠集夷民杀君爱及君荣与幼孙应祖。君赐逃赴关外，有死党百余人，其心腹遮漫者，时令出入探伺，官得遮漫，因以印札调君赐。君赐从百余人持刃拥至，官兵为却走，复遥呼曰："吾固知尔好汉，杀人偿命，法也，结党持刃欲何为？"君赐气夺。因慰谕之，令遣其党去，君赐悉挥之出。因泣曰："小人窜伏亦死，何如出，一死以完公事耶！"翌日黎明，缚之至永昌，及其凶党皆伏诛，仍以君爱子邦杰袭。传荣祖，荣祖传弟兴祚，兴祚传有位及天福。回逆案内，捐粮助饷，并带练助剿，赏二品翎顶，册报承袭。凡十七世。

其地东至陇川山八里，西至干崖南东寨三十里，南至腊撒海南寨十五里，北至搻[3]旋山二十里与南甸交界。八达无路，管六十四寨，编户一千一百十户，男女一万三千二百二十三丁口。征差发银六两。

腊撒长官司 况氏，亦蜀之重庆人。明正统时，况本与赖罗义同调征南，授把总。至干崖身故，子况伦袭，从征木邦，随故。子况允忠有功，给腊撒土守备，传子瑄，成化间，随征木邦阵亡。子盖猛袭，痛父阵亡，谓况姓不祥，遂以字为姓。盖猛传盖明，明无子，弟盖元袭。传光胜，光胜死，以侄伦袭。传哄猛、盖俗、世禄。迨吴逆以户、腊二撒为勋庄，盖可升失职。康熙三十九年，布政给可升子朝选札付。雍正二年，奉文裁土职，归州管辖，自是子孙在腊撒者，与齐民无异。乾隆三十五年，以遮木通事赖邦俊请，遂并复腊撒，设长官司。以其裔盖荣邦为长官司，给以印信号纸。荣邦与族人有隙，

① 壬：《州志》作"玉"。
② 沐氏庄：《州志》为"沐氏勋庄"。
③ 搻(nuò)：同"搦"。

被害。子起凤袭，传世英、廷升、定远。回逆案内，捐助粮饷，赏戴四品蓝翎，现册报承袭。凡二十世。其地东至陇川山十五里，与陇川交界，共五十五里至陇川城；南至南洒河五里，与南浦野人交界，有小道通新街，道里无考；西至干崖蛮撒二十里，与干崖坝尾交界，共一百二十里至干崖城；北至户撒沟二十里，与户撒交界，共三十五里至户撒城。东南与野人山交界，道里无考；西南四十里至蛮允；西北、东北俱与野人山相接，道里亦无考。旧管三十一寨，共四百五十一户，计二千四百五十丁口，现征差发银四两。

遮放副宣抚司 为陇川副使，起自多怀们，为多线瓜之后。明正统元年，多怀们从征猛卯夷有功，授副宣抚，居遮放，传至多恭、多俺。万历初岳凤之乱，陇川宣抚多士宁父子俱死，以多恭《滇志》作"多茶"为副使，居遮放；多俺为同知，居猛卯。二十六年十二月，多俺袭遮放。事具猛卯土司传。会陇川多安民伏诛，其弟多安靖袭，年尚幼，乃以多恭之子思谭行宣抚事。谭从征蛮莫、缅甸、陇川有功，益以陇川江外地。沿至多尔忠以投诚有功，本朝仍授世职。尔忠传贤辅、世禄、多量。雍正后属于龙陵。

附：土弁

明光隘土弁 杨梓成，原籍湖南人，明初奉调来腾。五传至杨明，因李秃之乱，有守城功，加守备衔。八传至建国，乾隆十三年，从征秤戞有功，奏准世袭土把总，率三单粮民弩手，防守九路夷人。十五传至在渭，从征永昌、云州等处，加千总衔。回逆之乱，子应昌效力病故，加蓝翎五品衔。今昌子体荣袭。

茨竹寨土弁 左文伟，漕涧人。九夷为患，官招文伟率弩手五十三名，驻防明光。传至正邦，以秤戞军务，奏准世袭土把总。传时望，望传华国至大雄。道光二十一年，平滇滩傈傈乱，擒贼首余小老；续征上江黑傈傈，获首犯。二十四年，调征永昌、云州及乌土寨等处，加宣抚司衔，赏戴花翎、义勇巴图鲁。又克盏西雄家山野夷，诛江东红米厂土目，勇略过人如此。咸丰五年，被小江野夷诱入鹅浪坡害之，子能臣袭。

大塘隘土弁 刘凤羽，原籍江西人。明时奉调至永，防守漕涧路。后从征秤戞有功，奏准世袭大塘土把总。历传刘尔立、尔游，今正应袭正川、副应袭锡璋。

古永隘土弁　杨祖文，原籍江西金溪人，住居古永。四传至东晁，奉调出师，于新街阵亡，以其孙祖文承袭。祖文传辅国，辅国二子，长正雄，次正春。雄早逝，传子恩宠，病故。

滇滩隘土弁　柴德尊，原籍湖广襄阳人。明时奉调来腾，分驻滇滩，历传至德尊。乾隆十二年，滇滩土弁艾允中乏嗣，众举德尊承充，详给土弁委牌。从征秤戛有功，奏准世袭。传相贤，七代至今，三春袭。

神护关　正抚夷　杨茂科承充。

　副抚夷　王兆印承充。

万仞关　正抚夷　明钟龙承充。

　副抚夷

铜壁关　正抚夷　刀守贵承充。

　副抚夷　刘三荣承充。

铁壁关　正抚夷　赛文承充。

　副抚夷　排天贵承充。

巨石关　正抚夷　寸怀宝承充。

　副抚夷

虎踞关　正抚夷　多才祯承充。

　副抚夷　李名发承充。

汉龙关　天马关　上二关乾隆间陷入木邦。

止那隘抚夷　金显清承充。

猛豹隘抚夷　金立德承充。

杉木笼抚夷　尚万年承充。

石婆婁[①]**隘抚夷**　刘三学承充。

坝竹隘抚夷　思惠准承充。

龙川江驿　旧有土丞、土弁，久裁。

陇川江土驿丞王氏　**百夫长**刀氏　今俱无。

---

① 石婆婁：也作“石婆坡”。婁，同“婆”。

腾越厅志卷之九

祠祀志

《礼·王制》：天子祭天地、山川，诸侯祭山川之在其国者，大夫祭“五祀”[1]，士庶人祭其先，凡以安神人，而和上下也。抑闻之，有功德于民者，则人祀之，是又为报礼之典，典至严也。愚民无知，每及其所不当祭者，如迎神赛会、祈求祷祝之类，固属妄祭。又滇省各郡多寺院，盖六诏遗风；边裔习俗，喜修建丛林，所造佛寺，遗迹至今犹有存者。若因无关祀典概不存录，则凡腾境祠宇所在，为一隅之雄胜，与夫羽客缁流，高其志而侨居山院；村夫愚妇，致其诚而遥祷古刹者，俱无以资考鉴也。爰仿《通志》立《祠祀志》一门。典祀而外，腾之俗祀寺观，俱约纪之。志祠祀。

祠祀志一　典祀

自古禋祀之修，首见于《虞书》《舜典》，至《礼经》而特详其文，一时公卿大夫奉祭有等，无或略也。我国家祀事孔明，崇德报功，超轶往代。尝考《会典》所载，凡群神之在其地者，守土官例得以时致祭。虽腾远列边郡，而庙坛屹建，俎豆时陈，悉遵定制焉。今即兵戎久困，仅有存者，而贤有司因时修复，俨拟旧观，其所以安灵爽而昭寅恭[2]者，洵得政体之要云。

先农坛　在城东二里，旧基未详。乾隆三十八年，知州吴楷重修，有碑记。五十八年知州庆玉、嘉庆二十二年同知伊里布续修。毁于兵。

社稷坛　在城西四里，正统时建。乾隆间庆玉捐廉修，嘉庆间伊里布捐廉重修，毁于兵。光绪八年，同知陈宗海捐廉移修于东门外。

风云雷雨山川坛　在城西，雍正间，知州侯如树建。后吴楷、庆玉续修，有碑记。又伊里布捐修，毁于兵。光绪八年，同知陈宗海捐廉改建，附于社稷坛内。

先师庙详庙学

关帝庙　在厅治西，旧名武安王庙。明同知陈锡爵重修，毁于兵。光绪

---

① 五祀：《周礼·春官》：郑玄以五祀为五官之神，即句芒、蓐收、玄冥、祝融、后土。
② 寅恭：恭敬、肃敬。

八年，同知陈宗海与总兵李文益复重修之。

文昌宫　在学宫右，系陈指挥宅址，毁于兵。光绪七年，同知陈宗海扩其制，修复大殿、后宫、穿堂、厢楼、头门、照壁。

城隍庙　在城东，嘉庆间伊里布重修，毁于兵。光绪元年，同知吴启亮修复大殿。四年，同知陈宗海复修后宫、穿堂、头门、左右配殿及李公祠。十年，正殿被回禄，署同知吴晴琦复修之。

厉坛　在城东北，明时建。乾隆间吴楷修之，嘉庆间复圮，伊里布捐廉重修，今废。

龙神祠　在西门外，乾隆间庆玉捐廉建。嘉庆间伊里布捐廉重修，毁于兵。光绪八年，同知陈宗海捐廉移建于白鹤井。

旗纛神祠　在演武厅左，今毁。按：军行祭旗纛，旗，谓牙旗，凡树牙必祭以刚日；纛，谓旗头，《太白阴经》："大将军营建纛。"唐、宋、元皆祭之。明立庙都督府后，题主曰："军牙之神""六纛之神"。正祭：春用惊蛰，秋用霜降。

魁星阁　在秀峰山，康熙四十四年，知州唐翰弼建。后移建于钟鼓楼，其址以建朱衣阁，俱毁。魁星阁、朱衣阁现拟新建。

武侯祠　在城西，正德十年建于镇署右，后吴楷重修之，今毁。现拟修。

名宦祠　在文庙仪门外左。

乡贤祠　在文庙仪门外右。

二祠详《庙学志》。

昭忠祠　在城隍庙右，毁于兵。光绪七年，同知陈宗海重修。

吕祖祠　在厅治后，今圮。

节孝祠　在文庙右。前学衙改建节孝祠，后士庶捐买南门侯姓房，以作学署。道光年，有同知李恒谦重修，兵毁。光绪六年，同知陈宗海捐修。

张公祠　在昭忠祠后。光绪六年，同知陈宗海捐廉新建祠宇三间、券门一道。

祠祀志二　俗祀

《通志》于典祀后复设俗祀一门，相沿为草衣卉服、醵钱祭脯而例不之禁者，岂以古者里中置社，习春秋祈报之常，得其意自不必泥其迹耶？腾俗尚鬼神，常祀而外，城乡俱建有庙宇，以时行祭赛礼。村夫愚妇，既克竭其精诚；贾竖顽民，亦且生其敬畏，神道设教，意在斯乎？朱子曰："事之无害于义者，从俗可也。"故志之。

东岳庙　在城南。

南岳庙　在城东南隅。

肇腾土主庙　在城西北隅，知州郑人和[1]。乾隆间，吴楷重修之，有碑记，并立明臣侯琎、杨宁、李升位祀之，毁于兵。光绪八年，同知陈宗海修复头门、厢房、大殿及后殿。

灵官庙　在城中，旧名五显庙，久圮。乾隆四十一年，移建于东门。《旧志》：道家有崇恩、隆恩两真君祠。崇恩，蜀人，姓萨名坚，宋徽宗时，尝从王侍宸、林素学法，屡验；隆恩，玉枢火府大将王灵官也，尝从萨坚传符法。宣德、成化中，屡改封号，今之崇祀，沿明制也。已毁，里人修之。

龙王庙　在城西三十里海口地，光绪六年，同知陈宗海修之。

来凤龙神祠　为来凤泉水所出，每雩祭[2]，辄往祷之。已毁。

真武庙　后称元天宫，在城西南。

三皇庙　在南城外，已毁。

马神庙　在城西。

古灵祠　在东门外。

来凤神祠　相传为汉景帝庙，在城南三里。《南诏野史》谓"金马碧鸡之神"，其说荒唐。大约南诏蒙世隆僭号为帝，死谥景庄，夷人立庙于山，后人附会其说为之也。已毁，里人修复。

萧公祠　在南城外，有新旧二祠，皆江西客商所建。

天姥祠　在球牟山麓，俗呼为娘娘庙，今毁。

土主灵祠　在吴邑村，毁于兵，现修。

龙光亭　在城西南，明知府严时泰建，参将邓子龙复扩其制，郡人吴璋为之记。

祠祀志三　寺观各祠庙公所田亩坐落、粮数记附

概自关度青牛，道观未详显设；经来白马，佛寺遂纪聿修，此御虚守寂

---

① 郑人和为明万历间知州，其名后似脱"建"或"重修"一类字。

② 雩(yū)祭：古代为求雨而举行的祭祀。

之所所由始也。迨香积著名，元都纪胜，文人诗客，且竞相题咏焉，于蚩氓乎何有？我国朝首尊儒道，不崇佛老之流，凡净宇梵宫，弗详祀典，所以塞二氏之门也。惟滇旧邻佛国，艳号仙乡，寺观多于他省，区区腾越，亦狃于习俗而不能移。况此郡名山僧占，楼台耸入乎云霄；昔时绝境仙踪，庭院别开其世界。游览者乐传为名胜，聚会者幸值其幽闲。故历时之或废或兴，有不容已于纪载者矣，爰列诸篇。

古西盟寺 元与大伯夷会盟于此，故名。明侯琎筑城，工讫，改为万寿寺，旁建易衣轩三楹，久而圮。乾隆四十一年，重建大殿，旁为朝房，中为待漏堂；及左右厢、大门仍以西盟寺改新之，外为甬道，东为券洞，三环以墙，吴楷为文记之。详《艺文》。毁于兵。光绪六年，同知陈宗海改为万寿亭，上建六角亭，高六丈余，四面砌石墩，内用花窗，中供万岁牌。亭下为品级石，朝房三间，耳房四间，外易衣轩十楹。再外头门三间，侧建两角房，围墙、照壁全。逢庆贺之期，文武官俱集焉。

普济寺 在南城外。顺治十八年，兵事后大饥，有黔僧德润，于此施粥活民，因建殿宇。毁于兵。里人修之。

千佛殿 在来凤寺右。

普济院 一称普光寺，在城北十五里，元至正间古刹也。已毁，里人修之。

毗卢寺 城西南五里，万历四十年建。乾隆三十四年，知州蒋曰杞修，殿顶极高，历级而登者三。旁有楼，可瞻叠水河瀑布，太仓王昶有观瀑诗并记。见《艺文》。

三清殿 在宝峰山顶。

万福寺 在云峰山下。万历中，僧净宽募建。

来凤寺 古为龙凤祠，参政卢翊修，已毁。光绪五年，同知陈宗海倡捐修之。

华严寺 城东南五里，古刹也，为城乡焚香之所。天顺间，千户蔺愈修之，后住僧心鉴亦屡修葺。毁于兵，现修复。

忠孝寺二 一在城南三十里九龙山下。昔有蒙化僧照纯，梦十八人指以一境，名忠孝，令其开建。游至腾，见九龙耸秀，宛如所示，因结庵募缘建寺焉。一在滇滩关。俱毁于兵，里人重修。

地藏寺 在城西二里，已毁。

天应寺 在罗生山麓。其山出泉，寺阶前有石，晴则湿，雨则燥，历验不差，今稍异。

水映寺　一名水尾寺，在绮罗村。

妙光寺　一在绮罗，一在瓦甸。

观音寺　一在城西，一在绮罗，一在吴邑，俱毁。在绮罗者，现修。

东山寺　在城东，已毁。

高山寺　同上。

黑塔寺　又名五皇殿。在城南，已毁，里人修。

龙华寺　一在矣比，已毁；一在顺江。

中天寺　在和顺乡，已毁，现修。

元龙阁　在水碓，下有池，源泉涌出，可灌田亩。

弥勒寺　在雪山下。

玉泉寺　在城西，已毁。

东华寺　在宠灰山。

水月寺　**朝阳寺**　俱在马站。

然灯寺　在丘坡。

三官寺　在碗窑。

安心寺　在顺江。

圆通寺　在固东。

三教寺　一在大洞，一在甸苴，一在明光。

普陀寺　在江东。

盘龙寺　在龙江。

青峰寺　一名团瓢寺，在小蒲窝。

丹阳寺　在雪山下，周东华建。

云岩寺　在明光。

宝华寺　在瓦甸。

增补：

天后宫　在普济寺左，中供州牧许亨超禄位牌。今毁。

翁公祠　在普济寺右，公名甲，官方清正，州人建祠祀之。毁于兵。

西岳庙　在城外东街，士庶同修，今圮。

北岳庙　在一保街，已毁。同治年间，士庶重修。

圣谕楼　在五保正街，毁于兵。今士庶重修。

刘邓二将军庙 在东门外抵塘[①]，明知州余懋学为邓子龙新筑万华馆于此。右为官厅，后厅塑刘綎像。毁于兵。光绪十四年，同知陈宗海捐廉修大殿三间，穿堂三间，厢房三间，头门仍以塘房当之，额曰“二忠祠”。

文昌宫 在来凤山下，形势幽敞。建城后，将其租担拨入城内文宫，遗址尚存。

白衣阁 在城西南山顶，以锁水口，后江右人修萧公祠于左，今圮。

七星井 在城内西南隅、元天宫牌坊右。昼俯窥井底，映有七星。

面壁亭 在宝峰寺三清殿左，为前明进士胡琏、胡璇兄弟读书处，相传受业于寓贤周东华。

白云楼 在宝峰寺观音阁左，有时云雾满室，对面不见人形，倏又清朗，景甚奇幻。明万历四十年建，乾隆三十四年知州蒋曰杞修。

毗卢寺[②] 寓贤徐宏祖书“毗卢寺”三字，邓子龙匾“清净山河”，周东华联“殿古含烟冷，楼空得月多”。大殿右有普团石，周东华坐禅于其上，耳韵水声；右有观瀑楼，为宏祖闲居处，旁可瞻叠水。太仓王昶，有观瀑诗并记。见《艺文》。

吕祖寺 在城内西盟寺左，其中树林阴翳，四围幽雅。今废。

石佛寺 在城南郭外，有石宛然佛像，故名。

将军庙 在南城外五保间，塑“敕封忠义护国镇蛮将军”。前修已毁，今士庶复建。

稷坛 光绪十四年，同知陈宗海拨入东门外礼拜寺脚田一段，计种六箩。一段大小六丘，东、南、北至沟，西至大路；一段大小三丘，东、北至马姓田，南至官庄田。共该太一甲粮二斗□升。

附：各祠庙公所田亩坐落、粮数记

万寿宫 旧有明朗半个山、冷水沟田四箩，原租米念[③]五斗。龙江张家村寨尾撰山田六箩，原租谷八十箩。南甸河心田十二亩五厘，租折银二两。大西阿白屯田一段，原田谷四十箩，永归赵纯襄、徐沛佃种。明光参府老稚鱼塘二个、南香甸田一段，原租银三两。又明光参府南香甸田二段、住地二块、原租银三两。前州牧吴楷因争讼断入万寿宫；明光河边田八箩，秧田在三教寺左，原租银四两；明光鱼眼、实竹二塘田一段，原租银一两。界头穆

---

① 应为“邸塘”。

② 毗卢寺：增补前已开列，此处似为补前释文之不足而重列。然后面内容重复，且“太仓之脉”应为“太仓王昶”。

③ 念：数词，二十，写作“廿”；“念五”可写作“廿五”，即二十五。

家营抵补马班田一段，原租谷十四箩，蚌麻余耀显等捐入古永回墩田一段，原租谷二十箩，该籽粒粮一分。小蒲窝哨楼坡一派，东至大滥坝，南至清水沟，西至山顶，北至邦斛河，共田二十五亩五分，原租共谷二十一石。板栗沟路下田一亩，租一石二升五合；又沟上田一亩五分，租谷一石五斗三升零。华桃寨田二亩五分，租谷二石五斗六升零。橄榄坡头田一亩，租谷一石二升五合；又坡腰田一亩，租谷同上；大滥坝田一亩，租谷同上；尖山新寨山脚田一段，租谷同上，又山腰田五分，租谷五斗。核桃坪田十一亩，租谷十一石二斗七升零。总计盏西栅栏一派田山，东至弄光庙大路，南至户东小河头，西至溪木凹山脚，北至麻栗山脚，共田十六段，种十二箩，原租共谷二百二十五箩。又田三段，种三箩，租八十箩；户东小河田一段一箩，租十五箩；邦别河边田一段六斜，租五箩；户东荒熟小湾田一段五斜，租五箩；小龙塘田五段三箩，租三十五箩；溪木窝田一段二箩，租二十箩。又州牧周名炎断归田亩：上邦别寨傍田一段五斜，租二十五箩；永兴寨傍田二段五斜，租十箩；清水沟田一段一箩，租二十箩。该沐五甲、三甲粮一斗。以上俱嘉庆初年刊于碑石。

文庙　光绪八年，同知陈宗海拨入界头逆产田四十箩：桥头赵家田三十六箩，苏家坎田一箩，何家田三箩，共该粮沐寄庄一石九升七合。十四年，又拨入回子营田六箩，该军粮七斗五升。又拨入大西练乌索逆产田四十四箩：吴家寨大沟口沙坝田十五箩计二十丘，大沟里田十七箩计十七丘，黄土田一箩五斜计四丘，门首田一箩五斜计一丘，老缅山徐姓门首田一箩五斜计三丘，地龙沟田一箩计二丘，侯家坡田三箩计十三丘，侯家坡脚田一箩计二丘，门首楼子田二箩五斜计四丘。共该官庄粮一两二钱，又正七甲、八甲共一斗，中下粮一斗。

武庙　旧置矣比河边田二段，大小三丘，年收租米四十五斗，该免粮六亩六分；娘娘庙门首田六箩，计大小六丘，该来四甲粮三斗二升，有碑。光绪九年，同知陈宗海拨入龙江逆产田四十箩：赵家营上、下长田二十二箩，小栗树田四箩，羊打凹田二箩，小沙坡田二箩，蔡姓田五箩，马兴林田五箩，共该东单粮一石三斗七升。

文昌宫　旧置北练田十箩：北寺门首田六箩，寨外路下沟上田四箩，原租米二十八斗。又明朗练田十一箩：小官田四箩计四十丘，黄家田四箩计四十七丘，团田二箩计十七丘，大官田三箩计二十四丘内分给城外文宫二箩，实十一箩，原租谷二百箩。又缅箐石碑田十箩计六丘，原租谷七十二箩。又乾隆间住民赵品贵捐入小蒲窝田五十八箩零，后报荒十箩，现有四十八箩零，东南至杨姓山，西北至段姓、许姓山，每箩折租银六钱，共该粮靖八甲一石，沐三甲八亩，长洞錠四亩，籽粒一钱八分。光绪九年，同知陈宗海新拨入北练逆产田十二箩：五角田五箩，涧漕田五箩，段家门首田二箩，共该抵补粮六厘。又拨添缅箐田五箩五斛，该靖八甲粮一斗。

城隍庙 旧置小西大宽邑大河边田二亩七分六厘，黄坡汗坝田一段，洞坪天应寺门首冲子田一段，又丁灿云捐北门外草估墩田一段，共该粮修一甲九升五合八勺，修八甲六升五合，太五甲一升五合，修二甲八升五合，有碑。光绪八年，同知陈宗海拨入龙江练公山一带田十六箩，又山租银八两，该上营义学粮米二斗八升。

武侯祠 旧置东门外古灵祠前田二大丘，该粮二斗七升，有碑。光绪十四年，同知陈宗海拨入龙江练忙棒甲小湾田一箩，合包田四箩，该自首垦中则粮马时希、马时忠户下粮三亩五分。

刘邓二忠祠 光绪十四年，同知陈宗海拨入北练仙人坟龙汤河田十二箩，东南至尹、王二姓田，西北至小沟，该屯粮八斗七升。

昭忠祠　张公祠 光绪六年，同知陈宗海拨入北练暨东门外田二十九箩七斛：北门外大路边田二箩，田心大路田四箩，田心沙滩田边田四箩，下河村石头田二箩，黄姜地荞地田五箩，芦子树田五箩，共该修五甲粮四斗零六合三勺，抵补银一分二厘；又东门外饮马水河田二箩，洗布河田四箩，又河边田七斛，大四方田一箩，该太一甲粮三斗八升五合。

龙神祠 光绪九年，同知陈宗海拨入龙江橄榄甲蛮箭蓬田十箩，该下五粮三斗。

马王庙 乾隆庚申年碑记：一猛送田二百一十三亩一分七厘，计九十六分，年纳租折银二十二两五钱七分。一暮福田六十九亩七分八厘九毫五丝，计二十六分半，年纳租折银七两八钱三分。一盏西田六分，内遮坎田三分，计五十九亩六分，年纳租折银五两五钱；又蛮伦田二分，计二十四亩五分八厘，年纳租折银五两五钱；又秧田一分。一止那田八分，回墩田三分，计五十九亩二分二厘；山嘴田一分，计三十二亩零一厘；又一分六亩三分四厘；翁腊田一分计四十四亩七分七厘，又一分一亩三分四厘；腊掌田一分计四十六亩一分二厘，年共纳租折银十一两。又城外西北郭田六十七亩三分六厘，该秋粮一石九斗零九合七勺。

节孝祠 光绪九年，同知陈宗海拨给小西练田二十六箩三斛：田心大桥下河边明映堂荒田五箩，马常龙塘藕塘明绍龙荒田三箩，马牙山明绍龙荒田八箩，康家傲马明国照荒田七箩，大茨蓬礼拜寺荒田三箩三斛，共该修一、

二、三甲粮八斗四升六合。

升官祠　旧收明光隘香租田八百亩，年折租银三十二两，原佃左大雄等完缴。光绪十四年，同知陈宗海拨入大西逆产田十箩一斛：后甸傅家湾田五箩计二十九丘，明家门首田一箩六斛计四丘，杨家田一箩五斛计五丘，共该正七甲八甲粮二升五合，督学租二斛。罗香屯门首田二箩，该粘赤粮一亩[①]。

元天宫　旧置小西毗卢寺后沙坝田十八箩，和顺大庄黄家冲口田一段，共该五甲粮二斗。俱有碑。

东岳宫　乾隆九年，住民寸三省捐置北门田心田一段、秧田五丘，在七家村门首，该来六甲粮四斗八升八合。又十八年，李必昌捐吴邑田一段，该来七甲粮五升。又嘉庆己巳年，置东营小乾塘田六箩，该修一甲粮一斗六升六合。有碑。

南岳庙　旧置娘娘庙马路头田五箩，大小五丘，内秧田一丘，该南岳宫粮二斗，年纳租谷五十二箩。有碑。

肇腾土主庙　旧有缅箐小税边田三箩，该免三单蔺必富户下粮三斗七升三合三勺。又东门外中桥田四箩，该免五单陈以俊户下粮三斗七升四合一勺。又大西马站左所田一箩，该来六甲秦文炳户下粮四升。又北门外田心田三箩，该来四甲李讲户下粮一斗六升。又遗失田一分现查未获，该大十年粮三亩。光绪六年，同知陈宗海拨给龙江大水塘中寨门首大岭子田十箩，分上下二分，该东单蔡英户下免粮五斗。

---

① 粘：似应为“站”；且此处应为粮数，用亩积不通。

腾越厅志卷之十

学校志

古者天子曰“辟雍”[①]，诸侯曰“泮宫”，或为上庠、下庠，或为东序、西序。学之名最详，学之制綦重，故无人不宜学，亦无地不有学。腾虽壤界极边，然声名文物，蔚然可观，使非务学者众，亦乌能若是？乃自咸丰以来，厅垣失守，学宫、书院均被残毁，不暇讲习者近二十年。迨克复后，逐渐兴修，今则咿唔弦诵之声日新月盛，而人民亦得以安定。古云：“礼乐可以化戎兵，诗书所以培善气”，洵不虚也。惟冀主持文教者涵濡培养，力为振兴，则其盛犹将不止于今日矣。兹特编辑《学校志》一门，凡庙学、学额、书院、义学列目于后，庶后之览者，其鉴而有作欤。志学校。

学校志一　庙学学田附

考之礼，凡立学者必释奠于先圣、先师。昔儒谓兼祀周公、孔子，魏晋以降始专祀孔子。然当汉晋时，边郡未设，虽传“司马相如来使，多士景从，南荒渐知有学”，究非为腾越言也。矧[②]唐宋陷于化外，竟历元明，始设庙学。钦惟我国家重道尊师，超越前代，凡外郡府、厅、州、县皆命建立庙学，俾为师儒者，岁时得循释奠之仪，此边隅文治之隆所由，渐与中土比烈也，猗欤盛哉！

先师庙　在厅治南。明成化七年，指挥同知陈鉴请设腾冲司学。十六年，巡按樊莹经始其事；越二年，镇监王举、参将沐诚继成之，至二十一年告竣在今镇营火药局地，始置弟子员。正德六年，监丞朱奉、参将沐崧重修，学使李希颜闻而趋腾，赞成其役，工讫，永昌侍郎张志淳为之记。记载《艺文》。及嘉靖三年[③]，改司为州，遂为州学，康熙三十三年，从诸生胡铨议，迁学于指挥使旧署。四十四年，知州唐翰弼、学正段铨璋移建于此。前以大车湖为泮池，左以秀峰山为魁阁，右立文昌祠，中为棂星门。第二进为仪门，中为

① 辟雍：周王朝为贵族子弟所设的大学。大学有五：南为“成均”，北为“上庠”，东为“东序”，西为“瞽宗”，中曰“辟雍”。
② 矧(shěn)：况，况且。
③ “嘉靖三年”后脱数字，今据《腾越州志》《腾冲县志稿》补。

大成殿，两庑设孔门诸贤、历代诸儒位；右为学正廨，左为明伦堂，后为训导廨，周围红墙。仪门左、右为名宦乡贤祠。泮池堤左建“腾蛟”坊，右建“起凤”坊。雍正三年，州牧孔毓瑱圣裔也从曲阜肖像，装塑四配十哲像，携来孔林楷木一株植殿前。乾隆八年，知州唐世梁于泮池建石为桥，规模甚壮。三十一年后，腾有兵事，以学宫为军需局，阅四年，殿宇荒圮。三十五年，知州吴楷请于藩司钱度，得闲款千余金，益以前州蒋曰杞捐输银，委训导陈文灿修之。泮池环以围墙，两旁树栅门，禁出入。工竣，复为之记。记载《艺文》。至五十年，地大震，坍塌殆尽。州牧屠述濂重修大成殿、启圣宫、棂星门，改建乡贤祠、名宦祠，添修东、西二坊、大车湖围墙；又新修两庑、大成门、明伦堂、外台门、二牌坊门、两学廨坊门、大路大照墙、斋房、回廊、转道石栏杆及四配十哲、乡贤、名宦之主。道光二十五年，同知李恒谦倡捐重修，工未竣即去。二十七年，同知彭崧毓委学正许文藻、训导潘安国暨绅士解宾王等，蒇其事。记亦载《艺文》。咸丰十一年，回贼陷城，毁之。迨同治十三年，同知吴启亮以平贼余款，倡建大成殿，工未竣旋去。光绪五年，同知陈宗海到任，筹捐五千余金，捐廉六百金，改修大成殿，移修启圣宫，新修东西两庑、大成门、明伦堂、乡贤名宦二祠、棂星门、二牌坊，门外添修石栏杆、东西二坊、泮池两旁围墙，墙上修小厦百余间，规模视旧更为完备。

启圣宫　在文庙后。同知唐翰弼倡建，同知屠述濂重修，同知陈宗海移修。

附：学田[①]

学校志二　学额

国家岁进数百人，衡诸论秀书升之典，固不必杏苑蜚声，芗林驰誉[②]，始足为郡邑光也。夫成均入贡，名以年传；廪膳遥颁，学也禄在。值三年试士之期，振笔者芹池焕采，持弓者杨叶呈能[③]。腾自前明成化二十一年置弟子员，迄我国朝典隆造士，取以常规，颁为定例，使人人共奋功名之路者，孰非

① 学田仅列目，未载内容。

② 杏苑：也作“杏园”，唐代新进士游宴之地，后用以喻进士及第；芗(xiāng)林：宋代园林名，为向子諲因忤秦桧，辞官闲居之所。

③ 芹池：《诗经·泮水》：“思乐泮水，薄采其芹。”泮水为泮宫之水，泮宫为古教化之所，后以芹池喻学校。杨叶：《史记·周纪》谓楚养由基“去柳叶百步而射之，百发而百中之”。后因以“百步穿杨”喻善射，借指武艺高强。

棫朴薪槱[1]之雅化哉?

腾越厅学定额，廪膳生三十名，外拨入永昌府学者，多寡无定额。每十六月挨贡一名，由府学补廪者，每年挨贡一名。取增广生三十名，拨入府学者无定额。岁试取文童入学二十名，外拨入府学者，人多则八名、九名，少则七名。取武童入学十五名，外拨入府学五名。科试取文童入学二十名，拨府者同岁试。

谨按：道光二十六年，督学使者孙毓桂奏准于岁试毕，即兼行科试自是生童得免科试往来之劳。又，道光三年，禀准学院陈，于院试前月余，始调童生应府试。为避龙、潞两江烟瘴之故。有碑置明伦堂。

学校志三　书院

蓬莱殿侧，纪入直之名臣；白鹿洞中，著传经之儒士。书院之设，由来久矣。特为之师者，元代仍行遴选，至明始易为延聘之文。我国朝重道崇儒，首详立教，自京都以迄于外郡，莫不设有书院。虽腾僻处边隅，而劝学尊师，数百年来遵循无替。所为露桃云杏，看荟萃之人文；户诵家弦，谱休明于鼓吹。士气培成，儒风丕振，谓非书院为之倡耶?

春秋书院　旧在城内，今废。

秀峰书院　在州学前，明弘治间，兵备道赵炯建。康熙二十三年，知州杨端宪增建。今废。

凤山书院　在学宫右，今曰"来凤书院"，因山立名也。原在来凤山南，久圮。乾隆十四年，知州唐世梁移建于州署右，堂厢俱备，设有膏火、束修田亩，即今丙午、板线、遮蛮三寨膏火田也。三十一年，边事起，讲帷彻[2]，权以为行台。后知州吴楷于二堂后增建花厅三间、左右厢房六间，又辟右方为箭亭，前添屋宇十数间，中立虎坐门，左右环以廊。众议以逼近署内，欲复建于来凤山北而未果。五十四年，从众议改建于学宫右，上房三间、厢房六间、讲堂三间外，书舍东西各五间，讲堂左右书舍四间，厨房一间；中立屏门外，大门、照壁、围墙俱具。起工于十月，落成于次年正月。碑记见《艺文》。董其事者，

---

① 棫(yù)朴薪槱(yǒu)：《诗・大雅・文王》："芃芃棫朴，薪之槱之。""芃(péng)芃"是草木巨盛貌，"棫、朴"都是丛生木，"槱"是积聚。这是赞美周文王能作士的诗句。大意是统治者用人有方，人才众多。

② 彻：与"撤"字通。

邑绅陆自泰、周成林、黄金榜、解新元。道光二十七年，同知彭崧毓捐廉重修，有《劝学诗》四章。同治间，为回贼所毁。贼平，权寓书院于西门刘姓宅内者数年。光绪八年[①]，同知陈宗海到任，睹旧址狭隘，难于增广，以南门内荒产一段，脉接来凤山，面向高黎贡，水绕山环，大观攸属，捐廉千五百七十余金，修藏书楼三间，楼下为上房，左橱右厕，楼前左右厢房六间、讲堂三间，堂右客厅三间，堂左碓房二间，堂前左右厢房十四间，仪门一间，屏门一道，游廊齐备，左右便门各一道，厕房一间，大门三间，看伺房三间。又建字库一座，井二口，照墙一堵，两旁建门，排以八字，直接后墙，计墙一百八十丈。经始于光绪七年秋，落成于八年冬。议定院规，并藏储书籍，刊碑以垂久远。

院中书籍，同知陈宗海捐廉购置。群书束以夹板，藏之藏书楼橱中，责成管事经理。每夏月，学长须检点晒晾，以免朽蠹；切不可外移出院，致令简册散佚。并将书名卷目，备纪于左：

《御纂周易折中》一部十二本

《昭明文选》一部二十四本

《钦定书经传说》一部十二本

《臣鉴录》一部二十本

《钦定诗经传说》一部十八本

《广事类赋》一部二十本

《钦定周官义疏》一部二十八本

《史记》一部二十八本

《钦定仪礼义疏》一部三十二本

《杜诗镜铨》一部十二本

《钦定春秋传说》一部二十本

《五种遗规》一部十六本

《钦定礼记义疏》一部四十八本

《徐氏说文》一部八本

《大清会典》一部十六本

《法戒录》一部六本

《康熙字典》一部四十本

《四库全书目录》一部六本

《丁祭谱》一部二十本

《船山诗》一部六本

---

① 联系下文书院新修开工时间，此处应改为陈到任时间“光绪四年”。

《渊鉴类函》一部一百六十本
《五经类骈》一部五本
《三通》一部三百二十本
《国语》一部五本
《佩文韵府》一部一百六十本
《国策》一部五本
《十三经注疏》一部一百二十本
《二百四十孝》一部四本
《子书百种》一部一百一十本
《试帖诗》一部四本
《云南通志》一部一百一十本
《麟角赋》一部四本
《通鉴辑览》一部六十本
《越巂》一部四本
《汉书》一部三十二本
《墨粹》一部四本
《诗说附诗经拾遗》一部三本
《童蒙必读》一部四本
《字学举隅》一部二本
《书说附汲冢周书辑要》一部三本
以上共存书四十部，计一千五百一十一本。

附：新刊书籍存板

《圣谕广训》一部
《青箱秘钥》
《腾越志》一部
《四时读书乐》附《九成宫》等字帖
《弟子规》
《童蒙缉要》附《小儿语》
《字学举隅》
《仕宦金针》附《三圣劝世文》《寻常语》
《科场条例》
《应验良方》

附：院中田亩租折

东门外一保街田七段。《通志》《旧志》：年纳租谷二十二石四斗二升九合八勺，为山长[1]拨贴饭食之用。按：此田历系谷仓房经理，年纳租谷三十二石四斗二升九合，俱是回民佃种，现存有案册。除完粮外，交山长谷二十二石四斗二升。自军事后，田亩荒废，佃户死亡，历年租石无着。志之以俟经理。

下明朗小河田四箩，礼科旧册：佃户尹盛国。原纳租谷一百四十五箩；又一段，旧佃姜奠川。年纳租谷四十箩。《通志》《旧志》：年共纳租谷一百八十五箩，现仅纳谷八十箩。按《通志》《旧志》，乾隆十四年，知州唐世梁清讯出缅箐义学田九段，除完粮外，年纳租谷十七石四斗四升，详归书院。今其田未详坐落，疑即此明朗田也。共该靖二甲粮三斗。归书院管事完纳。

乌索孙家营田四十箩，名"胶泥田"。光绪六年，同知陈宗海拨入书院，共该屯垦粮十亩，正八甲粮四斗三升，亦归管事完纳。

又，光绪十四年，同知陈宗海拨添乌索田十二箩，亦作山长馆谷。一后甸杨家寨门首沙沟田六箩五斛，计八丘，随田足种，秧田在板田头；一山寨马之广弟兄地基田三箩，计九丘；一马德魁地基田二箩，计四丘；又马姓地基田五斛，计一丘。共该用八甲粮二亩四分，又粮二亩四分。仍属管事完纳。以上数处租谷一归山长收用。

礼房年收各练租，折银七十九两三钱五分，作束修项。缅箐银九两六钱，大西银八两六钱五分，古永银二十四两，蒲窝银三十七两一钱。又，收租折银四两二钱三分。古永银一两一钱六分，明朗银五钱，猛连银一两，蒲窝银一两，河西银二钱，清水、龙江银共三钱七分。

户房年收丙午、遮蛮、板线租，折银八十九两二钱，其田坐落干崖、盏达。乾隆十二年，知州唐世梁详入书院者。除自行完粮外，收遮蛮银实四十一两五钱，又收丙午银三十二两二钱，板线银十五两五钱。又，收租折银五十三两零九分，系嘉庆二年至十五年，开垦具报入膏火者。大西银七两七钱，古永银四两二钱九分，小西银九钱二分，龙江银六两一钱，界头银二十九两三钱，瓦甸银一两一钱二分，曲石银三钱四分，清水银一两，南甸弄丘银二两三钱二分。

工房年收租折银九两五钱。明朗银六两，曩烟银一两五钱，曲石银八钱，界头银一两二钱。

管事年收蚂蝗塘、上户允租，折银五十两。十二年，同知陈宗海酌加为八十

---

① 山长：书院总负责人，相当于后来学校的校长。

两，夷佃亲交。茂福南多、南赖租，折银三十两。十三年，同知陈宗海酌加为八十两，夷佃亲交。又五保街铺租，光绪五年，同知陈宗海倡捐修建，拨入膏火。计面楼三间，中为大门，左右二间为铺房；后大楼三间，左右厢房、后厢房具备。共大小房屋十二间。原收租银七十二两，后收租银四十九两，现仅收银四十三两零。又，光绪十三年，同知陈，于安节堂、育婴堂后，捐廉新植楸木二千株，议定归书院管事经理，三十年后，售出价银，为添膏火之资。

附：院中经费同知陈宗海十三年新订

仓圣诞祭祀银二两。

魁神诞祭祀银六两。

至圣诞祭祀银二两四钱。共祭祀银十两零四钱，俱管事按期交归学长。

一、山长束修银七十二金，关聘及三节各四金，各米二石。旧规束修六十四金零外，每月薪水四金，关聘、节金多寡无定额。

一、额设学长一名。年给膏火银十两。

一、额设管事二名，年给薪水银各五两。年终各将用费汇报本厅及山长查核。

一、额设生员膏火十分，每分每月银四钱。

一、额设童生膏火二十分，每分每月银三钱。同知陈宗海《碑记》：如住院生童逾三十人，拟再加生童膏火各十分。

一、额设看伺一名，给田十九箩。系光绪六年拨给：新垦乌索地田一箩五斛，大路田一箩五斛，秋场边田一箩五斛，顺路田一箩六斛，大团田二箩，平坝田二箩，周启冲田二箩，山神坡田共五箩，孙家营田一箩五斛，小山边田一箩三斛。共该粮籽粒二亩一分五厘、站赤二亩、屯垦六升、正七甲粮二升五合。

附：新置田亩

光绪十四年，同知陈宗海增置龙江田十三箩于书院。马家村下寨门首田四箩，共十八丘；大龙滩外小凹子田二箩，随田秧田二丘；芒棒街洗马河石头田五箩；又石桥下田二箩，计二大丘。共该粮用八甲一斗一升，九甲六升五合仍归管事完纳。

按：此田系回民马文林等请领之家口田，报种六箩五斛，随出卖与马文邦，作价银三十两。后同知陈查核此田，箩种倍于执照六箩五斛之数，乃以书院银三十两给还马文邦，将此田归之书院，以惩冒领之弊而益学谷之资。

学校志四　义学

古者术有序，党有庠[1]，凡设教之地，所以启迪其聪明，变化其气质，使人材有所成就也。故立书院，以培一郡之英姿，卓荦者得蒙作育；复建义学，以教各乡之子弟，贫苦者共沐薰陶。义馆之设，顾不重耶！国朝文运宏开，儒风丕振。腾虽属在边郡，而棫朴作人，数百年来，士气亦蒸蒸日上。虽往者叠遭变乱，旧日义学半属空名，而各司牧加意整饬，或拨公产以充馆谷之需，出廉资以济束修之缺。甚至买书分发，鹤俸[2]频捐，援例增加，鸿规胜旧。其有裨于全腾者，岂浅鲜哉？特书其事于篇。

南门义学　旧在城南门内，为春秋书院故址，又相传为郡城隍庙故址。康熙三十八年，知州唐翰弼捐设；雍正十二年，知州孔毓琪重修；乾隆三十九年，讲堂圮，知州吴楷拨款移建于南门外。见《通志》。嗣有邑绅陆自泰、陆家彦、尹开文、周绍生、金泽、张必达、李沾泽等相继教读，每年束修京斗谷三十三石五斗八升。《旧志》载田四十五段，收市石米三十一石六斗，现收市米一百七十斗。

中右营义学二　旧规每馆每月由中营捐银二两，作中营义学馆师束修；由右营捐银二两，作右营义学馆师束修。

城保义学　《通志》：旧在忠孝寺。乾隆二年，知州吴作哲捐设，每年馆谷一百二十石。《旧志》未详。

新义学二　光绪五年，同知陈宗海拨给龙江田三十箩，东门外田三十箩，赵家营黑泥田十二箩，洗衣裳沟田七箩，刀金寨田六箩，康家田三箩，龙滩田二箩，共该用八甲粮四斗五升，龙一踨站赤银二钱九分。上俱龙江田。北教场先农坛后田二箩五斛，饮马水河小窑墩四方田三箩，风吹坡黑泥田四箩，大二摆田七箩，又小窑墩田十二箩，礼拜寺墙内田一箩五斛，共该泰一粮一石八斗。

东练义学二　《通志》：一在玉璧村观音寺，雍正十二年，知州孔毓琪设，每年馆谷三十一石，《旧志》仅载年给馆金八两；一在满金邑，《通志》：乾隆十年，知州朱锦昌设，年给馆谷十六石五斗，《旧志》则载田六段，年收租谷

---

① 术(sui)：同“遂”。古代行政区划。《礼记·学记》：“术有序，国有学。”郑玄注：“术当为遂……五百家为党，万二千五百家为遂。”

② 旧称官吏的俸禄。

七十一箩，米一石二斗，地一块，收租银一两。

新义学 光绪五年，同知陈宗海拨给本练田四十五箩：董库田共九箩四斛，娘娘庙田共十一箩五斛，满金邑田共二十四箩一斛。该来一甲、四甲粮共一石一斗六升，太一甲一石零八升八合，该屯粮银一钱七分六厘，俱管事完纳，其田种归老馆二十箩。

大董练义学 旧在黄坡，乾隆十年，知州朱锦昌设。《通志》载：每年馆谷十六石五斗，《旧志》则载学田十四户，年收谷八十箩，查明现遗永荒田二分，坐落黄坡村后。现仅年收罗苴冲、大蒲窝、龙江、满金邑等处租米十六斗。

新义学 光绪五年，同知陈宗海拨给本练田、龙江田共三十一箩零五斛，倪家铺田三箩五斛，该太七甲粮一斗九升。龙江老桥头前后田共二十八箩：合包田四箩，里双摆下节田二箩五斛，外双摆田八箩，大小平田四箩五斛，上下黑鱼塘田四箩，大石头田二箩，大岔田二箩，大石头上节田一箩，共该八甲粮八斗一升，归管事完纳，其租谷则二馆均分。

龙江义学 知州朱锦昌设，年收馆谷三十三石五斗。《旧志》载田十四段，岁收租谷一百七十八箩。现查核，赵家营田四箩，上营沐所田八箩，共该龙江义粮四斗零五合。赵家营充公田一箩，门首田一箩，撒马坝田六箩，刀金寨小平田四箩，共该用八甲粮四升八合，站赤银二钱。

新义学二 光绪五年，同知陈宗海拨给本练田三十三箩：孙家山田十五箩，杨梅凹田三箩，大膀子田三箩，窑洞田一箩，大小凹子田四箩，沟边田二箩，长山田五箩，共该自首垦粮六亩，新垦粮二十亩，归管事完纳。

蒲窝义学 《通志》：乾隆十年，知州朱锦昌设，每年馆谷四十石。《旧志》：共站赤田五段，年收谷二百箩。

新义学 光绪五年，同知陈宗海拨给龙江田二十八箩：金田下大碗田八箩，沙家村白二大田八箩，马家田八箩，麻栗树田四箩，共该用八甲粮八斗六升，归管事完纳。

绮罗义学 《通志》：雍正十二年，知州孔毓瑱、署州侯如树设立，年收京斗谷三十二石。《旧志》作年给馆金八两。

新义学 光绪五年，同知陈宗海拨给东练田六十箩零五斛：马家田八箩，李三田五箩，长田二箩五斛，华严寺门首田四箩，大海子田五箩，白家田三箩，胡家田九箩，八角漕田五箩，庄家田六箩，胡沙安田七箩，元朝田四箩，核桃田二箩，共该太一甲粮二石五斗六升七合三勺、太二甲粮三斗，俱归管事完纳。田租二馆均分。

和顺义学 《通志》：雍正十二年，知州孔毓瑱、署州侯如树设立，年收京斗谷三十一石。《旧志》：由署给馆金八两。

新义学　光绪五年，同知陈宗海拨给大西练田六十二箩五斛，共三段，俱坐落顺江太平村前后，共该屯粮二石，归管事完纳。其租谷二馆均分。又计秧田共大小三十八丘。

清水义学　嘉庆二十五年，同知伊里布捐设，年由署内领馆金八两。现无。

新义学　光绪五年，同知陈宗海拨给本练田、龙江田二十四箩四斛：线多田二段共二箩，三家村田三段共三箩，苏家营田四箩，共该小沐里粮一斗六升、太六甲一斗七升三合，长洞鋌粮四亩，上三柱归新馆收租；杏塘田四斛，该南甸司粮归杏塘鋌完纳，丁怕甲桐家庄田十五箩，该龙三鋌银六钱六分，上二柱归老馆收租。其粮俱管事完纳。

河西义学　同知伊里布捐设，每年署内给馆金八两。

新义学　光绪五年，同知陈宗海拨给本练田十九箩：那海田一段共三箩，弄型田七段共八箩，赖怕河边田二分共八箩，共该河一甲、五甲粮一石三斗四升。又督学租谷三箩。其租分给二馆，粮归管事完纳。

明朗义学　旧在三教寺，《通志》：乾隆三年，知州吴作哲设立。《旧志》云：其田本勋庄沐一甲之地，吴作哲拨公款四百金买作明朗义学田，年收土银四十两，除完条粮十九两八钱二分二厘外，余银二十两一钱八分八厘作馆金。

新义学　光绪五年，同知陈宗海拨给龙江、缅箐本练田二十八箩八斛半：龙江赵家营田二十二箩，郭家营田三箩七斛，本练上干河田八斛，雨伞田共二箩三斛半，共该东单粮一石一斗，沾一甲粮一斗，沐四甲粮二升，靖二甲粮五升，义租谷一石五斗，俱管事完纳。

缅箐义馆　《通志》：乾隆五十五年，知州屠述濂捐设，年给馆谷三十八石二斗，合一百九十一箩。其田坐落西边三段共十一箩，一坐落三接桥，一坐落于家坝，一半个山，一止那花蓬，共该免二单粮八斗八升，靖九甲粮一斗三升五合，抵补粮八分，自首垦粮八钱八分。

新义学　光绪五年，同知陈宗海拨给本练田十八箩：香菜河田十五箩七斛，柳树湾田二箩三斛，该靖八甲粮六斗六升八合一勺，沾一甲粮八升，归管事完纳。

小西义学　原在观音塘。《通志》：嘉庆十三年，知州许亨超设，馆谷七石二斗，馆金八两。

新义学　光绪五年，同知陈宗海拨给本练田六十箩：马槛田二箩，大排水田一箩，月田二箩，长田共四箩五斛，白土田共三箩，黑泥田一箩五斛，大路下田一箩，棕包桥田一箩三斛，三岔沟田一箩，山林角田共三箩，老河田共八箩四斛，麦园脚田共四箩，大石桥边田六斛，康家拗马田二箩，河边田四箩，白鱼湾田二箩，石牌寨边田五箩五斛，大茨棚田二箩二斛，大园子边田三箩，柳家田四箩，江西田四箩。共该修一甲粮一石三斗六升三合五勺、修二甲粮二石零七升一合、西单粮一斗四升，归管事完纳。其田租二馆均分。

大西义学 旧在顺江。《通志》：乾隆三十三年，知州唐世梁设，年给馆谷十二石三斗。

新义学三 光绪五年，同知陈宗海添给本练叛产田八十五箩一斛。首一馆分给田二十五箩五斛：阿白尹姓宅后田七箩、又五箩，乌索田十箩，竹园后田二箩五斛，共该正七甲、十甲粮三斗四升，沾八甲粮二斗一升，屯粮一斗四升，站赤粮二斗一升。中一馆分给田二十九箩六斛：罗香李红寨槽子、窝子田五箩五斛，高家田脚隔垦田、沙坡田、门首田、明家田共六箩九斛，松坡脚高家田、李家田、竹园脚、马郭寨后松坡脚田共十箩零七斛，王姓田、卷槽田二箩，理胖田一箩，河边田三箩五斛，共该屯粮三钱四分五厘，站赤十三亩八分五厘，籽粒九分，秋米一升二合，后所垦三亩。又一馆分给田三十箩：乌索尚家田、大坝田、竹园田共十五箩，河冲田八箩，大扎田七箩，共该屯粮五斗七升八合，七甲粮一斗六升，站赤八亩五分。

古永义学 《通志》：嘉庆二十五年，同知伊里布捐设，年给馆金八两，在箐口；道光五年，同知胡启荣捐设，馆谷十二石。

新义学三 光绪五年，同知陈宗海设。上一馆田十二箩七斛：马桥寨门首田四箩，镇龙寺门首田一箩二斛，王家寨田二箩，又黄草坝田三箩五斛，又沙家村白人田二箩，共该粮普勒➀籽粒二亩，甸头➀粘差二亩零四厘，垦粮一分，籽差二分五厘，又甲粮五升。中一馆田四箩一斛：田心大河田九斛半，马桥田二斛，马桥大沟田五斛，董姓门首田一箩五斛，王、梁二姓门首田五斛，石嘴子田四斛半，共该粮陇㐆➀站赤一亩，籽粒差三分，站差共九分；又该甲粮四升外，古永街房地一块，年纳租谷四箩。其下一馆田十六箩八斛：田心寨后田一箩九斛，杨姓寨后田二箩五斛，周姓地基旁田二箩，陇㐆横路下田二箩二斛，大直沟旁田三箩五斛，双合田旁田一箩二斛，苏江小河田一箩五斛，田心寨旁田二箩。共该粮苏江、陇㐆➀站赤十八亩五分。

盏西义学 同知伊里布捐设，给银八两。

新义学 光绪五年，同知陈宗海拨给本练田二十四箩七斛：柳树湾田三箩七斛，龙行沟田十八箩，玉宝寺半坡田三箩，共该沾一甲粮一斗，靖八甲粮三斗，屯银六钱，归管事完纳。其租分给二馆。

北练义学　旧在洞脚村。《通志》：乾隆四十四年，知州吴楷设，年给馆金八两。

新义学三　光绪五年，同知陈宗海拨给本练田九十二箩：大竹园前后田共三十箩，小湾子田四箩，尹家湾田三箩五斛，丁家寨左右田十九箩，娘娘庙田十箩，倒河坎田六箩，许姓田五箩，漕子田四箩，大学田二箩，高田一箩，尖角田四箩五斛，洞脚村田三箩，共该来七甲粮二斗三升，来八甲三斗二升五合，来五甲二斗三升四合，修四甲粮二升，南单粮一斗四升九合，二单粮一斗三升六合，官庄粮六分三厘，抵补后所粮一斗四升，又抵补银二钱四分、谷仓粮一两零五分，南门总义学粮共三斗二升，来二甲粮三斗七升二合。其田新旧三馆分收租谷，粮归管事完纳。

曲石练新义学二　光绪七年，同知陈宗海拨给龙江及本练田三十六箩八斛：牛槛田十七箩五斛，等弄田一箩三斛，大石头田二箩，桥塘田六箩，官坝腰田四箩，小园子田二箩，懒碓房田五斛，大岔田五斛，河边田三箩。共该用八甲粮九斗九升，归管事完纳。其租谷馆师均分。

瓦甸义学　《通志》：嘉庆元年，知州周名炎捐设，年给馆谷二十一石。

新义学　光绪五年，同知陈宗海拨给界头文化村田五十八箩五斛：严家坟地田二十六箩，又上一段田八箩五斛，聚泥冲田共二十一箩五斛，董姓宅后田二箩五斛，共该永七甲粮二斗七升二合，永九甲粮三斗二升五合，归管事完纳。田租二馆均分。

界尾、界头二义学　《通志》：雍正十二年，知州孔毓瑱及署州侯如树设。界尾义馆每年馆谷三十一石，士民林升望等公建书舍。《旧志》未详。乾隆三年，州判朱汝璇设立界头义学于回龙庵，年给馆谷二十九石九斗九升八合。嘉庆间，生员解之元具报，共田十九段。年收租谷一百五十五箩，该粮五斗七升八合六勺五抄五撮。

新义学　光绪五年，同知陈宗海拨给本练田四十五箩：坐落杨姓、胡姓、王姓坟地内外田共十九箩五斛，横沟下田共六箩，李有兰门首田三箩，文化村田六箩五斛，大摆田十箩，共该永九甲粮七斗七升四合二勺，马班粮八分，官庄粮四斗二升三合，俱归管事完纳。其田以十箩添老义学。

明光义学　《旧志》载：田二十段，年收谷五十九箩。查现在坐落明光田十段，年收谷三十五箩。

新义学　光绪五年，同知陈宗海拨给乌索田三十二箩：小河冲田二十八箩，侯家坡田四箩。该正七甲粮六斗一升，正八甲粮一斗，归管事完纳。

四彝庄义学　道光二年，同知胡启荣设，年给馆金八两。

新义学 光绪五年，同知陈宗海拨给本处田六箩，名“毕董田”，该小沐里粮三斗二升，归管事完纳。其租分给二馆。

罗卜丝庄义学 旧在蛮东。《通志》：道光二年，同知胡启荣设，年给馆金八两。

新义学 光绪十三年，同知陈宗海拨给盏西田十箩。

猛蚌新义学 光绪五年，同知陈宗海拨给城外田二十八箩：大摆田十四箩，二摆田十四箩，共该太一甲粮六斗八升五合六勺。

春华学舍 光绪八年，同知陈宗海新设于大西练，拨给本练田二十四箩六斛，俱坐落甸苴前后，该正十甲粮共六斗二升五合，沾十甲粮一斗九升，籽粒八分五厘，官庄二钱零二厘。又捐廉买给龙江马家村下首豇豆田、半个田共二十一箩，大小九十六丘，该用八甲粮一斗二升，新垦粮二亩。十三年又拨给田二十箩：乌索秧田冲脚田十一箩，后甸杨家门首田九箩，共该沾一甲粮一斗，固东逴粮二亩八分五厘。

道源学舍 光绪八年，同知陈宗海新设于三练，拨给界头田二十箩：小河边田一箩二斛，吴家田三箩，江擦子田六箩，大桥上田五箩，斜田二箩五斛，庙前田一箩五斛、又三斛，石姓门首田五斛。该正六甲粮二斗八升，沐寄粮四斗三升五合。又捐廉买给龙江田二十一箩，在夫马田四至内，该粮同柱。

曩宋甲新义学 光绪六年，同知陈宗海拨给曩宋河尾那海田九箩，该河一甲粮二斗七升。

河东大厂新义学 光绪十三年，同知陈宗海拨给乌索田二十箩：河东柳姓地基田八箩，白沙沟马姓地基田八箩五斛，后甸杨姓土硐田二箩五斛，共该河四甲粮四亩五分，阿幸逴粮二亩五分，吴炳中户丁粮一斗六升。

茂福汛新义学 光绪六年，同知陈宗海设，年给馆金十两。

南甸新义学二 光绪十三年，同知陈宗海捐廉修建楼房三间、厢房三间，赁与厘税，年收租银三十两，二十两归义学，以十两作曩宋河夏秋雇夫领路工食。

三夷庄新义学 光绪十三年，同知陈宗海拨给乌索田二十箩：月牙山脚田七箩，吴家寨大摆田八箩五斛，又坐基左傍田三箩五斛，白沙沟夜潮田一箩，共该粮正七甲四升，官庄五钱。

马鹿塘新义学 光绪七年，同知陈宗海设，年给馆金十两。

杉木笼新义学 光绪八年，同知陈宗海设，年给馆金十两。

止那隘新义学 光绪十三年，同知陈宗海拨给盏西田十箩。

大塘隘新义学 光绪十三年，同知陈宗海拨给乌索田二十箩：吴家寨沙墩田十八箩，鱼塘田二箩，该正七甲粮共六升。

滇滩隘新义学　光绪十三年，同知陈宗海拨给乌索田二十箩：吴家寨中摆田八箩五斛，明家坡脚田六箩五斛，小山田三箩，董家坡冲子田二箩，该粮官庄五钱，正七甲共五升。

以上老义学二十六堂，新义学四十三堂，书舍二堂，俱于光绪六年，同知陈宗海量练地大小设立。并捐廉颁给各义学书籍，开列于后：

《圣谕广训》《青箱秘钥》《康熙字典》《仕宦金针》附《寻常语》《文帝鳣坛[1]六条》附《劝世文》《应验良方》《字学举隅》《法戒录》《科场条例》《弟子规》《四书合讲》《童蒙辑要》《五种遗规》《四时读书乐》附《九成宫》。

附：社学

在昔人文发越，约为诗文诸社，以交相砥励，亦唐人"香山社""竹林社"意也。

明时腾有社学三，今无存。

以上未给田亩、义学馆金，即由谷仓、义学租折内筹给。

附：新添义学

光绪十四年，同知陈宗海因大西练地宽人众，虽设义学三堂，不敷分教；且前给田亩，瘠薄难敷束修，是以将续经查出叛产，又新添阿幸屯义学一堂，田种七十一箩，连前三堂共计一百五十六箩，统归春华书舍管事经收，按馆分给。一后甸河边田二箩，大砂田四箩，坡凤门首田三箩，马元芳门首田三箩，龙沟马料田一箩，又龙沟田三箩，团坡脚田六箩，先家田一箩五斛，姜家敦田一箩五斛，马路田二箩，六丘田三箩，河坝心马家宅后田二箩，洗布塘三箩，茶花田五箩、又二箩、又二箩，大里寨门首冲子田二箩，黑双田二箩，瓦窑田共二箩五斛，河坝心田二箩、又一箩五斛，明家地基田三箩，黑双田里朱家田四箩，小冲子口庙门首田二箩，孙家营尹顺田二箩，甸左任家凹田六箩。共该正四甲、八甲粮三斗二升，十年垦粮二亩二分，新垦二亩，站赤二亩，马班二分六厘，抵补一钱，督学租三斛，又沾十甲粮一斗八升。

---

① 鳣(shàn)坛：讲堂。又作鳣堂、鳣庭。

腾越厅志卷之十一

武备志

且夫兵可百年不用，不可一日不备；王政不忽于足兵，此武备所以当志欤。古者天子守在四夷[①]，不侈车徒之盛，自获磐石之安，是岂无为而能如是欤？秦汉以上，寓兵于农。唐代府兵制犹近古，厥后改为藩镇。初，驻守弁官尚能立功边徼，固我疆圉，迨日久弊生，营规屡变，而兵遂不可用。是果兵之过欤？抑亦统驭非人，图维失策，故致武备废弛欤？我熙朝创始绿营兵丁，极为强盛，凡旌麾所指，靡不荡平。当日奉命南征，一时亲任诸大臣身临异域，而威震群蛮，果足与前明刘、邓之奇勋，陈、何之远略后先比烈欤！腾邻西南荒徼之地，汉回参错，缅猛毗连。咸丰以前，承平屡世，兵渐疲弱。大理杜逆窃发，祸延迤西，腾城因以失守者历十余年，岂非无备而然欤？兹将营制、边防、武功、戎事萃为一门，庶志在安边者，亦可资为先鉴欤。志武备。

武备志一　营制

今夫兵以卫民，邦家磐石之安，先由于戎行之整饬。矧腾地处岩疆，蛮夷接壤，欲壮边关之声势，而固中土之藩离，则营制尤不可忽。盱衡[②]往事，汉代虽辖诸史尉，而唐宋复归于段蒙，竟历元明，始置世官以守之。别所分屯，仿充国金城之略；荷戈秉耒，如李牧代北之谋。乃相沿日久，军事渐弛。我国朝神武遐敷，一洗卫所疲玩之习，粮饷归诸司牧，兵马统于镇标。远近分防，绝少鞭长之虑；尊卑相制，不滋尾大之虞。法至良也，制綦备也。用历纪其增损之规，以昭慎固封守之意云。

汉

武帝元狩间，置牂牁、越嶲二郡，以益州刺史领之。

---

① 四夷：东夷、西戎、南蛮、北狄的统称，也是古代统治者对少数民族的蔑称。《书经》："无怠无荒，四夷来王。"

② 盱(xū)衡：观察、纵观。盱，张目。

明帝永平间，割益州西部六县为永昌郡，置都尉，腾越属焉。

昭烈帝初设庲降[①]都督，后武乡侯定南中，不留守兵，故兵数俱无可考。

元

世祖中统二年，设金齿等处宣慰使及万户府、千户所等兵。《通志》载：旧屯驻蒙古兵，又募爨僰人一万为军，又续取新降人等充军。

明

永乐间，设立腾冲卫守御千户所。

正统八年，设军民正、副指挥使司，统五千户所，兼辖屯田。设二镇守，一以武荫为参将都督，一以太监为镇守监军。后嘉靖九年裁。又设同知二员、佥事三员、掌印操屯各一员系考选、经历司一员、千户所六员，三分马步旗军二百八名、七分屯军一千二百九名、舍丁一千二百五十八名、军余六千一百六十一名，俱隶焉。

成化十二年，设金腾兵备道，专督卫所土司官兵。

万历十三年，设永腾参将，立义勇营、永腾营官兵一千零八十员名，布领营、陇守营、镇远营官兵一千五百六十八员名，八关营官兵一百八十四员名，屯田二十、甸兵一百名，俱驻防腾越。四十八年，设陇把守备一员、蛮哈守备一员。

国朝

顺治十六年，大兵取滇南，随平腾越，卫兵悉令归农。十七年设腾越协副将一员、守备一员、千总二员、把总四员、马战兵一百名、步战兵四百名、守兵五百名，共官兵一千零八员名，隶永顺镇。

康熙、雍正间，一依旧制。

乾隆三十四年，经略傅恒奏设南甸守备一员，添兵二百名，又添兵三百名，共兵一千五百名。四十年，总督图思德奏改腾越协为腾越镇，制设总兵一员、中营游击一员、左营都司一员、右营都司一员、中左右三营守备三员、千总六员、把总十二员、外委[②]千、把总十八员、额外外委十五员。添设兵一千五百名，共兵三千名。内以左营都司一员、守备一员、千总二员、把总四员、外委六员、兵一千名，分驻南甸。按：全滇六镇六协，腾越镇辖二协一营，共

① 庲(lái)降：古地名，在云南曲靖县境，三国蜀置益州郡庲降都督屯。

② 外委：清制，指额外委派的下级武官。外委千总，正八品；外委把总，正九品；额外外委，从九品。

兵七千五百名，控制南甸、干崖、陇川、盏达、猛卯、户撒、腊撒、遮放、芒市、潞江、耿马、孟艮、孟定、镇康、湾甸、孟连共十六土司所管辖地。东至蒙化、漾濞过金牛屯界，南至外夷蛮莫界，西至野人界，北至丽江傈僳界，洵西南一巨镇也。

嘉庆间兵制如前。

道光二十年后，兵数稍减，实设兵二千八百十四名。二十八年，裁藤牌战兵一百八十名；二十九年，裁马战兵三十三名。实存中营马兵三十一名、战兵六百二十一名、守兵二百十七名，左右营马兵各二十九名、战兵各六百十九名、守兵各二百十八名，实存兵共二千六百零一名。

咸丰十一年后，回逆据城，营制悉废。

同治十二年，腾城恢复，设兵二千六百零一名。

光绪元年，裁兵七成，设兵三成。二年，复设兵五成，实设中左右三营战兵各三百零十名，中营守兵一百零八名，左右营守兵各一百零九名，共兵一千二百五十六名。原设三营骑操马一百二十四，现设三营骑操马各十一匹，共三十三匹。

附：汛[①]防兵制

国初以协营兵九百余分防，设六隘、分水岭、盏西防兵各十名，设八关汛兵各二十名后撤，设猛卯汛兵六十名，盏达汛兵六十名，共汛兵三百六十名。土人云："当年官兵以出汛为乐，冬初出汛，春晚回营，无不捆载而归者百余年焉。"

乾隆三十四年，撤征缅兵，次年分陇川、盏达、芒市、缅宁为四路，截留滇黔征兵戍守。陇川驻兵三千三百名、盏达驻兵一千名、芒市驻兵一千名、缅宁驻兵四百名，共防兵五千七百名，派各关卡，提镇统副、参、游、侍卫分将之。南甸亦驻有重兵。三十六年，定撤留制，霜降后分驻各关，瘴起则撤还曩宋关，余关卡酌留有差。是冬出防陇川路兵，分一千名驻龙抱台。三十七年，金川事起，都统、侍卫全撤赴川，以本省提镇将备出防。三十八年，四路防兵四千五百名。四十一年，设腾越镇镇标两协一营，以一营兵出防。四十三年，李侍尧请改防为汛，拨中右营兵五百名赴陇川杉木笼汛，左营兵二百名赴干崖汛。四十四年撤汛，留干崖兵一百名、杉木笼兵二百五十名分守关卡。定出巡制，总督年巡边一次，提督二次，总兵亦二次。

嘉庆、道光间微有裁减。

---

① 汛：军队戍防地称汛。明臣李颐《条陈海防疏》："须俟汛报紧急，先以分守之兵，统赴汛地。"

咸丰后，因兵事，汛制悉废。

光绪二年复设防汛员兵：

固东汛　设把总一员，兵五十名。

蒲窝汛　设把总一员，兵三十名。

杉木笼汛　设千总一员，协防外委一员，兵七十五名。

蛮东汛　设把总一员，兵三十名。

茂福汛　设把总一员，兵五十名。

盏西汛　设把总一员，兵五十名。

马鹿塘汛　驻外委一员，兵三十五名。

大坝汛　驻外委一员，兵五十名。

平山汛　驻外委一员，兵三十五名旧设缅箐。

榨油房汛　驻外委一员，兵四十名。

武备志二　边防关隘碉卡具

边防之名，始于杜佑《通典》，专言外夷叛服、山川险阻。至内地防守之计，边隘碉堡之设，则未之详也。惟腾地邻荒徼，环处者悉属裔夷。故定远三征，播天威于化外；用宾一奏，设关隘于遐陬。因之建碉设堡，安卡屯兵，显扼要区，而隐固封守者不一而足。虽盛朝中外一家，德威覃被，凡极边外夷，皆同游太平之宇，然操控驭而讲防维者，于腾郡边防，究不可缓也。

城北滇滩关外为茶山，在高黎贡北，地极高寒，五谷不莳，其人强悍善斗，旧属孟养。明永乐三年，孟养纠上江刀孟永叛，夷目早章不附，五年授章长官司。按：茶山在保山十五喧西北，大塘、马面、滇滩之北，云龙州、潞江以西。言永腾边事始于此。

王骥三征麓川，师逾孟养，至孟那地界详《边裔志》，诸部落震詟曰："自古汉人无渡金沙江者，今王师至此，真天威也！"骥立石与誓，以金江为界，曰："石烂江枯，尔乃得渡"，思禄听命《明史·土司传》。

万历二十二年，巡抚陈用宾设八关，留兵戍守。二十三年，设立蛮哈、陇把两守备，筑堡猛卯，名曰"平麓城"，开二十二屯田。包见捷《缅略》："用宾建关堡，屯田以备缅，缅忌之，数构衅。宾复遣闽人黄袭，约暹罗与得楞内外夹攻之，自是缅势始弱。

八关古关附

铜壁关 城南三百二十里南甸司地，关在蛮哈山内布岭山，控制蛮哈、海黑、蛮莫诸要隘。

万仞关 城南三百里，关在盏达吊桥后猛弄山顶，控制港得、港勒、迤西等处要路。

神护关 城西南百八十里，关在盏西后猛戛山，控制茶山、古永、威缅、迤西等路。

巨石关 城南三百三十里，在户冈息马山，控制户冈、迤西等路。

四关以蛮哈守备守之。

铁壁关 城南四百八十里，在等练山，控制蛮莫水路。

虎踞关 城南五百里，在邦杭山，控制蛮棍、遮鳌、先脑、猛密诸要路。

天马关 在邦欠山，控制猛矿、猛曲、猛密诸要路。

汉龙关 在工回，控制猛尾、猛育、垒弄、锡箔等要路。

四关以陇把守备守之。今天马、汉龙二关已沦入木邦。

马面关 旧归回关，一名马面隘。城西北二百五十里上江外蛮云喧山顶，山极高险，远通云龙、五井，为盐枭出没之所，先曾立栅防范稽查，实控制茶山、里麻等处要路。

古永关 城西一百六十里。

猛连关 城东六十里。

合泽关 城南三十里，路通矣散[1]。

三关皆内地，与马面关为四古关不在八关之内，设自前明，已无可考，外有全胜关在分水岭，今以盏西当之。

九隘后增一隘为十隘

古永隘 城西百六十五里，在胆札山。其地四山环绕，对面琅玡山，石峰峭壁，高险异常，洵称隘口。土人云：此地有路三条：一一日至小茶山，即金沙江流入丽江；一通蛮莫；一通戛鸠地。

明光隘 由城西二百里至明光，两旁夹江，迤逦前行约四五十里至隘口。

滇滩隘 城西百二十里至固东营，八十里至忠孝寺，三十里至关田坝，颇宽，各弩手环处耕种，尚为乐土。明宣德五年，置巡检及茶山长官司，以通事段胜为巡检。及茶山副长官司早大宸所部为野人杀掠，奔内地，此关巡

① 矣散：即今之“雨伞”，属荷花乡。

检想亦同时并亡矣。今土目起自雍正间。

止那隘　城西百四十里，在盏西境。其江由古永江流入，绕盏西赴干崖海坝，通神护、万仞两关及古永奔麻山。

猛豹隘　城西南一百五十余里，在盏西江外，与南甸司庄毗连。其地群山环绕，山顶即野夷寨，远通万仞关，故设抚夷以控制之。

大塘隘　即巅塘关，在城北百七十里，界明光、马面之间，路通野夷。其地崛越大山西南，绕古永山北，城脉由此来。

霸竹隘　在铜壁关右，由盏达南去八十里，属盏达司。

杉木笼隘　在南甸东南百二十里，属南甸司。

石婆坡隘　一名邦掌隘，在南甸司北百十五里，隘设平山。

茨竹寨隘　今无。

屯田二十二甸详《屯田志》

天成甸、地平甸、元运甸、黄裳甸、宇安甸、宙宁甸、洪福甸、荒丰甸、日升甸、月恒甸、盈谦甸、昃中甸、辰拱甸、宿明甸、列能甸、张翼甸、寒暄甸、来远甸、暑清甸、往顺甸、秋有甸、收功甸。

国朝九屯旧二十二甸沦于夷者四甸，及雍正二年，益以民屯九屯，为二十七屯：方耀屯、蛮丙屯、遮东屯、宛顶屯、蛮育屯、盏西屯、牙洒屯、蒲窝屯、火烧寨屯。

乾隆十二年，边夷早可劫掠云龙土目段联第属下二寨，又云龙边夷弄更扒劫潞江、芒市司属下数寨。经官军剿擒，议以江东之孙足等三寨、江西之鲁掌等十余寨寨名详《通志》归保山管，官寨上接痴戛、把仰、大塘、明光、派赖、茨竹、习降、古勇、滇滩各寨归腾管。将永顺镇之猛赖汛移驻旧乃，十五喧新关原设兵五名亦归之，与保山之康渡、腾之马面关犄角声援。三十五年，截留滇黔兵戍守陇川、盏达，陇川驻兵三千三百名，盏达驻兵一千名，南甸亦驻重兵。次年分陇川兵千名驻龙抱台。四十一年，设腾越镇，以一营兵出防。四十三年，改防为汛。杉木笼汛兵五百名，次年减为二百五十名；干崖汛兵二百名，减为一百名。

光绪二年，复设汛地千总、把总、外委十一员，兵四百四十五名。详具《营制》。

碉堡道光三年建始

知州胡启荣碉堡图说本《通志》：腾郡四面环列野夷寨落，直通关外，禀请照黔楚章程，建沿边碉堡七十七座，除民人自守外，设屯练守之。

一、三岔河、棕包河、栗子园、芭蕉林四处，各建石碉一座、石堡一座。共屯练丁百二十四名。

一、山寨、后甸、胆札、苏江、跳石、魁甸、吴家冲、湖广冲、当戛寨头、当戛寨尾、陈家寨、郭家寨、花子塘、牛圈房十四处，各建石碉一座。民人自守。

一、榨油房、官坡、热水塘、徐家坡、大草坝、李进坡六处，各建石碉一座。汛兵驻守。

一、威镇坡、假木马、麻石头、莳竹岭、猛乃、凤头山、马鹿塘、小蛮发、三界石、芦子坡、小猛竜十一处，各建土堡一座、石碉一座。共屯练丁三百名。

一、子控塘、哈三、蛮旦江三处，各建石堡一座。共屯练丁七十四名。

一、三岔口、桃树河二处，各建木堡一座、木碉一座。共屯练丁六十二名。

一、二尖山、猛武老寨、猛武新寨、上猛连、中猛连、猛蒙、永海、大蛮发、中山坡、大田坝、龙洞、葫芦口十二处，各建石、土碉一座。俱民人自守。

一、哨楼坡建木碉一座。

一、油竹坝、莽鼓山、邦行山、撒马坝四处，不能养练置碉堡。各捐练丁三十名，令村民协同守御。

咸丰十一年后，兵事蔓延，碉堡倾圮殆尽。光绪五年，同知陈宗海捐廉，禀请边防委员郝映奎修复练卡七十八处，增建二卡。添设练丁二十名。

卡地共八十卡

茂福大路十卡共练丁一百五十五名

桥头卡十五名	红丫口卡十五名
辛家田卡十名	红泥洞卡十名
一碗水卡十五名	初安卡十名
香圆棚卡三十名	马鞍山卡二十五名
陈复卡十名	星布卡十五名

帮中十七卡共练丁二百十一名

香柏岭卡十四名	横水沟卡十四名
得胜卡十六名	大蛇腰卡十三名
文昌卡十三名	老帮中卡十二名
小拱母卡十四名	花家卡十四名
蕨叶坝卡十四名	三级箐卡十二名
下邦凹卡十名	上邦凹卡十名

在担渡卡十名　小鲁仰卡十二名
谷地包卡十三名　龙江渡卡十名
下花水卡十名

盏西山十六卡共练丁二百八十名

麦瓜林卡二十四名　麦瓜林小卡二十名
喂羊盐卡十五名　高禾木卡十五名
春花地卡十六名　观音卡十九名
元枣岭上、下卡共三十名
囊外渡卡十五名。野人地，无碉卡
杨家山卡二十五名。自耕自食，无盐菜
烂堆窠卡十名　打板箐卡十九名
滚脑卡十二名。上三卡，卡尚未修
鱼刀卡十五名　大黑脑卡二十名
大龙塘卡二十五名。自耕自食，无盐菜

芭蕉林下十卡共练丁百六十五名

猛乃卡三十名。自耕自食，无盐菜
哈三卡十五名
花家卡十五名
喇靠河卡十二名。自耕自食，有盐菜
禾木树卡十三名　新塘卡十名
芭蕉林卡二十四名　关河卡十四名
黄石板卡十六名　小江卡十六名

止那隘二卡共练丁五十五名，抚夷兼管之

蛮奔卡三十名　永恍卡二十五名

古永中八卡共练丁一百名，内拨有练田，年应扣两月口粮

蒿子坝卡十六名　熊脚卡十名
花水卡十二名　虎跳石卡十四名
栗子园卡十八名　子挖塘卡十二名
葫芦口卡六名　棕包河卡十二名

古永上七卡共练丁九十名，古永隘抚夷兼管之，今已另换承充

猴桥关卡十八名　屈家坝卡十名
三岔河卡十二名　沈家河卡十一名
木亚口卡十名　羊肠河卡十一名

美古河卡十八名

盏西新岐保路五卡共练丁五十八名

小地方卡十名　　三家村卡十二名

喂猪坡卡十四名　　威镇坡卡十名

三岔口卡十二名

古永进城保路四卡共练丁六十七名

板桥卡十四名，自耕自食　　欢喜坡卡十八名

荃麻箐卡二十名　　栅子林卡十五名

潞江过龙江保路一卡

竹笆铺卡练丁十名

上八十卡，总计共练丁一千一百九十一名。

诸土司关外接壤

南甸司所属神护关、铜壁关外，俱野夷，路通戛鸠地方。

干崖司所属无关隘，野夷，路通盏达地方。

盏达司所属万仞关、巨石关外，俱野夷，路通野牛坝。

陇川司所属虎踞关、铁壁关、杉木笼隘外，俱野夷，路通猛坝地。

猛卯司所属邦中山、天马关外，俱野夷，路通猛密地。

户撒、腊撒二司所属无关隘，路通猛育地。

大塘、明光、滇滩、古勇四隘外，俱野夷，路通戛鸠江头地方。

武备志三　武功

帝王之兴也，每修文偃武，然致治戡乱，各有攸崇。莫谓文德可感人心，而武功之不足尚。三代后，世变风移，顽梗不服者，非是不足以戡定。此名高一战，收上将之奇勋；威振三边，成中兴之伟烈，武功所由重也。腾孤悬江外，四面皆夷，服则怀纳招徕，叛则兴师问罪。自汉唐以迄元明，或冒蛮烟而破敌，或突象阵以策勋，种种边功，昭然史册。我朝天威远布，百蛮输诚，而当日上公远迹荒陬，群贤协力边徼，其丰功伟绩，赫然照人耳目者，如之何可忘也。

元

段信苴日　中统二年[1]入朝，赐虎符，诏颁腾越等城自各万户以下，皆受其节制，以平诸蛮功入觐获赏。十一年，赛典赤为平蛮行省平章政事，以信苴日为大理总管。十三年，缅将象骑数万掠金齿、南甸，信苴日与万户忽都领骑兵千人御之。缅人前乘马，次象，次步卒，象披甲负战楼，两旁挟大竹筒，置短枪数十于其中，乘象者取以击刺。忽都下令："贼众我寡，当先冲河北军！"亲率二百八十一骑为一队，信苴日以二百三十骑傍河为一队，千户罗脱孩以一百八十七人依山为一队。交战良久，贼败走，信苴日追之三里，抵寨门，泥泞而退。南面贼兵万余绕出官军后，信苴日驰报忽都，复列为三阵，进至河岸击之，又败走。追破其十七砦，遂北至窄山口，转战三十余里，贼及象马自相蹂，死者盈三巨沟。日暮忽都中伤，遂收兵。明日追至干额，不及而还。

也罕的斤　匝剌鲁人，云南行省。至元二十年，从诸王相达吾儿、右丞太卜分道征缅。命的斤取道于阿昔江，达镇西阿禾江，造舟二百艘，进攻江头城，拔之，击杀万余人，命都元帅元世安守之，图其形势，遣使诣阙陈攻守之方，随遣人至缅招降，不报，诸蛮据太公城以扼我师。复遣僧往谕，反为所害。遂督军进击，大破之，金齿等十二城皆降，以五千兵戍之。

药剌海　至元时，云南行省纳速剌丁率三千余人征缅，至江头城，招徕其民三万五千三百户，以天热还。嗣请益兵征缅，乃发兵万人，命海领之。

明

沐　英　字文英，江南定远人。初以西平侯同蓝玉、傅友德平云南，留镇滇中。洪武二十一年正月，麓川思伦法入寇，结砦于摩沙勒，英遣都指挥宁正破之，斩首千五百余级。三月，伦法悉其众，号三十万，战象百余，入寇定边，以报摩沙勒之役。英选三万骑。昼夜兼行，凡十五日抵贼营，遣都督冯诚先出奇兵挑之，贼以万人驱三十余象逆战。指挥张因率骑卒五千为前锋，贼渠跨巨象直前，我军注矢连发，中象膝及胁，象仆，渠走，追射杀之，杀贼数百，获一象还。英喜曰："贼不难平也！"乃下令置火铳、神机箭，为三行列阵中，俟象进则前行铳箭俱发；不退，次行继之；再不退，三行继之。诘旦分军为三队，冯诚将前，宁正将左，都指挥汤诏将右，将士鼓勇进。贼悉

---

① 中统：蒙古汗国忽必烈(世祖)年号。中统二年为公元1261年。

众出营，结阵以待，渠帅、把事、招刚等皆乘象。象披甲，负战楼，若栏楯[①]，悬竹筒于两旁，置短槊于中，以备击刺。阵既交，象突而前，诸军击之，矢石俱发，声振山谷。群象股栗，反走。张因、张荣祖乘之直捣其寨，纵烈火焚之，还复邀击，杀贼甚众。贼枭渠昔剌者，率众死战，左师少却。英登高望之，命左右取其帅首。左师率众复进，英督战益急，贼大败，斩首三千级，俘万余人，生擒象三十七，余皆被矢如猬死。渠帅刀思郎等，各中百余矢，毙象背上。英帅师追之，贼连日不食，死者相枕藉，伦法遁去。

沐　春　英之子，字景春，有父风。初，思伦法为其属刀干孟所逐，来奔。春与俱朝，受上方略，拜春为征虏将军，帅何福、徐凯讨之。先与兵送思伦法于金齿，檄干孟来迎，不应。乃令福与瞿能将逾高良贡山，直捣南甸，大破之，斩其将刀名孟，复破之于景罕寨、崆峒寨。干孟乞降，帝不许，命春总滇、黔兵攻之，未发而卒。

沐　晟　字景茂，春之弟。建文元年就镇，时何福已擒干孟，归思伦法。及伦法死，诸蛮分据其地，晟讨平之。以其地为三府、三州、五长官司，又于潞江置屯卫千户所戍之，麓川遂定。封黔国公。后思任法反，方政中伏死，晟引还，卒。

何　福　江南凤阳人。洪武时从傅友德平云南，三十年拜征虏左将军，副沐春讨麓川刀干孟。已而春卒，贼复怀疑贰。时建文即位，拜福征虏将军，遂擒刀于孟，降其众七万，分兵徇[②]下诸寨，麓川悉定。

宁　正　字正卿，寿州人，以功受四川指挥。洪武十五年，从征云南，云南平，命正与冯诚共守之。思伦法寇边，正破之于摩沙勒寨。敌众大集，沐英分兵三队，正与冯诚力战破之。英卒，诏授正为左都督代镇，思伦法遂入贡归附。

仇　成　安庆侯。十六年，带兵征金齿等路，平之。

吴　亮　籍贯无考。正统四年，思任法据腾冲、潞江。以沐昂为征南将军，亮为副，马翔、张荣为左右参将，战于潞江，胜之。五年，复腾冲，追袭至陇把，张荣违昂节制，败还，亮与参将马翔并逮。

沐　昂　字景高，英三子，年十九授散骑舍人。洪武三十五年，升指挥佥事。正统三年，随沐晟讨麓川。四年，佩征南将军印，复讨麓川，师至陇把，攻破关栅，贼遂遁。后晋左都督，卒年六十有七，赠定远伯，谥武襄。

蒋　贵　字大富，江南江都人，起家燕山卫，积功至定西伯。正统六年，

---

① 楯(shǔn)：栏杆的横木，也指栏杆。
② 徇：夺取。

征麓川，命佩平蛮将军印，充总兵官，与王骥帅师抵金齿，分路进攻上江寨、杉木笼山七寨及马鞍山象阵，功皆第一，师还封定西侯。八年夏，复佩平蛮将军印，与王骥讨思机法，攻破之。

宫　聚　都督同知，佩平蛮将军印，与王骥统兵趋孟养。贼聚江为守，造浮桥以渡，令指挥济宣悉锐攻之。随拔芒崖山等寨，檄谕缅酋卜剌浪擒伦法父子。

冉　保　都督。正统七年，王骥征麓川，请选在京番将、舍人、捕苗，乃命毛胜与冉保统六百人往。已再征麓川，即命二人充左右参将。

郭　登　字元登，定远人，武定侯郭英孙。正统中从征麓川有功，擢锦衣卫指挥佥事。初，师至麓川，任法窜于缅，师还复出为寇。七年，举兵征之，八年二月师至金齿，骥檄缅缚送任法父子，又分选侯琎、沐昂等东路兵，径捣麓川，以陈仪领前锋三千开南牙山，断贼走路。使还，言缅酋卜剌浪固愿献任法，然须得重臣来取，不能予使者。时军中闻若言，面相觑，登乃奋身请行，由贡章下船，直入缅会卜剌浪。初，浪意谓重臣无敢轻身至其地者，及登至，浪来会，骄蹇殊甚，无献任法意。登折之曰："今大兵数十万驻腾冲抵江，彼以一亡酋，嫁祸于缅，故匿之为戎首，上谩天朝，何其愚也！"且语且斥，缅人尽惊。盖蛮性本中怯，外故饰倨傲，含容之，彼益肆，径折凌其上，即色沮心伏，乃叩头听命，谨如约。登既得卜剌浪约，十二月先还报，缅使其国相缅剌札，以楼船载任法随其后来献。会有嫉登功者，议留登守沙坝，时官军临江，缅亦盛舟船于江浒。剌札至贡章，不见登，疑之，乃藏任法于别船，而自近官军。骥谓蒋贵曰："此给我过江，蹙我也！"陈仪又自诧[1]知天文，以为荧惑犯舆鬼，可克缅，骥信之。密令蒋贵帅师匝江而下，大战一昼夜，焚其舟数百。剌札竟持任法去，贵子雄追之，兵败自刎，沉于江。骥掩其败，仍以捷闻，王振庇之，贵亦不敢发。登后封定襄伯。

王　骥　字尚德，东鹿[2]人，永乐进士，兵部尚书。时麓川思任法为逆，黔国公沐昂条上攻取策，征兵十二万。中官王振喜功名，以骥可属，思大举，骥亦愿自效。正统六年正月，拜蒋贵平蛮将军，李安、刘聚为辅，骥总督军务，大发东南诸道兵十五万讨之。赐骥、贵绯衣、朱弓矢，请得以便宜行事。驰传至云南所部诸将，遣署将冉保由东路趋孟定，大军由中路趋腾冲，分道夹击。十一月，与贵万人趋上江，围其寨，五日不下。会大风，纵火焚栅，拔之，斩首五万余级。进自夹象石，渡下江，通高黎贡山道，闰月至腾冲，长驱抵

---

① 诧：夸耀。

② 应为"束鹿"。县名，属河北省。

杉木笼山。贼乘高据险，筑七垒相救。骥遣将宫聚、刘聚分左右翼，缘岭而上，自将中军奋击之，贼大溃。乘胜至马鞍山，逾月抵贼巢。山陡绝，深堑环之，东南面江，壁立不可上。骥遣军觇[①]贼，败其伏兵。贼从间道立栅马鞍山，出大军后，骥戒军无动，令方瑛以六千人突贼寨，斩首数百，复诱败其象阵。会东路军冉保等已合木邦、车里、大侯诸土军，破乌木弄、戛邦诸寨，遣别将守西峨渡，防贼轶，刻期与大军会。骥乃督诸将环攻其七门，纵火，风大作，贼焚死并溺江死者无算。任法携二子去孟养，获其符印及所掠腾冲诸卫所印信三十有奇，犁其巢穴，留兵守之而还。帝遣户部侍郎王质赍羊酒迎劳，赐宴奉天门，封靖远伯，贵进侯，刘聚等迁赏有差。思任法之窜入缅甸也，其子机法复帅余众居者蓝，乞入朝谢罪。廷议因而抚之，王振不可。八月，复命骥总督云南军务，帅参将冉保、毛福寿以往。未至，而机法遣弟招赛入贡，缅甸亦奏获任法，要麓川地。朝廷不纳其贡，且敕骥图缅甸，骥因请济师。八年五月，复命蒋贵为平蛮将军，调土兵五万往，发卒转饷五十万人。骥初檄缅甸送思任法，缅人阳听命，持两可。是年冬，大兵逼缅甸，缅人以楼船载任法觇官军，而潜以他舟载之归。骥知缅人资木邦水利为唇齿，且虑思机法将以献其父故仇之，故终不肯献任法。骥乃趋者蓝，破机法巢，得其妻子部落，而机法独脱去。明年召还。当其时，缅人以任法来献，而机法窃驻孟养地，屡遣使入贡谢罪。时中外咸愿罢兵，振意未慊，要机法躬自入谢。遣沐斌帅师至金沙江招之，不至，谕孟养执之以献，亦不听命。振怒，尽灭其种类。十三年春，复命骥总督军务，宫聚为平蛮将军，帅师五十万人往。明年，造舟浮金沙江，蛮人栅西岸拒守。官军连舟为浮桥以济，拔其栅，进破鬼哭山，连下十余寨，机法终脱去，不可得。是时官军逾孟养至孟那海，地在金沙西，去麓江千里，自古兵力所不至。诸蛮见大军，皆震怖，而大军远涉，粮饷不继，亟谋引还。时机法虽遁，而其弟之子思禄复拥众拒孟养，骥度贼终不可灭，乃以思禄立石表誓曰："石烂江枯，尔乃得渡。"遂班师。

方　政　事具《忠烈》。

杨　宁　事具《名宦》。

方　瑛　右都督方政子。初以舍人从父征麓川，父死，瑛愤矢报仇。六年，从王骥征麓川，帅兵六千突贼垒，贼渠衣黄衣，瑛直前，左右击斩数百人，蹦死者无算，遂平其地。寻从骥破贡奉、沙坝、阿岭诸蛮，进都督佥事。十三年，复从骥征麓川，破鬼哭山大寨，留镇云南。

田　礼　张　辄　俱以副总兵晋都督。

① 觇(chān)：俗读zhān，看，窥视。

张　锐　参将。三人俱与方瑛同时征麓川有功者。

丁　璿　上元进士，乘传至腾冲储粮，以便宜言兵事，合上意，遂命巡抚云南。云南之有巡抚自此始。

侯　琎　字廷玉，泽州人，宣德进士。以兵部郎中从骥征麓川，至金齿，骥统大军击思任法，遣琎击大侯州。贼众三万，已命马让、卢钺击走之，遂由高黎贡山兼程夜行。会大军进剿，麓川平，拜礼部右侍郎，参赞军务。诏与杨宁更代，再征麓川，琎以功迁左侍郎，寻调兵部侍郎。十一年，三征麓川，与张軏分兵进抵金沙江，破鬼哭山。在腾时筑城、建坝，功德在人。

毛福寿　字用卿，元丞相卜花之孙，洪武中嗣爵羽林指挥。正统七年，以征麓川功，擢都督佥事。王骥再征麓川，即以福寿与冉保为左右参将，积战功封南宁伯。请更名，乃改为胜，移镇腾冲。为巡按牟俸所劾，诏覆实，置不问。

李　升　江南嘉定人。正统八年十二月，升所为指挥使司，以前兵力单弱，为思任法所据，平麓川后，议调兵筑城、开屯，乃调云南都指挥李升控守，为腾冲指挥使司。时杨宁代侯琎来腾，帅云南将士万五千人，凡五都指挥，以升为首，令士卒凿石于西山，去地盈尺，得石坚好，遂筑城包石，为极边第一城，升之力也。

李　友　都指挥使。

李　福　同知，安仁人。

杨　浚　同知，定远人。

司　韶　佥事，汝阳人。四人同李升将兵万五千人驻防夷寇、筑州城者。

何　洪　全椒人，指挥使。从征麓川有功，后为四川都司。

刘　玉　字仲玺，磁州人。生有胁[①]力，从征麓川，授副千户。卒，赠固原伯。

赵　伦　指挥使。王骥征麓川，以兵十二万抵金沙江，思机法等据江立栅拒战，粮运极难。令伦构浮梁于江上，骥麾兵悉渡，一鼓破之于鬼哭山。

王　胜　本卫人。以征麓川功，由总旗擢指挥同知。传镛旻爵继从朝选。

陈　福　本卫人。以征麓川功，由总旗升任。传鉴宪职秉良惟藩。

张　善　本卫人。以征麓川功，由千户升佥事。传谦铭。

刘　睿　本卫人。以征麓川功，由招讨使经历升用。传浣嵩峰鼎臣拊勋。

尹　晟　本卫人。以征麓川功，由守御千户升任。传镛全岩。

明　贵　本卫人。以征麓川功，由木邦巡检升用。传广英汉照祚勋之明

---

① 胁：似为“膂”之误。膂(lǚ)：膂力，体力；筋力。《后汉书·董卓传》：“卓膂力过人。”

之屏。

申　义　金齿司。以征麓川功，由千户升用。传铭辅渊嘉职嘉禄嘉选。

文安项　文　耀　咸　宁　卢　彬　麻　城　邹来学　六人俱主事。

龚永吉　陈　瑊　齐　江　杜　泰　四人俱郎中。

张　伟　李正芳　段　实　胡　诚　张　睿　王　忠　张　宪　赵　瑝　八人俱主事。

李　杲　李　宽　俱司务。

卢　瑄　行人[①]。

焦　宏　叶县人，户部来督饷。

李　蓘　长州人，以佐事升工部侍郎。

徐　稀　江阴人，吏员，后至兵部尚书。上皆附麓川之绩者。

侯　铎　江南广德州人。景泰间，以征麓川功，由大理卫副千户升任。传润玺世爵承尧应期。

霍　敬　江南寿州人。以征麓川功，由千户升任。传转宗举。

王文用　本卫人。天顺间，以征麓川功，由守御卫千户升用。

黄　谦　本卫人。以征麓川功，由守御千户升用。传升思凤翀。

王　敏　本卫人。以征麓川功，升同知。传宁玺镒三锡亨祚三阳。

刘世曾　四川巴县人，进士。万历时，巡抚云南。岳凤之乱，督兵来腾，刘綎平陇川，世曾委任之力也。

邓子龙　事具《名宦》。

刘　綎　事具《名宦》。

刘天俸　四川人。代刘綎为参将，威服诸蛮，以救迤西、孟养事，同李材报级不实，为巡按苏瓒所劾被逮，寻释。

吴显忠　山阴人。平猛卯多俺之乱，开平麓城，置屯田，与同知漆文昌和衷共事，有安攘功。

陈　寅　温州人。为副将，有平蛮莫、取多罕功。

刘　素　易门人。歼思正以退缅师，有平边功。

李永选　成都人。随征麓川，擒多安民。

高万春　把总。缅酋入寇孟密，春将五百兵拒之，多张旗帜，贼望见惊溃，近击大破之。《明史》载"万历以来，西南战功第一"者，此也。考万历时，莽瑞体父子相继蚕食诸夷，名将如邓子龙、刘綎、刘天俸、吴显忠、董献策等，出力捍卫。然其时兵用招募，未尝如王骥之调十五万、十二万，骚动天下也。

---

① 行人：官名，掌传旨、册封等事。

万春以一把总统五百兵，摧强敌于气盛之时，虽古名将，何以过之！

王一麟　卢承爵　万历二十一年，莽应里入寇，思顺奔猛卯。陈用宾至永昌，遣二人出剿，多所斩获。

国朝

哈国兴　直隶任邱武进士。由侍卫来滇，任至东川营参将，后升副将。兴世代将家，行兵有纪律，常以先礼后兵之策行于边夷，故所至外夷辄与议话。乾隆三十一年，大学士杨应琚办理伐缅事宜，误用副将赵宏榜"纳木邦、蛮莫之降，削平党羽，不烦大兵，可以集事"之言，以至师败新街，匿不以闻。乃用永北镇朱仑为总统，以龚士模、陈元震参赞其事。国兴至铁壁军营，甫出关相度营垒，而缅师已大至。十一月十八日，缅驱兵数万来迎，国兴率东昭兵九百人，乘高据栅，戒兵卒无动，俟贼近栅开枪，所发无不毙。凡相持四昼夜，提督李时升由黑山门带兵七百名益之。缅遂诈降，别遣贼从万仞关入。于是撤兵入关，而缅亦知我军中有哈将军矣。三十二年正月初三日，缅贼蔓衍入猛卯，李时升命国兴带兵进攻，据猛卯城。贼反攻甚急，国兴亲督战，枪伤右腮，穿落门牙十一。十三日，四路兵集，缅始遁，调回州养病。五月，总督明瑞以将军住永昌。九月出师，国兴从战，于蛮结大破缅。后以深入无继，明瑞阵亡。三十四年，复大举征缅。时国兴已由总兵擢贵州提督，经略公傅恒至永筹进剿事宜，用水师，兴赞成之，于铜壁关野牛坝造船。船成，于七月进兵，随经略由孟拱、孟养、南丰、猛列、猛坝，耀兵而还。师次老官屯，水兵不能进，贼水陆防御甚坚，我军多病。惟将军阿桂所将龙陵一路万余人，新从虎踞关出，赴官屯，军威颇壮。曾用地道攻之，又筑台发火炮击之，缅颇惧。时官屯缅目谢已万为将，遣其目得鲁蕴递文，恳请解兵。越日，得鲁蕴出见国兴，兴亦入栅见之，晓以利害，与谢已万等议三事：一、不许侵扰边界；一、还我被留之人；一、十年一贡。时经略病甚，将军阿桂集从征大臣议进止，皆亲画押撤兵，十一月，遂班师。三十五年，缅背送人之约，总督彰宝差都司苏尔相出关，为缅目诺尔塔拘留。彰宝以国兴在老官屯面议不实劾奏；又，官屯画押，国兴曾代常青押，查问青，亦以实奏。国兴至京师，召见陈奏，削宫保衔，降贵州古州镇。寻调云南临沅镇，腾越出防仍与焉。后奉命赴金川，擢陕西提督，为参赞，卒于军。

汪道成　江西人，大理提督。道光二十三年，南甸刀承绪之乱，临腾剿办，事蒇[1]而归。

---

① 蒇(chǎn)：完成。

陈桐生 浙江钱塘优贡，任永昌府。刀承绪之乱，同迤东道周澍、腾越镇世泰攻克猛来。

世　泰 满洲人，号心莳，腾越镇。事见陈桐生下。

武备志四　戎事

圣王之为治也，有礼乐以化无知，即有兵戎以格不服。故《周官》宗伯而后，继以司马，慎戎事也。腾越戎事，当汉唐五代亦越宋朝，或据或附，鲜有实证。及元明，声威远播，史不绝书。逮我朝，遐方归化，率土蒙庥，兵戎之事，与文德并著，谨据实而综记之。庶览此篇者，有以知已往之是非得失云尔。

元

至元十四年，金齿千额总管内附，缅人恶而攻之，欲立寨腾、永之间。诏遣忽都、信苴日等伐腾越蒲蛮、阿昌未降部族。是年，缅酋蒲甘遣其将释多罗伯级，率兵象盈万寇腾越，总管段信苴日迎战于南甸，大败之。继缅酋复入寇，招讨使怯烈西域人以战具资军士，讨平之。

十六年，大理元帅纳速喇丁统兵抵缅国，招安夷寨三百、籍户十二万二百户，为之定租赋、置邮传、立兵卫。归，以驯象十二入贡。

十九年二月，遣诸王相答吾儿、右丞太卜、参政也罕的斤征缅。

二十年，相答吾儿等分道击缅，怯烈造舟于阿昔、阿河两江，顺流攻之，拔江头城。遣使招其王，不应，进拔太公城，缅降。

二十一年正月，金齿十二部皆内附，置卯牙宣慰司于蒲甘，令云南王率怯烈移镇缅。

二十三年，招讨使张万、也先帖木儿会兵讨缅。

二十四年，缅平。

大德五年七月，征缅师还，为金齿诸蛮所阻，士多战死。诏遣薛超、兀儿移兵讨之，无功。九月，免薛超、兀儿为庶人，诛高庆、察罕不花以二人征缅时受赂偈[1]还。

明

洪武十五年闰二月，沐英、蓝玉等克大理，分兵定腾越。

---

① 偈(jié)：跑得快。

十六年六月，知府高泰、高惠并也先虎都构麓川彝思可叛。

二十一年，平缅诸蛮、百夷刀思郎入寇，总兵沐英遣兵击败之。三月，缅复入寇，沐英自将精锐二万讨之，斩首二万余级，俘万人，生获四十七象。酋目刀思郎死，余党败走。

二十九年，思伦侵缅甸，宣慰卜喇浪遣使请于朝，上命行人李思聪、钱古训持诏往谕之。思伦惧，谢罪愿罢兵。

三十年九月，麓川刀干孟攻逐思伦，据其地。思伦奔诉京师，上恤之，赏赉遣归。诏沐春为将军，何福、徐凯为副，往讨之，大破其众。

三十一年二月，刀干孟请入贡。五月，沐春进兵击平缅，先以兵送思伦于金齿，使人谕刀干孟来迎，不从。乃遣何福等直捣南甸，破景罕寨，复击崆峒寨，干孟乞降。上以其反复，不许。何福擒斩之，思伦复还麓川。

正统二年十月，麓川酋思任反。任，思伦次子。明初，思伦叛，沐英招之内附，奏为宣慰司。宣德时，以木邦仇杀，因失官，以孟养刀氏代。至思任，因刀宾玉势弱，遂据麓川，侵孟定、湾甸等处。命沐晟遣官招之，不奉诏，乃置木邦、孟养、孟定三府，设镇远、镇威二州，立干崖、湾甸、潞江、大侯、者乐五长官司，又置腾冲千户所，以扼其要。

三年十二月，思任掠腾冲、南甸、孟养，刀宾玉奔永昌，死。思任遂屠腾冲，据潞江。事闻，遣刑部主事杨宁往谕，不服。

四年正月，诏沐晟率沐昂、方政讨思任。至潞江，任诈请降，晟信之，杨宁曰："兵未交而降，诈也。"晟不听，深入，伏发，方政力战死。晟回至楚雄，饮药卒。五月，以昂为征南将军，右都督吴亮副之，马翔、张荣为参将，进讨思任，战捷于潞江，始复腾冲。

五年二月，沐昂军抵陇把，张荣违昂节制，大败而遁。诏切责昂，吴亮、马翔并逮。七月，思任屯孟罗者、章硬寨，昂败之。

六年，思任遣使谢罪，太监王振力主征讨。乃命蒋贵为征南将军、兵部尚书王骥提督军务，太监曹吉祥监军，侍郎曹晞督饷，杨宁等赞画，率兵十五万往征之。十一月，分兵三道，抵上江，斩贼数万，大破之于杉木笼山，又破其象阵于马鞍山。思任走缅，其子思机匿孟养，骥移兵讨之。

七年三月班师，论功封蒋贵定西侯、王骥靖远伯，余升赏有差。既而思任复乱，冬十月，命骥等再征。

八年二月，王骥至金齿，分兵进捣麓川，檄缅献思任父子。使还，言愿献，欲得重臣往取。郭登请行事详《使命志·郭登传》[①]入缅，缅乃遣其相缅剌札，

① 应为"《武备志·武功·郭登传》"。

以舟载思任来献。至，不见登，遂不敢献。骥听裨将陈仪言，密令蒋贵击之，刺札竞持思任去。贵子雄追之，兵败自刎。骥还，仍以捷闻。

九年，参赞杨宁巡抚云南，遣使许缅以孟养地易思任，卜剌浪喜，乃函首来献。时刀宾玉已死，因以卜剌浪长子银起莽为孟养宣慰。思任子思机、思尚仍潜居孟养。

十年十月，兵部侍郎杨宁始筑土城于腾冲司。

十一年，改麓川为陇川，设宣慰司于陇把，以旧夷目恭项为宣抚，敕赦思机等罪，令其入朝，不至。

十二年十月，思机、思尚据孟养叛。

十三年，王骥复征麓川，大破之，逾孟卯、孟养而还。思机、思尚竟失所在，夷众复立思任幼子思洪为主，来言愿奉思氏，永当差发，许之，遂班师。河西县学教谕詹英劾骥老师费财，滥行爵赏。

景泰二年，缅人执思机，献俘于京。

万历四年，金腾兵备道许天琦，以孟养、三宣诸夷尽投缅，檄指挥佥事侯度抚慰之，诸夷始复向中国。

五年，缅酋莽瑞体结陇川诸夷作乱。时瑞体吞并邻境，招陇川多士宁叛，士宁不从，岳凤杀士宁以应之。士宁妻罕氏怀印携二子多忠、多孝奔永昌。当事不能救，令归，凤尽杀之，遂据陇川。瑞体遣子应里、喇鲔分戍陇、干，自攻迤西。土官思个告急，副使罗汝芳调汉土兵击之，困缅兵，岳凤导之遁去。

七年，莽瑞体复侵迤西，思个被杀，上命镇巡遣官往勘，乃以永昌府知府严时泰、卫指挥王训往谕，诸夷不听。

十年，岳凤陷干崖，执遮放头目刀落思归，莽应里遂入姚关。

十一年，贼杀指挥、千户六人，干崖、盏达等处皆陷。巡抚刘世曾、巡按董裕会疏请兵，以参将邓子龙、刘綎提兵出剿。应里会孟养、孟密、蛮莫、陇川、车里、八百等众犯姚关，子龙大破之于攀枝花。刘綎出陇川，抵阿瓦，诸头目皆降。

十三年副总兵刘綎被论，改临沅，于是孟密、蛮莫、锡箔等夷复叛投缅，惟思化不从。

十六年九月，缅兵犯猛密，参将邓子龙围思化、思豪于蛮莫。巡抚萧彦令同知漆文昌抚之，文昌单骑人，化、豪匐伏听抚。

十九年，莽应里破猛拱、猛广，又围蛮莫，邓子龙率兵攻退。又攻迤西，思化等奔等练山，邓子龙击败之。

二十一年十二月，莽应里分道内侵，思顺奔猛卯。巡抚陈用宾遣王一麟、卢承爵等合剿，斩获甚多；又募闽人黄袭约暹罗国王，令其袭缅，更计斩土酋多俺，缅始退归。

二十二年，陈用宾檄同知漆文昌、参将吴显忠筑八关二堡于三宣要害，以戍缅。

二十四年，猛卯酋多俺勾缅构乱，陈用宾檄木邦罕钦灭之，筑平麓城，议屯田，戍汉龙、天马二关。

三十二年，缅攻猛密，征兵思轰，轰缚献其使于腾，缅怒攻轰，都司王万年救之不及，缅遂以酋长思华据其地。

三十三年，陈用宾遣副将陈寅擒缅目多罕，复蛮莫。

三十八年，陇川宣抚多安[①]叛入缅，巡抚周嘉谟檄兵备黄文炳追击之，陇川平，立其弟安靖。

国朝

顺治元年甲申，流寇孙可望遣伪总兵杨武滋扰腾境。

八年，可望遣伪都督王复臣以干崖、陇川纳赋愆期[②]，杀干崖土司刀镇国并致仕土司刀定远、陇川土司多安靖。

十六年己亥，大师抵云南，故明沐国公天波、李定国奉其主桂王至腾。李定国复集兵于磨盘石，树栅扼险死拒我师，赵布大、吴三桂力战破之。桂王入缅，遂克腾越，南甸、干崖、陇川各土司后先归附。

十七年，吴三桂奏准南甸刀呈祥、陇川多绍林、干崖刀建勋、盏达刀思韬，仍给宣抚印札世袭。设腾越副将，隶永顺镇。

十八年正月，李定国攻缅甸，缅酋请救，吴三桂发永腾兵五千遥应之。十一月，定西将军公爱星阿、吴三桂领满汉大军入缅，追白文秀于茶山。革腾冲卫，设卫守备、卫千总，管屯田、军余，隶云南屯田都司。

康熙元年壬寅六月，师次缅。缅酋杀明宗室吉王、松滋王、瑞昌王及沐天波等数百人，从臣、宫眷殉难者数百人，遂献永历[③]。八月，李定国死于景线，其将思良等以其子嗣兴及刘文秀子震来降。九月，议赏缅甸功，吴三桂奏罢之。

乾隆三十一年，缅人犯边，总督杨应琚檄提督李时升、总兵朱伦拒之于

---

① 此处逸一“民”字，“多安”应为“多安民”。

② 愆期：误期、失期。

③ 永历：南明桂王朱由榔在广东肇庆称帝年号，这里指桂王本人。

铁壁关。缅人潜入铜壁关，侵户撒、陇川、猛卯、木邦而去。

三十二年，总督将军明瑞讨之，战于蛮结，大破之。将次阿瓦，额尔登额不赴援，明瑞及参赞观音保、珠鲁纳、总兵李全死之。

三十四年，经略大学士忠勇公傅恒、副将军阿桂、副将军阿里衮再讨缅。缅人惧，乞降，傅恒振旅而还。阿里衮卒于腾，阿桂留镇永昌。

嘉庆十六年春，罗卜丝庄野匪沿边骚扰，焚掠民村。总兵李东山、同知高孝植亲往剿办，檄调土司、练目协平之。

十八年冬，野匪沿边焚掠，自南甸至帮中、沙坝。次年，云贵总督伯麟、提督双林委总兵成文、迤西道嵩禄，由马鹿塘、�竹岭，沿江剿捕，歼厥渠魁，余党悉平。

道光十七年，野匪余小老烧杀滇滩等处。札委练目左大雄、许登成、董大文平之。

十八年，熊家山野匪早当等，大肆抢劫、烧杀盏西，札委左大雄率练兵平之。

二十一年秋，南甸土司刀宏绪谋反，纵其弟护印刀承绪大掠河西弄焕民田，欧[1]毙田主周文广。时河西练绅民具控到厅，同知庄粤台屡调听审，承绪等抗不赴案。十月，刀承绪与刀三用等又率夷众大掠曩宋关民田，并劫抢官仓。关人具控，知州吴均不能办，令其赴永具控。知府彭舒萼来腾提讯，拿获刀宏绪并老印妇，监押解永，收刀承绪等禁之腾监，将刀宏绪、老印妇解省。后地棍李四铜锤舞弊蒙混，保释该犯等出监禁。按：时永昌守彭舒萼至腾，亲至曩宋关，佯作躧田[2]，深责关民，将印妇唤至，遂舆送之于厅署。该司惧，潜行贿赂事，彭守佯纳之。刀承绪、刀三用等遂来见，复将田伪断与土司，令宏绪将司印押结尾，乘机摘收其印，掷还其赂，遂将老印妇、宏绪等解永城。彭守归腾，士民脱靴[3]志慕，有留别诗五章。详《艺文》。该犯宏绪等贿串陆胖子，赴省具控太守，彭乃将印妇等解省，陆某立行禁革。后彭守丁艰回籍，地棍李四遂蒙混上司，释放该犯于狱，以致后乱。

二十三年，刀承绪邀结六司管布黑等，率其凶党由沙沟园、遮岛直犯河西，烧民村七十四寨及明朗、萧家庄，并围曩宋关，延烧河东二十寨。总督阿桂率师至永，檄迤东道周澍会同提督汪道成、腾越镇世泰、永昌府陈桐生抵南甸，攻克猛来，刀承绪逃匿陇川。又令经历马伟堂、陇川土司多廷俟追

---

① 欧：与“殴”字通。《汉书·张良传》：“良愕然，欲欧之。”

② 躧(xǐ)：踩，踏。躧田：踏勘田亩。

③ 脱靴：《旧唐书·崔戎传》：“戎去华州刺史，将行，州人恋惜，至有解靴断镫者。”《通俗编》云：“好官去任，遮道脱靴……”

擒之，将刀承绪解省，凌迟处死，并治土司刀宏绪罪，南甸始平。

咸丰四年，江东红米厂练目杨大经，阴怀异志，屡调不赴。同知王秀毓札委抚夷左大雄、刘耀率练兵擒斩之，并系其弟于狱。

六年丙辰八月，逆首杜文秀反，陷大理城，自称兵马大元帅。腾越回匪私与勾通，曾经税务截获其兵器，地方震动。赵联城、李枝培、岳阳城、董大用等暗地结盟，欲预为举事。时谣言四起，同知王秀毓会同总兵明庆，委绅士刘晋康、明清宠等沿村谕止之，不能息。十月初三日午间，无端哄市。是夜赵联城等约举火为号，烧新生邑空屋一间，回匪遂齐集东门口相拒。乡兵围攻甚急，该匪次午从峡牟山逃归马家村。翼日，沿烧龙江村落至橙子门，乌索贼亦大肆烧杀。镇厅会委都司陈尚德统官兵、各抚夷兵，委赵联城统乡练，共五六千人攻马家村、大水塘；饬抚夷孟学邹、许登程、练总董德统兵千余攻乌索。

七年四月，贼党马元喜带回兵一百五十名，由杉木笼潜至马家村，连日攻破汉营九十六座。因六年南甸司与五挫民仇杀，同知王秀毓委千总张玠带回兵二百名出防南甸，及张玠被擒，马元喜等奔赴马家村。乌索贼串同诸山野夷绕大西之罗香、阿白等屯，及缅箐之樊家营，古永街庙坡、董家寨、普勒寨、棕苞园等寨，攻濮家营，三日不下，乡团奋击之。是夜狂风暴雨，雷大震，该匪惧而潜逃，弃甲抛戈，死者甚众。

八年正月，乌索贼据小西核桃园，焚烧大山脚一带，旋退。马家村贼攻破矣比，焚烧东山脚诸村落，黄坡村人力御之，贼仍盘踞矣比。至九月，同知王秀毓亲率练勇攻之，始退。十二月，贼魁马元海结连南甸夷匪占据长寨，举人尹艺率河西乡兵攻退之。

九年，马家村贼破囊宋关，攻河西诸村，札委练总尹天赐，败之。乌索贼占据雨伞、荷花池，亦被尹天赐攻退。

十年四月，同知王秀毓卒，军机事归总兵明庆裁决。腊月十九日，乌索贼攻缅箐、明朗、清水等处，焚掠殆尽。

十一年，乌索贼据荷花池。二月十九日，攻破朗蒲寨，焚掠无遗。马家村贼据瞿家营，会乌索贼攻南甸，不克。四月，退烧栗柴坝、沙坝。六月二十三日，贼陷永昌城，预令人至腾说降。八月，贼魁蔡七二令从逆安从贵、布万全等由上江入腾，蒋相士、赵纯襄、郭景汾等拒之于曲石长田营，杀贼首马六弓腰。九月十八日，贼伪大将军马兴堂、马国玺等人据腾城，先期司狱张绍平死之。蔡七二继至，大肆残杀，绅士李含英、金泽等遇害。逼派投诚银数十万、壮丁万余。各处围墙、栅卡，尽行刬毁，违者即遭杀戮。于是，刘光玽、李珍国等退保古勇箐口寨，蒋相士、赵纯襄等继亦退保大西。十一月初七日，蔡七二统贼进攻箐口。当贼出师之日，所敲之铓锣无故跌破成二半，佥谓老蔡牛必喂箐口，后果应。十二月十一日，贼将古永村寨焚烧殆尽，围攻箐口愈急，练目洪应治、柴生藻密置大炮，于十二日轰毙蔡七二，贼几惊溃，后围攻如故。

同治元年六月，贼围箐口日久，势穷粮尽，始相约撤兵。七月，贼首马国玺与马匾四互斗城内，将居民概行抢劫，赶出城外，后白焕如据盏西，马连二扰干崖、盏达，马匾四、马七猴据猛蚌、侯家营、段家营诸村。

三年，马兴堂同伪司寇李芳园，由猛连、蒲窝攻干崖、盏达，至帮巴，李珍国分营击之，贼退。

同治四年，贼以伪绥远将军偰光美、伪车骑将军马年玉窃守腾城，苛派兵夫，民不堪命，盗贼蜂起，米价高贵，每升值钱二百四十文，居民饿死者甚众。冬月，柳铁三串同野夷及马家村贼党力攻缅箐大村，刘光玽、李珍国等大败之，得军器骡马无算。

五年，伪司空李国纶来腾，发兵攻打缅箐大村，人民死者枕藉，贼兵死亡亦众。后又移兵围攻河西蛮东，不克。

六年，伪绥远将军婿张玉泰由曲、瓦、界三练直抵大西鸦乌山，围攻丰盛营，张运鸿等力拒之。又围攻阿白唐、赵、徐、何四营，赵纯襄等将兵击退之。又围攻马站空山，亦被击退。时空山掘地得泉，咸谓天赐，故能力守不溃。

七年十一月，刘光玽、李珍国、蒋相士等合兵攻城，李国纶预调贼兵防下。时署厅唐秉勋、永昌府军功王正开先后至腾。

十一年，巡抚岑毓英檄腾越镇李维述、提督衔徐联魁、游击王诚、同知林桂清率兵进剿。游击王诚先至，力攻马家村贼巢，势已垂破。贼闻李维述至，遂诣军前投降。

十二年五月初五日，徐联魁、李维述、同知吴启亮等，用地炮轰倒城三隅，贼力拒不能支，夜间遁走乌索。李国纶逃入乌索，柳铁三有请降意，初不之纳，故暂停攻乌索兵，既又复谋不轨，不果降。

九月二十六日，腾越镇徐联魁、总兵蒋宗汉、游击丁槐、同知吴启亮等，统大兵同攻乌索。

十三年四月初四日，地雷迸发，攻破乌索，李国纶突围出，窜据云峰山。徐联魁、蒋宗汉、丁槐等率师追剿，贼大败。练首杨春荣擒柳铁三献，立斩之。李国纶仍坠崖遁走，乌索平。六月李国纶潜入龙江，欲劫解腾兵饷。适游击丁槐来腾莅事，于七月初四日，中途擒斩伪大司空李国纶于橄榄站之黑山门，腾兵事告竣。先是丁槐之父游击丁奉章守永北城，与李国纶血战经年，粮尽援绝，于同治三年七月初四日殉难。乃于十三年同月同日擒之，亦报复之奇遇也。

光绪二年四月二十七日，驻防苏开先反。初，开先向同知周维巽索饷未遂，乃抢厅署，枪毙幕宾一人，因占据药局仓房。总兵段瑞梅仓皇逃匿，苏逆遂据腾城，周维巽被执。适有王妖道在盏达诱结愚匪数百人，潜与苏逆合谋袭取南甸，遂入城。五月十二日，攻破和顺乡，肆行抢掠。时副将丁槐既定永昌逆党李潮之乱，闻报即统兵来腾，用新降兵为前驱，中途击散苏逆要路逆党，十三日直抵腾越。先克复和顺，次日与贼鏖战于油街坡，大败之。随即攻克街保，部下副将衔王万镒驱马队直逼城门，被贼炮伤阵亡。遂围攻苏贼于城中，屡战屡捷。昼夜开挖地道，破附郭贼碉甚多，各路专弁兵严堵漏脱，城中危如累卵。时提督杨玉科驻节永城，令前总兵蒋宗汉继至，合兵助剿。六月十六日，以地炮掀倾城垣，十七日城复。练首杨春荣暨缅箐村民擒苏、王二贼来献，俱正法。段瑞梅故，周维巽调入省，腾乱平。

十年十一月，盏达土司民变，结奸徒杨大武等焚土司署，与新街游匪金国裕等互相声援，几酿边患。左营都司袁善不能止遏，同知吴晴琦会商总兵张松林，同署中军游击李珍国亲往招抚，平之。又密诱金国裕等，使自相攻击，未几，新街亦平。

十一年十月，缅国为英夷占踞。

十二年正月，贵州古州镇总兵丁槐奉命统领腾、永、龙、顺各营防军来腾防边，旋复调署腾越镇。时盏达土司刀思鸿祚昏暴淫虐，所属夷民不堪其扰。三月，总兵丁槐巡边，委随员经历陈文纬诱而执之，系诸狱，命其族目刀思必治权摄其事。后鸿祚毙于狱，其恶党赛哏思等乘地方无主，逞凶起衅。镇厅屡行抚谕，抗拒不遵，聚众占踞夷寨十余处，势甚鸱张。至十一月，总兵丁槐统兵亲行安抚，该党即中途要[①]击开战，总兵丁槐乃进兵攻之。前后三日，将贼所踞村寨概行恢复，斩贼数百人，解散胁从，盏达平。诸夷由此畏服。

十三年四月，盏西土目孟正泰与南甸土司刀定国争产互斗，蹂躏地方。迤西道许继衡、总兵丁槐会委府经历陈文纬、都司殷廷贵驰往解散。同知陈宗海亲至盏西，将孟正泰霸占屯庄、民田暨土司属寨，除划给孟族养膳外，分别发还。并择要安卡，御防野类，并将汛署移置团坡新寨，而刀、孟数十年之衅端，自此始息。

十四年正月，盏西夷目思三勾结诸山野夷滋事。止那隘抚夷史相卫，盏

① 要：通“邀”，中途拦截。

西团绅段辅忠、林开楠、郭文周等合力往御，均被戕害。思三率领野夷乘势入踞团坡，逼攻汛署。总兵丁槐、同知陈宗海会委中军游击马中骎、都司汪水、府经历陈文纬带兵往击，并檄调南甸土司刀定国，抚夷金显清、吴大美各带土兵、卡练，随同知陈宗海亲往会办。旋将团坡克复，思三等退踞崩董，恃险抗拒。马中骎等督率兵练，步步为营，数旬之间，悉将崩董等寨攻破，斩擒野匪二百余人。远近野夷俱畏威求抚，具结投诚，不准再带枪刀下坝。又新设该处游巡练丁一百名，以警蠢动。从此盏西永无野患矣。

腾越厅志卷之十二

人物志（上）

从来地灵人杰，其事信然。古之蜚英声腾茂实，炳蔚史册，照耀寰区者，必为著其郡邑里居。殆以为山川灵秀所钟，而还为山川生色也哉。腾虽僻居边徼，而东带龙江，南翔凤岭，西环叠水，北峙高黎，川岳有灵，人才遂尔杰出。故或以科目显，或以德行著，或以才学名，或以忠义见；或策名廊庙而大建其勋，或抱道山林而高尚其志。或雪泥印迹，寓居不乏名贤；或松柏同操，闺阃每多淑女。而且岩栖谷处，名山忽传道德之篇；锡杖袈衣，梵宇偶留菩提之偈。凡此目成十二，无非懿范之堪传；志统专门，要为人物之是纪。志人物。

人物志一　选举文武职员、例贡附

自乡里选举之制变，而后国家考试之典详，故试于枫陛[①]，试于棘闱[②]，试于学院，主名不一，要之皆选举意也。腾越远隔神京，多士艰于趋赴。然自前明逮我国朝，春闱标中选之英，名题雁塔；秋榜入贤能之牍，宴赴鹿鸣。以至优行、拔萃、副榜、明经，莫不天家入贡，仕路徐登。顾文化既行，武风亦振，每见桓桓之士，武艺能娴，巍科随发，吁亦盛矣！若夫捐赀纳粟，与晋职加衔者，诰锡五花，恩叨九陛，亦足见圣天子寿考作人，不拘资格之至意云。

进士

明

陈彝典　隆庆五年辛未科。官员外郎。

胡　琏　崇祯元年戊辰科。官员外郎。

胡　璇　甲戌科。原名胡璋，官太仆寺卿。

国朝

许尔超　嘉庆六年辛酉科。恩赐翰林加检讨衔。

---

① 枫陛：朝廷。

② 棘闱：也作“棘围”。科举时代的考场。

江　舻　丁丑科。历官山西绛县、怀仁县。

举人

明

刘　敬　弘治二年己酉科。

王　紞[1]　弘治二年己酉科。《通志》无考。

汪　城　辛酉科。详《宦绩》。

易　经　辛酉科。详《文学》。

戈　泰　辛酉科。

易翼之　正德二年丁卯科。详《文学》。

李如金　己卯科。

吴　璋　嘉靖四年乙酉科，中式第四名。详《乡贤》。

郑文灿　嘉靖四年乙酉科。详《文学》。

林　儒　戊子科。详《宦绩》。

戴国宾　丁酉科。

吴宗尧　癸卯科。详《乡贤》。

陈大受　丙午科。

杨大器　辛酉科。四川温江令。

陈彝典　隆庆四年庚午科。登进士。

张邦教　万历四年丙子科。详《孝友》。

杨如龙　壬午科。

刘国英　乙酉科。

郭文盛　乙酉科。湖广松滋教谕，擢四川江安令。

谢文绶　戊子科。教谕，升安顺推官。

单仲礼　甲午科。详《宦绩》。

邹希圣　丁酉科。

岳大光　丁酉科。

胡　琏　天启元年辛酉科，中式第二名。登进士。

刘嘉荫　甲子科。

胡　璋　崇祯三年庚午科。改名胡璇，中式第三名。登进士。

陈经国　壬午科。

马绍岩　壬午科。

---

① 紞(dǎn)：帽带。

国朝

刘　俊　雍正元年癸卯恩科。官黔阳县知县。

解大敏　壬子科。

李承恩　乾隆二十四年己卯科。历官广西西林、迁江、来宾知县。

张大成　庚辰恩科。截选[①]知县。

番其奎　丁酉科。昆阳学正。

邓　相　癸卯科。安宁教谕。

刘祖宽　癸卯科。

寸式玉　丙午科。

赵文荪　乙卯恩科。

许尔超　嘉庆三年戊午科，恩赐举人。

饶　彰　辛酉科。历官师宗、宜良教谕，选山东清平县知县。

江　舻　辛酉科。登进士，详《宦绩》。

赵诒荪　己卯科，中式第五名。

李含英　道光二年壬午科，中式第五名。截选知县。

赵虞卿　乙酉科。

尹开文　戊子科。

解宾王　壬辰恩科。

尹　艺　甲午科。丙辰大挑[②]一等，广东知县。

金　泽　乙未恩科。

李沛乙　乙未恩科。

尹　耕　乙未恩科。大挑二等，选大姚县教谕。

朱大渠　庚子科。

李含瑞　庚子科。

革焕章　己酉科。蓝翎同知衔，光绪己卯截选知县。

朱斗南　咸丰二年壬子科。

刘照青　乙卯科。知州衔。

李沾泽　光绪二年丙子科，补行甲子科。

黄乾元　光绪二年丙子科，补行甲子科。

赵端礼　己卯科，补行丁卯科。

寸性安　己卯科，补行丁卯科。

---

①　清制，举人参加会试三科未中者，由本省督抚给咨文赴吏部候选．称为“截选”，又称“截取”。

②　清制，举人凡参加会试三次不中者，从其中挑选某些人员予以任用，名曰“大挑”。

张成濂　己卯科，补行丁卯科。
刘宗鉴　壬午科，中式第二名。
明钟琦　壬午科，中式第九名。

副榜
明
寸禧谐　崇祯九年丙子科。
寸曜盘　崇祯九年丙子科。
国朝
陈志先　康熙三十五年丙子科。官知县。
尹开文　道光二年壬午科。
尹大智　癸卯科。

武举
明
杨维武　嘉靖二十二年癸卯科。
明之屏　万历二十二年甲午科。
刘鼎臣　庚子科。
国朝
张　雍　康熙五十年辛卯科。
胡启文　附生，丁酉科。
陈　琮　增生，雍正十年壬子科。
谢　扬　督标兵，乾隆十二年丁卯科。
黄嘉宠　甲午科。
陆洪纶　己亥恩科。
白凤腾　庚子科。
沙润藻　癸卯科。
张凤仪　丙午科。
马如佩　丙午科。
周存祜　戊申预行己酉科。
金鸾仪　己酉恩科。
张凤诏　壬子科。
蓝学曾　壬子科。

黄文焯　甲寅恩科。
赵厚德　乙卯科。
周绍楷　嘉庆三年戊子科。
蔺万春　辛酉科。
李三阳　庚午科。
刘永清　庚午科。
明若鉴　戊寅恩科。
王钦元　戊寅恩科。
杨守身　己卯科。
明显扬　道光元年辛巳恩科。
朱泽文　壬午科。官至守备。
金恩福　壬午科。
朱萃奎　己酉科。

贡生《旧志》五贡未有分载，今无可考辨，仅遗漏者补之

明

汪　纲训导	陈　境主簿	陈　宜知县
许　珍	居　仁	汪　城
张　润	吴　润教授	张　绮
陈　纬	谢　恩	周　爱
陈　纪	张　汉	姚　珍
李　澈训导	陈　佑	马志才
郑　旦	解　钦	杨俊杰
胡　浃	滕　墀	余　僎[①]训导
杨　金	吴宗周教谕	李调阳县丞
杨时春县丞	董　裕训导	刘胜殷
杨　亿训导	刘　宪	马逢阳
沈其几知县	张　昱	沈　廉
金　献	黄　玉	陈　谟
冯　薰	杨应元	王　润
陈　滐	沈　经知县	刘　佐知县
陆　润吏目	余　恩	林　鸾

①　僎(zūn)：古代行乡饮酒礼时辅佐主人的司仪者。

汪　坤	程希周	魏　卿
居　伦	顿　昌	柴　芳
金　鳌县丞	杨　源同知	杨　泰
李　灿	黄　琼府知事	张　鸾主簿
朱　鼎吏目	李　锦县丞	李　淮
金　兰州判	张　钦	郭　缙训导
熊　锐训导	江　志	侯　瑛
姚　瑀①训导	钱　儒教谕	陈宗器
李　槐	刘胜吉教谕	周大用训导
张　高教谕	戈继先训导	林应时训导
李文春教授	蔺完节	许　儒训导
岳　崇	江有本教谕	陈明礼训导
孙继先	金　阶推官	宁延年教授
故应澄知县	蔺希如教授	段　瓛
张文瑞	戈元勋	尹　耕训导
袁　梅训导	周服殷	李东震
龚仲礼	吴　震州判	许　仁训导
张　藩训导	李　基教谕	杨大材教谕
胡应龙	杨秉仁训导	杨　廷
沈希元教谕	王纪纯	赵献可知县
许树勋教授	杨如麟教授	周良能学正
周廷臣教授	范秉仁	毛文蔚
李奇才教授	陈所学县丞	刘　臣教授
陈以敬训导	傅良臣	余一龙
贺继芳学正	李懋柱训导	金百朋
吴道行	李良桐	许廷试
许云龙	段尧俞	李　炳训导
蔺正芳	黄中云	高登第
林拱宿	杨如凤	黄　瓛
沈文华	李遇春	董浩然
寸鸿盘拔贡	李占科	寸阶立
岳　昆	余思铭	蔺时习

① 瑀(yǔ)：似玉的白石。

陈大受　陈文明　葛时举
李嘉宾　汤　谱吏目　郑可立照磨
张德俊翰院生员　杨　正　管　铨序班
寸　玉序班　寸阴惜序班　寸肤养
寸应官四彝馆儒生

国朝
拔贡
李见龙乾隆六年　左文林十年，云南县训导
尹少伊府学　余辅臣十八年
黄　湘乾隆己酉　江　舯嘉庆辛酉
饶　彰府学　施文峰癸酉，府学
解宾王道光乙酉　刘晋康府学
周绍生丁酉　易庆云己酉
李沾泽辛酉　黄乾元同治癸酉
杨润富乙酉　许正余乙酉，府学
优贡
陆　嶟①
恩、岁贡
陈良遇　陈鸣珂
李云梯南宁教谕　尹梦雷
寸渊溥　贾　汾
李云章　寸　澹嵩明训导
沈自澄　余　甲
黄钟泰　寸万溶
王佐才　王乐天
吴开泰　侯陟公
于藻化　徐　鼎
上皆康熙间，年无考。
寸　黯峨峨训导　范同仁
张本忠三十八年，马龙训导　何中正
范同仁四十二年　李　伦

① 嶟(zūn)：山高貌。

寸　枫四十六年	明先甲
尚著麟	明　珍五十二年
寸　瑄五十五年	范致清六十一年
李名重雍正四年	魏之相六年
李参云七年	段其祥
潘元文	金辉斗十一年
傅宗恺十二年	施　璟[①]
李　玥[②]乾隆二年	尹　诱三年
郑邦英六年	李儒先九年
潘必寿	江绳武
寸文秀九年	明德深九年
许时新	张　瑞十二年
余怀位十五年，恩，思安教谕	王良柱
胡能友	马仕龙十八年
陈渐进二十年	陆嘉彦
余思学二十一年	赵可随二十二年
尹定国	杨勋永二十六年
蔡元秩二十八年	尹汝明二十九年
蔡元秀三十年	杜美先三十二年
许翼廷三十四年	解大权三十五年
马仕锦	周凤仪三十六年
杨　渊三十八年，府学	陆嘉品三十九年
李纯文四十年	杨功裴四十一年
刘　偀[③]四十二年	尹聘来
江有和四十四年	杨时学四十七年
马仕逵	谢恩祚四十八年
李祖晟府，恩	陆自泰恩
尹贤元五十一年	赵司城五十二年
张应诏	杨思诚五十三年
江九昱府学，四品封典	杨　达

① 璟(quán)：玉名。
② 玥(yuè)：古代传说中的神珠。
③ 偀：俗英字。

余　滨
杨作舟
李其华五十九年
马元肇
黄载芳
谷蕴瑞
蔺启祥
赵焕藜嘉庆六年
张世弼
羊如龙
寸秀升十一年
张名世
赵庆荪十五年
马鸣盛
侯抡魁
刘　钰
尹咸有
陆　岑二十二年
赵诒荪二十三年
尹圣昌
杨嘉品
蔡梦琼
谷鸣阳
余世培
刘怀仁道光三年
尹直臣四年
杨际泰
许德山
杨衡品恩
番作楫
叶钟琦
李尊贤恩
黄国荣
尹云章
杨叶芃府学
尹学源
施　泽
明东阳
杨　翊
胡应昌七年
杨建奇八年
张大文十年
毛鹏飞十一年
黄大治
杨依永十三年
尹传鹅十五年，恩
黄卷书
尹学恕
尹卓千
赵兰荪恩
张有廉十六年
郭大章十六年
黄恩缙十七年
孙守文
马中骥
陆　嵋二十一年
尹祖濂
吴作羹
尹传鹄府学，晋宁训导
赵赐绶二十六年
郭大汾
杨中孚二十八年
朱凤著府学
明存瑾二十九年
马际盛
黄文贵三十年

杨本廉府学
张俨然咸丰元年，恩
冯孝德恩
杨梃楠二年，恩
尹祖澜三年
赵联英
张金镛五年，恩
鲁孔陶
杨东升
张文蔚府学
张必达七年
汤近仁恩
黄生元
寸倬云同治三年，恩，六品衔
黄槐清军功，训导
董大纯补咸丰十年
许培英光绪三年
李朝征四年，府学
施元仁四年
孙嘉佑五年，恩
梁世惠五年，军功，训导
寸云程府学，六年
董在宽七年，恩，训导，六品衔
谢翊晋府学，七年
杨名烈七年
刘宗鉴府学，八年
邵席珍九年
杨钟南九年，府学
周延佑十年
张金钺十一年

廪贡

周存敬石屏训导
明赓扬昆明训导

职员

段华安同知衔
段诏选州同衔
马如灏
明清宠
朱大椿上三人均监生，以修惠人桥功，议叙盐运使衔
李武勋诰封文林郎
李泰运议叙同知衔
李盛国议叙翰林院待诏衔
李连捷府经历衔
尹必选按察司经历衔
李大材同知衔
李德恒州同衔
李大椝国子监典籍衔。

上皆咸丰以前职衔。

革元新四品封典
梁大士廪生，军功，训导
邓尚质廪生，军功，训导
刘醇城三品封职
刘德馨授广西柳城县，署西隆州知州
刘光璊[1]五品衔，待选县丞
明于朗州同衔，五品封典
杨怀琼府经历衔，五品封典
郭世业州同衔，五品封职
许名宽府同知衔
蒋生浩府经历衔

① 璊(mén)：赤色的玉。

杨　湘　　刘国守
李瀚国　　李柄国
熊　桧同知衔，补用府经历，封典二代
革履端　　刘振东
李德全　　张成瑞
杨连锦　　黄森达
张学茂　　刘济泰四川补用同知
刘　城　　蒋绍春

上十四人，皆同知衔。

许佩中　　杨德昌
许致中俱州同衔，五品封典
尹子超　　明映璜
刘信仁　　刘存仁
马清衢　　李曰璋俱州同衔
刘金炳军功，五品封典　　何椿年理问[1]

武职

鲁文德维西都司，署抚标参将
李有贵山西大同镇游击　　江　鳞中营守备
张　瑛昭通镇守备　　田绍新都司
李正荣昭通镇游击
左大雄土把总加都司衔、忠勇巴图鲁
贺朝冈由营伍任至威宁镇，赐骑都尉世职
刘光琠护理腾越镇，花翎尽先补用参将，从一品封典
李珍国花翎副将衔，补用参将，署腾越镇中营游击，匡勇巴图鲁
王文榜花翎副将衔，补用游击　　杨春荣花翎副将衔，补用参将
刘明钦花翎副将衔，游击　　柴生藻蓝翎都司衔，尽先守备
邵森棠蓝翎都司衔，尽先守备　　贺时昌蓝翎都司衔，袭骑都尉
蒋相玉蓝翎都司衔，守备　　蒋相士游击衔，都司
徐治国蓝翎守备衔　　蒋治国世袭云骑尉，补用游击
刘三聘副将衔
唐济良　　赵纯襄五品封典
张运鸿　　鲁恒泰

---

① 理问：官名，掌勘核刑名。

张名选 李运春
杨大昌 董国斌

八人俱六品军功。

例贡

金　樟 王治盛
周存有附 蔡廷香
陈志学 张世辅
尹朝选 杨叶蓁附
杨叶菁 钏国伟
杨占春 黄　镒
李体圣 马殿邦
李大铮附 张学才
黄朝勷 黄朝栋
杨本端 萧琇如
张希濂

上皆咸丰以前例贡。

杨为霖 刘光显
孙吴猷 尹玉书
曾亮弼 施骏采
寸肤云 郭文灼
寸心德 寸和鸣
寸凌云 吴国昌
梁大藩 尹维桢
杨坤贞 谢家宝
尹德咸 李琛昌
张鸿宝 李华林
刘德珍 王定国
明钟昂

上俱附生。

杨安贞 番有敏
刘明锦 江泽覃
杨程化 杨程裁
封朝典 李天锡

明于锐　　**段连标**
蒋绍典　　**许增萃**

人物志二　乡贤

山川钟灵秀，而英哲挺生；桑梓重典型，而人文表著。盖地以人重，人以地传。乡闾有先贤，则咸请于廷，以旌表之，使俎豆馨香，庙食千秋而不替。噫，洵盛典也！腾虽域于边鄙，自前明来，人材辈出，以理学鸣者有人，以文学著者有人，先民矩矱[①]宛在矣。至我朝寿考作人，沐浴德化者争自濯磨，不肯伍于恒人。一时贤士大夫，交相举报，用列位祀于乡贤。虽其人落落罕觏，而别而志之，自足增郡邑之光矣。

明

吴　璋　字廷献，号执斋，嘉靖举人。过浙问学于王阳明之门，居三年，所养益邃。授长寿县教谕，倡明理学，教人以知行合一，学者宗之，称执斋先生。

吴宗尧　字协卿，嘉靖癸卯举人。历任马湖、延平同知，所至有贤声。终养归，尝从湛若水、蒋信游，讲明正学，刻《道南录》。沈祖学之修志也，稿皆出其手，叙述详尽，有断制。又生长边隘，熟习于山川形势、夷情险易，所著论说皆切实可施行者。

国朝

解宾王　字用卿，道光乙酉科拔贡，壬辰科举人。性端凝，家贫好学，事母至孝，伊莘农相国莅腾时，遂器重之。年四十，举于乡。主讲来凤书院十余年，腾知名士多出其门下。

人物志三　卓行

《旧志》乡贤、卓行，皆以人物概之，今考《通志》例，乡贤外又列卓行一门。盖乡贤者，既荷旌表于朝廷，又享馨香于祀典，洵厚幸也。至士之侧身

① 矩矱(jǔ huò)：规矩，法度。

修行，不求闻知而卓卓可纪者，苟不搜罗而表彰之，则名誉既晦于生前，事实又没于身后，潜德之幽光未发，亦当事者之过也。谨仿《通志》萃卓行为一编，使异日得请于朝，以继夫乡贤之后。则腾虽僻远，自见人文杰出，永与志乘俱传矣。

明

张　润　字汝霖，少有才望。弘治间应贡北上，授楚雄训导，守己清介。秩满送亲还腾，即不出。

刘　敬　字光诚，弘治举人。三上春官，授嘉定州同知部札，因母老不忍远游，疏请终养。居家三十余年，以谨厚称。

蔺　刚　字德中，千户蔺愈次子。正统间征麓川，愈累功升副千户，刚亦应授外所镇抚。乃白父曰："吾祖宗世为正千户，中叶而为副，今幸父子俱立功，若并论，祖职可得也。"愈曰："武荫以长，我死汝兄继之，置汝何地？"刚曰："为子弟当竭力于父兄耳，奚以得职为？"乃偕白王骥，骥嘉其孝让，并功于愈为千户。父卒兄袭，刚友爱有加，年八十六而终。

谢文绶　字嵩岳，万历举人。以教谕擢贵州安顺推官，直方寡合，未几即归。

程希周　字宗濂，任大竹令，置学田，赡诸生。丁艰归，二十余年绝迹公门，人称其贤。

吴　震　字春门，宗周子，贡生。方正不阿，仕深州州判，巡按荐牍有"仪容秀雅，志向高明""司关税，澹泊无求；摄邑符，廉平起誉"等称。后引疾归，不入公门，以耕读自娱。

许　仁　字复斋，贡生，任楚雄府训导。心术光明，学问笃实，年九十余卒。

陈彝典　进士，官员外郎，纯雅渊博。致仕归，不履城市，士林称羡焉。

陈经国　指挥陈升之后，有雅尚。桂王至滇，召之仕，不就，托疾隐于雪山。

吴　润　贡生。事亲孝，任温江教谕，奉父同往，色养备至。父殁扶榇归葬，除服补上海教谕，模范端严，善于启迪。居乡二十余年，操履严洁，不纳馈遗，友爱庶弟。入上海名宦。

郑永生　字寿伯。尝结庐东山艺林，忽邻妇有私奔者，永生不答，驰归。家人问故，绐[①]之曰："偶因疾归耳。"时以阴德教家人，年八十七而卒。

---

① 绐(dài)：欺骗。

张邦教　字敬敷，万历丙子举人，事母郑氏笃孝。三上春官，授金堂教谕，擢思南府通判，清正严明。巡按三荐之，以母老，坚乞归，足迹不入城市。曾修《州志》三卷，今惟《卫秩》存。

童　祥　百户，元族祖也。元以优给赴京袭职，祥为辅。行至涿州，元病痢，不能骑，祥襁负至京，昼夜视疾，比痊得袭。乃市《大明律》全帖，仍负以归，至家设祭于宗庙，谓元曰："汝识此书，得免刑宪，且不罪及无辜也。"

陈世培　世袭指挥使，升之后也。明末孙可望等据滇，其党伪总兵杨武至腾，迫胁绅士。世培父梦熊抗不为屈，武怒，将杖之。世培不忍父受刑，恳以身代，竟毙杖下，继梦[①]亦死于贼。

国朝

李承恩　举人，历官广西，曾任西林、迁江、来宾等县知县，廉静爱民，卒于任所，囊笥萧然。

杨起品　雍正间人，性耿直。时察盐斤令严，曾同衙役至蒲窝一孀妇宅，查获私盐数十斤，妇情急，许银二十两，浼邻劝释。该役索贿甚急，妇拟鬻子以偿。品不忍其离惨，归家卖业代偿。

张大成　字九韶，举人。丰度端凝，气宇沉静。因母老，不忍远离，后以赴选，卒于都门，人咸惜之。

赵诒荪　字式谷，号西庄，举人。潜心理学，性纯笃孝友，不干时事，与胞兄庆荪、文荪，名噪一时。主讲来凤书院，培成者甚众。

人物志四　宦绩

盖自官带初膺，志士存心于济物；云雷克筮，贤豪仗节以宣猷，从可知受禄为官，首在建勋立绩也。腾自入版图以后，怀瑾握瑜之士，代不乏人。迨我圣朝，登明选公，分职效命，其有成迹可考者，不必非常之炫赫，足以垂示于将来。即救弊补偏，亦自有裨于政治。兹特列为一编，以为后之宦游者鉴。

明

王　宗　字绍曾。究心学问，通《尚书》《毛诗》，善属文，工书翰，且不

① "继梦"二字，原文缺。今据《州志》加之。梦，应为"梦熊"。

妄取予。历官二十五年，委征屯粮，收放无二，耗羡不归私橐，尝市官牛以给军户，当道重之。历任之地未详。

王　冕　字仲端。初以儒官谪清水关巡检，正统间，王骥征麓川，冕上边略，甚谙夷情。麓川平，以功任所镇抚。

汪　城　字维翰，弘治辛酉举人。任广安知州，平易临民。岁旱，露宿仪门以祷，忽梦雨，已而果应，士民为作“梦雨亭”。

林　儒　字成大，嘉靖戊子举人。任垫江知县，律己介，御下简。卒于官，一时推为良吏。

单仲礼　字对廷，万历甲午举人，授衡山知县。幼年苦学，及莅官，留心民事，兴利除弊，民多思之。

程希周　字宗濂，贡生。任大竹知县，置学田以赡诸生。丁艰归，二十余年绝迹公门。

沈　经　字载道。仕昭化令，时司学有贡无廪饩，经恳请廪饩，赴京上疏：“抑流商、革宿吏、复屯役”。未报，卒于官。

胡　琏　崇祯戊辰进士，初任山东曹州令，有循声。旋调京内用，后升工部员外郎。尝买置义田，以济本州贫民。

国朝

刘　俊　雍正癸卯举人，官黔阳知县。《旧志》谓其谨厚爱民，人比之召父云。

江　舻　字济占，号仁斋，嘉庆辛酉进士[①]，历任山西怀仁县、绛县知县，居官清廉。卒于任，囊橐萧然，民感之，出赀助其子扶榇归。《旧志》谓“民有青天之颂”。

张重任　前明人，从唐王在福建任漳平县，后赴粤，由部郎拜广东道御史。永历四年，授四川巡按，归。从《旧志》附入之，绩无考。

---

① 江舻于嘉庆辛酉（1801年）中举，丁丑（1817年）登进士。其中举时之“文魁”匾今尚悬于其故居。此处误。

腾越厅志卷之十三

人物志（中）

人物志五　文学

圣门教列四科，终于文学，一时习《诗》《礼》、衍《书》《易》之传者，遂为后世所称述。三代而下，相尚以文艺，风会已日殊矣。然学术不间于遐陬，文才何限乎方域？腾虽僻远，士之蕴经籍而可以文学名者，或才推当世，著作勒有成书，或名重艺林，诗文留夫遗稿，或文艺不必概传，而乐育实宏，克有功于名教。其人固不一而足，非搜罗而纪载之，何以彰圣朝作育之隆，而为一郡文献之征乎？爰登其姓字，纪其实迹于篇。

明

汪　城　字维翰，举人，著有《宁斋行稿》。余详《宦绩》。

易　经　字人常，举人。幼孤，母病，朝夕侍汤药者七年。为文典实，工于诗，学使者特令就学，年逾三十中式，后会试卒于途。著有《时轩吟稿》，修撰杨慎为撰墓志。

易翼之　字孔彰，举人。初署翼州学正，丁外艰，补崇庆州学正，升长寿知县。为政不事苛细，与上官不合，归隐于龙川江，学者多从之游。善道古今事，自幼至老，手不释卷。所著有《四书音义会编》《春秋经传会编》《诗话类抄》《古今诗评》《腾司志稿》等书行世。

黄贞元　字乾运，诸生。有异质，喜读古书，善属文，平生甘淡泊，留心经世之学，尝为《黑水考》。

易道南　字从程。才思隽敏，为诗文颇有家法。早卒。

郑文灿　字国光，举人。有隽才，督学孙世矶与张南园俱器重之。著有《梦骥赋稿》，早世卒。

陈宗器　字竹之。任灵川教，遂归[①]。赋性谦和，善诗赋，捐赀修学宫，置祭田以祀先人。

杨如龙　万历举人，大器子。由珙县擢桂林通判。浑厚寡言如其父，

① 《州志》作“任灵川，遂归”，无“教”字。《永昌府文征》作“官灵川丞”，无“遂归”二字。

常[1]著《贴贡碑》。

尹 宏 字德广，袭左所百户。笃行纯孝，继辞其职，建书屋数楹，延文人移居，瓦甸里人以“秀才”称之。

胡 璇 进士，官太仆寺卿。博学能文，与胞兄琏[2]潜心理学，树帜文坛。后以兄殁于京邸，扶榇归，隐居不仕。

吴宗周 字龙川，宗尧族兄。母张氏守节抚孤，寿九十余，宗周养志无间。先时曾授四川洪雅教谕，丁祖母忧，遂不复仕。讲学善俗，著有《礼记集说解》。

叶 奕 字静侯。性纯笃，言行不苟，潜心理学，不乐仕进，中年即弃举子业，以著述自娱。隐居雪山，著《孝经演义》八卷。其子自沛，以孝称。

国朝

赵文荪 字洪宪，举人。掌来凤书院，友教[3]二十余年，讲解弗懈，士林重之。曾上周西道《筹边论》，深见器重焉。

陆 嶟 字鸿台，优贡。工诗文，著有《高山课艺》。

施文峰 字肇元，拔贡。家贫嗜学，工于文赋，著有《醉经堂文稿》。

李含英 字实生，举人。性倜傥，处事精明，乡里有不平者，得一言即能折服。所著有诗文传世。

尹 艺 字树人，举人。大挑广东知县，丁忧在籍。所著诗文甚多。

刘晋康 字锡藩，拔贡。有隽才，工诗文，久处厅幕，素不干预词讼。谙熟夷情，一切边防事务，历任悉资其筹画。

金 泽 字润之，举人。性豪迈，遇事敢为。所著有诗文传世。

张俨然 字望之，恩贡生。性纯静，博学多闻，长于书法。发逆之乱，办理局务，所筹度多中机宜。

周绍生 字初民，拔贡。性浑朴，工诗文。教读二十余载，成就多人。

赵联英 字名千，恩贡生。笃志好学，淡泊自甘，里人咸师事之。

李朝元 字勋臣，优廪生。工诗能文。

---

① 常：通“尝”。
② 原文为“连”，误。
③ 《永昌府文征》作“掌教来凤书院”，“友教”二字不通。

人物志六　孝义

自来抒诚致爱，分不较乎崇卑；恤患怜贫，济不在乎众寡。盖本一时之至性，虽匹夫可立纲常；周一邑之穷民，岂豪杰遂伤廉惠。此殚心竭力，虽极艰苦而不辞；行义倾囊，即窘赀财而不顾者也。腾越僻处遐荒，人心从来古朴，明家庭之大义，夷险无殊；具胞与之深情，解推弗吝。故或尽真爱于所亲，危而益笃；或还遗金于故主，穷且益坚。诚以大德无亏，一长可取，皆有以风世而励俗。备为志之，自足征圣朝德化之隆，而作边城之坊表矣。

明

林兴祖　字宗嗣。以孤，母性严，事之得其欢心，或微愠，必曲求慰解。母疾，捡方书曰："须得虎睛调药。"祖竭诚吁天，城北得虎，往购其睛合药，母疾愈。

李思善　卫所人，事父母极孝。葬后，庐于墓侧，三年绝迹城市。

陈天爵　州民，业伞为生。朝夕不继，父母、庶母相继而殁，三佣于李恩善家以营葬。

吴　荣　字仲华。纯厚坦直，人有争者，咸质平之。一日与蔺刚暮归，一屠儿醉卧道中，坠二十金于侧。荣恐为他人所得，拾付刚，令仆儿守屠儿醒，归之。

周　琮　州民。晚行得遗金，归付其妻，仍往拾金处伺之。至夜，一人来寻金，询之得实，还之。此人称贷[1]完赋、出子于狱者，分谢不受，其人祝曰："愿天寿公夫妇，官公子孙。"

杨　茂　字廷秀，性质朴，好义乐施。尝归人遗金，置义田，捐棺具；人有贷者，力不能偿，辄折其券。

沈　祥　尚义亲贤。有人遗宝石于路，祥拾归，访还其主。又有遗治丧之金者，祥亦拾而还之。

王　谟　左所人，平生质朴，尤精于医。四十失偶，不再娶，年九十余始卒。

张　鸾　字振廷。为诸生，乡试赴省，有友付以金，中道遇寇，资囊尽为所劫，而此金独存。遂借贷抵省，仍以原金付焉。

侯　珍　尝受人老母之托，代尝汤药。

① 称贷：借贷。

姚　玘[1] 诸生，让贡于兄，安贫授徒。

殷　贤 伯父铠受世职，五十无子，贤应袭职，不受。劝伯娶妾生弟，弟卒，又出资助仲侄袭祖职。

国朝

张宗仁 和顺练人，事母至孝。曾力役于州署，州主吴赏给馒首二，仁怀而藏之。吴公问故，答曰："小人有母，怀归以奉之。"吴公嘉其孝，后访知其出于至性，给联云："孝溢腾阳郡；仁多和顺乡"，匾曰："定省可观"。此康熙四十六年事也。

李颖材 文生，李周贤长子。母杨氏年七十余，咸丰七年腊月十四日，发逆攻破樊家营，颖材扶母逃至巷口遇贼，母被戕，材紧持母手不放，亦被害。

陈　训 缅箐练樊家营人。咸丰七年腊月十四日，贼攻破其寨，训父母均被害。时训外出，闻难急归，贼复至，亦被贼杀。

董泽廷 缅箐练鹅笼人。母屈氏年六十余，咸丰十年，回贼攻破其寨，泽负母逃难，至门遇贼，母子均被戕焉。

蔺占春 武生，缅箐练人。与胞弟自扬，事母萧氏至孝，弟兄贸易缅箐街，每出必留一人在家侍奉。咸丰十一年，母年已八十矣，九月间，榆贼袭破下村，弟兄以母老不忍离，子侄六人悉留焉。贼至其家，先将自扬伤毙，次杀扬幼子，占春泣侍母侧，挥诸子急走。贼执占春至段家营，逼胁献财免死，占春大骂曰："逆贼！杀吾弟、侄，尚索财耶？"贼怒，拷打备极惨毒，踝骨皆碎。占春自分必死，骂贼愈厉，贼令捆出寨，以炮击死之。

岳灿南 庠生，明朗练岳家寨人。母蔺氏，年七十余，素患足疾，发逆攻破其寨，灿南负母逃奔。贼追至，母曰："汝其舍我而逃，以存宗祀为重！"南不舍，母子均为贼害。

尹乃智 明朗练荷花池人。少失怙恃，赖祖母抚育成立。同治元年，逆贼攻破其寨，时智在外御敌，闻难奔家，负祖母而逃。贼突至其门，智持矛刺贼，祖孙均被贼害。

李鸿义 下明朗人，回贼攻破该寨，负母而逃，贼追至，母子均死。

赵鹏翼 六保街人，于发逆焚烧街保时，有子甫三岁、母六旬余，艰于行步。鹏翼舍其儿，负母以逃，贼追至，母子均为贼害，儿亦被杀。

李澍昌 南城内人。其父文生森春，于发逆叛时，曾奉委助剿马家村，

---

① 玘(qǐ)：佩玉。

至城陷后，贼欲杀之。昌时年十五，见势危，愿以身代父死，贼怒并杀之。

祝御禧　北练庠生，廷燮子。咸丰元年[1]，发逆夜袭该寨，入其家，母许氏尚卧。挺身拒贼，俾母得逃，禧被害。

徐应广　古永练人。父国泰病危，割股救之。知州王赐匾云："愚孝堪嘉"。

杨开久　瓦甸练人。母赵氏病危，开久割股救之，寻愈。

黄开文　外罗古甲人。母余氏病笃，开文割股进之，复活年余而卒。

梁大品　古永练人。母何氏病笃，大品割股救之。前厅彭赐匾云："愚孝性成"。

高国柱　瓦甸练人。母李氏年七十，病危，国柱割股救之，复活六载而卒。后遭发逆之乱，该村中死伤甚众，柱家六丁口均获保全。

梁大才　素有孝行，于逆贼围攻古永时，负母逃难，与母并亡。

刘绍清　大西练人。于发逆入宅时，与母黄氏不舍，同时遇害。

钏大旺　大西练人。于发逆破营时，母子依依不舍，同时遇害。

谢魁然　曲石练民人。于乾隆间倡建向阳桥，利济行人。

杨联榜　明光隘土把总建国长子。友爱性成，以应袭世职，让胞弟明榜承袭。

杨　琏　幼失怙恃，祖母李抚育成立。性好善，曾倡议开辟大河田沟，工费万余，村人永利赖之。寿九十而卒。

杨瑞国　庠生。性好善，能周济亲族贫乏，并拣埋尸骨，人称为一乡善士。

李正芳　监生，字定安，慷慨好施。嘉庆丁丑秋，腾大饥，斗米银一两，饥民狼籍[2]。州牧伊倡捐赈济，正芳捐银千两，全活者甚众。

革元新　号立斋。性浑朴，乐善好施。尝有友人借贷多金，贸易归，将抵家，瘴发身故。所遗子女均幼，后其妇如数来偿，元新将原金付之，劝妇守义抚孤。

张茂国　大西练人。于贼破营时，救护叔母，因以遇害。

张怀孝　**张华国**　均大西练人。于贼破营时，叔侄临危不舍，均遇害。

明自勋　字元臣，五品封衔，事节母以孝闻，生平乐善好施。咸丰九年，腾岁凶，命子于朗制疗饥丸，以救饥民，全活者众。戎马中尸骸委弃，亲率

---

① 此处有误，应为"同治元年"。因为杜文秀于咸丰六年方在大理起事，十一年九月腾冲城方被占据。

② 籍：通"藉"。

子侄掩瘗[1]之。又捐置本村红马庙义学田十亩，族中祠堂祭祀田七亩。

李曰俊 朗蒲寨人，生员，李曰芬弟。长兄某卒，遗一子甫三岁，曰俊子亦三岁。贼破该寨，乃弃其子而负兄子以逃。人问之，曰："吾兄已死，不能复育，吾子可以再生也。"后其子为野匪所获，得以数金赎归。

董盛周 庠生，字际之，生员大昕父也。天性诚笃，持己端方，凡族里中疑难事故，必竭力委曲周全，而绝不可干以私。如筑沟坝，均通水利，以利田亩，亦其一端也。又其妻生一女，时适弟荣周举一子，而弟妇疾痼不能抚育，乃令妻弃女而育荣周之子，名曰大昌，后膺九品衔，颇能树立。盛周生平善举实多，故乡里到今犹称为老善人焉。

李汝兰 朗蒲寨人，医学李德润之子。娶妻赵氏，生一子，仅岁余，父母已年逾七旬。咸丰十一年，贼破其寨，兰负其父而逃，命妻扶母吕氏以出，弃其弱子而不顾，使其父母俱免危难。虽属情理之正，岂非常人所难乎？

祝廷夔 北练油灯庄庠生。其父嗣孝，以斋廪生赴府出贡，未试而病卒。廷夔迎榇归，直舁[2]入宅，停柩室中。乡人以舆尸入室，后必不昌，咸力阻之，夔曰："我辈读圣贤书，何忍令父柩露宿于外！当前即有凶灾，不遑计也，况曰后日，更何恤乎？"后夔与弟廷璜入邑庠。夔子御祥，廪生，御品，岁贡生，御庆，庠生，孙如磐亦游泮，功名转盛于其先世。习俗忌讳，实属忍心害理，而无明验可见矣。

人物志七 忠烈阵亡附

《秩官志》既列《忠荩》一门矣，夫食禄朝廷，见危致命，克持两间正气于不敝者，固臣道之正也。至身仅士庶，职无官守，而能思茅土之恩，捐躯弗惜；明顺逆之义，饮毒自甘，迹其视死如归，烈烈丈夫，诚高出寻常万万也！腾遭回逆之乱，死于兵者实繁。兹广集众议，核详其实，而别为《忠烈》，以俟举报；其众议未敢共信者，诚念纲常之重，生死之关，不容滥为纪载，谨从前志列以阵亡。

马启华 事详《难荫》。

许登程 大西人。回逆之乱，曾择要地扎营，竭力堵御，保护一方。被

---

① 瘗(yì)：掩埋，埋葬。
② 舁(yú)：扛、抬。

贼将营攻破，全家尽节。

张之英　八保街人，医士。咸丰十一年九月，贼将陷城，语其家人曰："沧桑之变，吾不忍令汝等见也！"一家六口，均用绳束手足，闭门放火自焚死。

杨萃朋　同治元年，回逆攻破马场，全家尽节。

尚加级　监生，龙江小崩戛人。同治间，伊村人变附回回教，级持大义，不肯附从，力事阻遏。伊村附逆者，潜使伪将军马连二杀之。

李根楷　大西人。贼屡招附不从，后被逼不屈，服毒死。

冯孝德　龙江贡生。事亲孝，因父遭贼害，决志复仇。同李珍国团练击贼于南甸瓦窑寨，阵亡。

吴国保　外委，带兵堵御明光门坎山一带，截贼粮道。贼攻之，与贼战数昼夜，营破阵亡，同时兵练死者数十人。

杨占一　明光隘人，性果勇。丙辰回逆之乱，占一团练助剿，身经数战，杀贼数十人，手足均有伤痕。总兵明庆嘉其忠勇，委代理守备篆。至城陷后，奔刘光琰处，协力拒贼。同治元年，于曩宋关阵亡。

罗光贵　练目。咸丰十一年，柳贼围攻朗蒲寨，贵身先士卒，与赵源明、段树科力攻贼营，阵亡。

董连城　缅箐练人。同治十三年，大军攻剿乌索，连城统乡勇随征，扎营后甸，截贼后路。贼连夜攻击，连城尽力拒贼，营破为贼所杀，同时死者三十余人。

郭怀远　缅箐人，有胆勇，每战辄当先。同治七年腊月十四日，乌索贼袭破小寨，盘踞圆通寺，乡兵畏怯不前。远奋勇先行，至干沟，被贼两路夹攻，独战而死。

张圣传　文生，曲石人。咸丰九年，率乡勇协攻乌索。后闻龙江贼焚烧马煌箐，驰赴救援，众寡不敌，为贼所杀。

聂川和　曲石人，胆力兼人。时于潞江邀截贼人器械，并杀贼多人。至同治元年八月，贼众攻曲石，和与贼大战，杀贼首一人，旋被伤而亡。

唐绍文　西街人，素有义气。咸丰十一年十月十一日，回匪陷城，文愤不降贼，于公局内服毒死。

段明川　武生，大西人。庚申腊月战死于大西，同时死者张安国、张朝国、张要国。

梁秀超　增生，性刚直，遇事敢为。回逆之乱，同刘光琰剿贼。后因榆贼围攻古永，众寡不敌，力竭自尽。

孙有忠　把总。同治三年，随李珍国团练堵御南甸新寨一带。后贼破该寨阵亡，同时死者百余人。

毕绳武 文生，海口人。贼破其村，被缚不屈，贼怒杀之，并绝其家。

黄　琛 南城内人。城陷后，恐为贼逼，举家闭户自焚死。

杨克立 咸丰八年，回逆攻破马场，骂贼而死。

王治万 军功。咸丰七年正月，攻大地坡贼营阵亡。

左相雄 明光隘土把总大雄胞弟，雄没，相代办隘务。回逆之乱，奉委督剿乌索，于门坎山阵亡。

陈发元 世袭云骑尉，乌索阵亡。

金显庚 止那隘抚夷。

李正臻 明光甲长。

吴文明　王廷禄　梁大任

上五人，俱死于门坎山。

王宣德 东练人。战死于西山，同时死者刘必洪、罗赞唐、蔺自然数人。

黄朝泰 东练监生。咸丰八年，回逆袭破该寨，泰带乡勇与贼战于玉璧村田坝，同日死者杨生彩、杨贵等数人。

曹辅清 武生。咸丰八年，乌索贼众出扰缅箐，清率乡勇救援，死于新路，同日死者郑林等十数人。

王绍福 通事。咸丰八年，助剿乌索而死，同时死者十余人。

王　三　沈开运　梁正旺　梁正琼　刘光鼎　赵登云

上六人均死于箐口。

梁大士 廪生，候选训导。回逆乱，同刘光琠誓志剿贼，为贼谋杀。

刘光云　刘明宽

二人俱攻城阵亡。

李大绶　杨玉藻文生　**尹绍珮**

三人均蛮东阵亡。

许成科　董玉林　金声洪　吴世能　何　洋

李世盛　许成甲　朱保亮　张朝绅　梁大纯

王柴构　刀绍广干崖头目　**段得能　王法宗**

上均贼破干崖时，前往救援而死，同时死百十余人。

金声亮 战死龙江。

丁如先 战死界头。

吉文教 死于小西。

余怀琦 死于丁家寨。

杨根荫文生　**杨正荣**

二人俱死于盏西。

王忠朝　死于止那。

刘安全　死于北练。

张　恕　**尹朝懋**　死于太平村。

张文蔚文生　死于拱母。

萧　明军功　**杨成忠**把总　**赵发达**军功

董应昌应袭　**刘经仁**　**郑超凡**

上六人死于大西。

吴钟杰　文生，瓦窑寨阵亡。

沈如莲　死于马场。

金显斗　**王洪育**　**梁世崇**　**梁正柱**　**梁正广**

段得能　**梁洪保**　**王忠德**　**张廷对**　**李洪昭**

沈富贵　**梁大开**　**梁正贵**　**梁大印**　**梁大猷**

上十五人，均战死于古永。

黄品临武生　**黄启瑞**武生　**番文灼**文生

赵植棠武生　**吴楚榛**

上五人俱东练人，均贼攻该寨时战死。

李大春　素有胆略，屡立战功。同治七年，曾绕道赴省，于红岩遇贼伏兵，战死。

陈文锦小西文生　**杨万相**　**董　德**　**尹乃仁**

上四人均河西赖怕阵亡。

尹绍佩　屡建战绩，死于蛮东。

尹绍有　救援缅箐大村而死。

刘文有　救援盏西景幸而死。

侯廷相　攻沙坝贼营而死。

张廷泽　死于中坝。

尹乃仁　死于南甸。

尹　和　死于蛮东。

李大洪　在顺江阵亡。

张志贤　围攻沙坝贼营而死。

以上九人俱河西人。

周　荣　**李发贵**　**徐文朗**　**徐开文**　**陈大典**

毛诗文　阵学美

七人俱战死盏西关上。

王廷用　王老四　张　定

均死于蛮巴寨。

杨万象　攻南甸贼营而死。

杨庚明　攻盏西贼营阵亡。

十二人俱盏西人。

毕小显　扒城阵亡。

毕福受　扒城阵亡。

番金玉　扒城阵亡。

番小鲜　扒城阵亡。

番明佑　扒城阵亡。

许文林　在马孟阵亡。

邓小官　在大庄阵亡。

邓苍发　在乌索阵亡。

段马四　在田心阵亡。

陈天廷　在曲石阵亡。

陈连贵　在猛乃阵亡。

陈宗培　在江东阵亡。

岳天保　在猛乃阵亡。

胡小明　在城墙阵亡。

李小二　在城墙阵亡。

陈沙四　在乌索阵亡。

彭荣贵　在城墙阵亡。

邵祖发　在田心阵亡。

许　四　在乌索阵亡。

胡小福　在箐口阵亡。

杨小买　在乌索阵亡。

康启成　在小山脚阵亡。

康乔荣　在北教场阵亡。

康义润　在游街坡阵亡。

杨武石　在瓦甸店阵亡。

余义林　在王家营阵亡。

王文芳　在朗宋关阵亡。

邵发成　在棠家营阵亡。

邵　阳　在陈家巷阵亡。

谢四斤　在城墙脚阵亡。

康霞二　在满家营阵亡。

龙皆宝　在天堂关阵亡。

何马善　在干通坝阵亡。

谢文开　在老鸦庙阵亡。

杨本富军功　**杨程淑　郑　林　李奇勋**

俱团长，扎守盈江，与贼战于西山坡阵亡。

段成恺军功　　**段闰文**军功

二人于同治十年，攻贼扒城阵亡。同时死者有杨观明、杨文星、杨黑二、张占祥、邵二、杨三等十三人。

胡锦相蓝翎把总　　**杨国宝**蓝翎把总

二人俱柴头坡阵亡。

咸丰丙辰年，回逆叛乱，良回有不从逆而尽节者：

朱凤翥　己酉恩贡。

朱斗南　壬子举人，即凤翥子。

朱粹奎　乙酉武举。

明富照　古永卡练头。

明履祥廪生　**明星镜**廪生　**明生祥**文生

白绍香文生　**明应祥**文生　**明善志**文生

马智仁文生　**马继周**武生　**白玉堂**武生

沙灿文监生　**明多祥**监生　**赵连城**监生

张阳春从九

以上十七人俱全家自缢。

明清槐文生　**明映乾**文生　**明祚祥**文生

明殿扬武生　**明汉佐**武生　**明汉章**武生

明绍禹武生　**白联升**武生　**白联魁**监生

马金臣

以上十人俱全家自焚。

刘　玉把总　**明善政**把总　**马相垣**文生

白　润文生　**朱大伦**文生　**白玉麟**文生

明庚星文生　**明书训**文生　**明春荣**文生

明　珠文生　**马如麟**武生

马阳清外委　**明映垣**从九　**朱锦林**外委

马金林　**张万春**　俱监生。

明正堂　**明正荣**

以上十八人，俱全家服毒。

朱联奎　廪生，全家投大盈江。

明茂春　良回，全家投大盈江。

马中驹　文生，全家投井。

马章文　文生，全家投井。

明贵新把总　**明映昊**文生　**明清和**州同

明正扬州同　**马大乾**监生

马大兴　**马锡淑**　俱职员。

明映斗从九　**明正华**

以上九人，俱因变自尽。

李天恩　议叙从九品，绮罗练人，蓝翎守备李生道之父。同治十三年正月初十日，乌索回匪潜踞大营坡。时天恩奉委办团，乃率团兵二百余名，亲往攻击，与贼鏖战多时，众寡不敌，被枪阵亡。同时死事练丁李福春、杨广林、范发林、段如川、尹四德、陈庆元、李学科、段升贵、李学孔、段庆文、段恩全、明坤、王科、何明然、张占祥、邵怀宗、胡春和、李运文、杨根沛等十九人。

张其周 补用守备，北练人。同治九年十月十六日，带练扎营双坡，截贼粮道。被贼魁李国伦率贼四面围攻，其周力拒一夜，军火救援不继，中枪阵亡。同时死事练丁何官保、张名韶、何才保、段升伯、张二、周其用、张洪常、曹六、毛七、杨开科、赵大有、闻老举、赵二、李徐三、唐二、陈老五、陈四、何三、何大、刘保、尹二、何观等二十二人。

高思清 外奖六品军功，瓦甸人。咸丰九年十一月朔，乌索贼围攻高家营，思清率练勇拒敌，自夜达旦而亡，随亡练丁十八名详高思昂后。

高思昂 高 坦 练目思昂，系监生高名扬父；总团高坦，系监生高国熙父，俱瓦甸人。咸丰九年十月二十二日，乌索贼大攻瓦甸、六合街等处，思昂与坦率众拒敌，经数昼夜，力竭阵亡。同死练丁二十五人，与高思清同亡练丁共四十三人：杨上典、李登扬、杨发文、高国普、刘兴美、高淑、孙绍章、杨绍堂、谢得扬、寸如增、高学沾、姚开忠、孙诣、李自粹、高国仁、李正春、熊文时、李登华、高老富、刘文璧、高大满、张开国、段升品、王绍榜、何灿然、段文顺、龚重九、明二、段文龙、吴朝伦、郑上才、吴朝珍、罗元相、高国香、汤元儒、辛国材、刘光明、孙淑、高国仓、高国会、高国玉、段升位、段如璋等。

以上阵亡员弁团丁等，于光绪十三年同知陈宗海汇报，十四年二月二十三日奉朱批："李天恩等均著交部分别旌恤，单三件并发，钦此。"

人物志八 恩荫难荫

《虞书》曰："赏延于世"，《周书》又曰："世禄之家"，此屡朝恩荫之典所为，相沿不替也。若夫见危授命，或激于一时之义愤而慷慨捐躯，不复为身家计者，朝廷益优恤之，以为劝忠令典。故世袭之例，视恩荫为有加，腾旧有显官，间邀恩荫。其以难荫传者，则为都尉、骑尉世职，历历可考。兹详其人，而不必及其嗣裔者，非不谙《通志》例也。我国家恩施宽厚，边陲志乘，从其略而不泯其名焉可也。谨纪其事如左。

恩荫

张　才　号和斋，剑川都司。屡立功贵州，升参将职，加花翎副将衔。积劳病故，蒙恤荫一子。

贺朝岗　号芝轩，素有胆略。由行伍署永昌都司，屡建功贵州，补升遵义协，署理威宁镇。伤发身故，事闻，赐恤加提督衔，准袭骑都尉。现长子时昌袭。

难荫

李维良　康熙十一年，出师古宗阵亡。敕赠昭勇骑尉。

李成品　维良子。雍正八年，出师乌蒙阵亡。敕赠武信骑尉。

云骑尉[1]

朱才达　把总。乾隆三十二年，从总督明瑞征缅，奋勇阵亡。恩颁祭葬，入祀昭忠，准世袭罔替。

毕云礼　把总。乾隆六十年，游巡腊撒，遇贼阵亡。蒙恤准世袭罔替。

马世宽　马战兵，与毕云礼同日阵亡。蒙恤准世袭罔替。

马才周　杨　伟　马子经

三人俱外委，嘉庆十七年，出师南甸，在得胜坡阵亡。蒙恤准世袭罔替。

赵　璇　外委，嘉庆十九年，出师帮中，在箐口阵亡。蒙恤准世袭罔替。

江　鳞　守备，出师达县阵亡。蒙恤准世袭罔替。

张　瑛　由行伍授昭通镇守备，出师东川阵亡。赐恤准世袭罔替。

吴　沛　何文俊

二人俱把总，嘉庆五年，出师缅宁征倮匪，在黄草坝阵亡。赐恤准世袭罔替。

解　彪　金　鳌

二人亦把总，道光二十六年，出师永昌乌鸦河阵亡。赐恤准世袭罔替。

马启华　外委，字荣斋。于乌索贼众攻蔺家寨时，带兵救援，与贼力战三昼夜，无援，营破烧死。同时兵弁死者有梁大朝、郭金库、杨锦坤等百余人。事闻，赐恤准世袭罔替。

邵锐贤　把总，字含英，北练人。性刚勇，历年随柴生藻团练剿贼，亲督练勇攻乌索阵亡。事闻，赐恤准世袭罔替。

尹　艺　字树人，举人。回逆陷城后，同刘光琰团练拒贼，固守河西等

① 联系上文，自朱才达以下，均为敕赠云骑尉。

处，屡出策制胜。后往司地筹办军务，为贼所害。事闻，蒙恤荫一子。

李含英 举人。回逆之乱，竭力办公，不辞劳瘁。辛酉城陷，为贼所害。事闻，蒙恤荫一子。

金　泽 举人。回逆之乱，筹办局务，城陷被害。事闻，蒙恤荫一子。

李含瑞 举人。城陷后为贼所逼，遂自缢。事闻，蒙恤荫一子。

蒋相士 字仁山，大西人。回逆之乱，与胞弟相玉团练剿贼，屡立战功，保至补用守备加游击衔。后围乌索，被贼诱入杀之，同时死者四百余人。事闻，赐恤准世袭罔替。

下六人，与前蒙袭诸弁相类，特附记之：

周　亮 蓝翎外委，直隶人。道光二十六年，出师乌鸦河阵亡，同时阵亡兵丁十四名。

帅　荣 把总。咸丰六年，出师姚州，于普昌河阵亡。

柳应祥 武生，景东人。官腾越镇把总。

牛玉山额外[①]

柯国升额外

金万春世职

上五人俱普昌河阵亡，同时阵亡兵丁五十名。

人物志九　寓贤

郡乘之记载也，或以乡里重，或以朝廷尊。至天涯牢落，羁旅间关，事无关乎郡国，略之可也。然名士来游，文藻壮山河之色；羁臣远迹，忠贞昭日月之光，纵人往风微，而德业之入于人心，文章之传于众口者，令人爱慕流连而不置焉。虽欲略之，乌忍略之？腾地僻远，非游人所辐辏。而一二名流，缘事而至者，或暂寄而即归，或久留而不反，旃檀[②]之风气，过而弥香；雪泥之爪痕，久而宛在，岂非一邑之厚幸耶？故志之。

元

脱　脱 字大用，马札儿台长子，丞相伯颜之侄也。仪状雄伟，出于千百人，而器宏识远，莫测其蕴。功施社稷而不伐，位极人臣而不骄。轻货财，

---

① 额外：额外外委的简称。是额外差委之官，在部队中属最低级之军官。

② 旃檀：即檀香。

远声色，好贤礼士，皆出于天性。其事君也，始终不失臣节，虽古大臣何以过焉。师浦江吴真方，有学识干济，伯颜专政，其见逐也，脱脱有力焉。顺帝至正十二年，芝麻李据徐州，脱脱讨平之，即军中拜为太师。十四年，张四诚据高邮，复统诸省军讨之，连战皆捷。因哈麻谮之，诏罪其老师糜饷，以他将代，削爵安置淮安。俄有旨，移置亦集乃路。先，脱脱弟也先帖木儿以征芝麻李丧师，脱脱庇之。十五年三月，台臣又列疏论其弟兄之罪，诏流之于云南大理镇西路。时腾冲知府高惠欲以女事之，许筑室一程外以居，可以免害。脱脱巽[1]辞绝之曰："吾罪人也，安敢念此！"九月，遣官移徙阿轻乞地，高惠以不受其女故，因首发铁甲军围之。十二月己未，哈麻矫诏，遣使鸩杀脱脱，死年四十二。讣闻，中书遣专舍七十六至其地，易衣以殓之。二十三年，御史张冲等雪其冤，诏复官爵。二十六年，御史奏言："使脱脱不死，安得有今日之乱？"令封王爵，定谥未及行而元亡。嗟乎！使脱脱联姻高惠，哈麻安能伺其间？使高惠终庇脱脱，则元亡明兴时，尚可以保云南。至云南既平，始与也先、虎都构麓川以图恢复，晚矣！

明

祝　璀　德兴儒士。性耿介，工诗文，尤精易理。洪武时，以罪戍腾。寻宥归，从学者留之，遂家焉。年七十一，读书不辍。

易　恒　字可久，湖南长沙人。正统中戍昆明，复徙腾。积学笃行，人多师之。善书，工诗文，有《思诚稿》。

吴延龄　字永寿，余姚人。以贤良荐授清涧教谕，因上言，谪戍大理。后徙腾，遁迹屯伍，以终其身。

陈　通　字贯之，洱海卫人。以族人隶伍调腾，通与俱来。其友李英托寄白金于其家，途中遇盗，行李罄劫，惟李物附身得存。通至家付英妻，闻者异之。后谒选出判和州，莅官耿介。致仕回，仍居腾，寿九十三卒。

杨　彬　江西人，以客寓腾，遂家焉。长于诗赋，以义方训子，人咸重之。

周东华　崔探花弟也。明季甲申年，阖门罹难，自燕遁入滇，至腾改姓名为周东华，寓居宝峰寺。有辟谷术，口不谈释道之言，以儒理叩之，则娓娓不倦。曾题毗卢寺联云："殿古含烟冷；楼空得月多。"腾士吴茂桂、段滇等十数人，延于雪山师事之。著有《雪山集》二十四篇。当变革时，遂遁去。事定，寄书一卷，乃与敏恕道者问答语也，语皆中庸理致。后竟不知所往。

徐宏祖　号霞客，江南江阴人。年三十，家有老母，每岁三时出游，寒

---

① 巽：通"逊"。

冬回省，以为常。其行也，从一奴或一僧，不治装，能忍饥数日，得食即饱，能裹粮走数百里。曾三至滇，寻金沙江源，极于黎牛徼外[1]，作《溯江纪源》一篇载《艺文》。霞客在腾，凡山川一拳一石，纤悉皆考之，历历不爽。志欲入缅，有人止之，不果行。赴丽江，木土官以笋舆送之归，遂病卒。常自言曰："张骞凿空未睹昆仑，唐陈元装[2]、元耶律楚材，衔人主之命，乃得西游。吾以老布衣，孤筇双履，穷流沙，上昆仑，历西域，与三人而为四，死不恨矣！"杨文定抚滇时，常手抄其《游记》，置笈笥自随云。

国朝

刘　昆　字西来，江西吉安进士。康熙初年任云南府同知，吴三桂叛，昆执节不屈，置之腾。后大兵定滇，擢湖广常德府知府。

刘焕章　号霁轩，江南武进进士。乾隆三十四年，官浪穹知县。因署蒙化同知任内被劾，遣戍。后以赦，改徙留滇。州牧吴楷，其同学也，延至腾，掌书院。工举子业，为士林所矜式，来州数月，从游者甚众。后以病卒，二子至滇，扶其榇归故里。

人物志十　仙释

粤自老子度关，仙踪显著；如来现相，释教流传。演其派者，几与儒门争树其帜，阅唐、宋、元、明，势日盛焉，而不能辟。顾虚无寂灭，何关致治之隆规；而道德慈悲，颇格愚顽之非性。腾越汉夷杂处，遵信之者，较他属为尤甚。读老氏之书，元功默运；证普门之果，妙法皈依。骑白鹤以飞升，驾青狮而化去。事纵属于荒渺，人每为之传言。爰依《旧志》，明载新编。

李贤者　大理人，名买顺，又名李成者，戒律精严。蒙诏时常宿黑塔寺及金轮寺，募修圮废，梓人土工数十人，日不举火，持巨钵，丐食而人各饱。蒙氏于大理建崇圣寺，贤者为司厨。殿将成，蒙氏谓众曰："殿中三像，以何为中尊？"众未及对，贤者曰："中尊是我。"蒙氏怒其不逊，流之南甸。常于宿所，有主家妇难产，贤者乃摘念珠一枚，使吞之，遂产，珠在儿手中擎出，弃之于地，丛生珠树，每苞百八枚。及死，南甸人焚其骨，瘗黑塔寺，至今寺

① 黎牛徼外：黎牛，一作"牦牛"。边界之外。
② 陈元装：即玄奘，唐时高僧。

无蚊蚋霜雪。后有商人夜经其地，见赤光，以为宝也，掘地得白骨，囊之而去。路宿昌伽亭家，恐人夜见光，置囊于竹林中。伽亭见光明如昼，疑商有宝珠，商人具告，伽亭货得之。后崇圣寺中尊之像未成，求圣贤骨为五内，伽亭以贤者之骨纳入之，像遂成。果应其作中尊之言，人呼为“贤者”。

黄　甬　本卫人。入佑圣观，行持符箓，驱邪治疾，颇验。明弘治甲寅，夏旱，兵备道赵炯延术士能祷雨者，指挥陈仪以甬对。因延至问之，甬曰：“不必悬幡驱雷，能竭诚敬，必有感也。”炯率父老斋戒，诚求之数日，果大雨如注。炯喜，谓之曰：“不意黄冠中所言，有合吾儒格致之理耶！”甬自是戒行益严，人呼为“松溪练士”。

摩　伽　天竺人。蒙氏时栖于长洞山中，阐瑜伽之教，演法秘密，祈祷必应。《一统志》作“摩伽陀”。

净　宽　字法界，西蜀人。万历年至滇，游历到腾，创建云峰、万福二刹。刚直不阿，时推名僧。圆寂之日，有天鼓红光之异。

道　明　字心安，川北人，姓潘氏。崇祯时游学至滇来腾，见云峰幽胜，遂师净宽为僧。住山四十余年，戒行精严。年八十七，见有持幡来迎者，遂寂。

宝　藏　北直人。明季自鸡足宝台山来腾，与其徒径空、觉山至龙王塘，遂龛坐蓬处者二年。州人为之感动，争负木运竹，结楹为之居，后遂建兴隆寺焉。

径　空　四川人。曾从戎为先锋，复重庆，援辽援黔，所向有功。后为腾越参将旗牌，剃发于甘露寺，从师宝藏。师独坐空山，径空募山下，为燃一指，遂开创此山。亦奇人也。

行脚僧　系为宝藏师锄地者，本姓萧，号无念，名道明，为无锡张泾桥人。徐霞客遇之如旧相识。

德　润　字香谷，姓俞氏。国初随父宦于滇，每有出世心，遂于云峰山出家。行头陀行，建刹接众，又募缘施粥，以济贫民，埋葬枯骨，善事最多。后游昆明，坐化于小东寺。

李成德　山西太原人。康熙八年来腾，斋居蔬食，性地坦然，知静定功。好施济，竭所资置庄田，尽其所出，为修龙江桥资。先年腾有火灾，成德至，火顿熄。因议置大缸二十四以积水，水积而火灾消。后缸废，火复告灾，成德又捐资置之。又修曲石桥，适疫疾兴，成德所至，疫疾悉除。修缅箐桥，其地多虎患，成德至，虎患遂绝。人以此奇之，李曰：“偶然耳！”

团瓢和尚　名天真，不知何处人。于国初时，偕其徒至腾，驻锡小蒲窝之青峰山。出其资，创建三清、观音等殿。始名团瓢寺，更为青峰寺，置买粮田数段，以为寺中香火之资。相传其师徒俱河南人，曾宦游江南，因事挂冠归隐。其自题小像有云："尔者我，四品黄堂，称与不称？"今像已毁。住刹多年，潜心修养，所谈悉关儒理。后师徒皆享高年坐化，愈信其以儒而隐于释者也。

田道人 西蜀人。性耿介朴直，所语皆诫身之要。道光初年，云游至腾，寄居云峰山。后游界练之天台山，爱其明秀异常，高与云峰埒[①]，乃结茅焉。遂持钵募化，创建玉皇、三清等殿。数年后，无疾而卒。

人物志十一 方技

自卢、扁传医术之工，曹、王极画图之妙，人之啧啧称道者，于今弗替焉。况榷算著长，仿至人之会计；堪舆托业，仰盛代之升墟。虽腾僻处边隅，而自隶版图后，方技之流，来自彼都，生于兹土者，代有其人。正不得谓薄技微长，坐听其湮没也。故志之。

明

王 琚 右所人。正统间王骥征麓川，数载粮饷，会计难明，下令有能总之者，秩三级。琚进诣骥，遂命总之，日中即会其数。骥喜，及班师，授以世袭百户，辞曰："小人贱技，非亲矢石，敢冒此职且世之哉？"竟不受。

黄 浩 本卫左所百户。性灵敏，多才艺，长于画，精于《易》。

王 佐 精四家字体，又善作山水翎毛，远近多尚之。参将沐崧收之幕府，不就。

刘应奎字松庵　　**木逢春**字培峰

张乔五　**梁 鉴**　**焦发荣**

上五人俱精医术。

陈凤典 河南新野人，受异人传，有接骨神术。流寇携入滇，呼为老神仙。凡肠出骨折，苟有余息，皆能医治；甚至易骨、缝肠、割肌、取髓，皆人所惊见者。永明王时，曾相随至腾，遂居焉。

国朝

戴师木 籍贯失考，精堪舆。道光七年，知州广誉延请至腾，用其说建

① 埒(liè)：同"等"。

署左文笔、来凤山文笔，以培植文风；改修南门月城，又建龙光台之武侯祠，以制服野夷。去神龛丈余，曾埋铁锅二口，上竖木杵，与人约云："此杵倒时，务须报明衙署，自有奇验。"及至咸丰六年，回逆为乱，此杵忽倒，揭视铁锅如故，乃悟"二口"者，回字也，杵倒则回逆之变生矣。

王　俨　号梅圃，武生，乾隆间人。家资富有，好与当时名士往来，善丹青，远近争购之。

陈　禧　鹤庆人。　**彭泽今**

二人俱精医术。

曾传胪　娴音乐。

腾越厅志卷之十四

人物志（下）

人物志十二　列女

且夫山川灵淑之气，钟于男则为英才，钟于女则为名媛。虽在盛地名都，犹难数觏。况腾僻处岩疆，讵易云争辉彤管乎？顾正气所钟，区域难限，而劲节所著，巾帼偏多。镜破钗分，永矢冰霜之节；捐躯殉难，常存激烈之风。以及待字之婉娈，只身赴义；未笄之静女，立志怀清。要皆闺阁完人，争光日月。今据其实而登诸简篇，亦足以彰风化之美，而表人心之正云。

节　孝

明

黄梁氏　诸生黄桂妻。夫亡，年二十四，不御簪环，养姑教子，年七十余，节操如一日。正统间旌表。

华林氏　腾卫后所千户华松妻。年十七夫亡，矢志养姑，抚遗腹子复春袭职。未几，春死，再抚孤孙，以存华氏。

林阎氏　诸生林凤妻。凤病，密割股餔[1]之，弗愈。凤谓阎曰：“吾度不免，汝少，奈何？”氏泣曰：“所不能从夫者，以二子在襁褓耳，敢有他志。”凤死，杜门深居，孝事翁姑，丧葬尽礼。天顺间蒙旌表。

吴张氏　诸生吴玺妻。夫故，执节不二，教子有成。天顺间蒙旌表。

张郑氏　庠生张晟妻。夫故守节，抚子邦教，中弘治乡试。年八十卒，蒙旌表。

陆王氏　诸生陆绪妻。夫故，氏守节，逢节辄哭，历三十余年卒。事闻，旌表。

岳陈氏　岳松妻。早寡，矢志养姑教子，年三十余卒。嘉靖时旌表。

陈汪氏　诸生陈文道妻。夫卒，抚孤守节，始终如一。事闻，旌表。

杨李氏　诸生杨启升妻。夫卒，氏守节，教子二十一年如一日。

邓黄氏　千户邓文妻。夫卒守志，姑媳相依为命者五十年，以寿终。事闻，旌表。

---

① 餔(bǔ)：婴儿吃的糊状食物。

以上俱入《省志》。

陈潘氏　庠生陈嘉猷妻。夫卒，氏矢志抚孤，历五十一年，清操弥励。寿八十二卒。

王黄氏　应袭舍人王继勋妻。夫卒，无子，氏纺绩自赡，苦节四十一年，始终不二。

谭沈氏　千户谭惟光妻。夫卒，父母欲夺其志，氏誓死守节，抚孤崇本，得以袭职。寿八十而终。

胡吴氏　胡思定妻。夫卒，氏抚孤子起龙，未几龙死，氏矢节弥笃，年六十五卒。

陈杨氏　东川府判陈大受妻。夫亡，氏守志训子，寿七十三卒。

侯陈氏　诸生侯必封妻。夫卒，坚守苦节，朝夕不相继者三十六年。

董段氏　诸生董槐妻。夫卒，子甫六岁，氏守节三十五年，抚其子瑞凤，以孝称。当路旌之曰："一门节孝"。

杨李氏　杨正茂妻。夫卒，氏守棺誓死，翁姑救之。氏忍死守节三十余年。

李张氏　李志高妻。夫亡，抚子守节四十八年，寿七十五而终。

国朝

赵黄氏　生员赵廷亮妻。夫卒，氏年二十七，上有八旬老姑，下遗五岁孤儿，坚守清操，养姑不怠，姑年九十而逝，丧葬尽礼。教子玉入泮，寿至七十而卒，后其孙相继游庠。

番李氏　番国华妻。年十七于归，一载遗腹生子元臣，氏矢志奉孀姑，勤纺绩。姑殁，竭力丧葬，抚子成立，其孙登文庠。卒年六十有六。

张潘氏　张重任妾。重任于明季时，官四川巡按、监察御史，归而卒。氏时年二十有二，泣曰："妾欲相从于地下，奈季子乳稚，谁为抚之？"乃励节坚守，训其子本中，由庠而恩荐，文学渊通，人以为得贤母之教云。

萧杨氏　诸生萧文兰妻。夫卒，氏年二十，子甫二岁。家贫，坚守苦节，抚孤成立。当路旌其门。

明马氏　明之望妻。夫卒，氏年二十四，子彩甫三月，氏抚之。及彩有子，彩又卒，抚孙万聚，娶媳马氏，甚孝，人称"一门节孝"。

鲁赵氏　诸生鲁舜凤妻。于归未一载而凤卒，氏以死自誓，族人怜其年幼无出，以侄禹谏为嗣，未几死。氏孑身苦守，如苍松翠柏，人称为女宗。寿八十余卒。

赵施氏 赵伦妻。夫卒，氏年二十九，子七龄。家贫，孝事翁姑，教子及孙皆食饩。一日正在机织，屋旁大枯树忽倒，破屋梁，机上忽横架一木，氏竟无恙。盖天相节妇云，卒年七十有三。

赵罗氏 赵密妻。夫卒，氏年二十七，子必豫甫二岁。氏誓守苦节，教子入泮，复抚其孙，节操凛然。卒年六十有二。

吴番氏 吴承志妻。年二十六，夫亡守节，奉姑育子。姑殁，营葬备极艰辛，卒年九十。

吴杨氏 吴承恩妻。年二十八，夫亡，奉姑育子，暨子又殒，抚孙成立。卒年九十。

段汤氏 段有富妻。年二十三，夫亡，子成科甫三岁。氏苦节抚育，后成科从戎有功，授外委把总，卒年八十有五。

段张氏 段碧珍妻。年二十六，夫亡，遗一子及遗腹子，氏笃志守节，事翁姑以孝闻，抚二子皆成立。卒年九十有三。

明朱氏 明富有妻。年二十三，夫亡，氏苦志纺绩，以养孀姑，教二子成名。学使孙给额曰："画荻芳型"，卒年八十有二。

尹李氏 尹体舜妻。年二十八，夫亡，遗腹子祖保，后殁。氏守节养姑，丧葬成礼，卒年七十有七。

李杨氏 李品亮妻。年二十八，夫亡，遗三子，氏纺绩教育。长子承恩，中乡试，官西林、来宾等县知县，有循声，人以为得贤母之教云。

邹余氏 邹以成妻。年二十六，夫亡，子甫二岁，氏坚贞自守，备历艰辛，教子成名。卒年七十有五。

李吕氏 李钟儒妻。年二十一，夫亡，无子，翁姑怜其年少，欲改适，氏以死誓，纺绩奉养。卒年七十有二。

马明氏 马之龙妻。年二十一，夫亡，立志守节，纺绩自勤，教子成立，乡里重之。卒年七十有二。

张丁氏 张尔荣妻。年二十八，夫亡，无子，继嗣后亦殒。氏立誓苦守，纺织自食，卒年七十有一。

李吴氏 李沛妻。年二十六，夫亡，氏冰雪居心，柏舟矢志，抚二子成立。学使郭给额曰："画荻芳型"。卒年七十。

番董氏 番朝选妻。年二十一，夫亡，遗子名耀，甫二岁，氏立志守节，事翁姑以孝闻，卒年八十有二。

段许氏 段文藻妻。年十九，夫亡，奉翁姑，育幼子，誓守苦节，教子成立，卒年六十有九。

尹胡氏　尹龙甲妻。年二十五，夫亡，遗腹生子德元。姑恐其易志，氏指天以誓，孝事其姑，并育子成立，卒年六十八。

许康氏　许必寿妻。年二十一，夫亡无子，姑欲改适，氏指石云："石碎我志方易！"姑悯其志坚，命侄子为嗣。卒年六十有二。

祝杨氏　祝世熙妻。年二十四，夫亡，遗子正清甫一岁，立志养姑，抚子成名。州牧孔给匾云："节迈柏舟"。卒年六十。

沙明氏　沙毓鉴妻。年二十五，夫亡，遗子润藻，后中癸卯武举。氏苦志守节，善事翁姑，年六十一卒。

李陈氏　李钟材妻。年二十五，夫亡无子。氏坚贞苦守，抚侄为子，纺绩自勤，卒年六十余岁。

何余氏　何允智妻。年二十五，夫亡无子，伯叔欲夺其志，氏以死誓。抚侄为子，卒年五十有八。

尹杨氏　尹任国妻。年二十五，夫亡无子，翁姑怜其年少，欲令改适，氏苦志守节，孝事翁姑，卒年八十有五。

王段氏　王政仁妻。年二十七，夫亡，上有八十祖翁，遗孤方五岁，家贫如洗。氏纺绩为业，养葬尽礼，教子成名，乡里贤之。

李尹氏　李诚妻。监生李膺国母。年二十三，夫亡，矢志守节，嘉庆十三年，旌表准其建坊入祠，年九十卒。

孙段氏　孙琸妻。年二十，夫亡，遗子甫一岁，家贫，纺绩度日，教子成名，卒年九十。

马冯氏　马建勋妻。年二十，夫亡，遗二子俱幼，氏立志守节，纺绩孝养翁姑，教子成名。

李吕氏　李芳妻。年二十七岁，夫亡守节。嘉庆二十四年旌表，卒年九十。

萧樊氏　猛蚌萧某妻。夫亡，青年守节，乾隆五十年，州牧曾给予匾额。

尹张氏　尹琼儒妻。年二十三岁，夫故，执节不二，抚孤成立，寿七十五而卒。道光十八年旌表，准其建坊入祠。

张廖氏　文生张名兆母。夫亡，矢志守节，道光间旌表。

张段氏　张正海母。夫亡，氏年二十，矢志不渝，抚子成立，寿八十余而终。道光间旌表。

尹张氏　儒童尹先觉妻。夫卒，年二十余岁，矢志抚孤，道光间旌表。

许番氏　北练许廷弼妻。性慈淑，相夫事亲，色养备至。寿百有三岁，道光二十七年旌表。其子许文成，监生，孙昌言、飏言、纶言、铭周，曾孙有贤、有庆，俱列于庠。

尹张氏　尹朝元妻，例捐同知大斌母。年二十八岁守节，至七十六岁而终。咸丰五年，旌表入祠。

黄李氏　黄凤仪妻。年二十，夫亡无子，抚侄朝辅为嗣，入监，孙三人均游庠，卒年五十八。光绪四年旌表，准其建坊入祠。

吴刘氏　世职吴显荣妻。年二十九岁，夫亡，事孀姑甚孝，有遗腹生子浩然，承袭云骑尉，寿八十一而终。光绪四年旌表，准其建坊入祠。

陶吴氏　陶宗侃妻。年二十八岁，夫亡，事姑孝，抚子秉仁入监，卒年七十有六。光绪四年旌表，准其建坊入祠。

明尹氏　儒童明存浚妻。夫亡，氏年十九岁，仅遗二女。氏誓守苦节，孝翁姑，抚侄自勋成立，寿九十而终。今其孙于朗、于锐，曾孙钟瑾、钟琦，均为邑绅。光绪四年旌表，准其建坊入祠。

杨李氏　生员杨学易继妻。年二十而夫亡，氏立志守节，事翁姑，抚嫡子怀琼入泮，享年六十。今孙辈亦皆成名。光绪四年旌表，准其建坊入祠。

董赵氏　生员董大昕妻。夫亡，氏年二十四，亲老子幼，松柏励操，孝事翁姑，抚子成名。迤西道熊给额云："冰霜雅操"。年七十二，犹纺绩不倦，其子在宽，孙友兰，俱为邑绅。光绪四年旌表，准其建坊入祠。

蔺李氏　蔺怀瑱妻。夫亡，氏年十九，矢志守节，孝事翁姑，丧葬尽礼。抚子曰铭入监，寿九十九而终。

杨李氏　杨盛岱妻。夫亡，氏年二十八岁，矢志不渝，奉养翁姑，抚孤成立，寿九十而终。

吴陈氏　吴腾蛟妻。夫亡，氏年二十八岁，立志事亲，抚长子思召游泮，学院程给额曰："松间一鹤"。寿七十六而终。

陈祝氏　陈显宗妻。年二十三守节，姑老子幼，姑殁，丧葬尽礼。抚孤子森成立，卒年七十有七。

许陆氏　许开国妻。年二十九，矢志守节，抚子尔忠成立，现年五十六岁。

陈李氏　陈国彦妻。夫亡，氏年十八，遗子大儒甫弥月，氏以死守自誓，抚子成立，寿六十五而终。

刘周氏　刘国梁妻。夫亡，氏年三十岁，立志守节，抚子德峻成立，卒年六十有七。

刘郑氏　刘国栋妻。夫亡，氏年二十四，遗腹生子德沛，氏矢志不二，抚孤成立，寿七十而终。

陈毛氏　陈金轮妻。夫亡，氏年二十九，誓守苦节，卒年八十有七。

谢杨氏　监生谢廷占妻。夫亡，氏年二十八岁，抚子润生成立，卒年七十三岁。

许张氏　许正宗妻。夫亡，氏年二十四，抚子汝清成立，寿九十而终。

杨许氏　杨济升妻，夫亡，氏年二十一岁，遗子东昆仅数月，氏抚孤守节，孝事翁姑，卒年七十有七。

李何氏　李曰荣妻。夫亡，氏年二十二岁，矢志守节，奉养翁姑，抚子秉政游庠，寿八十三而卒。

张杨氏　张志华妻。夫亡，氏年二十四，善事翁姑，抚子萃学成立。卒年七十八岁。

杨徐氏　杨耀榜妻。夫亡，氏年二十一，孝事翁姑，教子抚远成人，寿八十而卒。

李许氏　李秉政妻。夫亡，氏年二十八，事姑孝，抚二子璧奎、洪纲成立，卒年六十一岁。

尹王氏　尹仕彰妻。夫亡，氏年二十九岁，孝事翁姑，抚子应升成立，卒年六十九岁。

杨尹氏　杨东昆妻。夫亡，氏年十八，矢志养姑，抚子裕材成立，现年七十六岁。

李何氏　李蕴馨妻。夫亡，氏年二十六岁，孝事翁姑，抚子大富成立，现年六十五岁。

许刘氏　许大中妻。夫亡，氏年二十五，遗腹生子定国，抚养成立，事翁姑以孝闻，现年五十九。

李杨氏　李启宗妻。夫亡，氏年二十七，矢志守节，事翁最孝，育子家馨成人，现年六十有二。

段杨氏　段启昆妻。夫亡，氏年二十六，奉事翁姑，久而愈笃，抚子体贤成立，现年五十八岁。

杨李氏　武生杨泽润妻。夫亡，氏年二十七，孝事翁姑，抚子源春成人，卒年六十有一。

何段氏　何国云妻。夫亡，氏年二十五岁，抚子有才成立，卒年五十岁。

董李氏　董启彰妻。夫亡，氏年二十九岁，抚子怀仁成立，现年五十六岁。

段许氏　段有余妻。夫亡，氏年二十七岁，矢志守节，孝事翁姑，抚子启聪，聪亡，接抚启祥，现年五十七岁。

李洪氏 李腾祥妻。夫亡，氏年二十八岁，抚四子钦泰、钦扬、钦培、钦伦，寿六十六而终。

李蔺氏 李尊贤妻。夫亡，氏年二十五岁，抚二子颖昌、颖材成立，卒年七十四岁。

刘郑氏 刘韬之妻。夫亡，氏年二十七，抚子世谦、世宽成立，现年八十有二。

杨张氏 文生杨学敏妻。夫亡，氏年二十八岁，矢志不二，寿八十六而终。

张尹氏 张凤梧妻。夫亡，氏年二十六岁，矢志守节，抚孤成立，卒年五十有八。

黄尹氏 黄凤岐妻。夫亡，氏年二十六岁，无子，抚侄朝栋成名，寿七十二而终。

黄张氏 黄凤瑞妻。夫亡，氏年二十四岁，立志守节，现年六十三岁。

劳吴氏 劳应林妻。夫亡，氏年二十五岁，矢志守节，抚二子成人，卒年六十有一。

王杨氏 王位妻。夫亡，氏年二十九岁，抚孤成立，卒年五十有三。

钏梁氏 钏蕃昌妻。夫亡，氏年三十岁，抚三子成立，现年五十一岁。

阳杨氏 阳富久妻。夫亡，氏年二十五岁，无子，以侄映文为子，卒年六十有三。

阳张氏 阳富千妻，夫亡，氏年二十九岁，遗子映文，与嫂同抚之，年四十卒。

刘赵氏 刘新运妻。夫亡，氏年三十岁，孝事翁姑，抚子圣昌、迎昌游庠，卒年七十有一。

赵夏氏 赵国修妻。夫亡，氏年三十岁，抚孤子，先氏卒。又抚孙联科、联甲成人，现年七十有九。

张曹氏 庠生张永明妻。夫亡，氏年二十七岁，矢志事姑，抚子文浩游泮，卒年五十一岁。

曹贺氏 曹桂妻。夫亡，氏年二十三岁，矢志不渝，养姑全节，卒年四十有一。

双王氏 双承恩妻。夫亡，氏年二十八岁，事姑甚孝，抚子凤祥成人，现年六十岁。

赵蒋氏 赵纯武妻，夫亡，氏年二十岁，善事翁姑，抚子其中入泮，现年五十一岁。

李尹氏　佾生[①]李德周妻。夫亡，氏年二十六岁，能善事翁姑，抚子曰馨入监，现年七十五岁。

李王氏　李焜妻。于归之日，值焜病重，未及成礼，月余焜故，时氏年十九岁。立志养姑，守贞全节，抚过继子朝相成立，寿七十九而终。

明蔺氏　明钟寿妻。夫亡，氏年二十四岁，守节，现年六十三岁。

许杨氏　许成德妻。夫亡，氏年二十三岁，遗腹生子应瑞，氏矢志不二，抚孤成立，现年六十有五。

吴罗氏　吴廷烺妻。夫亡，氏年三十岁，矢志守节，抚侄中垠为嗣，现年六十有二。

许段氏　监生许以哲妻。夫亡，氏年二十七岁，矢志守节，抚孤成立，现年六十有三。

张蔺氏　张济南妻。夫亡，氏年二十七，无子，抚侄映湘为子，现年五十有七。

封刘氏　封绍禹妻。夫亡，氏年二十三岁，孝事翁姑，抚子朝仕成立，现年六十有三。

尚殷氏　尚文萃妻。夫亡，氏年二十二岁，矢志不渝，孝事翁姑，抚二子加勤、加和成立，卒年六十有九。

封番氏　武生封名贵妻。夫亡，氏年二十七，立志守节，善事翁姑，抚子绍廉成名，年六十三岁卒。

常张氏　常海清妻。夫亡，氏年三十岁，孝事翁姑，抚子如昆成立，卒年六十有九。

李王氏　李逢春妻。夫亡，氏年三十岁，孝事翁姑，抚子林楷成立，现年五十四岁。

孙黄氏　孙继后妻。夫亡，氏年二十一岁，奉事翁姑，抚子开俊成立，现年六十九岁。

尹段氏　尹作相妻。夫亡，氏年二十九，事衰姑，抚孤子朝楷成立。楷没，偕媳刘氏抚孙国彩入泮，现年七十八岁。

钟李氏　钟于庄妻。夫亡，氏年二十三岁，抚二子蕃昌、继昌成立，年四十八卒。

钟王氏　钟世纯妻。夫亡，氏年二十五岁，遗二子，以长子嗣伯承继长房，自抚幼子嗣仲，孝事翁姑，丧葬尽礼，卒年四十有一。

金尹氏　廪生金宝书妻。年二十岁，宝书病故，以兄易书子家楷承嗣，

① 佾(yì)生：佾舞生的省称，也叫乐舞生。旧时孔庙中祭祀时的乐舞人员，由童生担任。

年三十八卒。

杨尹氏 庠生杨绍曾妻。夫亡，氏年三十岁，奉养翁姑，历久不怠，抚子长运成立，现年七十有四。

沈杨氏 沈启纯妻。夫亡，氏年二十五岁，孝养翁姑，历久不怠，抚子怀瑗成立，卒年六十八岁。

杨况氏 杨正昌妻。年二十五岁，矢志守节，抚子维镇成立，现年五十七岁。

丁革氏 丁焕先妻。年二十九守节，事姑孝，抚子其智成立，卒年五十有九。

胡段氏 胡占春妻。年二十三守节，事姑不倦，抚遗腹子开贤成立，卒年七十有四。

王叶氏 王祚尧妻。夫亡，氏年二十九岁，奉事翁姑，抚二子恩焘、恩选成立，卒年七十有三。

林杨氏 林森湘妻。夫亡，氏年二十九岁，抚子启华成立，卒年六十有五。

杨鲁氏 杨本礼妻。夫亡，氏年二十五岁，孝事翁姑，抚子成受成立，卒年五十有八。

周尹氏 武生周延绪妻。夫亡，氏年三十，抚子维藩成立，卒年六十二岁。

周何氏 周延儒妻。夫亡，氏年二十九岁，抚子维显，先氏卒，年七十岁而终。

蔡尹氏 蔡来东妻。夫亡，氏年三十岁，遗腹生子蔡檀，氏抚檀成立，檀殁，氏又抚孙鸿春，现年六十三岁。

王罗氏 王瑞年妻。夫亡，氏年二十五岁，抚子凤彩成立，卒年五十有七。

杨李氏 杨本华妻。夫亡，氏年二十岁，孝事翁姑，抚子程兴成人，卒年四十岁。

方黄氏 武生方仕材妻。夫亡，氏年二十五岁，孝事衰姑，抚子汇川入监，年四十一岁卒。

方李氏 儒童方春万妻。夫亡，氏年二十八，孝养翁姑，抚子仕清成立，现年六十有八。

张郑氏 武生张东铭妻。夫亡，氏年二十九岁，立志守节，艰苦备尝，抚子大纲成立，现年六十九岁。

武乐氏　武开岐妻。夫亡，氏年二十三岁，抚遗腹子朝选成立，现年五十九岁。

段夏氏　段启龙妻。夫亡，氏年二十八岁，抚三子新辅、良辅、林辅成立，现年五十九岁。

李杨氏　李启周妻。夫亡，氏年三十岁，善事翁姑，抚子萱成立，现年五十七岁。

杨赵氏　杨绍福妻。夫亡，氏年二十九岁，孝事翁姑，抚过继子应魁入监，现年六十六岁。

李杨氏　李作羹妻。夫亡，氏年二十六岁，抚二子玉德、玉定成立，现年六十一岁。

李吕氏　李炳周妻。夫亡，氏年二十六岁，抚子成立，现年五十三岁。

杨王氏　杨敏西妻。夫亡，氏年二十三岁，事姑孝，抚子茂春成立，卒年五十有八。

邵段氏　邵国灿妻。夫亡，氏年二十五岁，孝事翁姑，节操弥坚，抚子悦贤成立，卒年六十有六。

以上节孝八十五人，同知陈宗海已捐廉详请旌表，事在光绪六年。

祝段氏　增生祝嗣汉妻。年二十三岁守节，纺绩自勤，抚孤成立。同知蔡给额曰："冰雪其心。"卒年七十有八。

高李氏　高应楷妻。年二十八守节，抚子思昂成立，寿八十六而终。

杨孙氏　杨月周妻。年二十四守节，奉衰姑，抚遗腹子鸿英入庠。年七旬，学使李给额曰："茹荼画荻"。

明蔺氏　明钟寿妻。年二十四岁守节，现年六十三岁。

康王氏　康德萃妻。夫亡，氏年二十一岁，遗一子甫数月，矢志不渝，亲族欲夺其志，氏以死誓。抚子成立，先氏殁。寿六十有余，抱孙而终。

杨邢氏　杨根厚妻。夫死之日，氏适生子，时年十八，执节不二，抚子生孙，年五十卒。

张濮氏　张文显妻。夫亡，氏年二十五，遗孤甫三龄，立志守节，抚孤成立，现年七十有三。

邵毕氏　邵国扬妻。夫亡，氏年二十岁，遗孤甫二龄，矢志不移，抚子成立，现年六十九岁。

钟杨氏　钟世绵妻。夫亡，氏年二十一岁，无子，以叔之子嗣伯为子，坚操苦节，孝事翁姑，现年五十五岁。

谢罗氏　文童谢廷树妻。夫亡，氏年二十七岁，矢志守节，纺绩度日，事翁姑克孝，教子彝成名，卒年四十有二。

姚王氏 界头姚某妻。夫亡，氏年十九岁，矢志不渝，抚孤励节，现年六十九岁。

常杨氏 常自明妻。夫亡，抚子朝纶成立。现年六十五岁。

明杨氏 明于璟妻。夫亡年二十一岁，矢志守义，现年五十二岁。

孙吴氏 孙嘉模妻。夫亡，氏年二十四岁，遗子甫二龄，孀姑王氏令其守节抚孤，氏欣然从之，至三十九岁卒，后其子有相入泮。学正郑、训导杨赠王氏一联曰："乌私念笃陈情表；鹤算筹添介寿词。"

尹谷氏 生员尹其桢妻。夫亡，氏年三十，无子，以族侄缄为嗣，养姑克孝，抚子成立，现年五十九岁。

尹刘氏 儒童尹其柱妻。夫亡，氏年二十八岁，立志养姑，抚孤子未几亦殒，以侄尹焕为嗣，愈励清操，现年五十九。

寸许氏 儒童寸德宏妻。夫亡，氏年二十五岁，坚心守节养姑，抚子增龄入监，年八十寿而终。

杨周氏 儒童杨怀箐妻。夫亡，氏年二十三岁，坚守清操，矢志奉事翁姑，抚半龄孤子，现年五十五岁。光绪十年，署同知黄紫诰详请旌表。

李张氏 儒童李大章妻。夫亡，氏年二十二岁，矢志靡他，养姑不怠，抚遗腹子德厚成立，现年七十有七。

钏寸氏 儒童钏必观妻。夫亡，氏年二十四岁，矢志不渝，抚子畅东成立，卒年五十八岁。

毕杨氏 毕能杨妻。杨城陷遇难，氏年三十，孝事翁姑，抚子映瑞成立，卒年五十一岁。

王罗氏 武生王钦元妻。未字时，其父病危，氏割股救之，归王后，钦元病笃，氏又割股救之。夫病全愈。

解李氏 举人解宾王妻。事姑孝，值姑赵氏病剧，氏割股进之，姑病随愈。

李陈氏 监生李绍龄妻。夫病笃，氏割股救之，病愈。

张伍氏 张昺妻。事翁姑孝，翁病危，氏割股救之。

李段氏 李东来妻。夫亡，氏年十九岁，家贫如洗，纺绩以事翁姑，抚侄为子，现年六十五岁。

陈李氏 世袭云骑尉陈发元妻。夫出师乌索阵亡，氏年二十三岁，立志守节，抚子成立，现年六十三岁。

李吕氏 署广南参将李正荣次子李芳之妻。年二十八岁夫亡，守节至六十四岁故。

姚贺氏　姚廷义之妻。前任贵州威宁镇贺朝岗次女。年二十一岁，夫亡守节，至四十二岁故。

刘赵氏　刘致福妻。年二十四夫故，矢志守节，养姑抚子，寿八十二而终。

杨黄氏　儒童杨起鹏妻。夫亡年二十一岁，苦志纺绩，孝事翁姑，抚子春葵成立。乾隆十五年，州牧唐给资建坊，赐匾"节比松筠"，详请入祠。其裔世向、湘本、廉、程、化、为霖、金霖、作霖均为邑绅。

杨谷氏　猛连村杨熙春妻。年二十五守节。翁姑衰颓，孤子树廷幼稚，氏矢志不二，孝事翁姑，丧葬尽礼，抚树廷入文庠，先氏卒，饬媳尹氏抚侄孙培先承嗣，现年八十岁。

杨尹氏　即树廷妻。年二十九岁守节，事孀姑谷氏，尽妇道，抚堂侄培先为子，入武庠，现年五十四岁。

许杨氏　许懋志妻。志卒，氏年二十五岁，遗一女，有遗腹生子绍纪，姑早殁，氏坚守贞操，纺绩度日，上养衰翁，下抚子女，寿五十六而终。

张李氏　张灿基妻。举人李含英妹，年二十三夫亡，氏矢志不移，孝事翁姑，抚二子，长希濂，遵例入贡；次希洛，入文庠。年八十四而终。

许黄氏　许钟□妻。年二十八夫亡，氏矢志不二，纺织为生，抚孤子□□，先氏卒，以堂弟钟寿子恩一为嗣，现年六十五岁。

段邵氏　文童段连三妻。夫亡氏年二十三岁，矢志守节，孝事孀姑，有遗腹生子成宪，入文庠，卒年三十八岁。

邓番氏　邓尚敏妻。年二十七岁守节，翁姑俱没，氏矢志不渝，抚孤子礼和入文庠，现年五十五岁。

何王氏　何瑾妻。年二十七岁夫故，矢志守节，侍奉孀姑十余年，抚子坦然成立，有孙三人，现年五十七岁。

朱李氏　儒童朱显朋妻。二十六岁夫亡，遗子应兆，抚孙朱桢，卒年八十四岁。

李丁氏　儒童李奇勋妻。年二十二岁，夫与贼交战阵亡，遗腹生子品端，复故，又抚孙笔唐，现年五十三岁。

王李氏　儒童王如春之妻。夫故年二十五岁，遗二子，矢志柏舟，教训长子安善，食廪饩，次安祥，现年五十六。

贞 烈

明

谷杨氏 谷添生妻。正统三年，思任法寇边，举家出避金齿。其夫从征染瘴死，尸还，氏痛哭自缢。

张顿氏 卫学生张榜妻。榜卒，遂饮毒，其母强持解之，夜半复自缢。事闻，旌其间曰“贞烈”。

常梁氏 常应学妻，年十八于归，甫六月，夫卒，氏痛哭自缢。

赵陈氏 诸生赵万善妻，夫卒，遂自缢，家人急救不得死，其姑严防之，氏割耳以见志，督学使者奖之。

张顿氏 廪生张校妻，校疾笃，氏割股疗之；及卒，氏服毒，亲邻诸妇救之，复自缢。

吴原氏、刘氏 二人吴宗尧妾。尧卒，原、刘抱尸号痛，遂俱服毒，其姑救苏。三日，原自缢，刘殓原毕，潜入卧内亦自缢。及启笥，视其殓物无不预具。事闻，旌之曰“恩旌双烈”，载《省志》。

穃　飘 孟养思氏之女，嫁宣慰罕奉侄思义。思义同母思氏归管孟养，刘綎兵至，思氏率众归顺，击杀莽酋兵，复其故土密堵、速送二城。已而莽应里征兵于二城，不应，引兵攻之，思义战败自缢死，穃飘闻之，亦缢死。其母思氏坚守待救，金腾道李材遣兵救之。夫穃飘舍死从夫，固为夷妇中仅见者；即其母思氏，一老女子，既知归顺天朝，又能复其故土，及势处危困，乃能固守待援，始终不变，其亦女中人杰哉！

罕　送 蛮莫土司思哲之女、思顺之母也。万历时，顺随其父投缅，罕送与次子思华、孙思尚守蛮莫，后顺弃缅而归。缅犯遮放，顺复投缅，缅既退，顺使人迎其母罕送，母杀其使，函首与思华[1]、思尚来奔，时嘉其忠义，栖之干崖，岁给廪米银帛以赡之。夫罕送孑然夷妇，遭其夫与子反复不义，乃能抚孤抗节，独立不惧，复斩使拒子，慨然来归，可谓知顺逆大义者矣，虽古诚敬夫人，何以过焉。

国朝

王徐氏 王之霖妻。霖病，奉事惟谨，汤药亲尝。及霖故，抱尸号痛，随自缢。州牧杨、副将林亲为祭奠焉。

李刘氏 李允达妻。年二十三夫亡，遗孤守节，未几，子亦死，氏悲痛

① 原文为思革，误。

至极，引刀自刎，家人救之。后抚一孙，年七十七卒。

张王氏　司狱张绍平妻，与妾袁氏于咸丰十一年九月，回逆陷城时，从夫同时尽节。

张袁氏　司狱张绍平妾。

李杨氏　副将衔李珍国妻。咸丰十一年，贼陷腾城，珍国退至干崖，将家口安置旧城，协同应袭刀猷廷，联络各土司，结砦于南甸茂福、新寨等处，阻截回逆要路。贼知旧城空虚，遂由蒲窝绕道袭破之，杨氏偕幼子占鳌俱被掠。贼诱氏致书珍国停戈、通商，许之曰："尔夫若能从议，即送尔母子归。"氏给以轩毛河边一会，向珍国大呼曰："吾母子得死所矣，乞勿以吾母子为念！"遂欲投河，贼恚甚，驱至河边杀之。光绪二年，署同知吴自修申详请旌，奉旨于氏被难处建立专祠。

杨刘氏　杨名远妻。同治五年，名远病故，殓夫毕，即日殉节，时年三十岁。

寸尹氏　明朗寸思明妻。避难曩烟寨，同治十年，回贼破其寨，被掠至桥上，跳河而死。

曾陈氏　曾思允妻。回逆之乱，避难马场。同治元年，贼破其村，被掠不屈，投河而死，时年三十。

梁钏氏　廪生梁大士母。自三十岁守节至八十岁。咸丰六年冬，回逆围攻古勇，氏投火而死。

梁钏氏　梁大士妻。见姑身死，亦投火并亡。

梁杨氏　梁大印妻。咸丰六年，大印阵亡，偕幼子投火而死。

梁杨氏　古勇监生梁正琨妻。

梁钏氏　梁正琼妻。

二人均咸丰六年，回逆围攻该寨时，投井尽节。

王李氏　王国富妻。于贼破太平村时被执，骂贼为贼所杀。

上烈妇九人，亦光绪六年，同知陈宗海捐廉，详请旌表者。

李杨氏　龙江李琳妻。夫故守节，贼破该寨，被执不屈，贼杀之。

杨侯氏　缅箐练民杨贵妻。咸丰十一年，贼破下村时，被掠骂贼，为贼所杀。

杨王氏　贡生杨中孚妻。年八十三岁，遭回逆之乱，骂贼而死。

杨姜氏　杨三元母。年七十五岁，遭回逆乱，骂贼而死。

陆李氏　生员陆生崧妻。咸丰十一年春，回逆夜袭后屯寨，掠至中途，骂贼被害。

黄谢氏 黄绍廷妻。

黄番氏 黄登玉妻。贼焚其寨，均赴火死。

李尹氏 缅箐练文生李颖材子妇。咸丰七年冬，贼破该寨，投河而死。

郭黄氏 缅箐郭连奇子妇，同治八年，回贼破大村时，投河而死。

刘张氏 廪生刘光明妻。贼破满金邑，悬梁自缢。

王李氏 王绍尧妻。贼破满金邑，自刎死。

方施氏 方生万妻。咸丰十一年，发逆夜焚官厅巷，氏与夫抱幼女出，遇贼，氏即以女投井，贼见之，遂将夫妇戳死。

赵施氏 赵对阳妻。

吴张氏 吴廷玉妻。

吴番氏 吴中墀妻。

刘何氏 刘大敏妻。

赵黄氏 赵沾棠妻。

刘胡氏 刘必达妻。

以上六人，均回贼破满金邑时，投井而死。

段杨氏 段文智妻。

杨胡氏 杨新焕妻。

杨王氏 杨新科妻。

寸蔺氏 寸能中妻。

尹许氏 尹立群母。

上五人，均回贼破绮罗时，同日投井死。

张李氏 张正义妻。贼入其寨，赴河死。

陈王氏 陈绍金母。贼破其寨，服毒死。

官许氏 官辅朝妻。年二十五岁，同治间，回贼害其全家，欲夺其节，氏不从，贼枪毙之。

官王氏 官盛朝妻。年十八岁，同治中，贼害其全家，欲夺其节，氏乱骂，被贼抛入大盈江而死。

贞女

段贞女 年十四，许聘林氏子，未适而林卒，段守贞不字，寿八十二，事闻旌表。

尹贞女 幼立志事亲，坚守不字，至六十一岁，州守旌奖之。

沈贞女 幼许聘王仲，未适而仲卒，沈守贞不字，寿六十七而终。

陈贞女　年十五，许聘刘秉璧，未适而秉璧卒，陈守贞不字，寿六十而终。

上四贞女，本《旧志》，故未详所自出。

李贞女　廪生李伟超女。年及笄，父母欲以许人，女曰："亲老弟幼，何忍他适！"遂立志养亲，抚弟游庠，卒年八十有七。

周贞女　武举周存祜女。幼许聘蓝氏，未适而蓝氏子卒，女矢志守贞，终身不字，寿七十一而终。

李贞女　绮罗六甲李国宾女。宾家贫，有子先殁，女以亲老弟故，立志养亲，终身不字。父母死，竭力殡葬，全贞尽孝，寿七十八而终。

杨贞女　杨时经女。幼许聘孟秀魁，未适而秀魁卒，女坚守不嫁，抚弟春信、春伟以终焉，现年七十二岁。

吴贞女　监生吴东乔女。幼许聘刘殿元，殿元病故，时女年十八岁，守贞尽孝。其后父母旬余先后病故，女于丧次，沐浴自尽，时年三十有三。

上五贞女，光绪六年，已详请旌表，同知陈宗海捐廉如前。

明贞女　贡生明金鉴之女。许配马锡久，久故，女闭户剪发，父母问之，不言而悲。后有聘求者，辄欲死，急救方苏。父母叹曰："全尔志，勿为此！"迨母先亡，父月余亦殁，女遂气郁而死，时年二十一岁。

烈　女

张烈女　司狱张绍平胞妹。幼许字某氏子，未适而其子殁，女矢志守贞。咸丰六年，随兄之任腾阳，于回逆陷城时，与兄嫂及仆人同时尽节。

孙烈女　大西碗窑孙彦昌之女。年十八岁，于咸丰八年，贼人破寨，抢入乌索，逼之不从，服毒而死。

李连弟　举人李含瑞长女。

李顺弟　李含瑞次女。咸丰十一年，回逆攻破绮罗村，姊妹俱逃，至寨后被执，骂贼均为贼害，同治二年旌表。

段烈女　生员段锦章女。守贞不字，回逆陷城，避难油登庄。咸丰十一年，贼破其寨，被执不从，投河而死。

高烈女　高联级女。年十九岁，苏开先之乱，贼欲强娶之，不从，服毒自尽。

李烈女　李永甲女。年十九岁，于同治七年遇乱，练[1]入寨，强逼不从，服毒自尽。

---

① "练"字疑为"贼"字之误。

杨烈女 杨钟显女。咸丰十一年，贼入寨，强逼之，情急服毒而死。

尹烈女 文生尹乐尧女。回贼破缅箐时，被逼不屈，骂贼而死。

王珍弟 古勇王祚运女。年二十，咸丰十一年，贼破其寨，女急走，取火枪施放伤贼，寻自刎，贼碎其尸。

朱烈女 朱必勳女，年十九岁。

朱烈女 朱学唐女，年十七岁。

朱烈女 朱必辅女，年十五岁。

三女均咸丰十年，回逆攻破罗汉冲，被掠不屈，投河而死。

尹毓坤 荷花池尹就女。年十五，值该寨失守，贼欲娶之，女不从，闭门自缢。

王恕全 甘蔗寨王大定胞妹。咸丰十一年，该寨被贼攻破，将女掠至乌索，持刀威逼，女夺刀伤贼手，旋自刎而死，贼怒，碎其尸。

洪成凤 古勇洪应治女。年十九岁，咸丰八年，被贼执，缚负于背，女大骂，以手剜贼之目，贼掷女于地，遂枪毙之。

上十二烈女，光绪六年，已蒙旌表，亦同知陈宗海捐廉详请。

杨关凤 马场杨建德之妹。贼入其寨，赴河死。

李烈女 李启相女。年十九岁，贼破其寨，被执不屈，骂贼而死。

黄烈女 蛮丙黄恩照女。年十八岁，同治二年，贼破其寨，被执不屈，骂贼而死。

寸烈女 弄换寸心静女。年十五岁，咸丰八年，贼破其寨，被掠不从，骂贼而死。

康烈女 北练康德沛女。回逆破其村，其兄负之逃。贼大至，兄急走，女被执不从，贼怒杀之。

屈小凤 缅箐屈树保女。

樊烈女 缅箐樊文生女。咸丰七年，回贼攻破其寨，被执不从，均为贼害。

张烈女 张师孔女。为贼所逼，不从而死。

侯小二 侯保女。咸丰八年，逃难高山寺，饿死。

赵秀珍 赵对鸾女。年二十二岁。

赵官弟 赵对源女，年十八岁。

吴翠璋 吴廷熙女。

赵小昆 监生赵生棠女，年二十一岁。

上四女均于咸丰十一年，回逆攻破满金邑时，同日缢死。

吴芹昆　吴廷玉女，年十四岁。

杜允弟　杜联贤女，年十六岁。

二女均咸丰十一年，回逆破寨时，同日自尽。

郭烈女　缅箐郭连奇女。同治八年，回逆烧杀大寨时，投河而死。

刘阳凤　刘大明女。

蔺顺英　蔺其昌女。二女均于贼破满金邑时，同日投井而死。

杨良玉　杨灿章妹。于贼破绮罗时，投井而死。

附志：明末在缅殉难者

刘贵人　杨贵人　俱永明王妃，兵将乱，同时缢死。

松滋王妃　兵将乱，恐及于难，顾侍妾将产，令其自缢，俟其气尽，乃自刎死。

任国玺妻　兵乱自缢死。

齐环妾　环为大理卿，病殁，妾遗腹生一子，所居草屋狭隘，且人众，求死不得。一日，给女伴至河边观水，忽厉声曰："我去矣！"抱其子投水而死。

吴承爵妻　兵乱，一子一女，先令自缢。有劝之者，答曰："此等小孩，我死，谁见怜？与其留作蛮子，莫若与之俱死耳。"乃自缢死。

以上姓氏俱失传。

王启隆妻吴氏　兵乱，与妾周氏将自缢，内臣李犹龙见而救之。吴氏正色曰："君与妾夫厚，宜速妾死，今反相救，岂欲妾等为蛮子妇耶？"竟同缢死。

马吉翔之女　兵乱，自缢数次不死，终日哭不食，复缢死。

上诸烈女，皆在缅闻乱死节者。当时宫嫔及命妇妻女，自缢死者累累，如瓜果之挂于树，不可胜纪，兹特传其可认者百之一耳。呜呼！国破家亡，流离至于万里蛮夷之域，乃甘一死如饴以全其身，亦云烈矣。可传者若而人，固已争光日月；即不幸姓氏无传，而其贞魄幽魂，必不与蛮花野草同腐。百世后，固知死于缅者，有若而人在也。

腾越厅志卷之十五

诸夷志

从来雕题凿齿[①]，迹久著于荒裔；翕耳沤髿[②]，名早传于南土。其种类之各殊，形状之各别，与夫言语不通，嗜欲不同者，诚难以更仆数也。滇本荒裔绝徼，在昔蛮夷杂处，禽猕兽蓄，羁縻勿绝之者，历代皆然。自元世拓我边疆，列于版籍，设中书行省，于是遐陬僻壤，不通中国之区，皆赴朝贡，奉冠裳，供征役，沐浴更新于大化。迨历前明，屡劳师旅，威震殊方，一时勤边名将，多为诸夷所畏服，故土司之设，远及缅甸。况我盛朝，德威远被，声教覃敷，率土裔夷，咸思臣服。凡毗连腾郡诸夷族，仰圣仁之煦育者，时切瞻云就日之思，而不忍自外。举而志之，则知献琛纳贡，作我外藩者，边裔所以首纪也。虽远于王化，外于生成，而所居不必悬绝者，则种人也，殿之以方言，详其语音、文字，则无事重译，致使而加意于是编者，早已悉其鴃舌[③]之说辞，鸟迹虫形之记识，而不滋言语字画之疑，又图边之要务也，用序其略如此。志外夷。

诸夷志一　边裔

古者，天子守在四夷，自马端临著《四裔考》，后世因之，遂立《边裔》之目，不得以地极荒陬，人狃殊俗而外之也。腾壤接诸夷，自七土司而外，或隶版图于前代，因桀骜而屡事创惩；或仰声教于一时，切怀畏而叠勤琛献。其间剿抚之用，仍革之宜，洵关边防之要乎！我朝德威四被，远夷切来享之诚，如蛮莫、孟养、孟密、木邦、缅甸诸部落，其世系、疆域之列于志乘，与散见于他书者详纪之，以为筹边者之先鉴焉。

孟　养　故元云远路也。元贞二年，置孟养军民总管府，不详其姓氏，至明而刀氏、思氏始著。洪武十五年，改为府。十七年，改军民宣慰使司，

---

① 古代少数民族之习俗，即通常所谓的断发文身。题：前额；雕题：在额上刺花纹；文身。凿齿：古代西南方的一种民族；古代某些民族的一种风俗。

② 沤髿(同剪)：《逸周书・王会》：越沤髿发文身。翕耳：不详。

③ 鴃(jué)：鸟名，鴃舌，比喻南方少数民族的语言，语音难懂。

岁输差发银七百五十两。永乐间，宣慰使刀木旦与戛里相攻，缅酋那罗塔袭杀木旦及其子，遂据其地。四年，遣张洪谕归之。宣德中，麓川思氏夺其官，以其地归孟养，刀氏代治。正统二年，思任法逐刀氏，取其地，刀宾玉走永昌死。王骥征麓川，思禄仍据孟养，麓川夷推之为主，改名思洪，逐朝廷所置。缅酋之子银起莽且上言，缅不能抚其人民，愿立思氏，永当差发。时已三征麓川矣，乃与盟而班师。然仅授思氏金牌，无印信通文书，但称金沙江娜婢而已。成化中，思禄以琭[1]带及珍物赂镇守太监钱能，能召见饮食之，禄稍纵。弘治初，上给各司金牌信符，偶忘孟养久废，按旧籍颁给之，禄遂谓天朝复其官职，以符牌号召诸夷，略取旁邑以自广。会孟密叛，木邦参政毛科檄思禄兵攻孟密，禄以羸兵数千应科，竟为孟密所败。思禄又越界攻孟密，取蛮莫等十七寨，巡抚金献民请大举兵征思禄，上不许。嘉靖初，禄子思伦纠木邦及孟密破缅，杀宣慰莽纪岁及其妻子，分据其地。六年，命永昌知府严时泰、卫指挥王训往勘，伦夜纵兵鼓噪，焚驿舍，杀赍金牌千户曹义。时泰惧，立土舍莽卜信守之而去。后纪岁子瑞体报仇，使卓吉侵孟养。二十九年，孟养思直使其婿别混杀卓吉，瑞体攻别混父子，擒之。兵备副使许天琦遣指挥侯度持檄招诸夷至，思个欲决从违，乃设二木牌，一书天皇帝号，一书莽酋名，率诸人罗拜以卜之。莽酋牌倾于地，天皇帝牌卓立如故，乃决意内向，莽酋恨而攻之，个告急。会罗汝芳替，檄调汉土兵赴援，师至腾越。个喜，令土目马禄喇送等，潜引兵万余于阿瓦地，绝其粮道；自率众伏于戛撒，诱缅入，截其归路。请援兵自陇川邀其后，迤西兵冲其前；又会水兵开江上石闸，以冲溃缅舟。计定，缅果为所诱，入戛撒，个坚壁不与战，伏兵塞险隘绝缅粮道，以俟援兵。久之，缅兵饥困甚，以撮金易合米，始屠象马，继剥树皮，食草根，军中疫作，死者山积。瑞体请和，个不应，惟速援兵。及王凝驰檄止汝芳，兵不得发。个困缅月余，援不至，岳凤遂集陇川夷，兼程援缅，导由间道遁去。个复追缅，大败之，生还者十不一二，几获瑞体。六年，朝廷遣使令个还所俘缅兵象，且赍缅金帛，缅不谢。七年，瑞体报戛撒之怨，朝廷不能救，个内奔，中途为奴即都等执送瑞体，不屈死之，缅遂尽据迤西地。头目兵丁奔永昌，安置于内地。十二年，思义归孟养。十三年，思威败缅于密堵，杀多曩长。十七年，思远贡方物，授以宣慰。十八年，缅报密堵之役，远率其子昏奔盏西，缅以其目曩佱据之。后思轰与蛮莫思正结为唇齿，共据金沙江抗缅。三十年，缅袭思正，思轰驱兵象倍道救之不及。三十二年，思轰被袭，走死，缅遂以其目思华据孟养，华死，其妻怕氏领之，又以他目更番

①　琭(lù)：形容玉坚；形容稀少。

戍守，频发其兵从征，强悍不可縻云。

按：孟养自刀木旦至刀宾玉，后为思任法所并。麓川平后，其幼子思禄入据之，遂传思伦、思个、思义、思威、思远、思轰，终并于缅。其地在金沙江外两程，古名迤西。又有香柏城，与蛮莫同襟金沙江，孟养居其上流，南至底马撒江连西洋，北极吐蕃，西通天竺国，东南邻于缅山曰鬼窟，号称险要，夷人据为硬寨。其土下湿夜寒。俗滨江为竹楼以居，一日数浴。

蛮　莫　旧为宣抚司地，在金沙江内，居州治西蛮哈山下。山如象鼻，行者累足，自布岭山上三日至其地。田土饶衍，风俗与陇川、孟密同。东有等练山，环以那莫江，直走金沙，当缅人水陆之冲。旧为孟密分地，后酋长擅而有之。当缅攻孟养时，蛮莫土目思哲迎附莽瑞体。万历元年，共木邦罕拔、陇川岳凤盟，奉瑞体以拒中国，为锦囊象函贝叶缅文，称西南金楼白象主、莽哒喇弄王，书报天皇帝，时干崖、陇川皆附缅，缅置将守之。十年，缅连诸夷入犯，刘綎招岳凤父子，往攻蛮莫，平之，获思哲，释不诛，露布所谓“讨蛮莫而随宥之，欲逆党畏威而创惩”者是也。綎兵抵阿瓦，思顺先到缅，至是来降。时思化居孟哈，即蛮哈也。与迤西思威、木邦罕凤俱杀缅将，归綎，朝廷以綎镇蛮莫，思顺仍为宣抚，綎还蛮莫，诸夷多散去。后缅攻孟养及蛮莫，副使李材与战于遮浪，大破其象阵，生擒五千余人，招思化来归。十九年，缅困蛮莫，思化告急，裨将万国春夜驰至，多设火炬为疑兵，缅惧而退，大败之。所谓万历以来，西南战功第一者也。二十年九月，缅攻蛮莫，思化奔等练山，邓子龙救之，击缅于遮遨，复大战于控哈，缅兵退屯于沙州，相持月余，寻去。二十一年十一月，缅遣允墨率兵入据蛮莫，思化败走，允墨遂分道内犯，迫思化。当事不察，乃有安插思化之疏，反归咎于思化。二十四年十月，缅遣思仁、丙测寇蛮莫，思化求救，参将吴显忠击缅，斩丙测。是时边威稍振，诸夷皆绝缅入贡。二十六年，思轰弃缅来归。二十七年，缅攻思轰，檄各土司御之，缅溃去，思化子思正与思轰共据金沙江抗缅。二十九年，思正乘陇川多思顺之丧，袭陇川，已而回蛮莫。三十年，阿瓦雍罕与木邦罕褴袭思正，取其首而去，思轰驱兵象倍道救之不及。三十二年，缅攻孟密，征兵于思轰，参将王廷光止轰无发，斩其使以献。缅怒，攻轰，轰走死，都司王万年救之不及，缅以思华据勐养。明年，陈用宾遣副将陈寅，擒缅目名罕，复蛮莫，后终陷于缅。崇祯末，蛮莫思绵为缅守曩木河，及永明王走蛮莫，思绵曾使告于缅。

孟　密　明之立各土司，孟密宣抚司最后。本为木邦属地，有砖城，无戍楼，产花果、瓜蔬，与内地同。南牙山峙其北，摩勒、金沙二水环焉。山高田少，谷米最贵，又多地羊鬼，为行人祟。北距州一千里，入州有数道：一由木邦、锡箔入；一由孟卯经孟广入；一由邦抗鲁祖渡莫勒江，过南牙而入；一由蛮莫入。明永乐间，木邦宣慰司罕宾法以征八百、缅甸功，授以孟密十三处。其所部有宝井，最为利府，陶孟思歪法领之，陶孟者犹华言头目也。木邦罕揲法，以其女曩罕弄妻思歪法《明史》作外法。揲法死，其孙空法《明史》作落法嗜酒好杀，曩罕弄以尊属不受节制。景泰中，遂以孟密叛。天顺二年，与思坑攻落法，逐宣慰，据公署，杀掠邻境，兵力日盛，自称“天娘子”，其子思柄自称宣慰。落法上奏，朝命往抚之，罕弄骄蹇不服，且欲外结交趾，逼木邦。成化初，毛胜守云南，孟密宝石许得自贡，不关木邦。太监钱能尤利其珍赂，罕弄亦怙恃无忌，掠地自广。十年，侵陇川，沐琮奏之。十六年，太监王举因索宝石不得，疏孟密叛木邦罪，请征之。曩罕弄大惧，江西人周兴五为之计，遣人赍金宝赂政府，求释罪，且请授官，万安许之。十八年，遂授意副都御史陈宗与序班苏铨往。宗至孟密，罕弄恃有内援，踞傲不出迎，要宗过南牙山就见，自言曰：“我孟密之于木邦，犹大象之孕小象也，今小象长成，躯倍大象矣，岂能复入大象腹中乎？”宗不能折，铨遂阴受其赂，给宗上奏。二十年，以所侵木邦地界之，以思柄为安抚司，使世其职。木邦人诣宗诉辩，宗辄笞止之，状闻，政府大喜，以宗抚云南。罕弄既立，尽夺木邦地。罕空法奔孟正，屡次奏诉不得直，孟养诸酋不平，遣大陶孟伦索提兵卫空法，声言必灭孟密。会弘治改元，副使林俊稍割孟密地还木邦，罕弄惧，不敢逆命。三年，空法发宗等受金事，亦不问。六年，守臣奏孟密侵夺木邦，兵连祸结，垂四十余年，屡抚屡叛，势愈猖肆，请讨之，不行。九年，空法及思揲各遣使入贡。自思柄受安抚，继之者思揲、思真，思真年至百十岁。后思奔、思溷争立，缅为杀奔立溷。万历中，溷改名思忠，率思服、思化来归，遂升为宣抚。后忠复投缅，朝廷以其母罕烘为宣抚。十六年，缅攻孟密，罕烘不能支，率子思礼、从子思仁奔孟广，而孟密失。十八年，缅复攻孟广，罕烘、思礼奔陇川，思仁奔工回，而孟广又失。思仁通于思忠妻甘线姑，欲妻之，罕烘不许，至是亦归缅，缅以孟密地界之，孟密亡。

木　邦　先为百夷，即僰夷，在云南之西南，旧云：“自古不通中国”，《滇志》云：蜀汉木鹿王之裔。元世祖时，命将伐交趾，经其所部属旧名孟都又名孟邦者，尽降之。至元二十六年，立木邦路军民总管府，领三甸。明洪武十五年，改为府，以罕的法为土知府。永乐二年，改军民宣慰使司。时征八百，的法功最大，遣使赉之，下及其部领。明年来贡，颁赐其母及其妻。后的法子宾法来朝。七年，奏云：“缅酋诱臣叛，不敢从逆，若大兵下临，誓效命。”

上嘉其忠，敕劳之，重赐其祖母及其母与妻。十年，破缅二十余城，献俘京师。宣德三年，罕门法袭，遣使慰赐如前。正统三年，大兵征麓川，木邦以兵会。五年，盖法与祖母美罕板大败麓川于孟定、孟连地，杀其部长二十，斩首三万余级，获马象器械甚众。上嘉其功，加盖法怀远将军，封美罕板太孺人。七年，又攻拔罕板、贡章等寨，追至孟蒙，获其孥及象，遣陈仪劳之。且曰："能挚[①]贼首献者，即予以麓川。"八年，免其岁办金万四千两，门法遣使谢，且献所获思任法家口。十一年，同缅甸献思任法，且修职贡，因求麓川地。朝廷以孟止地给之，并遣谕祭其母，免岁办八锭银三千。景泰元年，奏乞地，未报，其子罕落法辄发兵据之，诏易以抵麻地。四年，落法袭，族人构难，落法避于孟梗，遣人求救，诏抚谕之，俾与族人盟。落法终居孟都，不敢归。岁调蛮兵二百护之。天顺元年，镇守奏落法与孟密相攻，求救不许。明年，落法奏为思坑、曩弄所攻。嘉靖初，宣慰罕烈与孟养思伦灭缅，分其地。隆庆二年，土舍罕拔告袭不得，叛投缅，莽瑞体用之攻陇川。万历十一年，莽应里诱拔杀之，以弟应龙袭木邦，拔子尽忠携妻子奔内地，缅追至姚关，焚顺宁而去。十一年，官兵破缅，立尽忠子钦。钦死，其叔罕褴约逻罗攻缅，缅以三十万众围其城，请救援不至，城陷，罕氏遂亡。缅以孟密思仁领其地，而木邦亡。

缅　甸　汉永元九年，掸国王雍由调遣重译奉国珍宝，和帝赉以金印紫绶钱帛，逮及其小君长。永宁元年，复遣使诣阙朝贺，献乐及幻人。幻人能变化，自支解，易牛马首，又善跳丸，数乃至千。自言我海西人，海西即大秦，掸国西南通大秦。明年元会，安帝作乐于廷，封由调汉大都尉，赐金银彩缯。上俱《汉书·掸国传》。

唐骠乐之进由南诏，又曰骠国，古朱波也，自号突罗朱阇婆国，人曰徒里拙。在永昌南二千里，去京师万四千里，东邻真腊，西接东天竺，西南堕和罗，南属海，北南诏地，长三千里，广五千里，东北袤长，属羊苴咩城。《旧志》谓即太和城。凡属国十八：曰迦罗婆提，曰摩礼乌特，曰迦犁迦，曰半地，曰弥臣，曰坤朗，曰偈奴，曰罗聿，曰佛代，曰渠伦，曰婆犁，曰偈陀，曰多归，曰摩曳、余即、舍卫、赡婆、阇[②]婆也，凡镇城九：曰道林王，曰悉利移，曰三陀，曰弥诺道立，曰突旻，曰帝偈，曰达梨谋，曰乾唐，曰末浦。凡部落二百九十八，以名见者三十二：曰万公，曰充惹，曰罗君潜，曰弥绰，曰道双，曰道瓮，曰道勿，曰夜半，曰不恶夺，曰莫音，曰伽龙睒，曰阿梨吉，曰阿梨阇[③]，曰阿

① "挚"应为"执"。
② 阇(shé)：梵文译音字。
③ 原文为暗，今据《州志》改。

梨忙，曰达磨，曰求潘，曰僧塔，曰提梨郎，曰望腾，曰担泊，曰禄乌，曰之毛，曰僧迦，曰提追，曰阿末逻，曰逝越，曰腾陵，曰欧咩，曰砖罗婆提，曰禄羽，曰陋蛮，曰磨地勃。繇弥臣至坤朗，又有小昆仑部，王名茫悉越，俗与弥臣同；由坤朗至禄羽，有大昆仑王国，王名思利泊婆难多珊那，川原大于弥臣。由昆仑小王所居，半日行，至磨地勃栅海，行五月[①]至佛伐[②]国，有江，支流三百六十，其王名思利些弥他，有川名思利毗离芮，土产多异香，北有市，诸国估舶所凑，越海即阇婆也。十五日行逾二大山，一曰正迷，一曰射鞮，有国，其王名思利摩诃罗阇，俗与佛伐同，经多茸补逻川至阇婆。八日行至婆赌伽卢国，上热衢路，植椰子、槟榔，仰不见日。王居以金为瓮府，覆银瓦，爨香木，堂饰明珠；有二池，以金为堤，舟楫皆饰金宝。骠王姓困没长，名摩罗惹，其相名曰摩诃思那。王出舆以金绳床，远则乘象，嫔史数百人。青甓为圆城，周百六十里，有十二门，四隅作浮图，民皆居中，铅锡为瓦，荔支为材。俗恶杀，拜以手抱臂稽颡为恭。明天文，喜佛法，有百寺，琉璃为甓，错以金银，丹彩紫矿涂地，覆以锦罽[③]，王居亦如之。民七岁，祝发止寺，至二十不达其法，复为民。衣用白氎朝霞，以蚕帛伤生，不敢衣。戴金花，冠翠帽，络以杂珠。王宫设金银二钟，寇至，焚香击之，以占吉凶。有巨白象，高百尺，讼者焚香跪象前，自思是非而退。有灾疫，王亦焚香对象跪自咎。无桎梏，有罪者，束五竹捶背，重者五，轻者三，杀人则死。土宜菽、粟、稻、粱，蔗大若胫，无麻、麦。以金银为钱，形如半月，号登伽陀，亦曰足弹陀。无膏油，以蜡杂香代炷。与诸蛮市，以江猪、白氎、琉璃、罂缶相易。妇人当顶作高髻，饰银珠琲，衣青婆裙，披罗段，行持扇，贵家妇傍用三五人持扇。近城有沙山不毛地。亦与波斯、婆罗门接，距西舍利城二十日，佛经西舍利者，中天竺也。南诏以兵疆地接，常羁制之。贞元中，王雍羌闻南诏归唐，有内附心，异牟寻遣使杨加明诣剑南西川节度使韦皋，请献夷中歌曲，且令骠国进乐人其乐详《通志》，德宗授舒难陀太仆卿，遣之还。开州刺史唐次述骠国乐颂以献。太和六年，南诏掠其民三千徙之拓东。上俱《唐书·南蛮传》。

又樊绰《蛮书》：骠国在永昌南七十五程，阁罗凤所通也。其国以青砖为城，周行一日，有十二门，民皆在城内，国王门前有一像露坐，高百余尺，白如雪。俗尚廉耻，人和善少言，重佛法，禁宰杀，又多推步天文。有讼者，王令焚香向大象，思维其非，便各引退，或有灾疫及不安事，王亦焚香对大

① 月：似为“日”之误。
② 据上文，应为“佛代”。下同。
③ 罽(jì)：毛毡。

象，悔过自责。与《南蛮传》小异。

宋崇宁五年二月，蒲甘国入贡。《通志》：蒲甘今缅甸，宁宗时，缅甸、波斯等进白象，缅通中国自此始。事见《明史·土司传》。

元至元十七年二月，诏纳速剌丁将兵万人征缅。五月，诏云南行省发四川军万人，命药剌海领之同征。初，至元八年，大理、鄯阐等路宣慰司都元帅府遣乞解脱因等使缅，招其王内附，四月，导其使价博来以闻。九年三月，缅率众来侵，执父阿必去。十年二月，又遣勘马剌失里等持诏谕之。十四年三月，缅怨阿禾内附，攻其地，欲立砦腾永间。时忽都等伐金齿未降部族，驻兵南甸，阿禾告急，忽都等昼夜兼行，与缅兵遇一河边，约四万人，象八百，马万匹，忽都以七百人大败之。其事具《忽都、信苴日传》。

十九年二月，诏亦奚不薛及播、思、叙三州军征缅。二十年正月，敕药剌海领军征缅。五月，丞相伯颜、诸王相吾答儿等，以蒙古新附军同征。十一月，相吾答儿命也罕的斤取道阿昔江，达镇西阿禾江，造舟顺流至江头城，断其水路，自将一军从骠甸径抵其国，复会诸将破江头城，杀缅万余人，令都元帅元世安以兵守之。二十二年，缅欲来纳款，乞免军马入境，为孟乃甸白衣头目阻其道，骠甸土官具报，许其悔过。缅始令大官赴阙，寻遣镇西、平缅宣抚司达鲁花及怯烈使缅。二十三年十月，以招讨使张万及也先铁木儿、达鲁花张成等，将六千人征缅，俾秃满带为都元帅。二十四年正月，怯烈至忙乃甸，缅王为其庶子不速速古里囚于昔里怯答剌地，害其嫡子三人，云南王所命官阿难答等亦受害，烈请秋后进讨，不听。既而云南王进征蒲甘，丧师七千余人，缅始平，乃定岁贡。

大德元年二月，封的立普哇拿阿迪提牙为缅王，其子信合八的为世子，有谕诏。具《艺文》。三年三月，信合八的奉表来谢，且陈部民为金齿杀掠，率皆贫乏，上贡金币不能如期输纳。上悯之，命间岁一贡，仍赐衣遣还。四年四月，缅进白象。五月，缅王为其弟阿撒哥也等所杀，其子窟麻剌哥撒八逃诣京。时蛮贼与八百媳妇国通，兵势张甚，命忙完秃鲁迷失往问罪，又命薛超、兀而等将兵万余征之。六月，诏立窟麻剌哥撒八为王，赐以银印。七月，缅贼阿撒哥也、弟者苏等九十一人，各奉方物。八月，阿撒吉牙等赴关自言杀主罪，始罢征。五年九月，诛高庆、察罕不花。初，庆等从薛超、兀而围缅两月，缅薪食俱尽，将降，庆等私受重赂，以炎瘴病疫，辄引还，故诛之。十月，缅入贡。上俱《元史·缅国传》。

又至元四年，立邦牙等处宣慰司。至正二年罢。见《明史·地理志》。

明洪武元年，遣使赍诏谕缅，道阻不能达，使者多病卒。二十六年，命沐春遣使谕八百国王，缅始遣板南速剌至进方物，劳赐之。二十七年，置缅中宣慰使司，以土酋卜剌浪入贡，诉思伦发侵其地。次年复来诉，遣李思聪等谕之，乃各罢兵。

永乐元年，以那罗塔为缅甸宣慰使司，于是缅有二宣慰，皆入贡。五年，那罗塔遣使入贡谢罪。先是孟养刀木旦与戛里相攻，那罗塔袭杀刀木旦，据其地，遣张洪等往谕，缅故来谢罪。仍给以信符，令三年一朝贡。又卜剌浪自分其地，使长子那罗塔管大甸，次子马者速管小甸，后罗塔尽收其地，马者速遣人来朝，且诉其情，敕谕其兄弟和好，毋干天讨，那罗塔入贡谢罪。七年，遣赐缅金织文绮。

洪熙元年，遣使以即位诏谕缅。宣德元年，谕云南土官赐缅锦绮。二年，以莽得剌为宣慰。初，宣慰新加斯与木邦仇杀而死，子弟溃散，缅人推莽得剌权袭，许之。自是来贡只书缅甸，缅中之称不复见。八年，莽得剌来贡，复敕赐之。

正统六年，给缅信符金牌，时思任发叛，命缅调兵助讨。七年，缅攻任发于孟广。八年，王骥奏缅酋马哈省、以速剌等已擒任发，不解，遂命征缅。大师集腾，缅复许冬月送任发至贡章，亦不至。九年，骥驻兵江上，潜焚缅舟数百，缅溃，骥亦班师。后沐昂遣使谕缅。十二年，马哈省、以速剌、木邦罕盖法遣使偕千户王政等献任发首及诸俘，并贡方物，命哈省、速剌并为宣慰，给冠带印信。

景泰二年，赐缅阴文金牌信符，时以速剌获机发不献，又纵卜发归孟养。五年，参将胡志以银戛地与之，乃解机发及其妻孥至，降敕褒奖。时缅甸与车里、木邦、老挝、八百大甸、大苦剌、麓川、平缅、马撒为八宣慰使。

成化八年，缅求贡章、孟养地，又乞以金齿军余李让为冠带把事，不许。盖贡章系木邦、陇川分治，孟养系思洪发所管地。兵部尚书余子俊等以洪发无过，不可夺其地，李让本中国人，以为把事非宜，但谕洪发不得阻缅往来通道。

嘉靖初，孟养思伦纠木邦、孟密破缅，分据其地，杀莽纪岁及其妻子。六年，命严时泰往勘，别立土舍莽卜信守缅甸。事具《孟养传》。时纪岁子瑞体逃匿洞吾母家，及长，遂占其地。洞吾南有古喇，滨海，其酋兄弟争立，瑞体和解之，德瑞体，割以地，受其约束，号之为“达剌”。瑞体复绝其粮道，杀之而夺其地，诸蛮畏之。孟密素与缅仇，其土舍兄弟争立，瑞体乃纳其弟思忠为婿，遣归夺其兄地。因假道攻孟养及迤西诸蛮，至卓吉，为孟养头目别混所杀，瑞体力攻别混父子，擒之。遂招诱陇川、干崖、南甸入寇，觇知中夏有备，乃遁去。三十九年，沐朝弼等上其事，诏谕诸蛮，不许交通达喇。后木邦罕拔投缅，潞江土司线贡从之，复谋内侵。陇川土官多士宁戒勿动，未几，士宁为其下岳凤所杀，干崖刀怕举亦死，罕拔遂请瑞体入干崖。瑞体子应里桀黠多智，言于瑞体曰："陇、干远难猝取，孟养思个世仇也，近在肘腋，窃恐乘虚生祸。"乃借木邦兵一万取干崖。瑞体自侵孟养，屡为思个所败，相持久之。岳凤及蛮莫思哲投缅，请兵万余，出入迤西，以牵制思个，复征罕拔兵会岳凤，袭孟密。

万历元年，缅兵入陇川，伪命岳凤为宣抚，与罕拔、思哲同拒中国。伪为锦囊象函贝叶缅文，称西南金楼白象主、莽哒喇弄王，书报天皇帝，书中谩辞无状。罕拔又招干崖土舍刀怕文，怕文兵拒之。适应里率二十万众戍陇川，怕文败走永昌，于是木、陇、蛮、干诸蛮悉附缅，独孟养未下。许天琦、罗汝芳许兵援思个，个力拒，缅大败之。其事具《孟养及汝芳传》。七年，缅复攻孟养，思个无援，为缅所杀。十年，缅破干崖，俘罕氏印，瑞体死，应里杀罕拔，俘其众，诸皆岳凤之谋。十一年二月，应里以兵象数十万寇永昌，焚掠施甸，寇顺宁。曩乌，岳凤子也，破盏达，窥腾、永、蒙、理、景、沅诸郡。刘綎、邓子龙各率兵五千进剿，缅犯姚关，綎与子龙大破之。事具刘、邓传。自十月至次年四月，斩首万余，直抵阿瓦，瑞体弟猛勺诣綎降，诛岳凤父子。后应里复攻孟养、蛮莫，李材于遮浪大破其象阵，蛮莫酋思化归降。十九年正月，应里围蛮莫，万国春败之。详《万国春传》。二十二年，陈用宾设八关，募人约暹罗夹攻缅，遣木邦罕钦杀多俺。是年，缅寇蛮莫，败之，斩其渠丙测。二十三年，缅属孟连、孟艮二土司求朝贡。三十一年，阿瓦雍罕、木邦罕㩡入贡。暹罗得楞连岁攻缅，杀其长子古莽机挝，古喇残破，自此缅不敢内犯。然近缅诸部仍附之。

崇祯末，蛮莫思绵为缅守曩木河，永明王君臣至，思绵告缅，缅出神宗玺书与今篆合，以为伪，沐天波以己印与前檄印比，缅始信而迎之。缅自天启后不入贡。上俱《明史·土司传》。

国朝《文献通考》：缅在腾诸关外，其酋居阿瓦城，南至海，西至孟养，北至孟密，所属有木邦等十三路，地方辽阔，俗尚柔诈。老官屯一带，山高瘴大难行，官民服饰与南掌似，妇人束发、穿耳、短衣，围以锦幅长裙。土产海盐、苏木、象牙、翠羽、木绵之属。又《元史·缅国传》：缅进上文字用金叶写之，次用纸，又次用槟榔叶。入缅有三道：一由天部马，一由骠甸，一由阿郭地界，俱会于江头城。顺治十八年，莽猛弑兄自立。

雍正七年，缅与整卖构兵，求进贡而不果。

乾隆十五年，莽达喇贡所制金银二钍[1]、篆刻表文并金塔、驯象、缅布等物，谕嘉之。其使臣宴筵，照各国王贡使例，并颁敕谕，御书“瑞辑西琛”四字匾额赐之。嗣为木梳酋瓮藉牙所篡，子懵恼、懵驳相继占踞，随滋扰各土司。三十一年，总督刘藻惶恐自尽，杨应琚误听赵宏榜之言，始事招纳，渐堕贼计，败衄于新街。三十二年，乃命将军公明瑞率兵讨缅，免永、腾及经过土司钱粮。三十三年正月，明瑞至蛮结，连破贼垒十六，杀贼二千余人，缅退据天生桥，我师绕道夹击，歼缅三千余人，获粮械甚多。寻直捣孟密，深入二千余里，别令额尔登额由旱塔接应，登额逗留不进，明瑞乃移驻猛腊，身自殿后，受贼伤，死于宛顶。缅酋奉蒲叶书，求撤兵，上不许。三十四年正月，大学士傅恒授经略征缅。九月，猛拱土司浑觉等来归，二十八日，收服猛拱，浑觉呈献象牙、牛只。十月，又呈象四只，铸给宣抚司印信，随攻取猛养，缅惧。十二月初七日，围攻老官屯，懵驳呈洋锦、洋尼、洋布等物，恳求罢兵，愿十年一贡，上许之，乃择边内善地处置浑觉。三十五年，班师。四十一年，孟驳死，子坠脚牙嗣。四十七年，孟尝弑之，国人立孟陨。五十三年，孟陨遣头目赍金叶表文、驯象、金塔款关进贡，酌加优赉，并赐陪臣宴于山庄。五十五年，封缅国长孟陨为阿瓦缅甸国王，给与敕书及驼钮镀金银印各物，令粮道永慧、参将百福赴缅，知州屠述濂偕往，孟陨遣官及其子迎于老官屯。七月初十日，抵阿瓦，孟陨亲至九钮城恭迎御赐，各指示如仪。永慧等归缅，复赍表申谢，愿世守藩隅纳贡。孟陨死，子们得鸦纪嗣，传子孟驮纪、孙瑞波们，迁居阿瓦老城。越七年，死，子不干们嗣。

道光六年，英吉利人占去上江地，国人废之，立其弟们董，迁于满得也城。历二十六年死，子孟习博嗣，荒淫贪酷，臣下化之，设赌局以敛民财，缅民穷困。

光绪十一年九月二十一日，英吉利人潜师入境，执习博及其妻子以去，而国失。计缅自汉永元至今一千七百余年，享国最为长久，乃以缅主数年之昏暴，缅臣诸辈之贪残，致失国于反掌间而不自知，熟谓边裔君臣不当各尽其道哉？

按《旧志》：缅向古越裳地、接于南交，在哀牢外，为《禹贡》梁州外境，汉氏所谓“西南夷”是也。汉为掸国，唐为骠国，至宋而缅甸之名始见。总之，盛则归附于一，衰则互为雄长，名号各殊。然曰蒲甘，曰骠甸，南诏君长亦称骠信，或谓自古不通中国，西南夷不知何种者，岂笃论哉？宋虽玉斧一画，远弃云南，而白象之贡，尚纪缅甸与波斯。元代屡事征伐，削平其乱，仍

---

① 钍(pī)：箭的一种。长杆，镞薄而阔。

封以王。明则降而列诸宣蔚之班。乃莽酋桀骜，扰我边圉，劳王师者不一而足。迨刘、邓名将，大挫其锋，直捣其巢穴，缅始稍为敛迹。我国朝声灵远震，恩泽覃敷，缅人畏威怀德，非一日矣。故自乾隆五十三年至今光绪十一年，纳贡称藩，极为恭顺。其治居小名山下，山在北门外，周围有砖城，方十二里，立十二门，外设木栅，禁骤驰。外又有濠，宽四五丈，可泛小舟。木城中为禁城，内殿宇颇奢丽；有花园二，一名邈五英，一名洞五英，多植花木，园有池，可泛舟出城；街市在木城外，南为汉人街，多汉人贸易，西为洋人街，大小共七十二街，名不尽纪。其立国王以下大臣名万者四，万尤华言头目，今讹为蕴。其次为万韬，外复有七万，然俱无禄俸，各贸易取利为官资。俗好佛，有国师，写缅字经，用回回历，不置闰。地近佛郎机[1]，由漾贡[2]可通闽广，故多用洋人货物。昔莽酋崛强时，兵令极严，胜则重赏，负则杀，逃匿者抄没家属。今君臣上下，皆不知兵，有警派民兵裹三日粮以往，粮尽自散。稍胜则喜，各如鸟兽舞；败则崩然瓦解，统兵官不能制。其性愚而多疑，每新王立，必尽杀旧世子，以绝争竞。但所服一人，则历久不忘。乾隆间，林冈寨之战，总兵哈国兴为所畏服，故每乞和，必求见哈将军焉。此缅甸往日之大致也。

诸夷志二　种人

史称西南夷数十种，不著其名，《唐书·南诏两爨蛮传》所载颇详。盖滇南原百蛮杂处之区，夷类实繁。而腾越地临边徼，去城一二百里，崇山大岭间，半属夷族环居，獉狉性情而侏僪[3]言语，既自各成其种类，即难概论以华风。使不琐屑纪之，则文身断发，终疑夷俗之本然；彭、濮、髦人，莫辨背日之殊号。亦博雅者所深憾也。兹即郡内外所有，详纪其名于左。

小伯夷　熟夷也，腾越西南环境皆是。男妇服饰稍近中华，亦能汉语，居村寨，性驯谨，耕食、织衣，无长幼礼。

大伯夷　在陇川以西。男子剪发文身，妇人跣足染齿，布裹其首，居喜近水，男女皆袒裕于河，妇人谨护两乳，谓此非父母所生，乃天地所赐，不宜人见也。男逸女劳，纺织负担不辍。

---

① 佛郎机：明代称葡萄牙、西班牙人为佛朗机，清代也称法兰西为佛郎机。
② 漾贡：即今仰光，缅甸首都。
③ 獉狉(zhēn pī)：文化未开的原始最象。侏僪(lí)：亦作“侏离”，形容异地语言难辨。

蒲　人　即古百濮，散居山谷，永昌以南所在多有。形貌粗黑，男女皆束发为髻，男以青布裹头，腰系线绳，妇人以花布。皆勤力耐劳，苦事耕锄，所种苦荞、棉花、黑豆。知汉语，通贸易。

阿　昌　一名娥昌[①]。耐寒畏暑，喜燥恶湿，好居高山，刀耕火种。性嗜犬，祭必用之。占用竹三十三根，略如筮法。嗜酒，背负不担，弗择污秽。今户、腊撒、陇川多此种。

缥　人　朱婆怒裔，其先为金齿骠国。妇女白布裹头，衣短衫，腰以红藤缠之，莎罗布为裙，两接，上短下长。

哈　喇　男女色黑如漆，不知盥栉，男子以花布为套衣，妇人以红黑藤缠腰数十围。产子以竹为兜，负于背。古喇同。

羯　些　种出孟养。环眼鸟喙，以象牙为大环，从耳尖穿至颊，以红花布一丈许裹头而垂带于后，衣披半身而袒其右肩。

遮　些　绾发为髻，男女皆贯耳佩环，性喜华彩，衣仅蔽体。战斗长以弓矢，倚恃鲁铳，与缅同。孟养一带皆其种类。

地羊鬼　短发黄睛，性坚狡嗜利，出没不常。《旧志》云：或与人相仇，能用器物行妖术，易其肝胆心肾，使为木石，不救则死；或行蛊饮食中。妇有所私者，他适辄药之，及期归，解以他药，过期则死。今孟密尚有此种。

哈　社　稍类哈喇、怒人，类阿昌，皆居山巅，言语不通，略似人形而已。

野　人　居茶山外，赤发黄睛，以树皮为衣，首戴骨圈，缠雉尾，插红藤，涉险如飞，性喜杀。前明有里麻、茶山两长官司管束，明季两长官司为野人所逐，遁至内地。今其土司子孙有早姓者，古永、乌索尚有之。

爨　蛮　《旧志》：蒙山老爨不死，久则生尾，食人肉，不认子女，好山畏家，健走如兽。土人谓之秋狐，然亦不恒有。

妙罗罗　《府志》：一种无姓氏，男子跣脚蓬头，麻布为衣，女人身穿短服，腰系桶裙。开山挖地，资种荞麦，不知漱盥，鲜通礼义，男女野合自配，身没火化收骨葬，插松枝以栖神。又一种，其人淳朴，男子以帕包头，麻布衣服及膝，女人青布束发，背负羊皮。男子耕种易食，女人绩麻营生。婚配通媒，没后棺殓掩埋，春秋祭祀，仿佛汉礼。其姓氏：姓子、姓禾、姓折、姓脚、姓勿、姓敢、姓罗、姓羊外，无别姓。

僰　夷　《通志》：一名百夷，盖声近而讹也。性耐暑热，居多卑湿棘下，故从棘、从人。滇之西南旷远多湿，僰夷宅之。种类数十，风俗稍别，名号亦殊。《府志》：摆夷字，大约习爨字而为之。汉时有纳垢酋之后阿町者，为

---

① 娥昌：一作峨昌。

马龙州人,弃职隐山谷。撰字,字如蝌蚪,二年始成,字母十千八百四十有奇,夷人号为书祖。

僳　僳《通志》:相传楚庄跻开滇时,便有此种,无部落,散居姚安、大理、永昌四府。其居六库山谷者,在诸夷中为最悍;其居赤石崖、金江边地,与永江连界者,依树木岩穴,迁徙无常。男人裹头,衣麻布,披毡衫,佩短刀,善用弩,发无虚矢。妇女短衣长裙,跣足,负竹筐出入。种荞稗[①],随地输赋。

喇　鲁　性悍,居岩穴,衣麻布,捕山禽野兽为食,赋役俱无。亦曰喇鸟,楼居,牛羊豢其下,勤本业,遇人必自退让,其散处荒僻者,食蜂、蛇。

戛　喇　永昌、腾越内外境俱有之。耕种类阿昌,形状似罗罗,凶悍善斗。妇女斜缠锦布于腰,居山巅,户不正出,迎山开门,迁徙无常,不留余粟。

缅　人　缅甸,古朱波地,在天马、虎距诸关外,其酋居于缅甸阿瓦城。元及明初,虽示羁縻,时多反覆。嘉靖三十年后,莽瑞体父子雄长诸部,自称缅甸国王,不通职贡。

羯些子　种出迤西、孟养,流入腾越。环眼鸟喙,耳带大环,无衣,遮股下以布一幅,米肉不煮而食。勇健,执枪刀,善战,喊声如吠犬。

卡　瓦　夷中之顽梗者也,永顺东南辣蒜江外有之。貌丑,性恶,亦耕种,有寨落。红藤束发,缠腰,披麻布,持利刀梭镖于要路,窃伏劫掠,行商必结伴多人,兼有保护者乃敢过,今守御戒严,此风渐止。商贾凡出腾越,入木邦买木棉者,必经其地,呼为卡利瓦。有生熟二种,生者劫掠,熟者保路。

野　蛮　过金宝城以北,大赕周回百余里,悉皆野蛮。无君长。其地有瘴毒,河赕人至彼中瘴者,十有八九死。阁罗凤尝使领军将于大赕中筑城,管制野蛮,不逾周岁,死者过半,遂罢弃,不复往来。其山土肥沃,种瓜瓠长丈余,冬瓜亦然,皆三尺围。又多薏苡,无农桑,收此充粮。三面皆占大雪山,其高处近天,往往有吐蕃至赕货易云。此山有路去赞普牙帐不远。

木　邦　一名孟邦。相传其人多幻术,能以木换人手足,人初不觉,久之行远痛不能胜;有不信其说者,死之日,剖股视之,则果木也。又能置污秽于地,人触之者,变为羊豕,以钱赎之,复变为人;有知者,易置秽物于他方,则其人反自变为异类。其俗男衣白,文身,髡[②]发截髭,女饰金圈象镯。居皆竹楼,男贵女贱,民皆奴视其妻,役之耕织。

---

① 稗(bài):禾黍米。
② 髡(kūn):亦作"髨",剃发。

诸夷志三　方言

昔越裳之献雉也，重译而入贡周京，盖以远在一方，其语言文字，各限于方域而不能通，非熟习其词者，无由达远人之情，通使臣之命，此象胥有掌王会，所以赖方言也。腾壤接蛮夷，人非一类，地非一区，言语声音最难详辨。矧缅甸旧为我朝臣属，纳款输诚，献琛贡象者非一日，其言说文书，屡上达九重之听。虽设有通事，随时解其语言文字，究不若方言之载，可遍览而周知。则方言又勤边者所不可忽也。

摆夷方言并夷字：

天文类

天曰发字作

云曰暮字作

雷曰法朗平声字作

霜曰每平声字作

雨曰纷字作

露曰磨字作

日曰晚字作

月曰冷平声字作

风曰竜字作

地理类

地曰岭声平字作

山曰〇雷乖切字作

田曰那字作

园曰孙字作

路曰党字作

水曰南字作

城市类

城曰允字作

河曰南洗字作

江曰南纠字作

衙曰哈字作

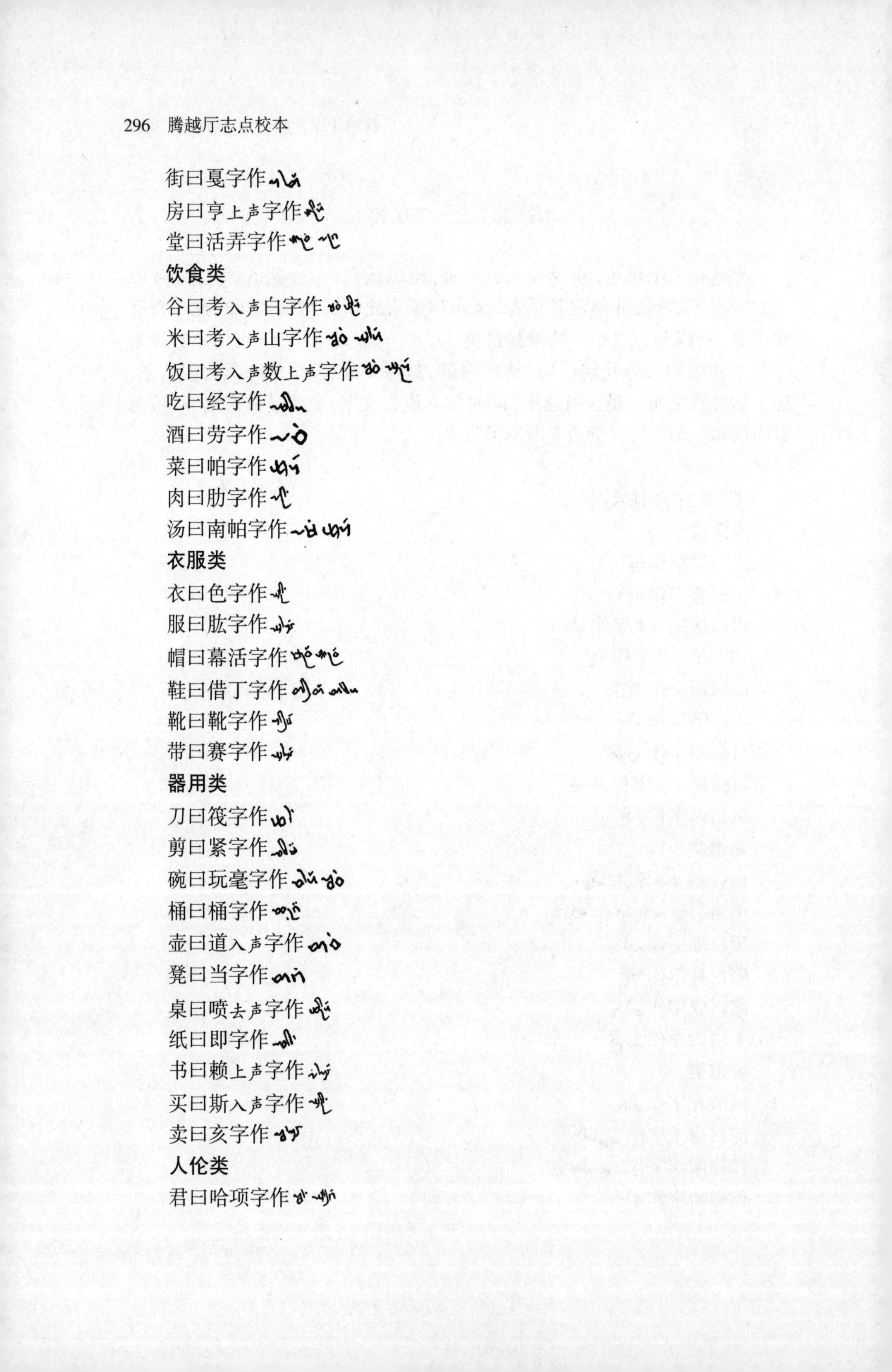

街曰戛字作

房曰亨上声字作

堂曰活弄字作

饮食类

谷曰考入声白字作

米曰考入声山字作

饭曰考入声数上声字作

吃曰经字作

酒曰劳字作

菜曰帕字作

肉曰肋字作

汤曰南帕字作

衣服类

衣曰色字作

服曰肱字作

帽曰幕活字作

鞋曰借丁字作

靴曰靴字作

带曰赛字作

器用类

刀曰筏字作

剪曰紧字作

碗曰玩毫字作

桶曰桶字作

壶曰道入声字作

凳曰当字作

桌曰喷去声字作

纸曰即字作

书曰赖上声字作

买曰斯入声字作

卖曰亥字作

人伦类

君曰哈项字作

臣曰捧扪上声字作

朋友曰歹各字作

父曰波去声字作

母曰妈字作

兄曰宰字作

弟曰龙宰字作

姊曰姐字作

妹曰龙骚字作

夫曰坡字作

妻曰灭上声字作

老曰桃字作

小曰玩字作

珍宝类

金曰罕字作

银曰哏字作

铜曰董字作

铁曰列去声字作

锡曰替字作

铅曰准字作

玉石曰幸修字作

宝石曰线挛字作

五色

青曰颂字作

红曰挛字作

白曰帛去声字作

黑曰蓝平声字作

黄曰棱去声字作

蓝曰漫字作

绿曰秀字作

五味

甜曰玩字作

苦曰烘去声字作

酸曰宋字作

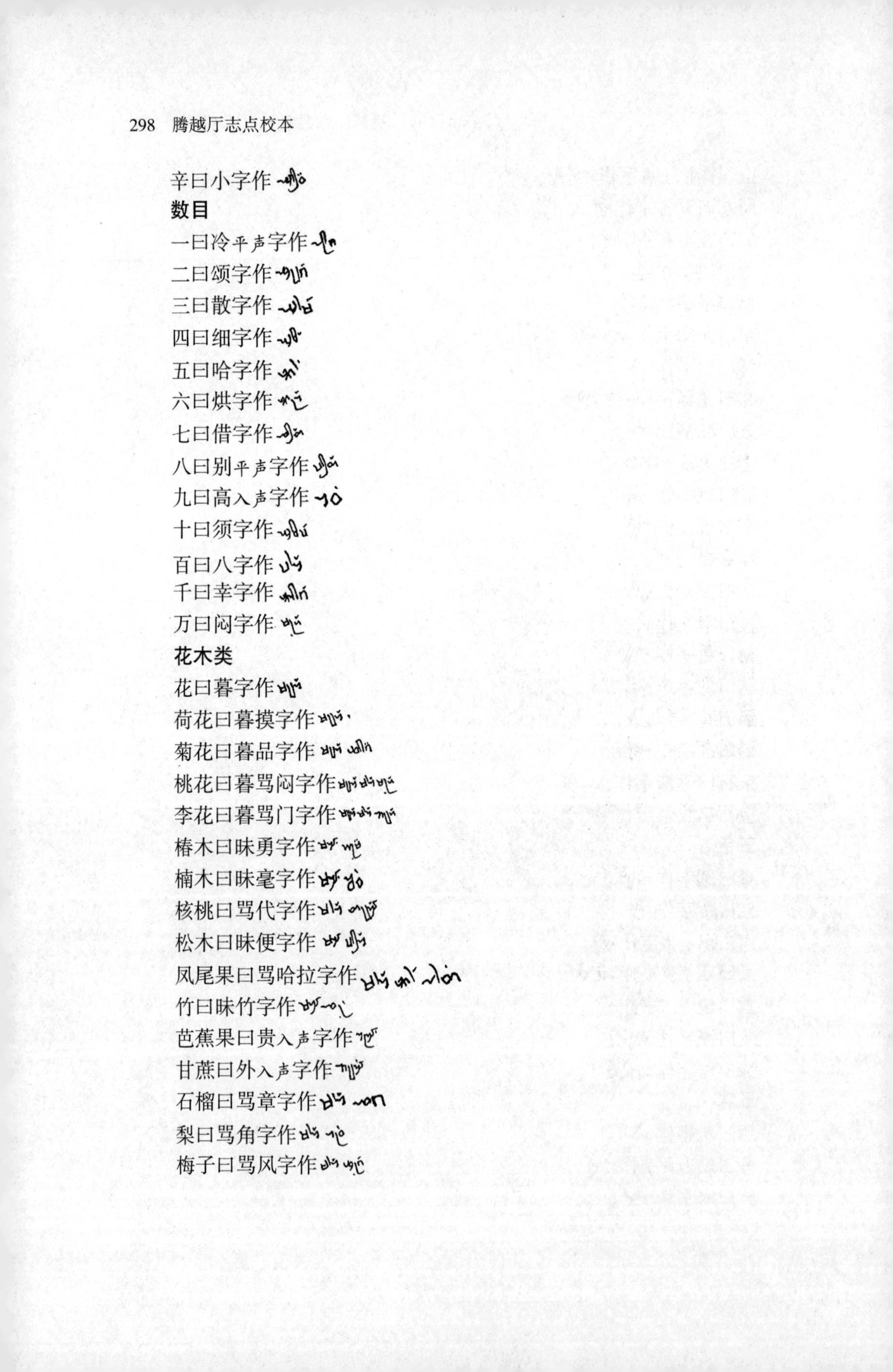

辛曰小字作

数目

一曰冷平声字作

二曰颂字作

三曰散字作

四曰细字作

五曰哈字作

六曰烘字作

七曰借字作

八曰别平声字作

九曰高入声字作

十曰须字作

百曰八字作

千曰幸字作

万曰闷字作

花木类

花曰暮字作

荷花曰暮摸字作

菊花曰暮品字作

桃花曰暮骂闷字作

李花曰暮骂门字作

椿木曰昧勇字作

楠木曰昧毫字作

核桃曰骂代字作

松木曰昧便字作

凤尾果曰骂哈拉字作

竹曰昧竹字作

芭蕉果曰贵入声字作

甘蔗曰外入声字作

石榴曰骂章字作

梨曰骂角字作

梅子曰骂风字作

兽类

马曰麻字作

水牛曰海字作

羊曰灭字作

鸡曰介字作

犬曰骂字作

豕曰牧字作

麒麟曰灭平声间字作

虎曰色上声弄字作

豹曰色上声霭字作

狮曰项昔字作

象曰章入声字作

豺狗曰骂乃字作

狐狸曰骂岭平声字作

犀曰海腾去声字作

鹿曰刚字作

獐曰灭平声烘字作

禽类

鸦曰恝平声榔字作

鹊曰睢睫字作

鸟曰鲁平声字作

鸠曰鲁毒字作

鹦哥曰鲁修字作

八哥曰鲁舅字作

野鸡曰介疼去声字作

野鸭曰别南字作

鹰曰哄字作

燕曰鲁那念字作

鳞介类

龙曰〇恩而切字作

蛇曰牡字作

鱼曰把字作

鳝鱼曰把映字作

鳅鱼曰把郎字作[illegible]
虾曰贡字作[illegible]
螺曰坏字作[illegible]
虫曰免字作[illegible]

缅人方言并缅字：

天文类

天曰摩上声字作မိုး
云曰登字作တိမ်
雷曰摩上声久字作မိုးကြိုး
雪曰摩上声挤字作ဆင်းနှင်း
雨曰摩上声呀平声字作မိုး
风曰列平声字作လေ
日曰呢平声字作နေ
月曰腊字作လ
星曰几字作ကြယ်

地理类

地曰灭平声字作မြေ
山曰销字作တောင်
路曰览字作လမ်း
水曰夜字作ရေ

城市类

城曰矛字作မြို့
城墙曰矛偶字作မြို့နံရိ
江曰迷纪字作မြစ်
河曰强上声字作ချောင်း
街曰姐字作ဈေး
君殿曰难上声惰字作နန်းတော်
衙门曰扪恩字作ရုံး
房曰恩字作အိမ်

食物类

谷曰自入声把字作စပါး
米曰粲字作ဆန်

饭曰特门上声字作ထမင်း
吃曰杂上声字作စား
饮曰扫字作သောက်
酒曰阿月字作အရက်
肉曰洒字作သား

衣服类

衣曰恩上声居字作အင်္ကျီ
带曰挤纠字作ကြိုး
鞋曰怕挐字作ဘိနပ်
裙曰特们字作ထမီ

器用类

刀曰打字作ဓား
剪曰恝已字作ကပ်ကြေး
碗曰不幹字作ပန်းကန်
筷曰都字作တူ
桌曰空去声字作စပွဲ
凳曰炭躬字作ခုံ

人伦类

君王曰升不阴字作ဘုရင်
大臣曰们上声已字作အမတ်ကြီး
父曰阿配平声字作အဖေ
母曰阿美平声字作အမေ
兄曰阿哥字作အကို
弟曰呢字作ညီ
朋友曰阿坡字作အဖော်
夫曰令字作လင်
妻曰木哑字作မယား
姐曰麻麻字作အမ
妹曰呢麻字作ညီမ
子曰洒字作သား
女曰自米字作မ

身体类

头曰拱字作ခေါင်း

脚曰气字作ခြေ

身曰歌字作ကိုယ်

手曰勒上声字作လက်

心曰那笼字作နှလုံး

眼曰免即字作မျက်စိ

耳曰拏上声字作နားရွက်

鼻曰那孔字作နှခေါင်း

珍宝类

金曰税字作ရွှေ

银曰未字作ငွေ

铜曰己字作ကြေး

铁曰散字作သံ

锡曰克上声字作ခဲမဖြူ

铅曰散彪去声字作ခဲ

玉石曰绞争上声字作ကျောက်စိမ်း

宝石曰绞腻字作ကျောက်နီ

五色

青曰阿墨上声字作အစိမ်ညို့ရောင်

红曰阿吝字作အနီရောင်

白曰阿彪去声字作အဖြူရောင်

黑曰阿那入声字作အမဲရောင်

黄曰阿挖字作အဝါရောင်

蓝曰阿卡平声字作အပြာရောင်

绿曰阿怎字作အစိမ်းရောင်

五味

甜曰邱去声字作ချို

苦曰卡字作ခါး

酸曰庆字作ချဉ်

辛曰杂字作စပ်

数目

一曰叠上声字作တစ်

二曰孽上声字作နှစ်

三曰竦字作သုံး

四曰列上声字作လေး
五曰〇古寡切字作ငါး
六曰巧字作ခြောက်
七曰苦捏字作ခုနစ်
八曰喜字作ရှစ်
九曰果字作ကိုး
十曰得择去声字作တစ်ဆယ်
百曰得鸦字作တစ်ရာ
千曰得痛字作တစ်ထောင်
万曰得颡字作တစ်သောင်း
买曰外字作ဝယ်
卖曰永字作ရောင်း

花木类

花曰板字作ပန်း
茉莉花曰兹白板字作စပယ်ပန်း
荷花曰驾责字作ကြာပန်း
菊花曰幹得马字作ဂန္ဓမာပန်း
木曰挺字作သစ်
松木曰挺欲上声字作ထင်းရှူး
竹曰瓦字作ဝါး
芭蕉果曰那标挤字作ငှက်ပျောသီး
石榴曰兹勒挤字作သလဲသီး
核桃曰舍加挤字作သစ်ကြားသီး

兽类

马曰免字作မြင်း
水牛曰拙字作ကျွဲ
犬曰窥上声字作ခွေး
鸡曰洁上声字作ကြက်
虎曰假字作ကျား
豹曰邪字作ကျားသစ်
狮曰庆贼字作ခြင်္သေ့
象曰青字作ဆင်
豺狗曰朵窥上声字作တောခွေး

狐狸曰行字作မြေခွေး
鹿曰萨入声字作ဆတ်
獐曰得夜字作ချိုမဲ့သမင်ငယ်
禽类
鸦曰举敢字作ကျီးကန်း
鸟曰领达字作ငှက်
鸠曰九字作ချိုး
鹦哥曰竭上声都蕊字作ကြက်တူရွေး
八哥曰咱离戛平声字作သာလိကာ
鸭曰稳白上声字作ဘဲ
小燕曰咱各列上声字作ပျံလွှားငှက်
孔雀曰党字作ဒေါင်း
鹑曰科字作ငုံး
鹰曰尊字作စွန်
鳞介类
龙曰那戛平声字作နဂါး
蛇曰妹平声字作မြွေ
鱼曰〇古寡切字作ငါး
鳝鱼曰那行字作ငရှဉ့်
鳅鱼曰那自勒斗字作ငမြွေထိုး
虾曰贡不尊字作ပုစွန်
螺曰客欲字作ခရု
虫曰簸字作ပိုး

腾越厅志卷之十六

艺文志（上之一）

尝观星辉云烂，天之文也；岳峙川流，地之文也；瑰词丽句，人之文也；翟羽翚毛，物之文也。盖盈天下皆物，即盈天下皆文也。溯自结绳之世，犹然风会未开；迄乎画卦以来，遂尔文明大启。龙河龟洛，发苞符未发之藏；鸟迹虫书，泄朕兆未泄之秘。爰及后世，每踵事而增华；逮乎历年，愈标奇而选异。若腾越地虽边徼，人杂华夷，而深撷菁英，独标颖异。迨我盛朝，文教覃敷，沐浴于德化者，莫不思鼓吹休明，颂扬圣治。矧自唐、宋、元、明，以逮国朝，大臣不乏遗编，佳士每留著述。或章疏笺奏，侃侃者半属名言，备详治体；论说考辨，炳炳者皆征杰作，允切边防。其他诗赋写风景之真，文词著性情之正。碑碣留于汉相，珍诸葛之遗踪；镛钟铸自明朝，仰侍郎之奇制。凡兹数事，皆为游艺所当知；汇作一篇，共识斯文之有寄，亦未必非涉览边事者之一助也。志艺文。

艺文志一　先朝诏制

赐骠国王雍羌敕

唐德宗

卿性宏毅勇，代济贞良，训抚师徒，镇宣邦部，钦承王化，思奉朝章，得睦邻之善谋，敦事大之明义。又令爱子远赴阙廷，万里纳忠，一心禀命，诚信弥著，嘉想益深。今授卿检校太常卿，并卿男舒难陀那及元佐摩诃思那等二人，亦各授官，诰往至宜领之。此所以表卿勋勤，申朕恩礼，敬受新命，永为外臣，勉思令图，以副遐瞩。今有少信物，具如别录，想宜知悉也。冬寒，卿比平安，官吏百姓等，并存问之，遣指不及多。

谕征南将军颖川侯、永昌侯、西平侯敕

明太祖

旧岁命尔等率甲士三十万南征诸夷，兵临普定，如风行草上，所以去后

还[1]至有小疵，乃[2]至入云南之域，擒首帅[3]于曲靖之西，败乌蛮于可渡之北，席卷豪英，长驱于碧鸡、金马，来云已驻[4]牂牁。未几捷音[5]，摧坚敌于点苍山下，而抚金沙逻逻心悦者，其金齿不战而率土以归。于是雕题之蛮闻知，即遣使入贡，以再而献户口[6]。檄从百夷之种，威来八百之邦，将军其劳至矣。然功并亘古，勋著彤庭，英风[7]遍播于中外[8]，丈夫至是，岂不以显父母扬名者耶？今也，勤劳既多，欲劳以酒食，奈山川险远，速不及赴，特以朕心劳之[9]，故兹敕[10]。

谕新设永昌府知府严时泰敕

明世宗

金齿僻处遐方，因无流官抚治，风俗颓坏，军民困穷，而又外夷不时侵扰，为地方之害。近因云南镇抚等官奏请，如洪武年间事例，开设府治，铨除流官，以为经久之计。今从其请，将金齿司所属永昌、金齿二千户所夷民并附郭各里百姓，仍旧设立永昌军民府。佥举尔出身科甲，素有才干，故特升尔往知府事，赐以玺书，盖重其事也。夫新府之设，与旧郡不同；外夷之治，与内地殊异，非徒赖以抚安，而实资以控制。尔须稽考制度，创造衙门，宣布条章，立为一定规矩，后人有所遵守。其辖立州、县、长官司及各属衙门，俱照都御史何孟春原拟计度；人民户籍多寡、地理远近，照旧为州、为县、为长官司等，另行奏请铨除降印。并腾冲司或改为州、为县、为卫如金齿司，亦听尔请举行。凡府中一应该行之事、当备之物、合用之人，一一悉如内地。若力有不及，则设而不修；势有未可，则留以待后，顺其土俗之宜，施以安利之政。归附者安之，使得其所；流移者招之，使复其业。仍须时常戒勉所属，谕以大义，开其善端，使其遵法守度，谨守地界，办纳粮差，抚恤夷民。所属土流官吏、军民人等，敢有倚势刁泼、违法傲慢者，尔须严加禁革，轻则会同问拟如律、照例发遣，重则奏闻区处。尔受兹专城之寄，尤宜廉公仁恕，奉法循理，慎重行事。务使军民脱往时剥削之苦，感今日抚摩之恩，地方安静，

① 《永昌府文征》“还”字后有“昂”字。
② 《永昌府文征》“乃”字作“及”。
③ 《永昌府文征》“首帅”作“酋帅”。
④ 《永昌府文征》“驻”字作“经”。
⑤ 《永昌府文征》“捷音”作“捷报”。
⑥ 《永昌府文征》“户口”作“生口”。
⑦ 《永昌府文征》“英风”作“美风”。
⑧ 《永昌府文征》“中外”作“华夷”。
⑨ 《永昌府文征》“朕心劳之”后有“其来然耶”四字。
⑩ 《永昌府文征》“故兹敕”后有“谕钦此”三字。

永保无虞，庶称朝廷委用至意。尔其钦承，勿怠勿忽，故敕。

谕恤腾冲敕

明世宗

云南巡抚陈金疏奏腾冲灾，上悯念边民疾苦，遣重臣一人至滇敕谕。略曰：云南僻在万里，灾应有由。特命尔前去，广询博访，旌贤良，黜贪暴，阅车马，修城池，振举废坠，通达幽隐，兴利革弊。务期军民安靖，边境宁乂，少纾朕西顾之忧。

艺文志二　纪载腾事之书

《西南蛮入朝首领记》一卷　不著撰人名氏。见《新唐书·艺文志》地理类。

僰[1]文《白古通》一卷　谨按：谢肇淛列是编于唐人撰述之末。《滇载记》下注明杨慎撰，载九隆世族及张、蒙、郑、杨、段、高七氏名号起灭之颠末。盖取诸《白古通·元峰年运志》而删正之。

《永昌应制集》三卷　宋刘若冲撰。《宋史·艺文志》集类。

《皇元征缅录》一卷　不著撰人名氏。所载征缅事，多与《元史·缅国传》相同。自大德二年以下，更足补正史所未备。明时，史即用此为蓝本，录之以备参考。阮元《研经室外集》。

《百夷传》一卷　明钱古训撰。古训，余姚人。百夷即麓川、平缅宣慰司。按：百夷即摆夷，译语对音，故无定字。洪武二十九年，其酋思伦发数与缅人构兵，古训时为行人，与其同官桂阳李思聪奉诏往谕，伦发等听命而还。因述其山川、人物、风俗、道路为书以进，古训旋擢湖广参政，请泽州杨砥序之。黄虞稷《千顷堂书目》以此书为李思聪作。按：《滇略》并《州志》均以为思聪作。今据砥序及夏原吉序，实古训作，虞稷偶失考也。本《四库全书》地理类。

《南夷书》一卷　明张洪撰。洪字宗海，常熟人，洪熙初，官修撰。是编乃永乐四年，缅甸宣慰使罗塔劫杀孟养宣慰刁查，按：《旧志》作"刁木旦"，误。及思伦发而据其地，洪时为行人，赍敕往谕，因采见闻，记其梗概。书中载梁王拒守及杨苴乘间窃发诸事，稍足与《明史》参考耳。目存《四库全书》地

---

① 僰(bó)：明杨慎《南诏野史·云南》："僰人，一名白夷，又名摆夷，性耐暑热。"春秋前后居住在今川南及滇东一带，即今傣族之祖先。

理类。

《使规》一卷 亦张洪撰。此书亦往谕缅甸时所作，采古人奉使事迹，勒为一篇。分十有六类，各列事实于前，而断以己意。末为使缅附录，记当日往返情形，按《旧通志》：洪赍谕往缅，退回侵地，凡六往返，罗塔始听命。并载所序缅甸六编。目存《四库全书》子部杂家类。

《张南园漫录》十卷 《续录》十卷 张名志淳，南园其号也。保山人，明进士，官至南京户部侍郎。其书辨永昌非金齿地诸条，考证致误之由，极详核，中颇记载时事，臧否人物。又有嘉靖五年题后一篇，辨何乔新《抚夷录》之失实。且载征麓川事最详，足以备《明史》之缺云。

《黑水集证》一卷按：《旧志》作《黑水集》 明杨士云撰。《明史·艺文志》地理类。士云字从龙，号客山，太和人，正德丁亥进士，官至户科左给事中。

《缅略》一卷 包见捷撰。《滇系》。

《缅甸始末》二卷 俱保山人樵逸撰。《滇略》。

《标格丁》 不著撰人名氏。土司呈蒲叶书一册，凡一百三十六页，云传自远祖。盖编年纪候之书，似合记注时宪而为之。字凡三体，土司及其属不能通晓，夷语呼为"标格丁"云。见《娵隅集》夷寨诗注。

《雪山诗集》二十四篇 周东华撰。传具《流寓》。

《狩缅纪事》一卷 [①]刘渊撰。渊字文季，明季翰林，事永明王，建言忠鲠，触怒权奸，数濒于危。王将出奔，文季献入蜀策，议格不行。于是播迁缅甸，追随弗惮，咒水难作，文季不及。

《娵隅[②]集》二卷 赵文哲撰。文哲字损之，号璞函，上海人。乾隆庚午举人，官内阁中书，以金川死事赠太仆寺卿。是篇乃乾隆三十四年，文哲以中书从副将军阿桂征缅，于滇中景物多有题咏，因裒为一集，取郝隆诗"娵隅跃清池"语名之。

《绥缅纪事》三卷 孙士毅撰。士毅号补山，仁和人，乾隆辛巳进士，官至文渊阁大学士，谥文靖。是编乃其官侍郎时[③]经略傅恒征缅所记，乾隆三十五年成书。

《腾越州志》十二卷 屠述濂纂。《州志》创辑于明正德间，指挥使徐[④]廉嘱绅士易翼之等两修《司志》。嘉靖初，改司为州，隆庆初，知州事沈祖学始为《州志》，其稿则州人吴宗尧本易氏《司志》而成者也。万历四十二年，

---

① 刘渊：据浙江古籍出版社《狩缅记事》，其作者为"刘茝"，或写作"刘蓝"。
② 娵(jū)隅：古代南方少数民族称鱼为"娵隅"。
③ "时"字后似脱一"随"字。
④ "徐"应为"陈"。

知州李之仁嘱州人张邦教等续沈志为三卷。乾隆三十五年，知州吴楷仅得沈志《田赋》、李志《卫秩》，重为续纂，未刊。至是述濂知州事，增订为十二卷付梓，乾隆五十五年成书。其书实[1]檀萃纂辑。

艺文志三　腾人著述之书

《四书音义会编》《腾冲司志稿》《诗话类抄》《古今诗评》《春秋经传会编》 俱举人易翼之撰。

《梦骥赋稿》 郑文灿撰。

《礼记集说解》 贡生吴宗周撰。

《孝经衍义》八卷 叶奕撰。

《高山课士艺》 优贡陆嶟撰。

《醉经堂文稿》 拔贡施文峰撰。

《北上纪行诗稿》 举人寸式玉撰。

《笔耕录文稿》《华山录文稿》 举人李含英撰。

《虞农诗稿》《廿我斋诗稿》 举人尹艺撰。

上诸人传，俱详《文学志》。

艺文志四　疏

谏伐麓川疏

【明】礼部主事刘球安福人

帝王之驭四裔，必宥其小而防其大。所以适缓急之宜，为天下久安计也。周伐崇不克，退修德教，以待其降。至于猃狁[2]，则命南仲城朔方以备之。汉征南越不利，即罢兵赐书通好。至于匈奴，虽已和亲，犹募民徙居塞下，入粟实边，复命魏尚守云中拒之。今麓川残寇思任发素率羁属，以边将失驭，致勤大兵。虽渠魁未歼，亦多戮群丑；诛舍无系轻重，玺书原其罪衅，使得自新，甚盛德也。边将不达圣意，复议大举，欲屯十二万众于云南，以趣其降，

① 檀萃：字岂田，安徽安庆人。清乾隆二十六年(1761)进士，曾任云南禄劝知县。著有《滇海虞衡志》等。

② 猃狁(xiǎn yǔn)：也作“猃狁”，周代对北方少数民族的称呼。

不降则攻之；不虑王师不可轻出，蛮性不可骤驯，地险不可用众，客兵不可久淹，恐南方水旱相仍，军民交困，若复动众，分扰为忧！臣窃谓宜缓天诛，如周、汉之于崇、越也。至于瓦剌，终为边患，虽其未即扰动，正宜以时防御。乃欲移甘肃守将，以事南征，卒然有警，何以为御？臣窃以为，宜慎防遏，如周、汉之于猃狁、匈奴也。伏望陛下罢大举之议，惟选智谋将帅，辅以才识大臣，星调官军，分屯金齿诸要害，结木邦诸蛮以为援，乘间进攻，因便抚谕，寇自可服。至于西北障塞，当饬边臣巡视，浚筑沟垣，增缮城堡，勤训练，严守望，以防不虞，有备无患之道也。

刘球字廷振，安福人，永乐辛丑进士。官礼部仪制司主事。时王振主征麓川，球以为防瓦剌，王振衔之。后因直言上十事，其一，言权不可下移，振因陷以死。后来土木之变，一如球所言。及景泰初，赠学士，谥忠愍。

安插思化疏

【明】巡按李本固固始人

臣闻滇之所最苦者，在兵；而兵之所必用者，以缅。然中国何负于缅，缅亦何憾于中国？乃连岁驿骚，以至今日，遂蹂躏“三宣”，震动腾、永，而志犹未已，则以思化为兵端也。赖陛下威灵，抚镇决策，诸文武效力，得驱逐归巢，版章如故，六诏生灵，亦云幸甚！然使思化之处治不当，诚恐我之甲胄未解，而缅之象马复来，年复一年，滇且坐敝。夫滇南大势，譬之一家，苍洱以东则为堂奥，腾永则为门户，三宣、蛮莫则为藩篱也。所贵藩篱者，谓其外御盗寇，内固门庭，使为主人者得优游堂奥，以生聚子孙，保有货财，斯协名实。若思化之为藩篱，则溺其职矣。盖缅中鲜盐、茶、缯、帛、毛、缨诸物，势必取于中国；往时曾遣人贸易，道经蛮莫，思化辄剽杀之，即近边樵猎亦掠之以为俘。故缅有深恨于思化，欲得而甘心焉，又兼以报怨之思任从旁怂恿，彼缅安得不岁岁入乎？是以起衅挑祸也。及缅之入，又不能当，辄携其妻孥，率其部落，弃蛮莫而遁，以仰哺于我。且蚕食于三宣诸彝，缅亦随其所在而追逐之，在等练则入等练，在陇川则入陇川，是引贼入户也。彼以穷来归我，又我之属彝也，势不得不给银米以赡助之，又不得不出兵力以庇翼之。即战而胜，驱缅而归，我亦不无损，况未必胜乎？故数年以来，刍粮之耗费者以数十万计，士马之亡失者以千百计。而小民之转输，数里致一石，驿递之困苦，数家供一差，全滇萧条，职谁之故？是令主人不得安其堂奥，育其子孙，保其货财也。臣故曰溺其职矣。顷当缅贼宵遁之后，蛮莫收复之初，带管金腾兵备道、佥事胡时麟呈称：汉、土官兵见有万二千人，此其众寡不啻倍蓰。彼且结怨于缅，失德于部落，离心于三宣，诸彝亦安敢有越厥志？诚能陈以利害，恫以兵威，置之潞江或置之小陇川等处，即以蛮哈等练为关堡，无事荷锄以耕，有事则敛堡以守，不烦开垦，便是新畬[1]。不然，或以其地给附近干崖诸彝，既藉其名以为戍，无不乐受，尤胜客兵；又不然，或空其地以为榛莽，使贼入无所掠而去无所恋，靡不可者。并筑关堡，开屯田诸策，一如近日抚臣会题奉钦依内事理，著实举行，则断属夷挑衅之路，绝缅人构兵之端，树天地自然之险，省刍粟转运之劳，斯亦封疆之永利也。此后如缅欲款，吾听之；往来贸易，吾善遇之，彼既知我之有备，又将感我之不杀，行将效顺，谁复称兵？迟以数年，而消兵减饷之说，始可次第举矣。然或有为之说者曰："缅贼之来，盖欲取允墨、食蛮莫，其意不患在思化也。"蛮莫去摆古四五千里，去阿瓦千五百里，所谓鞭长不及马腹。即使为缅所据，势不得多留兵，彼允墨之众，能有几何？烟瘴初收之时，缅众未来之际，乘势取之，无异拉朽。越千里置孤悬，即缅之计亦云左矣，况蛮莫彼未必能得乎？又有为之说者曰："吾处思化，是为缅复仇，且示之弱也。"思化为我属彝，我得而易置之。况思化之罪，有难以指数者，如先年窃杀缅彝数百，妄报首级三千，以误李材，罪一；近年称为邓子龙左手，与之挑衅生事，掩败冒功，以误邓子龙，罪二；构怨思任，致思任愤而投缅，罪三；剥削思华，使思华怒而降贼，罪四；抢掠南甸诸彝窖粟、牛马，众叛亲离，强梁不道，罪五。此其罪当不容诛，乃薄待以不死，别从安置，以行汉法耳，何缅仇之为复？吾且建关、屯田以制缅，亦何弱之可示哉！

罢采宝井疏

【明】巡抚陈用宾晋江人

臣惟云南之有缅，其为中国患旧矣。彼其挟封豕长蛇之势，敢与我抗，小则蚕食诸夷，大则寇边。即先年麓川之役，王师百万，三劳而下，卒莫能大创。迩年以来，缅丑不敢饮马金沙、窥我蛮莫，岂在臣之力能制其死命哉？良由我皇上以封疆之事，一以委臣，臣因得以展布四体，内则绸缪牖户之修，治以不治；外则联络远交之计，以夷攻夷。又严禁中行之辈，不使播弄于中外，彼缅欲乘无隙，自救不遑，故狼烟驰警，三宣亡恙耳。乃本年二月内，缅丑阿瓦，其酋雍罕，结连木邦等夷，拥众十余万，直犯蛮莫，蹂三宣，而抵腾越之墟。其执词曰："开采汉使令我杀思正，以通蛮莫道路，吾为天朝除害焉耳。"彼时边疆将吏奉臣令，声正酋致寇败北之罪，歼之殉众，使瓦酋而果

① 畬(yú)：开垦过两三年的田地。

无他，则当如臣檄，卷甲尽回阿瓦，乃留兵据守蛮莫何为哉？狡缅之假献井而思启疆，藉追思正而垂涎蛮莫，奸谋盖毕露矣！夫蛮莫，何地也？三宣之藩篱也；三宣，腾、永之垣墉；腾、永，全滇之门户也。蛮莫失，必无三宣；三宣失，必无腾永。全滇之祸，当自开宝井启之，欲开宝井，则蛮莫不可复；欲复蛮莫，则宝井之役不可开，此不两立之势也。欲觊宝井，则藩篱必撤；欲保藩篱，则采买当罢，此不两全之理也。夫天下之事，一则精神专而事成，二则群枉开而事败。今为陛下之巡抚者，任一将以整饬兵戎；为陛下之督税者，又任一将以总理采买。司兵戎者，当为边疆是计，有警必报，贼入必击；司采买者，当惟宝井是问，警不欲报，贼不欲击，其势必至掣肘。掣肘不已，必至壅蔽；壅蔽不已，必至弛备，则缅骑可以长驱由蛮莫径抵三宣，如入无人之境，腾、永一带，恐非陛下有矣！陛下肯使数年怀柔之邦、祖宗金瓯之业，一旦以采井坏之耶？臣知其非陛下意也。夫宝井何足宝哉？不过一土屑耳。石为重乎？土地为重乎？以无用之土屑，坏万里之封疆；以采买之虚名，贾边疆之实祸，臣又知陛下不为也。臣受陛下之恩渥矣，封疆安危，在此一举，若坐视不言，是臣误封疆而负陛下也。望我皇上，锐发乾断，将宝井采买之役亟赐罢免；旧将侯显忠，令速回籍，无再起衅。使边疆将吏，得一意讲求战守，计图所以复蛮莫之策，缅去不追，缅入必拒，庶边事无掣肘之虞，而南服犹可保全乎？

议恤录名臣疏

【明】巡按毛堪吴县人

窃惟致身者，人臣之分也；旌贤者，明主之典也。故骨鲠言事之臣，不难捐生立名，则社稷赖之；鞠躬任事之臣，不难违众独立，则封疆赖之。乃有功在社稷封疆，而死未沾殊恤，生反遭奇祸，如原任给事中毛玉、原任云南参政李先著其人者，岂非圣世之缺陷事哉？臣谨按：云南毛玉，右卫人，登弘治乙丑科进士，官吏科左给事中。嘉靖甲申年，议大礼，廷杖身卒。隆庆元年，赠光禄寺少卿。夫人臣犯言极谏，至于血涂丹地，魂沉青锁，斯亦惨矣！彼所争者朝廷之典礼，所补者圣明之阙失，忠肝义胆，既与日月争光；劲骨香名，又与乾坤并立。在先帝褒嘉遗直，业已薄赠其官；在朝野叹息孤忠，犹谓未酬其烈。盖本官天钟正气，甘舍生以成仁；身任纲常，务转圜而悟主。居谏垣十五载，每言人所不敢言；闭夜台九十年，惟死彼之得其死，所谓大忠之当亟录者，此也。李先著，锦衣卫籍，山东人，登万历丁丑进士，历升云南临元分巡参政。于时，适有顺宁猛廷瑞与大侯奉赦构隙仇杀。当事者以本官原任澜沧兵备，素为夷人所信服，委同金腾副使邵以仁、参将吴显忠提兵勘处，犄角而进。本官以猛酋无大罪，且生灵涂炭可悯，坚议抚之。酋持千金请命，本官谓不受金，酋不信，遂以金发充兵饷。酋遣子送印为听抚之质。而金腾路乖其抚议，径袭击廷瑞，反诬构本官，被论逮系，竟死于狱。夫人臣不贪启疆之功，以全生灵之命，且使狡酋不信抚臣之屡檄，而取信守臣之一言，此其宣布威惠，乂安封圉为何如哉？而贪功之徒，乘间而下石；害能之辈，操斧而寻柯。三木[①]囊头，天地且为黯惨；一腔热血，鬼神亦为鉴怜。彼接踵而逮，同夕而殒者，洵天道之好还；而家户有祝，郡邑有祠者，尤人心之不死。盖本官一尘不染，百折莫挠，柔远来椎髻之夷，掩骼无鬼磷之哭；救荒则疮痍色起，品题则多士从风，疏水利则赤地成畴，悯贫士则青衿徼福。徒失贵臣之心，致干雷霆之怒，功而见罪，贞而被诬，所谓大冤之当伸者，此也。近该礼部公议谥典，考订别白[②]，取其事功崇隆，节义彪炳，至重也；期于耳必征目，声必副情，至核也；而要以阐幽光，维风教，体圣明旌德之盛心，存三代不泯之直道，至严也。若玉之杖而死，先著逮而死，所谓社稷之臣，诚死社稷，封疆之臣，诚死封疆，事功崇隆，节义彪炳，孰加焉？二臣身虽往而忠耿不磨，志未酬而风励滋远，芳名光于俎豆，公论定于盖棺，耳目之真，情实之孚，孰加焉？国家旌一言事之臣，而骨鲠者益劝；旌一任事之臣，而尽瘁者益奋，非徒昭雪既往，实以风示来兹，裨圣德而存直道，又孰加焉？盖以滇之孤僻，而有如玉之以身殉国；以仕于滇之间关，而有如先著之以身殉职，真贞元之间值而麟凤之偶出者！远听之臣，咸为追悼，而况于朝堂之上乎？臣观风兹土，从公咨访，在玉则身死之日，贫无以为殓，今其子孙不能具饘粥。臣檄云南府修其坊表，量给祭田。在先著则一棺尚滞浅土，茕茕遗嫠[③]，无以糊其口。臣捐资助葬，复檄提学道祀之名宦，庶臣所可为者，罔敢弗既厥心也。若夫旌直扬清之典，非圣明留意，孰畅此久郁之公论乎？皇上崇尚风化，综核事功，超出寻常万万。先后忠谏之臣，如杨继盛予谥赠荫，近且予祭矣；如刘台赠官与玉同，又荫一子矣。大圣人之作为，岂不足磨励一世，激发人心哉！然死于戍者已荫，死于杖者独遗，非法之平也；有罪者尚世锦衣之官，而有功者竟毙锦衣之狱，非所以示劝也！臣有慨于中，义不容默，行据带管学道、按察使袁茂英呈详前来，特为题请。伏望圣明不遗荒远，一视同仁，敕下该部再加会议，将毛玉予谥补荫，以表直臣；李先著即未

① 三木：古代加在犯人颈、手、足上的刑具。
② 别白：辨别明白。
③ 茕(qióng)茕遗嫠(lí)：孤独的遗孀。

敢遽议谥典，先行赠秩录荫，以表劳臣。庶大忠可慰，大冤可雪，公道明而人心劝，臣节风而圣治有光矣。

报缅酋阿瓦攻车里疏

【明】巡抚闵洪学乌程人

看得阿瓦、车里之衅，起于万历四十四年。阿瓦欲得车里之女召乌曰，而车里予以赝者，以生兵端。方其被兵，曾未一字告急，不独不请救于天朝，亦且未求援于邻壤，瓦兵一至，弃寨而奔，致泥首[1]受缚。盖车里在嘉靖间，兵败于缅，而以小车里应汉，载在《滇志》，所从来远矣。夫缅，当车里在国初，并六慰之一，而我所称羁縻之酋也。辄因挟女细故，敢于擅兵凭陵，似不容不兴问罪之师。但缅提古巢穴，去滇八千里，而车里亦在三千里之外，非若麓川之切近永、腾者。昔年麓川之役，用兵二十万，用饷千万，兵连十年。则今日之事，以彼例此，难易更未易言，此不能不烦庙议熟商。然竟置之度外，付之不问，则缅之势日炽一日，滇之患日逼一日，将来亦有不可知者，请诵言之。在洪武初，天兵所指，四裔不远万里，遣使通贡，相率宾服，各假名号，以示羁縻。自宣抚以及安抚、长官、巡检，小者不可胜数，其大者为三宣六慰。今三宣无恙，而六慰安在哉？以六慰言，其一缅甸宣慰司，即缅也；其一车里宣慰司，又一曰八百，一曰木邦，一曰孟养，一曰老挝。尔时地丑力齐，各自雄长，或互相仇杀，时胜时负，时灭时起，犬牙相制也。即嘉靖初，缅甸为孟养所灭，其酋莽纪岁举族皆死，惟莽瑞体兄弟数人走免，入洞吾。因篡洞吾，借其兵力复仇，日渐强大，四面吞并，拓地万里，遂成尾大不掉之势。以嘉靖末年灭八百；以万历八年掳孟养酋思个，以十八年逐思远，遂灭孟养；以万历十年掳木酋罕拔，以三十三年掳罕榼[2]，遂灭木邦；以嘉靖间破老挝之境，老挝已失东偏，惟西偏仅存，未服属缅，然亦久不通中国。是昔分之而六者，今合之而一，而缅安得不大也？六慰既尽，势将及于三宣。又如孟艮、孟定、耿马、蛮莫、猛卯、威远、镇康、猛连诸夷，环处我疆徼之外，为我藩篱，尚不下数十。乃缅兵一临，无不从风而靡，非其向化不坚，实其势力不敌也。为今之计，即未能径开缅衅，亟宜联络诸夷。诸夷分之则涣而弱，合之则聚而强。我未并之，则威劫于缅，心摇摇如悬旌；我能联之，则诸夷喜于有所归附，莫不协心并力以拒缅。昔缅灭木邦而不能有也，以思礼食其地；灭蛮莫而亦不能有也，以思线食其地。所用仍天朝原

---

① 泥首：以泥涂首，表示自辱服罪，犹言囚首。
② “榼”读kē。

颁印信，缅灭之而不有之，非心不欲，鞭不及也。今缅掳车里之酋，未遽能有其地，必将更置其酋长，立所爱者去之，而车里之人未心帖也。诸夷之势既联，则车里之衅亦有可乘，或不难相机而取事也。臣等以已属佥事郭庆年专经理其事，以本官曾备兵金腾，深得夷心，颇谙缅中情形。合以全副精神收拾诸蛮，而一面以文告谕缅，责其退还地，随宜处置。俟机宜另疏外，谨先具实奏闻。

改司为州疏①

【明】巡抚何孟春郴州人

臣闻消变于未萌者，策之上；消变于将萌者，策之中；变成而后救，斯无策矣。窃见云南地方俱有诸夷，然西至大理，东至临安，皆是府卫相参，事体有定则，赋役有常制，故民虽未富，犹得粗安。惟金齿一司，是古之哀牢国，即汉之永昌郡。自元以上，皆为府治。其后元务远略，创立大理金齿等处宣慰使司都元帅府于银生崖甸，其地在伯夷蒙乐山下，去今金齿司南千余里。其彝没后，金镶二齿而葬，故因得名，与永昌府绝无干涉。后元以其地不可守，改为金齿卫，移入永昌府共治。元末道梗，流官多缺，止有土官通判在任。洪武十五年，于指挥王真处降附。十六年春，附近诸夷忿王真立卫镇守，不恤众，乃共推已退土官知府高公，引麓川思可法夷兵数万夹攻，生擒王真，尽夷其城而去。本年十月，云南指挥李观请复立永昌府、金齿卫，招抚安辑。十七年闰十月，朝廷降到永昌府印，又续发南京各处军充实军伍，府卫相参，军民安堵。二十二年十二月，李观病故后，指挥胡渊以旧城夷毁，改筑新城。因欲自尊，假以民少粮不及俸为名，于二十三年十二月初八日，奉②革永昌府，改卫为金齿军民指挥使司，兼管军民。彼时渊以筑城有功，意在专制，又以指挥俱长单掌印，尚无考选军政，可使世世专有此土，却将永昌府之民并入永昌、金齿二千户所，尚有附府良民无二编立东西太和六军等里径属本卫，原本府所属施甸等县续立镇彝等州，俱改为长官司、百夫长等衙门。惟永平一县，乃古博南县，民不可革，遂概隶指挥司统属。彼时渊恃有功，不欲与府颉颃，讫成私计，然新承屠城之惨，深结彝民之心，故需索少而粮差额轻，军民安而调发事简。又以府卫所有，专供一司，故彝民安，财用足。后来承乏，尽意贪剥，近城寨分已不如前。其后因麓川反叛，加以征调，彝民渐困。及景泰末，都督毛胜因随征麓川，知金齿司指挥供给

① 此文一些地方疑有脱、衍、错、漏等，但因无别的资料可供对照，故照旧。
② “奉”字似应为“奏”字。

甚多，遂营干镇守。有内臣见毛胜得利，遂接踵前来，由是广占彝田以为官庄，大取彝财以供费用。然名目尚少，犹可支持。相承到今，日曾月盛，典马典军费以万计，磕头见面亦要数千。过江籽粒等钱，无时得了；白米马料等户，五日不征。加以跟官小人，百样生事害人，积棍一时，纵横取索，椎髓剥肉，倡言不恤，彝民畏死，不敢不从。由是强者为盗，弱者远逃，如近城凤溪长官，目今止数家，二代不袭可见矣！比之宣德、正统间，环城万里之彝民，十亡八九；比之成化、弘治初，二三百里之彝民，亦减六七。所不能逃者，赤身裸体，食草锄山，气息奄奄，死亡无数，而上下交征，略不为异。如施甸彝民害极欲变，正德十年三月，城门曾昼闭矣。腾冲军士逼于拜见，正德十一年，太监曾被攻矣。及今木邦起兵，夺占孟定府，又起兵入陇川，临芒市，又起兵入湾甸州，其州去永昌所属老姚寨仅四十里矣。即今孟养又起兵过金沙江，凿山开道，由茶山直抵腾冲，孟密又来要求宣慰矣。臣访于耆老，皆言自平麓后，今经八年，并无彝人敢如此侵犯；良由金腾二司附近彝民，被害不过，各逃往彼处，以诉其怨，彼各得招徕，以益其强。既知二司之虚弊，又悉其贪残，且又年年下番哄诱宝石，月月设计欺骗金银，遂使远夷生凌侮之心，兴兵试作变之渐。若不早计，诚恐变生。盖附近彝民为二司藩篱，皆抱恨切骨，则藩篱撤矣；附郭军民为地方根本，皆疾首痛心，则根本病矣。藩篱、根本皆隳，大变固应不远！臣叨受巡抚之寄，忧如焚灼，博采广询，共言惟是复府治，设流官，以抚安于内，则外变自息。及考之，前数年巡抚官固有忧先于臣，具本二三次陈奏矣。缘该部只照常行云南镇守衙门勘报，殊不知镇守衙门于近彝日取之财必千必万，于远彝岁贡之利莫考莫稽，既图利身，谁肯为国？一承行勘，转加唬吓，声言治其妄告，倒说为伊解释。各差官上寨逼要，不愿复府结状，更督令科派备礼，所以彝民畏惧益深，嫉怨益切。二司则剥削益肆，声势益彰，非徒无益于弭乱，更以促发其祸机！今幸皇上入承大统，圣誉昭升，率土普天，更新视听，延颈企踵，想望太平。臣用敢罄竭愚诚，冀消祸变，伏愿圣明俯垂睿鉴，不惑群议，断自宸衷，免行镇守衙门勘报，乞查前后奏词以查事机，将金齿司所属永昌、金齿二千户所彝民并附郭各里百姓，仍旧复立永昌军民府统治；再乞敕吏部精选川、湖、贵州有守有为进士出身知府一员、举人出身通判一员、推官一员、经历司经历、照磨所照磨[①]、司狱各一员，令其领印作急到任。其所辖隶州、县、长官司及各属衙门，俱候知府到日，计度人民户籍多寡，地里远近，

① 照磨：官名。以照对磨勘为职，乃主管文书之官。掌照刷卷宗。“磨勘”，对官员考绩升迁的一种制度。

照旧为州、为县、为长官等司，另行奏请铨官降印。其腾冲司原系府治，后改为腾越州、腾冲守御千户所。彼时州隶永昌府，所隶金齿卫，后因比照金齿改为军民指挥使司，今其为害，亦与金齿相同。若金齿复为府，腾冲亦合复州，或为府，将司改为卫，军民相参管理。其大小事例亦比金齿，次第举行。若其公廨房屋，臣已访得空闲官田房屋甚多，官至即备，并无劳费。如此则近便彝民可以自安，远地彝民自然畏服，而变可坐消矣。然不止潜消祸变于将来，又可广垂利泽于永久。臣请略节陈之，原两司皆使指挥、千百户等官，凡经收钱粮，皆先取于阿奉权势，因而窃入私家花费。及至查盘，则认借充盘，随后窃出花费，事发之后，监追至死，无处赔纳。为此守巡官无法可治，将金腾官银多解大理府库收贮。今复府治，则免贮库于大理，既可省五日护送，又可以答应紧急，其利一也。又凡承委抚彝勘问词讼，征收钱粮，各一事不知，一字不识，凡地方词讼、钱粮，不能办集。今复府治，则承委有人，诸事易办，其利二也。又驿课巡司，缺官不报，各买求署。尝见今馆驿日日打干二两而供应在外，税课征商倍常而课程无闻，灾异常见不申呈，吏员久役不起送。今复府治，则官无虚旷，馆驿可苏，税课可减，商贾可通，灾异可警，吏役可正，其利三也。凡元宵烟火料丝灯，皆于操处出银五十两制造，永昌所部又遍行科派彝寨。春牛芒神，天下同制，今要多造，两头承奉，分派彝民，各坛祭祀，惟衣冠与祭有胙，今要买补二倍，分送跟官、光棍、牢子等人。今复府治，则此费自绝，其利四也。又金齿鱼利，比之大理不同，然东湖各塘坝河池所出，市不缺买；南北河道竹木之来，岁不缺入，而鱼课之征，抽分之利，通入私门。今复府治，财用自足，其利五也。往时官舍军民之家，有不得已，乘丧嫁娶者皆在夜中，惟恐人觉。自今指挥等官禀过，官府任行嫁娶。或父母丧后三五日或半年，白昼嫁娶，鼓乐喧阗，夸示市廛，众皆忻慕，纳贿请求，以为荣耀，人心咸悦，风俗尽移。今复府治，则此弊可无，风俗还旧，其利六也。夫能消祸变之大，创永久之利如此；适遇圣明在上，庶政维新又如此。倘畏首畏尾，不一陈之，岂非天下后世之罪人哉！臣但恐欲专地方之财权以取利，幸地方之便以邀功，曲加阻挠，臣请逐件晰之：若曰“永昌府系我高皇帝所革，只当遵守，不宜更复”，则胡渊革府之时，府学亦革，为足食仓矣，何自正统以来，列圣又因臣下之请，复照府学事例，立学到今乎？若曰“金腾地接外夷，规画已定，忽复府治，恐兵弱不能控守”，则见今临安接界于安南，比之诸彝之离金齿尤近；安南地尽于南海，比各彝之宣慰更强，以临安府卫，顾足以控制强大之安南。而金齿不然，正以司治贪污，是以起其欲变耳。若以永昌府卫相参，加以腾冲，有不能控制数宣慰司穹远之彝乎？若曰“民少不足佥一府之皂隶门库，粮少不勾[①]供一府之官员俸粮”，则查今隐占米户之丁力，足以勾一府之皂隶门库，其私纳白米之石数，足勾一府之官军俸粮矣。何况三十寨之秋粮，各民里之赋役乎？若曰“未尝有例，缓求其宜”，则见今云南、大理、蒙化、景东、楚雄、临安、曲靖，俱有府有卫，即其例矣。且内惟临安、大理二府土地、民户、财产、田亩与金腾等，其余府分远不及。况今彝民困极，大变将兴，救焚拯溺，少或迟延，则祸乱必作，救之不及矣，岂容缓乎？其余区处细微，事务曲折，非本内可悉者。臣已悉与布、按二司昼夜计算，经画停当，决可弭患于将萌，垂泽于永久。如或一有不效，臣甘万死以谢妄言之罪。伏望圣恩悯念，俯赐允从，则地方幸甚，生民幸甚！

陇川善后疏

【明】失名

据布政司呈，金腾兵备道准本司照会，奉臣宪牌，仰司将陇川应立何人管理，并善后事宜议妥，速详依奉移行。又奉宪牌，据该道揭：三宣全滇藩篱，陇川多安民背汉投缅，罪重贯盈，天讨歼之，远迩称庆。计三宣辅车相依，难缺署理，陇川庐舍已焚，田亩已荒，多安靖以稚弱之童署司务，能胜任否，不可不亟为之计。衎忠父思化，蛮莫土同知也，思线乃蛮棍长官，原议与衎忠共官蛮莫，乃恃缅而夺之，致衎忠寄食干崖。脱我藩篱，必难拘束，又当预为审处。猛卯孤悬天外，有警谁为应援？议调卫军戍守，道遥瘴发，孰肯舍性命而易升斗？议者徒成画饼，又不可不亟为筹者。营兵与土司杂处，自相凌轹[②]，屯田皆土司故业，每每修隙，安民之逃，谓无所激不可。则调适其情，预防其渐，以消未形之祸乱，此绸缪急务也。看得该道计虑，俱目前善后切务，合集众思，庶便举行。仰布政司同按、都二司，在省各道，多方计议永久之图，备移到道。案据土舍多安靖、首领姜宗孔、舍目多安边呈称：给赏多安靖冠带，送回陇川，使逃散百姓来归，庶地方不致空虚。又据干崖宣抚刀定边禀：安靖年幼不更，势孤难支，合将陇川地方印务暂委多思谭署管，保御外侮，招复外夷，使多安邦等不敢窥伺，待安靖年长酌处。又据遮放土官多思谭夷文译出大略称：自始祖多歪闷起至今，多安民背叛，已蒙剿杀，乞还叔侄照继祖宗事体料理等情，俱批行抚夷同知周九龄查议。今准前因，随备行本官，并移行副总兵官董献策及各守备等官，从长集议善后。

① 勾：通“够”。
② 凌轹(lì)：欺压、干犯。

今据该副总兵各官陆续议报到道，本道看得继立之法，以长以功，侯王犹然，何论酋夷？多思顺父子承袭已久，安民就戮，而舍目官属犹戴安靖；靖之次兄多安邦业已投缅，即为叛贼；思谭逐队疆场，非有奇功，论长则宗系难辨，以功则不足受上赏，此时立多安靖，复何疑？独计童稚幼冲[①]，资身无策，夷酋视强弱为向背，思谭富强，诸酋退舍，人心之归附日众，彼何利于孺子？我于安靖，欲拥兵护卫，不惟物力不继，亦非守在四夷之义也。芒市长官司放廷臣，年比安靖更少，其叔放应职抚之，廷臣止寄空名。思谭能为应职，安靖亦可为廷臣。今宜先给安靖冠带，明送归司管宣抚司事，而令思谭协理，限于十年退归。解来宣抚司印，暂贮腾越州库，俟安靖成立之日，给与掌管。思谭夷众地狭，准于陇把江外湾腰树等处安插，其地逼邻邦杭，邦杭仍归安靖，思谭不得私侵。干、南二司出印结，歃血为盟，毋使安靖失所，毋使属官抱怨，斯可行也。不然陇川之川原广矣，务博而荒，宁以江外湾腰树一带地方尽给思谭，令彼屯守，另议帮安靖差发，毋混陇把内地，则可为陇把保障，安靖亦免疑畏。衎忠安于蛮洒，卧薪尝胆，恢复蛮莫有日。然取蛮莫易，守蛮莫难，衎忠力足自立，而官兵亦未尝置蛮莫于度外。猛卯已建城屯田，一旦俾与衎忠，似前人创而我弗能守。然屯亦终难久存，何也？孤悬瘴毒，病亡枕籍，以四五千帑金而博四五千饷米，岂是胜算？如择可立营基者，安插衎忠，荒田任彼开垦，干涉屯田，量输差发，平麓驿丞督屯收租。又如抚夷周丞议，照旧纳粮当差，另择留二人，约束彼地夷民，护守城垣，支收公米，则省兵汛防，屯田尚未废，衎忠又不失所，一策也。杉木笼山有一夫当关之势，我兵分班当扎此地，外控陇川，内护腾越，令各兵建葺营房，收积粮糗，有事易于进战，无事不扰及内地，是又居内制外之一义也。奉批布政司会同按、都二司复议，仍照抚院详行。该右布政刘之龙，会按察司方万山、提学副使黄琮、分巡安普副使王之机、署都指挥佥事梁时聘，议照边陲夷服考定之例，而绥柔处治，数千百年，无事为难。多安民业已授首，封疆户口无统则乱，多安靖之立，可稍迟乎？但少年力孤，议者致廑[②]后虑。然放应职抚放廷臣见例可比，干、南两立印结，可保无他。则以多思谭抚多安靖，干、南二司出印保结，歃血为盟，限以十年，归其故土，印付安靖。恐有倒持，贮腾越州库，遇有文移请印，杜窥伺之奸，寓操纵之术。多思谭维持安靖，举湾腰树一带，尽给屯守，帮纳差发不混，陇把内地可为保障资也。衎忠恢复蛮莫，事势未能亟图，择城外营暂为安插，令其开垦荒田，作衣食

① 冲：应为沖(chōng)，幼小，幼稚。
② 廑：同“勤”，此处作“劳神”解。

计，倘屯田干涉，量有输征，在该道行抚夷厅另勘。杉木笼地属要害，责将官分兵屯戍，广裕蓄储，以示居中制外。如此则诸夷知天朝不利弹丸之地，而有继绝之仁，孤立者有助，而环视者快心，嘉与一体之思，而无跳梁之衅。藩篱既固，遐迩攸宁，蠢尔缅酋，可折箠[①]使矣！诸夷非乐于投缅，逆我颜行也。缅方耽耽虎视，各酋鼠首两头，守备哨御等官或起邪谋，或幸多故，朘[②]削而挑激之，殆若为缅驱也者，而边圉因而告急矣。窃意布恩信以鼓其心，计拯援以坚其守，善解释以息其怒，戒诛求以防其去。屯田诚不废，必寻其利病，而规画不妨变通；兵戍既议易置，必择其扼塞，而闲暇严为修饰。目今讨罪已捷，正行伍改观之时；善后方图，尤毡裘系望之日。矧营中馈饷之费，亦甚不赀矣。带甲操戈，弗能斥边关，挞伐阿瓦，反致携贰，属夷不得联指臂之形，以壮金汤之固。所以岳罕之后，有多安民竟大创，而其间动众兴师，绸缪补苴[③]之策良亦苦矣，是不可思前事哉。通详到臣，案照先准兵部咨本部议复内开："陇川为三宣之一，称中国藩篱，宣慰之官，岂容虚位？今安民已去，罕氏久摄，恐亦不便，相应敕云南抚镇，一面先查应袭人员具奏，请给铸印，行令接管，俟安民得否，再行定夺"等因，题奉圣旨："是多安民背叛投缅，地方官何以全无觉察？鲁仲礼等俱革去冠带，充为事官，戴罪擒捕。其宣慰应袭人员，著抚镇官查明，奏请定夺。仍著巡按御史将地方有无重大失事，从实勘报，钦此。"备准移咨，钦遵在卷。今据前因，该臣会同镇守云南总兵官、镇南将军、少保兼太子太保、黔国公沐昌祚，巡按云南监察御史邓美，议照陇川与干、南二宣抚并峙为三，作我腾、永藩篱，实西南一奥区也。宣抚多安民背汉投缅，罪不容诛，固已上干天讨，身膏斧锁，西南半壁称荡平矣。若不亟为善后之图，其何以垂永久之计？而所谓善后者，亦无俟别有更张，其惟议立应袭，收拾人心，目前最为吃紧耳。自安民投缅之后，已奉有议立明旨，节行司道勘议未报。顷该按臣巡历永昌，广询舆情；又据道参诸臣屡有揭报，于时人心固已属之多安靖。而安靖则安民亲弟也，惟是安民一日未灭，必不能一日忘陇川；陇川之祸一日未除，而安靖一日亦未可议立，此事势昭然可见者。乃今天厌元凶，安民一朝授首，固安靖图存之日，而陇夷更生之会也。况兴灭继绝，王政所先，兄终弟及，伦序昭然。且其因恋生全之恩，绝无从逆之念，其情既有可原；复以大义灭亲，遵令督率诸部夷同心讨贼，其功又有足录。举其父祖之故地而畀之，此

① 箠(chuí)：刑杖。折箠，谓用短杖即可制敌，比喻取胜之易。
② 朘(juān)：消减。
③ 补苴：补缀，引申为弥缝。

揆之天理而顺，质之人情而安，万万无足疑者。第其年尚冲幼，势颇孤弱，是以司道诸臣佥谋，有多思谭协立之议。思谭者，亦安民族属也，世受陇川土同知，住居遮放，兵力颇强，人心附焉。说者谓："夷情视强弱为向背，即立思谭为陇川长，借其强盛之力，以捍外敌而固吾圉"。是亦一说。但夷情虽犬羊乎信义亦其所重，思谭虽奉有讨贼立功之令，实未有擒斩自效之功，骤而与之，名义何谓！毋乃启异日凭陵之渐乎？固非法纪所宜，亦非夷情之所安也。要惟是安靖给与冠带管宣抚司事，而多思谭仍以宣抚土同知为之协理，则于名分既正，夷情亦安，其斯为不易之定论乎？惟是思谭部落颇众，土地稍狭，而江外闲旷之田，如所谓湾腰树等处，颇称辽阔，量以给之，俾得咨为膳养，帮纳差发。因而辅戴安靖，比于芒市放廷臣事例，待安靖长成，限年退还，彼自无词。如其抚育有功，即割以畀之，亦不为滥。又责成干、南为之保结，务俾思谭永无侵轶之患，安靖得保故土之安。其陇川印信，暂贮腾越州，听候明旨，颁给安靖掌管。或如司道所议："稍需岁月，待安靖能自立，方行颁给，庶可杜觊觎而消衅孽"，未必非保驭之长策也。至于衎忠寓居蛮莫有年，盖为思线占据蛮莫之故。数年以来，度彼之兵力，既不足以支思线，而我兵仅守汛地，又无深入防护之理，则权宜安插于猛卯外地屯营之所，其说似亦可行。况闲地任其开垦，屯田照纳粮差，则于屯政为不废。且其兵力强胜，足以摄服多大、多安邦诸夷，更于防守为有裨。俟其力足，以当蛮莫一面，无劳官兵保护，然后徐图恢复，庶几有济。况每岁省我数百金之饷，而镇远营兵亦可渐撤，利害得失，不厘然可睹乎？腾营兵分防陇川，其来已久。第此中瘴烟，难于久处，且夷兵溷杂，不能一无骚动，前车可鉴也。杉木笼地既称险隘，且鲜瘴疠，则以本营之兵移建营房于兹，分班戍守，内可以固腾之藩篱，外可以为陇川之策应，且足杜骚扰而协夷情，似亦计之得者。然须多安靖还陇之后，夷民归耕乐业而后可，此在臣等相机斟酌，可以径行。而屯田一议，则又未可以一时之利害，负前人经略之苦心，亦容臣等从容集议，俱无烦庙堂过虑者也。虽然，臣等犹有说焉，三宣诸夷僻在一隅，盘据数千里，部落数万众，岂我势力所能服哉，惟在驭之得其道耳。西南距会城二三千里，臣等虽有控制之权，而鞭长不及马腹。即道臣远驻永昌，辖地颇遥，亦未必尽能联络诸夷之心。而参将、守备衙门，则譬之郡守县令也。若能严我戎兵，示以不可犯之威；曲加抚绥，结以不忍离之德，凡一切诛求烦扰之苦悉为禁绝，而诸夷有不摄威怀德，永坚一心，作我藩篱者，未之有也。多安民惧而逃，逃而开此大衅，烦我师旅，谓非守备鲁仲礼一人激之乎？此其人死有余辜，可为后来殷鉴。方今新任将领偏裨，俱经该道选择而使，一时颇称得人，臣等未尝不以此叮咛告诫之也。若不立为激劝之法，久之未免复踵前弊，而疆场之间无宁日矣。合无于腾、永一路，比照九边防秋大阅事例，或年终，或三年，听抚按通查各将领偏裨，有能饬械缮器、足食强兵、廉明武勇，俾诸夷安堵、边鄙无警者，列其贤状，上请计录，计其供资，分别升赏；不肖著闻者，即从重论劾究治，无少假贷。至于该道及抚夷同知等官，又为诸将领表率，责任尤重。此该道须加意择人任使，仍听抚按遵照岁报、季报事例，查其安边实政，具报部以凭黜陟。庶人心愈加奋励，而边衅不萌，地方其永赖矣。

查讯边务大概情形疏

【清】将军、总督阿桂满洲人、**巡抚李侍尧**黄旗人

奏为臣等现抵永昌，查询边务大概情形，仰祈圣鉴事。臣阿桂、臣李侍尧驰抵永昌，适贵州抚臣图思德、提臣常青亦先后赶到，面询一切。查缅目得鲁蕴自上年十一月间，投具缅禀，恳请纳贡还人，通关贸易。十二月初八日，适自京遣回之孟矣波，一出口即令持回檄谕，准令前来。本年正月，得鲁蕴差孟干、孟团、孟邦致送镇、州礼物，并称苏尔相等已在阿瓦，由天马关送出。当遣孟干等出口，传令得鲁蕴亲来。正月二十三日，孟团转回关内，具禀得鲁蕴已抵老官屯，定期二月十五日左右送人进贡。二十五日同称管猛遣令出口。二月十四日，孟干、孟团复进关禀称：象只未到，不能如期送进，现有节盖四人在马脖子等候，求差官到彼说话。当将孟干、孟团等扣留，遣其跟役孟雅回谕：断无差人就彼说话之礼，速令节盖到关。节经图思德奏闻在案。嗣于二月二十一日，孟雅来称：节盖不敢进口，仍请差官到彼。经提臣饬令孟雅毋许入关，严催节盖亲来。三月初一日，孟干再三恳求，写缅字差跟役碎美回赴老官屯催信。三月初五日，缅目差孟令持有缅禀，同原随苏尔相之兵丁蔡世雄、汪有才前来。译出缅禀，有问及蛮莫、木邦土司之语。当经镇、州给与回檄，遣孟令持回。三月十五日，绽拉机又遣碎冻具禀，同通事寸博学进关，请遣回孟干、孟团。当将碎冻、寸博学扣留，将其跟役遣回，传谕节盖必须亲自前来。迄今数日，尚无回信。此近日大概情形也。臣等查缅匪性情多疑，习俗狡诈，即如此次遣人递禀，又自定期约，忽复辗转支吾，不敢到关。而苏尔相又送至马脖子，并节次送出蔡世雄、汪有才、寸博学，皆系数年未肯送出之人。虽全系鬼蜮伎俩，亦颇露窘急情状。除缅子孟干等三人，恐边境尚有备用之处，交常青等暂留张凤街外，先将蔡世雄、汪有才、寸博学迎提研讯，俟讯出情形，恭折奏闻。所有缅字原禀并译出禀词、

缅信、镇州檄文，俱一并抄录进呈。

筹办边务疏

【清】阿桂

奏为筹办边务缘由，仰祈睿鉴事。窃照缅甸边务经久未结，诚如圣明所谕，终非完局。而办理之法，不外招诱、征剿两策。招诱既易致居奇，征剿又碍于水土，两策俱骤难得手。本年春间，得鲁蕴屡次遣人递禀，吁请还人进贡，似属机事可成。迨臣阿桂奉命赴滇，会同臣李侍尧莅办此事，而贼匪又早已更变，更实出情理之外。臣等现驻边境，虽贼情诡谲非常，全无把握，但体察得鲁蕴初起情形，其欲送出苏尔相等，似非全假，特被伙党阻挠，遂尔狐疑首鼠，迄今尚无就绪。然屡将兵丁、通事遣送入关，又将苏尔相送至马脖子，绽拉机、节盖等现往彼处未回，似有难于退回之势。倘有机会可乘，或致坐失，不但臣等赴滇受降奉有明发谕旨，事难结局，且臣等受国恩深厚，虽稍涉棘手，非至殚竭心力，辄诿于时势，慢不悉意，筹画此中，实不能刻安。臣等愚见，此时贼匪正在迟回观望，若迁就招徕，固万万不可；而相机设法，随宜办理，自属臣等必应竭尽之心，总以无妨国体，不长贼志为主。密饬边境员弁，妥协酌办，倘仍不能得手，臣等再行据实奏明，吁请圣裁，指示遵办。理合恭折奏闻，伏祈圣鉴。谨奏。

摊征公件银两以均粮赋疏

【清】巡抚孙士毅仁和人

奏为请摊征公件银两以均粮赋，仰祈圣鉴事。窃照腾越州屯田项下年征公件银两，于乾隆二年题明，每粮一石，征银二钱八分六厘六毫，计屯粮二千五百八十二石六斗七升，共征公件银七百四十两一钱九分三厘。嗣于乾隆七年水冲案内，豁除屯粮二十三石七斗三升五合，免征公件银六两八钱四厘，实征银七百三十三两三钱八分九厘。既系题定章程，自应恪遵办理。乃查此项公件银两，滇省历系于腾冲、龙川二驿年完站赤籽粒项下，加征银二百五十二两六钱八分一厘九毫，其余四百八十两七钱七厘一毫，俱向军户按丁摊征。虽经乾隆二年题定，而地方官因循旧习，仍复相沿未改。推原其故，缘屯田一项，系前明腾冲卫屯五军之田，其粮则重于民赋，若将公件银两再为加摊，则额赋更增，于情事实多未便，是以仿照丁口，通融征解。殊不思现行事例，果有窒碍难行，原不妨据实声明，奏请筹改。乃部中成例既如彼，外省奉行又复如此，一事两歧，既非正体，恐其间另滋弊窦，部中何从查核，更于吏治有关。况滇省军户丁银，久蒙恩旨概予豁免，所有各省条丁公耗，悉系按粮征纳，何独于此项公件银两，仍令按丁完纳？更违定例。且赋从田出，额有一定，胥吏自无从因缘为奸。今既按丁摊征，又系州县自为变通办理，吏役即得高下其手，任情出入。自未便少涉因循不为，亟请更正，以杜弊源。臣于藩司任内，经腾越州知州吴楷禀请，饬令彻底清查。据该州逐一申覆，由司道核议前来，查军户丁口，摊征公件银四百八十两七钱七厘一毫。自乾隆二年以后，将自首垦复屯田，按额抵补银五十六两三钱八分一厘五毫，尚按丁征银四百二十四两三钱二分五厘六毫。查腾冲、龙川二驿田二万三千二百六十九亩零，系前明驿官、站夫公产；又籽粒田八千一百一十九亩零，系前明镇府私庄。我朝定鼎以后，均归于民，年征站赤籽粒，共银七百二十一两九钱四分零，归入民粮条编数内。其站赤籽粒名目，载入《赋役全书》，尚系沿习旧称。又每两外征银三钱五分，先已归入公件项下，此外并无另征米石，额赋最轻。伏思赋则必须均平，庶民力既免偏枯，民情亦无趋避。今腾越州驿田、籽种粒田二项粮赋，既极轻减，似当即以该州不应加派之丁银计数摊入，应请将应征公件银四百二十四两零，在额田项下均匀摊算。计连本田正赋同原征屯粮公件，每亩合征银四分四厘零，较之该州民屯田粮每亩额征，仍属有减无增，于民情亦极称便。如此办理，在国赋毫无增损，而赋出于粮，定例亦昭画一，并可绝官吏藉端侵蚀之原，杜外省擅自通融之渐，于吏治亦有裨益。除另册咨部核议外，臣谨会同督臣李侍尧恭折具奏，是否有当，伏祈睿鉴。谨奏。

按：是折经户部议准，内开遵旨议奏事。内阁抄出云南巡抚孙等奏公件银两摊征一折，奉朱批："该部议奏，钦此。"臣等伏查征收钱粮，原应遵照定例，按田计赋，而报部文册，更须核实开造，方为允当。今腾越州屯田项下，年征公件银两，据该督抚查明，历年俱系在于该州军户名下，按丁摊征，开报文册；又系随粮征解，名实不符，不可不亟为更正。应如该督抚所奏，将该州每年军丁名下，摊征公件银四百二十四两三钱二分五厘，即在腾冲等处驿田项下均匀摊征，俾赋从田出，始与定例相符。而核之该州中则民田，每亩征收条粮等项银七分三厘，成熟屯田，每亩征银一钱五分三厘。今驿田项下，计旧征连新摊之数，每亩不过四分四厘零，于额赋尚为轻减，民间完纳自易，不致有扰累之虞。而该州办理情形，与报部文册，均归核实矣。

条陈征缅事宜疏

【清】周于礼嶍峨人

臣闻滇省莽匪不法，侵扰土司边界。我皇上轸念远黎，特命大学士杨应琚管理云贵总督，驰驿前往接办军务。圣谟指画，虽万里之外，了如目前，蕞尔小丑，不难克期扑灭。惟是臣土著嶍峨，为元江、普洱大道，于夷情地势略有见闻，不敢不直陈于圣主之前者。臣窃闻制夷之法，要在先散其党羽，而欲散其党羽，要在安插内地夷民，不使窜入贼伙，而后以夷制夷，则事省而易为功。臣访闻此次莽匪之起，约六千余人，其实系莽匪约计一半，此外江西、湖广及滇地流民以开矿失业附之者不下千余，近边摆彝胁从者亦不下千余，是贼少而民多也。臣愚以为，必绝其窜入之路，而后胁附之众可以解散。近岁滇省米价少昂，云南省城每市石一石卖大制钱十五千，合银十三两五钱；每仓石三石，合市石一石，以仓石折算，合银四两五钱。临安、澄江两府米价，少减于会城，然亦不下三两余钱。滇省边界民少夷多，性轻剽易动，偶有灾及有军役，安插不善，或致滋生事端。当雍正九年十月间，威远地方夷人小扰，臣时年十二岁，略有知识，又熟闻乡老之言，知当日由威远同知刘洪度抚驭失宜，激成事端。其后元江、新平、嶍峨界内，丁左、鲁魁两山土酋杨昌奉、李本、施文恭等乘间窃发，几两年始定。今莽匪之徒，进兵仍由元普一路，自元江至普洱，路涉三江：曰小江，曰阿墨江，曰把边江。三江瘴毒，二月中旬以至九月中旬，倍于常时，惟普洱府城无瘴。由普洱而思茅，由思茅而普藤隘口，瘴毒尤甚。是以军行处，必兼调土练，以土练能悉山险、耐烟瘴也。土练调自近地，实系熟夷，得其心则可为官军前导，而失之或致入贼，非抚之有道不能使乐趋事而尽其力。臣愚请敕下督抚大吏督率有司，凡米价少昂及军役调练之地，设法抚恤，使内地夷民安插妥协，其奉调土练并恤其家，使无内顾，然后可尽其力。内地既安，则江、广流民及胁附之众望风解散，亦可随宜抚剿，如此则莽匪穷蹙，而扑灭尤易为力矣。臣荷天恩简用，备员台省，军机密勿，何敢以风闻之说，冒昧渎陈？惟是臣土著邻近，少有见闻，不敢不据实密奏。

艺文志五　表

缅夷入贡表文

乾隆五十五年三月，孟陨遣目便居未驼、便居觉抓、细利觉抓、南达住苏等赍金叶表文、驯象六只、奇异花象一只、长寿圣佛一尊、万万寿佛经一部及土产各物。表文曰：

管辖缅甸地方小臣孟陨谨奏大皇帝宝座：念小臣前岁遣目投诚纳款，仰蒙鸿慈恩准，已属万幸。乃上年贡使细哈、觉控等转回，赍到御赐各种珍物，小臣出城三站跪领，不胜感激欢欣！又蒙赏还缅人孟五等四名，小臣差目赴关接回，恩德如天，将何图报！欣闻今年八月，恭逢大皇帝八旬万寿，万国来朝，小臣已经归附天朝，理应进表庆祝，叩谢皇恩，不胜欢欣颂祷之至！至小臣乃蒙恩准内附，自当永沐生成，仍求大皇帝逾格恩施，敕赏小臣阿瓦封号，并准十年进贡一次，俾子子孙孙得以世世称藩，仰承恩泽。再自禁止通商以后，边民生计艰难，还祈照旧关使，使小臣所产棉花等物，藉以销售，不但小臣身蒙厚德，即举国臣民均沐天恩于万万年矣！谨具表以闻。

腾越厅志卷之十七

艺文志（上之二）

艺文志六　金石刻

从来禹鼎汤盘，共仰圣王之制作；金镌石纪，足征历代之流传。金石之刻，由来尚矣。考王昶《金石萃编》、孙星衍《寰宇访碑录》，最称精当。故各郡志书，备为一类，以补其阙。腾远在遐方，碑铭仅见。然迹以古而奇，物或以少为贵。兹特掇拾为一编，俾后来博古之士，藉以为考证之资云尔。

杨竦铭　安帝元初四年，永昌、益州夷叛。诏益州刺史张乔选堪能从事者讨之，乔乃选杨竦将兵，大破之。功未及上，会竦病创卒，乔痛惜之，乃刻石勒名，图画其像。按：汉时，腾隶永昌郡。

诸葛碑　在土司界外大夷山，穹然矻立，草封苔蚀。有亲至其下者，辨其字云："汉杀夷，夷杀汉，杀尽夷人方归汉"云云。

孔明碑　自明光山行二日，至一大川原，广可千里，蛮人豢象于此。旁有山曰"孔明寄箭处"，有古碑，蛮人谓之孔明碑。

重修高仑冈碑　嘉靖三十八年，于高仓山隘口设分水岭关，掘土得石碑，云"重修高仑记"，元至正时，云南诸路儒学副提举[①]止齐王某撰。惜残阙，无全文。按：高仑冈即高黎贡山。

钟　铭　城内旧有钟楼，建城时置巨钟于上，以节晨昏。侍郎侯琎为之铭曰："海宇平，边境宁，咨尔巨镛，以时而鸣。出作入息，民安其生；以警以禁，内外肃清。祝我皇禧，亿万斯龄。"

平麓川石表　在孟养外大金沙江边。正统十四年，尚书王骥三征麓川，与思禄立盟，勒石江边，乃班师。誓曰："石烂江枯，尔乃得渡"云云。

① 止齐王某：《腾冲县志稿》止齐作止斋。《云南图经志书》："王昇，字彦高，号止庵。"

艺文志七 序

赠云抚凤坪刘公西征缅甸序

【明】许镃石屏人

靖一方之难，以贻四海之安者，其千古英雄乎？夫天下一身也，一肢偏累，则全体不适。受人阃外之寄，而使羽书[①]日闻，疆场日骇，以骚动及于天下，是诚有不能一日安于其心者。于是苦心焦思，深机曲算，激励将士，以诛锄凶暴，使倔强者避帐席藁，面缚头抢。而一时之人，莫不长歌大什，心碣口碑，以图丹青而垂彝鼎。此一方明受其赐，四海阴享其福之验也，非千古之英雄而能若是乎？则我大中丞刘公其人也。今天下论边患之烈，莫不曰：黄砂碛之天骄，青海城之木耳。是皆舟车之可至，未足为难。缅甸者，思机凭为狡兔之窟，世济其恶，王靖远十三年利执[②]以致茅土之锡者也。乱山如沸，邃箐如井，不水而蟥蝮千计，不霞而瘴岚五色，不雨而愁霖滴树，不宵而若雾常冥。今为莽哒哩据之，凭山川之险恶，肆土酋之跳梁，则有百倍开国之初者矣。木邦等五宣慰，干崖等三宣抚，孟达等六长官，大侯等各府州安抚，谅山等十三承政，今皆属之谁耶？不为莽之腹心，则为莽之牙爪，不为莽之菟裘[③]，则为莽之瓯脱[④]。王靖远、沐昭靖[⑤]数十年所经营以纳贡者，既已窃据，犹自贪残不已；欲断金沧之水，倒顺宁之城，以正兵縻大军于金、腾，而以奇兵走石屏，取滇海，此当犁庭扫穴者也。幸刘公下檄，以元江兵控三江口，以新临安控白虎塘，以全省土官之兵尽戍腾、永。贼闻有备，遂不敢越封疆尺寸地而侵黔地毫末之利，然其相持，竟未退也。诸将受檄久居，思欲一击。公下令：“以今日之事，可养锐不可争锋，可用智不可斗勇，以主待客，以逸待劳，勿求侥幸，务在万全，此不战而屈人之兵也。”一时人心或以将略非公所长。而公力请忠勇惯战之将，遴选壮毅有谋之士，多捐金帛，广布间谍，相猜忌者我得因而携贰[⑥]，慕中国者我得因而招徕。一年之间，贼气之锐者挫，聚者散，代者未来，来者或遁。公曰：“可以战矣！”是以一战而取罕虔，再战而获岳凤，三战而诛莽朝礼，四战而缅甸之老营尽退兵矣。边

① 羽书：古代征调军队的文书，上插鸟羽，表示紧急。必须速送。

② 利执：《永昌府文征》作“利势”。

③ 菟(tù)裘：古邑名。后世称士大夫告老退隐的处所为菟裘。

④ 瓯脱：边界弃地。

⑤ 王靖远：即兵部尚书王骥，明正统中，三征麓川有功，封靖远伯。沐昭靖：明沐英，从太祖起兵，数有战功，云南平，命英世镇其他，卒封黔宁王，谥昭靖。

⑥ 携贰：亲附之人渐生离心。

圉底定，宿寇荡平，威仪复见于汉官，永洗甲兵于不用矣。於戏[①]！赤帜已拔赵，乃知捐弃背水之拙[②]；雪夜已擒吴，乃知不取狼山之迂[③]。向使公前不少需以待其衰，则地将无民；后不决战以乘其敝，则民将无地。其守而敌不知所以攻，攻而敌不知所以守，公真老于筹画，而为千古之英雄将与！持革司木，荐之兵食，肩挑背负之运，以征穷边绝徼之地，取捷犹尚如是，脱[④]以战舰万艘，突车千乘附之，燕然翰海[⑤]之勒，何足道哉！论功名者，不知当靖远、昭靖，谁其间也。公蜀之重庆人，父祖兄弟，名满天下。天下论衣冠之盛，若秦公之宾客踧踖[⑥]，老泉之家庭师友，莫有出公家之右者，而忠孝则其衣钵也。祇今淮蔡功成，裴公应登辅弼[⑦]；西贼胆破，韩公应入平章[⑧]。吾不知滇人思功而户祝，当何时已也。石屏士民感公再造尤甚，欲余以言达意。余明农[⑨]以来，文字荒落，姑述其大概如左。

云南武录序

【明】徐渭山阴人

余尝读《唐书·南蛮传》：永昌西野人之桑，取以为弓，不筋漆而利；越赕之西，多荐草，产善马。至金[⑩]、铁、铜、铅，则在在有之，故滇之刀剑矛戟名天下，是习武者之物，他方莫与争利。其始蒙舍诏之自王也，虽属伪，然观其择乡兵为四军，罗苴子戴朱鞮[⑪]，负犀革，铜盾[⑫]而跣，走险如飞，百人置罗苴子统一人；又有望苴蛮，驰突如神，师行，乃人赍粮斗五升，满二千五百人为一营，令："前伤者养治，后伤者斩"，是习武之法，他方[⑬]莫与争强也。遂以大而骄唐，至孽孙世隆而益肆。若于夷夏之权衡，可谓不审矣。而马伏波有征侧之役，诸葛武侯有孟获之役，并履历经营以滇之乡，其权衡不失分

---

① 於戏（wū hū）：叹词，同"呜呼"。

② 指韩信破赵故事。韩信于井陉口背水设阵，拔赵帜易汉帜，大破赵军。见《史记·淮阴侯列传》。

③ 指唐李愬。他宪宗时官节度使，率军雪夜下蔡州，生擒叛将吴元济。见《通鉴·唐纪》。狼山，《通鉴》《唐书》俱作"朗山"。

④ 脱：倘若；如果。

⑤ 燕然：山名，在今之外蒙古。后汉窦宪追北单于，登燕然山刻石勒功而还。唐后更名"瀚海"。

⑥ 踧踖（cù jí）：恭敬而局促不安的样子。

⑦ 裴度，唐宪宗时以宰相督师淮西等地，攻破蔡州。

⑧ 指宋时名臣韩琦，韩与范仲淹在兵间久，朝廷倚以为重。见《宋史》。当时的谣谚有："军中有一韩，西贼闻之心胆寒；军中有一范，西贼闻之惊破胆"之句。

⑨ 明农：意为尽力务农；劝勉农业。明，通"勉"。

⑩ "金"字原文作"今"字，今据《徐文长集》改之。

⑪ 鞮（dī）：头盔。

⑫ 铜盾：原文作铜股，今据《徐文长集》改之。

⑬ 他方：《徐文长集》作"他蛮"。

寸，虽儿童妇女，至今神之，非百世习武者之蓍龟[1]，骄泰者之药石耶？而迩者诸生之见收于武，以弓则取材于西野，以马则取[2]骏于越赕，以刀戟则取五金于诸产。所以运筹而权衡于一心者，苟能取师于马、葛两公，是戡定之武也。又以是弓，以是马，以是剑戟进而取师于我高皇帝之五将军，一举而定滇者，是开创之武也。生之乡人，在汉有李恢，策蜀汉，破刘璋，又自请代邓方，又治叛酋，定南土，及于临难不忘丧；元而段赤城以身饲大蟒，所持剑自蟒腹出，卒活一乡人。此二豪者，亦庶几杀身以成仁者之武也。于此三者，生等将谁取师乎？量其力而取之，得其一，亦不负今日选生者之望矣。

《腾越州志》稿序

【清】吴楷

乾隆二十八年夏，以县令于云南，越明年而之永昌，署永平令，旋署永昌清军[3]。得《永志》并永昌推官冯甦所著《滇考》而读之，窃怪当时著述，于缅事颇略。而自明季至国初，永明王入缅始末，爱将军至缅擒归，均微其词，无可考证。至腾越事，更残缺不全，心窃病之。三十一年，缅事起，余署弥勒州，带印从军，因得亲历三宣之地，并前明所设八关内外各境，与所传闻异词。嗣后无岁不来永、腾。三十四年夏，大举伐缅，余在龙陵总理粮务。三十五年夏，遂以易门令调腾越牧。时大兵方撤，缅留我使臣苏尔相议防边，余参其议。今英勇公大学士阿云岩为右副将军，主开屯田，余以前明万历时开二十二屯迄无成效，图籍失传为辞，事得中止。顾其时大兵方撤，防务初起，民间穷苦，夫马刍粮繁费无等，杂派差徭有逾正供，田产案牍积如春笋。每病旧档无稽，时搜罗前明沈、李《旧志》，思为一考核亦不可得，始慨然有志于作《志》。计三十五年至今四十四年，忽忽十年，韩昌黎所谓"及之而后知，履之而后难"，洵有味乎其言之也。己亥七月九日，余在署闻讣，守制候代。读礼之暇，因取十年所记载前事，证以元、明二史并不全《旧志》；入我国朝，阙其所可疑者，录其所可信者；而于乾隆三十一年以后，则以耳目所见闻，奏略所记载者，备载于各门之中。不自觉志稿之初完，而吾年亦已老矣！志凡二十四门，其大者如疆域、山川、建置、官师、学校、田赋诸门，为目颇繁，皆以类相附；其忠孝、节义、人物、流寓、兵制、户口、风俗、物产、灾祥、外志、杂志等，有一二叶为卷者。而于各土司之

① 蓍龟：蓍草和龟甲，古代用来占卜，也用来比喻有先见。
② "取"字原文作"收"字，今据《徐文长集》改之。
③ 此句殊难解，待考。

后，附以缅略，备载元、明征缅得失之故，于国朝入缅擒永明王始末，并乾隆三十年以后用兵原委，有直书其事而意自见者。呜呼！修史之难，无出于志。余无三长[①]之才，只以十年九宦于腾，且得闻名公巨卿之绪论，聊记载以备遗忘。其中漏冗之处，尚有望于后人删削、增加，方为完书，题曰《志稿》。后之览者，亦谅余记述之苦心，聊以导夫先路，而弗恝置[②]之则幸矣。时乾隆四十四年十月一日也。

乡会童试卷金序

【清】本州牧杨觐

贤若白申，讵假制科之重；荣夸黄甲，要惟志乘之辉。惟腾越夙号名区，今举贡更多硕彦，何竟艰于进士，抑犹待于来科？咨访之余，推原其故，盖以南陬既远，北道无朋，车裘既窘于预筹，釜庾又勤于返顾。幸而丹能化鹄，如获大还；倘使博不成枭，悔同孤注。望京师万一千里，费翁之仙术无传；溯我朝二百八年，江令之成名亦仅。天荒虽破，地美犹藏。任看百鸟争翔，翻若一夔已足。顾射精杨叶，弓未挽以奚穿；即骁善莲花，壶不投而讵跃？毋耽雾豹，盍奋云龙，不胜劝驾之情，爰倡助装之议。愧乖崖之赠士，钞鲜留钱；效阅道之劝捐，钩先解带。夫造桥济水，自潞江乃至龙江；况买卷分金，有乡试岂遗会试？因诸君素多义举，故今日特广福缘，何惜拔毛，共成集腋。从此露桃云杏，不断生香；还看孤棘公槐，相将联步。仁里定臻于鼎盛，芳名且寿于球牟。谨序。

前序劝捐，拟并秀才之岁考暨童生之岁、科两试，而续图之，日久未能集事。兹奉贡金之檄，行将去此，虑虚愿之难偿，爰复广为筹劝。量所入之息，先尽会试及优、拔贡之进京者，余则仅敷童生厅试。扩而充之，尚赖后之君子。

《腾越州志序》乾隆五十五年

【清】州牧屠述濂

明正德间，腾冲司指挥使徐廉[③]，曾延绅士易翼之等两修《司志》。嘉靖初，司改为州。隆庆初，知州沈祖学始为《州志》，其稿则州人吴宗尧据易氏《司志》而成者。万历四十二年，贵州李之仁牧腾，复招州人张邦

---

① 三长：唐刘知几谓作史须兼才、学、识三长。
② 恝(jiá)置：不在意，置之不理。
③ 徐廉：为陈廉之误。

教等纂《志》三卷。是则百余年间，凡三四修矣。自万历之末以迄于今，百六七十年，不但续修无闻，即求原志亦不可得，文献之缺，何其甚哉！乾隆三十五年，吴君楷调腾牧，始慨然作《腾越志》。虽于对簿间得沈志《田赋》、李志《卫秩》，然所因者微，而其实犹之创也。分二十四门，其条例并序，具于吴君本传中，巍然成帙矣。稿甫就，而吴君卸去，授接政朱君锦昌。朱君阅之，犹欲于繁简处加删润，而日不暇给。临去以语述濂，令成其志，而稿仍锁于尘箧未发。会朱君之安南，之顺宁，自顺宁回省，始以稿见寄，且申属前言。述濂受而读之，而叹吴君当军马倥偬时，犹勤思撰辑，顾迟之十年，始脱稿而授之朱君，属其删定，盖创始之难如此。朱君慎之又慎，且迟至数年，以其任分于述濂。夫二君以鸿博绝丽之才，俱称当时作者，顾以未成之业，迭相诿诿[1]之谆谆，述濂何人，其敢轻为正续？第以少承父兄学，未敢自外于作者之林，况欣际昌期，蛮荒来格，当普天同庆，封锡远覃于越裳。而述濂幸得以守土边臣，追随天使，赏戴花翎，以今年六月十五日出铁壁关，十九日抵新街，扬帆而下，直抵阿瓦；七月初十日宣封，十三日以其使回，八月二十一日进关，又六日进州，往返六旬有余日。其于山川之险易，关隘之周防，夷情之顽顺，已足亲履之，目亲睹之矣。而犹谦让未遑，缺所记述，其何以扬休命而答前贤？且夫一统无外者，圣代之隆规也；筹边必备者，守臣之专责也。昔李德裕帅西川，建筹边楼，按南道山川险要，与蛮夷入者图之左；西道与吐蕃接者图之右。其部落众寡，馈饷远迩曲折咸具，凡虏之情伪尽知之。窃考唐时与南诏分界，凭姚州为边耳。自元至今，且远志于腾越，其所当知者为何如哉？图而画之于壁，与记而载之于书，不可以须臾缓者也。故取原稿加以身所亲见闻者而正续之，重为排纂，务使体例必归于一。其分合增减，非敢故为异同，如味之调，必以五相济；如音之畅，必以五相和，则亦无大差池者矣。昔荀悦《汉纪》，而袁宏续成；孙盛《阳秋》，而檀道鸾续成。虽生不同时，犹与埙篪[2]和应，况先后接政，同时同官，其可负二君之付托，而不为导扬盛美乎？书成，分为十二卷，付之梓，而序其端。

---

① 诿诿(zhuì wěi)：嘱托。

② 埙篪(xūn chí)：皆乐器，声能相和。埙为陶制吹奏乐器，篪为竹管乐器。

艺文志八　记

新筑腾冲司城碑记

【明】侍郎侯琎

仰惟皇上缵承列圣，嗣登宝位，四夷八荒，莫不梯山航海，稽颡称臣，述职纳贡。《书》曰："万邦黎献，共惟帝臣"，《易》曰："圣人作而万物睹"，正兹时也。越五载，麓川酋首思任，侦边守缓驭，遂肆屈强，戢孴[①]犬豕，侵轶疆场，蹂躏氓夷。云南守臣以闻，上乃敕廷臣曰："蛮夷禽兽，不可以中国道理处，自古但羁縻而已。"复申命守臣："谨封域，戒斥堠[②]，严备守，需招徕，俾贼去逆效顺，转祸为福，仍守彼土，庶全草木命。"实皇上好生之德，同天地之涵育，不忍加兵蛮夷者，诚以兵凶战危，一压境壤，协从罔逭[③]，殃及无辜也。蠢兹思任，负固恃险，执迷顽梗，愈作跳梁，蚁聚蜂屯。乃捔[④]我南甸，乃突我干崖，乃犯我腾冲，叛衅弗庭。适守帅荐[⑤]以事闻，上轸念边民悉吾赤子，遭贼荼毒，非加兵殛之，彼尤猖獗犷悍，不可拊[⑥]也。不得已出师，命兵部尚书王骥行便宜事、总督戎务，定西伯蒋贵充总兵，简偏裨，统虎贲羽林骁骑，各镇士马十有五万徂征之。分路并进，穷捣贼巢，设奇制蛮，鼓噪齐鸣，士气贾勇，左右夹攻，斩杀贼孽，噍类无遗。贼既败衄，惟子思机狼狈夜潜，遁匿孟养，时正统辛酉十有二月十三日也。凯旋献捷，朝廷嘉之，凡同征将士，升赉有差。迨壬戌七月，上以麓贼平，谂[⑦]无西顾矣。但云南遐荒，去京万里，百蛮杂处，叛服不常，自昔虽有武臣镇临，特乏文臣以佐耳。乃敕兵部左侍郎侯琎、刑部右侍郎杨宁迭更参赞戎务，用靖边夷。时兵部尚书靖远伯王公，复总军旅，仍行便宜事，节制云南诸司。偕前总兵都督沐昂，同琎洎云南方面官，佥谓腾冲去镇二十有二程，山川限隔，险厄悬绝，夷獠环处，甲于西陲，实诸夷出入要害地。旧有千户兵防御，力不支而贼窃袭，今复其地，苟非镇静，曷克慑远夷，固疆圉，垂永久哉？乃请于上，可其奏。改立腾冲军民指挥使司，调都指挥李升控守以兵。乙丑十月，秋官杨公代琎参戎

---

① 戢孴(yǐ)：众聚貌。
② 斥堠：侦探敌情之人。
③ 逭(huàn)：逃，避。
④ 捔(jué)：刺取。
⑤ 荐(jiàn)：通"洊"。一再，屡次。
⑥ 拊(fǔ)：抚育；抚慰。
⑦ 谂(shěn)：规谏，劝告；知悉。

务，奉敕偕总兵镇守官黔国公沐斌等，帅云南将士万五千筑城故址，乃敹[①]度地理民数，教士卒筑方城，周匝七里三分，匪帴[②]匪博，容民居也；前昂后偃，因形胜也；可规可萬[③]，便戍守也。丙寅十月，琎再奉敕，统兵五千，用砌城垣。然兵燹草创，砖料艰就，乃与都指挥李升，教将士凿石西山。距城七里，去地盈尺，得石坚美。用工寡，成就多，殆非人力强作，实天道保民默造耳。但匠作未备，工促三月，甃券四门，台高二丈五尺，洞阔丈四尺，高丈六尺，邃七尺，广十二丈，与城称。越明年丁卯，总兵官黔国公沐斌、镇守左监丞郝宁、参将都督佥事方瑛，偕琎奉敕统兵万五千驻操腾冲，振扬威武；复调木邦、缅甸、干崖、陇川、芒市、湾甸、镇康夷兵，涉金沙江进孟养，令伐贼。于时率领士卒：云南都司指挥李升、李友、李福、杨浚、司韶；给足军饷：布政司左布政贾诠、按察司副使郑颙、佥事张清。因邅[④]暇日，复督将士修城垣，凿伊域，畎屯田。斯役也，总帅诸公综其事，方面诸官董其务，将士工师力其役。值天日冬霁，瘴候顿弭，人心协和，趋事赴工，罔觉倦苦。建城门楼四座，高四丈有奇，广六丈四尺，重檐三滴，三间转五亘三十八楹，剫用材木楩、楠、豫章[⑤]，悉域此三十里，皆矗直精致。城墉四面连雉，高二丈五尺，复劙[⑥]西山古石包城。经营是岁庚戌月己酉日，落成戊辰年甲寅月甲午日。然而楼橹棽丽[⑦]，愯[⑧]蛮狄之观瞻；城池高深，保军民之无虞。诚足壮封疆士旅之气，剫[⑨]夷丑窥觇之心矣。既而贼子就擒，边氛靖息，民庶安堵，班师振旅，留兵戍守，将告厥功。咸谓予宜述大概始末，命工镂石以纪岁月云。

修学宫记

【明】张志淳

天下莫远于滇，滇莫远于腾，其去中国遐绝矣。入我朝百年始有学，是学所极远，而所以表孔子之道大。与我朝教化之无外，其冠天下之学与？学以指挥陈鉴得请于成化辛卯，巡按御史常山樊莹肇营于庚子，镇守太监王举、参将沐诚辈相与考成于壬寅、癸卯间。其设官以教，选材以养，则乙巳

---

① 敹(liáo)：选择。
② 帴(jiǎn)：狭窄。
③ 萬(jǔ)：通“矩”，曲尺。
④ 邅(zhù)：不行也。
⑤ 豫章：木名，一说即樟木。
⑥ 劙(lì)：割也。
⑦ 棽(chēn)：又读shēn。棽丽：绵密披覆貌。
⑧ 愯(sǒng)：同“悚”，恐惧，怕。
⑨ 剫(jián)：削弱。

乃备。面举于乡者不乏，则始弘治己酉也。顾初无文记，而地以逴[1]远，凡任兴举之寄[2]者，艰至其所，庙学用是日颓敝。辛未冬，令[3]镇守印绶监丞朱奉巡行至腾，谂于众曰："某平生于佛老邪淫之说无所好，惟孔子之道是崇是慕。今庙学弗治，其当身某[4]事。"而镇守参将沐诚志与之偕，乃取资于阅射之罚，取助于弟子员之贽，取力于公家之役，盖自殿庭、门庑、斋堂、库室，以至牲庖、学舍，咸事事[5]矣。会督学副使云间李希颜闻而趋之，加廪饩如制。由是颓新圮崇，神妥士兴，维邦胥欣。乃属记志淳。志淳窃以为贤如韩愈，其记孔子庙，剩以勾龙、弃校隆杀[6]为荣，欧阳修尚谬之。至修拳拳于释菜释奠[7]之间，后之视修，犹愈等耳。愈、修皆自负造孔子之道者，又皆以文章名世，而于此卒不显信乎孔子之道，难于名言也。而于志淳乎何有？然难其言而恣为广大不可究极之说，诞也；畏其难而卑语之，诬也；谓死孝死忠而言，足以尽其蕴画也。惟夫笃信孔氏之书，而求诸性分与之契，其庶乎！庙祀文也，建学文也，诵其书亦文也；设科之教，科举之选，又文之大者也。然离文以求之不可也，而溺于文以汨之，此又方今天下之通弊，有识之深忧，而士习之大患也，于此有辨焉。其庶乎不失朝廷所以崇极孔子，以为教于天下之本意。而腾学所谓冠天下者，殆不以地而以人。而汉之蜀，唐之闽，皆浅乎其为功，茫乎其为教矣。

重修州治记

【明】沈祖学

天下事兴替有数，开阖有时，运量有机，数适相值，乘时握机，不委之以非分，则事易集而功不劳矣。州治复建于嘉靖乙酉，多仍参府旧而变置增裁之，暨隆庆改元，凡四十三祀[8]，习久因循，敝殊不振。丁卯建子月[9]，余始至腾，环顾窃叹曰："是何以莅民出治哉！"方图修理。戊辰正岁[10]，代巡粤南刘公思贤按府，余陈四事，次修州治，台司咸赐嘉允，议动库银五千两有奇。遂鸠工敛材，辟地广基，妥筑东垣，延袤计七十一丈。州厅事为"丽正堂"，

① 逴(chuō)：远。
② 寄：委托任事。
③ 令：《永昌府文征》作"今"。
④ 身：《尔雅·释言》："亲"也。某：《永昌府文征》作"其"。
⑤ 事事：为也，备也。
⑥ 剩：颇。勾龙：后土之神。弃：五谷之神。因勾龙及弃有平水土及播种之功，故后人以之配祀神稷。隆杀：丰盛和俭省。
⑦ 释菜：以蘋蘩之属祭祀先圣先师。释奠：陈设酒食祭奠先圣先师。
⑧ 四十三祀：即四十三年，商代称年为祀。
⑨ 建子月：农历十一月。
⑩ 正岁：农历正月。

东为架库，西为银库，左重建吏目厅十楹。迤东初置角门，内建公廨十间，以居群吏，右增补库舍六楹，迤西原有角门通两衙以及旧廨。厅后正衙为“三德堂”、为“养心亭”、为宅舍；两廊为房科，皆因旧而修之。甬道中葺“戒石亭”，前为仪门，左为土地祠、预备仓，右为州狱。大门、鼓楼虽就敝，而未轻议也。外重建“旌善”“申明”二亭，各二十楹。有污池而不深，有“仰周亭”而废久，因凿池引泉，采石平桥，植亭于上，为“观风”；培莲于下，联属以亭，为“来凤”。再前有“宁远坊”，亦葺而新之。坊前有屏，左右翼以墙，署前境界，非复前日之荒凉矣。又大门东建公馆，计七十四楹，以延委使；其西建总铺，计四十四楹，以便羁候；又西建筑广积仓门墙。于是，台池亭榭掩映于前，官舍民居环列左右，而规制略备。斯役也，经始于戊辰四月，告成于己巳七月，备工称饩，一不动民。请数缩而用数盈，补给斡旋，谁力其任？嗟夫！有歉于心者，则畏缩而不敢为；植私以自固者，则避难而无暇于为，此州治所以日敝矣。顾运筹料理，其机在乎人耳。事竣，未及记，至庚午五月，定远陈尹鹤村策以盘查至州，指鼓楼谓余曰：“斯楼非所宜，有殊戾。”堪舆家说，余未深信。别之明日，大门檐坊忽坠，又二日，楼前左角为风伯所陨。始疑而叹曰：“兴替诚有数耶！”遂谋更置。适南谷沈君濂、龙川吴君宗周、凤嵋陈君宗器以志事造访，议及，云外有厅事，大足供役，构而得之。爰择吉举事，不俟越月，而大门成。大门左内，南建迎宾馆四十楹，右建告册所十楹。余欲仍葺鼓楼于州前，方城陈君效、州佐高君万选谓：“以有用材而置之闲散，得勿惜乎？兵备道巡城，常谓衙后空虚，何不葺补乎？”余又叹曰：“开阖诚有时耶？何见不及此！”因谋充拓，捐俸料理，广一为三，飞廉峭角，曲槛回栏，模仿旧制，因名为“大观楼”，逾两月而工就。又改州前直冲之路，沿池环绕而入。信哉时事难逢，而天数有定，机缄默寓，而人谋允臧。州治两修，刘、陈二公兆之矣。兹役也，不动于官，不敛于民，废者举，缺者完，欹者正，敝者葺；高而翚飞，兀而鼎峙，规制全而器宇壮，统体正而观望尊，垂百年无改之基。吁！心亦勤矣，固不自弃于不为，亦不敢自诿于不暇为也。役成，而中峨吴君宗尧谓余曰：“州治请建于木山严公，而重修于公，岂浙姚气数感召，而建复起敝，相为后先耶？”余逊不敢承。惟愿后之君子曰：“此前人之用情，下民之趋事，难矣哉！”入门而思鼓楼之变耶？为州之计也，非以利一人也；由路而思观风之淳耶？为州之计也，非以福今日也。登楼览胜，得无有视不逮远者耶？临亭观莲，得无有风不尽同者耶？绎义顾名，协谋于前，则基命永固，民其允绥矣。爰珥笔而为之记。

万华馆记

【明】漆文昌

万华馆主人，武桥邓公也，武桥乃建斯馆之主人也。馆则客所主矣，客以馆为主，馆以客为主也。馆有亭，有池，有圃，有石，有竹、木、花、草、禽、鱼，有奇峰、藻野、秀田，皆不足以当万华，乃寄慨于馆之所客。客有锦辔翠旌、长缨丽服而过斯者，斯馆之春华也；客有瘠马敝裘，危冠空履而过斯者，斯馆之秋华也。客有轻别而击缶慷慨，抚剑激烈，酣歌怀古而过斯者，斯馆之春华也；客有重别而越乡兴思，怨离赠恨，伤世含毫而过斯者，斯馆之秋华也。以往俯今，以今俟后，以新成[1]旧，以旧间新，以歌成泣，以泣当歌，所谓别虽一事，绪乃万端，斯万华之寓言也。客不知万华之不在斯馆，而在吾辚辚萧萧车马之过客也。如以其名而已，则是馆成于万历二十年中秋日。余转官广东[2]，而武桥偕余大夫心宇，衔杯聚别于斯馆。览斯池，莲盖田田，敷华的的[3]，是万华馆所取名欤？愿客斯馆者，收万华于一实，以为斯馆重可也。

龙光亭记

【明】吴璋

城西南二里许，有江号“大盈”，沿凤山麓左上，跨以桥，名曰“龙硐”。跻者宛凭虚步霄汉，水声沨沨[4]，行渐迩，响益震。逶迤数百步，危崖绝壁，悬断千尺，霏雪下注，清冷沁人，虑澄襟涤，可愕可忻。恒若素练倚崆，晴霞覆岫，景腾者题为“龙洞垂帘”。嘉靖丁亥，永昌郡守木山严公莅止，公余登兹览胜，命工伐木建亭于对山之椒[5]，而颜以“龙光”，烟云杳霭，孤亭孑然，益增奇丽。辛卯秋七月既望，来凤山人偶杖履游，商风[6]时至，天宇旷清，把酒临风，凭栏寄瞩。俄顷之间，千态万状，飏荡如惊幡，联络如缀旒，大注如殷雷；派分直瀑，循岩潺湲，如蜿蜒为风所遏，如盘桓绻恋而始落。或泛湍激射，上飞向人，如溟濛雾雨，沾洒巾服。石齿漱琮，苔萝凝碧，左右岩谷，陟降徘徊，真足以怡情逸想，为腾奇观也。夫山川之气，畜之也久，则祥之发也必盛。异时有薄景曜作霖雨，为龙为光，以泄洞灵之秘者，则斯亭也，讵不以名胜闻耶？

① 成：《永昌府文征》作“乘”。
② 广东：《永昌府文征》作“广南”。
③ 田田：莲叶浮水貌。的的：通“菂（dī）菂”，莲子。
④ 沨（féng）沨：象声词，形容风，水等声音。
⑤ 山椒：山顶。
⑥ 商风：西风。

天应寺碑记

【明】州进士胡璇

腾城南十里许洞坪村南，有古刹焉。其中两石对峙，一则四时浸润，虽旱亦液，一则坚燥作炎蒸气，诚所谓“造化钟神秀，阴阳割昏晓”者，先代遂以“天应”称，然亦仅留其名。至嘉靖间，乡人补葺，复为中兴举，历至崇祯丙戌岁[①]，而故迹又不可问矣。昆池僧本空者，以先机彻土翔集，避地[②]住锡于斯。时明经段友襄云、庠生许友宗洙，缘为“虎溪社”此中，禅心对月，虽透光明，然半跌班荆[③]于大圣人前，终何以为长跪请也[④]。遂视一钵一衲，皆为长物，爰合二居士募各乡善信，捐资竭建，重新前堂后殿，香积禅房，而门而庑而幽舍参差，以需静主。且古木人稀，山钟韵远，又所谓“泉声咽危石，日色冷青松，薄暮空潭曲，安禅制毒龙”者也。然当兵火时结构，益亦苦矣。又为后之供养计，恐衣钵无依，复置常住田亩，僧又作开山鼻祖矣。虽然，可深异者，有俗僧，有盲僧，皆假如来为一护身榜。本空曰：“不然，西方弟子，固为大千一总檀越，然犹龙[⑤]何象，五千何言，一贯[⑥]何来，木铎何往，是犹佐梵王而御天立极，故函关老人、尼山夫子，合为一家，现身说法。”又此山之所以独超众刹者，会统宗也，醒人心也，传千古长夜一灯也。自是祝者，琼芝瑶草应乎坤，景星庆云应乎乾，祥麟威凤应乎物，忠臣孝子应乎人。睹斯山者，当有泠然御风之思，当有北窗高卧之想。余以六十有七之年，抱入林不密之愧，传比丘心，阐三圣学，是不可以无记也。记曰：天不爱道，地不爱宝，笃兹祇园，生生不了。昔以山灵，今以山老，维我同心，世联其好。

贴贡碑记

【明】杨如龙

我国家取士有三途，首乡、会而次岁贡。至于贡，即古者取士于乡，用贡于廷之意。明天子临轩而策试之，较之甲科，亦荣途也。独腾越距京间关

① 崇祯丙戌岁：是年为公元1646年，已是清顺治三年，因为崇祯帝已于甲申年(1644年)殉国。其仍用崇祯年号者，盖不忘故主之意。

② 先机：同“先几”，即先见。彻：去。此句义为本空有先见而及早离开本土，高飞远去，最后避地于此。

③ 班荆：布荆于地而坐。

④ 长跪请：《永昌府文征》作“长者跪请”。

⑤ 犹龙：《史记》：“孔子曰：吾今日见老子，其犹龙耶！”喻其人道德之高，不可捉摸。

⑥ 一贯：一理贯通百事。

万里，以天下论，此为最遥。故游是途者，非以迟暮自画，即以财乏自灰，举朝廷经年养士，与士人穷年自养，咸付之一掷。彼庸俗辈，亦得以指而非之，若谓无实用。夫士，岂真无用哉？其所以为用者诎也。大夫冉公奉命来守是邦，下车博访众务，目此一节，即慨然有加惠后学之意。乃谋诸众，众以旧有膳银贴贡之说为对。公曰："此独不可推而广乎？"众又举永昌各学膳银尽贴正贡之例为对。公曰："此独不可仿而行乎？"诸生遂承其意旨，折诸众论，以春夏二季，分送二师，为各生节仪之费；以秋冬二季，帮贴正贡，为贡生赴京之资；其歇贡年分秋冬膳银，又任各生分领，永为定规。具呈于学，值视学事张君则，心公之心者，即转文于州。公即书于文曰："公议既非一人之私，两季亦适中之道，将来岁贡，不啻自今日义助成之矣。"复请之抚夷周公，亦喜其义，遂令勒碑石以永其惠。夫隆师亲友，其俗乃淳，今举朝廷养士之需，一以奉师，虽不可云隆，然未必非返薄为隆之机也；一以助友，虽不可云亲，然未必非联疏为亲之渐也。夫一举而两善因之，于人心世道能无补乎？或者曰："是则非[1]矣，但此一涓滴耳，一尺楫耳。"余曰：涓滴虽微，亦足以活涸辙；尺楫虽短，亦足以转滞舟。士当穷檐，一钱莫错，藉此亦可以游神京，通仕路，与科甲辈比荣而齐芳。是以涸辙之有资于涓滴，滞舟之有取于尺楫也。但恐时久事湮，将来者不无改弦易辙之思，遂纪诸石以垂不朽。谨按：此举原为贡生赴京之资，已久不举行。光绪间，众议从卷金项贴助正贡银五两，以资开除。而杨君勒石之深心，仍未可没也。

重建龙江桥记

【明】永昌府徐泰

永昌西南有江曰潞江，又西南有江曰龙川。凡有事于腾，以达干崖、陇川、木邦、孟密、孟养、缅甸诸夷，未有不由二江者。然潞则江阔而流缓，方之舟之，虽险犹可涉也。龙川源于峨昌，东下合阿幸、明光、顺江诸流，百折至麓川，而莫知所终；较潞稍狭，而流则急，波涛汹涌，虽巨舰亦难于渡。旧惟假艟舟航之，危险万状，人马覆溺，无间岁时。况一雨即涨，而经旬罔敢渡；旬雨则漫，而经月罔敢渡。昔人绞长藤为绳，结两岸之巨木以度，越者足方登于一端，而两端动摇弗已，俯瞰江流，身俨悬于空中，毛骨竦然，殆有甚于乘艟之险，名曰"吊桥"，言其腾踔而可吊也。行者率惮之，盖不苦于路之险，而苦于桥之险也。弘治八年，兵宪永州赵公乃更为之，比澜沧江桥费

① 非：《永昌府文征》作"然"。

二千金，三载始成。六年而即圮，仍绳以藤。然藤易朽，经岁即易，易时即复以艟舟代，费多而劳力，险患时作。去年秋，建平潘公来诘戎[①]于金腾，目击其险，恻然悯之。乃涓吉，始令吏目李孟芳总理之，千户张镇、巡检李如膺、李珏分任其事，而指挥王科亦赞理于其间。乃精选群工，伐木于林，采石于山，取铁于冶，给灰于场，诸工亦各趋副所命，弗俟督也。军民素患兹险而欲桥者，暇则自鸠率以赴工，弗俟役也。旬则公命官戒视之，月余则躬临其所，奖其勤而激其怠，程[②]其能，赏其劳，惟为讦谋远犹[③]，永不拔于千百世，不惜工而吝费也。虽夏月峦烟苦雨交作，人皆惮往，公亦不暇自恤而往视焉。是故捐金者感而愈不吝，造作者感而愈勤愈不苟，效力者愈忘其劳。越月甫七，所费不及昔之半，而已告成矣。凡百经营，公自督览，过桥用楠木五，桥上盖以板，覆以楼，楼七楹，两桥头则砌以大石，贯以铁锭，各缝刡[④]以油灰，两旁系以大铁绳各五，为永年计。又于桥南北各起房二十间，赁乐居者居之，以庐旅，岁入则积为葺桥之需；又立庾[⑤]以便行者之委积，增设哨铺以防不虞；又复巡司于旧所，以察非常。凡所以利济之者，靡不用其极。其桥式虽则霁虹，而木之修大，工之坚致，势之雄丽过之矣。岂惟有裨于民，而益有功于赵公，财出于义而不官，力出于效而不役，工出于倩而不假，成之不费，岁时而固，实可永千祀，诚不世之伟绩也。故记之。

重建龙江桥壶瓶口桥碑记

【清】州牧唐翰弼

龙川江桥，盖始于弘治，继复建于嘉靖，然皆不详其地。万历二十有八年，州守郑人和以形家言，议改路由罗塘通箐哨，是为新路。三十九年，以龙江圮，又议建于木瓜寨壶瓶口，改新路由山心通潞江渡，即今所议建桥处也。四十六年桥成，副使童世彦为之记，以抚夷陈锡爵、州守李之仁董其事焉。历今八十余年，中不知又几修建，其年岁莫考。兹旧桥于己卯秋九月告灾，州士民群请复于壶瓶口建桥，岂兴废有时，非人所可亿逆，有莫之为而为者与？今仍其旧基，因峡口收束若瓶，且两岸如天造地设，江窄故庀材稍

---

① 诘戎：治理兵事。《书经》："其克诘尔戎兵。"
② 程：表现；显示。《汉书》："程其器能，用之如不及。"
③ 讦(xū)：大。犹：同"猷"，谋虑。
④ 刡(mǐn)：原意为"削"，此处似为"抿"之误。
⑤ 庾：露天的谷仓，这里指仓库。

易。是役也，始于己卯冬季，成于辛巳春初。木石铁冶及工匠之用，俱捐资措给，若综核经理，罔敢有冒破干没，则余实究心焉。输无论多寡，愿者听之；工不伤农时，隙则举之。然而费繁不赀，经营况瘁，不得不广为说法。幸天不靳顾，时和年丰，功用告成。盖余叨牧兹土，心期利济，欲民无病涉，则政在成梁[①]，非细事也。是以不惮倡率，而镇守副总戎张公厥有同志，亦率弁属以襄此举。因遂议改铺设塘以严汛守，修路盖房以惠行旅，俾得人行坦道，骑骋康庄，不致望洋兴叹者。非敢曰创兴也，只复古耳。功既成，诸绅士咸属，因为文以记之。

重建腾越州义学记

【清】学正段铨璋

自卢公暨摄篆姚公，始集闾左[②]生徒入义学，延师以迪孤寒。而及瓜代去，星岩唐公莅止，于是廓其居宇，裒其馆谷，以勤其教养。无何郊南有火灾，焚及义学，不存尺椽。生徒无栖止，乃亟议重建，不日落成。于是榱题巍焕，堂户高朗，规模固大异畴昔。设绛帐，主皋比以司训诂者，为明经[③]明先甲，则又一乡之望焉。是公之造此一方，以敦教养者，即此可以概之矣。因为之记。

大树园记

【清】经略大学士傅恒

岁己丑，余奉命经略征缅军事，驻节腾冲。会盛夏，暘雨间作。师期需次，偶简阅士马，经城之西偏，林木蓊然，殊异常观。土人言，此中废圃一区，芜秽不可治。余往视之，则银杏十数本，同跗异柯，围径一二尺，环带修篁以亿万计，清阴回互，稀见佳景。延立移时，叹世所艳者连榭累阁，而人境自然之胜固莫之省也。顾旁无一椽，无以谋憩止而舍，参佐有司进而以鸠工请。余谓：刍挽方亟，讵可以此役氓旅？乃令傔仆[④]除薙道茀[⑤]，披露幽爽，于树身离立间编茅缚屋，翼以小亭，未浃旬而告蒇。时偕补斋、云岩两将军晤言

---

① 成梁：《孟子》："十一月徒杠（音江）成，十二月舆梁成，民未病涉也。"
② 闾左：谓居闾里之左，指贫寒之家。《史记·陈涉世家·索隐》："凡居以富强为右，贫弱为左。"
③ 明经：清时对贡生之称。
④ 傔（qiān）仆：即侍从。
⑤ 薙（tì）：除草。茀（fú）：道多草不可行。

于此，咸以此为荛竖[①]村妪之所处，一旦有堿[②]有庐，旷如奥如，创见者宜誉为嘉树焉。余谓：凡事之见为难而置之者多矣，苟审其时地而致吾力，则狉榛可以莞簟[③]，理固然也。余之辟此地也，径可治者沿之，基可籍者固之，篱樊可卫者补之，雕饰弗尚，董视[④]弗烦，故灌莽去而吾庐已成。用使宾从咸得所托，相与谘论朝夕，无惰无旷，并藉以卜师贞[⑤]焉！而吾又以知物尽乐于自见，但不拂其性、不违其时而已，各适所用也。乃额所居曰："大树园"，志地之产而偶合于公孙故事，非欲以自况云。

草堂记

【清】王昶

腾越州知州吴君楷以书来告：于州廨之西为草堂，子其为吾记。夫草堂之名旧矣，昔少陵以华州司户参军佐严武，乐天以司马佐郡为闲曹，二贤皆得以选胜卜室为草堂以偃仰啸咏，无足异者。今腾居滇西南极徼，距贼砦才数舍，七关之厄塞，皆在境中。大军方参错分布其间，将率驰驱，游徼圛圛[⑥]，不绝于道，而羽檄之移相望也。牧斯地者，峙刍茭，视邮驿，治文牒，且日不暇给。君独次第部署，不震不惊，乃欲效少陵、乐天之为，以遂其偃仰啸咏，非其敏且兼人，何以有余力若斯与？虽然，少陵之草堂，经营于上元，断手于宝应[⑦]，旋以徐知道之乱，入梓居阆，又逾年而有云安、夔府之行，则安居草堂者，前后仅阅岁尔；乐天以元和十一年贬江州，秋筑草堂，明年三月落成，又明年而召还。则所云仰观山，俯听泉，傍睨竹石云树者，盖无几时。今君以廉干闻于朝，不久当迁擢以去，计君于斯堂亦传舍[⑧]焉尔。顾兢兢修补庳[⑨]坏，期于完好，则其不以传舍视斯堂，其肯以传舍视斯民乎？然则君之能举其职也，盖可征已。

---

① 荛竖：打柴草的人。
② 堿(cè)：台阶，石级。
③ 狉(pī)：狸子；狉榛：指上古时代文化未开时的景象。莞(guǎn)：原文作"筦"，与"莞"通；莞簟(diàn)：竹席。
④ 董视：督察。
⑤ 师贞：用兵之道，利于得正。见《易经》。亦用以指军队。
⑥ 游徼：巡察缉捕。圛(yì)圛：络绎不绝。
⑦ 上元、宝应：俱唐肃宗年号。
⑧ 传(zhuàn)舍：即客舍、旅社。
⑨ 庳(bì)：矮小；低下。

毗卢寺观瀑楼记

【清】王昶

腾越之叠河，盖瀑也。其水自赤土、罗生诸山来，流为大盈江。至是崖忽断缺，水悬以下注于壑，凡百有余尺。其声訇然磙然，若骈车，若雷霆；稍近渡石梁，沫随风著衣袂及面，若散丝，若雾雨；暨迫而视之，若悬布，若翻雪，襹褷[①]跳荡，翕张摆划，沺沺沄沄[②]，骇心眩瞩。惟两崖道芜茀无驻足所，游人病焉。水东坡上，故有毗卢寺。寺后翼以楼，州牧吴君撤楼之西壁而窗焉，瀑之全势可一览以尽，因颜曰“观瀑”。余以冬十一月来，坐斯楼而望，大盈江经南甸又南过干崖出关，合蛮莫湖汇于南大金沙江，循阿瓦城以入海，而兹水实为其源。盖中夏之气，达于缅甸，势必与中夏合。应作如是观。

重修肇腾土主庙碑记

【清】州牧吴楷

滇多土主庙。闻齐有八神之祀，二曰“地主”，土主其即地主与？余在滇久，历任所经，无地不崇祀土主，而肇腾亦有之。意当时建城筑邑，神其说以事土神，遂以此号归之也。是庙久未修理，军兴以来，曾为制炮局。又其地近州署，拉杂堆烧，芜秽不治。岁壬辰夏四月，州群吏吁请重修，越两月告成。噫！神道之事，有时盛衰，每视人力为转移，天人之理，洵有不诬。余承乏[③]兹土二年，赖神之灵，年丰民和，兵革不作，蒸尝报祀，宜享其隆。睹榱桷之辉煌，发馨香于明德，其衰而复盛，可喜也。但斯祀由城腾而肇，当日筑斯城也，兵部侍郎杨宁、刑部侍郎侯琎，曾统兵万五千人，命指挥使李升总其役。神依人而行，三君子之功，可没乎哉？以劳定国，其并祀[④]之，使知肇腾之名所由起，而土神之庙亦永永无极云。

游兴龙寺记

【清】吴楷

去城西二十里，为兴龙寺。其左有泉，盎然汩然，环于寺之前面，中构水亭，傅经略公所题“活水来”者也。水流清微，俯视澈底，饮之甘和，为腾

---

① 襹褷(lí shī)：毛羽初生貌。
② 沺(tián)沺：水势广大无际貌。沄(yún)沄：水波汹涌回旋。
③ 承乏：《左传》：“摄官承乏。”后为谦言其所处之地位。
④ 祀：《州志》作“祠”。

第一泉。左转为“小有山房”，中为“水仙楼”，再上为观音殿，后为玉皇阁，其左即龙王祠。层级而上，绰有雅致。是寺以泉得名，归之于龙，佛家言也。尝考《徐霞客游记》，盛言创此寺之僧曰宝藏，北直人，自鸡足山至此。其徒径空，四川人，曾为将，有战功，削发为僧，与其师宝藏蓬处者二年，开建斯寺，为前明怀宗[①]时事。今问寺僧，已不能举其姓氏。又言此地昔为龙潭，其上皆大树蒙翳，潭四，深[②]莫测，足声至，辄涌波起，人莫敢近。一日大雷雨，火发焚林，潭遂成陆，山石俱赤，此泉真劫灰之余。问之土人，皆莫能晓。噫！沧桑变更之理，诚有不可尽非，而开建苦行之徒，亦不可以不志也。因附书之。

南甸园记

【清】吴楷

南甸古南宋地，去州城八十里。至元年间，置南甸军民总管府。明洪武十五年，改南甸府。永乐十二年，改南甸州，以千夫长刀某之子刀贡蛮掌之。正统八年，刀乐硬以征麓功，授南甸宣抚司。递传十有四世，至刀呈祥，仍予宣抚世职，颁印信，为三宣冠。至今应袭刀三锡，凡五代。计刀氏袭职两朝，共二十世，越四百年矣。土司署向称雄丽，乾隆三十一年，边事起，土司迁于署之西二十里永安山寨，结草舍以居，旧署留目守之。余于三十五年治腾越，前傅文忠公议善后八条，于南甸设守备一员，统兵二百名，为腾越协分汛地。于其署之前，辟草莱，筑官舍，以为[③]官兵栖止，土司署如故也。四十年秋，制军觉罗图规画边事，以腾越改镇，分南甸为左营都司，统兵一千名，驻司遥控七关，并移驻州判一员于其地。余承命董其役，筑兵房六百六十二间，文武衙署十一所，军装库一，栅门、街道俱备，越五月告成。始建议时，永昌太守周君际清偕余相度建置事宜，议给土司银，买其署为都司署。土司寡妻刀思氏，携其孤刀三锡雪涕言：“祖父业，不敢得价，且不忍弃。”翌日率其民百余人，拆正房三间而去。余知其意，因令存楼三间、堂三间、大门三楹，缭以周垣，还其片壤为土司旧封地，名之曰“南甸园”。园中老树数本，夏秋时，白鹭翱翔，卵育于其上，望之如雪树。旁有活水从山间来，汇为方池。拟作草堂于其畔，名之曰“振鹭亭”以寄意。楼上四面开窗，藉以远眺。一从西南百里出黄林岗，通干崖、盏达；一从东南二百里，上杉木笼山，通陇川、猛卯，左右环抱，号称形胜。后之君子，有能登高作赋，余将拭目俟之。并

① 怀宗：即崇祯帝。帝庙号“思宗”，《尔雅·释诂》：“怀，思也。”故亦称怀宗。
② “树”字及“深”字，原文作“石”“顾”。今依《徐霞客游记》改。
③ 为：《州志》作“供”。

以告继今守此土者，知是园为土司之旧址，用志遗迹，永永无极。按：作是记时，越今三年余矣。其园已为武弁所据，楼房片瓦无存，堂为牧马所，过此以往，将不知有是园矣！录此以寄慨云。

重修腾越州神勇关帝庙碑记

【清】吴楷

关帝庙以“神勇”称者，乾隆二十五年，从山东按察使司沈廷芳奏请，易名“壮缪”，谥为“神勇”也。盖自京师通邑大都，以至边徼绝域，莫不有庙。而闻帝之名者，虽妇人、小子、武夫、悍卒，皆肃然起敬。是庙修于康熙三年，前廊碑记具在，垂四十五年矣。庚寅冬十月，更易而新之。凡土木丹青之工万四千五百有奇，木植、砖瓦、颜料万八千有奇，经费一千二百九十两。庙貌肃然，有台有堂，有阶有墀，前后左右，斋廊备具。不两月告成。呜呼！事有坠而忽兴，民不劳而功成，谓非帝之灵有以呵护之不能也。因记之。

重修腾越州龙江社仓碑记

【清】吴楷

城东北六十里橄榄坡，为龙江练，旧有社仓，贮谷千一百一十余石。连年军务，碾谷为粮，仓亦倾坏。余乃择乡之笃实者为社长，一人副，一人主会计。今岁大稔，买谷如旧额，无稍增损。又饬乡约等集士民，同社长再建社仓三楹，门墙、守舍复加修治。兴役在本年七月，众欣趋事，八月告成。非吾民之勇于急公、乡社之督率有方，何以成之速若此？余闻先王之制，县都[①]皆有委积[②]以待凶荒。隋唐始有社仓，皆藏于州县，不贮四乡。宋朱子于建宁崇安县立社仓，今之社仓，亦犹行朱子之意也。朱子始为社仓，有乡之耆艾左朝奉郎刘如愚为同事，知府敷文阁待制徐嘉直、敷文阁王淮、龙图阁沈度三君子主其议，而又得丞相清源公列为条约，而刘公如愚之子若侄相与共为经理，然后崇宁之社仓灿然备具。即朱子亦自言，数年之间，左提右挈，上说下教，始为乡闾立此无穷之计。今之视昔其难易当何如？尤愿乡之士庶，有刘公如愚其人者，率其子侄共守厥成也。余以龙江建仓竣事之速，仓之谷亦逢时采办，叹斯民之尚可与共治。以视朱子之数年经画而未尽者，一旦得之边徼之乡，不旬月而办为可喜也。呜呼！社仓之累于地方大矣，后之

① 县都：都市；城市。
② 委积：储蓄。

君子其善行之，毋忽是举也夫。

重修社稷风雨雷云坛碑记

【清】吴楷

出城西二里，为小西地，昔建社稷坛于此。土阜一区，遇春秋祭日，胥吏用纸书神位，祝号不文，拜跪无所，秽亵殊甚。余惟社稷风雨雷云之神，载于典礼，列诸令典。自《周礼》崇祀社稷风雨，领于宗伯之官，社稷自天子之都，至于国里，通得祭；风雨之师唐以来诸郡皆祀之。雷师起于唐天宝间，与雨师同坛。云师则自前明，合雷、雨共为坛。今郡县祀典，自文武庙祀外，惟此为古礼所存。顾坛壝[①]分合之制，自来无究心及之者。当风雨作，云变雷驰，黍稷不馨，社土不飨，其咎不在于此欤？余治腾七载，凡有关正祀坛庙，亦既次第兴修。谨按古礼及考朱子之说，因旧址扩而大之，画为四坛：东社、西稷居前，风伯、雨师、雷师、云师居后，少却，节三成为三级，变通壝之制，列于坛四方。前二坛皆方二丈五尺，崇二尺有奇；后二坛方一丈六尺五寸，崇尺六寸有奇。壝筑坛之四方，视坛身尺寸倍之，虚其左右。前临级，便献礼，从其简也。社、稷、风各有主，雨、雷、云共一主，皆崇二尺五寸，剡[②]其上，倍其下，半用石镌其位，置坛之后壁，南向视。壝稍穹，昭其敬也。四坛外筑土墙围之，丹其墙。坛南为门栅，立斋房于左右厢，为文武官斋戒所。外复立大门，严严翼翼，不侈不僭。是役也，经始于丁酉八月秋祭日，讫工于十月朔日。计经费不过三百，用民力不过九旬，举百年废坠缺略之典，忽焕乎其改观，秩然其有制。于以上妥神灵，下遂民生，诚足以感阴阳而召和气。又恐日久荒芜，视为无足重轻之祀，爰为志其筑坛本义及营建岁月，刻石以告来者。

重修西盟寺碑记

【清】吴楷

西盟寺在城西北隅，创自元至正年间。明正统十三年，兵部侍郎侯公琎重修，建"易衣轩"于左，其改为"万寿宫"，当即在此时也。经今几四百年，中间兴废举坠，碑记缺如。乾隆四十一年，因为修理，殿旁两廊，悉行添建。中殿向供文昌像，考自中所巷迁于此，文昌宫现建于学宫之右，礼应议裁，

---

① 坛壝：坛，土筑的高台，古代祭典、盟誓、封拜时用；壝(qiǎn)：土堆。清查继佐《罪惟录·礼志》："社稷之西南向，列御座于壝。"

② 剡(yǎn)：尖，锐利。

移置左厢，以峻其大殿暨大门。旧有神佛名像，悉仍其旧。中殿易而新之，改为“待漏堂”，以表忠诚之义。大殿中用长窗隔佛像于内，肃将诚敬，仍额题“易衣轩”三字于左，以志侯侍郎之遗迹。右颜为“叙班厅”。是役也，计木植、砖瓦、灰石、土坯、铜铁料几百万件，土工、木工及五色匠几万工，奔走夫役三万五千工，凡殿宇厢廊为间六十有六，围墙、照壁三百六十丈有奇。官用其财，民用其力，阅五月而告成。呜呼！事固有因势利导，上下交相孚以成厥功者，亦可知人心趋事之公，尊亲之义，无间遐迩。而余以七年治腾之暇，合士民鼓舞之忱，乃得鸠工庀材，以观其成，洵非一朝一夕之故矣。因为志创建所由，尤余之所愿望也夫。时乾隆四十一年冬十月朔记。

重修龙江露桥碑记

【清】吴楷

龙江桥创自前明弘治年间兵备赵公炯，寻废。嘉靖辛卯，兵备潘公润重建，以铁缆系之，《志》载《祭江文》，传颂士林。在今桥之上流二里，遗迹犹存，为旧路。嗣于万历二十八年，州牧郑人和以形家言，议改罗武塘通乱箐哨为新路。三十一年桥圮。四十一年州牧李之仁以直使毛公、观察李公之命，建桥于木瓜寨壶瓶口，亦为新路，由山心通潞江渡；兵备童公彦为作募疏，具载《旧志》。嗣后兴废移置，莫可详考。康熙三十七年，桥毁于火。唐公翰弼来牧是州，仍建于壶瓶口，往来称便。有协镇张友凤率弁属设塘卡于桥之左方，严汛守。后于四十五年桥复圮，行者以小舟渡。至雍正二年，协镇孙宏本擢永顺镇，与永昌府林公世俊，相地复建于此，邮传改由分水岭。三年，杨公之盛曾记其事。乾隆三十三年正月朔一日，桥焚。军事正兴，署州事唐公率绅士昼夜修筑，以李让桥田租所入并公捐，讫工具报上官。以绅士李承恩、张大成、陆嘉品、段敏才、李基圣、王修六人急公奖励。时果毅公副将军阿里衮、巡抚明德方驻腾，请发帑修理腾越桥梁道路。于是龙江露桥之名，上达宸听，卷宗具在，有“添大铁练二十，令垂永远”之檄。值军需扰攘，前州蒋公曰杞未暇如式修治，时论惜之。余于三十五年六月来治州事，询之父老，知桥身连络止有铁练四匹，半系毁余，并唐任添造者，余曾小加粉饰，题额“肃观”。忽忽已十年。今秋九月朔，余上永昌，经是桥，震撼神悸，大惧斯桥之就倾。命绅士陆自泰、王俨，以积年租入余息，鸠工庀材，铁冶、土木之工毕具，令紧束铁练十四，复新增二介其中。用厚板加阔，密铺重钉，绕以围栏，坚致砥平。又于桥之左首翼小楼三楹，以为览眺之所。十月十三日，余自永回，则工已落成，作文祭江而过。既嘉绅士之竭力，并嘉此桥之坚固，几与澜沧之霁虹相上下。江神庙貌、道路阶级，焕如翼如。绅士等请为记其事，因为叙述建桥始末。是役经费皆取桥租所入，桥租田坐落嘣[①]里花家寨，岁纳河六甲粮四石六斗，年收租一千二十六箩，系善士李让所置，施入桥所，岁择缙绅之正直有身家者迭掌之，官为稽核。近又以所余息置买靖十甲田一段，坐落缅箐下村，纳租一百箩，例得附书。乾隆四十一年小春月记。

修建腾越州廨并改建州判厅事归入州廨记

【清】吴楷

余于乾隆三十六年辛卯春，筑草堂三楹于署之右偏，今大理卿青浦王君昶为之记，赠大理卿华亭赵君文哲作为歌以和之，一时士大夫传为韵事。忽忽寒暑已七更矣，草堂依然，而两君者，一功成宠锡，一仗节死难，而余犹羁滞边徼，不能一朝离也。岁丙申春正月，前制府觉罗图公屡过草堂议边事，见堂栋朽蠹，深以公廨为治民之所，不可过陋为戒。时州城新设总兵官，添官兵至三千员名，分布各营，大兴工役。移城内州判分驻南甸，所遗旧厅事，以例借养廉为修费，移其材于百里之外，厅事久倾欹，无可取材。余无能事[②]，既竭力成南甸州判署，又以州判旧址与州廨连，思辟而罗致之，重难其役。且州署改作费巨，例借有限，为迟疑者至再。顾念余治腾之久，又重以前制府之命，若复诿待后之人，则前乎此者几百有余年，贤大夫未尝不以时修理，不过为涂塈[③]粉饰之观，视如传舍而不顾也。乃鸠工庀材，先于旧州判厅事扫除经理，位置三层，计屋二十间，曲廊旁室，互相贯注，环以围墙。屋后辟小园，植蔬果于其中，以时游娱。随将州署大门楼三间并大堂拆建一新。其六房书吏、库丁、轿伞班之室，二堂、三堂旁侧各厢，皆揭盖焕然，眈眈翼翼，不侈不陋。计土木、圬墁[④]、陶瓦、铁石之费若干，匠工佣食之资若干，用民之力若干，造册计档，昭示来许。是役也，经始于乾隆四十一年丙申九月朔，讫工于四十二年丁酉二月晦日，凡阅六月而成。力作劳而功倍，经费省而功坚。惜无王、赵两君之笔记其事，犹得以落成之日，缅甸归我，使臣公阿、昭信伯李，先后按临，而伯相国兼办云贵总督事，驻节署中，商确边机，诚足为斯署之荣。而余亦得藉手以报前制府觉罗图公之命，有厚幸焉。乃为书其修建岁月始末，刻之于碑。后之览者，尚毋忘区区缔造之难，不致废坠，庶不负治边临民之重地云。

---

① 嘣：读 lài。
② 事：原文作“争”，今据《州志》改之。
③ 塈(xì)：又读 jì，涂屋顶。
④ 圬墁(wū màn)：涂墙的工具。墁，同“镘”。

重修腾越学宫碑记

【清】本州牧屠述濂

腾故有学，在城西北隅。郡先辈张侍郎志淳记之，以为“天下第一学”。张公知言人，所语必不虚。其迁于指挥使旧署，在康熙间，即今地也。迨后，前州唐公翰弼、孔公毓瑱、唐公世梁、吴公楷，相继增修，如今制。自乙巳地震，坍塌几尽，莅兹土者，多以兵防延缓，未克举其事。岁戊申三月，余至，谒庙，则殿庑若将压焉。而“明伦堂”及两学署亦颓废，不可以目。爰谋绅士，捐清俸倡而修之，然又以工巨之难成也。择绅士老成谙练者，总其成，分其任，起工于五十四年己酉，造成于五十五年庚戌，计费四千余金。役竣，进多士而落成之，多士请曰：“腾固旧有学宫，未若今之巍焕尊严也，可无一言以计其美富乎？”予曰：“吾与诸生，非徒饰其宫，将大饰其学也。夫道广矣大矣，岂隔于要荒？有其倡之而应，且和者于于[①]而来矣。昔汉氏开滇，相如建节，牂牁盛览、叶榆张叔争从之游；东京重明经，许叔、尹珍入中国，受经业归，以教其乡，此皆前事之著闻者也。虽以蒙氏割据，唐西泸令郑回流寓南中，蒙氏尊而师之，上自王子，下至国之子弟，皆得加楚挞，其严如此。元赛典赤治滇，首立学，建孔庙，彼回回人也，而独重吾道，其隆如此。至明而滇人士遂盛，竞爽中土，夫非学之效乎？且其所以甚者，由开卫所，立屯田，徙内地士族以实之，而金齿、腾冲两司为尤最。考腾越都指挥及六所，世袭者数百家，皆江、楚、吴、越也，根本盛大。既有所自来，故腾之立学，始于弘治，自是而登第举于乡贡、国子者，不下数百人。迩来百余年，反不及从前之辟草剪荆即见桃李之盛者，何也？承平既久，习于嬉玩，不自振拔耳！且长吏急兵防而缓学校，不知古者出师凯旋，必告成于学，鲁颂泮宫，效在于淮夷献琛。是知学校日盛，士气日兴，其威重过于立雄边子弟军远甚。此某所以汲汲修之，而尤为多士谆谆勉之也。自是共志于学，少而习之，长而安之，不以声色货利荡其心，不以邪说异端扰其行，更不以边徼远域限其趋。由乡闾之所学，得师友之所讲明，人才辈出，御侮干城，安见腾学不即如张侍郎之所称“第一学”乎？夫蜀之开文教由文翁，交州之多文学倜傥士由任延、锡光，长吏虽无似，亦愿窃诸君子之意，以为多士倡。多士勉乎哉！

---

① 于于：行貌。

改建来凤书院碑记

【清】屠述濂

余之莅腾也，岁在戊申。既集多士倡修学宫矣，旋语多士："州旧有来凤书院，今何不振耶？"则曰："书院因来凤山而名，山麓有寺，寺南为书院，久圮弗可考。乾隆己巳，唐使君世梁改建于州署右。丙戌军兴，以书院为驻节所。吴使君楷，复建于州署二堂后，进诸生而课之。诸生欲复来凤旧址，而竟未果。今请定新基，其于学宫右乎？"余曰："噫！书院以讲学，昔滇有二理学先生，皆腾越人。一为吴执斋，闻学于王阳明，倡明理学，以教其乡，自号'来凤山人'；一为吴协卿，受学于湛甘泉，著《道南录》，以教其乡，讲求性命之学。流风余韵，多士宿有闻矣，成规何不可考也？两先生居同里，生同时，得海内两大贤为之师，其讲学必于来凤，如鹅湖之会朱陆[①]也。风徽未远，遗迹频移，今定新基在学宫右，地诚得矣，急蒇乃事乎！"于是鸠工庀材，逾年而书院成，名仍其旧。余喜甚，进诸生而语之曰："甘受和，白受采，亦既有讲学地矣。争相磨厉，期与有成，守正路而不惑于歧趋，崇实学而不入于虚浮，守王、湛之学，以追乡先辈二吴之遗风，其庶几乎！且乡先辈不独二公也，经学如易翼之，诗学如易经，考辩之学如黄贞元、郑邦诰，皆表表铮铮，足为矜式，可效可师也。由是本淳固悫[②]，实之天真，致敦行学，文之余力。于以幼学壮行，黼黻[③]国家，则今书院之建，即古之嵩阳岳麓、睢阳白鹿，又岂多让也哉！"予因为记之，以明乐育之情。至规模之次第，堂舍之数目，以及经营建造众绅士之姓名，悉详于碑阴云。

募修潞江荡锡喧双虹桥记

【清】永昌陈孝升

太守告郡与州人士：滇渡险恶，莫如潞江，故名怒江。其波凶怒，源自蒙番。南流少东，经怒夷山，乃入西界。循山西行，南五百里。至永昌境蒲缥站西，实当永、腾之孔道也。江怒愈甚，倚瘴为威，渡者苦之，至夏尤剧。两岸相距，舟楫往回，彼此卬须[④]，动经弥日[⑤]。竦歧两浒，浒瘴袭之，其人甚

---

① 鹅湖：山名，在江西铅山县北。宋淳熙二年，朱熹与陆九渊等人讲学于鹅湖寺，"朱陆"即朱熹和陆九渊。

② 悫(què)：《史记》："法正则民悫"，诚实、谨慎之意。

③ 黼黻(fǔ fú)：《说苑》："士服黻，大夫黼"，指古代礼服上青黑相间的"亞"形花纹。借以比喻文章有华丽的辞藻。

④ 卬(yǎng)：与"须"都有等待的意思。

⑤ 弥：满。弥日，亦即整天。

甘，前途毒发，先者不救，后复踵乘。明知畏途，不得自脱，则守渡待舟之祸烈也。旧有飞桥，若天师之掷杖以梯月，行旅之至止，急趋而过，瘴在其下，不能上干；况掩鼻而驰，瘴不及入，获脱此厄，曾不需时，所全者大矣。此桥既断，重续维艰，凤喙为胶，力薄难购。今士民佥谋于荡锡喧，议建铁桥，为工甚巨，力出众擎。丐长吏倡，风行草偃，甚盛举也。以请于屠使君，使君转告太守，以图进。则知荡锡喧据干沟上游，两岸石壁对峙，中流孤石突起，俨若砥柱，旧有飞梁，桥迹尚存。太守见之而喜曰："天设此险，以待后人善用善因耳，用之而不能因，如我民何？"天既生此一方民，岂无康庄，俾之率由，乃故为此瘴疠以害之哉？吾人奉天架天桥，以因利乘便，宜为众人倡。且夫僻处边徼，瘴雨蛮烟，所在多有，在亲民者调剂而利导之耳。试观昔之荒榛断梗者，今则绣塍绮陌矣；昔之雕题凿齿者，今则声名文物矣。国家休养生息，至德覃敷，声教四讫，输诚纳赆，极于炎陬，士庶往来，汉夷辐辏。是桥也，所关者巨，岂惟一州？吾郡邑人，宜其出力，太守与使君先捐为之倡，疏于簿。尔士民情殷利济，共乐输以副于次。

重修学宫记

【清】吴楷

州学旧在金沧道治之左，今火药局地也。康熙三十三年，改建于秀峰山之东南，则就卫署修治也。学应南面，今西北向者，取形家言：文笔峰为左案，大车湖为泮池，自高而卑，左顾右抱，气象雄秀也。自征缅师起，梵宫古庙，尽为刍牧驻兵，所环宫墙，为军需局号兵马钱粮总会。盖学校荒芜，士子亦散处四方矣。乾隆三十四年冬，师自老官屯奏凯，公侯将帅还京师。方伯钱公顾瞻庙桷，慨然兴叹，以余款银千九百余重修之，委训导陈君文灿董其役。余适莅州事，同陈君鸠工庀材，凡为屋六十间，殿堂门庑，师生之舍备；泮池围墙，左右钟鼓楼无不具，用银千一百余两。以其余修关圣、武侯庙，成公志也。自起工至告成，凡十月。率所补博士弟子，入学行释菜礼，揖让兴俯，皆中仪度，予喜甚。陈君固请曰："是役也，起于方伯钱公，助于前州蒋公，而赖公始终其事，得以有成。不记之，后且无考，大惧诸生之无以淬厉也。"余因进诸生而告之曰："腾越为州斗僻，介在蛮夷边徼绝域，俗故淳朴，虽有聪明奇伟出于其间，而不集于学以开发，其逊于居肆成事远甚。迩来百三四十年，举于乡者仅四五人，岂天之生才，独靳于边远哉？殆为吏者，未有以作兴之也。今学宫幸复旧治，七关兵事渐止，邦人士翘首挟策呻吟，其思有以洗谫陋朴鄙之俗乎？”因从陈君请，为书其本末。系以雅歌八章：

其一

文峰巃巃，钟鼓辟雍。嗟尔多士，大小从公。采芹采藻，乐且有容。

其二

皇耆其武，载伐西夷。既櫜我弓，礼乐熙熙。作此泮宫，多士来斯。

其三

载祓载辟，方伯功施。奕奕陈君，督率勤思。进此泮宫，儒雅吾师。

其四

思乐泮水，照此清心。含精太极，名教可寻。源头活泼，一曲瑶琴。

其五

告尔多士，大义六经。河洛关闽，炳如日星。来游来歌，如梦如醒。

其六

勉尔多士，中正仁义。日省月课，素业此肄。洋洋泮水，懿此乐地。

其七

戒尔多士，互相则效。勿尚刑名，勿习令巧。史克有词，匪怒伊教。

其八

济济多士，炳文之德。在泮饮酒，在泮献馘[①]。惟此泮宫，载笑载色。

腾越边防记

【清】同知周澍

腾越地处极边，幅员广袤，内分十八练，外接七土司。四境惟东面与保山、龙陵接壤，其南北西三面临边。从前野夷聚居江外，以江为限，自缅甸军需以后，各土司因其运粮之力，不复遣回境外，听其于附近山头结寨居住。而古永、盏西二练，神护一关，止那、猛豹隘，亦有野夷阑入[②]盘踞。初因野夷垦山度日，不轻下坝，汉民摆夷俱在平坝耕种，两不相及，历任未尝禁止。嘉庆间，江内野夷每逢乏食，勾结江外野夷，下山抢夺，日渐恣肆。十八年剿办，野夷逃窜一空，当事文武因其险远，不能深入；未经大创，日久蹂躏，又渐及内地。是以仿苗疆建设碉堡防守。

① 在泮饮酒、在泮献馘(guó)：均见《诗·鲁颂·泮水》：“……在泮饮酒；既饮旨酒，永锡难老。”又：“矫矫虎臣，在泮献馘。”献馘，截耳。古者出战杀敌，割取左耳，以献上论功。

② 阑入：擅入不应入之地。语出《汉书》。

腾越屯防记

【清】同知胡启荣

昔赵充国击先零羌，武侯伐魏，皆用屯田之法。然未有建碉堡者，即近今直省亦无其举。考之于古，斛律羡防北虏犯边，斩山筑城，断谷起障；汉时屯兵河内通谷冲要三十三所，皆作坞壁；李允则守雄州，为边地起望楼。然则碉堡其即防边之遗意乎？屯田之法，昉[①]于古，碉堡之设，则始于楚南之苗疆，创之者赠巡抚衔前湖南按察使傅鼐也；作碉楼之式者，则前湖南总兵富志那也。据云向在金川见此碉楼，为万人敌，廉访仿而为之。以堡为主，以碉为佐，均田屯练，兼事防剿，苗始平，尽收复其占地，给民归耕。又从前川、陕、楚教匪滋事，居民散处，裹胁日众，其势几同前明流寇。迨后大帅采坚壁清野之议，令民扎寨屯粮，团练自卫，贼无所掠，遂即荡平，盖三省肃清皆得力于此，则楚南之建碉堡，即三省之坚壁清野也。三省之坚壁清野，与楚南之建碉堡，即古人之"斩山筑城，断谷起障""作坞壁，起望楼"也。腾越有野人一种，向在八关九隘之外，因乾隆年间进征缅甸，各土司利其转粟，招入关内。迨军务告蒇，野人不愿回归，遂分住各司山头，猎兽为生。数十年来，呼朋引类而至者，更难以数计，生齿日繁，种类甚众。性既犷悍，又不务耕作，竟日事抢掠。屡次剿捕，以山深箐密，未能得手，其势遂渐鸱张。动辄纠众数十累百，纵火焚寨，持械伤人。而厅属十八练，幅员广阔，人民众多，边界袤延不下千余里，皆漫无防范，以致萑苻[②]盗炽，四野鸿飞。虽内地设有大坝、缅箐、蒲窝、固东四汛，仅有大坝、蒲窝二汛临边，其缅箐、固东二汛俱在腹地。边长汛少，只能顾其一隅，其余则鞭长莫及也。士民受害，几无虚日，携老负幼，呼救公庭派兵追捕。至贼遁后，士民乞募乡勇扎卡堵御，情急势迫，不能不循所请。夫土司境内无论矣，岂内地居民亦不捍护乎？但计募勇数百，岁需盐粮银一万数千两，且裁撤无期，縻费胡底。因思前在楚南廉访幕下，襄办碉堡团练，目击其事，暂时虽费，历久则省。不敢存五日之心，弗为计经久之策。爰请筹捐经费，仿照举行，非敢比其巨制，聊以固吾圉也。大府入告，蒙恩俞所请。当建议之始，奸人叵测，群起非之。而边界险要，野匪潜藏，又多瘴疠，匹夫畏缩不肯受雇，至置田则地棍把持图利，唆播业户，居奇不售。揆厥情势，无一可成，心深忧之。因从长筹计，化导愚顽，笼络奸民，不吝耗费，不畏琐烦，心力并营，宵昼从事。而在事襄办

① 昉(fǎng)：起始。
② 萑苻(huán fú)：指盗贼出没之处。语出《左传》。

之文武，推心任用，竭诚相待，皆出实力。阅两载余，幸获集事，得石、土、木各堡二十四座，石、土、木各碉三十三座，屯仓四座，鸟机炮五十位，鸟枪四百杆，练田三千四百四十九亩零，士民捐田二百九十八亩零，其岁入租谷六千余石。募屯练六百二十四名，分驻碉堡，议定每屯练一名，岁给口粮谷十石。并劝谕士民捐输山场，供其垦种，以养家室；免其差役，优其赏恤。其田近碉堡者，给屯练承耕；远碉堡者，招佃征租，按月支给屯练承领。从此永远屯耕给谷，即永远荷戈守隘。其有险要数处，无田可置，不能屯练者，捐资募练，扎卡以守之。以经费六万两，若雇募乡勇，核计仅敷四五年盐粮之用。今建设碉堡、屯练，为费无多，其后竟可永守边隘。此屯田之法，所以宜古今而称善也。其碉堡则两年以来，屯练据以御敌，屡经杀贼，野匪震惧，内地稍安。此与古人防边之具不同，而其收效则一也。设使当日惑于群议，不为斯举，则边界依然漫无防范，民遭荼毒，而安有是哉！然究竟事巨费微，屯练养赡未能如楚南之裕，所赖牧斯土者，随时董劝，多垦山地，以资添补；抑或不拘多寡，随时劝士民捐助田亩，以厚其生，以固其本，必能顾全屯练，始能顾全边防也。至边界过长，碉堡未能如楚南之密，屯练未能如楚南之多，尤赖牧斯土者，随时督率士民，团聚乡练，协同屯练御侮，益收捍卫之效也。

重修学宫碑记

【清】腾越厅陈宗海会稽人

天下不可一日无学，而学不可一日不兴。学之所关，不綦重哉！腾旧有学，创修于前明末，改建于康熙间，迨后兴废举坠，均载前碑，勿庸赘述。至咸丰辛酉，贼陷腾城，宫殿悉为所毁。癸酉城复，前任吴公启亮倡修大殿，工未竣，旋以他事解任去。未几，而驻防之苏开先复据城为乱。虽经大兵云集，三月攻克，而莅斯土者，目睹地方蹂躏之苦，又以新建大殿向址，与旧向不相符合，众议纷纭，以致欲增修而未果。光绪四年十月，余至，谒庙，见大殿虽已建立，但墙垣未备，堂庑阙如，思谋所以成之，而绅士均以向址未合为请。适黄钦使名楙材，江右拔贡生，精堪舆，曾举博学鸿儒，调京入同文馆，由川督丁保奏，赏给四品顶戴奉旨游历各国，路经腾越，余款留数日，延请往正以决行止。乃诹吉于次年二月兴工，改归旧向。并修建启圣宫，东西两庑、大成门、名宦乡贤二祠、明伦堂、文武官厅及两翼斋厨、两牌门、石栏杆、照壁、周围墙垣等处，其泮池、两坊仍照旧修建。计费用银五千五百七十金。是役也，兴修于同治甲戌冬，告成于光绪辛巳冬，相距已阅七稔，迟之又久。海捐廉六百金为之助，遂以聿观厥成。足见天下事不患乎难为，而患乎不为也。诸生由是励志于学，以圣人之学为可学，即体圣人之心以为心，行见风俗因之而纯，人心因之而正，庶无负朝廷作育人才之至意也。异日者达而在上，则出其所学以黼黻皇猷，是余之所深望者耳。

重建来凤书院碑记

【清】陈宗海

腾之书院，旧在来凤山麓，后改建于学宫右，其间建置互异，前碑记之颇详。丙辰之乱，悉为贼毁，仅遗旧址而已。余于戊寅莅腾，诸务未遑，汲汲以课士为要。向课每月一次，余于正课外添设两学师课一，均在署中考试；又新加山长堂课二，在院考较。是年秋闱，举于乡者三。佥曰：腾自设学以来，经今四百余载，虽乡榜蝉联不绝，而举三人者，于兹仅三见焉，谓非作育之明验哉！余以为物郁久而必发，事以屈而能伸，理有固然，无足怪者。腾虽僻处极边，而龙川朝其东，凤岭峙其南，雪山环其北，盈江绕其西，灵秀所钟，当必有诚悫朴实之士，与乡先辈吴执斋桥梓等后先媲美者。科名多寡之数，似不足为腾学光也。虽然学固不可不讲也，而所以讲此学者，尤不可不急为讲也。余观现在书院，实以兵燹故，暂借民居以为生徒讲学之所，规模湫隘，亟宜另行修建。爰择地改建于南门正街之左，佥谓堂局宏敞，较胜旧基。乃于辛巳正月兴工，新建正房书楼三间，两边耳房各两间，左右厢房各三间，讲堂三间；右建客厅三间，两边游廊各两间，左右厢房各七间，仪门一间，左右便门各一道。看伺房三间，八字墙大门三间，照壁一座，左右院门各一道，周围内外环以墙两道。缘左右犹有余基，现栽楸木，俾将来多士济济，可以增修斋房之需。计用费银一千五百七十八两，皆余捐廉为之。颜之曰："来凤书院"，从其旧也。由是祁祁[①]生徒，教学相长，行见鹗荐三秋，鹏抟万里，是余之所厚望也夫。

重建万寿宫[②]碑记

【清】陈宗海

万寿宫在城西北隅。创自前明正统十三年，重修于乾隆四十一年，《旧志》记之颇详。丙辰之乱，宫殿悉为贼毁。余于戊寅莅任后，凡载在祀典、

① 祁祁：众多貌。《诗经》："采蘩祁祁。"
② 万寿宫：清时各地供奉万岁牌之所。

攸关风化者，如文宫、书院等处，均已次第修理。因思天威咫尺，讵以远近而殊？腾距京万余千里，每遇祝寿之辰，凡属官僚应肃班联，以昭诚敬，则万寿亭之建，不容缓也。由是鸠工庀材，于大殿旧址用细石新建六尺高六方石台一座，上建高亭，外设围栏，内装雕壁，亭前丹墀下镶品石；外修大川堂三间，两傍耳房各二间，左右朝房各五间，后面看伺房五间；朝门一座，左右傍门各一道，排石狮一对；大门外砌照壁，左右环以墙。周围共计二百二十四丈，计用费银一千六百金。是役也，经始于庚辰之春，告成于辛巳之秋。虽未遽复旧观，而规模固已大立矣。

文昌宫碑记

【清】陈宗海

文庙既成，其右为文昌宫旧址，兵燹之后，片瓦无存，春秋享祀皆设位于此。特奉行故项于石，以昭示于来兹焉！因为之记。

重建关帝庙记

【清】陈宗海

窃惟忠义炳耀于千秋，斯享祀达通于六合。凡列在典祀者，其宫殿阶墀，皆有成制，而不容任意为也。又况普天率土，咸深敬戴之悃忱；子妇丁男，共懔威灵之赫濯。如关帝庙者，自先师孔子庙而外，特建崇宫，聿隆祀典，历代相沿，于今为烈。夫共推之曰圣，尊之曰帝，戴之曰君，其忠贞之节，坚白之操，刚大之气，迄今千六百余年，益觉弥纶充塞而无外。岂以僻处边隅，顾可不崇闳其殿宇，以妥圣帝之灵威乎？腾越武庙，旧名武安王庙，改修于前明抚夷同知陈锡爵，相仍者百余年矣。迨咸丰间，回逆煽乱，毁折大半。海初莅是邦，目击其状，不敢稍安。乃会同总兵李文益，重建大殿五间，后宫三间，正中屏门一座，左右厢房十二间，钟鼓楼二间，头门三间，左右耳门二间，辕门各三间，看伺房三间，照壁一座，旁建八字墙。是役也，兴工于光绪七年秋，竣工于八年冬。由是庙貌重新，游于门者，共仰昭昭之大节，享祀不忒[1]。守兹土者，弥深翼翼之小心，不得谓斯庙之重修，无裨于治事也。因志其缘，项于石，以垂不朽。

---

① 忒(tè)：变更。

重建昭忠祠碑记

【清】陈宗海

昭忠祠旧在城隍庙右，中设故云贵总督将军一等诚嘉毅勇公明瑞牌位，而以历来之死事诸人附入之，春秋匪懈，享祀不忒，嘉其忠也。丙辰之乱，祠宇悉为贼毁，十余年间，荒烟满目，荆棘丛生，旧址几难认识。海于戊寅莅任后，诸废俱修。因念尽忠报国，臣下常经；而显忠遂良，朝廷巨典。当此地方平定之余，其前之捐躯敌忾，死难尽节者，浩气英风，昭垂边徼，既蒙赐以优恤，自宜报以馨香。用是命匠修建八字墙大门一间，正座三间，正厅三间。另院建张公祠正座三间，便门一道，四面环以墙。计用银七百五十两，阅三月而告成。从此明禋肃展，克妥忠魂，而瞻仰庙貌者，且将肃然起敬，是亦教忠之一助云尔。

修养济院碑记

【清】陈宗海

昔文王怀保小民，惠鲜鳏寡，视民之无伤如有伤也。故发政施仁，必先哀此茕独。我国家体好生之德，行文王之政，凡含生赋性之伦，无不被其泽者。如养济一院，惠及穷民，各直省、府、厅、州、县，由条粮项下，准其坐支。今腾属设正额孤贫十一名，每季领银九两六钱八分，额外孤贫四十九名，每季领银三十四两四钱九分六厘，每岁共合领银一百七十六两零。均系农人脂膏，藉活穷人性命。是赖贤有司造福苍生。上体君心，下恤民隐，俾此鳏寡孤独无告之民，胥沾其惠，殆孟子所谓“膏泽下于民”者，此也。海承乏是邦，愧无善政，念及斯民，目睹心伤。访询南城外旧有养济院，遗址犹存，系前伊莘农中堂昔年所建，因地方遭变，遂成丘墟。海仍照旧址，建头门三大间，中砌照壁，由两旁卷洞入内；正房三间，中塑观音神像，左塑灶君，右塑土地。左院瓦房十七间、厕房一间；右院瓦房十九间，厕房二间，共计三十九间。使得所栖迟[①]，按月发给钱米，并按人先给腰牌，以杜冒替等弊。顾此区区小惠，其所与济者几何？但既有牧民之责，自当尽其在己之心，遵行分内之事。以期后之官斯土者，师我文王，奉扬皇仁，绵绵延延，更推广于无替，是岂独斯民之厚幸哉。爰泐诸贞珉，以志其颠末如此。

---

① 栖迟：游息。《诗风·衡门》：“衡门之下，可以栖迟。”

镇龙桥记

【清】陈宗海

城北六十里，有两河汇流于龙江，为界头、瓦甸、曲石、北练四练达城之要道也。左流一道有永济桥，复修于光绪六年；右流一道，水势较阔，向有铁链桥，立于沙滩两岸，皆砌石，不足以当大水，损断者多年。去此二里，下流水合，天生石岸，形成勾儿，水倒激飞如涌雪翻花，其声轰轰如奔雷响炮，盖奇观也。形者度地，改建木桥为三段，名“双龙”。工成，而修亭于桥之东。兵燹之际，桥尽毁断。前任吴启亮倡捐修复，功亏一篑，卸任而去。其下石工不固，涨发即圮，桥木遂倾，行者惮之。及海莅任，清查边界，历其地，小住流连，瞻其胜境，颇觉愉目。已而叹息此方蹂躏一至于此，非生民之无福，抑当事者之不急于济人也？立传绅耆，毕集于亭，大加奖劝，倡捐百金，以候补州判陈昌炽督工修理。增高石墩，以防大潦，又相度阴阳，改形易向。宽一丈五尺，长八丈五尺，上盖长亭，立神龛，左右设栅栏、坐板。桥之两端因水分流，另建小桥两渡，皆增高焉。鸠工于光绪六年九月，落成于七年三月，虽云仍旧，而气象已焕然改观矣。噫！此海之功能耶？抑众绅民从善之诚且速也？更名“镇龙”，取义镇定龙江。为之禀报上宪，蒙赏匾额“功占利涉”四字，所以示奖励而垂不朽也。海因为之叙。

张公祠记

【清】陈宗海

余于光绪四年，奉檄莅腾。访知有已故司狱张公讳绍平者，于贼陷腾城之先一日，诣镇厅署云：“愿以历年所余宦囊，犒赏兵民，背城借一，以决存亡。”镇厅俱有难色。时贼已将绮罗攻破，直逼城垣，昼夜环攻。而李练目所带练丁早已溃散，尹练目由南方雇募之练，日久未至。公亲为蜡书，星夜专快飞催，行不数里，又为贼所获。公度其势不可为，即于是夜沐浴更衣，全家尽节而死。州人悯之，醵钱合瘗于来凤山阳。海因为之修墓撰引，以志倾慕之诚。呜呼！人孰不死，死或轻于鸿毛，或重于泰山，如公之忠贞节义，萃于一门，不可谓重于泰山者哉！故特于昭忠祠后，为屋三间，设位祀之，以妥忠魂。犹虑其久而就湮，复拨界练田十箩，永作岁祭之资。从此俎豆馨香，永垂边壤矣。夫宗海与公生不同时，居不同里，乃崇祀之弗置者，良以阐幽发微，原守土者当为之事，而不容忽也。至公之籍贯里居，已详载于《忠荩》一门，故不复赘。

改建社稷坛碑记

【清】陈宗海

腾西城外二里许，旧有社稷坛。仅土阜一区，遇春秋致祭时，胥吏书牌位以祀，拜跪无所，亵渎殊甚。洎乾隆丁未，前州牧吴公楷因旧址扩而大之。画为四坛，东社西稷，风伯，雨师、雷师、云师居其后，于栅门、斋房、斋戒所外，复筑围墙，立大门，方崇合度，不侈不僭，前志载之。惜日久荒圮，又值兵燹，残毁殆尽。海治腾五载，至春秋祭日，辄为兴叹。因捐廉重新改建于东门外之管邑巷，离城仅数百步，鸠工庀材，工成五月。举百年废坠之典，秩然复旧，焕然一新。非徒便于行祭，实欲以妥神灵而遂民生也。爰将改移本意及营建岁月记之。时光绪癸未暮春月也。

刘邓二公庙记

【清】陈宗海

刘将军讳綎，字省吾，号草堂，南昌人。少豪纵，有神力神术，结发从戎，屡建奇功。当万历十一年，逆夷岳凤父子近连逆党，远引缅酋，起兵象数十万，分道内侵。陷顺宁，破盏达，窥腾、永、大理、景、蒙、镇沅诸郡。巡抚刘、巡按董奏请以公为腾越游击将军，移武靖参将邓公于永昌。邓公讳子龙，号武桥，丰城人。各提兵五千，分道进剿，伺间出奇兵击之，大破贼于攀枝花地，立斩乡导，生擒渠魁。岳凤父子惧罪愿降，遂与之合盟于威远，以征缅用以夷攻夷之法，不啻武侯之用孟获也。试兵二月，尽复三宣，旬日抵瓦，神速莫测。二公家传将略，夙擅文名，措置机宜，均见于露布报捷中，其才勇可不谓大哉？其志气可不谓壮哉？惜乎大功垂成，阻于中制，古今恨事，往往如斯！前州牧余懋学曾筑万华馆为邓公居，郡人复塑刘公像于中，已多历年所矣。海谓二公同时移调，同时建功，固光昭史册之双国士，抑威镇边陲之二忠臣也，不禁览迹兴叹。爰捐廉建祠，增塑邓公像而并祀之。爰撮其略，以为之记。

乡会童试卷金碑记

【清】陈宗海

盖闻谈经论道，责在师儒；买卷分金，惠流学校。腾越僻处极边，士子乡、会两试，往往因赀鲜途遥，艰于进取。前守王燮有鉴于此，因倡捐银二千金，发商生息，遇科年按人数分送。自是而赴科者较多，科名亦蝉联不绝，诚哉有裨于士类也。洎杨公觐莅任，又倡捐会试卷金银二千余金，以年收息银，除分送举、贡北上外，余银作童试卷金之费，法至良而意至美也。海于光绪戊寅承乏斯土，阅明年，己卯乡试，访知前任所捐，均由军需提用尽净，惆怅良久，拟踵其事而倡捐之。惟地方当蹂躏之余，力诚恐其未逮。适有殷实商民由瓦归来，为集绅管会议，并择人以襄善举。而诸君皆乐于为善，增以城保、十八练朋捐之数，计共得银四千两，托公正绅管放号生息，周年清算以渐赢余。从此士气奋兴，不致资财告匮；人文蔚起，行看科甲联登。至前乡绅胡公璇捐置卷金田亩，海复拨逆产租九百余箩增之。详《田赋志》。

重建考棚碑记

【清】陈宗海

厅署右昔有考棚，又曰大公馆。门房四进，号舍两分，规模宏敞，栋宇轩昂。诚阖厅育材之地，诸童登俊之阶也。洎咸丰辛酉城失，为回逆所拆毁，仅遗旧址，荆棘丛生，荒烟满目。光绪戊寅，海莅任斯土，为之恻然。随于改修衙署、文庙、武庙、城隍庙、社稷坛、龙神祠、四城楼、各仓库及来凤书院外，与绅管倡建捐修，不辞劳瘁，亲总其成。委公正绅耆明于朗专董其事，鸠工庀材，照址经理。计大门三间，左右翼以二坊，龙门一间，角门二间，大堂三间，东西号舍共十八间，后堂五间，左右厢房各三间，箭亭三间，厨房二间。门外新其面壁，周围筑以高墙，旁门便户，罔不全备。是役也，经始于光绪壬午十月，工讫于癸未二月，凡阅五月而成。力节功倍，费省屋坚，严严整整，布置咸宜。计土木、圬墁、陶瓦、铁石、工匠佣食之费，共用银一千三百四十八两。除由地方朋捐银一千二百两外，不敷银一百五十两，海乃捐廉经理，于以聿观厥成。适值童试之期，特为之记其略如此。

重建龙神祠碑

【清】陈宗海

考国朝祀典，凡"九有[①]"之中，"六合[②]"之内，山川社稷，上下神祇，其有功于天下苍生者，俱入正祀，属在有司，以时祭之。懿铄[③]哉！此我盛朝德配天地，治格鬼神，实万世无疆之休也。腾越厅治之西门外，旧有龙神一祠，晴雨之祷，求无弗应，是诚泽润生民，田禾黍稷罔不咸赖者也。龙之为

---

① 九有：即九州，也泛指全国。
② 六合：天地四方。
③ 懿铄：赞美辞。

灵，不亦昭昭哉！乃自逆回之乱，祠宇俱为灰烬，洎乎承平，守斯土者，又以民义是务，未暇致力于神。迨光绪四年，海承乏是邦，虽修废举坠，日昃不遑，而事之不能猝然毕举者，限于势也。然每于祭祀往来之余，未尝不睹颓墙废址而心伤于神无所栖焉。及至七年春，始与腾之乡饮明于朗等，妥议熟商，命将龙神祠宇照旧修筑，鸠工庀材，悉该乡饮等经理其事。而该乡饮等谓海曰："祠在城外，则拈香拜谒，多于官长不便，昔人曾有议之者矣。今欲重修，莫如移于城内。"海始允其请，乃择于城内白鹤井之侧，将闲地十余丈以为龙神祠基址，兴修数月，其庙始落成。计修正殿三间、厢房三间、大门三间，围墙全。举凡砖瓦木石之需，匠人力役等费，约开除银三百有奇。无处筹款，俱由海捐俸发给。嗟乎！世历红羊之劫，煽恶者毁寺院而飞灰，肆凶者向神祠而举火。念往昔则瞻庙貌以无从，顾今兹则喜丹楹之如故，神有所托，民之福也。自今而后，雨旸时若，水旱无忧，可为吾民幸矣。大有屡丰民之庆，不且延及无穷哉。兹因工竣，谨记其颠末，勒之贞珉，俾后之览者，知修理为不易云。

育婴堂碑记

【清】陈宗海

尝见天地之生物也，栽者培之，倾者覆之，无一物不被以生成。因而知父母之养子也，寒则衣之，饥则食之，无一人不尽其怀抱。顾天地有无私之雨露，好生者德靡不用；父母有必至之恩勤，慈爱者心无弗至，此理之常也，亦事之顺也。夫天下之有常即有变，有顺即有逆者，可胜道哉？故人之生也，莫不待父母之养育而后成。而有怙恃俱失于孩提，少焉受生于父母，而出入顾复乳哺提携，卒不得其养于父母者。嗟乎！赤子何知，号啼万状，抑亦立而视其死与？恐非仁人君子之存心也。则惟有体天地好生之德，动怵惕恻隐之心，幼吾幼以及人之幼，宏其胞与而赡其供给。设育婴之堂，抚冲幼之子，使遂其生，以至于长成而已矣。客有闻予之言而笑者，问其故，则曰："斯人之处境不齐，是亦事之百无一二、千无一二者也。且即有之，父母即忍舍其子，讵无伯叔甥舅之亲、邻里乡党之谊，怜而收养者乎？甚而至于无，而收婴儿孩子，抚养于育婴之堂，要亦妇人老妪之事，而非有位之君子所可行也。"予曰："否！不然。客何不达之甚也？兹堂之设，予盖仿通都大邑之所为，以理之所本无，为事之所或有，弭大造生物之憾，尽父母斯民之心耳！顾其事，亦取幼失父母、无人收养者而抚蓄之，且抚蓄之任，一以委之妇人老妪，予特给以工食，使彼尽其心以成其仁耳，夫岂故为其难哉！"客喜而悟，既而称曰："天地之大德曰生。此一举也，大生广生之量，寓乎其中矣！"兹因告成，故书其事于石，以垂永久。后之览者，庶有以知吾意之所存尔。

敬节堂碑记

【清】陈宗海

尝读《柏舟》一诗，而叹共姜守义之流芳万世也。夫古今来妇人女子以顺为正，苟非其节足以扶纲常、其义足以维名教、其操守足以廉顽而立懦，求其载之史册，列于《风》诗，当时传为美谈，后世称为盛事者，岂易得哉！海宦游多年，每过通都大邑、省会名区，凡见节义所关，为风俗人心之系，而且有裨政治者，未尝不留心记之。以为事之可施于省会大邑，即无不可施于蕞尔弹丸之地，盖以大喻小，以彼通此，固有位者所不废也。曩见各省皆有敬节堂之设，其规条大约相类，而其为世之守节与苦节计者，至深且远。故以敬节之心，行敬节之事，其有裨于贫而立节者岂浅鲜哉！忆光绪四年冬，海莅任此邦，喜风俗朴美，政简刑清。乃仿他省敬节之意，为设斯堂，予之供给，充其米粟，一以养守节之贫而无告者。计修正房三间，左右厢房各三间，头门三间，围墙照壁俱全。由海捐廉创建并拨给龙江田种八十箩，连育婴堂在内。详《田赋志》。以作二堂妇孺口粮之需。董其事者，乡饮明于朗也。兹因工竣，书其始末，以泐于石。

重修城隍庙碑记

【清】陈宗海

知幽明之故与鬼神之情状者，其惟圣人乎？夫城隍所以卫民，而民有良莠；刑法森布，能制人于昭昭，而不能警之于寤寐独知之地，此神道设教之不可一日无也。《易传》曰："积善之家，必有余庆；积不善之家，必有余殃。"城隍之为神也，盖昉乎斯义焉。故至圣发于文言而列于群祀，天下都邑，大抵然也。腾越虽处极边，而远至者，其籍多吴、楚、浙、蜀，流寓既久，渐化其乔野[①]之风，而习为祼将[②]之典，故祀事之修为独隆焉。城东门内有庙一区，创建之始，与设官同。故老称其庙貌喬皇，金碧交焕，仰之肃然。顾以咸同间毁于兵燹，则回人构乱为之也。同治十三年，雪堂吴君权篆于此，倡议兴修。图之期年，甫就正殿，以事去官。岁戊寅冬，宗海忝守兹土，深念事神治人，有司之责，嘉其先倡，循而成之。前闳后宫，左右配飨，秩如旷如，阅

① 乔野：刁滑；恶劣。
② 祼(guàn)将：诸侯为天子助祭。

岁工毕，而宗海以入觐行矣。讵意回禄为灾，前功煨烬。时署腾篆者蜀人幼卿吴君也，倡捐三百金，并劝励阖境议为户捐钱六十文，刻日兴作，亦可谓不伤财，不劳民矣。计工未半，海至自京师，复履斯任，督修弗辍，颇还旧观。又于正殿之后，复构李公祠。李公者，故良吏州牧讳之仁也。侧殿之左，构血湖殿。血湖之说出象教[①]，欲以悚愚顽之耳目而发其善心也。光绪十四年正月十二日甲子，庙工告蒇，爰举两吴君之筹度，与宗海先后踵事之岁时，刊于贞石。俾后之览者知斯庙之成，迭经我三人之手，更思洊[②]罹灾害之所以然，益以自省而勇于为善，无负幽明。斯有位者，成民而致力于神之本职也夫。

重修夹象石桥记

【清】陈宗海

盖闻大易有“利涉”之文，夏令有“成梁”之政。桥梁之设，无非期于便民，便民者在去其所病，而期于有济也。腾越僻处西陲，川流岩谷，舟楫难施，桥梁是赖。宗海自莅任兹土，凡已圮之桥，罔不次第修复，以便往来。查曲石、瓦甸地，旧有夹象石桥，与向阳桥相连。其水自大塘关来，曲折数百里，而斯桥之建，有利行人，是诚西北一大要渡也。咸丰癸亥，为贼焚毁，行道之人设筏以济，而临危履险，恒多湮没。海闻而恻然，因谕该地绅耆汤近仁、黄纲等，重议修建，捐赀成美。乃于光绪六年冬月朔三日，兴工庀材，于桥东建将军庙一楹，至壬午春，共阅十八月而告竣。兹于落成之日，履桥之时，诸绅请序于海。海思夫坠者复兴，阻者复达，则斯桥之作，皆由诸君子之慷慨捐施，而民未病涉，未始非守土者之一快事也。是为记。

李游击玉堂、马外委启华事记

【清】陈宗海

宋岳武穆曰：“武臣不惜死，则天下太平。”善哉言乎！尽臣职即以励臣操，其所为临危不变，视死如归，烈烈丈夫，不必功列旂常[③]，位尊方镇，始足为志乘光也。如李君讳玉堂者，诞生巴蜀，晋职游戎。同治中，腾遭回逆之变，奉上宪命，不计危险，纡道来腾。原期奋厥才武，扫除凶丑，以靖边疆祸乱也。于大西马站屯与贼相遇，李君怒发冲冠，摧锋而陷锐，有不屑与俱生

---

① 象教：即佛教。
② 洊(jiàn)：再次。
③ 旂常：旗名。古代王用太常，诸侯用旂，以作纪功授勋的仪制。

之势。特逆焰方张，不能遽伏，炮声连震，陨于军前。迄今犹如睹其激烈慷慨之状。海忝守兹土，耳闻其事，谨为树厥丰碑，设祭田二亩，以妥忠魂而彰劲节焉。又外委马君讳启华者，以武营末秩，率偏师保护乡村，值乌索贼乘胜围攻蔺家寨，意谓必灭此而朝食也。马君以百余人拒之，历三昼夜，援兵不继，力竭死之，同时弁兵亦悉亡于阵。嗟乎！处安平则虚縻禄俸，矜夸韬略之夙娴；遇战阵则预计奔驰，惟求身躯之是保，惜死如斯，朝廷何赖有武臣哉？二君之事，海深敬仰，故于修李君墓之次，并为马君书其略，以为后之为武臣者劝。

周烈妇事记

【清】陈宗海

烈妇李氏，前署厅周君维巽之侧室也，家世未及悉详。光绪二年五月，防弁苏开先反，窃据腾城。先劫掠厅署，周君既为所执，不能内顾。贼行将拥入内室，氏乃自言曰："主辱臣死，吾辈岂能坐待？"遂雉经[①]而卒。其从容就义，不忍苟延旦夕以亏节烈之躯者，洵高出寻常须眉辈万万哉！海继守腾郡，为之建碑树墓，兼设祭田二亩，是非徒博好义之名也。念男子读书明理，于死生之大，或不能临事致决，至沦没于贼而莫可追悔。乃以巾帼中人，顾精于辨义，果于赴义若此，虽欲勿记，焉得而不为之记？

重修长庚桥记

【清】陈宗海

前明中，邑庠刘心等于大西、界头之交，建一桥曰"界明"。以所用余赀置产生息，为修补计。至本朝乾隆五十六年仲夏，水溢桥圮。时巡检陈君谕饬绅董王绍唐等募赀重建，越明年四月告竣，易名"长庚"，以取永远镇西之义。百余年来，称荡平焉。迄咸丰丙辰冬，汉回起衅，扰乱连年，桥遭拆毁。是以卧波之长虹莫睹，岑楼[②]之寸木无余。当此民困兵燹，疮痍未愈，彼岸呼舟，民多病涉。光绪戊寅，余莅任至腾，丙戌公出抵界，由界抵大西。道经两岸，睹波涛之汹涌，感津梁之未备，即捐廉百金，面谕绅士曾守信等速为重建，又饬该地头目，相邀同志，劝募市乡，征昔时之租贷，添此际之工赀。鸠工庀材，力为修作，阅数月而桥复旧。其桥工之作，经始于光绪丙戌冬十月，告成于丁亥春三月。由是负者歌于途，行者快于路，荡荡然视若坦途焉。

---

① 雉经：以牛鼻绳自缢而死。
② 岑楼：楼之高锐似山者。典出《孟子》。

而余恐其后之修葺无资也，因拨乌索公田三箩，使之收租生息，以为岁修之费。盖不欲视为缓图，亦以免往来者之徒涉也。是为记。

重修龙江桥记

【清】陈宗海

环腾皆山也，其东南诸峰极险峻，历万仞而不可穷诘者，高黎贡山也。山之麓，东界曰潞江，西界曰龙江。龙江之水，源出峨昌蛮地，下流至明光、固东、顺江而至曲石，乃与界头、瓦甸之水合而为一焉。由是蜿蜒数百里，急浪奔流，过陇川，通猛密所部莫勒江，去腾逾远，乃会大盈江而入大金沙江，以至于海。然观其在腾也，众水合流，尚未及潞江之大，但潞江阔而流缓，虽险犹可舟；龙江狭而流急，波涛汹涌，巨舰难施，昔人于此曾设有桥焉。自明以来，为绳桥、为藤桥、为木桥，其间兴而复圮，圮而复兴，载在前志者不一。乾隆中，大军过而桥不戒于火，以独木船载兵过，后奏闻发帑兴修，桥之设，孔急矣。然吾思济险以桥，莫难于始，亦莫难于继其始也，工力并焉，众志奋焉。及其后互相推诿，以急为缓，即有出而营办者，又或见利侵渔，优游怠玩，其害不可胜言。光绪戊寅，余莅任至腾，时当兵燹之余，诸多废坏，而余以兴复为念。越明年，即命绅士筹款兴修，凿石冶铁，鸠工庀材，于朽坏者易之，坍塌者补之，盖以坚板，捉以油灰，而桥告成。乃桥之东数十步，山水时涌，路多阻，余又捐建一桥，名曰“普济”。左右砌桥门二道，覆以瓦，缭以木签，往来视若坦途矣。无何，岁壬午，风涛大作，桥木铁絙[①]几坠，行者有履险之忧。时余又将以引见北上，乃急委绅士筹资修葺。至二年，桥始告成，而余乃卸去。及乙酉秋复任，视桥之坚致仍旧焉，其围栏、石脚、板片、铁索，亦未有损坏焉。而余犹有虑焉者，谓桥之修有其始，每恐难为继。于是命诸绅管，将桥之公款，严加布置，又清厘其租息，岁收一千一百二十六箩，俾得存积生息，以备不虞。庶桥之修葺有赖，而岁岁可占利涉矣。是为记。

重修火神庙记

【清】陈宗海

腾城内西南隅关庙右，旧有火神庙一楹。其始建时，规模悉备，围墙屋宇俱全，盖非不美哉轮美哉奂也。咸丰丙辰，回逆之变，军士往来其中，及辛酉腾城失守，庙宇拆毁者不少，火神庙亦蹂躏而不可言。同治十二年，腾城克复，墙屋门户，悉皆坍塌，而庙貌尚存。邑之人以左侧马王庙就毁，神

---

① 絙(gēng)：巨索。

靡栖依，爰以天驷附像于内。而四围之墙壁倾危，上下之栋宇欹侧，颇有覆压之势。每朔望瞻拜，不胜怆然。惟是地方肃清，各庙俱已重建，而于祝融之所凭依，天驷之所照临，毫不加意，何以昭诚敬而礼神明？于是亟为筹画捐廉，兴工庀材，委都司柴生藻督工修建。补其垣墙，葺以瓦料，复修正大殿三间、川堂三间、左右翼厢房六间，大门、照壁、围墙如旧。是役也，兴工于光绪十三年十月朔日，告成于十四年四月，虽非大为创建，而由是殿宇重新，神坛丕焕，将见文明之星象可占，孔阜之雅诗可颂，地方之人民，咸叨庇荫于无疆矣。是为记。

重修潞江桥记

【清】陈宗海

潞江当永昌西百余里之冲，乃跨江而桥焉，曰"惠人"，昔巡抚颜公伯焘所题也。其水源于西藏哈喇脑儿，东南入喀木界，名哈拉乌苏。又东南流至维西，贯怒夷境，曰"怒江"。入腾越之大塘隘，绕潞江司署之东，遂命曰"潞江"。潞江之陆，其气恒暑，烟瘴歕[1]兴，种夷皆山居，无敢宅平土。行人懔懔，蹔[2]至辄病，自古患之。其谣曰："愿在芒市坐，莫向潞江过"，盖少憩于斯，而以瘴没者相踵。甚矣哉！地气之毒淫，而创斯桥者之为惠大矣。始也，两崖绝远，中无砥柱，施功极难，旋修旋圮，桥所自始，莫纪其详。此凡百君子所以临流遐思，咨嗟太息，而不能自已也。故老相传，在道光中，雨亭周公始任腾越，继升永昌，目击情形，念斯桥为滇要道，爰捐集金数万，饬郡绅明清宠等修理，暂蒇厥功。五年弗就，一时士大夫智尽能索，悼心束手。倏焉盲风骤雨，江水沸腾，顿见巨石屹于中流，其大如屋，佥曰天赐，鼓舞欢踊。于是甃石贯铁，凭为中墩，自岸东西，锁分二段，皆系于此。各连铁索，覆板植栏，中建瓦屋，凡六间。铁索为桥身，计长四十二丈，宽丈二尺有奇，坚完劲捷，如驰坦途。行旅跃然，举手加额曰："今而后，瘴莫予毒也已！"又以余金置买田谷，岁收二千三百余箩为续修计，所筹诚备矣哉！不意咸丰丙辰后，桥毁于兵燹。光绪二年，同知吴君雪堂始为修复。光绪十一年三月，狂风又折之，其铁絙、木片俱沉落于水，复为行者之患。嗟乎！成且毁者物之常，而剥必复者亦天之道也。宗海承乏于腾，尝三岁四修，虽境隶龙陵，而适当腾、永之孔道，义无容诿。兹于光绪十一年九月经始，增

① 歕：同"喷"。
② 蹔：zàn，同"暂"，初，刚。

铁索大渡为二十股，小渡十六股，木板覆之，如砥如栉，长栏坊屋，并还旧观。更修镇江庙正房三间、厅房三间、左右厢房四间。至十二年四月初一日甲子毕工，且清厘桥租，具牒于府，嗣是修葺一付腾绅，以为永例。是役也，捐金盈百者前署腾越镇朱君洪章、署同知吴君晴琦、督办厘务候补知府余君泽春也，计驮出赀者众商号也。寓于桥畔，朝夕行筑者，监生尹其懋也。兹予乐观厥成，前后捐廉银八百两。通共工料费银六千七百两。会修郡志，因备书始末，以附于篇。

艺文志九　文

重修龙江桥祭文

【明】建平进士、嘉靖金腾道潘润

窃闻山者水之源，江者水之府，济人利物，其功固大，而泛涨为暴，间亦有之。故徒杠舆梁，已兆于古；舳舻艘舰，溥济于今。维兹龙川江，发源于峨昌远地，演派于阿幸、明光及曲石江左之上，合顺江、瓦甸之流。揆其始，惟滥觞之微，计其终，乃浸漫之甚。博击势猖，艟船俨如一叶；怀襄祸蔓[1]，藤桥宛如累卵，人马坠溺，无间岁时。润官此方，目击民患，遂据父老之请，因醵众善之金，随其所欲，不强以难。于是伐木于林，采石于山，熔铁于冶，取灰于场，戒百工以惟谨，严百度以惟精。爰建斯桥，以代艟船吊桥之险，率作兴事，神其佑之。冀告成之惟速，保利涉于无穷，实腾民之幸，润等之幸也。

议筑外城祭文

【明】邹光祚

曩闻麓川之乱，兵燹甚酷，赖天子命大司马王公骥荡平之，复命少司马杨公宁、侯公琎经略其地，遂创城垣以保障边鄙，屹然为西南重镇矣。然治平既久，生齿日繁，栋比千家，散居城外，使无外城以为藩蔽，则卒然有警，何以待之？岂惟一方足虞，固全滇安危所系也。光祚奉命整饬斯土，按节越甸，徘徊瞻顾，殊切隐忧。询于士民耆老，咨于藩臬寅僚，曰：“是役不可以已”。乃与群吏虑事量功，略基饰器，揣厚薄，议财用，以闻于两台，咸辱嘉允。

---

① 怀襄：指洪水泛滥。见《书经·尧典》。

谨揆日经始，虔告于神，曲鉴中情，默加赞佑。俾经之营之，疫疠无作；实墉实壑，藩屏速成。庶上卫国家，下庇黎庶，而吏民亦得奠安。时隆庆二年也。

为腾越离省遥远禀请照火牌章程填给会试举人夫票详文

【清】腾越厅陈宗海

窃以求贤取士，首重甲科；僻壤穷乡，讵无硕彦？而竟沦落里巷，声名不出于乡者，盖因腾越地处边陬，离京万里，程途之远，甲于寰区，苟非家资富饶，不敢希图上进。故三百年来，举人尚不脱科，进士实所仅见。蒙各上宪发给火牌，筹予卷费，其为国储材，嘉惠寒畯[1]之意，可谓至优且渥矣。是以宗海到任以来，仰承德意，首重士类。即修建书院，议定院规，聘学问渊博者为之师，每月定以月课四次，一次官课，一次学课，两次堂课，奖以笔资，示以鼓励。自举行之后，文风丕振，但见上年中式举人四名，均系年强才富而好学，又孜孜不倦。询其本科不图进取，自甘沦落之由，据称腾越距京过远，往返必在年余，筹措川资，无门告贷，因之力与志违，绝意观光。宗海询问之余，力图挽转，曾将昔年各宪批准分拨叛产内之卷金田亩，布置乡、会、童试用费。但年收租息无多，不敷公布。加以腾属地在极边，脚夫鲜至，所有童、乡两试，每担簦[2]徒步而来。会试举人多系中赀之家，斧资之具既已为难，而地处遐陬，雇夫则故昂其价值。又火牌必从省起，赴省之二十四站，诚属为难。再四思维，无方补救。是以不揣冒昧，禀恳悯念边陬寒士应试为难。查每科只三五名，用夫仅十余人，伏乞照火牌章程，每人给夫三名，其余州县不得援以为例。可否照准之处，出自逾格鸿施？如蒙俯允，俟该举人等起身之日，宗海一面填给夫票，另文申明善后局查核存记。至该举人等回省之日，仍领夫票回腾，以杜冒领。是于夫马，亦无稍损，而极遥寒士，志遂观光，实沾高厚于万世矣。

光绪八年八月初六日，奉善后总局札开：七月二十六日准按察司李移开：七月初三日奉督部堂刘札开：据腾越厅陈丞禀腾越距京较远等情，候行云南按察司会同善后局妥议饬遵，先于初二日奉抚部院杜批："据禀尚属实情，

---

① 寒畯(jùn)：贫穷的读书人。

② 簦(dēng)：古代有柄的笠，类似现在的伞。

仰按察司会同善后局核议详夺”等因,准此,并据禀到局。查该厅地处极边,距京最远,会试举人火牌,从省起支,由厅赴省有二十四站之遥,是该厅会试举人不苦于由省赴京,而苦于由腾赴省。所请照火牌章程,每人给夫三名,填给夫票,每科不过数人,用夫无多,事属嘉惠寒畯,应即如所禀照准。嗣后每会试举人一名,由该厅填发路票一张,给夫三名,到省缴销,换给火牌。俟该举人由京回省之时,仍由省给夫三名,到腾缴销。俾极遥寒士,志遂观光。除呈覆并移按察司查照外,合行札饬。为此特札。

腾越厅志卷之十八

艺文志（中）

艺文志十 颂

平陇川颂

【明】督学冯时可

陇川多氏，故我属藩。日者以四方谧乂，远人来宾，朝廷以瓯脱地[①]封爵树焉。曰："庶其我藩，而御彼不庭耶？"乃安民怀匪茹[②]，叛投缅，当事者务包荒乎使复阳应阴背，狺狺如故。逾年，中丞周公至，曰："彼竖故我所卵翼，若革其豕心，可贳[③]也。"复招之，不悔祸。据蛮湾，侵遮东与蛮育，又纠邦杭、蛮旷等番相畔涣。前守将稍一创，遂逞螳臂，抗我颜行，为大邦仇矣。公曰："彼不恭若是，可再驯耶？"会直指[④]邓公力主讨，请于朝，假便宜[⑤]。公集众议，佥谓蛮甚张，非十万不克。公曰："师多则心不一，力且分，矧集须旷日，酋得为计，益引敌。不如用寡而速决，计卒二万，饷三万，完兹役矣。酋所恃窟万山巅，上剌天，下临渊，与蛮莫、迤西、木邦、猛密，相错如织，可与阴阳而延喘息，以待缅瓦。即使我师幸胜，不习其蹊窦窟穴，不难[⑥]乘瑕隙，复咆嗥，故终持不下。"公既决策，先遣卒据其厄塞，而以大众直捣其前，贼方觉，我师已与共险要，而资其未敛辎畜矣。百道进攻，胜气百倍，犹户、腊固守待援，及我师再败其与国相蚓结者，彼遂夺气不能阵。我师争先登门焉，连破七栅，诸贼请缚不暇，元凶遂授首。将士传公旨，曰："我所罪者，安民一人，勿穷芟刈。"师兴十月甲午，越十一月甲辰告捷，饷三万，费不十三四，滇人若不知有兵。吁！伟哉！人臣任封疆，务奠安巩固耳，何求灼然功？有功则以后且必有受其伤者，故得已不必有功，不得已斯不能辞功；得已而功，其功或为祸，不得已而功，则功始为福。往时夷酋无衅，或信将吏言，激之使衅，不惮尽力草薙禽狝[⑦]之，然往往胜不赎败，而得不偿失。公曰："夷夏殊，

---

① 瓯脱地：双方中间的缓冲地带。一说是边界的弃地。
② 茹：猜想，忖度。《诗经・小雅》："猃狁匪茹，整居焦获，侵镐及方，至于泾阳。"
③ 贳(shì)：通"赦"。
④ 直指：古代政府的特派官员，持节发兵，有权诛杀不力的官员。
⑤ 便宜：谓可斟酌事势所宜，自行处理，不必请示。
⑥ 不难(nuó)：难也。《诗经・小雅》："不戢不难。"
⑦ 薙(tì)：除草。狝：(xiǎn)：秋猎为"狝"。禽：通"擒"。

覆载均耳。我非仇陇，彼求解而解之，彼干刑而刑之，我以君喜怒，以民喜怒，不以我喜怒也。”故得已而不功，公始事之仁也；不得已而有功，公成事之义也。一时将士奉公德意，不恃额额洸洸[①]，无争首功以妄诛锄，远迩内外，莫不怡怿。盖余观于公，恢恢斤斤[②]，举巨核细，俨然宏大君子也。勇为善而耻为名，勇为肩而耻为倚，盟心暗室，披肝大廷[③]，斟酌元气，参伍[④]于忠厚正直，而无偏胜，无隐伏。故兹举也，以王道行王师，本以严翼整暇，济以神奇捷速，非当世侥幸以图成者伦。饮至[⑤]日，直指公首唱凯歌，文武僚佐以下和者若而人，曰：凯者岂也，乐也。戾气消，喜气集，其乐何如，时可至也。仆未及与盛典，敬为颂以志其盛。颂曰：於昭我明，式廓版图，九服六幽[⑥]，声教遐敷。惟彼滇孽，宅彼坤隅，唐李以旋，负固久逋。有明耆[⑦]武，拔如摧枯。缅瓦我臣，三宣我奴，藩篱屏障，莫敢毒痡[⑧]。维解纲弛，瓦变为貙[⑨]，陇人迩顽，亦复凶趋。守将谁何，遽张乃弧？戕我边卒，侵我外郛！公来镇抚，克壮其猷。曰此狂竖，文德可柔，开以三面，彼曾不筹。鸱张虎视，角弓弗觩[⑩]。公曰师哉，其罪已尤！为豕弗除，为豺孰收？虎符甫发，龙剑耀眸。爰整其旅，爰峙其餱[⑪]。我旆我旐，长戟酋矛。据彼险峻，扼彼咽喉。大祖高骧，窟穴用搜。钩援临冲，如岳如云。太白明明，欃枪[⑫]息氛，七栅既破，三孽如焚；凶渠授首，润原膏坟。剪其根株，余草弗耘，乃裂其土，乃涣其群。惟彼暗昧，昭然始听。疏为泠风，清为凉云，狂焰熄灭，善气氤氲。日月高悬，天泽剖分。山平水静，其流沄沄[⑬]；一方若盂，孰敢纷纭？武服既共，露布以闻。天子曰吁！肇敏戎功，惟我有臣，为国股肱。既敬既戒，以修我戎，不损五校，就绪三农[⑭]。内阜我财，外固我墉。用锡尔祉，圭瓒彤弓[⑮]。策勋[⑯]饮至，凯乐融融。蛮氛既解，

---

① 额额：原文作“䫏䫏”（额的异体字），不休息貌。意为肆恶无休息。洸（guāng）洸：威武貌。又：水流汹涌貌。

② 恢恢：宽广，宏大。斤斤：明察貌。

③ 大廷：即朝廷，一作“大庭”。

④ 参伍：亦作“参五”。交互错杂。《淮南子》：“事不在法律中，而可以便国佐治，必参伍行之。”

⑤ 饮至：古代战胜而归，饮于宗庙。

⑥ 於（wū）：叹词，表赞美；九服：指京畿以外的地方，后泛指藩属；六幽：天地四方幽远之处。

⑦ 耆：强大。

⑧ 痡（pū）：病苦。《传》：“痡，病也。言害所及远。”

⑨ 貙（chū）：兽名，似狸而大，性猛。

⑩ 觩（qiú）：弯曲貌。《诗·泮水》：“角弓其觩。”此处作弯弓解。

⑪ 餱（hóu）：干粮。也作“糇”。

⑫ 欃（chán）枪：彗星。

⑬ 沄（yún）沄：流逝貌。

⑭ 五校：古代军队的编制单位，统带一校的军官称校尉，一校统千人；三农：《周礼》：“三农生九谷。”三农：平农、山农、泽农。

⑮ 圭瓒（zàn）：古代以圭（古玉器名）为柄的灌酒器。彤弓：朱红色的弓。古代诸侯有大功时，天子赏赐弓矢，使“专征伐”，彤弓就是其中之一。

⑯ 策勋：将功勋书于简册上。

簪裾雍容。戏矟舞剑，角觝呈工。分甘投醪，湛露浓浓。汉法戎索[①]，比耦相从，睢盱[②]貌易，喴喔译重[③]。震赫鬼区，濯涤神丛，铜柱金城，千秋崇崇。

艺文志十一　露布

平麓川露布

【明】刘綎

为仰仗天威，荡平巨寇，恢复三宣六慰，传露布以报大捷事：伏以王灵丕振，恩威暨及于边陲；天命维新，声教复施[④]于荒服。幸肤功之克捷[⑤]，占景运之重熙。恭照[⑥]逆夷岳凤等，原以土司部落，粪草贱夫，狐媚欺孤，谋主夺印；雄吞六慰，威劫三宣。驯至结连逆党，吞[⑦]食诸夷；遂乃勾引莽酋，凭陵中夏。上岁杀丧[⑧]官军，肆无忌惮；近年侵占[⑨]内地，实属伺窥。盖谓腾越、永昌，皆彼丘垄所在；碧鸡、金马，亦其桑梓故墟。是以蜂屯蚁聚，谋为不臧；辄敢鸱突鸮张，志在非小。凭孽狐之丘，跳梁见怪[⑩]；恃狡兔之穴，跧伏[⑪]偷安。以为威弧不射，容知天网难逃！本职奉命以来，神飞智涌，足蹈心驰，自奋[⑫]与贼势不俱生，恨不灭此而后朝食！爰以万历癸未十一月二十六日，横槊誓师，分哨并进，披历险隘，直抵贼巢。元恶当即[⑬]倒戈就擒，胁从悉皆俯首受缚。月射千山，喜获田禽之利；风行六诏，载扬霜隼之威。惟时大义结[⑭]于众心，胜气腾于千里；神武龙骧[⑮]于七校[⑯]，欢声雷动于九天。谁[⑰]不鼓舞戎行，虔恭师律。戈戟连云，直欲移[⑱]烟尘于海岛；鼓鼙动地，还期洗兵甲于天

① 戎索：戎，古称西部的少数民族。索，法度，意为在少数民族聚居的地方，应使用少数民族之法治理。
② 睢盱(suī xū)：质朴喜悦貌。
③ 喴喔(wà)：笑声。译重：即重译(辗转相译)。
④ “复施”二字，一作“讫通”。
⑤ “克捷”，一作“克奏”。
⑥ 一无“恭照”二字。
⑦ “吞”字一作“蚕”。
⑧ “杀丧”二字一作“谋杀”。
⑨ “侵占”二字一作“侵犯”。
⑩ “见怪”二字一用“跋扈”。
⑪ 跧(quán)伏：蜷伏。
⑫ “自奋”二字一作“自誓”。
⑬ “当即”二字一作“既已”。
⑭ “结”字一作“激”字。
⑮ “龙骧”二字一作“布昭”。
⑯ 七校：古代军队编制单位。参考上页“五校”注。
⑰ “谁”字一作“莫”。
⑱ “移”字一作“靖”。

河。鬼蜮尽在目中，凯旋指诸掌上。虎穴笑谈平，功收不战；狼烟呼吸息[①]，绩底咸宁。据金沙，城蛮哈，言有大而非夸；通宝井，跨南溟[②]，信无行而不利。土地充拓者，不下[③]数千余里；掳掠夺回者，约计数万余人[④]，缘相机宜，薄施措置。抚岳凤而姑纵之，欲南夷闻风而怀服；讨蛮莫而随宥之，欲逆党畏威而创惩。招猛密，褒其母之慈贤；招猛养，表其兄之忠愤。缚罕氏以复干崖故土；纳木邦以慰残蛮来归。诱洞吾之愤争，使之自相屠戮；谕阿瓦之欲附[⑤]，使之反面仇雠。袭贼将于猛密，剪黠夷之羽翼；擒莽婿于猛养，去巨寇之爪牙。至于芒市、赐踆、猛甸，遗氓之失业已久，则招安之，以厚我之藩篱；南甸、雷弄、盏达，黔首之颠连尤极，则赈贷之，以固腾永之门户。切云霓之思者，望风而响应；避水火之厄者，襁负而争先。当锄强戢暴之威，存问死扶伤之惠。试兵甫及二月，犁扫为之一空。遂使海滨枭雄，咸谓天威莫测；遐陬童叟，共歌圣寿无疆！但念疆宇虽已廓清，莽首犹然肆大，苦不亟加剿灭，终为祸根蔓延。际可乘之时而经略，譬若建瓴音零；假弹压之威以剪除，势如破竹。即于甲申年二月十一日，纠合诸夷，歃血威远营，部符[⑥]定踪，连横进讨。盖虽不杀止杀，实则以夷攻夷。财不费而国威愈张，师不烦而军威益振。共集堂堂之阵，用成赫赫之功。俟荡平之后，另图改土归流；于平定之余，更宜筑关建堡。设大将旗鼓，以控制要冲；立诸司衙门，而相为犄角。遂行屯田之策，以足食而财可以富，保障坚于未形；及[⑦]练土著之民，以足兵而力可使强，么麽庶几无患。由是雨霁云开，见陇树苍山之色；风清庭静，断羌弦番管之声。而滇南之安永保，万世无虞矣。地方幸甚！国家幸甚！敬驰露布以闻。

艺文志十二　檄

腾越报复檄文

【清】举人尹艺

窃以天地广生成，白阳舒而阴惨；帝王御宇宙，本内华而外夷。因有

① “息”字一作“定”。
② “南溟”二字一作“南滇”。
③ “不下”二字之上，一尚有“远近”二字。
④ “约计”二字之上，一尚有“旄倪”二字；“数万”二字一作“亿万”。
⑤ “欲附”二字一作“款附”。
⑥ 别集无“威远营”三字；“部符”，疑为“剖符”之误。
⑦ “及”字，别集作“又”。

唐借回纥之师，致中夏杂西域之种。并生并育，俱忘两大之宽；历宋历明，久被维新之化。在屡朝不斥为异类，庶越世渐染乎淳风。无如野性难驯，顽心未化；鸱张特甚，蠢聚实繁。率土皆臣，身归异域，世家中国，俗狃殊方。承天方性理之书，欲乱孔子；遵穆罕默德之教，几藐如来。马哈麻首出类于人，而乃盗称为大圣；盘古氏实生民之祖，而妄窃附以阿丹。饰智惊愚，概造妖言以惑众；生心害事，宜准乱政之必诛。以故天动杀机，地厌秽德。缅陵初作俑，被戮者几千人；永郡继兴兵，应劫者数万众。苟由此革心而革面，安知不卜世以卜年。猘性猖獗，豕心无餍，则有逆首马凌汉、皇甫昌父、杜文秀等招纳丑类，煽动妖氛。觊觎阁罗凤之遗疆，兵吞六诏；窃萌段思平之故智，雄霸一方。金马狼驱，流血涨滇池之水；叶榆虎踞，积尸高鹫岭之峰。因之鹤、丽残亡，楚、姚失陷，景、蒙不守，顺、永沦胥。千百里郡县厅州，尺土莫非贼踞；亿万人沟壑锋刃，怨魂更有谁招？烧官房，毁神祠，焚民居，方且无恶之不作；封将军，称都督，僭元帅，俱以创制可自为。历观古来作乱之徒，虽黄巾、黄巢之凶残，贼闯、贼献之横暴，犹未若诸贼之甚也！腾居天末，地系岩疆。六载孤撑，几天日之不见；两江划断，苦馈饷之无方。加以专阃无才，武官惜死，因而蔡七二挟数郡之鸱鸮，三千兵降伏不战；柳铁三诱诸山之豺虎，十八练贫富齐休。遂乃入踞我城郭，屠戮我缙绅，掠辱我子女，搜括我金银。呜呼！世乏英雄，竟任披猖由竖子；谁无血性，曷从既倒挽狂澜。匹夫无不报之仇，况乃踞城戕官，为国大耻；汉气在必伸之会，岂其戴高履厚，与贼同天！所以古永西支，屡幸得枭于两阵；且闻天威南指，方将饮马于长江。天道久信其好还，人心因之而思奋，理则然也，时可失乎？本职等受国厚恩，为王敌忾，亲承宪檄，默运心兵。仗忠义以结英雄，陈曲直而分老壮。发九隘八关之弩手，会三宣六慰之枪都，子弟何止八千，貔貅已将十万。刑牲誓士，厉马专征。拣甲趋风，山河壮旌旗之色；洗兵得雨，雷霆奋干盾之威。势将夺昆仑于月夜，缚蔡竖于雪天。虎士鹰扬，直捣妖狐之穴；马家乌索，敢当压卵之山？尽歼萃薮之渠魁，协从罔治；收还圣朝之土宇，景运重熙。所愿百战健儿、四方义士，闻风响应，负弩前驱。砺乃戈矛，分道断残贼之背；竭而智勇，出奇成破蔡之功。从此古里消亡，敛天狗欃枪之焰；立见边氛永靖，闻读书弦管之声。生民幸甚！地方幸甚！

艺文志十三　论

征西南夷论

【元】陈天祥赵州人

天祥当元初政绩甚多，其疏论虑世荣之奸，处伏诛，可谓功在社稷矣。此章上而不报，遂谢病去，年八十卒，谥文忠。前志芟节此疏大略，今从本传抄出。刘球之疏，詹英之状，治安南夷者，惕然读而往复之也。

兵有不得已而不已者，亦有得已而不已者。惟能得已而已，可使兵力永强，以备不得已而不已之用，是之谓善用兵者也。去岁行省左丞刘深，远征八百媳妇国，此乃得已而不已之兵也。彼荒裔小邦，在云南之西南又数千里，其地为僻陋无用之地，人皆顽愚无知，取之不足以为利，不取不足以为害。深欺上罔下，帅兵伐之，经过八番，纵横自恣。恃其威力，虐害居民，中途变生，所在皆叛。深既不能制乱，反为乱众所制。军中乏粮，人自相食，计穷势蹙，仓皇退走，土兵随击，以致大败。深弃众奔逃，仅以身免，丧师十八九，弃地千余里。朝廷再发陕西、河南、江西、湖广四省之兵，使刘二霸都总督以图收复叛地。湖南、湖北大起丁夫，运送军粮至播州交纳。其正夫与担负自己粮食者，通记二十余万。正当农时，兴此大役，驱愁苦之人往救，数千里中何事不有？或所负之米尽到固为幸矣，然数万之军，止仰今次一途之米，自此以后，又当何如？比问西征败卒及其将校，颇知西南远夷之地，重山复岭，陡涧深林，竹木丛茂，皆有长刺；军行径路在于其间，窄处仅容一人一骑，上如登天，下如入井。贼若乘险邀击，我军虽众，亦难施为也。又其毒雾烟瘴之气，皆能伤人，群蛮既知大军将至，若皆清野远遁，阻其隘以老我师；或进不得前，旁无所掠，士卒饿馁，疫病死亡，将不战自困之势，不可不为深虑也。且自征伐倭国、占城、交趾、爪哇、缅国以来，近三十年，未尝有尺土一民之利，其所费钱财、死损军数，可胜言哉！去岁西征及今，此举亦复何异？前鉴不远，非难见也。军劳民扰，未见休期，止深一人，是其祸本。又闻八番罗国之人，向为征西之军扰害，捐弃生业，相继逃叛，怨深入于骨髓，皆欲得其肉而分食之。人心既恶，天意亦憎。惟须上承天意，下顺人心，早正深之罪。速下明诏，示彼一方以圣朝数十年抚养之恩，仍谕自今[1]再无远征之役。以此招之，自有相续归顺之日；使其官民上下，知未须

① “仍谕”下原文无“自”字，今从《州志》加之。

远劳王师，与小丑争一旦之胜负也。昔大舜退师而苗民格[1]，充国缓战而羌众安，事载经传，为万世法。为今之计，宜驻兵近境，使其水路远近得通，或用盐引、茶引，或用宝钞，多增米价，和市[2]军粮。但法令严明，官不失信，可使米船蔽江而上，军自足矣，民亦不扰。内安根本，外固边陲，以我之镇静，御彼之猖狂；布恩以柔其心，留戎以制其力，期之以久，渐次服之，此王者之师，万全之利也。若谓业已如此，欲罢不能，亦当虑其关系之大，详审成败，算定而行。彼溪洞诸蛮，各有种类，今之相屯聚者，皆乌合之众，必无人能同心捍我之理。但急之则相救，缓之则相疑，以计使之互相仇怨，待彼有可乘之隙，我有可动之时，徐命诸军，数道俱进，服从者怀之以仁，抗敌者威之以武，恩威兼济，功乃易成。若复舍恩任威，以蹈深之覆辙，恐他日之患，有甚于今日者也。

腾越山川封土形势道里论

【明】吴宗尧

夫山川封土、形势道里，互相通涉。窃尝统论腾之为州，仅弹丸黑子之地，江山阻绝，孤立西陲，四封之外，群夷猬集。所以弥衅固圉者，不先讲画，一旦有警，奚遑措置？《易》谓“设险守国”。夫险之未足，犹且设之，故浚隍崇堞，圣人之所不废。况有自然之险，或以委之夷，或不知惩其阻，或鄙而外之，或以滋他族而窘我封域。承平不能无虞，偶有妄动，将若之何？

所谓委之夷者，金沙江是也。金沙与澜、潞三水，皆源吐蕃，入南海，号南中经流。而金沙江之大，且十倍澜、潞，极边有此，固天所以限夷夏也。沿江之内，多有可堡可砦之所，如画江阻险，而于江内有所建设，统之州卫，则界限以明，侵盗以遏，腾之形势，不期重而自重矣。国初重臣经画者，谓三江之外，宜土不宜流，三江之内，宜流不宜土。于此限断，以别土流，以分内外，其辞严矣。然昔论江南形势者，必得江北之地，而后江可守。筑三受降城者，越河之外，而后河为用，况可以内地而委之夷乎？《经》曰：“申画郊圻，慎固封守。”内地且然，矧于边徼腾之疆域？所以申明画、固封守者似疏矣。东南北境，虽亦夷落，然皆驯狎熟夷，接境伊迩，未有混并掩取之患。惟西界以荒远之故，久尔湮塞。考之里麻长官司，溯金沙江而后达，是腾所至，西曰里麻，则腾境盖止于江之滨也。正统间，兵克麓夷，驱之江

① 格：来，至。
② 和市：又称“和买”。唐以后以购买为名，掠夺民财的一种变相赋税。

外。惜师旋后，麓贼残孽，仍据孟养，江内之地，渐为侵据，循习既久，不复知金沙江昔为我界也。我地我险，夷得居之，圉卫单弱，益与夷近。且缅酋洞吴，熟于舟楫，沿江而上，可抵茶山，倘有窃发，潜师蹑境，淹忽而至，有不及知者矣。剥床以肤[①]，乌容缓视！或曰："其地多瘴，非可以华人居也。"夫宾川之牛井里，永昌之上江十五喧，皆瘴区也，皆夷氓也，编之里甲，役之驿传，律以国法、官仪，不闻有违戾者。如处置得宜，即其地，因其人，宽其法，薄其赋，酋长举仍其旧，而惟汉署其名，羁縻约束，总之州卫，彼且欢趋而竞至也，奚不可哉？所谓不知惩其阻者，潞江是也。麓夷之叛也，上江刀招汉为之腹心，严栅阻江，为之扼守。王师进讨而屡失利，黔滇之先驱不前，方督之征旗不返，皆以潞为之限也。夫潞固多瘴，素为夷居，本朝仍其故俗，不以宅华人，善也。仍其故俗，终不知变，则善而未之尽也。何也？藩省郡邑，犹人之四肢百骸，荣卫灌输，然后脉络畅而强固臻。潞界永、腾之间，咽喉所寄，命脉所关，腾为永属，非此不达；永为腾援，非此不通。脱有非常，一槊横江，扼险乘塞，遂孤绝于外。往以么麽小丑如刀招汉者，助贼阻拒，虽大军雄武，不免于挫锐，今可不为之所哉！夫潞之所以能为梗者，其地则瘴，其人则夷，长江汹涌，足以依负。而高仑山复崇峙于其后，吾之征旅，既不便于其地，又不狎于其人，欲长驱直捣，阻于江山之险；欲久住熟识，困于暑湿之蒸。兵至于此，是谓陷地。而夷寇据之，则水土与之相习，种族与之相同，久而莫之变，是谓遗患，况为西南之襟带哉！考滇西郡邑，通衢之所经由，率皆华其人而汉其法，虽不无诸夷错杂，然皆僻处山谷，无有直当通衢者。惟云南县、宾川州之间尚有僰蛮居于赤石崖等甸，永昌、腾越间尚有百夷者，居潞之沿江上下经途喉舌之地，顾容侏离异类，隔于其中？故二处所邻，亦各撄其惨焉！麓寇拒命，则刀招汉为之驱使，安凤煽乱，则赤石夷四处劫掠。论徙戎者曰："非我族类，则其心必异"，非往迹之足徵乎？赤石崖等甸，已于白崖置督捕府，患乃少息；又于宾川亦置督捕府，患可全弭，此可谓处置得宜。为潞之计，虽夷其人，渐变其俗，须置一千户所，以永腾卫中分调金齿、腾冲二所士伍，城郭而守御之。庶得其亲附于我，忘其为夷之陋，安于为夏之美，而缓急有赖。若谓夷不可变，则犍为、越嶲终于夷而已矣，今之视昔何如哉！况境非遐壤，人非劲族，潞江安抚司原领于府，祝贺必至，部按必谒，课办必输，驿传必应。族类虽夷而驯服已久，可以令从禁止，其

---

① 剥床以肤：《易》："剥床以肤，切近灾也。"故俗称为切近的灾害。

鸟音左服[①],漆齿雕题之习,侵驯侵狎,潜消而默夺之矣。惜正统以来,不思变置,因循至今。夫变潞夷,置官署,岂惟腾赖之,永昌非此则有拊其背者。闻国初麓川屠永昌城,亦自潞江、上江而入,盖永昌之东有施甸、凤溪诸夷,颇称骁悍,故麓寇之人,不自东南,而自西北。经略郡政者,自筹之审矣,变潞夷之说,岂待腾人发哉!

所谓鄙而外之者,茶山、里麻是也。二长官司额有岁办,州常遣人征之,视之若属久矣。彼域于西北,为腾后倚,地虽崎险,无平原广甸,然重冈峻壁,岩谷深阻,易为依负。其人皆峨昌蛮也,性柔而力健,柔则易制,健则可兵,以此之故,群夷虽强,莫之敢犯。昔齐、晋招徕江黄,臣服姜戎,卒收犄角之势。二司据金沙江上流,夷缅悉在其下,如抚之有道,用之有方,皆腾之劲辅也,四夷即欲妄动,虞彼之蹑其后也。非心亦且少戢,其可鄙而外之以远夷例视,慢无声教之及哉?

所谓滋他族而窘我封域者,南甸是也。以其接壤腾南仅二十里,故曰南甸,盖腾之一甸也。胜国[②]时腾冲为府,南甸隶为州,乃腾旧属也。国初经画者,谓三宣抚司与腾最近,屏翰赖之。其设官自宣抚而下,有同知,有副使,有经历,有把事,有驿丞,各有分地而参抚其事,皆以华人世官为之;有千夫长,有百夫长,各有分地而称头目,皆录夷人有功者为之。夫其副倅,其首领,悉用华人分摄所部,散其权而少其力,既不得而自私,又不得而自肆,彼此相角,莫敢擅专,故可以指臂使之。重臣行部,匍匐走谒。今同知而下,尽以诛灭,谓其有罪,则有罪者诛矣,录其子孙可也;子孙若无,录其族姓可也;族姓若不当用,别有署置以代之可也。庶夷酋无以成其自擅之谋,不失我昔经画防闲之意。今干崖旧设属官,固自若也,独使南甸悉同知、副使、经历、把事之地而兼有之,何哉?兼而有之,权无所分,动无所制,得以专擅自制,故愈骄恣,而不可令。小有隙衅,怒目相攻,薄闻谴让,掉臂长往。招之不来,谕之不听,微拂其意,不为闭籴[③]之说,即为阻兵之谋。夫地不崇朝[④],判为夷壤。割所旧属而殊别之,已不可以言。知昔之经画者,不得已而为权宜之计,虽用夷酋宣抚,仍用华人为副,以参制之,犹之可也。今又并此而泯焉!邻壤异类,二十里外,即威令不行,是尚可以为治乎?作事贵豫,用机贵密,有位君子慎图之。

---

① 鸟音左服:喻少数民族的语言与穿着。
② 胜国:后朝称前朝叫胜国。此处指元朝。
③ 闭籴:禁止籴粮。
④ 崇:通“终”,崇朝即终朝。

腾越八关九隘论

【明】吴宗尧

昔苏辙曰："西南徼外蛮夷为变，致攻城郭，杀人民，纵横放肆，不可救者，其情莫不由边徼利其货财，而纳之于市，使边民受侮欺慢而不知禁。穷志无聊，结盟攻剽。"邱浚曰："云南百彝之地，惟麓川最大，何以正统中思任梗化，即讨平之？大抵所以制驭之者，宜择要害地于腾冲、景东，严禁中国客商，不许擅入其地，则彼不知中国虚实，不为人所煽惑引诱。"夫颖滨之论，原其变之故，在攘彼利也；琼山之论，止其变之萌，在禁商货也。彼利不攘，我利不入，欲激怒而奚由哉！闻父老言：昔麓贼之衅，缘译于彼者，悦以艳女，遂尔犷悍，致劳王师。吁！可鉴矣。今商彝者，多购奇货以炫惑彝心，期售数倍之利。又嘉靖末年，采买之遣，竟无宁岁，译役之从，难免驿骚。然则禁客货，寝采买，岂非制驭之要哉？先年止守蛮哈山，在干崖之外，去州治三百余里，乃属南甸管辖。每岁春冬，驱官军同头目烈罕部下截把，后因岳罕构衅，请师平之，遂议蛮哈山添设守备一员，领兵五百名，常川戍守。而陇川一路，亦设守备一员，领兵五百名守平麓，五百名守陇川，五百名守箐口，俱属永、腾，参将领兵一千名，驻扎腾城，四处应援，虑似周矣。但昔招集乌合，俱系各省，虽骄悍难驭，犹习于战斗。今以岚瘴疾故，又皆本地军余投充，殊无实用，反为彝人所轻。至如各险隘议设八关，平麓议设二堡、二十四屯，皆抚彝漆文昌、参将吴显忠竭精竭力，共成厥事。而永腾免籴运之苦，各兵称宿饱之便，始意非不美善。独计屯田者，有虚名而无实益，其中家温饱者，赡牛种，力耕耨，办公籴者，未尝无人；其积猾无耻者，荒田亩，缺牛种，支借公籴银两，并家马口粮，与营兵干折以完十分之一，而拖欠益多。至于有警，而籴运尚苦小民，又何裨于国哉？创始者固善，今反生弊耗财矣！至于彝路杂出，非可以八关之设而禁止内入；一关设兵把隘，不过二三十名，岂能御蜂猬而闭以谢之？况有兵之名而无实哉！先年思正内奔，瓦酋追逐，长驱而来，有一关当之否？又多安民单骑逃出，谁与阻之？且春冬防守，夏秋散处腾地，焉必彝人出没于春冬，而敛迹于秋夏也？虚耗月粮，乘轻策肥，徒滋若辈之温饱已耳！倘若议减，尚可为国家惜财耗也。

腾越边务得失论

【清】诸生何自溰[①]

腾居天末，地广土肥，士淳民顺，十八省之人云集焉，诚福地也。五十年来，野夷滋扰，民不聊生，绅士无陈言之例，百姓无呼吁之门，此边务得失所以壅于上闻也。今值文衡考古之场，以边务得失下询，且许以毋纵毋讳，诚腾民得见天日之会，而生等宜敬陈管见之时也。忆自有明正统间，设立安边，虑缅甸之入寇也，设各土司以藩篱之；忧土司之地广不治也，设八关九隘之抚夷以佐助之；尤恐土司之尾大不掉也，设二十七屯田以挟制之，法良而意美矣。故缅甸抒诚而纳贡，各关但讥而不征[②]。金珠宝玉出其中，象牙、棉花、兕角[③]、琥珀亦出其中，腾民之强壮者深入贸易而不忧，幼弱者挈家就食而不恐。税课日益，贡赋日增，朝廷无南顾之忧，而边鄙乐太平之化，盖利在七土司也。今则八关九隘之抚夷，尽为土司所掣肘；二十七屯之粮庄，半为土司所侵蚀，弊在七土司也。计腾去城三十里许，即南甸土司地。其间设兵一千，都司、守备各一员，为左营分防南甸；分州一员，即今之经政厅。文员久不归署，武弁半为土司所挟。土司所属野人二十一寨，凡离城四五十里以至百余里，日事抢劫，杀人不偿命，即南甸土司所属之野匪居多。其余六司去城愈远，其入山愈深，野匪亦愈甚。每穷民出入，抢一案而伤三五人至七八人不等。支身者无告矣。亦或有寡妻幼子，泣诉公堂，札饬查办，百不理一。甚至土司因以为利，抢去之人口、骡马、货物，土司串合野官，许若干金准赎，否则货物瓜分。而商人失望，子女为奴，而老死夷山。诚因凡抢一案，非土司之兄弟主使，即族目属官分肥故也。今土司习以为常，纵其野匪，夜则沿村烧杀，昼则要路劫抢，一日而二三报官者有矣；文武衙门非不心恻，而苦于无法，有营弁被害而以别故报者矣；有家人被杀，而以赏抚毕者牟；有访汛之官，虽明为野人所伤，而以一病故了其事者，各汛多有矣！野匪若此之猖獗，非治边者之责哉？治边之道，不外剿、抚两端。生以为：剿固非计，抚亦不能。如恃剿也，彼前年邦中剿办之兵，提标、镇标固亦不少矣，而又加本地土练乡勇之多，又调黑龙江之傈僳[④]，除费本处按粮公摊银二万余外，费帑金不知几许！而兵进则潜逃，我师既不能敢深入；兵退复出抢夷地，又不能久守，所以七土司之抢劫如故，且较甚焉，是剿既不可矣。如恃抚也，

---

① 溰(ái)：《永昌府文征》作“恺”。
② 讥：稽查。《孟子》：“关，讥而不征。”征：赋税，亦指征收赋税。
③ 兕(sì)：古代兽名，似犀牛，一说即雌犀。
④ 此处所指的“黑龙江”，其位置待考。

计嘉庆年来历任州镇，于各土司加以格外之恩，于各抚夷待以不次之惠，有赏给顶戴者矣，有赏给花红银牌者矣。甚且多给衣服银两，以为转给野贯之资。抚之不为不多矣，而抢尤不息。夫剿之不靖，抚之不安，然则如何而可哉？生以为：必得以夷攻夷之法，庶乃有济焉。如南甸所属之山头野寨，勒令南甸土司赴府，亲具认限，严缉滋事野夷，违者剿灭。至者招安，则野人不敢抢掠，而一切光棍野匪，皆畏服而潜踪。六司一律遵行，倘有一司违命，立即调详。又或某司先报功者，加以奖赏，不患抢劫之不平。此不劳矢石，不费帑金，而救民水火者也。方今厅主胡公，以能员之干济，访楚南之良规，建碉设堡，买置练田，养练守碉，官既多费帑金而不惜，民岂多派力役而敢怨？然竟有不愿建碉堡之地者：缘腾属多山，山多则岭亦多，今有碉堡之地十二三，而野匪便于出抢之岭十七八，闻有直闯碉堡而不惧者。因山多岭多，不似楚南之有要隘，可以碉堡御寇也。生以为：置此碉堡，加买练田，所费不下几万金，似不如整饬团练，严加防堵，又捐备多金，公悬赏格，有能取一野匪头者，赏银十两，生擒者倍之，能攻散一野人寨者又倍之。重赏之下，必有勇夫，不患野匪之不潜逃外国，而抢劫之祸不一年而平。从此贸易者仍前出入，就食者依然往来，既无抢劫烧杀烦官长之心，且免生灵涂炭干天地之和，庶几边务有得而无失矣！若夫长治久安，非改土归流决不能，而改土归流又如反掌之甚易，要视腾地之气运与腾民之福泽为何如耳！

艺文志十四　说

还定六慰后说

【明】巡抚陈用宾

盖天下之事，有其机甚微而其实至要者。握其机而图之，固力不劳而功易举，否则难成。夫六慰者，乃国家西南之极际者也。其实腾永之外藩，轮广八九千里，上古无论自汉、唐、宋以后，咸不能有之。我朝威德无往不被，乃编置为六宣慰：曰木邦、曰缅甸、曰八百、曰车里、曰老挝、曰孟养；一宣抚：曰猛密，咸为之正疆界，明爵级。二百年来，酋长安其位，夷民安其生。奈何莽瑞体鸣狐持梃于洞吴，建标立赤。计灭得楞之兄弟，东破东挝之揽掌，攻打景迈，服车里、孟艮，囚孟养之思个，陷木邦之罕拔，计服猛密，号召三宣，雄长海上，三宣之外，尺地咸为窃据。若兹丑也，将度幕轻赍，出寨数千里，兴问罪之师乎？将传檄掉三寸舌，解纷救斗乎？是入万仞渊，取骊龙颔下之珠也！向使伏穴守巢，戢翼敛喙，亦听其游魂假息焉耳。讵群丑相讧，仗缅声援，凭缅借资者，指不胜屈。万历九年以来，滇民服甲枕戈，行赍居送，如孟养、孟拱、景迈、雍会、猛乃、夕波、落著及雍罕、允墨等贼，为莽奔走，或犯蛮莫，扰三宣，岁无虚日，故欲慷慨一当贼以扫穴而犁庭。然不毛非用武之地，绝域无远讨之理。欲慎重于兹，廑廑谕国威信抚之，则若辈喜人怒兽也，难养易坏，朝抚暮叛，徒示弱也。察其势而权低昂，计惟远攻；远攻又必以夷攻夷，非暹罗无以得志者。因遣一介之使，持盈尺之檄，檄之暹罗，象以颐指大举兵加之，而缅丑遂大狼狈。故以势合者，势败则分，缅兼六慰，兼之势也，非拊之德也。昔缘乌合，今必瓜分，抚谕招来，以其时考之则可矣。乃会按镇，差官将命，分道并进，因势利导赏谕之，六慰传檄而定。故罕钦首先贡象，景迈遣使求通，孟养、孟拱先质继贡，车里、老挝叩关贡象而稽颡，夕波、猛乃、雍会、落著等丑，偕数十万叛缅之众，咸系颈而来归。将命者因地顺势置之，以安反侧之心，亦无徙戎之患。夫以数十年已失之物，一旦完璧归之故府，以数十万众、百万糗粮取之而不克，今复之于伐谋不遗余力，此非低昂轻重、因势决机之明效大验哉！今而后狼烟红息，塞草绿抽，虽滇人厚幸，实朝廷威灵远暨也。

诸夷近腾说

【明】吴宗尧

繄惟此一线之地，官于南北者，虽土著世臣，然调兵出令，自为声教，羁縻不绝而已。故云藩统称西南，其实南北之中，各异其俗，亦各异其政。正统以来，经略南夷者，设为宣慰司六，抚夷府二，宣抚司三，州四，安抚司一，长官二，其附属者不与焉。建置之法，地广秩崇者远，地狭秩卑者近。近者资其屏翰，故抚治之所常及；远者疏其约束，故法令之所简施。其远者如孟养阻负于西，最为荒僻，缅甸、八百、老挝地皆濒海，木邦、车里、猛密又在其内。凡此七夷，皆雄长地大而民众。据地阻兵，不可号令，于我若无所益。但其势均力敌，彼此颉颃，不敢妄动，似亦可为牵制之术。然尾大不掉，终恐难驭。切近小夷，吾恃以为屏翰，彼且畏服远夷，大兵一临，胆落而气丧，何屏翰之有哉？夫夷之远而大者，若老挝，若八百，若车里，去我甚远；木邦前颇效顺，惟孟养则叛夷之余烬，与我邻壤，而久逭[1]天诛；若洞吴则勃起之缅酋也，乘衅妄动，肆侵邻境；陇川则麓贼之旧地，思可叛于胜国，思伦叛于国初，思任叛于正统，思机、思卜嗣而为逆，岂其形势多所背

① 逭(huàn)：逃，避。

乱欤？何枭獍之迭生也？于此三者，须当预为之备。然孟养方为缅人所困，缅人亦在悬远，且绵力薄材，素非劲敌，所恃者象马火铳而已。其所以为之耳目，伺我动静者，不在所防之远夷，而在所恃之屏翰。如不察此，为虚声恐动，或屯戍以备之，或益兵以防之，或筑凿以卫之，或和籴以待之，或遣使以抚之，皆恐无益实用，而财力兵民，胥将疲于奔命矣。陇川、干崖赖以防远，殊不知远者不足虞，而近者所当备。故论滇西南夷之大势，东以沅江为关，车里为蔽，而达于八百；西以南甸为关，麓川为蔽，而达于缅甸。诸夷之地，惟麓川为最大且要，其形胜足恃若此，而又狃于习乱，其可玩而忽之哉？自昔御夷法，如曰即有逆萌，乘其未集，霆击而飚赴之，则怖急者可床下伏，此制胜之说也；如曰岁简良使，深入夷方，即有事衅，随加策断，抑强扶弱，不待其张，此抚理之说也。然夷地险阻多瘴，至于用兵，非可朝闻而夕发，则制胜之说，不可轻用；使臣入者，惟务丰其橐金，虚文罔上，抚理而非其人，反以滋夷之玩，是皆无益于事。窃谓近者未治，难以言远。贾太傅告文帝，欲重建诸侯而少其力，力少则易使以义，国小则无邪心；使天下之势，如身之使臂，臂之使指，惟上之令，莫敢不行。文帝未之从，主父偃袭用其说，而诸侯自削，此古今之善谋。且以今事如永昌、施甸之夷，亦犷悍难治者，假使唯一酋统之，岂其易服？乃裂为二十八寨，各有长，一人妄动，群攻之矣。二百年来，帖服无事，以处置得宜尔也。窃谓诸夷如宣慰辈，所部甚大，于其子孙，岂不欲人人贵之哉！如区画有方，只以恩抚之，凡其地大民繁，而欲希光泽遍所亲，在所不靳，彼皆歆于秩命之荣，自相效为分土之计，不必勤兵，数传之后，诸夷且削弱自戢。今陇川即昔麓川，措置最宜急者。往年麓川多鲤、多鲸、多鳜，同时争袭，至今为未断之狱。向使曩时裂土分之，三人之争且息，而屡叛之地患根且拔矣，惜此机之失也。近小之夷如南甸类，则不必如此。惟申明旧制，悉录有功，旧为副属而今废者举，复以参制之有废绝者据副属之地，归为我地，毋使夷性得以专恣自大，则患免矣。或曰："夷土吾何利之？"夫苟世为夷土，而大有利害所系，亦当取之。况昔皆华人为之副，为之属，各有分地焉，彼独兼之，并不问罪，益得恣肆。今按籍归我，是谓申画，何利之哉？若干崖副属俱存，但令其牙爪相制，此易于南甸者。干崖、南甸近夷也，二夷驯服，腾维固矣，日展日拓，安知陇川之不可令哉？三宣抚既听约束，以归地为县置御，则腾有辅邑，即远夷有妄动，警报先至，得早为之防。属邑恃腾为之后，腾有属邑为之屏，可以百世巩固，坐取全胜。此似杞忧，然麓夷之叛，酿祸甚巨，实殷鉴也。如机有可乘，时有可决，何惜为之哉！

土官说

【清】倪蜕松江人

边徼多有土官，子孙世守，盖亦由来旧矣。汉、唐、宋时，无分流土，当朝臣一例，而其铨叙转迁，稍稍殊焉。自元及明，分流土，判然矣。云南土官，大小俱备，渐就裁改，所存无几。而世每谓土官家争杀淫纵之为，悉属边蛮沴气[①]，天固不与之以善性者，芟夷而刈杀之，宜也。虽然“世禄之家，鲜克由礼”，古人言之矣，春秋二百四十二年，《左传》所载诸侯卿大夫家事，岂不有甚于今日土官家所为者乎？齐、鲁、郑、卫岂是边蛮，而其骄淫杀夺，无所不有。盖非太公、康叔贻谋之不善，亦封建世官之流弊，必至于此极者也。故讥秦之废封建而立郡县为非计者，诚迂儒矣！然而云南内地土官，消磨亦易，暴横不法者，参劾而去之；老病死亡者，停袭而免之；苟有贤者，荐而达之，与流官一体升迁，如此二十年，而土官皆可以尽矣。既不利其所有而起意驱除，又不坐之无名而恣情斩杀，春秋代谢，一循天则之自然，又何有恩怨之得生于其间哉？独是乡邻交缅各司，仍须羁縻系属，不宜轻有改更，亦非谓其尾大不掉而虞之也，特以地居荒远，瘴疠特甚，设流官不谙风土，立防兵难免瘴病，运粮米又恐劳民。即其渠帅而用之，此固诸葛武侯经常简易之宏谟也。

义田说

【清】学正段铨璋

腾越士民于前明隆庆年，买置义仓田于甘蔗寨，年收租谷二千余箩，每年于青黄不接及寒冬腊月，散给贫民，以地方自买之田为周济地方之用。故其时不特州守得以因便利民，即绅衿亦可以自己为政。虽有凶旱水溢，而官无详请之劳，民无菜色之苦，甚盛举也。后有假公济私之吏民，借之以为火夫工食，实霸之以肥自己私囊，而腾民遂不得蒙其休矣。幸得故绅胡璇出而讲理，此田仍归绅士公管收放，而腾之贫民被其泽者，又数十年。昨于康熙二十七八年间，奉文行查田亩，盖查无粮之田而欲征赋以足国，非查有粮之田而思夺租以入官也。无何蠹书刘必相索私不遂，欺官殃民，妄将此田报上。自报之后，则官民交困矣。盖虽有存积待赈之名，而无赈济一民之实。何也？既经报上，即遇凶荒，势必详请，文书往返，动经三月，若再驳查，必历半年。嗟此穷民，一日不食，则填沟壑矣，岂能枵腹以待耶！此归官而不利于民者

① 沴(lì)：《说文》：“沴，水不利也。”沴气，天地四时之气反常引起伤害和破坏。

也。至于积之于仓，而无动用之处，经年累月，为数已多，欲出陈易新，既恐易发而难收；欲久贮仓廒，又恐红烂而腐朽，此归官而不利于官者也。故曰：官民交困也。虽然，义仓之实虽去，而义仓之名不可以不存。故为此说，以比告朔之饩羊①云。

艺文志十五　考

百濮考

【明】董难大理人

《牧誓》："庸、蜀、羌、髳、微、泸、彭、濮人。"《传》曰："庸、濮在江汉之南。"《疏》曰："此八国皆西南彝也。"《逸周书》："伊尹为四方献令正南百濮。"《尔雅》："南至于濮铅。"《郑语》："叔熊逃难于濮，而蛮楚蚡冒②始启濮。"刘伯庄曰："濮在楚西南。"《左传》："巴、濮、楚、邓，吾南土也。"又云："麇人率百濮伐楚。"《通典》："有尾濮、木棉濮、文面濮、折腰濮、赤口濮、黑僰濮。"《周书·王会篇》："濮人以丹砂。"《注》云："西南之蛮，盖濮人也。诸濮地与哀牢相接。"余按：哀牢即今永昌，濮人即今顺宁，所名蒲蛮者是也。濮人之俗，用麂尾末椎其髻，且好以漆饰面。《通典》所云"尾""文面"，言其饰也；木棉，即攀枝花，濮地多产之，可以夹纩，言其居产被服也；折腰濮人，见尊者则折腰以趋言，其礼俗也；赤口濮人，调舌为音，如鹦鹉然，言其舌声也；黑僰，其色多黑，言其种类也。濮与蒲字音相近，今讹为蒲耳。或以"全滇之地，其人百种，概名百濮，亦甚谬矣"。濮僰所居连壤。余又以僰音按之：濮字在僰音亦合一屋韵，蒲字在僰音亦合七虞韵，僰语称其人为濮，而不称为蒲，是一证也；又濮俗截大竹为筒以注水，谓之濮竹，如郫筒之得名，以此证之，益彰彰矣。今之论百濮者，既不得其地，又不得其人，又不得其音，虽近濮地者，尚尔懵然。余因稽之载籍，证以方音，作《百濮考》。

南金沙江源流考

【明】张机

按：大金沙江发源昆仑山西北吐蕃地，即夏禹所导黑水也。虽以云南小金沙江及澜沧、潞江皆发源吐蕃，然大金沙江之源，较三江最荒远，且其

① 告(gù)朔：古时诸侯于每月朔日(农历初一)告祭祖庙。饩：活的牲口；饩羊：即活羊。
② 蚡(fén)冒：春秋时楚人。《左传》言其为楚武王之父，而《史记》则言楚武王之兄。

源与三江源邈不相近，其下流亦十倍小金沙江及沧、潞二江之外。按：《禹贡》："华阳黑水惟梁州，黑水西河惟雍州。"周文安《辩疑录》云："《甘肃志》：'甘州之西十里有黑水，流入居延海。肃州之西北有黑水东流，遐远莫穷所之。'是其源入雍州之西，流入梁州之西南，其正西别流，绕西极之外，而无所据，见地势西北最高，故能经西而西南也。"《云南志》载："金沙江出西番，流至缅甸，其广五里，径趋南海。"得非黑水源出张掖，流入南海者乎？河源在中州西南，直四川马湖蛮邦之正西三千余里，云南丽江宣抚司之西北一千五百余里。愚观黄河源近云南地，则大金沙江源自番雍之地，南入缅海，论雍、梁间水，惟此大耳，此水为黑水无足辩矣。朱子云："天下有三大水，曰黄河、曰长江、曰鸭绿江。"此误无怪也，宋初斧画云南，南渡又偏安一隅，朱子又从何知有此江之长广于江、河哉？黄贞元又云："考大金沙江、澜、潞三水，虽皆入南海，大小远近迥不同。澜仅潞四分之一，大金沙倍于澜、潞。澜、潞所出地名鹿石山，在雍望，俱可穷源，上流亦狭；大金沙江之源，则远出番域，上流已阔，澄若重溟，黝然深碧，夏秋涨溢，江色不变，若比于'杨子澜沧一小溪'，即诗语大金沙江之长广，又可知矣。"其注云："傍多松，有琥珀，自孟养地来。"孟养正在金沙江之滨，今澜沧不闻有琥珀，《大理志》指澜沧为黑水，亦不深考耳。相传大金沙江上源近大宛国，自里麻、茶山至孟养极北，不闻有所往，号赤发野人境，峭壁不可梯绳，弱水不任舟筏，土人惟远见川外隐隐有人马形似，殆西羌之域也。今始略其源，惟自其经流、支流入海可见者言之，水流至孟养陆阻地，有二大水自西北来，一名大居江或云大车江，一名槟榔江，二水至此合流，又名大盈江。今腾越州人总甸内诸水，亦曰大盈江，殆窃侈其名也。江流至此，彝人方名其为金沙江。江中产绿玉、黄金、钿子、金精石、墨玉、水晶，间出白玉，滨江山下出琥珀。《旧志》以琥珀、绿玉出在澜沧江者，谬矣。昔年王靖远、蒋定西追麓川叛贼思机发、思卜发弟兄，造船飞渡孟养，及后与思禄盟誓："江干石烂，乃许其过江"者，皆此江也。滇人相传，名大金沙江，若以别丽江、北胜、武定、马湖之小金沙江耳。自此南流，经宦猛、莫啖、莫郎，至猛掌，有一江西来入大金沙江。又南下昔朴、怕鲊、猛莫、猛外，经蛮莫，有一江源自腾越大盈江，经镇彝、南甸、干崖，受展西[1]、茶山、古勇诸水，伏流南牙山麓，出经蛮莫入大金沙江。江又经蛮法、鲁勒、猛拱、遮鳌、官屯、大菖蒲山峡、小菖蒲山峡、课马、孟养、怕崩山峡、户董、鬼哭山、戛撒。昔年缅人

---

① 展西：一般作"盏西"。

攻孟养，以船运兵饷到戛撒，为孟养所败者，此江也。正统中，蒋雄率兵追思机发，为缅人所压杀于江中，亦此江也。大约江自蛮莫以上，山耸水陡，正统中，郭登自贡章顺流不十日至缅甸者，亦此江也。下流经温板有一江，源自腾越龙川江，经界尾、高黎贡山、陇川、猛乃、猛密所部莫勒江，至太公城、江头城，入于金沙江。下流又经猛吉、准古、温板，又名温板江，温板又名流沙河，皆金沙江也。猛戛、马哒喇至江头城，江中有大山秀耸，山有大寺。又有一江源自猛辩、洗母戛南来，入大金沙江。又经止郎龙、大马革、底马撒、跻马入南海。其江至蛮莫以下，地势平衍，阔可十五里余《旧志》云五里者非也，经南江益宽，流益慢。缅人善舟，又善泅水，操橹楫者如涉平地，至是江海之水，渚为一色矣。《文选》载《佛经》云："拔提河一名金沙池，脱履金沙"云云，金沙江亦名拔提河矣。今再附考《蒙化府志》澜沧江与漾濞江，蒙人谓之大小二江，合西洱河、胜备河至顺、蒙交界处，土人谓之"罗擦聚"，日出水光荡射可观。不二十余日至锦龙江，即水下流，海客船多会易于此，渐渐至南海。《永昌府志》："潞江一名怒江。"《水经注》云"漏江"。杨慎云：漏江今讹为潞江，源出吐蕃，流经芒市，至木邦地，名喳哩江。又流经八百、车里地，至摆古东入南海。自木邦以下，即可通舟楫。昔年陇川多士宁潜往摆古见莽瑞体，皆由此江顺流而下也。旧传：潞江流至洪门、车里，沙碛浸散，与近《腾越志》以为入大金沙江，皆非是。愚尝谓三江皆可舟可航，彝人欲据险隐塞，不使通行，岂知天地设此三江，正为朝廷制驭西南缅甸诸彝设，当事者诚不可忽而不讲求也。异日圣天子问缅甸诸彝久不朝贡之罪，则此三江者，固汉家楼船下番禺，出奇制粤之牂牁江也。

黑水考

【清】阚祯兆近海河西人、康熙癸卯举人

天下之大水有三：曰黄河、曰长江、曰黑水。其源出于西南，汇而入于东海，分而入于北海者，江与河是也；其源出于西北，逆而入于南海者，黑水是也。从前论黑水，穿凿附会，诸家臆说，盖未尝断之《经》矣。《禹贡》大书曰："华阳黑水惟梁州。"梁州即今全蜀及滇地，东距华山之阳，西据黑水。又特书曰："黑水西河惟雍州。"雍州秦地，接于蜀，西据黑水，雍、梁二州皆以黑水为界。按：云南，梁州域也。商周之世，产里[①]有贡，越裳[②]有贡，

① 产里：即车里，古名"产里"，古六宣慰司之一，即今景洪一带。
② 越裳：古南海国名，在安南南部。

武王渡孟津，濮人会焉。当是时，滇为百濮国部，南之车里、八百、缅甸，又何尝不在禹甸内。《书经》所谓“导黑水至于三危，入于南海”，是黑水自雍之西北，而直出梁之西南，明矣。《九州舆图》：“黑水出雍州汾关山。”汾关在昆仑北。周文安《辩疑录》云：“肃州之西北有黑水，东流荒远，莫穷所之。”此与《水经》“黑水出张掖鸡山，南至敦煌，过三危山，流入南海”，其说有合。叶榆李中溪乃以澜沧江当黑水，谓“澜沧之水由吐蕃西北来，迤逦向东，徘徊云南郡县之界，至交趾入海。”新都杨升庵亦主此说。又有指潞江为黑水者，纷纷无据。不知澜沧所出地名，在鹿石山，在雍望，俱可穷源，上流亦狭。若黑水远出汾关，上流已阔，澄若重溟，黝然深碧，夏秋涨溢，江色不变。故自雍经梁，独来独往，澜仅潞四分之一，此水三倍于澜、潞。李氏以澜沧为黑水，吾未闻澜沧尽界梁州之域，况远溯雍州耶？《云南志》载：“金沙江出西番，流至缅甸，径趋南海。”非谓丽江入马湖之金沙江。盖名为大金沙江者，意即界雍、梁二州，入于南海之黑水也。曩讹三危山在丽江，《后汉·西羌传》[①]注：“三危山在今沙州敦煌县东南，山有三峰，故曰三危。”然《经》云：“至于三危。”三危，南雍之地，临峙黑水，其云至者，或在黑水将入南海处。方缅甸江头城望见江中有大山，山峰四塔，极其秀耸，得非所谓三危乎？今自其雍、梁之水流入南海可见者言之，澜沧江受西洱河、胜备河，至顺、蒙交界处，土人谓之“罗擦聚”，不二十余日至锦龙江，即水下流，海客船多会易于此。潞江一名怒江，《水经注》云“漏江”。流出永昌界，经芒市至木邦地，名喳哩江，木邦以下即可通舟楫矣。黑水南流，经蛮莫，受腾越界外大盈江，土人名为大金沙江。自此处始，江至蛮莫以下，地势平衍，阔可十五里。正统中，郭登自贡章顺流，不十日至缅甸者，即此江也。江中产绿玉、黄金、钿子、金精石、黑玉、水晶，间出白玉，滨江山下出琥珀，江畔有宝井。《旧志》以琥珀、绿玉出澜沧江，何其谬耶？总而论之：黑水由西北界雍梁，入南海，其源甚远，故其流独大。南至宣慰之铁壁关，江势平阔，金宝丛生，则大金沙江之名所从来也。潞江流出永昌，至木邦为喳哩江，在大金沙江之东；澜沧江流出蒙、顺界，至姚关为锦龙江，又在潞江之东。夫澜、潞之水源虽出于吐蕃，距滇不过十余日，其潆洄大理、蒙化、顺宁、永昌而入南海，仅界梁州之西南，不能远界雍州也明甚。说者以澜、潞当黑水，谓澜、潞为梁州西南境内入南海之水则可，谓《禹贡》雍、梁之黑水则不可。故论黑水者，莫若以《经》为断，《经》之黑水一也，惟雍惟梁，

① 应为《后汉书·西羌传》。

同此水也。区区执滇以求黑水，岂非狭视宇宙之山川，而不知广所见闻哉！试以山验之，中国山势冈脊，大抵皆自西北来，积石西倾。岷山冈脊以东之水，既入于河汉；其冈脊以西之水，即为黑水，而入于南海。大经大纬，灿若日星。张机《南金沙江源流考》谓："潞江、澜沧江、大金沙江至宣慰地面，皆可舟可航，异日问交、缅不贡之罪，则此三江者，故[1]汉家楼船下番禺，出奇制粤之牂牁江也。"伟哉斯论，吾得取而并识焉！

先农坛考

【清】吴楷

考耤田[2]之制，与蜡祭[3]相终始。东作方兴，则举耤田之礼，以祀先农于春；至百谷告登，则举大蜡[4]之礼，以祀先啬[5]于冬。今春耤天下通行，而冬蜡阙如，盖定制所颁，举春以该冬也。八蜡：一曰先啬、二曰啬、三曰农、四曰邮表畷[6]、五曰猫虎、六曰防、七曰水庸、八曰昆虫。说者谓：先啬，神农也；啬，后稷也；农，古之田畯[7]，有功于民者也；邮表畷，邮亭之舍，田畯居之，以督耕者也；猫虎，猫食田鼠，虎食田豕，皆有功于稼者也；防与水庸，防，堤也，以蓄水，亦以障水，水庸，沟也，以受水，亦以泄水，皆农事之所宜修也；昆虫，螟蝗之属，害稼者也。蜡之祭凡八，罔不为农，而均以先啬为主。鄂相国正先农之神为炎帝神农氏，位居中而配以周后稷契，居右，皆南向；田畯以下，依八蜡名号，皆东西向，仿于两庑之配食，其说甚正。坛之后筑室三楹为神库，祭日升其位于坛，祭毕则归诸神库，仿于宗庙寝室之制。所谓礼以义起，合春冬而汇于一事也。余寻绎其说，购石镌之。俾后之君子，知所考证，用以妥神灵而降嘉种，其道未尝不由乎此也。坛在东门外一里许，余于壬辰岁曾修治之。甲午夏六月，螟虫告灾，余率吏民祷于坛。越三日，有白鸟数千翔而下，啄殆尽。田祖有神，真有合于经训，冀与庶民共晓之也。坛无壝[8]，仍其旧也。笾豆[9]之事，则有司存，尤愿后之莅斯土者共行之。

---

① 故：张机原文为"固"。应以张文为是。
② 耤(jí)：通"藉"；耤田：古代天子举行象征性的耕田仪式，以示劝农。
③ 蜡祭：祭名，年终合祭农田诸神祇。
④ 大腊：亦即蜡祭。
⑤ 先啬：神名，即神农，亦称"田祖"。
⑥ 畷(zhuì)：两陌间的道路，又通"缀"(连结)。《礼记》："飨农，及邮表畷。"孔颖达疏："畷者，谓井畔相连畷于此。"
⑦ 畯(jùn)：管农事的官。
⑧ 壝(wěi)：有矮墙的祭坛；环绕祭坛及行宫的矮墙。
⑨ 笾(biān)：古时祭祀或宴会时盛果品等的竹器；豆，古代盛肉或其他食品的器皿。

艺文志十六　辨

黑水辨

【明】黄贞元

《禹贡》:“华阳黑水惟梁州,黑水西河惟雍州。”《辨疑录》曰:“《甘肃志》载‘甘州之西十里有居延海,肃州之西地有黑水东流,荒远莫穷所之’。是其源出雍州之西北,而流入梁州之西南,其正西则流绕西极之外,而无所据。见地之势,西北最高,故能经西[1]而西南也。”《云南志》载:“金沙江出西番,流至缅甸,其广五里,而径趋南海。”此得非黑水之源出张掖而流入南海者乎?樊绰以丽水为黑水。丽水出吐蕃牛石下,历鹤庆自马湖出叙州入江。樊氏徒知金沙江为丽水,而不知云南金沙江有二,在缅甸者流而南,在丽江者流而北,丽水归东海,则非入南海矣,以丽水为黑水,非也。程氏以西洱河与叶榆泽相贯,可二十里,既以是界别二州,其流又正趋南海。然西洱、叶榆,皆出大理境内,而遂入南海,虽在梁州之西南徼外,而于所谓至三危,界别雍之西境者,何所与哉?是以西洱河为黑水者,亦非也。《地志》以黑水出南广汾关山,今南广水出叙州之西南夷地,其源流不过三百余里,至南广河则入岷江,于所谓至三入南海者,亦无所据。是以南广为黑水者,尤非也。要之出张掖者为是,周文安之说如此,而《大理志》则是以澜沧为黑水。窃考澜、潞、金沙三水,虽皆入南海,大小远近则迥不同,澜仅潞四分之一,金沙又三倍于潞。澜、潞所出地名鹿石山,在雍望,俱可穷源,上流甚狭;金沙江之源,则远自番域,上流已阔,澄若重溟,黝然深碧,夏秋涨溢之时,澜、潞变色,金沙自若。若比于“杨子澜沧二小溪”,诗人小澜水而咏如此。况在汉仅以津名,其形势狭隘,不足匹江河界州域,居然可见。又注云:其旁多松,故有琥珀自孟养夷中来。孟养,腾人号为迤西,正在金沙江滨,而澜沧不闻有琥珀,此不可诬也。由周文安公之论,参以腾人耳目所见,金沙江为黑水无疑矣。《大理志》曰:“潞与金沙蜿蜒缅中,内外皆夷,惟澜沧内华人而外夷落。”窃谓不然,夫三江皆源西北而之东南,惟金沙之外皆夷。若澜若潞,夷夏所界,惟可以上下论,不可以内外论。澜水仅自云龙州蒙化所界,正在永昌域中,为华人所宅。其自云龙而上,至于吐蕃,自顺宁而下,至于交趾,尽皆夷落。永昌郡正在澜沧之外,腾越治正在潞江之外。若遽以澜沧之外为夷,则永昌置郡已久,实非夷落也。故曰:惟可以上下论,不可

① 此处似脱一“北”字。

以内外论。夫永昌、腾越之为府、为州，实非一日，汉唐可为郡邑，安知夷夏不可力封域？若以内外界别夷夏为黑水，则版籍郡邑至腾而尽。金沙江适在腾外，而江外无复华人，不可制置，乃自汉迄今为然矣。舜、禹梁州封域，距黑水而黑水定，以金沙江分内外，别华夷，其说乃是。时又有郑邦诰者，亦腾越人，为高仑冈证讹云："腾有山峙州东百里许，旧名高黎贡，俗呼为高良工，攒峰百出，削壁悬崖，莫可殚述。岚烟静则天山一色，小阴雨则雪霰满巅。又名雪山，高大为南中第一，蒙氏时僭封西岳。其冈自东转西北约五七百里，经马面关抵大茶山，达赤发野人陆阻地，直接昆仑大荒。父老相传，冈尽处崖断路绝，俯视川流无力，不任舟楫，川外隐隐有人马形，莫窥其际。嘉靖三十八年，遥闻洞吴警，乃于冈隘分水岭关掘土得石碑，云《重修高仑冈记》，元至正时，云南诸路儒学副提举止斋王某撰。惜残缺无全文，始知此冈脉衍昆仑，故特名高仑，前三呼皆误。窃按《鱼龙河图》云：'昆仑山，天中柱。'又《史记·本纪》言其高三千五百余里，《神异经》言其广万一千里，《黑水经》言其远云'嵩高五万里。'《搜神记》曰：'昆仑，地首也，惟帝下都，其水绝弱。'郭璞赞：'昆仑在西羌之宇。'《博物志》称：'昆仑东南，水流入中国，名为河。'邱文庄《河源考》：'昆仑直马湖正西三千余里。'《大荒西经》曰：'赤水之后，黑水之前，有大山名昆仑之邱。'夫言天柱，言地首，言地都，虽据诸书，似涉虚诞。但以地理考之，其曰去嵩高五万里，其曰直马湖正西三千余里，此一证也。以水道言之，其曰在赤水后，黑水前；其曰东南流，水入中国为河，此又一证也。夫马湖去嵩高不万里，而昆仑去马湖直三千余里，则云五万者误矣。黄河自星宿海发源，星宿海实在昆仑东南，黑水在昆仑西北，流入大居为金沙江，独赤水未详。今考袁山松《宜都记》，称夷道县西南九十里望州山出涌泉，天欲雨，辄浮赤气，名曰丹水，则去腾五千余里。又马湖亦有赤煎水，比夷道虽近亦小，惟属贵竹建卫者近似。然三水皆在昆仑前。由是观之，高仑东面赤水，西背黑水，其接脉昆仑也审矣。况国人所谓川流不任舟楫者，焉知非其水绝弱乎？川外隐隐有人马形，焉知非西羌之宇乎？且龙、潞二江夹冈西腋，绵亘千里，下至木、缅、支、陇，散漫交布，禹甸势据上游，诚哉天设之险，实以壮我永腾者也。故为证讹。"

景帝非正祀辩

【清】吴楷

来凤山汉景帝庙，相传王靖远征麓川时，于大理舁置军中随行，至腾越来凤山麓不复前，因即于此山立庙祀之。其说甚怪。腾俗信神鬼，生男女必以斗酒只鸡为祷，若泰山神之寄名者，更荒诞莫能穷诘。余治腾阳，凡有关祀典者皆为修正崇祀，而名山游览之所，虽出于浮屠、老子之所为，亦姑仍其旧，勿之禁。独于此山景帝之称，求其说而不得也。考汉昭烈曾奉汉景帝木主于彝陵，至今有庙，不应祀于滇。《南诏野史》指为金马碧鸡神，其言不经。明张南园为永昌博雅君子，《续录》载红庙事甚悉。其称蒙世隆在唐时屡寇边，唐妻以公主。后高骈败之，愤恨疽发背死，伪谥景庄帝。考蒙诏僭号大理，与相传大理异至腾越之说颇合。然则景帝之称，即为蒙世隆之伪谥。而自唐迄今千有余年，自大理移置于此，又三百余年，而民俗之奔走趋事，莫识由来，甚至男女托名宇下，全不为怪，亦可见腾俗之好淫祀[1]，几至数典而忘其祖也！昔狄仁杰治江南，焚吴楚淫祀千七百余所，独留夏禹、吴泰伯、季子、伍员四祠，风俗大变。余因考景帝伪谥之出于蒙诏夷狄之俗，明王靖远一时神道设教，贻误到今，传之几三百余年。余幸得《南园续录》一考正之，信可以折愚蒙后世之惑，晓然于明有礼乐、幽有鬼神之不可妄干，而斯民之日用饮食偏为尔德者，正在彼不在此也。因为辩正，入之志，使后之览者有所考焉。

黑水辨

【明】进士李元阳太和人

《书·禹贡》："黑水西河唯雍州，华阳黑水唯梁州。"又曰："禹导黑水至于三危，入于南海。"传论纷纷。或谓其源出某山流经某地，或谓其跨河而南流，或疑其世远而湮涸，或谓三危在今丽江，或谓窜三苗不应复在南彝之地。此皆出于臆度，不足为据，愚之所据，知有经文而已。夫黑水之源，固不可穷，而入南海之水，则可数也。夫陇蜀无入南海之水，唯今滇之澜沧江、潞江二水，皆由吐蕃西北来，盖与雍州相连，但不知果出张掖地否？水势并汹涌，皆入南海，是岂所谓黑水者乎？然潞江西南趋，蜿蜒缅中，内外皆彝，其于梁州之境，若不相属。唯澜沧由西北迤逦向东南，徘徊云南郡县之界，至交趾入海。今水内皆为汉人，水外即为彝缅，则禹之所导，于分别梁州界者，惟澜沧足以当之。孟津之会曰髳人、濮人，以今考之，皆在澜沧江内，则澜沧之为黑水无疑矣。《地理志》谓"南中山曰昆弥，水曰洛"。《山海经》曰："洱水西流入于洛。"故澜沧江又名洛水，言脉络分明也。《元史》："至元二年，大理劝农官张立道使交趾，并黑水，跨云南以致其国。"观此则澜沧江之为黑水，益章章明矣。若三危山，即不在丽江，亦当不远。古今山川之名，因

① 淫祀：滥行祭事。《礼记》："非其可祭而祭之，名曰淫祀。"

革不可纪极。夫不可移者，山川之迹也，随时异称者，山川之名也。不据不可移之迹，而据易变之名，亦末矣。大都为传论者，未尝知三省地形，但谓陇在蜀之北，蜀在滇之东北地，而《禹贡》言黑水为雍、梁二州之界，又入南海，故不得不疑其跨河，知跨河非理，又不得不疑其湮涸。曾不知陇、蜀、滇三省，鼎足而立，陇则西南斜长入蜀，滇则西北斜长近陇，蜀则尖长入滇、陇之间，正如三足幡然。黑水之源正在幡头，故雍以黑水为西界，对西河而言也；梁以黑水为南界，对华阳而言也。盖各举两端，若曰西河在雍东，黑水在雍西，华山在梁北，黑水在梁南云尔。故曰梁州可移，而华阳黑水之梁不可移也。梁、雍之间，其名黑水者非一，然皆枝水，而流又不入南海。《诸葛亮笺》所谓"朝发南郑，暮宿黑水"之类，皆非《禹贡》之黑水也。元遣都实因水之流以穷河源，遂得其实。事固有晦于前而明于后者，今能因澜沧江入南海之水而穷其源，则所谓黑水者可知也。

冈脊黑水辨

【清】史秉信鹤庆人

按《禹贡》："华阳黑水惟梁州，黑水西河惟雍州"，"导黑水至于三危，入于南海"，凡三见。滇，古梁州域也，昔辨黑水者如聚讼。或问余曰："黑水《地志》出犍为，谬矣。《水经》出张掖，至敦煌，过三危，入南海。敦煌，瓜州也，实未尝有此水跨越诸山入南海，武彝熊氏之说详矣。唐樊绰又指丽水为黑水。丽水，金沙江也，金沙果黑水乎？"余曰："金沙出吐蕃，经丽江、鹤庆、姚安、武定，入马湖，会氓江，入东海。此为黑水，所谓入于南海，何居？"或又曰："程氏以丽水狭，不足界二州，西洱河与汉叶榆泽相贯，广可二十里，其流正趋南海。西洱今大理海也，西洱果黑水乎？"余曰："西洱源一发于鹤庆分水岭，一发于浪穹罢谷。此为黑水，所谓'惟雍州'者何居？"或又曰："西远彝方，有大金沙江，发源昆仑西北吐蕃，地广五里，产黄金、绿玉、琥珀、水晶，其流正趋南海。西南惟此水为大，张机曾有考。然则大金沙为黑水乎？"余曰："洱水之西为澜沧，再西为潞江，又再西为大金沙。大金沙者，长广三倍于澜、潞，远出番域，'上流已阔，澄若重溟，黝然深碧，夏秋涨溢，江色不变'。腾越黄贞元言之甚悉。第此水去梁荒远，此为黑水，所谓华阳者何居？所谓至于三危者又何居？榆李仁甫《黑水辨》以澜沧江为黑水，云：'陇、蜀、滇三省鼎立，陇西南斜长入蜀，滇西北斜长近陇，蜀则尖长入滇、陇[1]之间，如三足幡然。黑水源正在幡头，故雍以黑水为西界。'以山论，丽

① 原文多一"滇"字，今据前文李元阳《黑水辨》去之。

雪山与蜀松州诸山相接，松去雍不远，计澜沧之源，当在雍之西。元张立道使交趾，由黑水入三崇山，澜沧经其麓，地有黑水祠。仁甫考究不无据。又《大理志》：‘云龙州有三崇山，顶列三峰，高万仞，下还澜沧，即古三危。’樊绰云：‘三危临峙其上。’玩《禹贡》‘至于’二字，皆水行而经历之词。邹氏指三危为敦煌，程氏指为宕昌，去水经行之道远。则三崇为三危之说，亦或可信。如历山有二，崆峒有三，岂三危必三苗之叙者也？诸说难尽非之。但余鹤居滇上游，金沙出左，澜沧居右，西洱汇前，生斯长斯，日游于斯而不察，可怪也！考蔡注云：‘梁、雍二州皆以黑水为界，黑水自雍西北直出梁西南，中国山势，冈脊皆自西北来，积石西倾，岷山冈脊以东之水，既入于河汉；岷山冈脊以西之水，入于南海，即为黑水。’此说广而有据，何也？鹤之山皆自西北来，凡脊以东之水，皆归东海，金沙江是也；脊以西之水皆归南海，澜沧江是也。则此中为冈脊，畴[1]能易之？如鹤走榆，经山神哨旧名分水岭，草间湍出，尽乱流耳。北流者入漾江，会金沙转东海南流者，合浪穹水汇为西洱，归南海。夫咫尺间分东南海之异于冈脊之说，诚有吻合者，人自不察耳。如鹤距剑一脊耳，脊西之水如清水江入剑湖，由点苍皆合洱水、澜沧归南海；清水江脊以东之水，或流山谷为涧，或潴山麓为潭，或入漾江合金沙归东海。由剑而溯之，老君山水流之丽，则归金沙入东海，流之兰，则入澜沧归南海，无不然者。又自洱西达滇孔道，遥从南北指点之：赵州礼社江、定西岭赤水江、云南县溪沟诸水，皆合澜沧归南海也。宾川大河、姚安蜻蛉河、阳瓜大姚河，合金沙归东海者也。镇南水南入元江者为马龙江，北入金沙者。沙桥之水发源为楚雄龙川江、广通之罗绳河，则流黑井入金沙；舍资河则出南安达元江迤西。至武定之水发源为舍资河，入元江；元谋应元溪、禄劝普渡河，又北入金沙矣。罗次、禄丰、安宁、易门三泊，皆犄角于会城西南。罗次之星宿河，由禄丰而南出元江；安宁之水乃滇池末流，北出富民，入金沙三泊，资利河北注滇池，又有丁癸江南流矣。易门之九渡河亦南入元江。由此而昆阳、晋宁、归化、呈贡、宜良及澄江府州县，皆环会城，而居南居东者，昆阳渠滥川、晋宁大堡河、归化之交七浦、呈贡之洛龙河，皆注滇池；如澄江、新兴大溪河、江川星云湖、澄江抚仙湖、路南兴宁溪、阳宗明湖、大冲河，皆南入盘河，与滇池了无涉矣。至新兴西北七十里，刁蒙山顶，分晋宁界，晋宁之大堡河皆发源于新兴江川北叠翠山，山半泉涌，三派西流入滇池，东南入抚仙、星云二湖，与鹤分水岭咫尺。分东南海者，无以异此间。顾非冈脊而何？谓大水既分，小水亦必从之，其间俱有如山神哨、叠翠山者，但龙有起

① 畴：谁。

伏经折，居其间者，当自得之。由澄江而北，宜良之盘江、大城江、马龙水，发源为曲靖之潇湘江，平彝之十里河，皆入南海者也。寻甸水发源为东川府之牛栏江，又水之入东海者也。又沾益南为交河，入盘江，沾益西东翁江入金沙，又有南盘、北盘二水，分流各千余里。诸水分东南海者，皆由源以穷之，非溯流慢不知其源者也。由是观之，所谓冈脊者，西倾积石岷山，脊之巅也；鹤西岭以及姚安、楚雄、武定、昆明、澄江、曲靖、寻甸之间，脊之腰络也。由此而出黔、蜀，如《地理书》所称南干龙，或发节生枝，水之分咸有若是焉者乎？故云冈脊之说，有吻合者。”或曰：“信斯言，脊以西之水皆黑水，澜沧也，西洱也，大金沙也，皆黑水矣。郦道元谓：‘西洱、叶榆，积渍所成，谓之黑水。’岂冈脊以西皆榆乎？”余曰：“脊以西虽不必皆榆，然西南之山，干霄翳地，随刊未施时山水积渍成渠，何必榆始黑也。朱子云：‘黑水从雍梁西界入南海，不经中国。’知言哉！《山海·西山经》云：‘昆仑之丘，西流于大杅，轩辕之丘，洵水出焉，南漾注于黑水。’所指皆西南，是黑水实不入中国也。”或又曰：“顾野王《舆地志》：黑水由僰道入江。”余曰：“僰道，乌蒙地也，入南海者曰入河，可为喷饭。若夫辽东黑河，趋东海，肃州有黑水，无跨河越脊理。若水名黑水，即北金沙入东海，皆非《禹贡》之黑水，不足辨矣。沿革有时而更，江山千古不易。山脊水源具在，使宋诸贤复生，履滇鹤之域，而指顾之，必不易吾言也夫。”迩诸葛元声《滇史》亦举冈脊一说，惜不得于李仁甫草《黑水辨》、张机作《大金沙江考》时，以大全冈脊之说一诘之。

艺文志十七 纪

溯江纪源

【明】徐宏祖江阴人

江、河为南北二经流，以其特达于海也。而予邑正当大江入海之冲，邑以江名，亦以江之势至此而大且尽也。生长其地者，望洋击楫，知其大不知其远；溯流穷源，知其远者，亦以为发源岷山而已。予幼考纪籍，见大河[①]自积石[②]入中国。溯其源者，前有博望之乘槎，后有都实之佩金虎符[③]。其言不一，皆在昆仑之北，计其地去岷山西北万余里，何江源短而河源长也？岂

① 大河：即黄河。
② 积石：山名，在青海省，距黄河源甚近。
③ 博望：汉张骞封博望侯，他出使西域归，向汉武帝报告黄河源的情况。槎(chá)：用竹木编成的筏。都实：元代人，曾奉命为招讨使，佩金虎符，往求河源。

河之大更倍于江乎？迨逾淮涉汴，而后睹河流若带，其阔不及江三之一，岂江之大，其所入之水不及于河乎？迨北历三秦，南及五岭，西出石门、金沙，而后知中国入河之水为省五，陕西、山西、河南、山东、南直隶。入江之水为省十一。西北自陕西、四川、河南、湖广、江南[①]，西南自云南、贵州、广东、广西、福建、浙江——应言十二省，遗江西也。计其吐纳，江既倍于河，其大固宜也。按其发源，河自昆仑之北，江亦自昆仑之南，其远亦同也。发于北者曰星宿海，佛经谓之徙多河[②]。北流经积石，始东折入宁夏，为河套，又南曲为龙门大河，而与渭合。发于南者曰犁牛石，佛经谓之殑伽河[③]。南流经石门关，始东折而入丽江，为金沙江，又北曲为叙州大江，与岷山之江合。予按：岷江经成都至叙，不及千里，金沙江经丽江、云南、乌蒙至叙，共二千余里，舍远而宗近，岂其源独与河异乎？非也！河源屡经寻讨，故始得其远；江源从无问津，故仅宗其近。其实岷之入江，与渭之入河，皆中国之支流，而岷江为舟楫所通，金沙江盘折蛮獠溪洞间，水陆俱莫能溯。在叙州者，只知其水出于马湖、乌蒙，而不知上流之由云南、丽江出；在云南、丽江者，知其为金沙江，而不知下流之出叙为江源也。云南亦有二金沙江，一南流北转，即此江，乃佛经所谓殑伽河也；一南流下海，即王靖远征麓川，缅人恃以为险者，乃佛经所谓信渡河也。云南诸志，俱不载其出入之异，互相疑溷，尚不悉其是一是二，分北分南，又何由辨其为源与否也。既不悉其孰远孰近，第见《禹贡》"岷山导江"之文，遂以江源归之，而不知禹之导，乃其为害于中国之始，非其滥觞发源之始也。导河自积石，而河源不始于积石；导江自岷山，而江源亦不出于岷山。岷流入江，而未始为江源，正如渭流入河，而未始为河源也。不但此也，岷流之南，又有大渡河，西自吐蕃，经黎、雅与岷江合，在金沙江西北，其源亦长于岷而不及金沙，故推江源者，必当以金沙为首。不第此也，宋儒谓中国三大龙，而南龙之脉，亦自岷山，濒大江南岸而下，东渡城陵、湖口而抵金陵，此亦不审大渡、金沙之界断其中也。不第此也，并不审城陵矶、湖口县为洞庭、鄱阳二巨浸入江之口。洞庭之西源自沅，发于贵州之谷芒关；南源自湘，发于粤西之釜山、龙庙。鄱阳之南源自赣，发于粤东之浰[④]头、平远；东源自信、丰，发于闽之鱼梁山、浙之仙霞南岭。是南龙盘曲去江之南且三千里，而谓南龙濒江乎？不第此也，不审龙脉，所以不辨江源。今详三龙大势，北龙夹河之北，南龙抱江之南，而中龙中界之，特短。北龙亦只南向半支入中国。俱另有说。惟南龙磅礴半宇内，而其脉亦发

---

① 江南：《徐霞客游记》作"南直"。
② 徙多(sī tā)河：原文作"从多河"，今据《徐霞客游记》改之。
③ 殑伽(jìng jiā)：原文作"婏倗"，今据《徐霞客游记》改之。
④ 浰(liàn)：水名，在广东省和平县西北。又名和平水。

于昆仑，与金沙江相持南下，经石门、丽江，东金沙、西澜沧，二水夹之。环滇池之南，由普定度贵竺、都黎南界，以趋五岭。龙远江亦远，脉长源亦长，此江之所以大于河也。不第此也，南龙自五岭东趋闽之鱼梁，南散为闽省之鼓山，东分为浙之天台、雁宕。正脉北转为小箪[1]岭闽、浙界，度草坪驿江、浙界，峙为浙岭徽、浙界、黄山徽、宁界，而东抵丛山关绩溪、建平界，东分为天目、武陵，正脉北渡东坝，而峙为句曲，于是回龙西结金陵，余脉东趋余邑。是余邑不特为大江尽处，亦南龙尽处也。龙与江同发于昆仑，同尽于余邑，屹为[2]江海锁关钥，以奠金陵，拥护留都千古不拔之基以此。岂若大河下流，昔曲而北趋碣石，今徙而南夺淮、泗，漫无锁钥耶？然则江之大于河者，不但其源之共远，亦以其龙之交会矣。故不探江源，不知其大于河；不与河相提而论，不知其源之远。谈经流者，先南而后北可也。

艺文志十八　略

陈言征麓川状略

【明】**詹英**贵州人

尝谓边彝抗命，实天讨不容；大将领兵，当神明是务。夫兵，凶器也，为将者不能重其事，惟求己之利益，必其取胜而成功者，难矣。曩因麓川思任背逆，天兵已尝殄灭，子思机又敢抗违朝命，皇上命将出师，往正其罪。何期总督等官，不体朝廷之心，苟安贪利，行李二三百扛，用夫五六百，声势喧哄，沿途劳扰；将带纻丝绢匹，密散富豪之家，下网垂钩，狼贪渔取。有司上官，行李成队，好马双牵，转送别官，加倍索取。各处都司官弁，潜将贿赂先行，所获有余，贪得无厌，故违祖训，擅用阉刑，以进为名，尽留自用，丑行遍扬于南诏，名节大坏于边方。及至行军，全无纪律，大军十五万，俱从一日起程，路滑泥深，难为士卒。且如运粮一事，又不设法转输，每军一名，运粮六斗，奔走往来搬运，催促不得少停，如此之劳，何以养锐？有因自缢而死，视之略不经心，嗟怨之声，盈于道路。领命用兵者，岂当如是哉！指以驮粮，坐派有司一千余马，不知此马何施？坐轿、卧轿、山轿，凉帐、暖帐、雨帐，左右赞襄官吏，百端阿承，罢[3]困下人，无所控诉。比临贼境，各不周虞探其

① 箪(gǎn)：地名用字。
② “屹为”的“为”，原文作“于”，今据《徐霞客游记》改。
③ 罢：通“疲”。

险易虚实、贼众有无，辄至金沙江边。贼人进抗猛烈，调令副总兵、参将等官，领兵攻围，不克。贼用木石擂打，将骆都指挥等官军杀死，俱将顶皮割去。贼子肆顽，不知何所，却将来降鱼户诱系解作生擒。盖因主将无谋，致有此患，损中国生灵，贻边彝笑。计究事拙，只得班师，已将地方失与木邦、缅甸，抗违之罪，付之无可奈何。闻古之为将者，与士卒同甘苦，故能成功，今不知此虑，欲希侥幸，岂将兵者之所为哉？窃详靖远伯王骥，以布衣升伯爵，子孙世袭有官，何乃忍此！总兵官宫聚，由先代勋戚，擢升都督，挂印总戎，自合寝食不安，以除边患。岂知此二人者，同流合污，既无运筹帷幄之才，又无克胜破敌之智，玩法怙终，损兵失利，原其情犯，死有余辜！昔唐元宗时，南诏有警，御史李宓将兵十万击之，杨国忠隐其败，更以捷闻。后范祖禹引管子之言："堂上远于百里，堂下远于千里，君门远于万里。"言壅蔽之害深也。皇上深居于九重，岂知此情此弊！臣不避势要威权，冒犯天颜，乞将王骥、宫聚等官，拿送法司，明正其罪。先差密切廉正[1]之官，前途盘问各官行李，上解天怒，下满士心。

按：王骥附丽王振，用兵西南一小夷，骚动天下，刘球言之，遂遭其害。詹英一外省校官耳，痛切指陈，过于刘球，而能免乎？滇、黔省志，各载其状，而其文甚长，此特节其略耳。读此，将以见讨一小土司，出数十万兵，骚扰地方，至于如此，其罪不容诛耳！《吴志》乃议祠之名宦，何耶？万历中，刘、邓二公各将五千兵，大破莽酋，直抵阿瓦，尽收三宣六慰之地，功大何如？所将共万人耳！天下之患莫大于出京兵而征，外省兵次之。以后证前，知詹英语不虚也。

抚按会题莽哒喇事情兵部议准移咨节略

【明】吴宗尧

莽哒喇僻在极西南海之滨，近因侵扰孟养诸夷，其衅端自嘉靖初年，猛密安抚司思真纠同猛养思伦，杀掳缅甸宣慰司莽纪岁，以致积成仇怨。嘉靖七年，内官责取金符印信，交贮永昌府库。后又因思真之裔思汉、男思糯，自相戕害，投奔洞吴，遂致莽哒喇怀挟旧仇，兼乘猛密之乱，将思汉次子思琢送与管领猛密地方。莽酋借此假途攻掠猛养、迤西诸夷，以快前忿；又留其部夷卓吉管食猛密所属锡箔地力。后被思真婿别混杀掳卓吉，时思琢报之，莽酋复攻猛乃，因而掠去别混，势渐猖獗。私用木叶缅书招至陇川、干崖、南甸三宣抚司土舍，欲其往会，意在夸大言辞，以胁众夷。原其履霜之渐，

① 廉正：《州志》作"廉干"。

固出于猛密、猛养自致其尤；至其触藩，又因猛乃、锡箔，益张其焰。是虽莽酋凭陵之谋，久蓄其先世之忿，而亦诸夷内相吞噬，自撤其桑土之防。加以地界于荒远之徼，而文告罕通，兵脆于承平之虞，而土司习怯，遂使蠢虏之声驿骚远近。张皇羽檄，边鄙戒严。兹者缅酋传闻内地有备，兼虞他夷袭彼巢穴，远遁洞吴故地，迄今已及数月。边圉宁谧，实为天威远振，德化绥怀，故甲兵弗试而凶夷自戢，有如此也。夫治戎以不治，古有明训，今缅酋既已远遁，驱逐之师无容轻举。然“守在四夷”，著之经典；“无恃不来，恃其有备”，垂之兵志。况恍惚去来，丑夷之常态；提防戒备，保国之令猷。虏人虽遁，邻边诸境岂敢一日而忘备哉！如蒙敕下该部，议拟上请，俯念徼外无知土夷，贯其文法之始，特宽既往相仇之衅，许其改过自新。容臣等督行都、部、按三司，守巡、兵备、各道守备等官，申饬汉、土官兵，严加防御。仍严谕车里、老挝、木邦、陇川、干崖、南甸等宣慰、宣抚司，土官、土舍人等，各整饬兵械，固守边疆。如有私通结纳，并自相仇害，致惹边衅者，该兵备道暨守备官，即时参呈，臣等如法提究，以杜扰乱之阶。其莽酋如或再三玩侮，侵犯内地，即时调集骁兵，相机截杀，使边境肃清，土夷安静。则在我有全胜之略，而丑虏绝内窥之萌矣。等因。

嘉靖三十九年三月二十三日，少保兼太子太保、兵部尚书杨博题称：缅酋莽哒喇始因仇害诸夷，驿骚内地，继而畏威远遁，边圉已宁；乞要特宽既往，许其自新，又申饬汉、土官军严加防御各一节为照。驭夷之方，固示以不治；守边之道，尤当谨于未萌。所据缅酋莽哒喇震叠之状，虽云可谅，狂悖之罪，本不容诛。若使辄为解散，慢然无备，万一别启戎心，关系匪轻。云南守臣具题前因，夷情边计，俱已周悉。臣等无容别议，合候命下，移咨巡抚、总兵等官，宣扬朝廷恩威，务令缅酋益加悔悟，各安生理，勿得冥顽弗率，自取剿灭。一面督行三司、守巡、兵备等官，申饬汉、土官军，特加防御，无堕彼计；一面传谕老挝、木邦、陇川、干崖、南甸土官、土舍人等，不许阳顺阴逆，交通结纳，自相仇害。如或违犯，悉听镇巡官拿究重治。等因。

窃闻莽哒喇者，本百夷中洞吴一小部落酋长，名瑞体。嘉靖三十三年之内，因部南又有马革一大部落，号得楞子，地广兵强，善于使伏狼机火器[①]。彼酋长名排来者，兄弟争国，连年结仇衅，戕伤过半。莽哒喇探知其由，计为和释。其弟兄感之，堕于其计中，遂奉为酋长，让居马革，称为莽哒喇云。夫“莽哒喇”者，犹华言公道主也。自后约束其众，因而绝彼粮道，且截其归路，使彼弟兄不相救援，渐死于锋镝，遂尽有其土地。由是东破郎长，西灭

① 伏狼机：即佛郎机，旧时称外国制造的枪炮。

密西里，计取猛密、缅甸，掩袭猛养、迤西，攻打景迈、整古，胁服土字、土哑，木邦听其征调，陇川亲身往见，干崖、盏达，不为约束。独南甸宣抚，密迩乎腾境，颇知向顺，未往从耳。推其故，盖由莽酋颇知用兵，尤计善狡猾，凡诸夷未服者，先声言攻取，以挟其来；及既已来者，又重加赏赉，以快其欲，随更其酋长，兼掌其地；如有不服者，又以敌攻敌，而彼但尾其后，损人利己，其性狼狠。全师没于车里而愈凶，长子死于锋敌而不悔。如不能预为防守，诚恐藩篱既撤，寇近户庭，有如前奏辞中所称，谓“日引月长，寻劳斧柯”者矣。抚按拟议督率司道，修备其器械储粮，选将设险提备，及严谕沿边土司，同心固保之一节，是固善筹。又如昔年会议，委都司堂官有威望者，可前至本卫督兵提守，振扬武事；或命近年永平守备，携带其妻子移驻腾冲，以坚其志，常川操练，多方设法，大彰我国威。又请守巡、兵备各当道，不时按临本卫，整饬边防。且精选熟识夷情通事数辈，如三边夜不收[①]之类，厚其赏犒，赐恤其妻子，使之深入探看莽酋动静消息，就中暗画其山川险易形势、水陆道里远近图说，孰为正道，孰为奇出道，孰为截路，以为长胜之策，庶诸酋长闻风俯首，远遁之不暇矣。不然，则腾以孤城万里，四面寡援，焉能捍御乎西南一带之犬夷哉！此系地方夷情，故备述其始末，幸加以深忧远虑可也。

按：宗尧，嘉靖二十二年举人，历官马湖、延平同知，告养归。此奏记盖在嘉靖四十年间也。当时地方士大夫肯献言，而当事亦为之采录，后世不能矣。

艺文志十九　录

平缅录

【明】张洪

明永乐四年闰七月十二日，命持节入缅谕那罗塔。即日就道，九月至金齿，整点护敕官军从行者，举家痛哭，谓去必死。洪示以闲暇，不急于行，哭送者不知其期，稍懈。乃疾启门驰出，抵诸葛营而止，哭者不得相送，行者勉于趋事。时内官云仙在麓川病，遣军迎于道，见者皆泣。及至麓川，云仙要洪入，臭秽不可坐，以军士营居无厕，且天气郁蒸故也。行次贡章，即缅之江头城。缅既并猛养地，复遣陶孟东如聚兵于北，以防中国之救。洪佯为不知，遣人斥之曰：“我使日本，其王来迎，舟楫遍海；尔曾不满二三万

① 夜不收：军中刺探军情的人。

人来接，是轻我也！速备船送！尔本小夷，吾不汝尤。”既入舟，召通事询缅事情及前使得失。通事对曰：“缅酋甚倨，闻朝使来，则创草楼北面以迎之，使臣入城，拦其从人于外，使之徒行，延登草楼，缅人则南面与之语，率以为常，前使者姑容之。且其风土甚恶，至之夕，病者居半，明日尽病，三日后死者相继，十无一还。公宜处之。”洪入其境，遣通事谕缅人撤去北面之楼，且告以中国之礼：为官者出，行者皆避路，否则棰之。且告缅民避路。乃选敢死士二十，各佩刀执杖，将入城，洪立马城下，叱缅人辟门。不听，遂棰之，排其门而入。至宣慰庭，缅人列象百余，夹道而立，以鼻勾绾，请使臣下马。即令拔刀砍象鼻，象始开。驰至其楼，奉敕书南面呼宣慰以下北面听受毕，使者西向坐，数其失礼并擅杀邻近土司罪。那罗塔不能答，但云：“请就馆，明日回覆。”既退，缅人杀牲以供具，悉麾出，令易生牢[①]来。旧闻夷缅间有木曰金刚纂，状如棕榈而无叶，锉以渍水，暴牛羊，渴甚而饮之，食其肉必死。继馈生牢，必俟三五日，无毒然后烹宰；扫除营内，无容秽恶，于营外百步许为厕，满则实之以土，更为别厕。三日，军无病，人心始安。彼常以瘴病怖我，故前使畏死，求亟还，莫敢与之校。以洪观之，瘴疠虽有，亦当调摄：食肉不许太过，饮酒不至于醉，居处无臭秽，饮食以渐增减；馈献游行，必防其毒。缅人常蓄淫妇诱我士卒，犯之必死，谓之“人瘴”。洪朝夕诲之曰：“汝等来时，父母妻子哭送，拜祷神明，望若生还。今以人瘴而毙，妻必他适，父母何归？”众皆感泣，不敢近人瘴。或有病疟，洪以平胃加柴胡治之，多愈。去时马步七十人，归时六十九人，惟一人朱观音保殁于彼，命从者收骨殓随身行李还其家。缅人以军无死伤，称为神明。使事毕，还至腾冲，既脱瘴疠，安养军士数日。夷人馈牛酒，悉以享士，死者亦以祭。振旅入金齿，欢声动地。

---

① 牢：祭礼用的牺牲。生牢，这里指活牲畜。

腾越厅志卷之十九

艺文志(下)

艺文志二十　杂著

(一)赋

龙光亭赋

【明】陈宗器

繄腾重镇，实维控诸夷而翰中夏。位界西南，天开图画。瀑布奇观，不在匡庐之下。众流萦合，名曰盈江。源蜿蜒于北浚，势澎湃而南行。溯飞湍之始逝，岂一苇之可航？宝峰枕其左，凤麓接其右，双壁高擎，巨泓中溜。雷殷殷而常鸣，雨霖霖于晴昼，石矗矗以蟠空，木翳翳而冬秀。观其喷薄之状，震撼之声，鲸翻浪骇，鹏击波惊。如万斛明珠之沉于琼海，如壮士挽天河以洗甲兵。何宓妃[①]之好奇，帘以水晶；抑安期[②]之有道，朝乎玉京？织女投机，斗星垂焰；鲛人剖蚌，玻璃潋滟。烛龙[③]衔耀而照千里，滕六[④]降雪而横倾乎天堑。繄自桑暾初上，山翠欲浮；耀尚远而未达，霭乍起而辄收。迨夫大明丽中，云净苍穹。日含水色，水浸日容，上下相荡，厥态莫穷。讶彤弓悬于碧落，疑长剑倚乎崆峒。既而晚风微，落霞散，寺鸣钟，渚归雁。月娥开镜，冯夷[⑤]披练。梨花联桂影以婆娑，碎金混圆璧而灿烂。相竞乎皎洁之姿，掩映乎清虚之殿。当斯时也，渔歌欸乃[⑥]，珠光隐见。河伯效灵，水壁芳荐。聊杖履以寻幽，还徙倚而堪羡。盖以下有静渊，龙居其中，或潜而泳，或跃而翀[⑦]。导以箕宿[⑧]，从以丰隆[⑨]。嘘烟吸雾，荡彩凝红。因物赋象，巧夺天工。由是求源者喻，观澜者怡，或公余寄兴，或情畅赋诗。或歌沧浪以濯缨，或偕童冠以为期。在昔达人，树棠既芳，来游构亭，表以龙光。盖取灵物之迥异，而大观之非常也。

---

① 宓妃：传说伏羲氏女，溺死洛水，遂为洛水之神。
② 安期：即安期生，秦代方士。传为道家仙人名。
③ 烛龙：古代神话中的神兽。人面龙身，衔烛以照幽明。见《山海经》《淮南子》。
④ 滕六：神话中的雪神名。
⑤ 冯夷：神话中的水神名。
⑥ 欸(ǎi)乃：摇橹声。
⑦ 翀：通“冲”，向上直飞。
⑧ 箕宿：星官名，二十八宿之一。
⑨ 丰隆：神话中的云神。

来凤晴岚赋以云散烟消万景开为韵

【清】金泽

岩疆地重，井宿躔分。风古而朴，人秀而文。台有卧龙，飞泉喷瀑；山名来凤，瑞霭氤氲。目所罕见，耳所习闻，非烟非雾，若霞若云。是为晴岚，横据山半，或曲如霓虹，或直如河汉；或断而复连，或连而复断。其见也，必皓月之当空；其出也，必明星之有烂。雨势将来，岚兮忽散，古寺楼前，气象万千。塔为之失其顶，山为之迷其巅。如停云出岫，如飞龙在天。如长江百尺之匹练，如满城万户之炊烟。风散云乱，雨霁烟消。忽秋忽夏，忽暮忽朝。球牟晚照，宠炊高标。东西缕缕，南北条条，层峰之上，叠嶂之腰。维山气厚，积而必宣；维岚气清，蓄而必喷。其显也，莫测其何来；其藏也，不知其何遁。因晴发抒，与山敦艮[1]。会而为一，散而为万。掩映乎鳌峰，盘旋乎象岭，照曜乎乡村，辉光乎市井。人间鸡犬无声，天上楼台倒影。变态须臾，呈形俄顷，观者目迷，闻者心警。状奇观于四时，冠腾阳之八景。地多胜迹，士负奇才。佳景正须题咏，名山何必蓬莱。气蒸蒸其日上，运郁郁而天开。可索解人，欲问岚从何起；本非凡鸟，无忘凤自何来。

来凤晴岚赋以云散烟消万境开为韵

【清】李含英

南天巨镇，西极边垠。诸峰卫主，一岭超群。拔地倚天，凿千年之混沌；吞云吐雾，备四气之氤氲。晴光滉[2]耀，岚影缤纷。日夕犹佳，晚映球牟之照；晨清愈爽，朝连宠炊之云。原夫干峨祖龙[3]，罗生支干。回环一百余里，归宿城边；覆压亿万千家，悬立天半。命名以凤，应从彼岸飞来；有水如龙，已被垂帘惊窜。雉堞高擎，鹰山远岸。对观于大佛寺，欣逢日丽风和；仰望自秀峰山，最喜云收雨散。则见山容尽露，石齿俱鲜。扫去阴霾，蒸祥光于大壑；写来画意，蔼霁色于遥天。笼罩层峦，半丝半絮；迷离空翠，非雾非烟。遥知缥缈之中，岩香谷媚；定是阳和之候，棠睡柳眠。既而夕阳西坠，山钟暮摇；闲云倚树，幽径归樵。留得文笔插天，塔踞峰顶；照见琼楼射月，寺压山腰。一尘不到，万虑俱消。声来锦绣丛中，今夜谁家之笛；客在空明界上，吟风弄月之箫。及乎平旦而兴，探奇有愿。偕游僧侣，暂抛弥勒之珠；倘遇神仙，可食胡麻之饭。茶就竹烹，酒凭花劝。堆螺拥髻，任苔藓之频封；拂柳冲花，喜脚腰之尚健。得路先登，凭高细玩：村墟龙马窝下，家不嫌三；关锁绮罗村头，华堪名万。望龙川，睇鹤井，眺鸦山，瞩鹭岭。玉带玲珑，

---

① 敦(tuán)：丛聚貌。艮：止。

② 滉(huàng)：荡漾，跳动。

③ 祖龙：一般指始皇。但这里指的是堪舆家的术语，龙指山脉，即所谓的“来龙去脉”，意为来凤山发脉于干峨，罗生诸山是它的支脉。祖，始；龙，君。

宝峰秀整。石龙西下，纲维和顺之墟；罗水东来，奔赴清明之境。龙华烂熳兮崇朝，玉宝光明兮俄顷。从天外以昂头，就寰中而引领。云屯远坝，犹以侍郎为名；日照残营，不见尚书之影。然则山终不易，凤岂常来？冈是卧龙，烟霞笼遍；峰如回雁，雷雨兴才。一路古柏乔松，都呈翡翠；四面琳宫绀宇①，普见楼台。因奇思之风发，得异想之天开。学足三余②，自有挥毫之兴；笔飞五色，谁堪作赋之才？

(二)歌

折臂翁序：戒边功也

【唐】白居易

新丰老人八十八，头发须眉皆似雪，元孙扶向店前行，左臂凭肩右臂折。问翁折臂来几年，兼问致折何因缘？翁云贯属新丰县，生逢圣代无征战。惯听梨园歌管声，不识旗枪与弓箭。无何天宝大征兵，户有三丁点二丁③，点得驱将何处去？五月万里云南行。闻道云南有泸水，椒花落时瘴烟起，大军徒涉水如汤，未过十人二三死。村南村北哭啼哀④，儿别爷娘夫别妻，皆云前后征蛮者，千万人行无一回。是时翁年二十四，兵部牒中有名字。夜深不敢使人知，偷将大石锤折臂。张弓簸旗俱不堪，从兹始免征云南。骨碎筋伤非不苦，且图拣退归乡土。臂折来经六十年，一肢虽废一身全。至今风雨阴寒夜，直到天明痛不眠！痛不眠，终不悔，且喜老身今独在。不然当时泸水头，身死魂飞骨不收，应作云南望乡鬼，万人冢上哭呦呦。老人言，君听取。君不见，开元宰相宋开府，不赏边功防黩武；又不闻，天宝宰相杨国忠，欲求恩幸立边功。边功未立人生怨，请问新丰折臂翁。

蛮子朝序：刺将骄而相备位也，按诗意刺韦皋为多

【唐】白居易

泛皮船兮渡绳桥，来自嶲州道路遥。入界先经蜀川过，蜀将收功先表贺。臣闻云南六诏蛮，东连牂牁西连蕃。六诏星居初琐碎，合为一诏渐强大。开元皇帝虽圣神，唯蛮倔强不来宾。鲜于仲通六万卒，征蛮一阵全军没。至今西洱海岸边，箭孔刀痕满枯骨。谁知今日慕华风，不劳一人蛮子通。诚由陛下休明德，亦赖微臣诱谕功。德宗看表知如此，笑令中使迎蛮子。蛮子道从者谁何，摩挲俗羽双隈伽。清平官持赤藤杖，大将军系金呿嗟⑤。异牟寻男寻

---

① 绀(gàn)：深青带红的颜色。"琳宫"：神仙所居之处，亦指道院。
② 三余：普贤教学生利用"三余"的时间读书，即"冬者岁之余，夜者日之余，雨者晴之余"。
③ 二丁：《白居易诗集》作"一丁"。
④ 哭啼：《白居易诗集》作"哭声"。
⑤ 呿(qū)嗟：皮带。原文作"岠嵯"，据《白居易诗集》改。

阁劝，特敕召对延英殿。上心贵在怀远蛮，引领玉座近天颜。冕旒[1]不垂亲劳徕，赐衣赐食移时对。移时对，不可得，大臣相看有羡色。可怜宰相拖紫珮金章，朝日唯闻对一刻。按：此章云"冕旒不垂"，下章云"黈纊[2]不塞"，皆所以刺也。

骠国乐序：欲王化之先迩后远也，贞元十七年来献

【唐】白居易

骠国乐，骠国乐，出自大海西南角。雍羌之子舒难陀，来献南音奉正朔。德宗立仗御紫庭，黈纊不塞为尔听。玉螺一吹椎髻耸，铜鼓一击文身踊。珠缨炫转星宿摇，花鬘抖擞龙蛇动。曲终王子启圣人，臣父愿为唐外臣。左右欢呼何翕习，至尊德广之所及。须臾百辟[3]诣阁门，俯伏拜表贺至尊。伏见骠人献新乐，请书国史传子孙。时有击壤[4]老农父，暗测君心闲独语："闻君政化甚圣明，欲感人心致太平。感人在近不在远，太平由实不由声[5]。闲身[6]理国国可济，君如心兮民如体。体生疾苦心憯[7]凄，民得和平君恺悌[8]。贞元[9]之民若未安，骠乐虽闻君不欢；贞元之民苟无病，骠乐不来君亦圣。"骠乐骠乐徒喧喧，不如闻此刍荛[10]言。

登镇南楼歌

【明】邓子龙

丈夫生世间，岂为儿女谋。纲常七尺躯，何不觅封侯。仗剑眼空天下事，浩然之气凌青霄。百战身被数十枪，手开双石三夺矟[11]。义胆忠肝格鬼神，叱咤咆哮走雷电。醉来解带大树眠，诗成落笔扬雄辩。君不见，滇南财竭苦用兵，遐天耳目遥金殿。永平夫少妇运多，腾阳米贵彝金贱。潞江初瘴鸟不飞，猛林旧垒乌欲啼。晓传露布晚报警，平民疲困何时醒？愿将一战百蛮空，笑谈颠倒乾坤整。

星回节歌

【清】举人寸式玉

六月廿四日，火烧松明楼。狡哉皮罗阁，蚕食挟阴谋。九十九部后，五诏亦同休。

---

① 冕旒：古代天子、诸侯及卿大夫的礼冠。

② 黈纊(tǒu kuàng)：黈，黄色；纊应作"纩"，丝棉。《汉书东方朔传》："黈纩充耳，所以塞聪。"颜师古注："以黄棉为丸，用组悬之于冕，垂两耳旁，示不外听。"

③ 百辟：指诸侯，也泛指朝中大官。

④ 击壤：我国古代的一种投掷游戏，古有《击壤歌》。

⑤ 不由声：《白居易诗集》作"非由声"。

⑥ 闲身：《白居易诗集》作"观身"。

⑦ 憯(cǎn)：通"惨"。

⑧ 恺悌：也作"岂弟"，平易近人。

⑨ 贞元：唐德宗年号。

⑩ 刍荛：原指割草打柴的人，后多用以指草野鄙陋的人。

⑪ 矟(shuò)：长矛，即槊，矛长丈八尺曰矟。

独有邓赕诏，慈善钏为留。德源夫人垒，火树炳千秋。再传廿之五，世忠订衾裯[①]。谬信大王好，罔知怨耦仇。纸灰白蝶惨。泪血红杜愁。阿南有哲妇，蹈火不含羞。其实此等事，小节志边陬。常山骂贼舌犹在，侍中血溅帝心忧[②]。宋代文山、叠山[③]两夫子，风动难泊世杰[④]舟。慷慨从容归一辙，乾坤正气叹悠悠。其他忠义不殚述，成仁取义日星侔。他如绵田[⑤]隆报赛，志过翘过总一俦。君不见，骈胁留重耳，子犯投璧诡灵修[⑥]。更有胥江苦魂魄，怒涛空教日夜浮[⑦]。祸成入郢先已甚，强作解事又何求？所以似节非节者，吾欲一笔代为勾。吁嗟古今成仁取义诸君子，何取沟渎卑岳丘！滇南万树通明处，秉畀炎火义岂不？我辈从征久流寓，肯逐蛮花祖木头？兹夕先生同一酌，眼花落井凌沧州。醉余一炬都不见，文星炯炯照牵牛。

段总管破贼歌

【清】尹艺

总管天下真奇才，万户千户豪杰哉！数万缅夷蹦南甸，野为之塞山为开。我兵相觑且徘徊，贼战凶恶实可畏。前马后象潮声沸，披甲高坐天神来。战楼岌岌负象背，两旁夹以大竹筒，无数短枪充其中。象奴取之击刺便，立如山屹趋如风。万户忽都忽下令：彼众我寡敢惜命！当先冲动河北军，请率健儿早独进。三百八十一骑兵，人人虓虎[⑧]猛气盛。总管苴日[⑨]为一枝，麾下二百三十骑。傍河自成背水阵，先置死地后生之。脱罗脱孩官千户，依山排阵又一股，一百八十有七人，不闻金声只闻鼓。今日安危一战决，人必带伤马汗血。风云惨淡日光愁，誓必后食先此灭。交战既久贼不支，兽逃鼠窜真仳离[⑩]。追抵贼营仅三里，泥深没胫且旋师。南面忽出贼兵万，绕我军后山谷蔓。驰报忽都再会师，列为三队进河岸。败之追破十三营，三十里长久转战。象踏马死马踏人，满三巨沟尸无算。三将军，真人英，七百人破数万兵，忠勇智果先刘、邓，至今人竟鲜知名。战垒荒凉暮山紫，小梁江水去弥弥[⑪]。有元中统十三年，为纪西南战伐始。

---

① 衾裯(qīn chóu)：被子。

② 常山舌、侍中血：见文天祥《正气歌》。

③ 文山：即文天祥。叠(迭)山：即谢枋得，号迭山，与文天祥同科中进士，率兵抗元，城陷被执，绝食死。

④ 世杰：南宋抗元将领。与元将在海上决战，兵败突围，遇台风溺死。

⑤ 绵田：介之推隐居于绵上(今山西介休东南)而死，晋文公以绵上之田作为介之推的祭田。

⑥ 骈胁：一种生理畸形，肋骨紧密相接。重耳：春秋时五霸之一的晋文公之名，古书记载他有骈胁。子犯：名狐偃，重耳的舅父，跟随重耳逃亡数年后，在秦国的帮助下，回晋国为君，到黄河边重耳指黄河水发誓，表示一定要与舅父同心，并将一块白玉投于河，以取信于河神。

⑦ 指伍子胥故事。

⑧ 虓(xiāo)虎：亦作“哮虎“，咆哮怒吼的虎。《诗 · 大雅 · 常武》：“阚如虓虎。”

⑨ 段总管名段信苴日。

⑩ 仳(pǐ)：离别。

⑪ 弥弥：水流貌。

高把总破贼歌

【清】尹艺

万历西南第一战，五百兵摧敌数万。奇功乃出一微员，裨将高君天下健。当时莽氏雄太荒，纷纷象马窥边疆。猛密一坏[①]弹丸子，鲸吞岂易为周防。高君一身都是胆，疑帜布满风云惨。斗然天上下将军，骇兽狂逃奔牛喘。截杀追擒数十百，以寡当众有谁敢？君不见，王靖远，征麓川，十五万众声喧天，三驾不能丑虏靖，空勒片石誓江边。又不见，傅经略，讨缅甸，猛广修船水师练，旷时迁途瘴疠生，水陆酋乘守御便。奇材异士岂乏人，不加采听何由伸？独惜令行山岳动，不及区区一把总。

邓将军踢象歌

【清】尹艺

是何猛物连队进，一身全凭一鼻运。厚皮不识刀与枪，万众喧呼象突阵。斯时我将方指挥，斯时我士娇如飞。驱助忽逢巨毋霸[②]，燧奔欲破子胥围[③]。将军闻之心大恼，索靴上马阵直捣。一脚如翻鹦鹉洲，庞然大物砰訇倒。一象倒，百象惊，逡巡退缩不敢行；一象踣，百象惧，觳觫股栗[④]急思避，斗然捩转便回头，万象群奔风雨愁。象践人行人自践，死尸填满三巨沟。古有射人先射马，那有踣象以脚者？一踢踢退十万师，浑身是胆如公寡！商辛[⑤]力挽奔象回，神武恐出将军下。

刘将军露布歌

【清】尹艺

一骑红旗飞尘灰，沿途万口欢如雷。天讨张皇鹭堠[⑥]靖，共报将军捷报来。将军驰入陇川去，岳凤迎降有心计。以夷攻夷姑纵之，汉得孟获真不啻。三宣六慰闻风归，南人今始识天威。莽酋已是孤立势，羽翼翦尽安能飞？乃监群蛮威远下，扬兵朔旬抵阿瓦。远辟汉元未到天，万里威行壮中夏。露布横飞一纸文，奔雷驰电走风云。何殊武穆捷书到，此是西平荡寇闻。寇平专望岁月假，改土归流擘画妥。从兹蛮地有弦歌，从此边疆无象马。无如庙堂真乏人，浅谋日促献俘身。岳凤既出群蛮解，已复土宇又沉沦。谋之十年一

---

① 坏(pī)：土丘，只有一重的山。并非简化字的“坏”(huài)。

② 巨毋霸：《汉书·王莽传》里描述的一位巨人，“长一丈，大十围，轺车不能载，三马不能胜”。

③ 燧奔：《尔雅翼》：“古者军旅有象，楚昭王奔随，使子期执燧象以奔吴师。”燧象者，系燧于象尾，视敌所向而纵之，象迫于火，肆其奔突，以犯吴师。齐田单之火牛，即仿此意。燧：火炬之类。

④ 觳觫(hú sù)：与股栗，俱恐惧貌。

⑤ 商辛：典故未详。

⑥ 鹭堠：《魏书·官氏志》：“以伺察者为候官，谓之白鹭，取其延颈远望也。”杨慎诗：“山遮延鹭堠，江绕画鸟亭。”

旦弃，天下事常不如意。悬军深入尤可忧，凯旋如洒金牌泪。健儿帐下歌莫哀，扬兵直上金江限。百年大树云常护，谁上将军旧将台？

李将军掷身歌

【清】尹艺

天下安有白头贼，失路无归为势迫。一朝不远如知复，此是豪杰岂易得。古今似此不胜述，听述将军李定国。将军昔事张献忠，屠伯讵足称英雄？贯胸不用箫吹竹，四家养子溃之东。之东窜入云南地，诡言焦氏救兵至。杀戮何减川东西，金马碧鸡肆盘踞。盘踞开府自公侯，若孙若白艾冯刘。破碎月瓯真乏主，萑苻[1]欲老真悠悠。将军雄武尤奇绝，时有快心事可悦。木城擒礫沙定洲，桂林围逼孔有德。遂迎桂王驻安笼，孙家专制太怔松[2]。帝后报销以名计，将军愤不受王封。自挟王归滇海上，一战破走孙可望。矢志誓扶昆仑冈，私心窃附诸葛亮。无如运去不可为，忙忙西走几歔欷。磨盘一败无存局，侧身四海当安归？明知走缅非安宅，君臣同死亦何益？孟艮频兴攻缅师，欲借要荒延国脉。惊闻青盖入军前，君执何处更朝天？躃踊[3]呼天天不应，孤臣安用此身全？一掷身轻如蝼蚁，再掷鹘落复兔起。三掷四掷石为开，数十百掷阶亦圮。蛮疆虽无首阳薇，不求暂生求速死。至今景线有孤坟，寸草不生土花紫。噫嘻乎！刘白亦是同仇徒，不肯取义胡愚乎！东隅既失桑榆收，令人言之翻口污。岂无绿林悔末路，反正卓卓有建树。将军自是可人儿，有此英风无此遇。君不见，无赖贼，徐懋功[4]，逢人便杀何残凶；归唐身有长城寄，像图凌烟爵上公。又不见，锦帆贼，甘兴霸[5]，铃声到处闻者怕；东归吴会献奇谋，艟舰长驱入江夏。

哈将军据栅歌

【清】尹艺

铁壁关内风日美，铁壁关外烟尘起。将军度地初出关，突报贼兵大至矣。贼至于我欲甘心，我逃避贼乃大耻。贼徒数万我九百，即逃未必安汝止。前有大敌后无援，庸人到此也拼死，何况雄武如将军，久历戎行将家子！我栅既固安且闲，我士无哗静以俟。贼从卑上须仰攻，我便高凭以下视。劳逸既异主客分，远发神机近弩矢。一发一中无虚发，百发百中若咫尺。初日贼正强，次日贼稍靡，三日贼已怠，四日贼欲徙。也有落荒带箭逃，也有中炮身躯毁，也有饥馁不遑餐，也有辎重悉见委。当其初攻日，我兵如鹳贼如蚁；洎其久交攻，我兵如虎贼如豕。关内烟如涨天黑，关外草如紫草紫。苟非将军胆包身，士皆用命那得此！贼虽无能我亦疲，相机亦惟

---

① 萑苻(huán fú)：盗贼出没之处。(语出《左传》)
② 怔松(zhēng zhōng)：亦作“怔忪”，惊慌、恐惧。
③ 躃(bì)踊：捶胸。
④ 徐懋功：即李勣，唐初大将。本姓徐，名世勣，字懋功。后归唐，赐姓李。
⑤ 甘兴霸：三国时吴国大将，名宁。

徐退耳。近且援兵来黑山，生力差觉殿可恃。援兵来者伊何人，全省军门提督李。

沐国公奋椎歌

【清】尹艺

朱亥一椎击晋鄙，夺军救赵赵存矣，为报信陵真知己。张良一椎博浪沙，狙击不中中副车，相韩五世为韩家。士人义烈有如此，只知报国不惜死，后世闻风谁继起？明末黔公沐天波，藩封世守镇山河，奈丁天步艰难何。扈从永明走缅甸，缅酋恇惧猜疑见，三桂因之纵反间。羽檄横飞阿瓦城，檄解永明入军营，邀王同饮咒水盟。天波侦知曾苦谏，奈王不听亲赴宴，君臣同日遂遇变。天波袖中出两椎，左掣右击风雨飞，椎杀数人身亦危。明知到此事已去，臣子那敢忘忠义，要见先臣与先帝。回思前日金井庵，乃妻乃母节无惭，寓公今日始奇男。吊古何必为公哭，此为藩服食君禄，西平孙子好结局。

赵守备骂贼歌

【清】尹艺

赵守备，好回子，心坚金石身虎兕[1]。在官不负在官身，肯为天方私教使？乙巳年，丙午年，永昌仇杀血成川。内匪暗勾外匪入，兰津铁锁桥孤悬。守备时守平坡汛，贼向君前恳借径。此途入永要咽喉，飞渡那容贼得进。贼怒悉力日夜攻，守备勇决气如虹。尔带头来实送死，轰天彻地炮光红。众寡既殊卒略尽，小丑乃足困英雄。张富责以何背教，守备瞋目骂且叫："读书焉知马哈麻，吾家但识忠与孝。尔辈狂为犯天诛，尸当万段敢狂闹。欲杀便杀速开刀，将军只有斫头号！"壮哉义烈真可风，百世固宜祀以庙。他日若过平坡祠，下马一杯为君吊。

李壮士歌

【清】尹艺

君不见，绮罗壮士李珍国，口可容拳两骭[2]黑，生成短小精悍姿，奇气填胸直吞贼。去年厅城自失陷，身率健儿走缅甸。再走六司再誓师，百日之间七十战。群贼夜遁如风驰，一旅直追扼吊弄，水箐连营身先众。控骑迎我酌军机，解骖不吝乌骓送。突然游寇满蛮东，我檄劲旅下弯中。两路夹攻齐到处，擒杀尽净血流红。乘机袭夺贼新寨，扼逋寇吭据要隘。汉气重伸万众欢，反侧子向营中拜。吁嗟乎！自贼窃据腾城中，无耻衿士咸趋风。杀戮拘囚操贼手，只因边壤乏英雄。珍国珍国亦足数，毁家纾难莫与伍，爱妾爱子孰不惜，贼挟招之誓不俯！致使生妾膏贼锋，嫡妻仰药亦从容。节义一门轰烈处，褒扬应首受皇封。愿君朝夕练士马，广揽英雄礼贤者。出奇先复南甸城，雄师直造腾城下。

---

① 兕(sì)：犀牛类，皮坚厚，可治甲。
② 骭(gàn)：胫骨，亦指小腿。

上报国仇下私仇，予亦传檄远近收。万里江山复正朔[①]，男儿及此觅封侯。

岁波准歌 “岁波准”，缅语，犹华言中洲也。永明奔缅，缅甸人置之于此

【清】尹艺

大江滔滔日夜走，势如云奔声雷吼。两山夹送折千曲，万派汇归葫芦口。口到窄极山愈高，日光不到浪争淘。百里平铺凝不动，湛然澈底无波涛。出口波涛势欲逞，渟蓄束缚不能忍。夭矫突出两白龙，弄珠双抱岁波准。平沙弥望犹一坏[②]，此亦蛮疆白鹭洲。秋水时至百川灌，望洋无际渺难求。何岁何日有奇事，何代何人曾此驻？水高沙洲亦并高，水落沙洲平如故。土蛮父老又曾元，朱离[③]口语相流传。依稀记得前朝事，的确说是永历年。当年天朝五帝把，护从万人驱万马，流离辛苦入蛮天，思延国脉寓阿瓦。缅王内悸心忧忡，谬为敬礼滋愈恭。于此为王屯众士，于此为王奠行宫。自谓天子到海外，中国圣人忍加害？置之死地姑生之，水发定逐流水去。焉知呵护有神灵，水涨竟不波前汀。从此一抔成古迹，年年草木长深青。群蛮啧啧骇奇事，尊汉天子比天帝。年年正月十五日，万众云集来赶会。会名“肃怕”纷喧哗，会终各已归其家。例有排山洪涛起，洗涤污秽湛清华。吁嗟乎！三百明家社已屋[④]，诸陵秋草樵出没。茫茫九有无立锥，剩此奇踪在荒服[⑤]。日月无情去悠悠，翠华一去三百秋。江山不管兴亡恨，留作人间吊古愁！

登龙光台观大盈江瀑布歌

【清】金泽

两山屹立江当中，一桥横跨如长虹。水势曲折流到此，劈开玉峡龙腾空。未见白龙走，先闻玉龙吼，一落千丈万丈陡。我亦不知是风声、雷声与水声，但觉雨花乱坠天不晴。霞光五色缕缕空中生，转过龙台正与飞泉迎，树杪垂下一帘如水晶。自昔人呼叠水坑，水去犹疑作不平。我谓此水有景复有情，谁能倒挽为我一洗风尘清。我今归来歌大盈，高歌恐有老龙惊。老龙抱珠眠水底，风纵歌声水涌起。知是龙喜是水喜？腾人万古饮江水。

高黎贡歌

【清】杜辉

夙闻滇西名山未目睹，欲赋望岳学老杜。朅来[⑥]忽登高黎巅，一览众山皆

---

① 正朔：正为一岁之首，朔为一月之首，亦即农历之正月初一日。古王者易姓，都要改正朔。

② 坏：注见前。

③ 朱离：亦作“侏离”，古代我国西部少数民族的音乐。

④ 社已屋：《礼记·郊特性》：“天子大社，必受霜露风雨，以达天子之气也。是故丧国之社屋之，不受天阳也。”此句意为三百年的明朝已经丧失。

⑤ 荒服：指最荒远的地方。

⑥ 朅(qiè)：离去。朅来：此处作“尔来”解。

列俯。钟灵独见造化奇，不藉人间一篑土。陆离光怪莫可名，何年大禹挥神斧？嶙峋万笏撑[1]太空，浩气磅礴洪炉鼓。振衣直上欲登峰，乘兴哪辞脚力苦。云喷五色作天衣，补衮有如仲山甫[2]。乍晴乍雨昏晓分，阴阳疑是天匠剖。蒙蒙顷刻即为霖，知系膏液出石腑。下有群峰如波涛，层出不穷时吞吐。又如大将独登坛，天假神柄作伯主。左有怒水右龙江，鸾凤齐翼挟两辅。假使缩地入中原，不让泰岱宗齐鲁。即此可以悟诗情，语妙可列长城五。下马得读郑公篇，培塿[3]纷纷安足数？吟罢飘然下大荒，余韵流传愧与此山同万古！

(三)行

卫军行

【明】诸生高桂枝邓川人

国初以来设卫军，几家团练几家屯。屯军但愿年谷熟，练军惟恐边警闻。年谷顺成边烽靖，为屯为练俱欣欣。有时岁凶边境扰，军储不供野无草，屯者逋赋走四方，悍吏追呼无时了；练者荷戈急赴敌，爷娘哭送博南道。屯兵苦守练苦行，卫兵不足调土兵。输刍挽粟及乡民，军耶民耶都应役，千家止有十家存。君不见，思任狼子据麓川，定西将军冒瘴烟。饷夫战士多少骨，换得蛮寨木笼山。功成凯捷犹可痛，何况失律舆尸还。吁嗟乎！人民累公徭，屯人累公租，惟有练军平日差少累，摧锋陷阵将何如？吁嗟乎！军耶民耶失厥居。试看三春草木多扶疏，纷纷雨露常沾濡。

猛拱土司进四象

【清】赵文哲

王师征缅次猛拱，诞[4]告诸夷尔无恐。诛无赦者篡逆种，缅逆懵驳之父瓮藉牙，本以篡弑得踞其地。尔克共将受天宠。夷官感泣手双廾[5]，携厥配来锦帕拢。琥珀作瑱[6]贯耳孔，蛮布花裙名曰桶。厥音喽丽性愚侗[7]，苦言邻寇肆牢笼。索米求金日苛冗，大旱望云愁蝃蝀[8]。公今来及秋瓜唪[9]，无数泣婴饥得湩[10]。氓安田庐魄安家，欲报之德

---

① 撑：同“支”，支拄、支撑。
② 因皇帝穿衮龙，衣故称补救皇帝的缺失为补衮。《诗・大雅・烝民》：“衮职有缺，惟仲山甫补之。”仲山甫：周时大臣，辅佐周宣王中兴，曾规劝过周宣王的缺失。
③ 培塿(qóu lǒu)：小土丘。
④ 诞：助词，用于句首或句中，无实义。
⑤ 廾(gǒng)：《永昌府文征》作“拱”，双手抱拳，表示恭敬。
⑥ 瑱(tiàn)：耳饰。
⑦ 喽丽：疑即“喽唳”。喽唳：鸟声。侗(tóng)：幼稚无知。
⑧ 蝃蝀(dì dōng)：同“螮蝀”，虹。见《尔雅・释天》。
⑨ 唪(běng)：茂盛貌。《诗・生民》：“瓜瓞唪唪。”
⑩ 湩(chòng)：乳汁。

乏球珙[①]。有驯象四放秋垅，两牙弯环形拥肿[②]。愿进阙下诚忭悚，重鋂[③]不系绳五总，以肱麾之行接踵。弓刀如山屹不动，曰跪则跪立则竦。跪则跪，立则竦，赐以衅沐江涛汹。譬与降臣勉萋菶[④]，伏流不见背峰耸。一跃风雷四蹄涌，步伐俨然承诫侗[⑤]。非鞭棰之驾无覂[⑥]。九阊仙仗环陛拱，列象巍峨实瓶捧。诸邦任土岁有奉，四象宁增玉阶重。鉴尔效顺志颇勇，封章上闻不汝壅。锡以佩囊刀珌琫[⑦]，过望之喜逾得陇。圣清醲化极鸿蒙，元甲琱[⑧]戈革包巩。朱波弹丸瓮中蠓，厥考盗兵始作俑。子弗干蛊[⑨]转詾汹，兽之不如顽且懵。缚以尺组拑以拲[⑩]，万里头颅象肩拥，象也闻之起而踊。

邦读三烈女

【清】尹艺

四座无喧听我语，千中万中节有几？不见邦读破坏日，轰轰节烈见三女。一为闺女名庆秀，艺从弟增生尹永女。平日略解经与史，仰药不受贼玷污，轻弃此身如敝屣；一为闺女名小珍，从弟尹藜女。耸身投墙折其趾，生不敢偷死何辞，母饮以药甘且旨。二烈乃出自吾家，其死可伤节可喜。又有邻家小户儿，厥名小坤厥姓李，前夕与母从容诀："贼来儿誓不出矣！"交母素备嫁衣裳，畀母素饰旧簪珥，床下蛇伏引不出，火燎满室终不起。吁嗟乎！人生百岁均一死，泰山鸿毛两相比。与其贪生失大节，何若捐生保全美！慨自逆回据边州，多少胶庠[⑪]不知耻，纷纷俯首受贼役，须眉毋乃愧女子？三女虽死生不如，天章必褒志必纪。作诗先慰尔贞魂，翠柏千尺干云里。

李氏二烈女

【清】尹艺

孝廉舍瑞我契友，家政整肃规矩有。弄瓦先得两女儿，闺中窈窕人称首。辛酉贼入绮罗乡，姊妹相随阿母走。水之湄兮山之阿，被贼穷搜争曳肘。长女激烈不受辱，求死骂贼不住口。贼料此女不可干，爰刺以矛委山后。次女光彩尤照人，面映芙蓉眉画柳。贼心狂喜强逼妇，女骂诸贼不如狗。贼固难忍逞凶锋，一僵贞骨抛巷右。吁嗟乎！李芝生，平日行修洁，治家无少苟。一旦得此两贞烈，显乃父兮荣乃母。烈烈何愧窦家娘，白石皑皑名不朽。

---

① 球：美玉；珙(gǒng)：大璧。
② 拥肿：磊块不平直。
③ 鋂(méi)：大连环。《诗·齐风·卢令》"卢重鋂"。
④ 萋菶(qī běng)：草木茂盛貌。
⑤ 侗(tōng)：共同。
⑥ 覂(fěng)：翻覆；翻车的马。
⑦ 珌琫(bì běng)：刀鞘上的装饰物。
⑧ 琱(diāo)：同"雕"。
⑨ 干蛊：《易经·蛊》："干父之蛊。"独生子能担任父亲所不能担任的事。
⑩ 拑(qián)：夹住。拲(gǒng)：拷双手的木制刑具。
⑪ 胶庠：古学官名，这里指读圣贤书的士子。

夹象石

【清】尹艺

一石若狮一石虎，左者高昂右微俯。屹立窄径骇行人，牙欲磨露爪欲舞。譬彼猛将当雄关，不露奇杰自威武。在昔缅酋侵我疆，蹂躏盏、干两宣抚。藩篱尽散半壁虚，大队闯入及门户。黄陵冈下阵云生，倒马坎头喧鼙鼓。两鼠相遇斗穴中，惟将勇者能胜虏。霹雳一声山谷摇，万弩齐发猛如雨。象奴恇惧有退心，象队逡巡失其伍。既不能退不能遂[①]，我士乘之勇可贾。逐北追奔三舍遥，归来策勋上幕府。遂令卓立两片石，名以夹象传千古。何况壮士立边功，燕然勒石交趾柱。

周烈妇行

【清】郑玉麟

光绪二年苏开先之变，群贼拥入腾越厅署，太守周维巽被执。贼将入内，举室仓皇欲窜，其妾李氏大呼曰："主被囚矣，吾辈义不受辱！"遂雉经死，葬于来凤山。乙酉秋，陈春源太守赴任，拨出东门外太一甲田二亩，计种一箩，永为祭祀岁修之用，并重修墓建碑，叙其尽节事甚悉。余获读碑文，感而赋此。

欃枪夜照龙江紫，壤云拉杂埋金齿。半万贼兵卷地来，鼙鼓不鸣将军死。周君御贼当腾冲，狼烟满地飞边烽。仓皇忽受槛车辱，桎梏有如兔离罿[②]。殉难独闻太守妾，李家女子真奇绝。三尺白绫报主知，千古幽磷耿碧血。士甘致命不辱身，女儿乃是丈夫节。朅来[③]喜登来凤巅，赑屃[④]峥嵘负碑碣。碑文细读摩挲久，轶事欣传路人口。劫火纷更丘垄平，新碑建自陈太守。太守喜彰潜德光，山耶人耶同不朽。我闻此语发长叹：尘世须眉半奴颜，嗟尔捐生何等闲！君不见，自古皆有死，谁辨鸿毛与泰山？

（四）谣

宝井谣

【明】修撰杨慎

彩石光珠从古重，窈窕繁华皆玩弄。岂知两片若云鬟，戴却九夷重译贡。宝井曾闻道路赊，蛇风蜃雨急天涯。驰传千群随嫖姚[⑤]，披图万里逐轻车。君不见，永昌城南宝井路，七里亭前碗水铺。情知死别少生还，妻子爷娘泣

---

① 遂：进。《易·大壮》："不能退，不能遂。"
② 罿(chōng)：古代一种设有机关的捕鸟兽的网。
③ 朅(qiè)：助词，用于句首，无义。辛弃疾词："朅来人世。"
④ 赑屃(bì xì)：传说中的一种动物，象龟。旧时大石碑的石座，多雕刻成此形状。
⑤ 嫖姚：也作"剽姚"，劲捷之貌。

相诉。川长不闻遥哭声，但见黄沙起金雾。潞江八湾瘴气多，黄草坝连猛虎坡。编茅遍野甘蔗寨，崩碛浮沙曩转河。说有南牙山更恶，帕头漆齿号蛮莫。光摇戛灯与孟连，哑瘴须臾无救药。莫勒江傍多地羊，队队行行入帐房。红藤缠足诏法友，金叶填牙缅甸王。回首滇云已万里，宝井前瞻犹望洋。紫刺硬红千镒价，真赝入眼无高下。得宝归来似更生，吊影惊魂梦犹怕。吾闻昆仑之山正抵鹊，庆云之地金掷龟，安得仙人缩地法，宝井移在长安街。

前　题

【明】举人张含保山人

成化中年宝石重，私家暗买官家用。只在京师给帑银，不索南夷作琛贡。林宝石家海内闻，雄商大贾集如云，敕谕林家避科道，恐有弹章皂囊到。自从嘉靖丁亥岁，采买官临永昌卫。朝臣公道给官银，地方多事民憔悴。民憔悴，将奈何？驿路官亭虎豹多。钦取旗开山岳摇，鬻男贩女民悲号。到今一十四回内，涕泪无声肝胆碎。成化年，嘉靖年，天王明圣三皇肩。独怜绝域边民苦，满眼逃亡屋倒悬。屋倒悬，不足理，只为饥寒盗贼起。山川城郭尽荒凉，纷纷象马窥封疆。窥封疆，撼边域，经年日月无颜色。杞人忧天天不倾，浊醪大醉明诗亭。

潞江谣

【清】吴世钦保山人

山矗矗，云万幅，水汤汤[①]，气蒸燠。怒江流，横山麓。六月交，不可触。噫！行人无敢宿。一解。

地热如垆[②]，烟涨平芜。鸟飞欲绝，但闻鹧鸪。我行至此，亦胡为乎？边事孔急，志卫乡闾。亲犯瘴疠，曷遑安居。二解。

昔马援，征交趾，矍铄哉！惟翁是。恋家食，非奇士。愿展英雄图，勿死儿女子。所以仰鸢飞，跕跕[③]水中沚[④]。三解。

羌明时，拓疆域，繄三缅，皆拱极。熙朝初，忽反侧，致天讨，烦兵力。百余年，胥顺则。四解。

忆昔渡王师，鹊犹未驾时。垂虹悬铁索，五十载于兹。只以通缅属要道，虽费工力复奚辞。人生系心求大欲，冲烟冒雾甘如饴。五解。

今者海沸，鲸横可畏。藩服既空，筹边为贵。志士请缨，不容钓渭。慎勿矜言一丸泥，须当奋发征以汇。更无仅作断桥谋，复我属国张敌忾。六解。

---

① 汤汤(shāng shāng)：大水急流貌。
② 垆：同“炉”。
③ 跕跕(diē diē)：坠落貌。《后汉书·马援传》：“仰视飞鸢，跕跕堕水中。”
④ 沚(zhǐ)：水中小块陆地。《尔雅·释水》：“水中可居者曰洲，小洲曰渚，小渚曰沚。”

（五）五言古五言排律附

赠杨宁征麓川

【明】大学士杨士奇庐陵人

杨生青云客，文彩耀白璧。腰间龙泉剑，别我有远适。吾闻禹徂征，舞干致苗格。所以宣尼训，服远修文德。好谋而有成，明明垂警饬。如何才智士，宏议博古昔。怀忿勿远图，急功幸苟得。岂论万里行，糗粮豫储积。汉廷所遣将，孰是赵充国？子行职赞襄，黾勉摅[①]良画。虽有斗酒饯，安能写胸臆！

荒　城

【明】举人张含保山人

荒城万里外，百蛮拱城郭。衣冠与市井，竞利骋锥镈[②]，嫉良苦崇顽，谗贤固党恶。士贱觉风衰，民穷尤势铄。豺虎任纵横，关河愈寂寞。宝井红珠光，银江黑烟灼。疮痍烂骨髓，闾阎饱葵藿。海涸青龙羁，云高苍隼跃。悯时动遐忧，勤耕谋近乐。乐极天地悲，壮士泪双落！

高黎贡山绝顶分水关，磴道危峻，俗所称五十三参也。用东坡“行琼儋间，肩舆坐睡，梦中得句”云云诗韵

【清】赵文哲

滇南万里游，十岳蟠胸中。岂知奇未纵，激矢留满弓。昨过怒江来，众峰塞高空。一峰压其顶，羲轮悲路穷。负薪者谁子，疑是折臂翁。言此古战场，白昼逢鬼雄。岧岧关门险，分水兼分风。戍荒埋断炮，寺塌欹缺钟。泥滑石更滑，日暮行未终。力疲失家仆，魄骇携蛮童。苍然一回顾，天际游群龙。造物怪顽钝，弄险惊衰容。可怜臣精销，有语不敢工。何处殷雷作，脚底临蛟宫。下山即龙江。

夷　寨此诗系排律

【清】赵文哲

共指夷官寨，高台见岿如寨东南隅有台可登眺。缘桄成纳陛[③]，围栅作周阹[④]。复阁藏无阒，层栏敞有余。编茅人比洁，架竹步疑虚。当暑曦犹薄，非秋雨自疏。招凉驱瘴疠，就燥隔沮洳[⑤]。梵奏幡飘户，甿谣笠聚畲。墙边看放犊，

① 黾(mǐn)：勉力，努力。摅(shū)：发抒；舒散；舒展。
② 镈(bó)：古代锄一类的农具。
③ 桄(guàng)：横木。纳陛：古代赐给有特殊功勋的诸侯或大臣的九锡之一。
④ 阹(qū)：围猎之圈。
⑤ 沮洳(yù rù)：地低湿。

榻下听呼猪。隔岁囷储粟，迎冬瓮蓄菹[1]。箱无弓样履，筐贮月痕梳。土司男妇皆徒跣蓄发。爨女花初翦，荛童草未锄。依然知室处，宛尔好楼居。井汲通江濑，厨烟接市墟。但能安彼俗，洵足爱吾庐。此地同歌哭，他人待扫除。我诗称去蒲叶，宜勒格丁书。土司呈蒲叶书一册，共一百三十六叶，云传自远祖。盖编年纪候之书，似合记注时宪而为之者。字凡三体，土司及其属亦不能通晓，夷语呼为"标格丁"云。

新街纪事与前诗同误

【清】赵文哲

定策师西下，诸夷抚驭中。他时毋顾北，此地遂徂东。经略提大兵，先由戛鸠西渡大金江，既抚定猛拱江西千里，无后顾之忧。乃取道蛮冈而东，与定边将军阿公会师于新街。惨淡新街曲，萧条旧垒空。双江流浩浩，蛮莫江自东来汇于金江。十月气爞爞[2]。近接官屯险，先资将略雄。夹津争要路，作楫勒成功。定边将军先驻师蛮莫，督造战舰，既成，乃放舟南下新街，即击走贼人之守大江渡口者，由是东西两军，往来如过枕席矣。间道迎偏帅，时将军伊勒图，前迎经略大军于哈坎。全军会上公。欢声千帐合，密议一灯同。窥穴睛旋鼠，当轮臂奋虫。藏奸深箐里，伺隙败芦丛。敌陋宜轻掠，兵疲利急攻。逢刚占日吉[3]，入险凿门凶。炮石雷崩雨，枪机电掣风。昼昏烟喷碧，水沸血浮红。游釜鱼难活，殴林雀已穷。断艘沉渚苇，残帜委溪葓[4]。门历朝昏久，威扬水陆通。飞腾投袂意，矍铄据鞍翁。时果毅阿公驻营江西，舟师既下，侦知西岸尚有贼人结栅自固，公提兵往攻，连破两栅，贼遂宵遁。时公已久病，闻报，即行督战竟夕，人皆喜公之矍铄，而不知病由此增剧矣。乌幕侦将遁，鸡筹唱未终。回钲波激荡，卷旆雾冥蒙。破胆消逋寇，攻心散伏戎。断流凭短策，下濑试高艟。我亦思鸣剑，时方让赐弓。时特赐经略三眼花翎，经略表谢不敢受。七旬斯送喜，一战讵抒忠。横海猷原壮，磨岩颂岂工？惟闻古有志，克敌在和衷。

邓将军烹象处诗系律诗

【清】顺宁知县桂馥曲阜人

徼外蛮夷动，谁能用计擒？荒岩千象骨，孤垒一军心。儒将留诗卷，丛祠接树林。守边常若此，何怕缅人侵？

游鲁氏园，咏老梅和杨升庵先生韵

【明】举人易经

晴雪忽天霁，策杖漫徜徉。我闻鲁氏园，老梅发古香。乘兴偶来访，双户闭夕

① 菹(zū)：腌菜。
② 爞爞(chóng chóng)：旱热之气。
③ 刚日：刚，单数，古代以干支纪日，逢甲、丙、戊、庚、壬的日子称刚日。
④ 葓(hóng)：水草名。

阳。主人欢相迎，小立梅树旁。树旁杈丫密，垂垂倚曲廊。托根盘危石，苔藓色苍苍。种植经岁月，年年历冰霜。究竟年有几，私忖总渺茫。顾向主人问，主人语未详。卜宅将百载，此梅旧芬芳。数百年前物，传闻在瘴乡。我亦置不问，抚梅目试望。着梢花臃肿，撑持老未僵。看梅枝不丑，疏影横池塘。忆昔放翁好，八十身尚强，每到梅花下，题诗酒盈觞。我今维健在，对梅自感伤。行借扶筇力，未免嗟颓唐。何若梅古瘦，骨格自昂藏。暂与老梅别，归来月昏黄。几生能修到，思君永不忘。

游高山寺

【清】本州牧唐翰弼

十千纳禾稼，四野声齐欢。载酒过山寺，登高履巑岏[①]。政成物自阜，开襟有余欢。情惬境无忤，虑淡得所安。林壑色渐暝，栖鸟归木端。行行度涧道，皎月光微寒。五载望苍郁，一朝陟其巅。危崖逼松翠，泻石鸣清泉。挥杯倚绝巘，坐我壶中天。尽觞亦不醉，日落生紫烟。下山仰明月，已到山楼边。

火把节序详《轶事》

【清】中书赵文哲上海人

六月廿四日，金鸦隐西昆。维南赤熛怒，是夕临朱轓。引以绛王节，融风自翩翩。燎董幂四野，芬苪腾九阍。下乃烛六幽[②]，牵连导孤魂。阿南抗前旌，慈善扶后轩。玉貌宛无恙，杂佩锵玙璠。故衣尚堪著，不辨残烧痕。皓腕约单钏，应自临别存。城郭已非是，何处寻荒窀。时见烈焰中，闪烁青磷昏。村町聚歌哭，血膋[③]盛瓦盆。不知汉与唐，遗事信口论。上言阿娜妻，次及封德源。一如苍松枝，乃以松自燔。一甘绝粒死，至今享芳蕴。生未啮贼肉，地下含烦冤。我与赤手剥，视此羔与豚。照田岁有例，妇孺咸趋奔。寒食吊介子，竞渡招屈原。再拜两婵娟，惠我禾黍繁。芦笙转凄咽，萧火弥腾掀。我亦坐达旦，醉来舞蹲蹲[④]。作诗纪旧俗，未肯同陆浑[⑤]。曰觇民力勤，曰励民风敦。

潞江渡

【清】赵文哲

声如吼火牛，势如奔怒马，气如釜沸汤，色如土崩赭。我行逐鸡鸣，破驿灯已灺[⑥]。瘴云幂四垂，夹岸暗枫槚。招招[⑦]一叶舟，风中似飘瓦。徒侣互

① 巑岏(cuán wán)：山高锐貌。
② 九阍：天帝之所居。六幽：六合天地四方幽远之地。
③ 膋(liáo)：肠部的脂肪，也泛指脂肪。《诗・信南山》："取其血膋。"
④ 蹲蹲：舞貌。《诗・伐木》："蹲蹲舞我。"
⑤ 陆浑：春秋地名，在今甘肃敦煌境。古戎人的一支居此。
⑥ 灺(xiè)：蜡烛烧剩下的部分。
⑦ 招招：以手招呼。《诗・北风・匏有苦叶》："招招舟子，人涉卬(我)否。"

牵挽，临流泪频洒。迅湍激箭驰，有柁不能把。托命百丈牵去声，邪许[①]音欲哑。溯流几十里，脱手乃一泻。既济庆更生，稍息道傍舍。朝曦上铜钲，毒雾溃四野。徐徐理薄装，独向征鞍跨。尚有负担民，信宿枯树下，未持渡江符，欲渡津吏骂。吁嗟八关路，讥核及盐鲊。用以惩不庭，何许暴侵寡？此江走腾冲，置吏何为者？我非夜猎人，醉呵幸宽假。莫问司牧谁，事纪庚寅夏。

鲁　梅

【清】赵文哲

去年日南至[②]，我从战场回。萧然腾冲城，扶病访鲁梅。主人久迁徙，池馆封蛛埃。老梅逃小劫，独荷天栽培。其本四五抱，盘盘如古槐。年深腹空尽，苍皮化为苔。幽香死不歇，况有东风催。炎陬雪意薄，吹作五出开。花开在何许，蒙蒙白雪堆。独游爱寂寞，时复携芳罍[③]。翠禽似留客，欲去复徘徊。逝将与花别，北辕向燕台。岂知一弹指，花时我重来。玉颜定无恙，旅客增衰颓。年年繁征马，鲁梅良可哀。自注：时又赴腾越。

赠吴式斋于州署、东偏复葺草堂

【清】赵文哲

三年从军行，腾越凡四至。万事吾眼见，到处辄酸鼻。佽[④]飞百千群，屯饲万突骑。纵横塞里廛[⑤]，假馆及梵寺。峨峨素王宫，亦复徙礼器。何况守土官，尚敢踞厅事？书帷戛弓刀，铃阁乱牏厕[⑥]。欂栌[⑦]纷青红，摧烧备晨饎[⑧]。潭潭府君[⑨]者，固以传舍视。久之就倾颓，孰与议修治？颇闻置别馆，暂作一夕卫。露台良区区，岂是不余畀[⑩]，庀工咄嗟间，万瓦忽鳞次。密荫交芳棂，轻波涌文质[⑪]。客来誉嘉树，早拟召伯憩。惭予本僇人[⑫]，居是恒惴惴。岂无劳者歌，出口招诟詈。穷边斗大城，日看釜汤沸。昨岁防秋来，气象变凋弊。夜村绝追呼，秋畈积遗滞。试听竹马声，群颂州来季。问君胡能然，稍喜息烽燧。年丰民太和，一一举废坠。遂稽鲁侯典，首辟文翁[⑬]肆。青衿久徒役，乃复好音嗣。其他秩祀崇，靡不瞻有閟。时值幕府暇，往往驻柔辔。营室知所先，改弦

① 邪(yé)许：集体劳动时为协调动作而发出的呼喊声，前者唱邪，后者唱许。
② 日南至：冬至日。
③ 罍(léi)：古代的酒器，形似壶，刻有云雷纹，大者受酒一斛。
④ 佽(cì)：动词，相次之意。《诗经》："决拾既佽，弓矢既调。"
⑤ 廛(chán)：城邑平民的房地。《荀子》："顺州里，定廛宅。"
⑥ 铃阁：将帅所居之地。牏厕：门傍小洞，清除秽物的空道。牏，通"窬"(tóu)；厕，通"侧"。
⑦ 欂栌(bó lú)：柱上承梁的方形短木。
⑧ 饎(chì)：酒食。
⑨ 潭潭：奥深貌，故称他人之居曰："潭府。"府君：《永昌府文征》作"府居"，应以《文征》为是。
⑩ "岂是不余畀"句，《永昌府文征》作"宁不余是畀"。
⑪ 质：《永昌府文征》作"礩(zhì)"。
⑫ 僇(lù)：羞辱。僇人，受过刑辱的人。
⑬ 文翁：汉景帝时为蜀郡守，崇教化，兴学校，蜀郡文风因此大盛。

叹何易？今春我东归[①]，重拜尺书惠。上言戍边卒，人夏蒙瘴疠。可怜黄茆土，风雨委残骴[②]。君为伐山材，缚屋栉相比。于斯枕重铠，于斯饱宿构[③]。间架逾四百，鼛[④]鼓曾未试。次言署之右，敝庐被幽荔。茸之复旧观，未惜俸钱费。讼庭近无事，停午散胥吏。偶然弛巾袜，素业及此肄。嘉名肇浣花，乞我新诗贲[⑤]。我思杜陵叟，稷契平生志。广厦千万间，天下寒可庇。一官屈参佐，播迁迹如寄。高怀竟莫酬，老大空涕泪。君今典剧州，职任重半刺。卧理虽有余，蒙窃陈末[⑥]议。愿君宏远谟，仍以肯堂譬。古称迨未阴，牖户必先计。亦有栋隆材，揞柱在将毁。此州本戎索，密迩犬豕类。绸缪良独难，磐石有由致。锁钥在"七关"，藩篱在"六慰"。本仁以为基，秉礼以为蕝[⑦]。风琴与雅管，日与作涂塈[⑧]。熙熙同春台，帡幪[⑨]廓荒裔。此非土木工，成则数世利。想见草堂中，匠心运无际。断手定何时，如椽笔难记。报章留息壤，兼以告有位。

咏尚书营

【明】巡抚王启黄岩人

我闻尚书营，不识尚书面。杀声雷震来，虎豹皆股战。营高压麓川，营长亘缅甸。麓川如振槁，缅甸如掣电。七纵俨天威，南中永不变。更拂平蛮策，依稀如公见。

挽霁堂张司政

【清】拔贡周绍生

人生有大节，凛然仰先哲。需富贵何为，纲常期无缺。司政张使君，能继睢阳烈。官卑人更疲，临难偏勇决。滇南遭兵燹，三迤尽侵轶。辛酉九月秋，边关复杌陧[⑩]。慨然登城埤，周巡陈群说。愿敦忠孝心，死守誓靡折。含涕向镇辕，君恩口不绝。万里拥节牙，请与城存灭。回瞻堂上官，致词声哀咽。受印仅旬余，何期事决裂。叹息独归署，遍向倅衙[⑪]诀。报国惟知死，合家心一辙。只此空皮囊，敢托同收掇？不求高埠葬，但求片土洁。公弟女相子，争先持玉玦，妻妾恐后时，相携赴同穴。公视各敛毕，仰药转愉悦。廿一日之夜，了此铮铮铁。我自避难后，乡居藏蹇拙。闻变得公耗，余生惭草窃。慕公心既挚，惜公心更餮。如何散曹中，复见张世杰！倘

① "今春我东归"：《永昌府文征》作"洎我归哀牢"。
② 骴(cī)：鸟兽残骨；肉未烂尽的尸骨。
③ 构：《永昌府文征》作"糒"，应以《文征》为是。糒(bèi)：干粮。
④ 鼛(gāo)：古代用于役事的大鼓，长一丈二尺。
⑤ 贲(bì)：文饰；褒美。
⑥ 末：《永昌府文征》作"未"。
⑦ 蕝(jué)：古代朝会时表示位次的茅束。
⑧ 日：《永昌府文征》作"曰"。塈(xì)：涂抹屋顶。
⑨ 帡幪(píng měng)：古代称覆盖的东西，指房屋、帐幕等，在旁曰帡，在上曰幪。
⑩ 杌陧(wù niè)：不安定之意。《书·秦誓》："邦之杌陧，曰由一人。"
⑪ 倅衙：微贱者之称。倅(cuì)：副职。衙：同"厮"。

有将军权，定溅断头血；倘任郡守职，定伸骂贼舌。惜公屈末寮[1]，事事皆肘掣。随人因后人，未获展施设。亮节自千秋，永与世相阅！敬志此巅崖，瓣香日对爇[2]。

闻雷示警

【清】金泽

人生各有营，所重在衣食。贫者谋朝夕，生路日逼仄。富者坐满盈，蓄积过万亿。贸迁而居奇，岁取无算息。贪吝习成性，用意尤深刻。谷贱不肯卖，时望腾价值。岁丰如岁歉，贫民有菜色。元气贵流通，此辈使之塞。塞则为民害，有甚于蟊贼。天怒示雷霆，闻者以为德。

吊秀士杨冠玖名怀琼

【清】陈宗海

物不遇盘错，无以别利器。人不际艰难，何以见才智？缅维杨冠玖，其人与众异。当其治平时，敛才未尝试。城破乱如麻，君乃筹公事。或劝君避之，君不以为意。酷虐宽一分，民受一分赐。辱身与贼亲，佯欢与贼戏。豺虎爱顺己，鲸鲵贵适志。科派虽百端，哀恳减三四。才戢白旗威，又招红旗忌。红白两交谪，危苦一身备。旁观皆吐舌，君亦常惴惴。

王师复腾城，雷电扫魑魅。君始得苏息，出险履平地。捧檄汉官来，筹局邀君至。谓君才明敏，谓君阅历邃。每事必咨询，倚如左右臂。是以历任官，待君以不次。某也最后来，公庭得欢侍。契合胶漆投，推挹腹心寄。形骸两相忘，坦中无疑贰。物情忌太专，祸机生诟詈。讼事久延绵，一病归泉隧。身后事昭雪，宪章千里示。知君历艰难，劳绩不可弃。虽死庸何伤，家声有人嗣。

吊廪生邓崇文名尚质

【清】陈宗海

乱后百度新，治理非容易。须得郡中贤，赞襄郡中事。矫矫邓崇文，急公尤好义。我初耳君名，中情尚疑贰。及君来公庭，侃侃发宏议。上为国计谋，区画求纯备。下为民生请，哀恳思曲庇。慷慨本性情，果断见才智。表里无二歧，终始原一致。始信斯人贤，众口无或异。因之任愈专，常将腹心寄。事无问大小，必邀邓君至。君至发一言，大局得布置。才高毁谤兴，情亲触妒忌。谓君营其私，谓君图其利。水清石乃见，家贫无余积。历久物望隆，重任咸付畀。公家款项纷，局设西盟寺。以君为领袖，济济群贤萃。忧劳成瘵疾，寿算天不赐。撒手捐宾客[3]，讣闻咸

① 末寮：末职。寮(liáo)：同“僚”，同官为僚。
② 爇(ruò)：焚烧；烘。
③ 捐宾客：亦称“捐馆”，指人死去。

酸鼻。我欲亲奠君，酒觞酹灵位，渠家百回阻，未赴私垂泪！缅想平生交，缠绵揽梦寐。君行恐淹没，节略付郡志。戊子岁之秋，赋此永相记。

（六）七言古七言排律附

游元龙阁

【清】州牧彭崧毓

龙光台畔泉喷薄，叠水河头浪花落。迤逦行过水碓村，登临直上元龙阁。元龙之义何所取，百尺楼头势轩举。岂有当年湖海豪，来寻旧地烟霞侣。门外悠悠潭水清，明珠万斛暗潮生。其中或有通神物，曾此携云挟雨行。凭栏奇思通溟漠，欲问青天携杰作。佳句终难拟惠连，清才毕竟输康乐。珍重纱笼诗一篇，雪泥鸿爪亦前缘。山僧记取防风雨，莫使蛟龙攫上天。

叠水河瀑布诗亦排律，误刊于此

【清】刘晋康

半空雷撼下飞泉，撞破寒潭一洞天。神雨神风生绝壑，飞花飞雪满晴田。帘垂鲛室朝霞拥，剑射龙光紫气连。列岸三山严锁钥，悬岩一树饱云烟。源寻霄汉银河倒，流出西南铁壁坚。众派安澜归荡荡，遐方遵道自平平。我来此地惊鳌断，人笑当年效鹊填。留得涛头石一片，至今日日集游仙。

（七）五言绝句

吊蒋相士

【清】刘宗鉴

壮士传三百，同君陷贼巢。至今追往事，凭吊总魂销。

咏王靖远三征麓川

【清】刘宗鉴

靖远播休风，麓川奠定中。至今归化久，犹想尚书功。

平定麓川地，曾驱十万兵。三征王靖远，草木亦知名。

剩有安边策，千秋永不忘。奇勋何以报？典祀荐馨香。

(八)七言绝句

南诏赤藤杖出腾越

【明】侍郎裴夷直

六节南藤色似朱,拄行阶砌胜人扶。会须将入深山去,倚看云泉作老夫。

宝井词

【明】施武

宝井在姚关万里外,非容易至。贩宝者止于缅中交易。缅中多瘴疠,除三冬与初春,通夷者不敢出。

缅中花落满蛮山,千两鸦青马上还。寒食雨飞防瘴疠,汉人不敢出姚关。鸦青,宝名。时适有是宝,重一两三钱,价三十贯。

病中闻西腾兵挫

【明】邓子龙

病眼慵看老莫邪,西南转运不胜嗟。谁怜十万长平恨,只为当年说赵奢。

军至缅甸望西海

【明】沐璘

蛇首楼船十丈长,船头铙鼓乐笙簧。篙师百橹齐摇出,阿瓦城边水似汤。

复过沙木陇

【明】沐璘

断崖巉石水流溪,曾与将军指路迷。今日重跻思划削,阴风暗雨暮云低。

贺周中丞敬松平陇川敬松,周嘉谟别字

【明】童蒙正

蛮烟起处咽悲笳,十月南天雪不花。汉相遥挥白羽扇,乘风一夜渡金沙。

哭黔国公沐天波

【清】陈佐才蒙化人

战马嘶归还汉地,将军枯骨在蛮城。招魂惟有沙洲水,日夜呜呜作哭声!

爨　蛮

【清】王尧衢

爨字夷经蝌蚪精，也知天象断阴晴。觋[①]皤若用鸡为卜，何似天台祷大清[②]。

妙倮锣

【清】王尧衢

官娜营长异诸蛮，胸背妆花妇女颜。跣足踏歌真个妙，芦笙吹罢舞衣还。

僰　夷

【清】王尧衢

酋长之妻数百多，竹楼茅舍娶娇娥。鸧鹒[③]不用疗夷妒，奈尔中华狮吼何？

蒲　人

【清】王尧衢

微卢彭濮载《周书》，百濮为蒲西徼居。贵者看头绳百结，那堪贱漆黑藤余。

缅　人

【清】王尧衢

贝叶传经金字光，椰浆树酒共传觞。国人盘首皈依佛，花落香台顾象王。

羯些子

【清】王尧衢

鸟喙何如古越王，可缝尺布不成装。出关若似当年事，也傍鸡鸣客孟尝。

野　人

【清】王尧衢

狼人无甑竹筒炊，采取蛇虫嘉馔奇。木叶蔽身林作屋，授衣刮尽树头皮。

地羊鬼

【清】王尧衢

惯行妖术胜尸蛮，木石能移人肺肝。任尔通身浑是鬼，可能换我寸心丹？

① 觋(xí)：泛指巫师。
② 大清："大"通"太"。太清：天空；道家用语。
③ 鸧鹒：即黄鹂。据《山海经》云：食之可以医妒。

遮　些

【清】王尧衢

佩鬟绾髻性豪奢，也学中州斗丽华。衣彩食甘骑坐象，种人丛里五侯家。

阿　昌

【清】王尧衢

生平畏湿好居山，火种刀耕不暂闲。无似阿昌随处好，红藤腰束葛衣班。

读残明遗事漫纪

【清】刘彬

凛凛孤忠志独坚，手持一木欲撑天。磨盘战地人犹识，磷火常同日色鲜。
仓促乘舆异域巡，每从草莽认君臣。中原尚少藏身地，缅甸谁为报国人？
航海勤王事事空，将军血泪洒西风。夷歌缅酒朝朝乐，何用飞章达帝聪？
误国欺君死尚迟，釜鱼几肉竟无知。不思出险扶危计，国玺能充几日饥！
休从缅甸忆中华，舍死全身事可嗟。当日香魂犹在否，至今谁吊汉娇娃？
万里投身虎口中，身亡国破两成空。可怜忠义同时尽，血溅番城岁岁红！

（九）五言律

毗卢阁

【明】进士彭纲清江人

山郭跨林麓，楼台俯市廛。风云归脚底，晴雨变樽前。不遇殊方饮，真输老衲眠。招邀逢地主，乘兴到山巅。

游宠炊山

【明】州牧李辐

行行十余里，宠炊渐跻攀。白日黄云静，青山绿水环。岚容添逸兴，野酌助欢颜。更忆胡安定，临风意自闲。

过分水岭

明本州牧沈祖学

关隘真天堑，危巅鸟道通。岫云惊聚散，界水自西东。岚润四时雨，林喧万木风。故园徒极目，行色又何匆。

王副戎招饮龙王塘

【清】本州牧喻良

俗吏偏无暇，殷勤喜见招。雨余山径滑，风静马蹄骄。野鸟鸣深树，闲僧渡小桥。临流须畅饮，共此涤尘嚣。

赠钱冲斋观察

【清】阿里衮

忆昔承师范，萧斋只两人。始从亲研削，直至命冠巾。经历风波险，甘同蔬水贫。十年情意重，爱我比祥麟。自注：余幼从冲斋尊人元朗先生受业，至登科通籍[①]终未易师。而先生亦别无弟子，间一旋浙，阅数月即返京师，在南日亦未授馆他氏。十余年中，阅历忧患，甘苦共之，不独文字奖许为平生知己也。经略班师后，岁事防务，冲斋左右于副将军间。

人海藏身久，翛[②]然物外情。会心眈易理，厌俗避诗名。贫贱长如素，文章莫与京。自注：先生秉节高介，淡于酬接。晚年好《易》，于《周易折衷》一书，朝夕不释手。时有心得，即签记之，以质先君子文勤公焉。每兴会所至，亦寄诸吟咏，长篇大章，有至一百二十韵者。然从不以诗自名，制举艺极工，而艰于一遇，时论惜之。谁知继起者，尚有父风清。

陈臬洪都地，书邮见朵云。何来此佳客，却佐彼将军。悬榻心空结，扬镳路又分。瓣香知有托，终惜未逢君。自注：余于乾隆癸酉，按察江西。时有总戎王君绥，遗书通问，词义兼工。询其书记，知冲斋所为，窃喜之。即折简相招，会奉命回京，不果。

绝域言旋后，年华屈指中。我方依禁闼，君正治河洪。意气芝兰臭，行踪牛马风。天山同汉水，契阔[③]更西东。自注：乙亥以后，余出师西北两路，及癸未岁，始得代。还朝时冲斋已由中翰入词馆，改官农部，从兆文襄公治荆山桥河工，相见之日甚少。既而余复往伊犁，冲斋亦观察汉兴，不通音问者三四年。冲斋于三十二年由汉兴道随明将军至滇。

三载征蛮府，天涯笑语温。晨昏欣共数，冷暖不须论。话旧成尘影，筹边验泪痕。相期崇令德，弩力[④]念师门。

酬阿云岩有引

【清】钱受谷

云岩先生受学先子[⑤]，契分最深，受谷以世讲接侍先生，极蒙优厚。今冬先生弭节[⑥]腾冲，筹边之暇，赋诗宠赠，光益前人，依韵谢正。

---

① 通籍：籍是二尺长的竹片，上写姓名、年龄、身份等，挂在宫门外，以备出入时查对。“通籍”谓记名于门籍，可以进出宫门。后来也称初作官为通籍，按本文所指，即属后者。
② 翛(xiāo)：意为自由自在，无拘无束。《庄子》云：“翛然而往，翛然而来。”
③ 契(qiè)阔：久别的情愫。
④ 弩力：似应为“努力”。努力，勉力。
⑤ 先子：自称死去的父亲。
⑥ 弭节：即驻节。指大官员在途中暂时留住。节：古代官员出行时所用的旌节。

客授悲先业，流传有几人？自注：先子守己，笃学著录，弟子甚少。遗经曾捧手，往事欲沾巾。学继何汤贵，自注：《东汉书》：光武帝问何汤本师为谁，因举桓荣。先生通籍，先予已归道山，不及邀稽古之遇，实时命使然。家仍羊续[①]贫。由来美清德，不独画麒麟。

文勤垂古谊，宾榻感交情。自注：文勤相国早列侍从，为文学领袖，而惜才爱物，气谊最深，先子依门馆者十三年。郑重师生业，艰难贡举名。自注：先子勤力举业，未得一第。青衫淹洛下，白发老西京。华表归来梦，凄凉鹤骨清。自注：先子病殁宾馆，先生殓送尽礼，德及存没。

孤露怜飘荡，行踪似片云。自注：受谷自先子弃世后，薄游岭表，转客江左。偶然依幕府，不是学从军。自注：王履斋总戎延课诸子，因游赣上。先生方陈臬豫章，闻受谷所在，即走书相招。已分江湖老，缘知器业分。自注：受谷与先生为世谊，而门第才分悬绝，故自谓深沉已判，便拟终老江湖。何期归献赋，遭遇圣朝君。自注：丁丑岁，圣驾巡幸江浙，受谷于閭左献赋，蒙恩召试，特赐举人中书。

舍人初直阁，上将正师中。自注：受谷初官中书，时先生奉役二庭[②]，每军邮驰奏，备闻筹略。屡候封章下，频闻树立洪。一麾渐短翮，自注：受谷官汉兴监司，每以才拙，愧无报称。万里慕长风。窃喜追陪近，行行瘴海东。

量交薄衡纩，自注：先生重风义，每以量交为慨。天末接春温。樽酒时相对，冰霜每共论。军书飞盾鼻，战血溅袍痕。报国真无愧，争推忠孝门。自注：先生龛[③]定南服，不愧忠孝家声。

（十）七言律

送友人之腾越州牧友人即陈克侯

【明】黎民表

北阙秋风绾郡章，单车人自识循良。长途正渡澜沧水，清吏休论宝玉乡。行笥护衣无越艳，碉房稽首有夷王。汉家不事西南徼，筇竹无劳贡上方。

高黎贡山

【明】侍郎侯琎

高黎贡山花正红，千岫万岫烟云中。险道迢峣锁眉黛，绝巘突兀摩穹窿。莺声鹊声满丹峤，远色近色皆苍松。记取此境付彤管[④]，豪吟野眺生春风。

龙洞河

【明】进士陆芸金齿卫人

古树青松最上头，荒原白骨动边愁。石根僧定云常护，谷口龙眠水不流。

---

① 羊续：东汉灵帝时官太守，讨平诸寇，访民疾苦，敝衣羸马，清介自持。
② 二庭：边庭。《唐诗》有“二庭归望断，万里客心愁”之句。
③ 龛：通“戡”。
④ 彤管：红色笔管，这里指代毛笔。

日落草黄平淡淡，风长溪碧去悠悠。天涯杯酒成何意，塞上音书谩未休。

悲蛮莫

【明】进士史旌贤云南县人

万里雄藩计转非，疮痍满眼泪沾衣。千秋天地龙堪卧，百战河山鸿未归。白骨阵云横睥睨[①]，青磷瘴雨失霏微。似闻蛮莫归侵地，几得休戈更被围。

毗卢阁

【明】万纶保山人

好山齐立玉栏东，老眼闲凭兴不穷。地僻暑收晴后雨，人幽凉堕晚来风。古城鹤去青松独，方丈云归翠嶂空。几度吟成下楼去，满身花露月明中。

来凤寺

【明】进士李泗彭山人

云散烟消万境开，一天清气拥楼台。小桥送客携壶过，幽境寻僧煮茗回。流水似龙随化去，远山呈凤欲归来。夕阳莎草游人醉，几点寒鸦落古苔。

入腾冲行军

【明】郎中陈璣

路入腾阳望眼赊，壮怀激烈不须嗟。时闻鬼啸兼闻鸟，鲜见民居频见花。废寺荒凉衔落日，空城寂寞锁残霞。天戈奋迅边尘静，六合车书总一家。

春正按腾

【明】参政朱应登宝应人

殊方节序谩相亲，又见春灯照眼新。秦苑烟花三辅梦，梁州风物隔年身。千门宛转迎华月，九陌逶迤起暗尘。淮海路迷何处觅，孤城频慕倚门人。

龙洞垂帘

【明】杨慰

谁将瀑布挂天涯，醉眼尘心一望开。碧落直倾银汉液，玉龙倒卷雪山堆。平空飞影纷如雨，万丈潭深撼似雷。几度错疑匡阜下，豪吟愧乏谪仙才。

---

① 睥睨(bì nì)：斜视；窥视。

送叶榆杨少府抚慰三宣

【明】马继龙

秋尽边庭草木黄，长驱铁甲省南荒。鼓声响振千山雾，剑气寒飞十月霜。汉塞愁云屯象马，金沙白日避豺狼。旬宣事绩追江汉，行看勋名纪太常。

宿龙江驿

【明】行人卢瑄

驻马龙江日已阑，江皋风静渡舟闲。参差云树山重叠，零落村居室几间。戍鼓递声来木枕，野霜飞冷透边关。明朝拟上平蛮策，万里清尘按辔还。

夜闻麓贼就擒

【明】主事张炜

谯鼓初敲月上时，三传边报决群疑。生俘献捷归明主，远地观光习汉仪。霹雳军声威海徼，星驰露布达京畿。师旋乐就平蛮曲，制作终惭雅颂诗。

过高仑山怀吴执斋执斋，吴璋别字

【明】沈祖学

风洞流声曲折盘，高仑突兀五云端。烟岚滴翠晴犹湿，竹木交阴夏亦寒。下榻有缘延孺子，筹边无计问袁安。清宵策马行随月，未是功成行路难。

按腾次果轩韵

【明】兵备道刘节

铁甲金戈耀锦鞍，明时威武远人看。瘴消薄霭千山静，木落严霜万里寒。石磴盘云连树杪，竹桥飞雨锁江干。天涯去住空离思，折得梅花岁又残。

游宝峰寺

【明】进士张文耀沅陵人

绛节群仙彩阁雄，孤峰一眺大荒空。西天日月消兵气，南纪山川渐帝风。细路白沙瑶草合，危崖苍藓石坛通。淮王鸿宝何人握，咫尺云璈下八公①。

各官大会永昌宴集赋诗

【明】刘綎

祖习干戈未习词，诸公席上命留题。琼林宴会君先到，关塞烽烟我独知。

---

① 《神仙传》："淮南王安，好儒学方技，有八公往诣之。"云璈(āo)：乐器名。以铜为小锣，十三同一架，下有长柄，左手持而右手以小槌击之。

剪发接缰牵战马，拆衣抽线补征旗。貔貅百万临城下，谁问先生一首诗？

九日登万仞关

【明】邓子龙

边关不见白衣来，万仞冈头独举杯。西望浮云遮落日，南来蜃气出楼台。自怜短发酬残骨，谁说长缨负将才？何处西风催铁马，败髅衰草不胜哀。

秀峰亭

【明】兵备道赵炯

平城紫翠郁孤峰，四合冈峦瑞气钟。士向岐丰歌棫朴，云从上下簇芙蓉。鸣琴此日开巢凤，彩笔惊秋起卧龙。淮海若平方是兆，当时裴度已知宗。

李安西定国

【清】侍读王思训昆明人

银河欲挽洗污尘，定国迎永明王归，集其部曲于南教场，谕曰："我辈皆流贼也，今既有主，当尽忠以报，力洗流贼二字。"吹烬烧天妄亦真。定国吹明余烬，欲图恢复。死荷圣朝宽斧钺，生教乱世有君臣。青虫怙类亡人国，白虎离伥致厥身。历代尊贤兼养士，独余豪帅重人伦。

吴式斋招赴来凤书院山长

【清】刘焕章

脱却朝衫谢世尘，春风时雨一番新。主恩宽大容迁客，时奉减徒。吾道迂疏为僇人。来凤山峦推作长，怒龙江险欲寻津。回思日下同游日，白发相看老更亲。

过曩宋关感怀

【清】孙士毅

䆉䅬[①]登场野望宽，当年曾此驻征鞍。军声如听哈乂密，国语[②]：军中勇往也。山色犹衔吉尔丹。国语：经略一大纛。从事重来书剑老，上公归去石泉寒。忠勇公傅。摇鞭曩宋关前路，遗镞沉沙仔细看。

秋兴八首赠同年刘霁轩

【清】吴楷

万里惊看两鬓霜，萧然握手感行藏。沧桑人海飘风过，衮钺文章簿领忙。

① 䆉䅬（bà yà）：稻名；稻摇动貌。
② 国语：指满洲语。

六诏山川游自远，百蛮风土记偏狂。星精太乙清霄降，几案香炉藜火光。

西流黑水古梁州，烟雨凄凉客路愁。井气鹤盘飞凤足，湖光龙耀打莺头。有怀好赋登峰阁，使者曾题观瀑楼。夜半钟声留古寺，何堪回首碧山秋。

书堂韵事讲坛开，风月从游白鹿台。理草删花生意足，评松衡木本心来。五湖烟客悲秋壮，百越羁人作赋哀。曾记盛年争彩笔，万言献策上蓬莱。

赤虺河源何处寻，苍茫雾气接天阴。秋空鸿雁莼鲈兴，日暮江湖风雨心。岳渎尚沿蒙诏旧，方舆还记汉功深。药囊料理神清旷，秋色秋光思不禁。

夜气清微烟雾天，下帷旧业个中传。秋风入座何妨肃，淡月临阶未放圆。余事诗骚凭指点，动人文采肯周旋。我亦瓣香心有托，碧桐青竹草堂前。

十年捧檄愧初盟，亲老何堪白发生。江上晨昏寸草隔，边城讽咏一囊轻。长鸿远雁书难到，鸣鹤惊乌思欲并。安得从容赋归去，朝衫脱却梦魂清。

登科我辈共刘蒉，世外交情校典坟。扫雪门前谁氏立，吟风堂下几斋分。岧峣山色新秋好，浩荡江声乡思纷。逗月冰壶清皎甚，漫将健笔写雄文。

蛮方豺虎恨难消，北斗星横光动摇。关塞风云人落落，山城瘴疠信迢迢。金戈铁马长雄健，白玉红珠久寂寥。庾信暮年最萧瑟，赋词哀怨擅风骚。

龙光台瞻武侯像

【清】尹艺

丞相当年拥节临，攻城不上上攻心。未曾北伐酬三顾，先定南征运七擒。鸿渚既归仪其羽，龙光小住尚为霖。我来肃穆瞻师表，翘企天威感不禁。

松树园

【清】胡启荣

松园旧拓署东偏，松卧墙头阅有年。扶起松身高荫地，展开墙面旷观天。回廊添构刚三折，老屋重修得数椽。花坞竹篱村落意，衙斋敢遂忘林泉。

丘壑经营似画家，凭空结撰竞相夸。为山堆出崔巍势，余于园内累土石为山。张幄移来富贵花。又新移牡丹种园内。树古朝昏凝霭雾，石多庭院带烟霞。曲盘岩磴携筇上，关塞极天望眼赊。

景物清华绝俗埃，依然小圃傍城隈。山能仁静开门见，竹取平安满院栽。园内向无竹。一枕惊涛天万里，半窗凉月酒三杯。退思难补当官过，敢纵吟情击钵催。

十年薄宦古梁州，又到腾冲地尽头。蔓草终防滋绝徼，风花那得破真愁。七土司山头野夷，生齿日繁，余深患之。谢安别墅非闲奕，允则浮图足望楼。遗事推求无限意，谁从千载继风流？

道光辛巳仲秋作此刊壁间，己丑春回任，复涂改之。

中和节偕世总戎、吴司马游元龙阁

【清】永昌守彭舒萼

肝胆延陵兴未悭，相将连辔款松关。昵人垂柳丝千缕，侑我清樽水一湾。山碓舂流自吞吐，野禽窥客时往还。上方赖有维摩在，乞得慈云覆九寰。

元戎裘带剧风流，射覆[①]分曹倦不休。新节已从忙里过，春风暂为客中留。村童绕阓识慈母，老将当边轻列侯。醉约前溪观瀑去，飞云怒雪洒心头。

买山心侈笑囊悭，况逐边氓痛痒关。仙梦每萦瀛峤路，尘踪偷息水云湾。壶中有术容酣卧，海上何时唱凯还？多谢村醪一杯饮，敢烦散福遍遐寰。

浮生如梦岁如流，一入招提[②]且暂休。狂兴欲随青草发，闲情多被白云留。人无俗累终成佛，醉有真乡定许侯。今日农书当进取，恨难亲捧凤池头。

登巨石关望缅甸

【清】尹艺

立马峰头望眼空，振衣飒飒舞天风。虽分内外华夷界，总在乾坤覆载中。一掌平原看隐约，几条远水望冥蒙。普天皆是皇家土，何日车书会大同？

吊线若堂

【清】尹艺

若堂，盐井训导，潞江土司线子章之叔也。民辅若堂拒贼，子章附贼而攻之，竟使若堂妻女俱投江死，故哀而吊之。

叔心归晋侄归秦，泾渭分流各觅津。守土已先失世土，斯人不愧读书人。臣知报国奴知主，妻死缘夫女死亲。忠孝无惭节义备，一门四美萃君身。

吊练目尹维新

【清】尹艺

维新已带兵攻芒市，贼诱而杀之，悲愤而作。

壮健曾经百战雄，提兵北剿又援东。如何撒手疆场外，又入奸谋笼络中。一着既差成覆局，百年贻误怨西风。闻音翻恨吾缘浅，不及频收指臂功。

吊张公济堂全家尽节

【清】贡生董大纯

官小何尝系重轻，凛然大节殉边城。孤忠气作河山壮，一柱力将天地撑。

① 射覆：古代的一种游戏。
② 招提：寺院。

岂肯甘心降贼党，从容稽首拜神京。更怜赴义偕儿女，合署贞魂对月明。

捐躯报国为纲常，万古能留姓字香。紫诰褒忠来北阙，青山埋骨重腾阳。张巡祀典崇祠宇，柳季樵苏禁墓旁。我幸生逢瞻道貌，一杯亲奠想容光。

城陷后感怀

【清】廪生周延煦

何年烈祸染红羊[①]，扰扰干戈见六霜。人世几回惊劫火，天心无计敛欃枪。空教燕子巢林木，赢得鸦声吊战场。欲说沧桑侬不敢，总缘涕泪亦沾裳。

吊月樵王太守名秀毓，安徽六安州人

【清】陈宗海

闻道当年寇暴横，临边愁煞老书生。公赐进士出身，居官严正。为援水火单心竭，欲把乾坤一掌撑。无奈天心飞劫焰，难堪人力扫欃枪。贼巢未破身先殒，文恪遗哀动满城。

数载团兵荡寇魔，满腔热血几消磨。激昂御敌思横海，矍铄行军想伏波。公皓首行军，亲冒矢石。尽瘁鞠躬先辈少，感恩知己后生多。公所委用，仗义者多。采樵有禁封丘垄，柳下年年奠叵罗[②]。

纪周耕香太守在腾时事名力墉，浙江钱塘人

【清】陈宗海

边疆回孽煽妖氛，奉使条侯久著闻。直把忠贞盟皎日，能将富贵薄浮云。背城破敌思长策，守土捐躯忆往勋。亲戚仆厮同赴难，荒烟何处觅丘坟？

于今沧海变桑田，父老犹思太守贤。甫下征车商战守，欲全民命费周旋。公与贼盟，不杀一人，不烧一屋。咸嗟廉范来何暮，又惜周郎不永年。虽际城亡迟一死，尚留勋业向人传。

吊李游击玉堂阵亡

【清】陈宗海

纵横虎豹记当年，誓与凶残不共天。荡决真能掠掣电，勋名哪计画凌烟。腾声一鼓冲锋外，振臂重围突阵前。难怪长驱殉节勇，龙城飞将古今传。

将军捧檄赴腾阳，色变风云奋战场。鹰隼扬威惊燕雀，貔貅锐气敛豺狼。冲锋已染征袍血，誓死犹坚铸铁肠。凭吊西山全节处，而今草木尚余香。

---

① 红羊：古人迷信，以为丙午、丁未两年为国家发生灾祸的年份。丙丁为火，色红，未为羊，因称国家大乱为“红羊劫”。

② 叵罗：古代酒器。

吊霁堂张司狱举家尽节名绍平，安徽桐城人

【清】陈宗海

卑官拜北对天盟，拒贼无权自舍生。妇死其夫奴死主，子殉厥父妹殉兄。香留草木光腾壤，气振山河壮皖城。公原籍安徽。忠孝节廉千古事，睢阳毕竟一门贞。

厦覆焉能一木撑，甘心誓死壮边城。堂堂正气冰霜洁，表表孤忠日月明。白璧无瑕崇节义，青山有幸瘗精英。我来凭吊遗风在，筑墓崇祠记盛名。

吊杉木笼汛千总卢三清殉难

【清】陈宗海

祸变崇朝奈若何，无人共奋鲁阳戈①。输忠击贼心犹壮，投炬捐躯志不磨。劲节直能光日月，馨名永可并山河。世人莫谓官卑小，撑住乾坤应让他。

吊周烈妇李氏城陷尽节周宇仪太守妾

【清】陈宗海

烈妇原非性太憨，酬夫一死始心甘。迷天白昼狼烟起，醉月黄昏鸩毒酣。只道下陈充贱妾，谁知大节胜奇男。遥看玉垒埋高阜，气结晴空凤岭岚。

吊良回朱举人斗南等全家殉难

【清】陈宗海

昔年逆寇起烽烟，君恐身污命毕捐。甘率妻孥同入地，恨无斧钺可回天。鸱张幸未腥膻染，虎口难堪旦夕延。欲附輶轩褒大节，爰将往事纪遗编。

吊医士张之英等合家尽节

【清】陈宗海

劫历红羊运遇屯，秋风夜雨暗青磷。时危扁鹊难存命，事变华佗亦陨身。合宅无心终不死，还家有梦总非真。世间存没知多少，谁似诸君姓字新？

（十一）曲

送腾冲卫参将李凤冈江南曲

【明】张含

江草年年绿，王孙不得归。龙江青草长，江上雨霏霏。江雨霏霏江燕语，

① 鲁阳戈：鲁阳，战国时楚之县公，传说他与韩作战，“战酣，日暮，援戈而挥之，日为之反三舍”。

桃花万片柳千缕。折柳攀花魂欲消，故国山川渺何许！山川万里真渺茫，彭蠡洞庭湖水长。湖中年年芳草绿，浴波对对紫鸳鸯。鸳鸯自是湖中鸟，双栖叠浪湖山小。日日双双不肯飞，王孙莫恨春光老。春宵归梦绕春城，城内池塘绿草生。梦回好谒苍龙阙，光耀无伦二鸟荣。

(十二)诗余

读邓武桥诗传感怀满江红

【清】吴世钦

是真将军，为胜国英雄第一。论边将，无人堪及，武功文笔。驰露布三缅詟服，播威声百蛮震栗。姚关伟绩至今传，名洋溢。

经百战，人莫敌，散千金，无靳惜。古今来，只有马援足匹。堪叹殊勋留远塞，偏嗟薏苡遭谗嫉。独兴怀，瘴雨与蛮烟，鸢飞疾。

腾越厅志卷之二十

杂纪志

从来稗官野史，为博雅所不遗；异事新闻；亦名人所必录。故篇存《越绝》[①]，用传一国之琐言；说采《齐谐》[②]，聊记当时之异迹。况山经海志，岂尽无益之书？木状虫疏，皆为有用之学。我思古人，则一名一物，均遗爱之难忘；言念前贤，则某垄某丘，俱高踪之足志。至片长薄技，亦有微能；畸士羽流，岂无可采？虽云“子不语怪”，而天下之大，尽多怪怪奇奇；漫言吾未尝闻，而记载之间，但述闻闻见见。如古迹，如丘墓，聊分丛桂于小山；曰轶事，曰异闻，姑存一节于稗海。摭兹四事，杂志一篇。志杂纪。

杂纪志一　古迹丘墓附

吾人生古人之后，古人莫之见也。苟得其一名、一物、一壑、一丘，亦足以慰好古之深情。故荒凉古墓，剔藓而认残碑；缥缈高台，攀藤而寻旧址。盖其人已殁，见其迹如见其人，所谓抚甘棠而思召伯之勋，睹铜柱而感伏波之烈者也。腾归版图最后，古迹无多，然自前明三命平麓，我朝十年征缅，其间惠泽及人者，事虽既往，迹犹有存，尚令人徘徊往复而不忍去也，则古迹乌可不记耶？

土城址　正统以前之旧土城，为麓夷所毁。今在西北隅有遗址，若小阜然。

诸葛城　在分水岭上，旧有关。相传诸葛武侯所筑，一宿而成。

罗密城[③]　在城北二十里，旧为蛮酋所居，濠堑犹存。

西源城　在城西二十里，相传为段氏所筑。

顺江废州　在城西六十里，元至元十一年置，寻废。至正七年，酋长乐孙求内附，立宣抚司。寻又废。

古永废县　在城西南一百里，元至元中置，寻废。

尚书营　在来凤山之顶，明尚书王骥驻兵处。

越甸废县　在城东北四十里，元至元中置，寻废。

---

① 《越绝》：书名，一称《越绝纪》，东汉袁康撰。记吴越二国史地及伍子胥、子贡、范蠡、文种、计倪等人的活动，多采传闻异说。

② 《齐谐》：《庄子・逍遥游》：“齐谐者，志怪者也。”后世志怪之书多用“齐谐”为书名。

③ 罗密城：在界头乡永安村，距县城约六十公里。村人称罗密城为罗妹城。其距离记述有误。

镇夷石堆 在城南十里绮罗练后，高丈余。相传武侯屯兵处，亦曰“军营堆”。

罗古城[①] 在瓦甸雪山下，旧为蛮酋所建，内有大坝寺。有路逾雪山，可通上江。

子午石 在迦罗庙后。

龙马槽 在城北五十里河中，有石如槽。相传南诏时，有龙马饮于此，故名。

济旱石 在城北二里土山上，石形如丸，周丈许。旧传高僧摩伽陀所遗，天旱祷雨，以石浸龙池，雷雨辄至。

滚钟溪 在城南十里宝峰山。相传山顶古刹内有钟，重千斤，一夕风雨作，钟陷溪中，今钮尚见。

龙马窝 在城西十里。相传昔人见雾中有物，逐马如飞，后村中多产骏马。

镇兵石 在武侯祠中像座下，今毁。

金塔坡 在干峨山北。昔有异人修炼于此，至今无蚊蚋霜雪。

磨盘石 在分水岭古关之北，李定国树栅扼险处。

丘墓

唐

御史杜光庭子墓 在来凤山。光庭，蜀青城人，仕唐为御史，携子入南诏，子卒葬于此，其名无考。《方舆记览》：“张罗疋为清平官，葬光庭子于腾之来凤山。”知腾于南诏时有清平官也。

元

威抚将军腾冲府知府高泰墓 在来凤山。时知府带戎号曰将军。

腾冲府知府孟光墓 在干峨寺左。光，四川成都人。

明

都指挥陈升墓 **指挥同知陈鉴墓** 俱在西山。

处士易恒墓 在来凤山。

烈妇谷杨氏墓 在来凤山。

节妇张顿氏墓 在西山。

节妇林阎氏墓 在金塔坡。

节妇黄李氏墓 **节妇张郑氏墓** **节妇段氏墓** 俱在来凤山。

节妇吴张氏墓 **烈妇吴原氏** **吴刘氏同墓** 俱在干峨山。

国朝

州牧鲁舜中墓

州牧张善化墓 在干峨青海旁。康熙初年卒于任，其母、妻均殁于腾。

同知王秀毓墓 咸丰十年卒于任，与妻杨氏合葬来凤山左。

---

① 罗古城：在界头乡永安村，距县城约六十公里。村人称罗古城为罗哥城，为县级重点文物保护单位。

司狱张绍平墓　咸丰十一年，合室殉难。与妻王氏、妾袁氏、女守贞、胞妹浣英，同葬于来凤山左。

同知周维巽妾李氏墓　在双坡。

游击李玉堂墓　在大西顺江河旁。

上四墓，同知陈宗海捐廉建碑砌石，并置田作岁修之需。

杂纪志二　轶事异闻附

志之道与史通，其体最严。一切琐屑拉杂者，概不敢入，盖慎之也。然而搜罗遗剩，缀辑前闻，事之或正或奇、或今或古，可传于世，欲入之而类无可附，欲弃之而心有难甘。因别辟轶事一门，以胪列之，亦史家稗史野史、述异博物之流亚欤？腾开辟最后，轶事无多，然耳目所闻见，载籍所流传，非关典要而自系人心，或属唾余而有裨郡志者，广为收之。庶遗珠寸锦，都为囊底之珍；故剑焦桐，悉是人间之宝。仿晋乘之续编，为腾阳之佳话。异闻类附，何事分门。

刘綎将军　綎少豪纵，与叶羽便师曾铣，尽得其艺术。躯貌雄伟，眉宇若神，用镔铁刀重百二十斤，马上轮转如飞，时称为“刘大刀”。每装束临阵，神采忽变，如俗画关帝像。矢石至马前五尺许，自坠地，不得近，盖得金钟罩术也。綎以父显，故早立勋绩，而羽便犹如故。追綎入辽，铣书荐之于綎，未至，綎已死。世传其死时，犹著刑天干戚[①]之异云。又传尝泊船江干，盗迹商船，以草履识其尾，商知之，移履挂綎船，而潜移其船他泊。盗夜半至，仍以为商船，舟中人出，即加以刀，綎起，取刀砍倒其楼，尽诛群盗。二渠上岸走，綎追之曰：“吾刘大刀也，尔止，可活；不止，吾放雕翎箭，死矣！”盗伏地请死。綎收以为用，使为先锋，所向克捷，其用人皆类此。又尝次华阳镇，患病延医，谓宜下，乃熬大黄汤满釜，连饮数十碗，暴下而愈，何其强毅若是。刘君立勋于腾，故详纪其绪余，但《旧志》杂入本传中，特另录之。余同。

邓子龙将军　明万历十年十月，岳凤以陇川夷归莽应里，结连耿马罕虔、南甸刀落泰、芒市放正堂，起兵象数十万，分道内侵。时子龙为参将，提兵五千赴剿。蛮人驱象进，子龙足起踢一象，即死，蛮大惊而溃，遂破其象阵。世传邓将军一脚踢死象，盖知其胆所在也，洵博物君子哉。又传子龙精于堪舆，所至，地有戾气者，即挖剔其要区，而置一空冢以压之。故腾地多邓公墓，其实非真墓也。

萧公祠《旧志》载入《寺观》，故移于此　萧公名伯轩，清江县人，善舟楫。

① 刑天干戚：刑天，一作“形天”，神话人物，因和天帝争权，失败后被砍去了头，埋在常羊山。但他不甘屈服，以两乳为目，肚脐为嘴，依然拿着盾牌（干）和板斧（戚）挥舞着。见《山海经》。陶潜诗：“刑天舞干戚，猛志固常在”，即咏其事。

老病居家，睡醒辄言“赴某地救人”，家人未之信也。一日语家人曰：“某水三舟将覆，吾力救之。”晚果有三舟临江，皆商船，问其由，与公言相合。及病笃，谓其女曰：“三商施财盖庙，可以吾坐大桶中，四围塞以沙，上加盖，送庙中。”言讫而卒。众商闻之，遂以之置庙中。时有内臣使海外招诸夷，临江，舟将倾，辄拜呼公，风浪遂平。后且屡验。太监郑溶归奏，奉敕加封修庙。事在前明。

罗洪先太史《旧志》载入《亭台》，故移之　洪先，嘉靖己丑状元也。官居赞善，以上疏落职，遂超然有出世想。后到腾，与知州李辐同乡，为之题“且憩亭”。复任意遨游，不知所之，世称其隐遁不死焉。又传，乾隆初，居蜀打箭炉，所在多名弟子，山东耿副使，其一也。老而壮，静坐不常开眼，喜食烟，其管可容烟两许，吞吐之可半日。一夕忽曰：“此地血腥，不可居矣！”遂去而之滇，后果有金川之役。《大理志》载其寄尹道舆太和令诗云：“洱海苍山秋正明，忘家为国岁将更。远书留滞鸿飞少，故俗萧条鹤发生。吏似偶形知政简，衙如禅室有经横。古人事业寻常外，千载扶轮说大程。”又访中奚李元阳、宏山李士云，途次海东河曲村，赠杨老人诗云：“玉几山前鹤翁，行年九十貌如童。北窗高卧看迟月，南亩深耕醉晚风。黎色满溪浮白雪，水光一镜照苍穹。相逢欲话生平事，为访仙人且拨蓬。”

按：士云，丁丑翰林，著有《皇极天文》诸书，又能知风角[①]，中夜仰天，或喟或喜，不以语人。元阳，丙戌翰林。晚年剥落英华，收敛神气，复归其根。二公皆洪先前辈，所学如是，宜其万里来访也。然则洪先其于此时遁迹，抑返故乡而托化耶？

吴尚贤从《旧志·缅考》中摘出，以下二人亦然　尚贤，石屏州民。乾隆间，家贫走厂，抵葫芦国。其酋长大山王蜂筑信任之，与开茂隆厂。厂规无尊卑，皆以兄弟称。大爷主厂，二爷统众，三爷出兵。时尚贤主厂，极兴旺，众数十万，有警则全出。尚贤身材虽小，临阵辄先，人望之如矮脚虎，皆惊走。厂徒多材力，凡开厂夷地者，每互相联络，夷众欲攻厂，而惮茂隆。因重币假道，尚贤乃阳许之，而阴备之，夷众大败，茂隆截杀之，所获不可胜计。厂众大欢饮宴，尚贤忽大哭不止，众惊请故。曰：“吾哭非他，哭此厂败耳！吾与众兄弟忍饥寒以开此厂，今一旦有此无妄财，各怀父母、妻子，思归矣，吾一人能独支乎？”于是众人各被酒为豪举，尽探怀中所掠得者而弃之渊，其操纵人皆类此。其性阴险，故人有闻其富而省之者，辄欢迎款接厚贶之，旋使人于中途杀而夺之者非一。其三爷某，心不善之，谓非可与久处也，乃谋自脱。因请假徒往猎，尚贤许之。某以其徒入葫芦猎，所得禽，时以遗蜂筑，蜂筑不之虞，一夜遂破其国而有之。尚贤屡招之归，某不应，终无如之何。先是尚贤虽富，从不寄分毫与其妻子。俄有其邻某往省，尚贤曰：“夙来无能将吾银出境者，吾今使人送汝。”且寄银与其妻。某归，其妻使复往，多得移其赀财焉。某以尚贤不知官场，乃说以进贡，可邀恩得葫芦王。因为禀耿马土司罕世屏，献厂抽银锞，公私遂大充足。时群蛮最畏者，尚贤而外，又有：

① 风角：古占候之法，以五音占风，而定吉凶。

桂　家　桂家江宁人，明永明王入缅所遗种也。缅劫永明，诸家分散驻沙洲。蛮谓水至必漂，故不之逐。已而无害，遂神之。百余年生聚日盛，共称桂家。兵力强，群蛮畏之，各厂力弱不能支蛮人者，丐请即往助焉。更有称“敏家”者，大抵桂家之与也。

宫里雁　其貌伟而怪，满面皆髯，每战斗，矢石不能及身，为蛮人所畏。时与缅酋隙，吴尚贤伺间入缅，欲和之，不听。乾隆二十七年，为孟络各部所逼，率其下谋内附，驻于孟连。土司刀派春苛索之，不受约束，其妻妾又不相安。会石牛厂周某相招，乃置其妻囊占及男妇千人于孟连，而挈妾与奴婢六人赴厂。滇人每言：“吴尚贤、宫里雁若在，岂有边祸！”其说虽未必然，亦足见能保厂者，即可以防边也。

老神仙　陈凤典，河南新野人。受异人传接骨神术，甚至易骨、缝肠、割肌、取髓人所惊见者，皆著神效。永明时曾至腾越，故及之。初，凤典以医见狎于张献忠，忠醉，怒杀一姬，左右咸谓：“此大王爱姬，醒呼之而不得，罪及我辈矣！”急求凤典活之。乃以桑皮缝其项，加以药，有顷即活，而项痕添一线微红，比前更媚矣。忠喜曰：“吾欲使军中皆知有老神仙也！”乃集几为台，高数丈，置凤典于上，使数万贼罗拜其下，尽呼“老神仙”。欢声震地，由是得惊悸疾。献忠死，孙可望挟之奔滇，卒于州。赵贞言曰：“凤典术技通神，顾为贼所用，惜哉！”

思　正　系蛮莫土司。一云为缅所杀，一云为当事者误杀。守备李天常之蛮哈，至橄榄坡，有鸟夜鸣，声甚哀，异之。询诸土人，对曰：“自思正死后，有此鸟哀鸣，三年矣。”因述正见枉状，天常感慨祝曰：“果思正，当为尔复仇复地！”鸟遂不鸣。

俞　保　山西解州人，万历初戍腾。妻王氏，颇知书，日将粒米作信香，旦夕祷关帝前，曰：“信香一粒米，客路万重山。一香一点泪，流恨入萧关！”终岁，米积如许。保在伍，一夜忽闻关帝呼曰：“汝妇虔诚，汝欲归否？”保伏地乞归。遂令揪马尾驰行，猎猎风声，已落山中。晓知为解州城外，抵家叩门。王氏惊疑，保道所以，相对而哭，随诣庙谢。次日赴州言状，移文腾伍，查保离伍仅一日，伍簿复有“关圣钩免”四字，保军亦遂得免。

岳　罕　芒市夷。谋寇腾，距州五十里，忽仰见关帝挺立云表，如拒敌状，遂溃。

杨林兰隐君　名茂，字廷芳，号止庵，洪武时人。少有大志，学术精通，乡里称为“小圣”。王骥征麓川，茂授以方略，乃得成功。曰：“若要麓川破，船往山上过。”至今传为美谈。其指杉木笼乎？

陈　仪　王骥征麓川，仪领前锋三千名，开南牙山，断贼走路。骥檄缅献思任法，缅约重臣往取，郭登请行详《武功·郭登传》。缅刺札至贡章，不见登，迟疑不献任法。仪自许知天文，谓荧惑犯舆鬼，可克缅。骥密令蒋贵率师匝江而下，大战一昼夜，焚其舟数百，贵子雄阵亡。剌札竟持任法去。

吴　定　字子德，河南安阳人。万历时巡抚云南，三宣以蛮莫被寇，纷纷告急。乃便宜用邓子龙于对簿间，帅兵四出，边郡安然。

李犁头　高山寺下居民。顺治十八年，大兵进缅，腾斗米银一两。犁头积谷一仓，吝不肯售，将更待价之高。一日，寺下大雨雪，晴而山崩，一大石压其屋，仓廒俱圮，积谷无存。又界头民亦有积谷待价者，忽风揭其仓，谷飘去数十里，颗粒无存。噫！积谷待价，甚不可也！

马哈麻　回回设教之祖也。死葬天方地，墓顶常有光，日夜不熄。墓后有一井，水清而甘，泛海者必汲以行，遇飓风，取水洒之即息。《明史，西域志》："天方，古筠冲地，一名天堂，又名默伽[①]，其人皆向善，俗禁酒。有礼拜寺，月初生，其国上下咸拜天，号呼称扬以为礼。寺分四方，每方屋九十间，其堂以五色石砌成，四方平顶，用沉香大木为梁，凡五堂。左有司马仪墓，其国称为'圣人冢'。土悉产宝石，围墙则黄甘玉，两旁有诸祖师传法堂。其崇奉回教如此。"后世遂传有回回教。

莫罕蓦德[②]　乃回回国王名，始立回回国者，居默德那国。回回祖国也，地近天方。生而神灵，尽臣服西域诸国，尊为别谙扶尔译言"天使"也。其国有经三十本，凡三千六百余段，其书旁行，兼篆楷草三体西洋诸国皆用之。其教以事天为主，而无像。每日西向虔拜，每岁斋戒一月，沐浴更衣，居易常处。宣德时，其酋长遣使偕天方使入贡。隋开皇中，其国撒哈八、撒阿的、干葛思，始传其教入中国，故有回回推步法，法最精。迄今其种遍天下，皆守其教，不食猪肉，以白布蒙头，不易其俗。按：腾此教最多，读书者气习稍移，外此则并其立教本意而亡之。窃盗打降半出其中，故律例特严治之。自咸丰间兵事后，存者仅十一耳。然其奉教沿习依然也。

猛密孟养叙事　明田汝成《炎徼记闻》，叙事与他书异。附论曰："猛密、孟养之乱，譬如蔓草，树以中官，灌以阁辅，日益滋长，虽欲芟刈不可得矣。"麓川之役，举朝皆以为非，谓王振专权逞忿。而李文达公亦言麓川初叛，不遣晟而遣别将，遂致丧师，此皆失实。思任法抗王师，歼大将，释而不诛，辱国益甚，振之罪恶通天。若主征麓川，义正言顺，不可非也。王三原亦与文达略同，溢美文过，为家状所蒙，未知国史所传，竟何稽也？

又叙诸夷附论曰：周封箕子于朝鲜，即为嘉域，而淮徐之区，摈为外地，泰伯端委以治吴，犹不革短发文身之习。秦开百粤，而武帝以闽彝叛乱，徙其民于江淮闲空之地，时固芜莽狐兔之墟也。今文物声华，与中土等矣。武帝遣唐蒙通夜郎，元始拓土，然羁縻之而已。我朝列于郡县，西洋诸国，亦皆宾贡，盖气化渐开，则人文渐被，若旋风渐拂，首西北而终西南，知滇僰之地，不将有声华文物，如闽广之交者乎？又焉知缅甸诸夷，不有列郡县、置官吏之日乎？

---

① 默伽：今作"麦加"，在沙特阿拉伯境内，为伊斯兰教的发源地。

② 莫罕蓦德：即穆罕默德之古译音，为伊斯兰教创始人。

运粮法　征缅运粮最难，入缅路跬步皆山，径亦错出。将军明瑞用裹带法，每兵给二月粮，变马运为牛运，即以征兵驱之，兵力已疲，二月粮尽，运道不通。皆因运于敌之言误之。《元史·董博霄传》有陆运粮法，每人行十步，三十六人可行一里，至三千六百人，可行百里，各负米四斗，以夹布囊盛之，用印封识，人不息肩，米不着地，排列成行，日行五百回，计路二十八里，轻行十四里，重行十四里，日可运米二百石，每给米一升，可供二万人，施之山径更便。

飞　标又名梭标，标宜作篻　缅中马兵惯用标枪，每马带数十根于左右，能击伤人于数十步外。《文选》注："篻竹大如戟矜[①]，实劲强，交趾人以为矛"，交、缅兵器其相同耶。缅呼中国箭括亦曰"飞标"。汉时与夷盟曰："汉犯夷，罚黄龙一双；夷犯汉，罚清酒一钟。"《古文苑》云："白虎之俗难安，黄龙之盟不定。"盖夷贼有名严白虎者，故云。

蛮布弓衣　苏子瞻于清井监，得西南夷蛮布弓衣，其文织成梅圣俞《春雪诗》。诗云："朔风三日晴吹沙，蛟龙卷起喷成花。花飞万里夺晓日，白石烂堆愁女娲。天明广庭踏朝贺，雉尾不扫粘宫靴。宫中才子承圣颜，捧觞称寿呼南山。三公免责百姓喜，斗酒十千谁复悭。"子瞻以欧阳永叔尤知圣俞，因以遗之。欧公旧蓄琴一张，乃宝历[②]三年，雷会所断，其声清越，如击金石。以此布为琴囊，自谓二物为欧家世宝云。

火把节即星回节　六月廿五夕，农民持炬照耀田间以祈年。其说有三：一谓武侯南征，是日擒孟获，侵夜入城，父老设庭燎以迎之。一谓曼阿奴为汉将郭某所杀，其妻阿南，郭欲妻之。阿南畏逼，给之曰："欲妾从君，能从我三事乎？"曰："从。""一须作幕次焚故夫，二须焚故夫衣；三须令国人遍知礼嫁。"郭次日如其言，聚国人，张松幕，置火其下。阿南抽刀出，令火炽盛，乃焚夫衣，告曰："妾忍以身事仇乎？"遂跃入火中，以刀自刎，时六月廿五日也。国人哀之，岁以是日焚炬聚会，以吊之焉。一谓邓赕诏妻慈善，开元中，南诏于是日召五诏燕[③]，意欲尽杀之也。善逆知其谋，止夫无往，夫不可，善乃作铁钏，约其臂而去[④]。已而南诏佯以醉失火，焚死五诏，骸骨莫辨，善独能舆尸归。南诏欲以为妻，发兵围之，善闭城自固，食既尽，乃盛衣装，西向自缚于座，以饿死。临卒曰："吾往诉夫冤于上帝！"南诏悔曰："误逼此贞节妇！"乃旌其城曰："德源城。"

按：三说均有所本。今则农人以卜丰歉，相率为欢宴而已。

狮子国或谓古大秦国　南诏时，狮子国征缅，缅请救，南诏遣段宗榜将兵救之，获狮子国旗帜、金鼓、兵仗而还。缅酬以金宝，不受，取其佛舍利。至腾，闻其主韶卒，杨苴颠篡[⑤]立。宗榜作书，令其来迎舍利，因而斩之，归立蒙世隆。据此，则近缅尚有狮子国，或其时已灭，其种亡也。

---

① 篻(piāo)竹：筋竹的别名。矜(qín)：矛柄。
② 宝历：唐敬宗年号，宝历三年为公元827年。
③ 燕：同"宴"。
④ 钏：镯子；约：缠束，引申为(用环状物)箍束。
⑤ 原文误作"纂"，今改。

狗头国　潞江,《志》称源出雍望,不知何地?《徐霞客游记》:源出狗头国,水涨时,曾有狗头人顺流而下。《通志》:顺宁江中浮来一尸,人身狗头,无尾有发,形躯虽小,手足与人无异,此可互证。

越赕犀　旧,人以陷牢取之。每杀之,雷雨暴作。魏国统云:"西南有犀,三角,夜行目如炬,照数百步,时脱角藏之深密处,不令人见。王者贵其异,以为簪,能消除凶逆。"

越赕马世称越赕骏,今不闻有是马　越赕西多荐草,善产马如羔。岁中,纽莎縻之,饮以米沛[①],七年可御,日驰数百里。

白　象缅地曾有之　《异物志》云:象之为兽,形体特诡,身倍数牛,目不逾狶[②],鼻为口役,望头若尾,驯良易教,听言则跪,素牙玉洁,载籍所美,服重致远,形如丘徙。唐咸亨二年[③],田澄国上表,言:河伽国有白象,首垂四牙,身运五足。其鼻垂地,故若五足然。象之所在,其土必丰,以水洗牙,饮之愈疾,请发兵追取。又,象胆随四时在四髎[④]。春在前左髎,夏在前右髎,余同。如龟无定体也。鼻下有爪,可拾针,其肉有十二般,惟鼻是本肉。耳后有薄穴如鼓皮,一刺即死。胸下有小骨,灰之酒服,令人浮水出没。多食其肉,则体重。古云:象孕五岁始生。相传邓子龙破缅象阵,以象闻酒香则不行,乃埋酒于要隘,伏壮士,持长矛,刺其耳后穴,即惊走。

缅箐异兽父老云:此兽见则有兵　《旧志》:昔缅箐出二兽,大如橐驼,狮首,象蹄,牛尾,有齿无牙,顶带肉角,毛色碧绿,见人则伏地鸣。土人误杀其一,暴露数日不腐臭。

人化为虎　隆庆[⑤]末,陇川有伯夷夫妇,入山伐竹,剖其中,有水,内有生鱼六七头。持归,烹食之,遂化为虎。残害人畜甚多,百计阱捕之,不能得。

猩猩出野人山　《明志》:"取其血,染朱罽[⑥],色鲜不黯。"《华阳国志》:"欲刺其血,问之曰:尔与我几许?猩猩曰:二升。加鞭棰则随所加而得,可至一斗。其能言如此。

孔　雀　《华阳国志》:"云南郡出,常以二月来翔,月余而去。镇中秋后,饬抚夷购之关外猎户。孔雀食金刚纂树,故有毒,捕而畜之,亦能驯。有得其卵者,用鸡翼之,亦能菢出,但羽毛不鲜耳。今制:例贡则有孔雀榜。

龙　潭　夷地甚多。佛家有孔雀与龙问答经。言虽假托,然亦山多孔雀,地多龙潭之一证也。

---

① 沛(shěn):汁。米沛:淘米水也。
② 狶(xī):猪。目不逾狶,言眼小也。
③ 咸亨:唐高宗年号。咸亨二年为公元671年。
④ 髎:与"腿"同。
⑤ 隆庆:明穆宗年号。
⑥ 罽(jì):毡类毛织品。

朱子：龙行雨说，不是龙口吐雨，是龙行便有雨随之。刘禹锡言：有人在高山上，见山下雷神龙鬼之类行雨。此等之类，无限实要见得破。《梁四公记》：武帝时，瓯越[①]罗子春兄弟上书，愿入洞庭山南洞穴取宝。帝命志公[②]问其家制龙石在否，答曰："在。"及取至，公曰："此石能制征风召雨戎虏之龙，不能制海王珠藏之龙。"昔桐柏真人教杨羲、许谧、茅容乘龙，各赠石一片，今应在。帝命求之茅山陶景宏，得石二片。公曰："此制龙石矣。"据此，则龙有应龙、夷龙之别，或不诬也。

琥　珀　火珀、血珀为上，柳青次之，金珀最下。珀根有黑、有白、有雀脑、有老鸦翎，以为朝珠，佳者一盘价值百金。

《列仙传》：松脂入地千年，化为茯苓，茯苓化为琥珀。《元中记》：枫脂入地为琥珀。韦应物诗："会得老茯苓，元是寒松液。蚊蚋落其中，千年犹可觌。"或言龙血入地而成。又云："虎死，其目光沦入地之所为，故一书为'虎魄'。"《广志》：哀牢县有虎魄生地中，深者八九尺，大者如斛，削去外皮，中成虎魄，初如桃胶凝结成。其土及旁不生诸草。今蛮莫对江猛拱产此，夷民守之，凿山而得，与开矿无异。

异花异草

火把花　一名酒吊藤。诸山俱有，叶如杏大，人生服之立死，既干尚可毒人。每于火把节，采此草，束而燎之，欲绝其种，而蕃滋弥甚。村民自尽图赖者，颇见讼牍。

断肠草　草形而实虫。骡马畜物食之立毙。

合欢草　一名相思草，又名低头草。见妇女，草即低头，取以馈夫，夫辄受制于妇。

一把伞草　出分水岭。既枯而置之滚水，爇[③]酒中，辄浮青色，亭亭而立。

锅铲草　出竹笆铺。以形似名之。

孟　告　去猛密百里，产大树，叶如车轮。

鲁梅金松　城内西偏，鲁氏有梅甚古，老干生花。相传为千余年物，李节相曾图其形，上之内府。南城外金氏有松，古干虬枝，盘折空际，正覆庭心，亦数百年物。好事者以配鲁梅。赠太仆卿赵文哲，及从军金川，来札云："鲁梅金松，时入毡裘梦寐间"。其为文人所赏鉴不忘如此。今皆无存。

红　藤　户撒、腊撒有之，可取为杖。白乐天有《红藤杖》诗。

铎　鞘　状如残月，有孔旁达。唐异牟寻遣使献之。相传出丽水，饰以

---

① 瓯越：今浙江以东地。
② 志公：释宝志，梁时高僧。
③ 爇(ruò)：焚烧，点燃；烘烤。

金，所击无不涸，夷人宝之，月以血祭。州牧吴楷亦云见之陇川夷民家。

群　竹旧记其谱，故不移入土产。

刺　竹　大者二尺围，𣏌[①]质厚实，夷人破以为版。枝节皆有刺，种以为城，卒不可攻。《竹谱》曰"棘竹"，亦曰"竻竹"，深丛为林，根如椎轮，节若束针。亦曰"笆竹"，城固是任，篾笋既坚，鬓须则侵。

筋　竹　长二丈许，围及寸，尚坚。南人以为矛，其笋未成竹时可为弩铳。《谱》曰："筋竹为矛，称利海表，䔿[②]仍其余，刃即其杪。生于日南，则名为篻。"

由衙竹　交州《广志》："生于永昌郡，为物丛生。"《谱》曰："䈹[③]与䌛衙，厥体俱洪，围成累尺，䈹塞衙空，南越之居，梁柱是供。"

筇　竹　高节实中，状若人刻。《谱》曰："竹之堪杖，莫尚于筇，磥砢[④]不凡，状若人工，岂必蜀壤，亦产于邛。一日'扶老'，名实相同。"《张骞传》云："于大夏见之，出身毒国[⑤]，始感邛杖，终开越巂。"按：越巂，今宁远府，谓即身毒者，非。

瘴　母　《文选》谓之"鬼弹"，《内典》谓之"禁水"，近江边界多有之。每岁五六月间，按：七、八两月为甚。江中有物，色如霜，光如火，声如析木破石，触之则死。然边地瘴毒，随地多有之。

畜　蛊为孽实甚，犯案者应穷治之　有愚夫妇聚虫、豸、龟、蛇等于一大器中，俟其强食弱并为一物，即能变化。《易》称皿虫为蛊是。事之甚谨，每夜间放出，平明收之。不但饮食器中能为害，即畜蛊者摩腹抚顶，亦能作痛血泻。以财物求之，则能作法解脱，或以鸡置于前，祝而扑之，鸡死而人立苏。其物夜中放出，如流星，如赤虹，喜咋小儿脑。

鸡　卜外夷法　法用雄鸡，于神前或向空祝之，旋扑杀鸡，取两股骨，洗净，以线束之，用竹签插其中，左骨为依我也，右骨为人谓所占事或人。两骨上有细窍，以细签插之，斜直多少，任其自然，直而正者多吉，反是者凶。其法有十八变。汉武帝令越巫祠鬼，用鸡卜，此法相传已久。后沾益州乌蛮闭珊[⑥]居集者，亦精此法，并用细竹四十九根代蓍草，占算如神焉。

木　刻沿木夹制　夷人交易用此，各执一半，合为符信。唐徐云虔使南诏，授木夹遣还。宋宣和间，高泰运贻木夹书于边将，其制用两漆板夹文书，而刻字其上以为信。今木刻，其遗意也。

---

① 𣏌(xú)：古树干的"干"字。
② 䔿(jùn)：草名。
③ 䈹(báo)：竹名。
④ 磥砢(lěi luǒ)：植物多节貌。《竹谱》："磥砢不凡。"
⑤ 身毒(yuān dú)：印度的古译名。
⑥ 珊：音义未详。

贝俗曰肥，今用者已少　夷妇尝蓄之为首饰，其用一枚为一妆，四妆为一首，四首为一缗又谓之苗，五缗为一卉索也。一索值银六厘，而市小物可得数十种，故夷民便之。按：金、泉、刀、贝，古所通用。许氏《说文》：古者货贝而宝龟，至周而有泉，秦废贝行泉。《汉书》：王莽时有大贝、小贝之名，谓之货贝。《货殖传》：贝五种：大贝、北贝、公贝、小贝、不成贝。滇昔所用皆小贝、不成贝耳。秦变法时，庄跻王滇，未必奉行，至南诏段、高，复仍旧俗。明时则尝行之焉。

夷　姓曰刀、曰罕、曰曩者居多　相传，明初平定诸蛮，厌其反覆，赐以刀、曩、斧姓无传、砍今作罕，亦作衎四姓外，有茶、只、伽、卡、阿、绞、萝萱音未详、矣、喇字诸姓。中国[illegible]

夷　字摆夷之[illegible]时，纳垢酋之后阿呵音未详，马龙州人，弃职隐山谷，[illegible]年始成。字母十千八百四十有奇，夷人号为书祖。滇[illegible]南，为讲习之所，今已亡。有缅字生，凡徼外贡夷至，则[illegible]曰："余在腾十年，凡缅使至，必用蒲叶刻缅文来投，或用墨纸[illegible]文，用白粉和胶写之，形如蝌蚪，用通事翻译，多不通其义。盖缅字与摆夷字不同，以识摆夷字者翻缅字，轻重迥殊，音义俱不可晓。前缅孟伟派两通事送苏尔相归，余问之，云中国发檄檄缅，缅人多不识其字是摆是缅，点画皆错，往往启侮。不如檄以汉文，彼地有熟汉字者，自能解其说也。乃知缅字馆之设，前人深意也。

夷　俗　每月戌日祭祖于家，取万物发生于寅而归寂于戌，日出于辰没于戌之意。至释氏谓："戌日四兽不守地狱门，亡魂得出"者，邪说也。又，元旦、清明、端午、七夕、中秋、长至、除夕，咸用赤豆作饭，以祛鬼。昔共工氏有不才子八人，死而为厉，畏赤豆，故作羹祛之，其遗意也。

夷人不知文字，凡借贷、赊佣、通财、期约，惟以木刻为符，各执其半，如约酬偿无爽；有不平，赴酋长口讼，酋长以石子记其过，因而训之使改，不改则死之。俗恶杀，酋长侵伐则从，然有纪律，所过不犯一草一木，以死为分之当然。闺教亦严，妇人既嫁，婿或言其外窥者，父母亲戚以为辱宗，遂掘地缚而埋之。夫死不嫁，自称鬼妻。女红则种艺纺绩，有织大布者，机阔八尺，口颂佛号一声，乃织一梭。妇人敬夫，进食必叩头至地。众夷敬酋长，虽在暗室，闻其经过必跪，举手加额。相传两酋争战，日久胜负未分，有一僧入阵止之，遂罢战而归。其自称国号，皆唐虞之旧。以是知封建之法，薄海内外皆有之也。此段纪夷俗之美者，悉本之《旧志》。

朱提[1]浮酒瓶　相传可受酒百斛，数千人饮之不能尽。唐太宗宴回纥于

---

① 朱提：古郡名。治所在今昭通境内，辖境约当今云南会泽东北及贵州威宁、四川高县一带。唐天宝中地入南诏。境内有朱提山，盛产白银，后世因以"朱提"为高质银的代称。

秘殿，曾设之。今缅中不闻有此瓶。

滨　海《唐书》以南海当之。海距羊苴咩城南诏大理城东北六千八百里。缅甸南尽大海，自阿瓦江头暹罗浮海而东，可通闽粤。杨升庵指为昆明之滇海者，非也。

僧　石　南甸丙弄山昔有僧来自大理，至此坐化，形变为石。后经兵毁，止存其首，土人祀之。

征　银纪差官吏至各土司征银滋扰之弊　刘正，字清卿，元大德元年，为云南行省方正，有才干。时有建言征缅者，正以为不可，俄被放，又极言其不可，不从，师果无功。时滇民多输金银，近省户口半诡称逃亡，季秋遣官带兵征远地甸寨，人马刍粮，往返费以万计，差官先重赂省臣，乃能得征收金银，十必加二，折阅之数亦如之。其送迎馈贶与纳官之赂相等，遣官赍银还，则搀杂铜上纳。正首疏其弊，乃给土司官秤，俾其身诣输纳，积弊始革。

官　费　景泰三年，王骥以征麓川功，奏升官数万员。太师夏元吉曰："赏费一时有限，升官后日无穷。麓川不过比中国一大县，输纳几何，宜国用之日乏也。"

牛击贼　咸丰辛酉秋，逆首蔡七二等，率贼数万攻腾。九月十八，进兵绮罗，村人奔窜，贼肆行搜掠。有萧姓畜牛数头，贼欲劫之，一牛挺角触死二贼。贡生黄槐清歌以纪之："古今奇异事或有，未闻牛能击贼丑。忆昨匪党上腾阳，时在咸丰岁辛酉。妖氛压境天地昏，大洞一练不能守。绮罗地方比长蛇，贼众击尾兼击首。首尾欲顾两不能，任是豪杰几掣肘。大施一炮功不成，人心慌张齐逃走。中村萧姓独有牛，见贼偏然性气赳。其角崭然利于戈，连触二贼贯心口。登时命毙尸两抛，问贼英雄尚存否？於戏火牛及木牛，在齐在汉功莫偶！谁知今日元武精，头角立功出其右。何哉当世若罔闻？我为作歌传永久。永久相传传此歌，绮罗牛功堪不朽。"

《腾越厅志》后序

刘楚湘【腾】

《腾越厅志》者，清腾越厅同知会稽陈公宗海延聘邑乡绅赵端礼先生所纂修，而实则陈公莅腾两任，先后十余年所设施之政书也。腾越数十年来，官斯土之循良者以陈公为称首，而施政之条贯秩然，纲举目张，政可征之于书，书可征之于事，制作煌煌，灿若列星。迄今虽略有变更，然随举一事，无不有陈公之名赫然在焉。於戏！陈公之流泽何如是之深且长哉。

考陈公于光绪四年奉檄来腾，时当杜乱初平，继以苏开先之变，兵祸亘廿载，城乡十八练蹂躏糜烂，人民凋敝，户口几损其半。公下车后，通商、惠工、劝农、兴学，有利于民者靡不兴，有害于民者靡不革。自礼乐、刑政、兵农、钱谷，无不锐意整饬，钜细靡遗。凡黉宫、书院、城垣、官廨、祠院、庙宇、驿站、碉卡、桥梁、道路、仓廒、坊表，公首捐廉倡率，不扰民而事举。毁者复之，坏者修之，亲督工役，暑不张盖。不数年咸次第回旧观，焕然聿新，切增益焉。至为地方谋培养作育，尤殷殷致意。来凤书院为公一人捐赀独修，购书籍以备肄习，设膏火以励寒畯，城乡各练，增设义学。又筹钜款，创卷金规条，自童试以至会试，皆有馈赆。嘉惠士林，无微不至。其他救济社会，则设济善局、养济院、安节堂、育婴堂，节孝孤贫月有恤金。慎固封守，则增练丁，严关隘，以靖野夷，闾阎安督，盗贼屏息。

公体肥硕而貌有威严，豪强无稍纵贷，弱小则煦煦恳恳若老妪。民有因田土、债账、婚嫁贫不能举，质讼到庭，公亲得其情，多得解囊捐金以平息之。诗云“岂弟君子，民之父母。”如公者，虽汉之龚黄，何以加之？公既在任十年，典章文物大备，惧其章制条目之久而紊也，乃纂修《厅志》，凡所设施，一一载之简编，以垂永远。公之志虑深宏，规模廓远，岂彼貌为虚饰者所能拟其万一哉！

公由腾越迁丽江普洱知府，徙迤南道，所至声施灿然。终于迤南道任，清廷准将生平事迹宣付国史馆，所至地方崇祀名宦。

兹值云南通志馆征集文献，公之政绩已详于是书。爰举概略书之卷尾，以备采辑，且为后之览者有所兴感焉。

再版后记

2002年12月,由云南美术出版社出版的《腾越厅志(点校本)》,是在新的历史时期,腾冲本土人自己整理出版的首部古代地方志书。它的问世,方便了有志于了解学习、研究应用地方文史的腾冲(包括德宏地区)的读者,无论是整理的准确性或是版式的合理性均达到相当的水平,故广获称许,据该书的责任编辑告知,当年还获得了"云南省优秀图书二等奖"。中国历来的正史(包括方志)都是由当政者组织专家学者纂修的。到了二十世纪初,"五四"运动后,白话文逐渐取代了文言文,能够读懂古书的人是越来越少了。为了继承传统,古籍的整理出版,就成为一件功德无量的大事。

我们萌生点校《腾越志厅》的想法,是在世纪之交,中共腾冲县委提出建设腾越文化强县刚刚起步之时。也许是惯为他人作嫁衣的缘故,那时所想,概与名利无涉。我们是搞文化的,接触到的文史书籍和资料多一些,只想为文化强县建设做一点实实在在的事情。

但是,我们自知自己做的是从未做过的事,唐代学者李济翁在其《资暇集》中就曾说过:"学识何如观点书",远非一般人所想象的:这是拿了别人的文章点点校校,比自己创作简单多了。而且我们毫无必要的工作条件,用的是业余时间;向上争取点打印经费吧,人微言轻,谁会当回事?只能白手起家,硬着头皮上,且如我们在点校说明中所言:事不做则罢,既做就要下全力做好它。从2000年开始,我们用了两年多时间,包括最后出版社寄回的清样,先后校改不少于十遍;虽云"点校",同时还出注800余条。几万元的出版经费,全部借债,志稿终于得以杀青付印。虽然辛苦拮据,而收获到的不光是书的问世,更有学到的大量古代文史知识,也为此后继续整理另外三部旧志和其他古籍文献,积累了较丰富的经验。

《腾越厅志(点校本)》出版至今,已历十五个春秋,千册书早已售罄,近年陆续有人来寻。市文化广播电视体育局的领导,深晓地方志"存史、资政、教化"的功用和久远价值,经与我们商议,决定出资再版。这是一件大好事,我们不仅赞同,而且主动承诺对照原刻版再作一次认真校雠,并适当增加注释。此外，二十世纪二三十年代之交，时任腾冲等五属联合中学校长、腾冲图书修志馆馆长刘楚湘曾写过一篇《<腾越厅志>后序》，记述了该书总修、为官两任的同知陈宗海卓然不凡的政绩，我们将之置于该书之后。同时写了《再版后记》，简要介绍了初版前后情形及此次文广局再版原由。

点校者

二〇一八年十月

图书在版编目（CIP）数据

腾越厅志：点校本 / 彭文位，马有樊，刘硕勋点校．
-- 昆明：云南美术出版社，2018.11
ISBN 978-7-5489-3535-3

Ⅰ．①腾… Ⅱ．①彭… ②马… ③刘… Ⅲ．①腾冲县
—地方志—清代 Ⅳ．① K297.44

中国版本图书馆 CIP 数据核字（2018）第 283475 号

出 版 人： 李　维　　刘大伟

统　　筹： 赵文红
责任编辑： 汤　彦　　吴　洋　　刘铁波
责任校对： 梁　红　　吕　媛

腾越厅志 点校本

【清】陈宗海　**纂修**　赵端礼　**同修**
彭文位　马有樊　刘硕勋　**点校**
何学涛　杨世权　**主编**

出版发行：云南出版集团
　　　　　云南美术出版社（昆明市环城西路 609 号）
印　　刷：云南出版印刷集团有限责任公司
　　　　　云南新华印刷一厂
开　　本：787mm × 1092mm　1/16
印　　张：29
字　　数：585 千字
版　　次：2019 年 7 月第 1 版
印　　次：2019 年 7 月第 1 次印刷
ISBN 978-7-5489-3535-3
定　　价：168.00 元

通故事会

幽默大派对

画 派对®

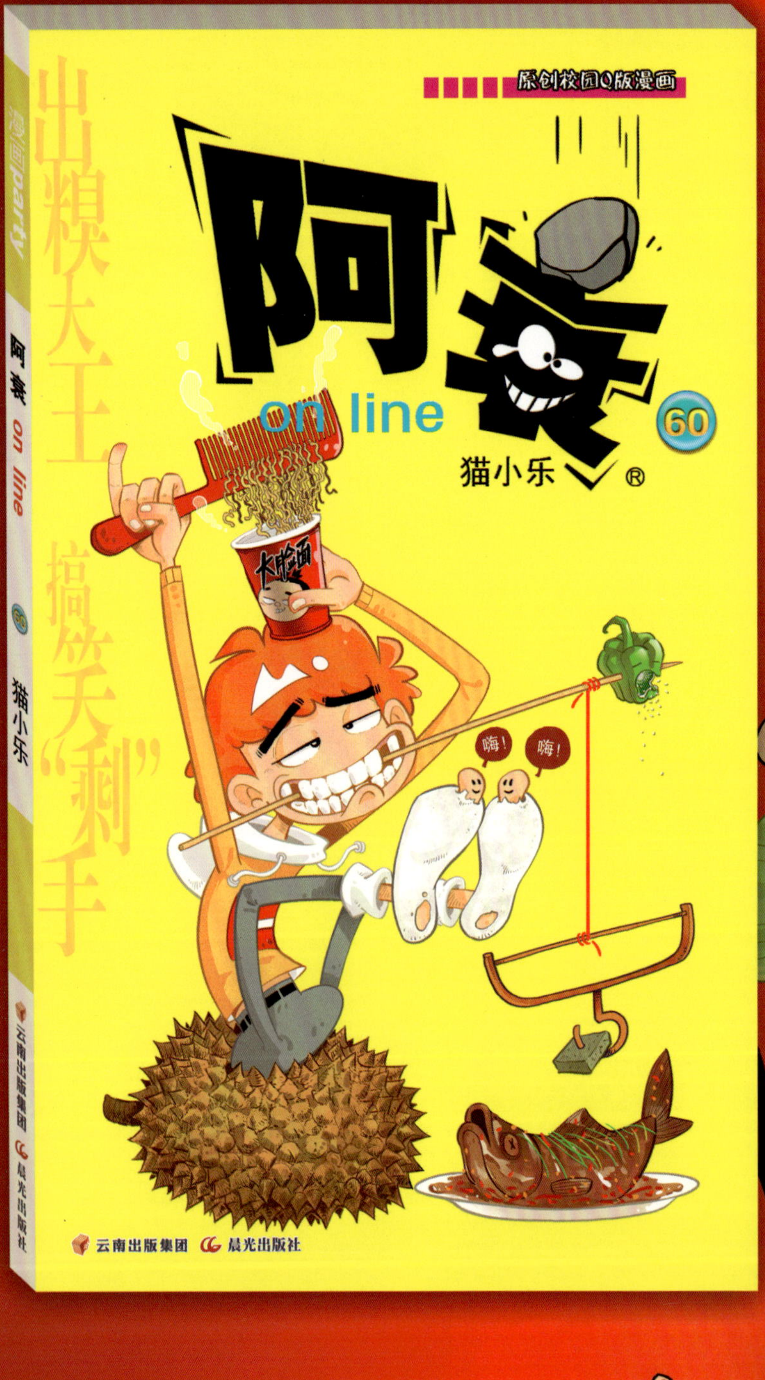

请用手机淘宝

同步发售!

天猫、京东旗舰店
各地书店、报刊零售点